高等学校国有资产管理法规选编

SELECTED REGULATIONS ON THE COLLEGES AND UNIVERSITIES' STATE-OWNED ASSETS

教育部财务司 —— 编

图书在版编目(CIP)数据

高等学校国有资产管理法规选编/教育部财务司编. —北京:北京大学出版社,2016.1
ISBN 978-7-301-25925-2

Ⅰ. ①高… Ⅱ. ①教… Ⅲ. ①高等学校—国有资产管理—法规—汇编—中国 Ⅳ. ①D922.291.9

中国版本图书馆 CIP 数据核字(2015)第 117506 号

书　　　名	高等学校国有资产管理法规选编 GAODENG XUEXIAO GUOYOU ZICHAN GUANLI FAGUI XUANBIAN
著作责任者	教育部财务司　编
责任编辑	陈　健
标准书号	ISBN 978-7-301-25925-2
出版发行	北京大学出版社
地　　　址	北京市海淀区成府路 205 号　100871
网　　　址	http://www.pup.cn
电子信箱	cj@pup.cn
新浪微博	@北京大学出版社
电　　　话	邮购部 62752015　发行部 62750672　编辑部 62752032
印　刷　者	北京中科印刷有限公司
经　销　者	新华书店
	787 毫米×1092 毫米　16 开本　38.5 印张　1035 千字 2016 年 1 月第 1 版　2016 年 1 月第 1 次印刷
定　　　价	120.00 元

未经许可,不得以任何方式复制或抄袭本书之部分或全部内容。
版权所有,侵权必究
举报电话: 010-62752024　电子信箱: fd@pup.pku.edu.cn
图书如有印装质量问题,请与出版部联系,电话: 010-62756370

前　言

各级各类高等学校国有资产是我国国有资产的重要组成部分,管好各级各类高等学校国有资产,推动教育事业健康快速发展,实现国有资产保值增值,意义十分重大。2012年以来,教育部先后颁布了《教育部直属高等学校国有资产管理暂行办法》《教育部直属高等学校、直属单位国有资产管理工作规程(暂行)》,但在具体工作中,高校国有资产管理工作者普遍感到工作中涉及的相关法律、法规和规章制度极其繁杂,运用起来难以融会贯通。为解决这一实际困难,我们组织编写了这本《高等学校国有资产管理法规选编》。

本书共收录各类法律法规和规章制度150篇,内容分为10个部分,分别是第一章综合类,主要包括国有资产管理法律、法规;第二章事业资产使用和处置,主要包括事业资产使用、处置,资产信息系统建设,科技成果管理,进口免税等;第三章资产清查与清产核资,主要包括资产清查和清产核资涉及的相关规章制度;第四章资产评估,主要包括事业资产和企业国有资产评估相关规定;第五章产权管理,主要包括产权登记、产权转让、股票质押等相关规定;第六章企业改制,主要包括企业改制中涉及的相关规定;第七章文化企业资产管理,主要包括文化企业国有资产管理专门规定;第八章国有资本经营预算,主要包括国家实行国有资本经营预算以来先后出台的一系列规定;第九章股权激励和收入分配,主要包括股权激励、薪酬制度、上市公司股权激励等相关规定;第十章监督检查,主要包括国有资产管理工作中涉及的监督检查、责任追究等相关规定。

国有资产管理涉及的相关法律法规浩如烟海,而且在不断完善,本书只是汇编了工作中常用的相关法律、法规和规章制度,我们希望这本书成为高等学校国有资产管理工作者的必备用书。限于编者水平,本书不足之处在所难免,欢迎各位读者批评指正。

目 录

一 综 合 类

中华人民共和国企业国有资产法　中华人民共和国主席令第5号 …………………… 2
中华人民共和国公司法　中华人民共和国主席令第42号 …………………………… 10
中华人民共和国科学技术进步法　中华人民共和国主席令第82号 ………………… 33
中华人民共和国促进科技成果转化法　中华人民共和国主席令第68号 …………… 41
中共中央国务院关于深化体制机制改革加快实施创新驱动发展战略的若干意见 …… 47
中共中央、国务院关于深化国有企业改革的指导意见 ………………………………… 54
国务院关于国有企业发展混合所有制经济的意见　国发〔2015〕54号 …………… 61
事业单位国有资产管理暂行办法　中华人民共和国财政部令第36号 ……………… 65
财政部关于认真贯彻实施财政部令第35号第36号有关问题的通知　财办〔2006〕34号 …… 72
关于中央行政事业单位所属企业国有资产监管工作归口管理的通知　财办〔2010〕35号 …… 73
教育部关于印发《教育部直属高等学校国有资产管理暂行办法》的通知　教财〔2012〕6号 … 74
教育部关于印发《教育部直属高等学校、直属单位国有资产管理工作规程(暂行)》的通知
　教财函〔2013〕55号 ……………………………………………………………………… 82
教育部关于进一步规范和加强直属高等学校所属企业国有资产管理的若干意见
　教财〔2015〕6号 ………………………………………………………………………… 126
教育部关于修改《教育部直属高等学校、直属单位国有资产管理工作规程(暂行)》有关条款
　的通知　教财〔2015〕27号 …………………………………………………………… 128

二 事业资产使用和处置

财政部关于中央级事业单位国有资产管理授权审批问题的通知　财教〔2006〕282号 …… 130
财政部关于印发《中央级事业单位国有资产管理暂行办法》的通知　财教〔2008〕13号 …… 130
财政部关于印发《中央级事业单位国有资产处置管理暂行办法》的通知　财教〔2008〕495号 … 136
财政部关于正式实施行政事业单位资产管理信息系统有关问题的通知　财办〔2009〕39号 … 145
财政部关于实施行政事业单位资产管理信息系统有关问题的补充通知　财办〔2009〕43号 … 147
财政部关于印发《中央级事业单位国有资产使用管理暂行办法》的通知　财教〔2009〕192号 … 148
财政部关于《中央级事业单位国有资产使用管理暂行办法》的补充通知　财教〔2009〕495号 … 152
财政部关于进一步规范和加强中央级事业单位国有资产管理有关问题的通知
　财教〔2010〕200号 ……………………………………………………………………… 153

关于在中关村国家自主创新示范区进行中央级事业单位科技成果处置权改革试点的通知
财教〔2011〕18号 ·············· 155
财政部关于在中关村国家自主创新示范区开展中央级事业单位科技成果收益权管理改革试点的意见 财教〔2011〕127号 ·············· 156
关于部署行政事业单位资产管理信息系统（二期）的通知 财办〔2013〕51号 ·············· 157
财政部关于印发《行政事业单位国有资产管理信息系统管理规程》的通知 财办〔2013〕52号 ·············· 169
财政部关于扩大中央级事业单位科技成果处置权和收益权管理改革试点范围和延长试点期限的通知 财教〔2013〕306号 ·············· 173
教育部关于扩大直属高等学校、直属事业单位无形资产使用和处置权限的通知
教财函〔2014〕8号 ·············· 173
科技开发用品免征进口税收暂行规定 财政部、海关总署、国家税务总局令第44号 ·············· 174
科学研究和教学用品免征进口税收规定 财政部、海关总署、国家税务总局令第45号 ·············· 175
实施《科教用品免税规定》和《科技用品免税暂行规定》的有关办法和相关事宜公告
海关总署公告2007年第13号 ·············· 177
关于修改《科技开发用品免征进口税收暂行规定》和《科学研究和教学用品免征进口税收规定》的决定 财政部、海关总署、国家税务总局令第63号 ·············· 181
关于非货币性资产投资企业所得税政策问题的通知 财税〔2014〕116号 ·············· 181
财政部 国家税务总局关于个人非货币性资产投资有关个人所得税政策的通知
财税〔2015〕41号 ·············· 182

三　资产清查与清产核资

国有企业清产核资办法　国务院国有资产监督管理委员会令第1号 ·············· 186
关于印发清产核资工作问题解答（一）的通知　国资厅评价〔2003〕53号 ·············· 191
关于印发中央企业清产核资工作方案的通知　国资评价〔2003〕58号 ·············· 192
关于印发《国有企业资产损失认定工作规则》的通知　国资评价〔2003〕72号 ·············· 195
关于印发国有企业清产核资工作规程的通知　国资评价〔2003〕73号 ·············· 202
关于印发《国有企业清产核资资金核实工作规定》的通知　国资评价〔2003〕74号 ·············· 211
关于印发《国有企业清产核资经济鉴证工作规则》的通知　国资评价〔2003〕78号 ·············· 214
关于印发清产核资工作问题解答（二）的通知　国资厅发评价〔2004〕8号 ·············· 219
关于印发清产核资工作问题解答（三）的通知　国资发评价〔2004〕220号 ·············· 222
财政部关于印发《行政事业单位资产清查暂行办法》的通知　财办〔2006〕52号 ·············· 226
财政部办公厅关于印发行政事业单位资产清查工作中有关问题解答的通知
财办行〔2007〕7号 ·············· 230
财政部关于印发《行政事业单位资产核实暂行办法》的通知　财办〔2007〕19号 ·············· 233

四 资产评估

国有资产评估管理办法 中华人民共和国国务院令第91号 …………………… 242
国务院办公厅转发财政部关于改革国有资产评估行政管理方式加强资产评估监督管理工作
 意见的通知 国办发〔2001〕102号 …………………………………………… 245
企业国有资产评估管理暂行办法 国务院国有资产监督管理委员会令第12号 …… 247
国有资产评估管理若干问题的规定 中华人民共和国财政部令第14号 …………… 251
财政部关于印发《国有资产评估项目核准管理办法》的通知 财企〔2001〕801号 … 253
财政部关于印发《国有资产评估项目备案管理办法》的通知 财企〔2001〕802号 … 256
财政部 国家知识产权局关于加强知识产权资产评估管理工作若干问题的通知
 财企〔2006〕109号 …………………………………………………………… 257
关于加强企业国有资产评估管理工作有关问题的通知 国资委产权〔2006〕274号 … 258
中国资产评估协会关于印发《企业国有资产评估报告指南》的通知 中评协〔2008〕218号 … 260
财政部 国家工商总局关于加强以非货币财产出资的评估管理若干问题的通知
 财企〔2009〕46号 ……………………………………………………………… 285
关于企业国有资产评估报告审核工作有关事项的通知 国资产权〔2009〕941号 …… 286

五 产权管理

企业国有资产产权登记管理办法 中华人民共和国国务院令第192号发布 ………… 296
集体企业国有资产产权界定暂行办法 国家国有资产管理局令第2号 ……………… 297
企业国有产权转让管理暂行办法 国务院国有资产监督管理委员会、财政部令第3号 …… 301
国有股东转让所持上市公司股份管理暂行办法 国务院国有资产监督管理委员会、中国
 证券监督管理委员会令第19号 ………………………………………………… 306
关于印发《国有资产产权界定和产权纠纷处理暂行办法》的通知 国资法规发〔1993〕68号
 ………………………………………………………………………………… 312
财政部关于印发《关于企业国有资产办理无偿划转手续的规定》的通知 财管字〔1999〕301号
 ………………………………………………………………………………… 317
财政部关于修订《企业国有资产产权登记管理办法实施细则》的通知 财管字〔2000〕116号
 ………………………………………………………………………………… 319
财政部关于股份有限公司国有股权管理工作有关问题的通知 财管字〔2000〕200号 …… 327
财政部关于上市公司国有股质押有关问题的通知 财企〔2001〕651号 …………… 330
关于做好贯彻落实《企业国有产权转让管理暂行办法》有关工作的通知
 国资发产权〔2004〕195号 ……………………………………………………… 331
关于企业国有产权转让有关问题的通知 国资发产权〔2004〕268号 ……………… 332
关于印发《企业国有产权向管理层转让暂行规定》的通知 国资发产权〔2005〕78号 … 334
关于印发《企业国有产权无偿划转管理暂行办法》的通知 国资发产权〔2005〕239号 … 336
关于做好企业国有产权转让监督检查工作的通知 国资发产权〔2005〕294号 …… 339
关于企业国有产权转让有关事项的通知 国资发产权〔2006〕306号 ……………… 341
关于印发《上市公司国有股东标识管理暂行规定》的通知 国资发产权〔2007〕108号 …… 344

关于印发《国有单位受让上市公司股份管理暂行规定》的通知　国资发产权〔2007〕109号 …… 346
关于印发《企业国有产权无偿划转工作指引》的通知　国资发产权〔2009〕25号 …… 348
关于印发《境内证券市场转持部分国有股充实全国社会保障基金实施办法》的通知
　　财企〔2009〕94号 ……………………………………………………………………… 350
关于印发《企业国有产权交易操作规则》的通知　国资发产权〔2009〕120号 ……… 353
关于印发《关于规范上市公司国有股东行为的若干意见》的通知　国资发产权〔2009〕123号
　　…………………………………………………………………………………………… 358
关于规范国有股东与上市公司进行资产重组有关事项的通知　国资发产权〔2009〕124号
　　…………………………………………………………………………………………… 359
关于规范上市公司国有股东发行可交换公司债券及国有控股上市公司发行证券有关事项的
　　通知　国资发产权〔2009〕125号 ……………………………………………………… 361
关于中央企业国有产权协议转让有关事项的通知　国资发产权〔2010〕11号 ……… 363
关于中央级事业单位所办企业启用新《企业国有资产产权登记表》的通知　财办教〔2012〕39号
　　…………………………………………………………………………………………… 366
财政部关于印发《事业单位及事业单位所办企业国有资产产权登记管理办法》的通知
　　财教〔2012〕242号 ……………………………………………………………………… 366

六　企业改制

国务院办公厅转发国务院国有资产监督管理委员会关于规范国有企业改制工作意见的通知
　　国办发〔2003〕96号 …………………………………………………………………… 380
国务院办公厅转发国资委关于进一步规范国有企业改制工作实施意见的通知
　　国办发〔2005〕60号 …………………………………………………………………… 383
国务院办公厅转发国资委关于推进国有资本调整和国有企业重组指导意见的通知
　　国办发〔2006〕97号 …………………………………………………………………… 387
国务院关于促进企业兼并重组的意见　国发〔2010〕27号 …………………………… 391
财政部关于印发《企业公司制改建有关国有资本管理与财务处理的暂行规定》的通知
　　财企〔2002〕313号 ……………………………………………………………………… 396
关于进一步明确国有大中型企业主辅分离辅业改制有关问题的通知　国资分配〔2003〕21号
　　…………………………………………………………………………………………… 400
财政部关于《企业公司制改建有关国有资本管理与财务处理的暂行规定》有关问题的补充
　　通知　财企〔2005〕12号 ……………………………………………………………… 401

七　文化企业资产管理

国务院关于非公有资本进入文化产业的若干决定　国发〔2005〕10号 ……………… 404
国务院办公厅关于印发文化体制改革中经营性文化事业单位转制为企业和支持文化企业
　　发展两个规定的通知　国办发〔2008〕114号 ………………………………………… 405
国务院办公厅关于印发文化体制改革中经营性文化事业单位转制为企业和进一步支持文化
　　企业发展两个规定的通知　国办发〔2014〕15号 …………………………………… 409
中共中央办公厅　国务院办公厅印发《关于推动国有文化企业把社会效益放在首位、实现

社会效益和经济效益相统一的指导意见》的通知　中办发〔2015〕50号 ………………………… 414
关于印发《新闻出版总署关于深化出版发行体制改革工作实施方案》的通知
　新出办〔2006〕616号 …………………………………………………………………………… 418
财政部、中宣部、文化部、广电总局、新闻出版总署关于在文化体制改革中加强国有文化资产
　管理的通知　财教〔2007〕213号 …………………………………………………………… 422
关于中央出版单位转制和改制中国有资产管理的通知　财教〔2008〕256号 ……………… 424
新闻出版总署关于印发《中央各部门各单位出版社转制工作基本规程》的通知
　新出字〔2009〕1号 ……………………………………………………………………………… 425
关于文化体制改革中经营性文化事业单位转制为企业的若干税收优惠政策的通知
　财税〔2009〕34号 ……………………………………………………………………………… 428
财政部关于中央级经营性文化事业单位转制中资产和财务管理问题的通知　财教〔2009〕126号
　…… 429
关于印发《关于进一步推进新闻出版体制改革的指导意见》的通知　新出产业〔2009〕298号
　…… 431
关于印发中央文化企业清产核资工作表的通知　财文资〔2012〕6号 ……………………… 435
关于进一步规范中央文化企业注册资本变动行为的通知　财文资〔2012〕7号 …………… 437
关于印发《中央文化企业国有资产评估管理暂行办法》的通知　财文资〔2012〕15号 …… 438
财政部关于印发《中央文化企业国有资产产权登记管理暂行办法》的通知　财文资〔2012〕16号
　…… 442
关于加强中央文化企业国有产权转让管理的通知　财文资〔2013〕5号 …………………… 447
关于印发《中央文化企业国有产权交易操作规则》的通知　财文资〔2013〕6号 ………… 448

八　国有资本经营预算

国务院关于试行国有资本经营预算的意见　国发〔2007〕26号 ……………………………… 456
财政部、国资委关于印发《中央企业国有资本收益收取管理暂行办法》的通知
　财企〔2007〕309号 ……………………………………………………………………………… 458
关于完善中央国有资本经营预算有关事项的通知　财企〔2010〕392号 …………………… 467
关于印发中小企业划型标准规定的通知　工信部联企业〔2011〕300号 …………………… 468
关于印发《中央国有资本经营预算编报办法》的通知　财企〔2011〕318号 ……………… 470
关于扩大中央国有资本经营预算实施范围有关事项的通知　财企〔2012〕3号 …………… 485
财政部关于印发《加强企业财务信息管理暂行规定》的通知　财企〔2012〕23号 ……… 485
关于做好中央文化企业国有资本经营预算支出管理工作的通知　财文资〔2012〕9号 …… 489
关于加强中央文化企业国有资本经营预算执行管理的通知　财办文资〔2012〕10号 …… 491
财政部关于中央级事业单位所属国有企业国有资本收益收取有关问题的通知
　财企〔2013〕191号 ……………………………………………………………………………… 495
关于印发《中央国有资本经营预算重点产业转型升级与发展资金管理办法》的通知
　财企〔2013〕389号 ……………………………………………………………………………… 496
关于进一步提高中央企业国有资本收益收取比例的通知　财企〔2014〕59号 …………… 500

九 股权激励和收入分配

国务院办公厅转发科技部等部门《关于促进科技成果转化的若干规定》的通知
  国办发〔1999〕29号 ·· 504
国务院办公厅转发财政部科技部《关于国有高新技术企业开展股权激励试点工作指导
  意见》的通知　国办发〔2002〕48号 ·· 506
国务院办公厅转发国务院体改办等部门关于深化转制科研机构产权制度改革若干意见的
  通知　国办发〔2003〕9号 ·· 509
中央企业负责人经营业绩考核暂行办法　国务院国有资产监督管理委员会令第30号 ····· 511
财政部、科学技术部关于实施《关于国有高新技术企业开展股权激励试点工作的指导意见》
  有关问题的通知　财企〔2002〕508号 ·· 521
关于高新技术中央企业开展股权激励试点工作的通知　国资厅发分配〔2004〕23号 ········· 522
国有资产管理委员会关于印发中央企业负责人薪酬管理暂行办法的通知
  国资发分配〔2004〕227号 ·· 523
关于加强人工成本控制规范收入分配有关问题的通知　国资分配〔2004〕985号 ············· 526
关于中央企业试行企业年金制度的指导意见　国资发分配〔2005〕135号 ························ 528
中国证券监督管理委员会关于发布《上市公司股权激励管理办法》(试行)的通知
  证监公司字〔2005〕151号 ·· 531
关于印发《国有控股上市公司(境外)实施股权激励试行办法》的通知　国资发分配〔2006〕8号
  ·· 537
关于印发《国有控股上市公司(境内)实施股权激励试行办法》的通知
  国资发分配〔2006〕175号 ·· 542
关于企业实行自主创新激励分配制度的若干意见　财企〔2006〕383号 ··························· 548
关于印发《中央科研设计企业实施中长期激励试行办法》的通知　国资发分配〔2007〕86号
  ·· 550
关于中央企业试行企业年金制度有关问题的通知　国资发分配〔2007〕152号 ················ 553
关于严格规范国有控股上市公司(境外)实施股权激励有关事项的通知
  国资发分配〔2007〕168号 ·· 554
关于中央企业应付工资余额使用有关问题的通知　国资发分配〔2007〕212号 ················ 555
国家税务总局关于取消促进科技成果转化暂不征收个人所得税审核权有关问题的通知
  国税函〔2007〕833号 ·· 556
关于加强中央企业负责人第二业绩考核任期薪酬管理的意见　国资发分配〔2007〕229号 ····· 557
关于规范国有控股上市公司实施股权激励制度有关问题的通知　国资发分配〔2008〕171号
  ·· 558
关于印发《中关村国家自主创新示范区企业股权和分红激励实施办法》的通知
  财企〔2010〕8号 ·· 561
关于《中关村国家自主创新示范区企业股权和分红激励实施办法》的补充通知
  财企〔2011〕1号 ·· 568
关于印发《中央企业负责人职务消费管理暂行规定》的通知　国资发分配〔2011〕159号 ····· 568
关于加强中央企业人工成本管理控制有关事项的通知　国资发分配〔2012〕100号 ············ 574

十 监督检查

违反行政事业性收费和罚没收入收支两条线管理规定行政处分暂行规定
  中华人民共和国国务院令第281号 ………………………………………… 578
企业国有资产监督管理暂行条例 中华人民共和国国务院令第378号 ……… 579
财政违法行为处罚处分条例 中华人民共和国国务院令第427号 …………… 584
中共中央办公厅、国务院办公厅关于印发《国有企业领导人员廉洁从业若干规定》的通知
  中办发〔2009〕26号 ………………………………………………………… 589
中共中央办公厅 国务院办公厅印发《关于进一步推进国有企业贯彻落实"三重一大"决策
  制度的意见》 中办发〔2010〕17号 ………………………………………… 594
国有资产评估违法行为处罚办法 中华人民共和国财政部令第15号 ……… 596
关于印发《关于加强对国有企业改制及国有产权转让监督检查工作的意见》的通知
  国资纪发〔2004〕2号 ………………………………………………………… 598
教育部关于进一步推进直属高校贯彻落实"三重一大"决策制度的意见 教监〔2011〕7号
  …………………………………………………………………………………… 599

后记 ………………………………………………………………………………… 603

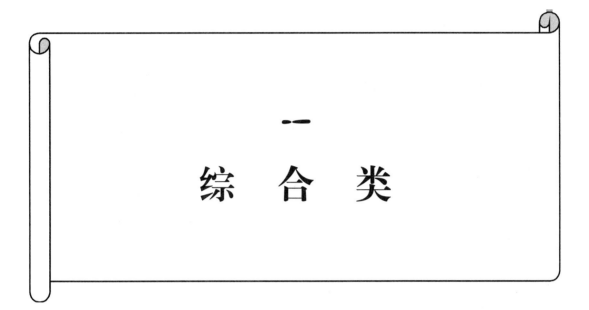

一

综 合 类

中华人民共和国企业国有资产法

中华人民共和国主席令第5号

(2008年10月28日第十一届全国人民代表大会常务委员会第五次会议通过)

第一章 总 则

第一条 为了维护国家基本经济制度,巩固和发展国有经济,加强对国有资产的保护,发挥国有经济在国民经济中的主导作用,促进社会主义市场经济发展,制定本法。

第二条 本法所称企业国有资产(以下称国有资产),是指国家对企业各种形式的出资所形成的权益。

第三条 国有资产属于国家所有即全民所有。国务院代表国家行使国有资产所有权。

第四条 国务院和地方人民政府依照法律、行政法规的规定,分别代表国家对国家出资企业履行出资人职责,享有出资人权益。

国务院确定的关系国民经济命脉和国家安全的大型国家出资企业,重要基础设施和重要自然资源等领域的国家出资企业,由国务院代表国家履行出资人职责。其他的国家出资企业,由地方人民政府代表国家履行出资人职责。

第五条 本法所称国家出资企业,是指国家出资的国有独资企业、国有独资公司,以及国有资本控股公司、国有资本参股公司。

第六条 国务院和地方人民政府应当按照政企分开、社会公共管理职能与国有资产出资人职能分开、不干预企业依法自主经营的原则,依法履行出资人职责。

第七条 国家采取措施,推动国有资本向关系国民经济命脉和国家安全的重要行业和关键领域集中,优化国有经济布局和结构,推进国有企业的改革和发展,提高国有经济的整体素质,增强国有经济的控制力、影响力。

第八条 国家建立健全与社会主义市场经济发展要求相适应的国有资产管理与监督体制,建立健全国有资产保值增值考核和责任追究制度,落实国有资产保值增值责任。

第九条 国家建立健全国有资产基础管理制度。具体办法按照国务院的规定制定。

第十条 国有资产受法律保护,任何单位和个人不得侵害。

第二章 履行出资人职责的机构

第十一条 国务院国有资产监督管理机构和地方人民政府按照国务院的规定设立的国有资产监督管理机构,根据本级人民政府的授权,代表本级人民政府对国家出资企业履行出资人职责。

国务院和地方人民政府根据需要,可以授权其他部门、机构代表本级人民政府对国家出资企业履行出资人职责。

代表本级人民政府履行出资人职责的机构、部门,以下统称履行出资人职责的机构。

第十二条 履行出资人职责的机构代表本级人民政府对国家出资企业依法享有资产收益、参与重大决策和选择管理者等出资人权利。

履行出资人职责的机构依照法律、行政法规的规定,制定或者参与制定国家出资企业的章程。

履行出资人职责的机构对法律、行政法规和本级人民政府规定须经本级人民政府批准的履行出资人职责的重大事项,应当报请本级人民政府批准。

第十三条 履行出资人职责的机构委派的股东代表参加国有资本控股公司、国有资本参股公司召开的股东会会议、股东大会会议,应当按照委派机构的指示提出提案、发表意见、行使表决权,并将其履行职责的情况和结果及时报告委派机构。

第十四条 履行出资人职责的机构应当依照法律、行政法规以及企业章程履行出资人职责,保障出资人权益,防止国有资产损失。

履行出资人职责的机构应当维护企业作为市场主体依法享有的权利,除依法履行出资人职责外,不得干预企业经营活动。

第十五条 履行出资人职责的机构对本级人民政府负责,向本级人民政府报告履行出资人职责的情况,接受本级人民政府的监督和考核,对国有资产的保值增值负责。

履行出资人职责的机构应当按照国家有关规定,定期向本级人民政府报告有关国有资产总量、结构、变动、收益等汇总分析的情况。

第三章　国家出资企业

第十六条 国家出资企业对其动产、不动产和其他财产依照法律、行政法规以及企业章程享有占有、使用、收益和处分的权利。

国家出资企业依法享有的经营自主权和其他合法权益受法律保护。

第十七条 国家出资企业从事经营活动,应当遵守法律、行政法规,加强经营管理,提高经济效益,接受人民政府及其有关部门、机构依法实施的管理和监督,接受社会公众的监督,承担社会责任,对出资人负责。

国家出资企业应当依法建立和完善法人治理结构,建立健全内部监督管理和风险控制制度。

第十八条 国家出资企业应当依照法律、行政法规和国务院财政部门的规定,建立健全财务、会计制度,设置会计账簿,进行会计核算,依照法律、行政法规以及企业章程的规定向出资人提供真实、完整的财务、会计信息。

国家出资企业应当依照法律、行政法规以及企业章程的规定,向出资人分配利润。

第十九条 国有独资公司、国有资本控股公司和国有资本参股公司依照《中华人民共和国公司法》的规定设立监事会。国有独资企业由履行出资人职责的机构按照国务院的规定委派监事组成监事会。

国家出资企业的监事会依照法律、行政法规以及企业章程的规定,对董事、高级管理人员执行职务的行为进行监督,对企业财务进行监督检查。

第二十条 国家出资企业依照法律规定,通过职工代表大会或者其他形式,实行民主管理。

第二十一条 国家出资企业对其所出资企业依法享有资产收益、参与重大决策和选择管理者等出资人权利。

国家出资企业对其所出资企业,应当依照法律、行政法规的规定,通过制定或者参与制定所出资企业的章程,建立权责明确、有效制衡的企业内部监督管理和风险控制制度,维护其出资人权益。

第四章 国家出资企业管理者的选择与考核

第二十二条 履行出资人职责的机构依照法律、行政法规以及企业章程的规定,任免或者建议任免国家出资企业的下列人员:

（一）任免国有独资企业的经理、副经理、财务负责人和其他高级管理人员；

（二）任免国有独资公司的董事长、副董事长、董事、监事会主席和监事；

（三）向国有资本控股公司、国有资本参股公司的股东会、股东大会提出董事、监事人选。

国家出资企业中应当由职工代表出任的董事、监事,依照有关法律、行政法规的规定由职工民主选举产生。

第二十三条 履行出资人职责的机构任命或者建议任命的董事、监事、高级管理人员,应当具备下列条件:

（一）有良好的品行；

（二）有符合职位要求的专业知识和工作能力；

（三）有能够正常履行职责的身体条件；

（四）法律、行政法规规定的其他条件。

董事、监事、高级管理人员在任职期间出现不符合前款规定情形或者出现《中华人民共和国公司法》规定的不得担任公司董事、监事、高级管理人员情形的,履行出资人职责的机构应当依法予以免职或者提出免职建议。

第二十四条 履行出资人职责的机构对拟任命或者建议任命的董事、监事、高级管理人员的人选,应当按照规定的条件和程序进行考察。考察合格的,按照规定的权限和程序任命或者建议任命。

第二十五条 未经履行出资人职责的机构同意,国有独资企业、国有独资公司的董事、高级管理人员不得在其他企业兼职。未经股东会、股东大会同意,国有资本控股公司、国有资本参股公司的董事、高级管理人员不得在经营同类业务的其他企业兼职。

未经履行出资人职责的机构同意,国有独资公司的董事长不得兼任经理。未经股东会、股东大会同意,国有资本控股公司的董事长不得兼任经理。

董事、高级管理人员不得兼任监事。

第二十六条 国家出资企业的董事、监事、高级管理人员,应当遵守法律、行政法规以及企业章程,对企业负有忠实义务和勤勉义务,不得利用职权收受贿赂或者取得其他非法收入和不当利益,不得侵占、挪用企业资产,不得超越职权或者违反程序决定企业重大事项,不得有其他侵害国有资产出资人权益的行为。

第二十七条 国家建立国家出资企业管理者经营业绩考核制度。履行出资人职责的机构应当对其任命的企业管理者进行年度和任期考核,并依据考核结果决定对企业管理者的奖惩。

履行出资人职责的机构应当按照国家有关规定,确定其任命的国家出资企业管理者的薪酬标准。

第二十八条　国有独资企业、国有独资公司和国有资本控股公司的主要负责人,应当接受依法进行的任期经济责任审计。

第二十九条　本法第二十二条第一款第一项、第二项规定的企业管理者,国务院和地方人民政府规定由本级人民政府任免的,依照其规定。履行出资人职责的机构依照本章规定对上述企业管理者进行考核、奖惩并确定其薪酬标准。

第五章　关系国有资产出资人权益的重大事项

第一节　一般规定

第三十条　国家出资企业合并、分立、改制、上市,增加或者减少注册资本,发行债券,进行重大投资,为他人提供大额担保,转让重大财产,进行大额捐赠,分配利润,以及解散、申请破产等重大事项,应当遵守法律、行政法规以及企业章程的规定,不得损害出资人和债权人的权益。

第三十一条　国有独资企业、国有独资公司合并、分立,增加或者减少注册资本,发行债券,分配利润,以及解散、申请破产,由履行出资人职责的机构决定。

第三十二条　国有独资企业、国有独资公司有本法第三十条所列事项的,除依照本法第三十一条和有关法律、行政法规以及企业章程的规定,由履行出资人职责的机构决定的以外,国有独资企业由企业负责人集体讨论决定,国有独资公司由董事会决定。

第三十三条　国有资本控股公司、国有资本参股公司有本法第三十条所列事项的,依照法律、行政法规以及公司章程的规定,由公司股东会、股东大会或者董事会决定。由股东会、股东大会决定的,履行出资人职责的机构委派的股东代表应当依照本法第十三条的规定行使权利。

第三十四条　重要的国有独资企业、国有独资公司、国有资本控股公司的合并、分立、解散、申请破产以及法律、行政法规和本级人民政府规定应当由履行出资人职责的机构报经本级人民政府批准的重大事项,履行出资人职责的机构在作出决定或者向其委派参加国有资本控股公司股东会会议、股东大会会议的股东代表作出指示前,应当报请本级人民政府批准。

本法所称的重要的国有独资企业、国有独资公司和国有资本控股公司,按照国务院的规定确定。

第三十五条　国家出资企业发行债券、投资等事项,有关法律、行政法规规定应当报经人民政府或者人民政府有关部门、机构批准、核准或者备案的,依照其规定。

第三十六条　国家出资企业投资应当符合国家产业政策,并按照国家规定进行可行性研究;与他人交易应当公平、有偿,取得合理对价。

第三十七条　国家出资企业的合并、分立、改制、解散、申请破产等重大事项,应当听取企业工会的意见,并通过职工代表大会或者其他形式听取职工的意见和建议。

第三十八条　国有独资企业、国有独资公司、国有资本控股公司对其所出资企业的重大事项参照本章规定履行出资人职责。具体办法由国务院规定。

第二节 企业改制

第三十九条 本法所称企业改制是指：
（一）国有独资企业改为国有独资公司；
（二）国有独资企业、国有独资公司改为国有资本控股公司或者非国有资本控股公司；
（三）国有资本控股公司改为非国有资本控股公司。

第四十条 企业改制应当依照法定程序，由履行出资人职责的机构决定或者由公司股东会、股东大会决定。

重要的国有独资企业、国有独资公司、国有资本控股公司的改制，履行出资人职责的机构在作出决定或者向其委派参加国有资本控股公司股东会会议、股东大会会议的股东代表作出指示前，应当将改制方案报请本级人民政府批准。

第四十一条 企业改制应当制定改制方案，载明改制后的企业组织形式、企业资产和债权债务处理方案、股权变动方案、改制的操作程序、资产评估和财务审计等中介机构的选聘等事项。

企业改制涉及重新安置企业职工的，还应当制定职工安置方案，并经职工代表大会或者职工大会审议通过。

第四十二条 企业改制应当按照规定进行清产核资、财务审计、资产评估，准确界定和核实资产，客观、公正地确定资产的价值。

企业改制涉及以企业的实物、知识产权、土地使用权等非货币财产折算为国有资本出资或者股份的，应当按照规定对折价财产进行评估，以评估确认价格作为确定国有资本出资额或者股份数额的依据。不得将财产低价折股或者有其他损害出资人权益的行为。

第三节 与关联方的交易

第四十三条 国家出资企业的关联方不得利用与国家出资企业之间的交易，谋取不当利益，损害国家出资企业利益。

本法所称关联方，是指本企业的董事、监事、高级管理人员及其近亲属，以及这些人员所有或者实际控制的企业。

第四十四条 国有独资企业、国有独资公司、国有资本控股公司不得无偿向关联方提供资金、商品、服务或者其他资产，不得以不公平的价格与关联方进行交易。

第四十五条 未经履行出资人职责的机构同意，国有独资企业、国有独资公司不得有下列行为：
（一）与关联方订立财产转让、借款的协议；
（二）为关联方提供担保；
（三）与关联方共同出资设立企业，或者向董事、监事、高级管理人员或者其近亲属所有或者实际控制的企业投资。

第四十六条 国有资本控股公司、国有资本参股公司与关联方的交易，依照《中华人民共和国公司法》和有关行政法规以及公司章程的规定，由公司股东会、股东大会或者董事会决定。由公司股东会、股东大会决定的，履行出资人职责的机构委派的股东代表，应当依照本法第十三条的规定行使权利。

公司董事会对公司与关联方的交易作出决议时,该交易涉及的董事不得行使表决权,也不得代理其他董事行使表决权。

第四节 资产评估

第四十七条 国有独资企业、国有独资公司和国有资本控股公司合并、分立、改制,转让重大财产,以非货币财产对外投资,清算或者有法律、行政法规以及企业章程规定应当进行资产评估的其他情形的,应当按照规定对有关资产进行评估。

第四十八条 国有独资企业、国有独资公司和国有资本控股公司应当委托依法设立的符合条件的资产评估机构进行资产评估;涉及应当报经履行出资人职责的机构决定的事项的,应当将委托资产评估机构的情况向履行出资人职责的机构报告。

第四十九条 国有独资企业、国有独资公司、国有资本控股公司及其董事、监事、高级管理人员应当向资产评估机构如实提供有关情况和资料,不得与资产评估机构串通评估作价。

第五十条 资产评估机构及其工作人员受托评估有关资产,应当遵守法律、行政法规以及评估执业准则,独立、客观、公正地对受托评估的资产进行评估。资产评估机构应当对其出具的评估报告负责。

第五节 国有资产转让

第五十一条 本法所称国有资产转让,是指依法将国家对企业的出资所形成的权益转移给其他单位或者个人的行为;按照国家规定无偿划转国有资产的除外。

第五十二条 国有资产转让应当有利于国有经济布局和结构的战略性调整,防止国有资产损失,不得损害交易各方的合法权益。

第五十三条 国有资产转让由履行出资人职责的机构决定。履行出资人职责的机构决定转让全部国有资产的,或者转让部分国有资产致使国家对该企业不再具有控股地位的,应当报请本级人民政府批准。

第五十四条 国有资产转让应当遵循等价有偿和公开、公平、公正的原则。

除按照国家规定可以直接协议转让的以外,国有资产转让应当在依法设立的产权交易场所公开进行。转让方应当如实披露有关信息,征集受让方;征集产生的受让方为两个以上的,转让应当采用公开竞价的交易方式。

转让上市交易的股份依照《中华人民共和国证券法》的规定进行。

第五十五条 国有资产转让应当以依法评估的、经履行出资人职责的机构认可或者由履行出资人职责的机构报经本级人民政府核准的价格为依据,合理确定最低转让价格。

第五十六条 法律、行政法规或者国务院国有资产监督管理机构规定可以向本企业的董事、监事、高级管理人员或者其近亲属,或者这些人员所有或者实际控制的企业转让的国有资产,在转让时,上述人员或者企业参与受让的,应当与其他受让参与者平等竞买;转让方应当按照国家有关规定,如实披露有关信息;相关的董事、监事和高级管理人员不得参与转让方案的制订和组织实施的各项工作。

第五十七条 国有资产向境外投资者转让的,应当遵守国家有关规定,不得危害国家安全和社会公共利益。

第六章 国有资本经营预算

第五十八条 国家建立健全国有资本经营预算制度,对取得的国有资本收入及其支出实行预算管理。

第五十九条 国家取得的下列国有资本收入,以及下列收入的支出,应当编制国有资本经营预算:

(一)从国家出资企业分得的利润;

(二)国有资产转让收入;

(三)从国家出资企业取得的清算收入;

(四)其他国有资本收入。

第六十条 国有资本经营预算按年度单独编制,纳入本级人民政府预算,报本级人民代表大会批准。

国有资本经营预算支出按照当年预算收入规模安排,不列赤字。

第六十一条 国务院和有关地方人民政府财政部门负责国有资本经营预算草案的编制工作,履行出资人职责的机构向财政部门提出由其履行出资人职责的国有资本经营预算建议草案。

第六十二条 国有资本经营预算管理的具体办法和实施步骤,由国务院规定,报全国人民代表大会常务委员会备案。

第七章 国有资产监督

第六十三条 各级人民代表大会常务委员会通过听取和审议本级人民政府履行出资人职责的情况和国有资产监督管理情况的专项工作报告,组织对本法实施情况的执法检查等,依法行使监督职权。

第六十四条 国务院和地方人民政府应当对其授权履行出资人职责的机构履行职责的情况进行监督。

第六十五条 国务院和地方人民政府审计机关依照《中华人民共和国审计法》的规定,对国有资本经营预算的执行情况和属于审计监督对象的国家出资企业进行审计监督。

第六十六条 国务院和地方人民政府应当依法向社会公布国有资产状况和国有资产监督管理工作情况,接受社会公众的监督。

任何单位和个人有权对造成国有资产损失的行为进行检举和控告。

第六十七条 履行出资人职责的机构根据需要,可以委托会计师事务所对国有独资企业、国有独资公司的年度财务会计报告进行审计,或者通过国有资本控股公司的股东会、股东大会决议,由国有资本控股公司聘请会计师事务所对公司的年度财务会计报告进行审计,维护出资人权益。

第八章 法律责任

第六十八条 履行出资人职责的机构有下列行为之一的,对其直接负责的主管人员和其他直接责任人员依法给予处分:

(一)不按照法定的任职条件,任命或者建议任命国家出资企业管理者的;

（二）侵占、截留、挪用国家出资企业的资金或者应当上缴的国有资本收入的；
（三）违反法定的权限、程序，决定国家出资企业重大事项，造成国有资产损失的；
（四）有其他不依法履行出资人职责的行为，造成国有资产损失的。

第六十九条　履行出资人职责的机构的工作人员玩忽职守、滥用职权、徇私舞弊，尚不构成犯罪的，依法给予处分。

第七十条　履行出资人职责的机构委派的股东代表未按照委派机构的指示履行职责，造成国有资产损失的，依法承担赔偿责任；属于国家工作人员的，并依法给予处分。

第七十一条　国家出资企业的董事、监事、高级管理人员有下列行为之一，造成国有资产损失的，依法承担赔偿责任；属于国家工作人员的，并依法给予处分：
（一）利用职权收受贿赂或者取得其他非法收入和不当利益的；
（二）侵占、挪用企业资产的；
（三）在企业改制、财产转让等过程中，违反法律、行政法规和公平交易规则，将企业财产低价转让、低价折股的；
（四）违反本法规定与本企业进行交易的；
（五）不如实向资产评估机构、会计师事务所提供有关情况和资料，或者与资产评估机构、会计师事务所串通出具虚假资产评估报告、审计报告的；
（六）违反法律、行政法规和企业章程规定的决策程序，决定企业重大事项的；
（七）有其他违反法律、行政法规和企业章程执行职务行为的。

国家出资企业的董事、监事、高级管理人员因前款所列行为取得的收入，依法予以追缴或者归国家出资企业所有。

履行出资人职责的机构任命或者建议任命的董事、监事、高级管理人员有本条第一款所列行为之一，造成国有资产重大损失的，由履行出资人职责的机构依法予以免职或者提出免职建议。

第七十二条　在涉及关联方交易、国有资产转让等交易活动中，当事人恶意串通，损害国有资产权益的，该交易行为无效。

第七十三条　国有独资企业、国有独资公司、国有资本控股公司的董事、监事、高级管理人员违反本法规定，造成国有资产重大损失，被免职的，自免职之日起五年内不得担任国有独资企业、国有独资公司、国有资本控股公司的董事、监事、高级管理人员；造成国有资产特别重大损失，或者因贪污、贿赂、侵占财产、挪用财产或者破坏社会主义市场经济秩序被判处刑罚的，终身不得担任国有独资企业、国有独资公司、国有资本控股公司的董事、监事、高级管理人员。

第七十四条　接受委托对国家出资企业进行资产评估、财务审计的资产评估机构、会计师事务所违反法律、行政法规的规定和执业准则，出具虚假的资产评估报告或者审计报告的，依照有关法律、行政法规的规定追究法律责任。

第七十五条　违反本法规定，构成犯罪的，依法追究刑事责任。

第九章　附　　则

第七十六条　金融企业国有资产的管理与监督，法律、行政法规另有规定的，依照其规定。
第七十七条　本法自2009年5月1日起施行。

中华人民共和国公司法

中华人民共和国主席令第42号

(1993年12月29日第八届全国人民代表大会常务委员会第五次会议通过;根据1999年12月25日第九届全国人民代表大会常务委员会第十三次会议《关于修改〈中华人民共和国公司法〉的决定》第一次修正;根据2004年8月28日第十届全国人民代表大会常务委员会第十一次会议《关于修改〈中华人民共和国公司法〉的决定》第二次修正;2005年10月27日第十届全国人民代表大会常务委员会第十八次会议修订;根据2013年12月28日第十二届全国人民代表大会常务委员会第六次会议通过《关于修改〈中华人民共和国海洋环境保护法〉等七部法律的决定》第三次修正,于2014年3月1日起实施)

第一章 总 则

第一条 为了规范公司的组织和行为,保护公司、股东和债权人的合法权益,维护社会经济秩序,促进社会主义市场经济的发展,制定本法。

第二条 本法所称公司是指依照本法在中国境内设立的有限责任公司和股份有限公司。

第三条 公司是企业法人,有独立的法人财产,享有法人财产权。公司以其全部财产对公司的债务承担责任。

有限责任公司的股东以其认缴的出资额为限对公司承担责任;股份有限公司的股东以其认购的股份为限对公司承担责任。

第四条 公司股东依法享有资产收益、参与重大决策和选择管理者等权利。

第五条 公司从事经营活动,必须遵守法律、行政法规,遵守社会公德、商业道德,诚实守信,接受政府和社会公众的监督,承担社会责任。

公司的合法权益受法律保护,不受侵犯。

第六条 设立公司,应当依法向公司登记机关申请设立登记。符合本法规定的设立条件的,由公司登记机关分别登记为有限责任公司或者股份有限公司;不符合本法规定的设立条件的,不得登记为有限责任公司或者股份有限公司。

法律、行政法规规定设立公司必须报经批准的,应当在公司登记前依法办理批准手续。

公众可以向公司登记机关申请查询公司登记事项,公司登记机关应当提供查询服务。

第七条 依法设立的公司,由公司登记机关发给公司营业执照。公司营业执照签发日期为公司成立日期。

公司营业执照应当载明公司的名称、住所、注册资本、经营范围、法定代表人姓名等事项。

公司营业执照记载的事项发生变更的,公司应当依法办理变更登记,由公司登记机关换发营业执照。

第八条 依照本法设立的有限责任公司,必须在公司名称中标明有限责任公司或者有限公司字样。

依照本法设立的股份有限公司,必须在公司名称中标明股份有限公司或者股份公司字样。

第九条 有限责任公司变更为股份有限公司,应当符合本法规定的股份有限公司的条件。股份有限公司变更为有限责任公司,应当符合本法规定的有限责任公司的条件。

有限责任公司变更为股份有限公司的,或者股份有限公司变更为有限责任公司的,公司变更前的债权、债务由变更后的公司承继。

第十条 公司以其主要办事机构所在地为住所。

第十一条 设立公司必须依法制定公司章程。公司章程对公司、股东、董事、监事、高级管理人员具有约束力。

第十二条 公司的经营范围由公司章程规定,并依法登记。公司可以修改公司章程,改变经营范围,但是应当办理变更登记。

公司的经营范围中属于法律、行政法规规定须经批准的项目,应当依法经过批准。

第十三条 公司法定代表人依照公司章程的规定,由董事长、执行董事或者经理担任,并依法登记。公司法定代表人变更,应当办理变更登记。

第十四条 公司可以设立分公司。设立分公司,应当向公司登记机关申请登记,领取营业执照。分公司不具有法人资格,其民事责任由公司承担。

公司可以设立子公司,子公司具有法人资格,依法独立承担民事责任。

第十五条 公司可以向其他企业投资;但是,除法律另有规定外,不得成为对所投资企业的债务承担连带责任的出资人。

第十六条 公司向其他企业投资或者为他人提供担保,依照公司章程的规定,由董事会或者股东会、股东大会决议;公司章程对投资或者担保的总额及单项投资或者担保的数额有限额规定的,不得超过规定的限额。

公司为公司股东或者实际控制人提供担保的,必须经股东会或者股东大会决议。

前款规定的股东或者受前款规定的实际控制人支配的股东,不得参加前款规定事项的表决。该项表决由出席会议的其他股东所持表决权的过半数通过。

第十七条 公司必须保护职工的合法权益,依法与职工签订劳动合同,参加社会保险,加强劳动保护,实现安全生产。

公司应当采用多种形式,加强公司职工的职业教育和岗位培训,提高职工素质。

第十八条 公司职工依照《中华人民共和国工会法》组织工会,开展工会活动,维护职工合法权益。公司应当为本公司工会提供必要的活动条件。公司工会代表职工就职工的劳动报酬、工作时间、福利、保险和劳动安全卫生等事项依法与公司签订集体合同。

公司依照宪法和有关法律的规定,通过职工代表大会或者其他形式,实行民主管理。

公司研究决定改制以及经营方面的重大问题、制定重要的规章制度时,应当听取公司工会的意见,并通过职工代表大会或者其他形式听取职工的意见和建议。

第十九条 在公司中,根据中国共产党章程的规定,设立中国共产党的组织,开展党的活动。公司应当为党组织的活动提供必要条件。

第二十条 公司股东应当遵守法律、行政法规和公司章程,依法行使股东权利,不得滥用股东权利损害公司或者其他股东的利益;不得滥用公司法人独立地位和股东有限责任损害公司债权人的利益。

公司股东滥用股东权利给公司或者其他股东造成损失的,应当依法承担赔偿责任。

公司股东滥用公司法人独立地位和股东有限责任,逃避债务,严重损害公司债权人利益的,应当对公司债务承担连带责任。

第二十一条 公司的控股股东、实际控制人、董事、监事、高级管理人员不得利用其关联关系损害公司利益。

违反前款规定，给公司造成损失的，应当承担赔偿责任。

第二十二条 公司股东会或者股东大会、董事会的决议内容违反法律、行政法规的无效。

股东会或者股东大会、董事会的会议召集程序、表决方式违反法律、行政法规或者公司章程，或者决议内容违反公司章程的，股东可以自决议作出之日起六十日内，请求人民法院撤销。

股东依照前款规定提起诉讼的，人民法院可以应公司的请求，要求股东提供相应担保。

公司根据股东会或者股东大会、董事会决议已办理变更登记的，人民法院宣告该决议无效或者撤销该决议后，公司应当向公司登记机关申请撤销变更登记。

第二章 有限责任公司的设立和组织机构

第一节 设 立

第二十三条 设立有限责任公司，应当具备下列条件：
（一）股东符合法定人数；
（二）有符合公司章程规定的全体股东认缴的出资额；
（三）股东共同制定公司章程；
（四）有公司名称，建立符合有限责任公司要求的组织机构；
（五）有公司住所。

第二十四条 有限责任公司由五十个以下股东出资设立。

第二十五条 有限责任公司章程应当载明下列事项：
（一）公司名称和住所；
（二）公司经营范围；
（三）公司注册资本；
（四）股东的姓名或者名称；
（五）股东的出资方式、出资额和出资时间；
（六）公司的机构及其产生办法、职权、议事规则；
（七）公司法定代表人；
（八）股东会会议认为需要规定的其他事项。

股东应当在公司章程上签名、盖章。

第二十六条 有限责任公司的注册资本为在公司登记机关登记的全体股东认缴的出资额。

法律、行政法规以及国务院决定对有限责任公司注册资本实缴、注册资本最低限额另有规定的，从其规定。

第二十七条 股东可以用货币出资，也可以用实物、知识产权、土地使用权等可以用货币估价并可以依法转让的非货币财产作价出资；但是，法律、行政法规规定不得作为出资的财产除外。

对作为出资的非货币财产应当评估作价，核实财产，不得高估或者低估作价。法律、行政法规对评估作价有规定的，从其规定。

第二十八条　股东应当按期足额缴纳公司章程中规定的各自所认缴的出资额。股东以货币出资的,应当将货币出资足额存入有限责任公司在银行开设的账户;以非货币财产出资的,应当依法办理其财产权的转移手续。

股东不按照前款规定缴纳出资的,除应当向公司足额缴纳外,还应当向已按期足额缴纳出资的股东承担违约责任。

第二十九条　股东认足公司章程规定的出资后,由全体股东指定的代表或者共同委托的代理人向公司登记机关报送公司登记申请书、公司章程等文件,申请设立登记。

第三十条　有限责任公司成立后,发现作为设立公司出资的非货币财产的实际价额显著低于公司章程所定价额的,应当由交付该出资的股东补足其差额;公司设立时的其他股东承担连带责任。

第三十一条　有限责任公司成立后,应当向股东签发出资证明书。

出资证明书应当载明下列事项:

(一)公司名称;

(二)公司成立日期;

(三)公司注册资本;

(四)股东的姓名或者名称、缴纳的出资额和出资日期;

(五)出资证明书的编号和核发日期。

出资证明书由公司盖章。

第三十二条　有限责任公司应当置备股东名册,记载下列事项:

(一)股东的姓名或者名称及住所;

(二)股东的出资额;

(三)出资证明书编号。

记载于股东名册的股东,可以依股东名册主张行使股东权利。

公司应当将股东的姓名或者名称向公司登记机关登记;登记事项发生变更的,应当办理变更登记。未经登记或者变更登记的,不得对抗第三人。

第三十三条　股东有权查阅、复制公司章程、股东会会议记录、董事会会议决议、监事会会议决议和财务会计报告。

股东可以要求查阅公司会计账簿。股东要求查阅公司会计账簿的,应当向公司提出书面请求,说明目的。公司有合理根据认为股东查阅会计账簿有不正当目的,可能损害公司合法利益的,可以拒绝提供查阅,并应当自股东提出书面请求之日起十五日内书面答复股东并说明理由。公司拒绝提供查阅的,股东可以请求人民法院要求公司提供查阅。

第三十四条　股东按照实缴的出资比例分取红利;公司新增资本时,股东有权优先按照实缴的出资比例认缴出资。但是,全体股东约定不按照出资比例分取红利或者不按照出资比例优先认缴出资的除外。

第三十五条　公司成立后,股东不得抽逃出资。

第二节　组 织 机 构

第三十六条　有限责任公司股东会由全体股东组成。股东会是公司的权力机构,依照本法行使职权。

第三十七条　股东会行使下列职权:

（一）决定公司的经营方针和投资计划；
（二）选举和更换非由职工代表担任的董事、监事，决定有关董事、监事的报酬事项；
（三）审议批准董事会的报告；
（四）审议批准监事会或者监事的报告；
（五）审议批准公司的年度财务预算方案、决算方案；
（六）审议批准公司的利润分配方案和弥补亏损方案；
（七）对公司增加或者减少注册资本作出决议；
（八）对发行公司债券作出决议；
（九）对公司合并、分立、解散、清算或者变更公司形式作出决议；
（十）修改公司章程；
（十一）公司章程规定的其他职权。

对前款所列事项股东以书面形式一致表示同意的，可以不召开股东会会议，直接作出决定，并由全体股东在决定文件上签名、盖章。

第三十八条 首次股东会会议由出资最多的股东召集和主持，依照本法规定行使职权。

第三十九条 股东会会议分为定期会议和临时会议。

定期会议应当依照公司章程的规定按时召开。代表十分之一以上表决权的股东，三分之一以上的董事，监事会或者不设监事会的公司的监事提议召开临时会议的，应当召开临时会议。

第四十条 有限责任公司设立董事会的，股东会会议由董事会召集，董事长主持；董事长不能履行职务或者不履行职务的，由副董事长主持；副董事长不能履行职务或者不履行职务的，由半数以上董事共同推举一名董事主持。

有限责任公司不设董事会的，股东会会议由执行董事召集和主持。

董事会或者执行董事不能履行或者不履行召集股东会会议职责的，由监事会或者不设监事会的公司的监事召集和主持；监事会或者监事不召集和主持的，代表十分之一以上表决权的股东可以自行召集和主持。

第四十一条 召开股东会会议，应当于会议召开十五日前通知全体股东；但是，公司章程另有规定或者全体股东另有约定的除外。

股东会应当对所议事项的决定作成会议记录，出席会议的股东应当在会议记录上签名。

第四十二条 股东会会议由股东按照出资比例行使表决权；但是，公司章程另有规定的除外。

第四十三条 股东会的议事方式和表决程序，除本法有规定的外，由公司章程规定。

股东会会议作出修改公司章程、增加或者减少注册资本的决议，以及公司合并、分立、解散或者变更公司形式的决议，必须经代表三分之二以上表决权的股东通过。

第四十四条 有限责任公司设董事会，其成员为三人至十三人；但是，本法第五十条另有规定的除外。

两个以上的国有企业或者两个以上的其他国有投资主体投资设立的有限责任公司，其董事会成员中应当有公司职工代表；其他有限责任公司董事会成员中可以有公司职工代表。董事会中的职工代表由公司职工通过职工代表大会、职工大会或者其他形式民主选举产生。

董事会设董事长一人，可以设副董事长。董事长、副董事长的产生办法由公司章程规定。

第四十五条 董事任期由公司章程规定，但每届任期不得超过三年。董事任期届满，连选可以连任。

董事任期届满未及时改选，或者董事在任期内辞职导致董事会成员低于法定人数的，在改选出的董事就任前,原董事仍应当依照法律、行政法规和公司章程的规定,履行董事职务。

第四十六条 董事会对股东会负责,行使下列职权:
(一)召集股东会会议,并向股东会报告工作;
(二)执行股东会的决议;
(三)决定公司的经营计划和投资方案;
(四)制订公司的年度财务预算方案、决算方案;
(五)制订公司的利润分配方案和弥补亏损方案;
(六)制订公司增加或者减少注册资本以及发行公司债券的方案;
(七)制订公司合并、分立、解散或者变更公司形式的方案;
(八)决定公司内部管理机构的设置;
(九)决定聘任或者解聘公司经理及其报酬事项,并根据经理的提名决定聘任或者解聘公司副经理、财务负责人及其报酬事项;
(十)制定公司的基本管理制度;
(十一)公司章程规定的其他职权。

第四十七条 董事会会议由董事长召集和主持;董事长不能履行职务或者不履行职务的,由副董事长召集和主持;副董事长不能履行职务或者不履行职务的,由半数以上董事共同推举一名董事召集和主持。

第四十八条 董事会的议事方式和表决程序,除本法有规定的外,由公司章程规定。

董事会应当对所议事项的决定作成会议记录,出席会议的董事应当在会议记录上签名。

董事会决议的表决,实行一人一票。

第四十九条 有限责任公司可以设经理,由董事会决定聘任或者解聘。经理对董事会负责,行使下列职权:
(一)主持公司的生产经营管理工作,组织实施董事会决议;
(二)组织实施公司年度经营计划和投资方案;
(三)拟订公司内部管理机构设置方案;
(四)拟订公司的基本管理制度;
(五)制定公司的具体规章;
(六)提请聘任或者解聘公司副经理、财务负责人;
(七)决定聘任或者解聘除应由董事会决定聘任或者解聘以外的负责管理人员;
(八)董事会授予的其他职权。

公司章程对经理职权另有规定的,从其规定。

经理列席董事会会议。

第五十条 股东人数较少或者规模较小的有限责任公司,可以设一名执行董事,不设董事会。执行董事可以兼任公司经理。

执行董事的职权由公司章程规定。

第五十一条 有限责任公司设监事会,其成员不得少于三人。股东人数较少或者规模较小的有限责任公司,可以设一至二名监事,不设监事会。

监事会应当包括股东代表和适当比例的公司职工代表,其中职工代表的比例不得低于三分之一,具体比例由公司章程规定。监事会中的职工代表由公司职工通过职工代表大会、职工大会或者其他形式民主选举产生。

监事会设主席一人,由全体监事过半数选举产生。监事会主席召集和主持监事会会议;监事会主席不能履行职务或者不履行职务的,由半数以上监事共同推举一名监事召集和主持监事会会议。

董事、高级管理人员不得兼任监事。

第五十二条 监事的任期每届为三年。监事任期届满,连选可以连任。

监事任期届满未及时改选,或者监事在任期内辞职导致监事会成员低于法定人数的,在改选出的监事就任前,原监事仍应当依照法律、行政法规和公司章程的规定,履行监事职务。

第五十三条 监事会、不设监事会的公司的监事行使下列职权:

(一) 检查公司财务;

(二) 对董事、高级管理人员执行公司职务的行为进行监督,对违反法律、行政法规、公司章程或者股东会决议的董事、高级管理人员提出罢免的建议;

(三) 当董事、高级管理人员的行为损害公司的利益时,要求董事、高级管理人员予以纠正;

(四) 提议召开临时股东会会议,在董事会不履行本法规定的召集和主持股东会会议职责时召集和主持股东会会议;

(五) 向股东会会议提出提案;

(六) 依照本法第一百五十一条的规定,对董事、高级管理人员提起诉讼;

(七) 公司章程规定的其他职权。

第五十四条 监事可以列席董事会会议,并对董事会决议事项提出质询或者建议。

监事会、不设监事会的公司的监事发现公司经营情况异常,可以进行调查;必要时,可以聘请会计师事务所等协助其工作,费用由公司承担。

第五十五条 监事会每年度至少召开一次会议,监事可以提议召开临时监事会会议。

监事会的议事方式和表决程序,除本法有规定的外,由公司章程规定。

监事会决议应当经半数以上监事通过。

监事会应当对所议事项的决定作成会议记录,出席会议的监事应当在会议记录上签名。

第五十六条 监事会、不设监事会的公司的监事行使职权所必需的费用,由公司承担。

第三节 一人有限责任公司的特别规定

第五十七条 一人有限责任公司的设立和组织机构,适用本节规定;本节没有规定的,适用本章第一节、第二节的规定。

本法所称一人有限责任公司,是指只有一个自然人股东或者一个法人股东的有限责任公司。

第五十八条 一个自然人只能投资设立一个一人有限责任公司。该一人有限责任公司不能投资设立新的一人有限责任公司。

第五十九条 一人有限责任公司应当在公司登记中注明自然人独资或者法人独资,并在公司营业执照中载明。

第六十条 一人有限责任公司章程由股东制定。

第六十一条 一人有限责任公司不设股东会。股东作出本法第三十八条第一款所列决定时,应当采用书面形式,并由股东签名后置备于公司。

第六十二条 一人有限责任公司应当在每一会计年度终了时编制财务会计报告,并经会计师事务所审计。

第六十三条 一人有限责任公司的股东不能证明公司财产独立于股东自己的财产的,应当对公司债务承担连带责任。

第四节　国有独资公司的特别规定

第六十四条　国有独资公司的设立和组织机构，适用本节规定；本节没有规定的，适用本章第一节、第二节的规定。

本法所称国有独资公司，是指国家单独出资、由国务院或者地方人民政府授权本级人民政府国有资产监督管理机构履行出资人职责的有限责任公司。

第六十五条　国有独资公司章程由国有资产监督管理机构制定，或者由董事会制订报国有资产监督管理机构批准。

第六十六条　国有独资公司不设股东会，由国有资产监督管理机构行使股东会职权。国有资产监督管理机构可以授权公司董事会行使股东会的部分职权，决定公司的重大事项，但公司的合并、分立、解散、增加或者减少注册资本和发行公司债券，必须由国有资产监督管理机构决定；其中，重要的国有独资公司合并、分立、解散、申请破产的，应当由国有资产监督管理机构审核后，报本级人民政府批准。

前款所称重要的国有独资公司，按照国务院的规定确定。

第六十七条　国有独资公司设董事会，依照本法第四十六条、第六十六条的规定行使职权。董事每届任期不得超过三年。董事会成员中应当有公司职工代表。

董事会成员由国有资产监督管理机构委派；但是，董事会成员中的职工代表由公司职工代表大会选举产生。

董事会设董事长一人，可以设副董事长。董事长、副董事长由国有资产监督管理机构从董事会成员中指定。

第六十八条　国有独资公司设经理，由董事会聘任或者解聘。经理依照本法第四十九条规定行使职权。

经国有资产监督管理机构同意，董事会成员可以兼任经理。

第六十九条　国有独资公司的董事长、副董事长、董事、高级管理人员，未经国有资产监督管理机构同意，不得在其他有限责任公司、股份有限公司或者其他经济组织兼职。

第七十条　国有独资公司监事会成员不得少于五人，其中职工代表的比例不得低于三分之一，具体比例由公司章程规定。

监事会成员由国有资产监督管理机构委派；但是，监事会成员中的职工代表由公司职工代表大会选举产生。监事会主席由国有资产监督管理机构从监事会成员中指定。

监事会行使本法第五十三条第（一）项至第（三）项规定的职权和国务院规定的其他职权。

第三章　有限责任公司的股权转让

第七十一条　有限责任公司的股东之间可以相互转让其全部或者部分股权。

股东向股东以外的人转让股权，应当经其他股东过半数同意。股东应就其股权转让事项书面通知其他股东征求同意，其他股东自接到书面通知之日起满三十日未答复的，视为同意转让。其他股东半数以上不同意转让的，不同意的股东应当购买该转让的股权；不购买的，视为同意转让。

经股东同意转让的股权，在同等条件下，其他股东有优先购买权。两个以上股东主张行使优先购买权的，协商确定各自的购买比例；协商不成的，按照转让时各自的出资比例行使优先购买权。

公司章程对股权转让另有规定的,从其规定。

第七十二条 人民法院依照法律规定的强制执行程序转让股东的股权时,应当通知公司及全体股东,其他股东在同等条件下有优先购买权。其他股东自人民法院通知之日起满二十日不行使优先购买权的,视为放弃优先购买权。

第七十三条 依照本法第七十一条、第七十二条转让股权后,公司应当注销原股东的出资证明书,向新股东签发出资证明书,并相应修改公司章程和股东名册中有关股东及其出资额的记载。对公司章程的该项修改不需再由股东会表决。

第七十四条 有下列情形之一的,对股东会该项决议投反对票的股东可以请求公司按照合理的价格收购其股权:

(一) 公司连续五年不向股东分配利润,而公司该五年连续盈利,并且符合本法规定的分配利润条件的;

(二) 公司合并、分立、转让主要财产的;

(三) 公司章程规定的营业期限届满或者章程规定的其他解散事由出现,股东会会议通过决议修改章程使公司存续的。

自股东会会议决议通过之日起六十日内,股东与公司不能达成股权收购协议的,股东可以自股东会会议决议通过之日起九十日内向人民法院提起诉讼。

第七十五条 自然人股东死亡后,其合法继承人可以继承股东资格;但是,公司章程另有规定的除外。

第四章 股份有限公司的设立和组织机构

第一节 设　　立

第七十六条 设立股份有限公司,应当具备下列条件:

(一) 发起人符合法定人数;

(二) 有符合公司章程规定的全体发起人认购的股本总额或者募集的实收股本总额;

(三) 股份发行、筹办事项符合法律规定;

(四) 发起人制订公司章程,采用募集方式设立的经创立大会通过;

(五) 有公司名称,建立符合股份有限公司要求的组织机构;

(六) 有公司住所。

第七十七条 股份有限公司的设立,可以采取发起设立或者募集设立的方式。

发起设立,是指由发起人认购公司应发行的全部股份而设立公司。

募集设立,是指由发起人认购公司应发行股份的一部分,其余股份向社会公开募集或者向特定对象募集而设立公司。

第七十八条 设立股份有限公司,应当有二人以上二百人以下为发起人,其中须有半数以上的发起人在中国境内有住所。

第七十九条 股份有限公司发起人承担公司筹办事务。

发起人应当签订发起人协议,明确各自在公司设立过程中的权利和义务。

第八十条 股份有限公司采取发起设立方式设立的,注册资本为在公司登记机关登记的全体发起人认购的股本总额。在发起人认购的股份缴足前,不得向他人募集股份。

股份有限公司采取募集方式设立的,注册资本为在公司登记机关登记的实收股本总额。

法律、行政法规以及国务院决定对股份有限公司注册资本实缴、注册资本最低限额另有规定的,从其规定。

第八十一条 股份有限公司章程应当载明下列事项:

(一)公司名称和住所;

(二)公司经营范围;

(三)公司设立方式;

(四)公司股份总数、每股金额和注册资本;

(五)发起人的姓名或者名称、认购的股份数、出资方式和出资时间;

(六)董事会的组成、职权和议事规则;

(七)公司法定代表人;

(八)监事会的组成、职权和议事规则;

(九)公司利润分配办法;

(十)公司的解散事由与清算办法;

(十一)公司的通知和公告办法;

(十二)股东大会会议认为需要规定的其他事项。

第八十二条 发起人的出资方式,适用本法第二十七条的规定。

第八十三条 以发起设立方式设立股份有限公司的,发起人应当书面认足公司章程规定其认购的股份,并按照公司章程规定缴纳出资。以非货币财产出资的,应当依法办理其财产权的转移手续。

发起人不依照前款规定缴纳出资的,应当按照发起人协议承担违约责任。

发起人认足公司章程规定的出资后,应当选举董事会和监事会,由董事会向公司登记机关报送公司章程以及法律、行政法规规定的其他文件,申请设立登记。

第八十四条 以募集设立方式设立股份有限公司的,发起人认购的股份不得少于公司股份总数的百分之三十五;但是,法律、行政法规另有规定的,从其规定。

第八十五条 发起人向社会公开募集股份,必须公告招股说明书,并制作认股书。认股书应当载明本法第八十六条所列事项,由认股人填写认购股数、金额、住所,并签名、盖章。认股人按照所认购股数缴纳股款。

第八十六条 招股说明书应当附有发起人制订的公司章程,并载明下列事项:

(一)发起人认购的股份数;

(二)每股的票面金额和发行价格;

(三)无记名股票的发行总数;

(四)募集资金的用途;

(五)认股人的权利、义务;

(六)本次募股的起止期限及逾期未募足时认股人可以撤回所认股份的说明。

第八十七条 发起人向社会公开募集股份,应当由依法设立的证券公司承销,签订承销协议。

第八十八条 发起人向社会公开募集股份,应当同银行签订代收股款协议。

代收股款的银行应当按照协议代收和保存股款,向缴纳股款的认股人出具收款单据,并负有向有关部门出具收款证明的义务。

第八十九条　发行股份的股款缴足后,必须经依法设立的验资机构验资并出具证明。发起人应当自股款缴足之日起三十日内主持召开公司创立大会。创立大会由发起人、认股人组成。

发行的股份超过招股说明书规定的截止期限尚未募足的,或者发行股份的股款缴足后,发起人在三十日内未召开创立大会的,认股人可以按照所缴股款并加算银行同期存款利息,要求发起人返还。

第九十条　发起人应当在创立大会召开十五日前将会议日期通知各认股人或者予以公告。创立大会应有代表股份总数过半数的发起人、认股人出席,方可举行。

创立大会行使下列职权:

(一) 审议发起人关于公司筹办情况的报告;

(二) 通过公司章程;

(三) 选举董事会成员;

(四) 选举监事会成员;

(五) 对公司的设立费用进行审核;

(六) 对发起人用于抵作股款的财产的作价进行审核;

(七) 发生不可抗力或者经营条件发生重大变化直接影响公司设立的,可以作出不设立公司的决议。

创立大会对前款所列事项作出决议,必须经出席会议的认股人所持表决权过半数通过。

第九十一条　发起人、认股人缴纳股款或者交付抵作股款的出资后,除未按期募足股份、发起人未按期召开创立大会或者创立大会决议不设立公司的情形外,不得抽回其股本。

第九十二条　董事会应于创立大会结束后三十日内,向公司登记机关报送下列文件,申请设立登记:

(一) 公司登记申请书;

(二) 创立大会的会议记录;

(三) 公司章程;

(四) 验资证明;

(五) 法定代表人、董事、监事的任职文件及其身份证明;

(六) 发起人的法人资格证明或者自然人身份证明;

(七) 公司住所证明。

以募集方式设立股份有限公司公开发行股票的,还应当向公司登记机关报送国务院证券监督管理机构的核准文件。

第九十三条　股份有限公司成立后,发起人未按照公司章程的规定缴足出资的,应当补缴;其他发起人承担连带责任。

股份有限公司成立后,发现作为设立公司出资的非货币财产的实际价额显著低于公司章程所定价额的,应当由交付该出资的发起人补足其差额;其他发起人承担连带责任。

第九十四条　股份有限公司的发起人应当承担下列责任:

(一) 公司不能成立时,对设立行为所产生的债务和费用负连带责任;

(二) 公司不能成立时,对认股人已缴纳的股款,负返还股款并加算银行同期存款利息的连带责任;

(三) 在公司设立过程中,由于发起人的过失致使公司利益受到损害的,应当对公司承担赔偿责任。

第九十五条 有限责任公司变更为股份有限公司时,折合的实收股本总额不得高于公司净资产额。有限责任公司变更为股份有限公司,为增加资本公开发行股份时,应当依法办理。

第九十六条 股份有限公司应当将公司章程、股东名册、公司债券存根、股东大会会议记录、董事会会议记录、监事会会议记录、财务会计报告置备于本公司。

第九十七条 股东有权查阅公司章程、股东名册、公司债券存根、股东大会会议记录、董事会会议决议、监事会会议决议、财务会计报告,对公司的经营提出建议或者质询。

第二节 股东大会

第九十八条 股份有限公司股东大会由全体股东组成。股东大会是公司的权力机构,依照本法行使职权。

第九十九条 本法第三十七条第一款关于有限责任公司股东会职权的规定,适用于股份有限公司股东大会。

第一百条 股东大会应当每年召开一次年会。有下列情形之一的,应当在两个月内召开临时股东大会:

(一) 董事人数不足本法规定人数或者公司章程所定人数的三分之二时;
(二) 公司未弥补的亏损达实收股本总额三分之一时;
(三) 单独或者合计持有公司百分之十以上股份的股东请求时;
(四) 董事会认为必要时;
(五) 监事会提议召开时;
(六) 公司章程规定的其他情形。

第一百零一条 股东大会会议由董事会召集,董事长主持;董事长不能履行职务或者不履行职务的,由副董事长主持;副董事长不能履行职务或者不履行职务的,由半数以上董事共同推举一名董事主持。

董事会不能履行或者不履行召集股东大会会议职责的,监事会应当及时召集和主持;监事会不召集和主持的,连续九十日以上单独或者合计持有公司百分之十以上股份的股东可以自行召集和主持。

第一百零二条 召开股东大会会议,应当将会议召开的时间、地点和审议的事项于会议召开二十日前通知各股东;临时股东大会应当于会议召开十五日前通知各股东;发行无记名股票的,应当于会议召开三十日前公告会议召开的时间、地点和审议事项。

单独或者合计持有公司百分之三以上股份的股东,可以在股东大会召开十日前提出临时提案并书面提交董事会;董事会应当在收到提案后二日内通知其他股东,并将该临时提案提交股东大会审议。临时提案的内容应当属于股东大会职权范围,并有明确议题和具体决议事项。

股东大会不得对前两款通知中未列明的事项作出决议。

无记名股票持有人出席股东大会会议的,应当于会议召开五日前至股东大会闭会时将股票交存于公司。

第一百零三条 股东出席股东大会会议,所持每一股份有一表决权。但是,公司持有的本公司股份没有表决权。

股东大会作出决议,必须经出席会议的股东所持表决权过半数通过。但是,股东大会作出修改公司章程、增加或者减少注册资本的决议,以及公司合并、分立、解散或者变更公司形式的决议,必须经出席会议的股东所持表决权的三分之二以上通过。

第一百零四条 本法和公司章程规定公司转让、受让重大资产或者对外提供担保等事项必须经股东大会作出决议的,董事会应当及时召集股东大会会议,由股东大会就上述事项进行表决。

第一百零五条 股东大会选举董事、监事,可以依照公司章程的规定或者股东大会的决议,实行累积投票制。

本法所称累积投票制,是指股东大会选举董事或者监事时,每一股份拥有与应选董事或者监事人数相同的表决权,股东拥有的表决权可以集中使用。

第一百零六条 股东可以委托代理人出席股东大会会议,代理人应当向公司提交股东授权委托书,并在授权范围内行使表决权。

第一百零七条 股东大会应当对所议事项的决定作成会议记录,主持人、出席会议的董事应当在会议记录上签名。会议记录应当与出席股东的签名册及代理出席的委托书一并保存。

第三节　董事会、经理

第一百零八条 股份有限公司设董事会,其成员为五人至十九人。

董事会成员中可以有公司职工代表。董事会中的职工代表由公司职工通过职工代表大会、职工大会或者其他形式民主选举产生。

本法第四十五条关于有限责任公司董事任期的规定,适用于股份有限公司董事。

本法第四十六条关于有限责任公司董事会职权的规定,适用于股份有限公司董事会。

第一百零九条 董事会设董事长一人,可以设副董事长。董事长和副董事长由董事会以全体董事的过半数选举产生。

董事长召集和主持董事会会议,检查董事会决议的实施情况。副董事长协助董事长工作,董事长不能履行职务或者不履行职务的,由副董事长履行职务;副董事长不能履行职务或者不履行职务的,由半数以上董事共同推举一名董事履行职务。

第一百一十条 董事会每年度至少召开两次会议,每次会议应当于会议召开十日前通知全体董事和监事。

代表十分之一以上表决权的股东、三分之一以上董事或者监事会,可以提议召开董事会临时会议。董事长应当自接到提议后十日内,召集和主持董事会会议。

董事会召开临时会议,可以另定召集董事会的通知方式和通知时限。

第一百一十一条 董事会会议应有过半数的董事出席方可举行。董事会作出决议,必须经全体董事的过半数通过。

董事会决议的表决,实行一人一票。

第一百一十二条 董事会会议,应由董事本人出席;董事因故不能出席,可以书面委托其他董事代为出席,委托书中应载明授权范围。

董事会应当对会议所议事项的决定作成会议记录,出席会议的董事应当在会议记录上签名。

董事应当对董事会的决议承担责任。董事会的决议违反法律、行政法规或者公司章程、股东大会决议,致使公司遭受严重损失的,参与决议的董事对公司负赔偿责任。但经证明在表决时曾表明异议并记载于会议记录的,该董事可以免除责任。

第一百一十三条 股份有限公司设经理,由董事会决定聘任或者解聘。

本法第四十九条关于有限责任公司经理职权的规定,适用于股份有限公司经理。

第一百一十四条 公司董事会可以决定由董事会成员兼任经理。

第一百一十五条 公司不得直接或者通过子公司向董事、监事、高级管理人员提供借款。

第一百一十六条 公司应当定期向股东披露董事、监事、高级管理人员从公司获得报酬的情况。

第四节 监 事 会

第一百一十七条 股份有限公司设监事会,其成员不得少于三人。

监事会应当包括股东代表和适当比例的公司职工代表,其中职工代表的比例不得低于三分之一,具体比例由公司章程规定。监事会中的职工代表由公司职工通过职工代表大会、职工大会或者其他形式民主选举产生。

监事会设主席一人,可以设副主席。监事会主席和副主席由全体监事过半数选举产生。监事会主席召集和主持监事会会议;监事会主席不能履行职务或者不履行职务的,由监事会副主席召集和主持监事会会议;监事会副主席不能履行职务或者不履行职务的,由半数以上监事共同推举一名监事召集和主持监事会会议。

董事、高级管理人员不得兼任监事。

本法第五十二条关于有限责任公司监事任期的规定,适用于股份有限公司监事。

第一百一十八条 本法第五十三条、第五十四条关于有限责任公司监事会职权的规定,适用于股份有限公司监事会。

监事会行使职权所必需的费用,由公司承担。

第一百一十九条 监事会每六个月至少召开一次会议。监事可以提议召开临时监事会会议。

监事会的议事方式和表决程序,除本法有规定的外,由公司章程规定。

监事会决议应当经半数以上监事通过。

监事会应当对所议事项的决定作成会议记录,出席会议的监事应当在会议记录上签名。

第五节 上市公司组织机构的特别规定

第一百二十条 本法所称上市公司,是指其股票在证券交易所上市交易的股份有限公司。

第一百二十一条 上市公司在一年内购买、出售重大资产或者担保金额超过公司资产总额百分之三十的,应当由股东大会作出决议,并经出席会议的股东所持表决权的三分之二以上通过。

第一百二十二条 上市公司设立独立董事,具体办法由国务院规定。

第一百二十三条 上市公司设董事会秘书,负责公司股东大会和董事会会议的筹备、文件保管以及公司股东资料的管理,办理信息披露事务等事宜。

第一百二十四条 上市公司董事与董事会会议决议事项所涉及的企业有关联关系的,不得对该项决议行使表决权,也不得代理其他董事行使表决权。该董事会会议由过半数的无关联关系董事出席即可举行,董事会会议所作决议须经无关联关系董事过半数通过。出席董事会的无关联关系董事人数不足三人的,应将该事项提交上市公司股东大会审议。

第五章　股份有限公司的股份发行和转让

第一节　股份发行

第一百二十五条　股份有限公司的资本划分为股份,每一股的金额相等。

公司的股份采取股票的形式。股票是公司签发的证明股东所持股份的凭证。

第一百二十六条　股份的发行,实行公平、公正的原则,同种类的每一股份应当具有同等权利。

同次发行的同种类股票,每股的发行条件和价格应当相同;任何单位或者个人所认购的股份,每股应当支付相同价额。

第一百二十七条　股票发行价格可以按票面金额,也可以超过票面金额,但不得低于票面金额。

第一百二十八条　股票采用纸面形式或者国务院证券监督管理机构规定的其他形式。

股票应当载明下列主要事项:

(一)公司名称;

(二)公司成立日期;

(三)股票种类、票面金额及代表的股份数;

(四)股票的编号。

股票由法定代表人签名,公司盖章。

发起人的股票,应当标明发起人股票字样。

第一百二十九条　公司发行的股票,可以为记名股票,也可以为无记名股票。

公司向发起人、法人发行的股票,应当为记名股票,并应当记载该发起人、法人的名称或者姓名,不得另立户名或者以代表人姓名记名。

第一百三十条　公司发行记名股票的,应当置备股东名册,记载下列事项:

(一)股东的姓名或者名称及住所;

(二)各股东所持股份数;

(三)各股东所持股票的编号;

(四)各股东取得股份的日期。

发行无记名股票的,公司应当记载其股票数量、编号及发行日期。

第一百三十一条　国务院可以对公司发行本法规定以外的其他种类的股份,另行作出规定。

第一百三十二条　股份有限公司成立后,即向股东正式交付股票。公司成立前不得向股东交付股票。

第一百三十三条　公司发行新股,股东大会应当对下列事项作出决议:

(一)新股种类及数额;

(二)新股发行价格;

(三)新股发行的起止日期;

(四)向原有股东发行新股的种类及数额。

第一百三十四条　公司经国务院证券监督管理机构核准公开发行新股时,必须公告新股招股说明书和财务会计报告,并制作认股书。

本法第八十七条、第八十八条的规定适用于公司公开发行新股。

第一百三十五条 公司发行新股，可以根据公司经营情况和财务状况，确定其作价方案。

第一百三十六条 公司发行新股募足股款后，必须向公司登记机关办理变更登记，并公告。

第二节 股份转让

第一百三十七条 股东持有的股份可以依法转让。

第一百三十八条 股东转让其股份，应当在依法设立的证券交易场所进行或者按照国务院规定的其他方式进行。

第一百三十九条 记名股票，由股东以背书方式或者法律、行政法规规定的其他方式转让；转让后由公司将受让人的姓名或者名称及住所记载于股东名册。

股东大会召开前二十日内或者公司决定分配股利的基准日前五日内，不得进行前款规定的股东名册的变更登记。但是，法律对上市公司股东名册变更登记另有规定的，从其规定。

第一百四十条 无记名股票的转让，由股东将该股票交付给受让人后即发生转让的效力。

第一百四十一条 发起人持有的本公司股份，自公司成立之日起一年内不得转让。公司公开发行股份前已发行的股份，自公司股票在证券交易所上市交易之日起一年内不得转让。

公司董事、监事、高级管理人员应当向公司申报所持有的本公司的股份及其变动情况，在任职期间每年转让的股份不得超过其所持有本公司股份总数的百分之二十五；所持本公司股份自公司股票上市交易之日起一年内不得转让。上述人员离职后半年内，不得转让其所持有的本公司股份。公司章程可以对公司董事、监事、高级管理人员转让其所持有的本公司股份作出其他限制性规定。

第一百四十二条 公司不得收购本公司股份。但是，有下列情形之一的除外：

（一）减少公司注册资本；
（二）与持有本公司股份的其他公司合并；
（三）将股份奖励给本公司职工；
（四）股东因对股东大会作出的公司合并、分立决议持异议，要求公司收购其股份的。

公司因前款第（一）项至第（三）项的原因收购本公司股份的，应当经股东大会决议。公司依照前款规定收购本公司股份后，属于第（一）项情形的，应当自收购之日起十日内注销；属于第（二）项、第（四）项情形的，应当在六个月内转让或者注销。

公司依照第一款第（三）项规定收购的本公司股份，不得超过本公司已发行股份总额的百分之五；用于收购的资金应当从公司的税后利润中支出；所收购的股份应当在一年内转让给职工。

公司不得接受本公司的股票作为质押权的标的。

第一百四十三条 记名股票被盗、遗失或者灭失，股东可以依照《中华人民共和国民事诉讼法》规定的公示催告程序，请求人民法院宣告该股票失效。人民法院宣告该股票失效后，股东可以向公司申请补发股票。

第一百四十四条 上市公司的股票，依照有关法律、行政法规及证券交易所交易规则上市交易。

第一百四十五条 上市公司必须依照法律、行政法规的规定，公开其财务状况、经营情况及重大诉讼，在每会计年度内半年公布一次财务会计报告。

第六章　公司董事、监事、高级管理人员的资格和义务

第一百四十六条　有下列情形之一的，不得担任公司的董事、监事、高级管理人员：

（一）无民事行为能力或者限制民事行为能力；

（二）因贪污、贿赂、侵占财产、挪用财产或者破坏社会主义市场经济秩序，被判处刑罚，执行期满未逾五年，或者因犯罪被剥夺政治权利，执行期满未逾五年；

（三）担任破产清算的公司、企业的董事或者厂长、经理，对该公司、企业的破产负有个人责任的，自该公司、企业破产清算完结之日起未逾三年；

（四）担任因违法被吊销营业执照、责令关闭的公司、企业的法定代表人，并负有个人责任的，自该公司、企业被吊销营业执照之日起未逾三年；

（五）个人所负数额较大的债务到期未清偿。

公司违反前款规定选举、委派董事、监事或者聘任高级管理人员的，该选举、委派或者聘任无效。

董事、监事、高级管理人员在任职期间出现本条第一款所列情形的，公司应当解除其职务。

第一百四十七条　董事、监事、高级管理人员应当遵守法律、行政法规和公司章程，对公司负有忠实义务和勤勉义务。

董事、监事、高级管理人员不得利用职权收受贿赂或者其他非法收入，不得侵占公司的财产。

第一百四十八条　董事、高级管理人员不得有下列行为：

（一）挪用公司资金；

（二）将公司资金以其个人名义或者以其他个人名义开立账户存储；

（三）违反公司章程的规定，未经股东会、股东大会或者董事会同意，将公司资金借贷给他人或者以公司财产为他人提供担保；

（四）违反公司章程的规定或者未经股东会、股东大会同意，与本公司订立合同或者进行交易；

（五）未经股东会或者股东大会同意，利用职务便利为自己或者他人谋取属于公司的商业机会，自营或者为他人经营与所任职公司同类的业务；

（六）接受他人与公司交易的佣金归为己有；

（七）擅自披露公司秘密；

（八）违反对公司忠实义务的其他行为。

董事、高级管理人员违反前款规定所得的收入应当归公司所有。

第一百四十九条　董事、监事、高级管理人员执行公司职务时违反法律、行政法规或者公司章程的规定，给公司造成损失的，应当承担赔偿责任。

第一百五十条　股东会或者股东大会要求董事、监事、高级管理人员列席会议的，董事、监事、高级管理人员应当列席并接受股东的质询。

董事、高级管理人员应当如实向监事会或者不设监事会的有限责任公司的监事提供有关情况和资料，不得妨碍监事会或者监事行使职权。

第一百五十一条　董事、高级管理人员有本法第一百四十九条规定的情形的，有限责任公司的股东、股份有限公司连续一百八十日以上单独或者合计持有公司百分之一以上股份的股东，可以书面请求监事会或者不设监事会的有限责任公司的监事向人民法院提起诉讼；监事有本法第一百四十九条规定的情形的，前述股东可以书面请求董事会或者不设董事会的有限责任公司的

执行董事向人民法院提起诉讼。

监事会、不设监事会的有限责任公司的监事，或者董事会、执行董事收到前款规定的股东书面请求后拒绝提起诉讼，或者自收到请求之日起三十日内未提起诉讼，或者情况紧急、不立即提起诉讼将会使公司利益受到难以弥补的损害的，前款规定的股东有权为了公司的利益以自己的名义直接向人民法院提起诉讼。

他人侵犯公司合法权益，给公司造成损失的，本条第一款规定的股东可以依照前两款的规定向人民法院提起诉讼。

第一百五十二条　董事、高级管理人员违反法律、行政法规或者公司章程的规定，损害股东利益的，股东可以向人民法院提起诉讼。

第七章　公司债券

第一百五十三条　本法所称公司债券，是指公司依照法定程序发行、约定在一定期限还本付息的有价证券。

公司发行公司债券应当符合《中华人民共和国证券法》规定的发行条件。

第一百五十四条　发行公司债券的申请经国务院授权的部门核准后，应当公告公司债券募集办法。

公司债券募集办法中应当载明下列主要事项：

（一）公司名称；

（二）债券募集资金的用途；

（三）债券总额和债券的票面金额；

（四）债券利率的确定方式；

（五）还本付息的期限和方式；

（六）债券担保情况；

（七）债券的发行价格、发行的起止日期；

（八）公司净资产额；

（九）已发行的尚未到期的公司债券总额；

（十）公司债券的承销机构。

第一百五十五条　公司以实物券方式发行公司债券的，必须在债券上载明公司名称、债券票面金额、利率、偿还期限等事项，并由法定代表人签名，公司盖章。

第一百五十六条　公司债券，可以为记名债券，也可以为无记名债券。

第一百五十七条　公司发行公司债券应当置备公司债券存根簿。

发行记名公司债券的，应当在公司债券存根簿上载明下列事项：

（一）债券持有人的姓名或者名称及住所；

（二）债券持有人取得债券的日期及债券的编号；

（三）债券总额，债券的票面金额、利率、还本付息的期限和方式；

（四）债券的发行日期。

发行无记名公司债券的，应当在公司债券存根簿上载明债券总额、利率、偿还期限和方式、发行日期及债券的编号。

第一百五十八条　记名公司债券的登记结算机构应当建立债券登记、存管、付息、兑付等相关制度。

第一百五十九条 公司债券可以转让,转让价格由转让人与受让人约定。

公司债券在证券交易所上市交易的,按照证券交易所的交易规则转让。

第一百六十条 记名公司债券,由债券持有人以背书方式或者法律、行政法规规定的其他方式转让;转让后由公司将受让人的姓名或者名称及住所记载于公司债券存根簿。

无记名公司债券的转让,由债券持有人将该债券交付给受让人后即发生转让的效力。

第一百六十一条 上市公司经股东大会决议可以发行可转换为股票的公司债券,并在公司债券募集办法中规定具体的转换办法。上市公司发行可转换为股票的公司债券,应当报国务院证券监督管理机构核准。

发行可转换为股票的公司债券,应当在债券上标明可转换公司债券字样,并在公司债券存根簿上载明可转换公司债券的数额。

第一百六十二条 发行可转换为股票的公司债券的,公司应当按照其转换办法向债券持有人换发股票,但债券持有人对转换股票或者不转换股票有选择权。

第八章 公司财务、会计

第一百六十三条 公司应当依照法律、行政法规和国务院财政部门的规定建立本公司的财务、会计制度。

第一百六十四条 公司应当在每一会计年度终了时编制财务会计报告,并依法经会计师事务所审计。

财务会计报告应当依照法律、行政法规和国务院财政部门的规定制作。

第一百六十五条 有限责任公司应当依照公司章程规定的期限将财务会计报告送交各股东。

股份有限公司的财务会计报告应当在召开股东大会年会的二十日前置备于本公司,供股东查阅;公开发行股票的股份有限公司必须公告其财务会计报告。

第一百六十六条 公司分配当年税后利润时,应当提取利润的百分之十列入公司法定公积金。公司法定公积金累计额为公司注册资本的百分之五十以上的,可以不再提取。

公司的法定公积金不足以弥补以前年度亏损的,在依照前款规定提取法定公积金之前,应当先用当年利润弥补亏损。

公司从税后利润中提取法定公积金后,经股东会或者股东大会决议,还可以从税后利润中提取任意公积金。

公司弥补亏损和提取公积金后所余税后利润,有限责任公司依照本法第三十四条的规定分配;股份有限公司按照股东持有的股份比例分配,但股份有限公司章程规定不按持股比例分配的除外。

股东会、股东大会或者董事会违反前款规定,在公司弥补亏损和提取法定公积金之前向股东分配利润的,股东必须将违反规定分配的利润退还公司。

公司持有的本公司股份不得分配利润。

第一百六十七条 股份有限公司以超过股票票面金额的发行价格发行股份所得的溢价款以及国务院财政部门规定列入资本公积金的其他收入,应当列为公司资本公积金。

第一百六十八条 公司的公积金用于弥补公司的亏损、扩大公司生产经营或者转为增加公司资本。但是,资本公积金不得用于弥补公司的亏损。

法定公积金转为资本时,所留存的该项公积金不得少于转增前公司注册资本的百分之二十五。

第一百六十九条 公司聘用、解聘承办公司审计业务的会计师事务所,依照公司章程的规定,由股东会、股东大会或者董事会决定。

公司股东会、股东大会或者董事会就解聘会计师事务所进行表决时,应当允许会计师事务所陈述意见。

第一百七十条 公司应当向聘用的会计师事务所提供真实、完整的会计凭证、会计账簿、财务会计报告及其他会计资料,不得拒绝、隐匿、谎报。

第一百七十一条 公司除法定的会计账簿外,不得另立会计账簿。

对公司资产,不得以任何个人名义开立账户存储。

第九章 公司合并、分立、增资、减资

第一百七十二条 公司合并可以采取吸收合并或者新设合并。

一个公司吸收其他公司为吸收合并,被吸收的公司解散。两个以上公司合并设立一个新的公司为新设合并,合并各方解散。

第一百七十三条 公司合并,应当由合并各方签订合并协议,并编制资产负债表及财产清单。公司应当自作出合并决议之日起十日内通知债权人,并于三十日内在报纸上公告。债权人自接到通知书之日起三十日内,未接到通知书的自公告之日起四十五日内,可以要求公司清偿债务或者提供相应的担保。

第一百七十四条 公司合并时,合并各方的债权、债务,应当由合并后存续的公司或者新设的公司承继。

第一百七十五条 公司分立,其财产作相应的分割。

公司分立,应当编制资产负债表及财产清单。公司应当自作出分立决议之日起十日内通知债权人,并于三十日内在报纸上公告。

第一百七十六条 公司分立前的债务由分立后的公司承担连带责任。但是,公司在分立前与债权人就债务清偿达成的书面协议另有约定的除外。

第一百七十七条 公司需要减少注册资本时,必须编制资产负债表及财产清单。

公司应当自作出减少注册资本决议之日起十日内通知债权人,并于三十日内在报纸上公告。债权人自接到通知书之日起三十日内,未接到通知书的自公告之日起四十五日内,有权要求公司清偿债务或者提供相应的担保。

第一百七十八条 有限责任公司增加注册资本时,股东认缴新增资本的出资,依照本法设立有限责任公司缴纳出资的有关规定执行。

股份有限公司为增加注册资本发行新股时,股东认购新股,依照本法设立股份有限公司缴纳股款的有关规定执行。

第一百七十九条 公司合并或者分立,登记事项发生变更的,应当依法向公司登记机关办理变更登记;公司解散的,应当依法办理公司注销登记;设立新公司的,应当依法办理公司设立登记。

公司增加或者减少注册资本,应当依法向公司登记机关办理变更登记。

第十章　公司解散和清算

第一百八十条　公司因下列原因解散：
（一）公司章程规定的营业期限届满或者公司章程规定的其他解散事由出现；
（二）股东会或者股东大会决议解散；
（三）因公司合并或者分立需要解散；
（四）依法被吊销营业执照、责令关闭或者被撤销；
（五）人民法院依照本法第一百八十二条的规定予以解散。

第一百八十一条　公司有本法第一百八十条第（一）项情形的，可以通过修改公司章程而存续。

依照前款规定修改公司章程，有限责任公司须经持有三分之二以上表决权的股东通过，股份有限公司须经出席股东大会会议的股东所持表决权的三分之二以上通过。

第一百八十二条　公司经营管理发生严重困难，继续存续会使股东利益受到重大损失，通过其他途径不能解决的，持有公司全部股东表决权百分之十以上的股东，可以请求人民法院解散公司。

第一百八十三条　公司因本法第一百八十条第（一）项、第（二）项、第（四）项、第（五）项规定而解散的，应当在解散事由出现之日起十五日内成立清算组，开始清算。有限责任公司的清算组由股东组成，股份有限公司的清算组由董事或者股东大会确定的人员组成。逾期不成立清算组进行清算的，债权人可以申请人民法院指定有关人员组成清算组进行清算。人民法院应当受理该申请，并及时组织清算组进行清算。

第一百八十四条　清算组在清算期间行使下列职权：
（一）清理公司财产，分别编制资产负债表和财产清单；
（二）通知、公告债权人；
（三）处理与清算有关的公司未了结的业务；
（四）清缴所欠税款以及清算过程中产生的税款；
（五）清理债权、债务；
（六）处理公司清偿债务后的剩余财产；
（七）代表公司参与民事诉讼活动。

第一百八十五条　清算组应当自成立之日起十日内通知债权人，并于六十日内在报纸上公告。债权人应当自接到通知书之日起三十日内，未接到通知书的自公告之日起四十五日内，向清算组申报其债权。

债权人申报债权，应当说明债权的有关事项，并提供证明材料。清算组应当对债权进行登记。

在申报债权期间，清算组不得对债权人进行清偿。

第一百八十六条　清算组在清理公司财产、编制资产负债表和财产清单后，应当制订清算方案，并报股东会、股东大会或者人民法院确认。

公司财产在分别支付清算费用、职工的工资、社会保险费用和法定补偿金，缴纳所欠税款，清偿公司债务后的剩余财产，有限责任公司按照股东的出资比例分配，股份有限公司按照股东持有的股份比例分配。

清算期间，公司存续，但不得开展与清算无关的经营活动。公司财产在未依照前款规定清偿前，不得分配给股东。

第一百八十七条 清算组在清理公司财产、编制资产负债表和财产清单后,发现公司财产不足清偿债务的,应当依法向人民法院申请宣告破产。

公司经人民法院裁定宣告破产后,清算组应当将清算事务移交给人民法院。

第一百八十八条 公司清算结束后,清算组应当制作清算报告,报股东会、股东大会或者人民法院确认,并报送公司登记机关,申请注销公司登记,公告公司终止。

第一百八十九条 清算组成员应当忠于职守,依法履行清算义务。

清算组成员不得利用职权收受贿赂或者其他非法收入,不得侵占公司财产。

清算组成员因故意或者重大过失给公司或者债权人造成损失的,应当承担赔偿责任。

第一百九十条 公司被依法宣告破产的,依照有关企业破产的法律实施破产清算。

第十一章 外国公司的分支机构

第一百九十一条 本法所称外国公司是指依照外国法律在中国境外设立的公司。

第一百九十二条 外国公司在中国境内设立分支机构,必须向中国主管机关提出申请,并提交其公司章程、所属国的公司登记证书等有关文件,经批准后,向公司登记机关依法办理登记,领取营业执照。

外国公司分支机构的审批办法由国务院另行规定。

第一百九十三条 外国公司在中国境内设立分支机构,必须在中国境内指定负责该分支机构的代表人或者代理人,并向该分支机构拨付与其所从事的经营活动相适应的资金。

对外国公司分支机构的经营资金需要规定最低限额的,由国务院另行规定。

第一百九十四条 外国公司的分支机构应当在其名称中标明该外国公司的国籍及责任形式。

外国公司的分支机构应当在本机构中置备该外国公司章程。

第一百九十五条 外国公司在中国境内设立的分支机构不具有中国法人资格。

外国公司对其分支机构在中国境内进行经营活动承担民事责任。

第一百九十六条 经批准设立的外国公司分支机构,在中国境内从事业务活动,必须遵守中国的法律,不得损害中国的社会公共利益,其合法权益受中国法律保护。

第一百九十七条 外国公司撤销其在中国境内的分支机构时,必须依法清偿债务,依照本法有关公司清算程序的规定进行清算。未清偿债务之前,不得将其分支机构的财产移至中国境外。

第十二章 法 律 责 任

第一百九十八条 违反本法规定,虚报注册资本、提交虚假材料或者采取其他欺诈手段隐瞒重要事实取得公司登记的,由公司登记机关责令改正,对虚报注册资本的公司,处以虚报注册资本金额百分之五以上百分之十五以下的罚款;对提交虚假材料或者采取其他欺诈手段隐瞒重要事实的公司,处以五万元以上五十万元以下的罚款;情节严重的,撤销公司登记或者吊销营业执照。

第一百九十九条 公司的发起人、股东虚假出资,未交付或者未按期交付作为出资的货币或者非货币财产的,由公司登记机关责令改正,处以虚假出资金额百分之五以上百分之十五以下的罚款。

第二百条 公司的发起人、股东在公司成立后,抽逃其出资的,由公司登记机关责令改正,处以所抽逃出资金额百分之五以上百分之十五以下的罚款。

第二百零一条 公司违反本法规定,在法定的会计账簿以外另立会计账簿的,由县级以上人民政府财政部门责令改正,处以五万元以上五十万元以下的罚款。

第二百零二条 公司在依法向有关主管部门提供的财务会计报告等材料上作虚假记载或者隐瞒重要事实的,由有关主管部门对直接负责的主管人员和其他直接责任人员处以三万元以上三十万元以下的罚款。

第二百零三条 公司不依照本法规定提取法定公积金的,由县级以上人民政府财政部门责令如数补足应当提取的金额,可以对公司处以二十万元以下的罚款。

第二百零四条 公司在合并、分立、减少注册资本或者进行清算时,不依照本法规定通知或者公告债权人的,由公司登记机关责令改正,对公司处以一万元以上十万元以下的罚款。

公司在进行清算时,隐匿财产,对资产负债表或者财产清单作虚假记载或者在未清偿债务前分配公司财产的,由公司登记机关责令改正,对公司处以隐匿财产或者未清偿债务前分配公司财产金额百分之五以上百分之十以下的罚款;对直接负责的主管人员和其他直接责任人员处以一万元以上十万元以下的罚款。

第二百零五条 公司在清算期间开展与清算无关的经营活动的,由公司登记机关予以警告,没收违法所得。

第二百零六条 清算组不依照本法规定向公司登记机关报送清算报告,或者报送清算报告隐瞒重要事实或者有重大遗漏的,由公司登记机关责令改正。

清算组成员利用职权徇私舞弊、谋取非法收入或者侵占公司财产的,由公司登记机关责令退还公司财产,没收违法所得,并可以处以违法所得一倍以上五倍以下的罚款。

第二百零七条 承担资产评估、验资或者验证的机构提供虚假材料的,由公司登记机关没收违法所得,处以违法所得一倍以上五倍以下的罚款,并可以由有关主管部门依法责令该机构停业、吊销直接责任人员的资格证书,吊销营业执照。

承担资产评估、验资或者验证的机构因过失提供有重大遗漏的报告的,由公司登记机关责令改正,情节较重的,处以所得收入一倍以上五倍以下的罚款,并可以由有关主管部门依法责令该机构停业、吊销直接责任人员的资格证书,吊销营业执照。

承担资产评估、验资或者验证的机构因其出具的评估结果、验资或者验证证明不实,给公司债权人造成损失的,除能够证明自己没有过错的外,在其评估或者证明不实的金额范围内承担赔偿责任。

第二百零八条 公司登记机关对不符合本法规定条件的登记申请予以登记,或者对符合本法规定条件的登记申请不予登记的,对直接负责的主管人员和其他直接责任人员,依法给予行政处分。

第二百零九条 公司登记机关的上级部门强令公司登记机关对不符合本法规定条件的登记申请予以登记,或者对符合本法规定条件的登记申请不予登记的,或者对违法登记进行包庇的,对直接负责的主管人员和其他直接责任人员依法给予行政处分。

第二百一十条 未依法登记为有限责任公司或者股份有限公司,而冒用有限责任公司或者股份有限公司名义的,或者未依法登记为有限责任公司或者股份有限公司的分公司,而冒用有限责任公司或者股份有限公司的分公司名义的,由公司登记机关责令改正或者予以取缔,可以并处十万元以下的罚款。

第二百一十一条 公司成立后无正当理由超过六个月未开业的,或者开业后自行停业连续六个月以上的,可以由公司登记机关吊销营业执照。

公司登记事项发生变更时,未依照本法规定办理有关变更登记的,由公司登记机关责令限期登记;逾期不登记的,处以一万元以上十万元以下的罚款。

第二百一十二条 外国公司违反本法规定,擅自在中国境内设立分支机构的,由公司登记机关责令改正或者关闭,可以并处五万元以上二十万元以下的罚款。

第二百一十三条 利用公司名义从事危害国家安全、社会公共利益的严重违法行为的,吊销营业执照。

第二百一十四条 公司违反本法规定,应当承担民事赔偿责任和缴纳罚款、罚金的,其财产不足以支付时,先承担民事赔偿责任。

第二百一十五条 违反本法规定,构成犯罪的,依法追究刑事责任。

第十三章 附 则

第二百一十六条 本法下列用语的含义:

(一)高级管理人员,是指公司的经理、副经理、财务负责人,上市公司董事会秘书和公司章程规定的其他人员。

(二)控股股东,是指其出资额占有限责任公司资本总额百分之五十以上或者其持有的股份占股份有限公司股本总额百分之五十以上的股东;出资额或者持有股份的比例虽然不足百分之五十,但依其出资额或者持有的股份所享有的表决权已足以对股东会、股东大会的决议产生重大影响的股东。

(三)实际控制人,是指虽不是公司的股东,但通过投资关系、协议或者其他安排,能够实际支配公司行为的人。

(四)关联关系,是指公司控股股东、实际控制人、董事、监事、高级管理人员与其直接或者间接控制的企业之间的关系,以及可能导致公司利益转移的其他关系。但是,国家控股的企业之间不仅因为同受国家控股而具有关联关系。

第二百一十七条 外商投资的有限责任公司和股份有限公司适用本法;有关外商投资的法律另有规定的,适用其规定。

第二百一十八条 本法自 2006 年 1 月 1 日起施行。

中华人民共和国科学技术进步法

中华人民共和国主席令第 82 号

(1993 年 7 月 2 日第八届全国人民代表大会常务委员会第二次会议通过;
2007 年 12 月 29 日第十届全国人民代表大会常务委员会第三十一次会议修订)

第一章 总 则

第一条 为了促进科学技术进步,发挥科学技术第一生产力的作用,促进科学技术成果向现实生产力转化,推动科学技术为经济建设和社会发展服务,根据宪法,制定本法。

第二条 国家坚持科学发展观,实施科教兴国战略,实行自主创新、重点跨越、支撑发展、引领未来的科学技术工作指导方针,构建国家创新体系,建设创新型国家。

第三条 国家保障科学技术研究开发的自由,鼓励科学探索和技术创新,保护科学技术人员的合法权益。

全社会都应当尊重劳动、尊重知识、尊重人才、尊重创造。

学校及其他教育机构应当坚持理论联系实际,注重培养受教育者的独立思考能力、实践能力、创新能力,以及追求真理、崇尚创新、实事求是的科学精神。

第四条 经济建设和社会发展应当依靠科学技术,科学技术进步工作应当为经济建设和社会发展服务。

国家鼓励科学技术研究开发,推动应用科学技术改造传统产业、发展高新技术产业和社会事业。

第五条 国家发展科学技术普及事业,普及科学技术知识,提高全体公民的科学文化素质。

国家鼓励机关、企业事业组织、社会团体和公民参与和支持科学技术进步活动。

第六条 国家鼓励科学技术研究开发与高等教育、产业发展相结合,鼓励自然科学与人文社会科学交叉融合和相互促进。

国家加强跨地区、跨行业和跨领域的科学技术合作,扶持民族地区、边远地区、贫困地区的科学技术进步。

国家加强军用与民用科学技术计划的衔接与协调,促进军用与民用科学技术资源、技术开发需求的互通交流和技术双向转移,发展军民两用技术。

第七条 国家制定和实施知识产权战略,建立和完善知识产权制度,营造尊重知识产权的社会环境,依法保护知识产权,激励自主创新。

企业事业组织和科学技术人员应当增强知识产权意识,增强自主创新能力,提高运用、保护和管理知识产权的能力。

第八条 国家建立和完善有利于自主创新的科学技术评价制度。

科学技术评价制度应当根据不同科学技术活动的特点,按照公平、公正、公开的原则,实行分类评价。

第九条 国家加大财政性资金投入,并制定产业、税收、金融、政府采购等政策,鼓励、引导社会资金投入,推动全社会科学技术研究开发经费持续稳定增长。

第十条 国务院领导全国科学技术进步工作,制定科学技术发展规划,确定国家科学技术重大项目、与科学技术密切相关的重大项目,保障科学技术进步与经济建设和社会发展相协调。

地方各级人民政府应当采取有效措施,推进科学技术进步。

第十一条 国务院科学技术行政部门负责全国科学技术进步工作的宏观管理和统筹协调;国务院其他有关部门在各自的职责范围内,负责有关的科学技术进步工作。

县级以上地方人民政府科学技术行政部门负责本行政区域的科学技术进步工作;县级以上地方人民政府其他有关部门在各自的职责范围内,负责有关的科学技术进步工作。

第十二条 国家建立科学技术进步工作协调机制,研究科学技术进步工作中的重大问题,协调国家科学技术基金和国家科学技术计划项目的设立及相互衔接,协调军用与民用科学技术资源配置、科学技术研究开发机构的整合以及科学技术研究开发与高等教育、产业发展相结合等重大事项。

第十三条 国家完善科学技术决策的规则和程序,建立规范的咨询和决策机制,推进决策的科学化、民主化。

制定科学技术发展规划和重大政策,确定科学技术的重大项目、与科学技术密切相关的重大项目,应当充分听取科学技术人员的意见,实行科学决策。

第十四条 中华人民共和国政府发展同外国政府、国际组织之间的科学技术合作与交流,鼓励科学技术研究开发机构、高等学校、科学技术人员、科学技术社会团体和企业事业组织依法开展国际科学技术合作与交流。

第十五条 国家建立科学技术奖励制度,对在科学技术进步活动中做出重要贡献的组织和个人给予奖励。具体办法由国务院规定。

国家鼓励国内外的组织或者个人设立科学技术奖项,对科学技术进步给予奖励。

第二章 科学研究、技术开发与科学技术应用

第十六条 国家设立自然科学基金,资助基础研究和科学前沿探索,培养科学技术人才。

国家设立科技型中小企业创新基金,资助中小企业开展技术创新。

国家在必要时可以设立其他基金,资助科学技术进步活动。

第十七条 从事下列活动的,按照国家有关规定享受税收优惠:

(一) 从事技术开发、技术转让、技术咨询、技术服务;

(二) 进口国内不能生产或者性能不能满足需要的科学研究或者技术开发用品;

(三) 为实施国家重大科学技术专项、国家科学技术计划重大项目,进口国内不能生产的关键设备、原材料或者零部件;

(四) 法律、国家有关规定规定的其他科学研究、技术开发与科学技术应用活动。

第十八条 国家鼓励金融机构开展知识产权质押业务,鼓励和引导金融机构在信贷等方面支持科学技术应用和高新技术产业发展,鼓励保险机构根据高新技术产业发展的需要开发保险品种。

政策性金融机构应当在其业务范围内,为科学技术应用和高新技术产业发展优先提供金融服务。

第十九条 国家遵循科学技术活动服务国家目标与鼓励自由探索相结合的原则,超前部署和发展基础研究、前沿技术研究和社会公益性技术研究,支持基础研究、前沿技术研究和社会公益性技术研究持续、稳定发展。

科学技术研究开发机构、高等学校、企业事业组织和公民有权依法自主选择课题,从事基础研究、前沿技术研究和社会公益性技术研究。

第二十条 利用财政性资金设立的科学技术基金项目或者科学技术计划项目所形成的发明专利权、计算机软件著作权、集成电路布图设计专有权和植物新品种权,除涉及国家安全、国家利益和重大社会公共利益的外,授权项目承担者依法取得。

项目承担者应当依法实施前款规定的知识产权,同时采取保护措施,并就实施和保护情况向项目管理机构提交年度报告;在合理期限内没有实施的,国家可以无偿实施,也可以许可他人有偿实施或者无偿实施。

项目承担者依法取得的本条第一款规定的知识产权,国家为了国家安全、国家利益和重大社会公共利益的需要,可以无偿实施,也可以许可他人有偿实施或者无偿实施。

项目承担者因实施本条第一款规定的知识产权所产生的利益分配,依照有关法律、行政法规的规定执行;法律、行政法规没有规定的,按照约定执行。

第二十一条 国家鼓励利用财政性资金设立的科学技术基金项目或者科学技术计划项目所形成的知识产权首先在境内使用。

前款规定的知识产权向境外的组织或者个人转让或者许可境外的组织或者个人独占实施的,应当经项目管理机构批准;法律、行政法规对批准机构另有规定的,依照其规定。

第二十二条 国家鼓励根据国家的产业政策和技术政策引进国外先进技术、装备。

利用财政性资金和国有资本引进重大技术、装备的,应当进行技术消化、吸收和再创新。

第二十三条 国家鼓励和支持农业科学技术的基础研究和应用研究,传播和普及农业科学技术知识,加快农业科学技术成果转化和产业化,促进农业科学技术进步。

县级以上人民政府应当采取措施,支持公益性农业科学技术研究开发机构和农业技术推广机构进行农业新品种、新技术的研究开发和应用。

地方各级人民政府应当鼓励和引导农村群众性科学技术组织为种植业、林业、畜牧业、渔业等的发展提供科学技术服务,对农民进行科学技术培训。

第二十四条 国务院可以根据需要批准建立国家高新技术产业开发区,并对国家高新技术产业开发区的建设、发展给予引导和扶持,使其形成特色和优势,发挥集聚效应。

第二十五条 对境内公民、法人或者其他组织自主创新的产品、服务或者国家需要重点扶持的产品、服务,在性能、技术等指标能够满足政府采购需求的条件下,政府采购应当购买;首次投放市场的,政府采购应当率先购买。

政府采购的产品尚待研究开发的,采购人应当运用招标方式确定科学技术研究开发机构、高等学校或者企业进行研究开发,并予以订购。

第二十六条 国家推动科学技术研究开发与产品、服务标准制定相结合,科学技术研究开发与产品设计、制造相结合;引导科学技术研究开发机构、高等学校、企业共同推进国家重大技术创新产品、服务标准的研究、制定和依法采用。

第二十七条 国家培育和发展技术市场,鼓励创办从事技术评估、技术经纪等活动的中介服务机构,引导建立社会化、专业化和网络化的技术交易服务体系,推动科学技术成果的推广和应用。

技术交易活动应当遵循自愿、平等、互利有偿和诚实信用的原则。

第二十八条 国家实行科学技术保密制度,保护涉及国家安全和利益的科学技术秘密。

国家实行珍贵、稀有、濒危的生物种质资源、遗传资源等科学技术资源出境管理制度。

第二十九条 国家禁止危害国家安全、损害社会公共利益、危害人体健康、违反伦理道德的科学技术研究开发活动。

第三章 企业技术进步

第三十条 国家建立以企业为主体,以市场为导向,企业同科学技术研究开发机构、高等学校相结合的技术创新体系,引导和扶持企业技术创新活动,发挥企业在技术创新中的主体作用。

第三十一条 县级以上人民政府及其有关部门制定的与产业发展相关的科学技术计划,应当体现产业发展的需求。

县级以上人民政府及其有关部门确定科学技术计划项目,应当鼓励企业参与实施和平等竞争;对具有明确市场应用前景的项目,应当鼓励企业联合科学技术研究开发机构、高等学校共同实施。

第三十二条 国家鼓励企业开展下列活动:

(一)设立内部科学技术研究开发机构;

(二)同其他企业或者科学技术研究开发机构、高等学校联合建立科学技术研究开发机构,或者以委托等方式开展科学技术研究开发;

（三）培养、吸引和使用科学技术人员；

（四）同科学技术研究开发机构、高等学校、职业院校或者培训机构联合培养专业技术人才和高技能人才，吸引高等学校毕业生到企业工作；

（五）依法设立博士后工作站；

（六）结合技术创新和职工技能培训，开展科学技术普及活动，设立向公众开放的普及科学技术的场馆或者设施。

第三十三条　国家鼓励企业增加研究开发和技术创新的投入，自主确立研究开发课题，开展技术创新活动。

国家鼓励企业对引进技术进行消化、吸收和再创新。

企业开发新技术、新产品、新工艺发生的研究开发费用可以按照国家有关规定，税前列支并加计扣除，企业科学技术研究开发仪器、设备可以加速折旧。

第三十四条　国家利用财政性资金设立基金，为企业自主创新与成果产业化贷款提供贴息、担保。

政策性金融机构应当在其业务范围内对国家鼓励的企业自主创新项目给予重点支持。

第三十五条　国家完善资本市场，建立健全促进自主创新的机制，支持符合条件的高新技术企业利用资本市场推动自身发展。

国家鼓励设立创业投资引导基金，引导社会资金流向创业投资企业，对企业的创业发展给予支持。

第三十六条　下列企业按照国家有关规定享受税收优惠：

（一）从事高新技术产品研究开发、生产的企业；

（二）投资于中小型高新技术企业的创业投资企业；

（三）法律、行政法规规定的与科学技术进步有关的其他企业。

第三十七条　国家对公共研究开发平台和科学技术中介服务机构的建设给予支持。

公共研究开发平台和科学技术中介服务机构应当为中小企业的技术创新提供服务。

第三十八条　国家依法保护企业研究开发所取得的知识产权。

企业应当不断提高运用、保护和管理知识产权的能力，增强自主创新能力和市场竞争能力。

第三十九条　国有企业应当建立健全有利于技术创新的分配制度，完善激励约束机制。

国有企业负责人对企业的技术进步负责。对国有企业负责人的业绩考核，应当将企业的创新投入、创新能力建设、创新成效等情况纳入考核的范围。

第四十条　县级以上地方人民政府及其有关部门应当创造公平竞争的市场环境，推动企业技术进步。

国务院有关部门和省、自治区、直辖市人民政府应当通过制定产业、财政、能源、环境保护等政策，引导、促使企业研究开发新技术、新产品、新工艺，进行技术改造和设备更新，淘汰技术落后的设备、工艺，停止生产技术落后的产品。

第四章　科学技术研究开发机构

第四十一条　国家统筹规划科学技术研究开发机构的布局，建立和完善科学技术研究开发体系。

第四十二条　公民、法人或者其他组织有权依法设立科学技术研究开发机构。国外的组织或者个人可以在中国境内依法独立设立科学技术研究开发机构，也可以与中国境内的组织或者个人依法联合设立科学技术研究开发机构。

从事基础研究、前沿技术研究、社会公益性技术研究的科学技术研究开发机构,可以利用财政性资金设立。利用财政性资金设立科学技术研究开发机构,应当优化配置,防止重复设置;对重复设置的科学技术研究开发机构,应当予以整合。

科学技术研究开发机构、高等学校可以依法设立博士后工作站。科学技术研究开发机构可以依法在国外设立分支机构。

第四十三条 科学技术研究开发机构享有下列权利:

(一)依法组织或者参加学术活动;

(二)按照国家有关规定,自主确定科学技术研究开发方向和项目,自主决定经费使用、机构设置和人员聘用及合理流动等内部管理事务;

(三)与其他科学技术研究开发机构、高等学校和企业联合开展科学技术研究开发;

(四)获得社会捐赠和资助;

(五)法律、行政法规规定的其他权利。

第四十四条 科学技术研究开发机构应当按照章程的规定开展科学技术研究开发活动;不得在科学技术活动中弄虚作假,不得参加、支持迷信活动。

利用财政性资金设立的科学技术研究开发机构开展科学技术研究开发活动,应当为国家目标和社会公共利益服务;有条件的,应当向公众开放普及科学技术的场馆或者设施,开展科学技术普及活动。

第四十五条 利用财政性资金设立的科学技术研究开发机构应当建立职责明确、评价科学、开放有序、管理规范的现代院所制度,实行院长或者所长负责制,建立科学技术委员会咨询制和职工代表大会监督制等制度,并吸收外部专家参与管理、接受社会监督;院长或者所长的聘用引入竞争机制。

第四十六条 利用财政性资金设立的科学技术研究开发机构,应当建立有利于科学技术资源共享的机制,促进科学技术资源的有效利用。

第四十七条 国家鼓励社会力量自行创办科学技术研究开发机构,保障其合法权益不受侵犯。

社会力量设立的科学技术研究开发机构有权按照国家有关规定,参与实施和平等竞争利用财政性资金设立的科学技术基金项目、科学技术计划项目。

社会力量设立的非营利性科学技术研究开发机构按照国家有关规定享受税收优惠。

第五章 科学技术人员

第四十八条 科学技术人员是社会主义现代化建设事业的重要力量。国家采取各种措施,提高科学技术人员的社会地位,通过各种途径,培养和造就各种专门的科学技术人才,创造有利的环境和条件,充分发挥科学技术人员的作用。

第四十九条 各级人民政府和企业事业组织应当采取措施,提高科学技术人员的工资和福利待遇;对有突出贡献的科学技术人员给予优厚待遇。

第五十条 各级人民政府和企业事业组织应当保障科学技术人员接受继续教育的权利,并为科学技术人员的合理流动创造环境和条件,发挥其专长。

第五十一条 科学技术人员可以根据其学术水平和业务能力依法选择工作单位、竞聘相应的岗位,取得相应的职务或者职称。

第五十二条　科学技术人员在艰苦、边远地区或者恶劣、危险环境中工作,所在单位应当按照国家规定给予补贴,提供其岗位或者工作场所应有的职业健康卫生保护。

第五十三条　青年科学技术人员、少数民族科学技术人员、女性科学技术人员等在竞聘专业技术职务、参与科学技术评价、承担科学技术研究开发项目、接受继续教育等方面享有平等权利。

发现、培养和使用青年科学技术人员的情况,应当作为评价科学技术进步工作的重要内容。

第五十四条　国家鼓励在国外工作的科学技术人员回国从事科学技术研究开发工作。利用财政性资金设立的科学技术研究开发机构、高等学校聘用在国外工作的杰出科学技术人员回国从事科学技术研究开发工作的,应当为其工作和生活提供方便。

外国的杰出科学技术人员到中国从事科学技术研究开发工作的,按照国家有关规定,可以依法优先获得在华永久居留权。

第五十五条　科学技术人员应当弘扬科学精神,遵守学术规范,恪守职业道德,诚实守信;不得在科学技术活动中弄虚作假,不得参加、支持迷信活动。

第五十六条　国家鼓励科学技术人员自由探索、勇于承担风险。原始记录能够证明承担探索性强、风险高的科学技术研究开发项目的科学技术人员已经履行了勤勉尽责义务仍不能完成该项目的,给予宽容。

第五十七条　利用财政性资金设立的科学技术基金项目、科学技术计划项目的管理机构,应当为参与项目的科学技术人员建立学术诚信档案,作为对科学技术人员聘任专业技术职务或者职称、审批科学技术人员申请科学技术研究开发项目等的依据。

第五十八条　科学技术人员有依法创办或者参加科学技术社会团体的权利。

科学技术协会和其他科学技术社会团体按照章程在促进学术交流、推进学科建设、发展科学技术普及事业、培养专门人才、开展咨询服务、加强科学技术人员自律和维护科学技术人员合法权益等方面发挥作用。

科学技术协会和其他科学技术社会团体的合法权益受法律保护。

第六章　保障措施

第五十九条　国家逐步提高科学技术经费投入的总体水平;国家财政用于科学技术经费的增长幅度,应当高于国家财政经常性收入的增长幅度。全社会科学技术研究开发经费应当占国内生产总值适当的比例,并逐步提高。

第六十条　财政性科学技术资金应当主要用于下列事项的投入:

(一)科学技术基础条件与设施建设;

(二)基础研究;

(三)对经济建设和社会发展具有战略性、基础性、前瞻性作用的前沿技术研究、社会公益性技术研究和重大共性关键技术研究;

(四)重大共性关键技术应用和高新技术产业化示范;

(五)农业新品种、新技术的研究开发和农业科学技术成果的应用、推广;

(六)科学技术普及。

对利用财政性资金设立的科学技术研究开发机构,国家在经费、实验手段等方面给予支持。

第六十一条　审计机关、财政部门应当依法对财政性科学技术资金的管理和使用情况进行监督检查。

任何组织或者个人不得虚报、冒领、贪污、挪用、截留财政性科学技术资金。

第六十二条 确定利用财政性资金设立的科学技术基金项目,应当坚持宏观引导、自主申请、平等竞争、同行评审、择优支持的原则;确定利用财政性资金设立的科学技术计划项目的项目承担者,应当按照国家有关规定择优确定。

利用财政性资金设立的科学技术基金项目、科学技术计划项目的管理机构,应当建立评审专家库,建立健全科学技术基金项目、科学技术计划项目的专家评审制度和评审专家的遴选、回避、问责制度。

第六十三条 国家遵循统筹规划、优化配置的原则,整合和设置国家科学技术研究实验基地。

国家鼓励设置综合性科学技术实验服务单位,为科学技术研究开发机构、高等学校、企业和科学技术人员提供或者委托他人提供科学技术实验服务。

第六十四条 国家根据科学技术进步的需要,按照统筹规划、突出共享、优化配置、综合集成、政府主导、多方共建的原则,制定购置大型科学仪器、设备的规划,并开展对以财政性资金为主购置的大型科学仪器、设备的联合评议工作。

第六十五条 国务院科学技术行政部门应当会同国务院有关主管部门,建立科学技术研究基地、科学仪器设备和科学技术文献、科学技术数据、科学技术自然资源、科学技术普及资源等科学技术资源的信息系统,及时向社会公布科学技术资源的分布、使用情况。

科学技术资源的管理单位应当向社会公布所管理的科学技术资源的共享使用制度和使用情况,并根据使用制度安排使用;但是,法律、行政法规规定应当保密的,依照其规定。

科学技术资源的管理单位不得侵犯科学技术资源使用者的知识产权,并应当按照国家有关规定确定收费标准。管理单位和使用者之间的其他权利义务关系由双方约定。

第六十六条 国家鼓励国内外的组织或者个人捐赠财产、设立科学技术基金,资助科学技术研究开发和科学技术普及。

第七章 法律责任

第六十七条 违反本法规定,虚报、冒领、贪污、挪用、截留用于科学技术进步的财政性资金,依照有关财政违法行为处罚处分的规定责令改正,追回有关财政性资金和违法所得,依法给予行政处罚;对直接负责的主管人员和其他直接责任人员依法给予处分。

第六十八条 违反本法规定,利用财政性资金和国有资本购置大型科学仪器、设备后,不履行大型科学仪器、设备等科学技术资源共享使用义务的,由有关主管部门责令改正,对直接负责的主管人员和其他直接责任人员依法给予处分。

第六十九条 违反本法规定,滥用职权,限制、压制科学技术研究开发活动的,对直接负责的主管人员和其他直接责任人员依法给予处分。

第七十条 违反本法规定,抄袭、剽窃他人科学技术成果,或者在科学技术活动中弄虚作假的,由科学技术人员所在单位或者单位主管机关责令改正,对直接负责的主管人员和其他直接责任人员依法给予处分;获得用于科学技术进步的财政性资金或者有违法所得的,由有关主管部门追回财政性资金和违法所得;情节严重的,由所在单位或者单位主管机关向社会公布其违法行为,禁止其在一定期限内申请国家科学技术基金项目和国家科学技术计划项目。

第七十一条 违反本法规定,骗取国家科学技术奖励的,由主管部门依法撤销奖励,追回奖金,并依法给予处分。

违反本法规定,推荐的单位或者个人提供虚假数据、材料,协助他人骗取国家科学技术奖励的,由主管部门给予通报批评;情节严重的,暂停或者取消其推荐资格,并依法给予处分。

第七十二条 违反本法规定,科学技术行政等有关部门及其工作人员滥用职权、玩忽职守、徇私舞弊的,对直接负责的主管人员和其他直接责任人员依法给予处分。

第七十三条 违反本法规定,其他法律、法规规定行政处罚的,依照其规定;造成财产损失或者其他损害的,依法承担民事责任;构成犯罪的,依法追究刑事责任。

第八章 附 则

第七十四条 涉及国防科学技术的其他有关事项,由国务院、中央军事委员会规定。

第七十五条 本法自 2008 年 7 月 1 日起施行。

中华人民共和国促进科技成果转化法

中华人民共和国主席令第 68 号

(1996 年 5 月 15 日第八届全国人民代表大会常务委员会第十九次会议通过;根据 2015 年 8 月 29 日第十二届全国人民代表大会常务委员会第十六次会议《关于修改〈中华人民共和国促进科技成果转化法〉的决定》修正)

第一章 总 则

第一条 为了促进科技成果转化为现实生产力,规范科技成果转化活动,加速科学技术进步,推动经济建设和社会发展,制定本法。

第二条 本法所称科技成果,是指通过科学研究与技术开发所产生的具有实用价值的成果。职务科技成果,是指执行研究开发机构、高等院校和企业等单位的工作任务,或者主要是利用上述单位的物质技术条件所完成的科技成果。

本法所称科技成果转化,是指为提高生产力水平而对科技成果所进行的后续试验、开发、应用、推广直至形成新技术、新工艺、新材料、新产品,发展新产业等活动。

第三条 科技成果转化活动应当有利于加快实施创新驱动发展战略,促进科技与经济的结合,有利于提高经济效益、社会效益和保护环境、合理利用资源,有利于促进经济建设、社会发展和维护国家安全。

科技成果转化活动应当尊重市场规律,发挥企业的主体作用,遵循自愿、互利、公平、诚实信用的原则,依照法律法规规定和合同约定,享有权益,承担风险。科技成果转化活动中的知识产权受法律保护。

科技成果转化活动应当遵守法律法规,维护国家利益,不得损害社会公共利益和他人合法权益。

第四条 国家对科技成果转化合理安排财政资金投入,引导社会资金投入,推动科技成果转化资金投入的多元化。

第五条 国务院和地方各级人民政府应当加强科技、财政、投资、税收、人才、产业、金融、政府采购、军民融合等政策协同,为科技成果转化创造良好环境。

地方各级人民政府根据本法规定的原则,结合本地实际,可以采取更加有利于促进科技成果转化的措施。

第六条 国家鼓励科技成果首先在中国境内实施。中国单位或者个人向境外的组织、个人转让或者许可其实施科技成果的,应当遵守相关法律、行政法规以及国家有关规定。

第七条 国家为了国家安全、国家利益和重大社会公共利益的需要,可以依法组织实施或者许可他人实施相关科技成果。

第八条 国务院科学技术行政部门、经济综合管理部门和其他有关行政部门依照国务院规定的职责,管理、指导和协调科技成果转化工作。

地方各级人民政府负责管理、指导和协调本行政区域内的科技成果转化工作。

第二章 组织实施

第九条 国务院和地方各级人民政府应当将科技成果的转化纳入国民经济和社会发展计划,并组织协调实施有关科技成果的转化。

第十条 利用财政资金设立应用类科技项目和其他相关科技项目,有关行政部门、管理机构应当改进和完善科研组织管理方式,在制定相关科技规划、计划和编制项目指南时应当听取相关行业、企业的意见;在组织实施应用类科技项目时,应当明确项目承担者的科技成果转化义务,加强知识产权管理,并将科技成果转化和知识产权创造、运用作为立项和验收的重要内容和依据。

第十一条 国家建立、完善科技报告制度和科技成果信息系统,向社会公布科技项目实施情况以及科技成果和相关知识产权信息,提供科技成果信息查询、筛选等公益服务。公布有关信息不得泄露国家秘密和商业秘密。对不予公布的信息,有关部门应当及时告知相关科技项目承担者。

利用财政资金设立的科技项目的承担者应当按照规定及时提交相关科技报告,并将科技成果和相关知识产权信息汇交到科技成果信息系统。

国家鼓励利用非财政资金设立的科技项目的承担者提交相关科技报告,将科技成果和相关知识产权信息汇交到科技成果信息系统,县级以上人民政府负责相关工作的部门应当为其提供方便。

第十二条 对下列科技成果转化项目,国家通过政府采购、研究开发资助、发布产业技术指导目录、示范推广等方式予以支持:

(一)能够显著提高产业技术水平、经济效益或者能够形成促进社会经济健康发展的新产业的;

(二)能够显著提高国家安全能力和公共安全水平的;

(三)能够合理开发和利用资源、节约能源、降低消耗以及防治环境污染、保护生态、提高应对气候变化和防灾减灾能力的;

(四)能够改善民生和提高公共健康水平的;

(五)能够促进现代农业或者农村经济发展的;

(六)能够加快民族地区、边远地区、贫困地区社会经济发展的。

第十三条 国家通过制定政策措施,提倡和鼓励采用先进技术、工艺和装备,不断改进、限制使用或者淘汰落后技术、工艺和装备。

第十四条 国家加强标准制定工作,对新技术、新工艺、新材料、新产品依法及时制定国家标准、行业标准,积极参与国际标准的制定,推动先进适用技术推广和应用。

国家建立有效的军民科技成果相互转化体系,完善国防科技协同创新体制机制。军品科研生产应当依法优先采用先进适用的民用标准,推动军用、民用技术相互转移、转化。

第十五条 各级人民政府组织实施的重点科技成果转化项目,可以由有关部门组织采用公开招标的方式实施转化。有关部门应当对中标单位提供招标时确定的资助或者其他条件。

第十六条 科技成果持有者可以采用下列方式进行科技成果转化:

(一)自行投资实施转化;

(二)向他人转让该科技成果;

(三)许可他人使用该科技成果;

(四)以该科技成果作为合作条件,与他人共同实施转化;

(五)以该科技成果作价投资,折算股份或者出资比例;

(六)其他协商确定的方式。

第十七条 国家鼓励研究开发机构、高等院校采取转让、许可或者作价投资等方式,向企业或者其他组织转移科技成果。

国家设立的研究开发机构、高等院校应当加强对科技成果转化的管理、组织和协调,促进科技成果转化队伍建设,优化科技成果转化流程,通过本单位负责技术转移工作的机构或者委托独立的科技成果转化服务机构开展技术转移。

第十八条 国家设立的研究开发机构、高等院校对其持有的科技成果,可以自主决定转让、许可或者作价投资,但应当通过协议定价、在技术交易市场挂牌交易、拍卖等方式确定价格。通过协议定价的,应当在本单位公示科技成果名称和拟交易价格。

第十九条 国家设立的研究开发机构、高等院校所取得的职务科技成果,完成人和参加人在不变更职务科技成果权属的前提下,可以根据与本单位的协议进行该项科技成果的转化,并享有协议规定的权益。该单位对上述科技成果转化活动应当予以支持。

科技成果完成人或者课题负责人,不得阻碍职务科技成果的转化,不得将职务科技成果及其技术资料和数据占为己有,侵犯单位的合法权益。

第二十条 研究开发机构、高等院校的主管部门以及财政、科学技术等相关行政部门应当建立有利于促进科技成果转化的绩效考核评价体系,将科技成果转化情况作为对相关单位及人员评价、科研资金支持的重要内容和依据之一,并对科技成果转化绩效突出的相关单位及人员加大科研资金支持。

国家设立的研究开发机构、高等院校应当建立符合科技成果转化工作特点的职称评定、岗位管理和考核评价制度,完善收入分配激励约束机制。

第二十一条 国家设立的研究开发机构、高等院校应当向其主管部门提交科技成果转化情况年度报告,说明本单位依法取得的科技成果数量、实施转化情况以及相关收入分配情况,该主管部门应当按照规定将科技成果转化情况年度报告报送财政、科学技术等相关行政部门。

第二十二条 企业为采用新技术、新工艺、新材料和生产新产品,可以自行发布信息或者委托科技中介服务机构征集其所需的科技成果,或者征寻科技成果转化的合作者。

县级以上地方各级人民政府科学技术行政部门和其他有关部门应当根据职责分工,为企业获取所需的科技成果提供帮助和支持。

第二十三条 企业依法有权独立或者与境内外企业、事业单位和其他合作者联合实施科技成果转化。

企业可以通过公平竞争,独立或者与其他单位联合承担政府组织实施的科技研究开发和科技成果转化项目。

第二十四条 对利用财政资金设立的具有市场应用前景、产业目标明确的科技项目,政府有关部门、管理机构应当发挥企业在研究开发方向选择、项目实施和成果应用中的主导作用,鼓励企业、研究开发机构、高等院校及其他组织共同实施。

第二十五条 国家鼓励研究开发机构、高等院校与企业相结合,联合实施科技成果转化。

研究开发机构、高等院校可以参与政府有关部门或者企业实施科技成果转化的招标投标活动。

第二十六条 国家鼓励企业与研究开发机构、高等院校及其他组织采取联合建立研究开发平台、技术转移机构或者技术创新联盟等产学研合作方式,共同开展研究开发、成果应用与推广、标准研究与制定等活动。

合作各方应当签订协议,依法约定合作的组织形式、任务分工、资金投入、知识产权归属、权益分配、风险分担和违约责任等事项。

第二十七条 国家鼓励研究开发机构、高等院校与企业及其他组织开展科技人员交流,根据专业特点、行业领域技术发展需要,聘请企业及其他组织的科技人员兼职从事教学和科研工作,支持本单位的科技人员到企业及其他组织从事科技成果转化活动。

第二十八条 国家支持企业与研究开发机构、高等院校、职业院校及培训机构联合建立学生实习实践培训基地和研究生科研实践工作机构,共同培养专业技术人才和高技能人才。

第二十九条 国家鼓励农业科研机构、农业试验示范单位独立或者与其他单位合作实施农业科技成果转化。

第三十条 国家培育和发展技术市场,鼓励创办科技中介服务机构,为技术交易提供交易场所、信息平台以及信息检索、加工与分析、评估、经纪等服务。

科技中介服务机构提供服务,应当遵循公正、客观的原则,不得提供虚假的信息和证明,对其在服务过程中知悉的国家秘密和当事人的商业秘密负有保密义务。

第三十一条 国家支持根据产业和区域发展需要建设公共研究开发平台,为科技成果转化提供技术集成、共性技术研究开发、中间试验和工业性试验、科技成果系统化和工程化开发、技术推广与示范等服务。

第三十二条 国家支持科技企业孵化器、大学科技园等科技企业孵化机构发展,为初创期科技型中小企业提供孵化场地、创业辅导、研究开发与管理咨询等服务。

第三章 保障措施

第三十三条 科技成果转化财政经费,主要用于科技成果转化的引导资金、贷款贴息、补助资金和风险投资以及其他促进科技成果转化的资金用途。

第三十四条 国家依照有关税收法律、行政法规规定对科技成果转化活动实行税收优惠。

第三十五条 国家鼓励银行业金融机构在组织形式、管理机制、金融产品和服务等方面进行创新,鼓励开展知识产权质押贷款、股权质押贷款等贷款业务,为科技成果转化提供金融支持。

国家鼓励政策性金融机构采取措施,加大对科技成果转化的金融支持。

第三十六条 国家鼓励保险机构开发符合科技成果转化特点的保险品种,为科技成果转化提供保险服务。

第三十七条 国家完善多层次资本市场,支持企业通过股权交易、依法发行股票和债券等直接融资方式为科技成果转化项目进行融资。

第三十八条 国家鼓励创业投资机构投资科技成果转化项目。

国家设立的创业投资引导基金,应当引导和支持创业投资机构投资初创期科技型中小企业。

第三十九条 国家鼓励设立科技成果转化基金或者风险基金,其资金来源由国家、地方、企业、事业单位以及其他组织或者个人提供,用于支持高投入、高风险、高产出的科技成果的转化,加速重大科技成果的产业化。

科技成果转化基金和风险基金的设立及其资金使用,依照国家有关规定执行。

第四章 技 术 权 益

第四十条 科技成果完成单位与其他单位合作进行科技成果转化的,应当依法由合同约定该科技成果有关权益的归属。合同未作约定的,按照下列原则办理:

(一)在合作转化中无新的发明创造的,该科技成果的权益,归该科技成果完成单位;

(二)在合作转化中产生新的发明创造的,该新发明创造的权益归合作各方共有;

(三)对合作转化中产生的科技成果,各方都有实施该项科技成果的权利,转让该科技成果应经合作各方同意。

第四十一条 科技成果完成单位与其他单位合作进行科技成果转化的,合作各方应当就保守技术秘密达成协议;当事人不得违反协议或者违反权利人有关保守技术秘密的要求,披露、允许他人使用该技术。

第四十二条 企业、事业单位应当建立健全技术秘密保护制度,保护本单位的技术秘密。职工应当遵守本单位的技术秘密保护制度。

企业、事业单位可以与参加科技成果转化的有关人员签订在职期间或者离职、离休、退休后一定期限内保守本单位技术秘密的协议;有关人员不得违反协议约定,泄露本单位的技术秘密和从事与原单位相同的科技成果转化活动。

职工不得将职务科技成果擅自转让或者变相转让。

第四十三条 国家设立的研究开发机构、高等院校转化科技成果所获得的收入全部留归本单位,在对完成、转化职务科技成果做出重要贡献的人员给予奖励和报酬后,主要用于科学技术研究开发与成果转化等相关工作。

第四十四条 职务科技成果转化后,由科技成果完成单位对完成、转化该项科技成果做出重要贡献的人员给予奖励和报酬。

科技成果完成单位可以规定或者与科技人员约定奖励和报酬的方式、数额和时限。单位制定相关规定,应当充分听取本单位科技人员的意见,并在本单位公开相关规定。

第四十五条 科技成果完成单位未规定、也未与科技人员约定奖励和报酬的方式和数额的,按照下列标准对完成、转化职务科技成果做出重要贡献的人员给予奖励和报酬:

(一)将该项职务科技成果转让、许可给他人实施的,从该项科技成果转让净收入或者许可净收入中提取不低于百分之五十的比例;

(二)利用该项职务科技成果作价投资的,从该项科技成果形成的股份或者出资比例中提取不低于百分之五十的比例;

(三)将该项职务科技成果自行实施或者与他人合作实施的,应当在实施转化成功投产后连续三至五年,每年从实施该项科技成果的营业利润中提取不低于百分之五的比例。

国家设立的研究开发机构、高等院校规定或者与科技人员约定奖励和报酬的方式和数额应当符合前款第一项至第三项规定的标准。

国有企业、事业单位依照本法规定对完成、转化职务科技成果做出重要贡献的人员给予奖励和报酬的支出计入当年本单位工资总额,但不受当年本单位工资总额限制、不纳入本单位工资总额基数。

第五章 法律责任

第四十六条 利用财政资金设立的科技项目的承担者未依照本法规定提交科技报告、汇交科技成果和相关知识产权信息的,由组织实施项目的政府有关部门、管理机构责令改正;情节严重的,予以通报批评,禁止其在一定期限内承担利用财政资金设立的科技项目。

国家设立的研究开发机构、高等院校未依照本法规定提交科技成果转化情况年度报告的,由其主管部门责令改正;情节严重的,予以通报批评。

第四十七条 违反本法规定,在科技成果转化活动中弄虚作假,采取欺骗手段,骗取奖励和荣誉称号、诈骗钱财、非法牟利的,由政府有关部门依照管理职责责令改正,取消该奖励和荣誉称号,没收违法所得,并处以罚款。给他人造成经济损失的,依法承担民事赔偿责任。构成犯罪的,依法追究刑事责任。

第四十八条 科技服务机构及其从业人员违反本法规定,故意提供虚假的信息、实验结果或者评估意见等欺骗当事人,或者与当事人一方串通欺骗另一方当事人的,由政府有关部门依照管理职责责令改正,没收违法所得,并处以罚款;情节严重的,由工商行政管理部门依法吊销营业执照。给他人造成经济损失的,依法承担民事赔偿责任;构成犯罪的,依法追究刑事责任。

科技中介服务机构及其从业人员违反本法规定泄露国家秘密或者当事人的商业秘密的,依照有关法律、行政法规的规定承担相应的法律责任。

第四十九条 科学技术行政部门和其他有关部门及其工作人员在科技成果转化中滥用职权、玩忽职守、徇私舞弊的,由任免机关或者监察机关对直接负责的主管人员和其他直接责任人员依法给予处分;构成犯罪的,依法追究刑事责任。

第五十条 违反本法规定,以唆使窃取、利诱胁迫等手段侵占他人的科技成果,侵犯他人合法权益的,依法承担民事赔偿责任,可以处以罚款;构成犯罪的,依法追究刑事责任。

第五十一条 违反本法规定,职工未经单位允许,泄露本单位的技术秘密,或者擅自转让、变相转让职务科技成果的,参加科技成果转化的有关人员违反与本单位的协议,在离职、离休、退休后约定的期限内从事与原单位相同的科技成果转化活动,给本单位造成经济损失的,依法承担民事赔偿责任;构成犯罪的,依法追究刑事责任。

第六章 附 则

第五十二条 本法自1996年10月1日起施行。

中共中央国务院关于深化体制机制改革
加快实施创新驱动发展战略的若干意见

(二〇一五年三月十三日)

创新是推动一个国家和民族向前发展的重要力量,也是推动整个人类社会向前发展的重要力量。面对全球新一轮科技革命与产业变革的重大机遇和挑战,面对经济发展新常态下的趋势变化和特点,面对实现"两个一百年"奋斗目标的历史任务和要求,必须深化体制机制改革,加快实施创新驱动发展战略,现提出如下意见。

一、总体思路和主要目标

加快实施创新驱动发展战略,就是要使市场在资源配置中起决定性作用和更好发挥政府作用,破除一切制约创新的思想障碍和制度藩篱,激发全社会创新活力和创造潜能,提升劳动、信息、知识、技术、管理、资本的效率和效益,强化科技同经济对接、创新成果同产业对接、创新项目同现实生产力对接、研发人员创新劳动同其利益收入对接,增强科技进步对经济发展的贡献度,营造大众创业、万众创新的政策环境和制度环境。

——坚持需求导向。紧扣经济社会发展重大需求,着力打通科技成果向现实生产力转化的通道,着力破除科学家、科技人员、企业家、创业者创新的障碍,着力解决要素驱动、投资驱动向创新驱动转变的制约,让创新真正落实到创造新的增长点上,把创新成果变成实实在在的产业活动。

——坚持人才为先。要把人才作为创新的第一资源,更加注重培养、用好、吸引各类人才,促进人才合理流动、优化配置,创新人才培养模式;更加注重强化激励机制,给予科技人员更多的利益回报和精神鼓励;更加注重发挥企业家和技术技能人才队伍创新作用,充分激发全社会的创新活力。

——坚持遵循规律。根据科学技术活动特点,把握好科学研究的探索发现规律,为科学家潜心研究、发明创造、技术突破创造良好条件和宽松环境;把握好技术创新的市场规律,让市场成为优化配置创新资源的主要手段,让企业成为技术创新的主体力量,让知识产权制度成为激励创新的基本保障;大力营造勇于探索、鼓励创新、宽容失败的文化和社会氛围。

——坚持全面创新。把科技创新摆在国家发展全局的核心位置,统筹推进科技体制改革和经济社会领域改革,统筹推进科技、管理、品牌、组织、商业模式创新,统筹推进军民融合创新,统筹推进引进来与走出去合作创新,实现科技创新、制度创新、开放创新的有机统一和协同发展。

到2020年,基本形成适应创新驱动发展要求的制度环境和政策法律体系,为进入创新型国家行列提供有力保障。人才、资本、技术、知识自由流动,企业、科研院所、高等学校协同创新,创新活力竞相迸发,创新成果得到充分保护,创新价值得到更大体现,创新资源配置效率大幅提高,创新人才合理分享创新收益,使创新驱动发展战略真正落地,进而打造促进经济增长和就业创业的新引擎,构筑参与国际竞争合作的新优势,推动形成可持续发展的新格局,促进经济发展方式的转变。

二、营造激励创新的公平竞争环境

发挥市场竞争激励创新的根本性作用,营造公平、开放、透明的市场环境,强化竞争政策和产业政策对创新的引导,促进优胜劣汰,增强市场主体创新动力。

(一)实行严格的知识产权保护制度

完善知识产权保护相关法律,研究降低侵权行为追究刑事责任门槛,调整损害赔偿标准,探索实施惩罚性赔偿制度。完善权利人维权机制,合理划分权利人举证责任。

完善商业秘密保护法律制度,明确商业秘密和侵权行为界定,研究制定相应保护措施,探索建立诉前保护制度。研究商业模式等新形态创新成果的知识产权保护办法。

完善知识产权审判工作机制,推进知识产权民事、刑事、行政案件的"三审合一",积极发挥知识产权法院的作用,探索跨地区知识产权案件异地审理机制,打破对侵权行为的地方保护。

健全知识产权侵权查处机制,强化行政执法与司法衔接,加强知识产权综合行政执法,健全知识产权维权援助体系,将侵权行为信息纳入社会信用记录。

(二)打破制约创新的行业垄断和市场分割

加快推进垄断性行业改革,放开自然垄断行业竞争性业务,建立鼓励创新的统一透明、有序规范的市场环境。

切实加强反垄断执法,及时发现和制止垄断协议和滥用市场支配地位等垄断行为,为中小企业创新发展拓宽空间。

打破地方保护,清理和废除妨碍全国统一市场的规定和做法,纠正地方政府不当补贴或利用行政权力限制、排除竞争的行为,探索实施公平竞争审查制度。

(三)改进新技术新产品新商业模式的准入管理

改革产业准入制度,制定和实施产业准入负面清单,对未纳入负面清单管理的行业、领域、业务等,各类市场主体皆可依法平等进入。

破除限制新技术新产品新商业模式发展的不合理准入障碍。对药品、医疗器械等创新产品建立便捷高效的监管模式,深化审评审批制度改革,多种渠道增加审评资源,优化流程,缩短周期,支持委托生产等新的组织模式发展。对新能源汽车、风电、光伏等领域实行有针对性的准入政策。

改进互联网、金融、环保、医疗卫生、文化、教育等领域的监管,支持和鼓励新业态、新商业模式发展。

(四)健全产业技术政策和管理制度

改革产业监管制度,将前置审批为主转变为依法加强事中事后监管为主,形成有利于转型升级、鼓励创新的产业政策导向。

强化产业技术政策的引导和监督作用,明确并逐步提高生产环节和市场准入的环境、节能、节地、节水、节材、质量和安全指标及相关标准,形成统一权威、公开透明的市场准入标准体系。健全技术标准体系,强化强制性标准的制定和实施。

加强产业技术政策、标准执行的过程监管。强化环保、质检、工商、安全监管等部门的行政执法联动机制。

(五)形成要素价格倒逼创新机制

运用主要由市场决定要素价格的机制,促使企业从依靠过度消耗资源能源、低性能低成本竞争,向依靠创新、实施差别化竞争转变。

加快推进资源税改革,逐步将资源税扩展到占用各种自然生态空间,推进环境保护费改税。完善市场化的工业用地价格形成机制。健全企业职工工资正常增长机制,实现劳动力成本变化与经济提质增效相适应。

三、建立技术创新市场导向机制

发挥市场对技术研发方向、路线选择和各类创新资源配置的导向作用,调整创新决策和组织模式,强化普惠性政策支持,促进企业真正成为技术创新决策、研发投入、科研组织和成果转化的主体。

(六)扩大企业在国家创新决策中话语权

建立高层次、常态化的企业技术创新对话、咨询制度,发挥企业和企业家在国家创新决策中的重要作用。吸收更多企业参与研究制定国家技术创新规划、计划、政策和标准,相关专家咨询组中产业专家和企业家应占较大比例。

国家科技规划要聚焦战略需求,重点部署市场不能有效配置资源的关键领域研究,竞争类产业技术创新的研发方向、技术路线和要素配置模式由企业依据市场需求自主决策。

(七)完善企业为主体的产业技术创新机制

市场导向明确的科技项目由企业牵头、政府引导,联合高等学校和科研院所实施。鼓励构建以企业为主导、产学研合作的产业技术创新战略联盟。

更多运用财政后补助、间接投入等方式,支持企业自主决策、先行投入,开展重大产业关键共性技术、装备和标准的研发攻关。

开展龙头企业创新转型试点,探索政府支持企业技术创新、管理创新、商业模式创新的新机制。

完善中小企业创新服务体系,加快推进创业孵化、知识产权服务、第三方检验检测认证等机构的专业化、市场化改革,壮大技术交易市场。

优化国家实验室、重点实验室、工程实验室、工程(技术)研究中心布局,按功能定位分类整合,构建开放共享互动的创新网络,建立向企业特别是中小企业有效开放的机制。探索在战略性领域采取企业主导、院校协作、多元投资、军民融合、成果分享的新模式,整合形成若干产业创新中心。加大国家重大科研基础设施、大型科研仪器和专利基础信息资源等向社会开放力度。

(八)提高普惠性财税政策支持力度

坚持结构性减税方向,逐步将国家对企业技术创新的投入方式转变为以普惠性财税政策为主。

统筹研究企业所得税加计扣除政策,完善企业研发费用计核方法,调整目录管理方式,扩大研发费用加计扣除优惠政策适用范围。完善高新技术企业认定办法,重点鼓励中小企业加大研发力度。

(九)健全优先使用创新产品的采购政策

建立健全符合国际规则的支持采购创新产品和服务的政策体系,落实和完善政府采购促进中小企业创新发展的相关措施,加大创新产品和服务的采购力度。鼓励采用首购、订购等非招标采购方式,以及政府购买服务等方式予以支持,促进创新产品的研发和规模化应用。

研究完善使用首台(套)重大技术装备鼓励政策,健全研制、使用单位在产品创新、增值服务和示范应用等环节的激励和约束机制。

放宽民口企业和科研单位进入军品科研生产和维修采购范围。

四、强化金融创新的功能

发挥金融创新对技术创新的助推作用,培育壮大创业投资和资本市场,提高信贷支持创新的灵活性和便利性,形成各类金融工具协同支持创新发展的良好局面。

(十)壮大创业投资规模

研究制定天使投资相关法规。按照税制改革的方向与要求,对包括天使投资在内的投向种子期、初创期等创新活动的投资,统筹研究相关税收支持政策。

研究扩大促进创业投资企业发展的税收优惠政策,适当放宽创业投资企业投资高新技术企业的条件限制,并在试点基础上将享受投资抵扣政策的创业投资企业范围扩大到有限合伙制创业投资企业法人合伙人。

结合国有企业改革设立国有资本创业投资基金,完善国有创投机构激励约束机制。按照市场化原则研究设立国家新兴产业创业投资引导基金,带动社会资本支持战略性新兴产业和高技术产业早中期、初创期创新型企业发展。

完善外商投资创业投资企业规定,有效利用境外资本投向创新领域。研究保险资金投资创业投资基金的相关政策。

(十一)强化资本市场对技术创新的支持

加快创业板市场改革,健全适合创新型、成长型企业发展的制度安排,扩大服务实体经济覆盖面,强化全国中小企业股份转让系统融资、并购、交易等功能,规范发展服务小微企业的区域性股权市场。加强不同层次资本市场的有机联系。

发挥沪深交易所股权质押融资机制作用,支持符合条件的创新创业企业发行公司债券。支持符合条件的企业发行项目收益债,募集资金用于加大创新投入。

推动修订相关法律法规,探索开展知识产权证券化业务。开展股权众筹融资试点,积极探索和规范发展服务创新的互联网金融。

(十二)拓宽技术创新的间接融资渠道

完善商业银行相关法律。选择符合条件的银行业金融机构,探索试点为企业创新活动提供股权和债权相结合的融资服务方式,与创业投资、股权投资机构实现投贷联动。

政策性银行在有关部门及监管机构的指导下,加快业务范围内金融产品和服务方式创新,对符合条件的企业创新活动加大信贷支持力度。

稳步发展民营银行,建立与之相适应的监管制度,支持面向中小企业创新需求的金融产品创新。

建立知识产权质押融资市场化风险补偿机制,简化知识产权质押融资流程。加快发展科技保险,推进专利保险试点。

五、完善成果转化激励政策

强化尊重知识、尊重创新,充分体现智力劳动价值的分配导向,让科技人员在创新活动中得到合理回报,通过成果应用体现创新价值,通过成果转化创造财富。

(十三)加快下放科技成果使用、处置和收益权

不断总结试点经验,结合事业单位分类改革要求,尽快将财政资金支持形成的,不涉及国防、国家安全、国家利益、重大社会公共利益的科技成果的使用权、处置权和收益权,全部下放给符合条件的项目承担单位。单位主管部门和财政部门对科技成果在境内的使用、处置不再审批或备案,科技成果转移转化所得收入全部留归单位,纳入单位预算,实行统一管理,处置收入不上缴国库。

(十四)提高科研人员成果转化收益比例

完善职务发明制度,推动修订专利法、公司法等相关内容,完善科技成果、知识产权归属和利益分享机制,提高骨干团队、主要发明人受益比例。完善奖励报酬制度,健全职务发明的争议仲裁和法律救济制度。

修订相关法律和政策规定,在利用财政资金设立的高等学校和科研院所中,将职务发明成果转让收益在重要贡献人员、所属单位之间合理分配,对用于奖励科研负责人、骨干技术人员等重要贡献人员和团队的收益比例,可以从现行不低于20%提高到不低于50%。

国有企业事业单位对职务发明完成人、科技成果转化重要贡献人员和团队的奖励,计入当年单位工资总额,不作为工资总额基数。

(十五)加大科研人员股权激励力度

鼓励各类企业通过股权、期权、分红等激励方式,调动科研人员创新积极性。

对高等学校和科研院所等事业单位以科技成果作价入股的企业,放宽股权奖励、股权出售对企业设立年限和盈利水平的限制。

建立促进国有企业创新的激励制度,对在创新中作出重要贡献的技术人员实施股权和分红权激励。

积极总结试点经验,抓紧确定科技型中小企业的条件和标准。高新技术企业和科技型中小企业科研人员通过科技成果转化取得股权奖励收入时,原则上在5年内分期缴纳个人所得税。结合个人所得税制改革,研究进一步激励科研人员创新的政策。

六、构建更加高效的科研体系

发挥科学技术研究对创新驱动的引领和支撑作用,遵循规律、强化激励、合理分工、分类改革,增强高等学校、科研院所原始创新能力和转制科研院所的共性技术研发能力。

(十六)优化对基础研究的支持方式

切实加大对基础研究的财政投入,完善稳定支持和竞争性支持相协调的机制,加大稳定支持力度,支持研究机构自主布局科研项目,扩大高等学校、科研院所学术自主权和个人科研选题选择权。

改革基础研究领域科研计划管理方式,尊重科学规律,建立包容和支持"非共识"创新项目的制度。

改革高等学校和科研院所聘用制度,优化工资结构,保证科研人员合理工资待遇水平。完善内部分配机制,重点向关键岗位、业务骨干和作出突出成绩的人员倾斜。

(十七)加大对科研工作的绩效激励力度

完善事业单位绩效工资制度,健全鼓励创新创造的分配激励机制。完善科研项目间接费用管理制度,强化绩效激励,合理补偿项目承担单位间接成本和绩效支出。项目承担单位应结合一线科研人员实际贡献,公开公正安排绩效支出,充分体现科研人员的创新价值。

(十八)改革高等学校和科研院所科研评价制度

强化对高等学校和科研院所研究活动的分类考核。对基础和前沿技术研究实行同行评价,突出中长期目标导向,评价重点从研究成果数量转向研究质量、原创价值和实际贡献。

对公益性研究强化国家目标和社会责任评价,定期对公益性研究机构组织第三方评价,将评价结果作为财政支持的重要依据,引导建立公益性研究机构依托国家资源服务行业创新机制。

(十九)深化转制科研院所改革

坚持技术开发类科研机构企业化转制方向,对于承担较多行业共性科研任务的转制科研院所,可组建成产业技术研发集团,对行业共性技术研究和市场经营活动进行分类管理、分类考核。

推动以生产经营活动为主的转制科研院所深化市场化改革,通过引入社会资本或整体上市,积极发展混合所有制,推进产业技术联盟建设。

对于部分转制科研院所中基础研究能力较强的团队,在明确定位和标准的基础上,引导其回归公益,参与国家重点实验室建设,支持其继续承担国家任务。

(二十)建立高等学校和科研院所技术转移机制

逐步实现高等学校和科研院所与下属公司剥离,原则上高等学校、科研院所不再新办企业,强化科技成果以许可方式对外扩散。

加强高等学校和科研院所的知识产权管理,明确所属技术转移机构的功能定位,强化其知识产权申请、运营权责。

建立完善高等学校、科研院所的科技成果转移转化的统计和报告制度,财政资金支持形成的科技成果,除涉及国防、国家安全、国家利益、重大社会公共利益外,在合理期限内未能转化的,可由国家依法强制许可实施。

七、创新培养、用好和吸引人才机制

围绕建设一支规模宏大、富有创新精神、敢于承担风险的创新型人才队伍,按照创新规律培养和吸引人才,按照市场规律让人才自由流动,实现人尽其才、才尽其用、用有所成。

（二十一）构建创新型人才培养模式

开展启发式、探究式、研究式教学方法改革试点，弘扬科学精神，营造鼓励创新、宽容失败的创新文化。改革基础教育培养模式，尊重个性发展，强化兴趣爱好和创造性思维培养。

以人才培养为中心，着力提高本科教育质量，加快部分普通本科高等学校向应用技术型高等学校转型，开展校企联合招生、联合培养试点，拓展校企合作育人的途径与方式。

分类改革研究生培养模式，探索科教结合的学术学位研究生培养新模式，扩大专业学位研究生招生比例，增进教学与实践的融合。

鼓励高等学校以国际同类一流学科为参照，开展学科国际评估，扩大交流合作，稳步推进高等学校国际化进程。

（二十二）建立健全科研人才双向流动机制

改进科研人员薪酬和岗位管理制度，破除人才流动的体制机制障碍，促进科研人员在事业单位和企业间合理流动。

符合条件的科研院所的科研人员经所在单位批准，可带着科研项目和成果，保留基本待遇到企业开展创新工作或创办企业。

允许高等学校和科研院所设立一定比例流动岗位，吸引有创新实践经验的企业家和企业科技人才兼职。试点将企业任职经历作为高等学校新聘工程类教师的必要条件。

加快社会保障制度改革，完善科研人员在企业与事业单位之间流动时社保关系转移接续政策，促进人才双向自由流动。

（二十三）实行更具竞争力的人才吸引制度

制定外国人永久居留管理的意见，加快外国人永久居留管理立法，规范和放宽技术型人才取得外国人永久居留证的条件，探索建立技术移民制度。对持有外国人永久居留证的外籍高层次人才在创办科技型企业等创新活动方面，给予中国籍公民同等待遇。

加快制定外国人在中国工作管理条例，对符合条件的外国人才给予工作许可便利，对符合条件的外国人才及其随行家属给予签证和居留等便利。对满足一定条件的国外高层次科技创新人才取消来华工作许可的年龄限制。

围绕国家重大需求，面向全球引进首席科学家等高层次科技创新人才。建立访问学者制度。广泛吸引海外高层次人才回国（来华）从事创新研究。

稳步推进人力资源市场对外开放，逐步放宽外商投资人才中介服务机构的外资持股比例和最低注册资本金要求。鼓励有条件的国内人力资源服务机构走出去与国外人力资源服务机构开展合作，在境外设立分支机构，积极参与国际人才竞争与合作。

八、推动形成深度融合的开放创新局面

坚持引进来与走出去相结合，以更加主动的姿态融入全球创新网络，以更加开阔的胸怀吸纳全球创新资源，以更加积极的策略推动技术和标准输出，在更高层次上构建开放创新机制。

（二十四）鼓励创新要素跨境流动

对开展国际研发合作项目所需付汇，实行研发单位事先承诺，商务、科技、税务部门事后并联监管。

对科研人员因公出国进行分类管理，放宽因公临时出国批次限量管理政策。

改革检验管理，对研发所需设备、样本及样品进行分类管理，在保证安全前提下，采用重点审核、抽检、免检等方式，提高审核效率。

（二十五）优化境外创新投资管理制度

健全综合协调机制，协调解决重大问题，合力支持国内技术、产品、标准、品牌走出去，开拓国际市场。强化技术贸易措施评价和风险预警机制。

研究通过国有重点金融机构发起设立海外创新投资基金,外汇储备通过债权、股权等方式参与设立基金工作,更多更好利用全球创新资源。

鼓励上市公司海外投资创新类项目,改革投资信息披露制度,在相关部门确认不影响国家安全和经济安全前提下,按照中外企业商务谈判进展,适时披露有关信息。

(二十六)扩大科技计划对外开放

制定国家科技计划对外开放的管理办法,按照对等开放、保障安全的原则,积极鼓励和引导外资研发机构参与承担国家科技计划项目。

在基础研究和重大全球性问题研究等领域,统筹考虑国家科研发展需求和战略目标,研究发起国际大科学计划和工程,吸引海外顶尖科学家和团队参与。积极参与大型国际科技合作计划。引导外资研发中心开展高附加值原创性研发活动,吸引国际知名科研机构来华联合组建国际科技中心。

九、加强创新政策统筹协调

更好发挥政府推进创新的作用。改革科技管理体制,加强创新政策评估督查与绩效评价,形成职责明晰、积极作为、协调有力、长效管用的创新治理体系。

(二十七)加强创新政策的统筹

加强科技、经济、社会等方面的政策、规划和改革举措的统筹协调和有效衔接,强化军民融合创新。发挥好科技界和智库对创新决策的支撑作用。

建立创新政策协调审查机制,组织开展创新政策清理,及时废止有违创新规律、阻碍新兴产业和新兴业态发展的政策条款,对新制定政策是否制约创新进行审查。

建立创新政策调查和评价制度,广泛听取企业和社会公众意见,定期对政策落实情况进行跟踪分析,并及时调整完善。

(二十八)完善创新驱动导向评价体系

改进和完善国内生产总值核算方法,体现创新的经济价值。研究建立科技创新、知识产权与产业发展相结合的创新驱动发展评价指标,并纳入国民经济和社会发展规划。

健全国有企业技术创新经营业绩考核制度,加大技术创新在国有企业经营业绩考核中的比重。对国有企业研发投入和产出进行分类考核,形成鼓励创新、宽容失败的考核机制。把创新驱动发展成效纳入对地方领导干部的考核范围。

(二十九)改革科技管理体制

转变政府科技管理职能,建立依托专业机构管理科研项目的机制,政府部门不再直接管理具体项目,主要负责科技发展战略、规划、政策、布局、评估和监管。

建立公开统一的国家科技管理平台,健全统筹协调的科技宏观决策机制,加强部门功能性分工,统筹衔接基础研究、应用开发、成果转化、产业发展等各环节工作。

进一步明晰中央和地方科技管理事权和职能定位,建立责权统一的协同联动机制,提高行政效能。

(三十)推进全面创新改革试验

遵循创新区域高度集聚的规律,在有条件的省(自治区、直辖市)系统推进全面创新改革试验,授权开展知识产权、科研院所、高等教育、人才流动、国际合作、金融创新、激励机制、市场准入等改革试验,努力在重要领域和关键环节取得新突破,及时总结推广经验,发挥示范和带动作用,促进创新驱动发展战略的深入实施。

各级党委和政府要高度重视,加强领导,把深化体制机制改革、加快实施创新驱动发展战略,作为落实党的十八大和十八届二中、三中、四中全会精神的重大任务，认真抓好落实。有关方面要密切配合，分解改革任务，明确时间表和路线图，确定责任部门和责任人。要加强对创新文化的宣传和舆论引导，宣传改革经验、回应社会关切、引导社会舆论，为创新营造良好的社会环境。

中共中央、国务院关于深化国有企业改革的指导意见

(2015 年 8 月 24 日)

国有企业属于全民所有，是推进国家现代化、保障人民共同利益的重要力量，是我们党和国家事业发展的重要物质基础和政治基础。改革开放以来，国有企业改革发展不断取得重大进展，总体上已经同市场经济相融合，运行质量和效益明显提升，在国际国内市场竞争中涌现出一批具有核心竞争力的骨干企业，为推动经济社会发展、保障和改善民生、开拓国际市场、增强我国综合实力作出了重大贡献，国有企业经营管理者队伍总体上是好的，广大职工付出了不懈努力，成就是突出的。但也要看到，国有企业仍然存在一些亟待解决的突出矛盾和问题，一些企业市场主体地位尚未真正确立，现代企业制度还不健全，国有资产监管体制有待完善，国有资本运行效率需进一步提高；一些企业管理混乱，内部人控制、利益输送、国有资产流失等问题突出，企业办社会职能和历史遗留问题还未完全解决；一些企业党组织管党治党责任不落实、作用被弱化。面向未来，国有企业面临日益激烈的国际竞争和转型升级的巨大挑战。在推动我国经济保持中高速增长和迈向中高端水平、完善和发展中国特色社会主义制度、实现中华民族伟大复兴中国梦的进程中，国有企业肩负着重大历史使命和责任。要认真贯彻落实党中央、国务院战略决策，按照"四个全面"战略布局的要求，以经济建设为中心，坚持问题导向，继续推进国有企业改革，切实破除体制机制障碍，坚定不移做强做优做大国有企业。为此，提出以下意见。

一、总体要求

（一）指导思想

高举中国特色社会主义伟大旗帜，认真贯彻落实党的十八大和十八届三中、四中全会精神，深入学习贯彻习近平总书记系列重要讲话精神，坚持和完善基本经济制度，坚持社会主义市场经济改革方向，适应市场化、现代化、国际化新形势，以解放和发展社会生产力为标准，以提高国有资本效率、增强国有企业活力为中心，完善产权清晰、权责明确、政企分开、管理科学的现代企业制度，完善国有资产监管体制，防止国有资产流失，全面推进依法治企，加强和改进党对国有企业的领导，做强做优做大国有企业，不断增强国有经济活力、控制力、影响力、抗风险能力，主动适应和引领经济发展新常态，为促进经济社会持续健康发展、实现中华民族伟大复兴中国梦作出积极贡献。

（二）基本原则

——坚持和完善基本经济制度。这是深化国有企业改革必须把握的根本要求。必须毫不动摇巩固和发展公有制经济，毫不动摇鼓励、支持、引导非公有制经济发展。坚持公有制主体地位，发挥国有经济主导作用，积极促进国有资本、集体资本、非公有资本等交叉持股、相互融合，推动各种所有制资本取长补短、相互促进、共同发展。

——坚持社会主义市场经济改革方向。这是深化国有企业改革必须遵循的基本规律。国有企业改革要遵循市场经济规律和企业发展规律，坚持政企分开、政资分开、所有权与经营权分离，

坚持权利、义务、责任相统一,坚持激励机制和约束机制相结合,促使国有企业真正成为依法自主经营、自负盈亏、自担风险、自我约束、自我发展的独立市场主体。社会主义市场经济条件下的国有企业,要成为自觉履行社会责任的表率。

——坚持增强活力和强化监管相结合。这是深化国有企业改革必须把握的重要关系。增强活力是搞好国有企业的本质要求,加强监管是搞好国有企业的重要保障,要切实做到两者的有机统一。继续推进简政放权,依法落实企业法人财产权和经营自主权,进一步激发企业活力、创造力和市场竞争力。进一步完善国有企业监管制度,切实防止国有资产流失,确保国有资产保值增值。

——坚持党对国有企业的领导。这是深化国有企业改革必须坚守的政治方向、政治原则。要贯彻全面从严治党方针,充分发挥企业党组织政治核心作用,加强企业领导班子建设,创新基层党建工作,深入开展党风廉政建设,坚持全心全意依靠工人阶级,维护职工合法权益,为国有企业改革发展提供坚强有力的政治保证、组织保证和人才支撑。

——坚持积极稳妥统筹推进。这是深化国有企业改革必须采用的科学方法。要正确处理推进改革和坚持法治的关系,正确处理改革发展稳定关系,正确处理搞好顶层设计和尊重基层首创精神的关系,突出问题导向,坚持分类推进,把握好改革的次序、节奏、力度,确保改革扎实推进、务求实效。

(三)主要目标

到2020年,在国有企业改革重要领域和关键环节取得决定性成果,形成更加符合我国基本经济制度和社会主义市场经济发展要求的国有资产管理体制、现代企业制度、市场化经营机制,国有资本布局结构更趋合理,造就一大批德才兼备、善于经营、充满活力的优秀企业家,培育一大批具有创新能力和国际竞争力的国有骨干企业,国有经济活力、控制力、影响力、抗风险能力明显增强。

——国有企业公司制改革基本完成,发展混合所有制经济取得积极进展,法人治理结构更加健全,优胜劣汰、经营自主灵活、内部管理人员能上能下、员工能进能出、收入能增能减的市场化机制更加完善。

——国有资产监管制度更加成熟,相关法律法规更加健全,监管手段和方式不断优化,监管的科学性、针对性、有效性进一步提高,经营性国有资产实现集中统一监管,国有资产保值增值责任全面落实。

——国有资本配置效率显著提高,国有经济布局结构不断优化、主导作用有效发挥,国有企业在提升自主创新能力、保护资源环境、加快转型升级、履行社会责任中的引领和表率作用充分发挥。

——企业党的建设全面加强,反腐倡廉制度体系、工作体系更加完善,国有企业党组织在公司治理中的法定地位更加巩固,政治核心作用充分发挥。

二、分类推进国有企业改革

(四)划分国有企业不同类别。根据国有资本的战略定位和发展目标,结合不同国有企业在经济社会发展中的作用、现状和发展需要,将国有企业分为商业类和公益类。通过界定功能、划分类别,实行分类改革、分类发展、分类监管、分类定责、分类考核,提高改革的针对性、监管的有效性、考核评价的科学性,推动国有企业同市场经济深入融合,促进国有企业经济效益和社会效益有机统一。按照谁出资谁分类的原则,由履行出资人职责的机构负责制定所出资企业的功能界定和分类方案,报本级政府批准。各地区可结合实际,划分并动态调整本地区国有企业功能类别。

（五）推进商业类国有企业改革。商业类国有企业按照市场化要求实行商业化运作，以增强国有经济活力、放大国有资本功能、实现国有资产保值增值为主要目标，依法独立自主开展生产经营活动，实现优胜劣汰、有序进退。

主业处于充分竞争行业和领域的商业类国有企业，原则上都要实行公司制股份制改革，积极引入其他国有资本或各类非国有资本实现股权多元化，国有资本可以绝对控股、相对控股，也可以参股，并着力推进整体上市。对这些国有企业，重点考核经营业绩指标、国有资产保值增值和市场竞争能力。

主业处于关系国家安全、国民经济命脉的重要行业和关键领域、主要承担重大专项任务的商业类国有企业，要保持国有资本控股地位，支持非国有资本参股。对自然垄断行业，实行以政企分开、政资分开、特许经营、政府监管为主要内容的改革，根据不同行业特点实行网运分开、放开竞争性业务，促进公共资源配置市场化；对需要实行国有全资的企业，也要积极引入其他国有资本实行股权多元化；对特殊业务和竞争性业务实行业务板块有效分离、独立运作、独立核算。对这些国有企业，在考核经营业绩指标和国有资产保值增值情况的同时，加强对服务国家战略、保障国家安全和国民经济运行、发展前瞻性战略性产业以及完成特殊任务的考核。

（六）推进公益类国有企业改革。公益类国有企业以保障民生、服务社会、提供公共产品和服务为主要目标，引入市场机制，提高公共服务效率和能力。这类企业可以采取国有独资形式，具备条件的也可以推行投资主体多元化，还可以通过购买服务、特许经营、委托代理等方式，鼓励非国有企业参与经营。对公益类国有企业，重点考核成本控制、产品服务质量、营运效率和保障能力，根据企业不同特点有区别地考核经营业绩指标和国有资产保值增值情况，考核中要引入社会评价。

三、完善现代企业制度

（七）推进公司制股份制改革。加大集团层面公司制改革力度，积极引入各类投资者实现股权多元化，大力推动国有企业改制上市，创造条件实现集团公司整体上市。根据不同企业的功能定位，逐步调整国有股权比例，形成股权结构多元、股东行为规范、内部约束有效、运行高效灵活的经营机制。允许将部分国有资本转化为优先股，在少数特定领域探索建立国家特殊管理股制度。

（八）健全公司法人治理结构。重点是推进董事会建设，建立健全权责对等、运转协调、有效制衡的决策执行监督机制，规范董事长、总经理行权行为，充分发挥董事会的决策作用、监事会的监督作用、经理层的经营管理作用、党组织的政治核心作用，切实解决一些企业董事会形同虚设、"一把手"说了算的问题，实现规范的公司治理。要切实落实和维护董事会依法行使重大决策、选人用人、薪酬分配等权利，保障经理层经营自主权，法无授权任何政府部门和机构不得干预。加强董事会内部的制衡约束，国有独资、全资公司的董事会和监事会均应有职工代表，董事会外部董事应占多数，落实一人一票表决制度，董事对董事会决议承担责任。改进董事会和董事评价办法，强化对董事的考核评价和管理，对重大决策失误负有直接责任的要及时调整或解聘，并依法追究责任。进一步加强外部董事队伍建设，拓宽来源渠道。

（九）建立国有企业领导人员分类分层管理制度。坚持党管干部原则与董事会依法产生、董事会依法选择经营管理者、经营管理者依法行使用人权相结合，不断创新有效实现形式。上级党组织和国有资产监管机构按照管理权限加强对国有企业领导人员的管理，广开推荐渠道，依规考察提名，严格履行选用程序。根据不同企业类别和层级，实行选任制、委任制、聘任制等不同选人用人方式。推行职业经理人制度，实行内部培养和外部引进相结合，畅通现有经营管理者与职业经理人身份转换通道，董事会按市场化方式选聘和管理职业经理人，合理增加市场化选聘比例，加快建立退出机制。推行企业经理层成员任期制和契约化管理,明确责任、权利、义务,严格任期管理和目标考核。

(十)实行与社会主义市场经济相适应的企业薪酬分配制度。企业内部的薪酬分配权是企业的法定权利,由企业依法依规自主决定,完善既有激励又有约束、既讲效率又讲公平、既符合企业一般规律又体现国有企业特点的分配机制。建立健全与劳动力市场基本适应、与企业经济效益和劳动生产率挂钩的工资决定和正常增长机制。推进全员绩效考核,以业绩为导向,科学评价不同岗位员工的贡献,合理拉开收入分配差距,切实做到收入能增能减和奖惩分明,充分调动广大职工积极性。对国有企业领导人员实行与选任方式相匹配、与企业功能性质相适应、与经营业绩相挂钩的差异化薪酬分配办法。对党中央、国务院和地方党委、政府及其部门任命的国有企业领导人员,合理确定基本年薪、绩效年薪和任期激励收入。对市场化选聘的职业经理人实行市场化薪酬分配机制,可以采取多种方式探索完善中长期激励机制。健全与激励机制相对称的经济责任审计、信息披露、延期支付、追索扣回等约束机制。严格规范履职待遇、业务支出,严禁将公款用于个人支出。

(十一)深化企业内部用人制度改革。建立健全企业各类管理人员公开招聘、竞争上岗等制度,对特殊管理人员可以通过委托人才中介机构推荐等方式,拓宽选人用人视野和渠道。建立分级分类的企业员工市场化公开招聘制度,切实做到信息公开、过程公开、结果公开。构建和谐劳动关系,依法规范企业各类用工管理,建立健全以合同管理为核心、以岗位管理为基础的市场化用工制度,真正形成企业各类管理人员能上能下、员工能进能出的合理流动机制。

四、完善国有资产管理体制

(十二)以管资本为主推进国有资产监管机构职能转变。国有资产监管机构要准确把握依法履行出资人职责的定位,科学界定国有资产出资人监管的边界,建立监管权力清单和责任清单,实现以管企业为主向以管资本为主的转变。该管的要科学管理、决不缺位,重点管好国有资本布局、规范资本运作、提高资本回报、维护资本安全;不该管的要依法放权、决不越位,将依法应由企业自主经营决策的事项归位于企业,将延伸到子企业的管理事项原则上归位于一级企业,将配合承担的公共管理职能归位于相关政府部门和单位。大力推进依法监管,着力创新监管方式和手段,改变行政化管理方式,改进考核体系和办法,提高监管的科学性、有效性。

(十三)以管资本为主改革国有资本授权经营体制。改组组建国有资本投资、运营公司,探索有效的运营模式,通过开展投资融资、产业培育、资本整合,推动产业集聚和转型升级,优化国有资本布局结构;通过股权运作、价值管理、有序进退,促进国有资本合理流动,实现保值增值。科学界定国有资本所有权和经营权的边界,国有资产监管机构依法对国有资本投资、运营公司和其他直接监管的企业履行出资人职责,并授权国有资本投资、运营公司对授权范围内的国有资本履行出资人职责。国有资本投资、运营公司作为国有资本市场化运作的专业平台,依法自主开展国有资本运作,对所出资企业行使股东职责,按照责权对应原则切实承担起国有资产保值增值责任。开展政府直接授权国有资本投资、运营公司履行出资人职责的试点。

(十四)以管资本为主推动国有资本合理流动优化配置。坚持以市场为导向、以企业为主体,有进有退、有所为有所不为,优化国有资本布局结构,增强国有经济整体功能和效率。紧紧围绕服务国家战略,落实国家产业政策和重点产业布局调整总体要求,优化国有资本重点投资方向和领域,推动国有资本向关系国家安全、国民经济命脉和国计民生的重要行业和关键领域、重点基础设施集中,向前瞻性战略性产业集中,向具有核心竞争力的优势企业集中。发挥国有资本投资、运营公司的作用,清理退出一批、重组整合一批、创新发展一批国有企业。建立健全优胜劣汰市场化退出机制,充分发挥失业救济和再就业培训等的作用,解决好职工安置问题,切实保障退出企业依法实现关闭或破产，加快处置低效无效资产，淘汰落后产能。支持企业依法合规通过证券交易、产权交易等资本市场，以市场公允价格处置企业资产，实现国有资本形态转换，变现的国有资本用于更需要的领域和行业。推动国有企业加快管理创新、商业模式创新，合理限定法人层级，有效压缩管理层级。发挥国有企业在实施创新驱动发展战略和制造强国战略中的骨干和表率作用，强化企业在技术创新中的主体地位，重视培养科研人才和高技能人才。支持国有企业开展国际化经营，鼓励国有企业之间以及与其他所有制企业以资本为纽带，强强联合、优势互补，加快培育一批具有世界一流水平的跨国公司。

（十五）以管资本为主推进经营性国有资产集中统一监管。稳步将党政机关、事业单位所属企业的国有资本纳入经营性国有资产集中统一监管体系，具备条件的进入国有资本投资、运营公司。加强国有资产基础管理，按照统一制度规范、统一工作体系的原则，抓紧制定企业国有资产基础管理条例。建立覆盖全部国有企业、分级管理的国有资本经营预算管理制度，提高国有资本收益上缴公共财政比例，2020年提高到30%，更多用于保障和改善民生。划转部分国有资本充实社会保障基金。

五、发展混合所有制经济

（十六）推进国有企业混合所有制改革。以促进国有企业转换经营机制，放大国有资本功能，提高国有资本配置和运行效率，实现各种所有制资本取长补短、相互促进、共同发展为目标，稳妥推动国有企业发展混合所有制经济。对通过实行股份制、上市等途径已经实行混合所有制的国有企业，要着力在完善现代企业制度、提高资本运行效率上下功夫；对于适宜继续推进混合所有制改革的国有企业，要充分发挥市场机制作用，坚持因地施策、因业施策、因企施策，宜独则独、宜控则控、宜参则参，不搞拉郎配，不搞全覆盖，不设时间表，成熟一个推进一个。改革要依法依规、严格程序、公开公正，切实保护混合所有制企业各类出资人的产权权益，杜绝国有资产流失。

（十七）引入非国有资本参与国有企业改革。鼓励非国有资本投资主体通过出资入股、收购股权、认购可转债、股权置换等多种方式，参与国有企业改制重组或国有控股上市公司增资扩股以及企业经营管理。实行同股同权，切实维护各类股东合法权益。在石油、天然气、电力、铁路、电信、资源开发、公用事业等领域，向非国有资本推出符合产业政策、有利于转型升级的项目。依照外商投资产业指导目录和相关安全审查规定，完善外资安全审查工作机制。开展多类型政府和社会资本合作试点，逐步推广政府和社会资本合作模式。

（十八）鼓励国有资本以多种方式入股非国有企业。充分发挥国有资本投资、运营公司的资本运作平台作用，通过市场化方式，以公共服务、高新技术、生态环保、战略性产业为重点领域，对发展潜力大、成长性强的非国有企业进行股权投资。鼓励国有企业通过投资入股、联合投资、重组等多种方式，与非国有企业进行股权融合、战略合作、资源整合。

（十九）探索实行混合所有制企业员工持股。坚持试点先行，在取得经验基础上稳妥有序推进，通过实行员工持股建立激励约束长效机制。优先支持人才资本和技术要素贡献占比较高的转制科研院所、高新技术企业、科技服务型企业开展员工持股试点，支持对企业经营业绩和持续发展有直接或较大影响的科研人员、经营管理人员和业务骨干等持股。员工持股主要采取增资扩股、出资新设等方式。完善相关政策，健全审核程序，规范操作流程，严格资产评估，建立健全股权流转和退出机制，确保员工持股公开透明，严禁暗箱操作，防止利益输送。

六、强化监督防止国有资产流失

（二十）强化企业内部监督。完善企业内部监督体系，明确监事会、审计、纪检监察、巡视以及法律、财务等部门的监督职责，完善监督制度，增强制度执行力。强化对权力集中、资金密集、资源富集、资产聚集的部门和岗位的监督,实行分事行权、分岗设权、分级授权,定期轮岗,强化内部流程控制,防止权力滥用。建立审计部门向董事会负责的工作机制。落实企业内部监事会对董事、经理和其他高级管理人员的监督。进一步发挥企业总法律顾问在经营管理中的法律审核把关作用,推进企业依法经营、合规管理。集团公司要依法依规、尽职尽责加强对子企业的管理和监督。大力推进厂务公开,健全以职工代表大会为基本形式的企业民主管理制度,加强企业职工民主监督。

(二十一)建立健全高效协同的外部监督机制。强化出资人监督,加快国有企业行为规范法律法规制度建设,加强对企业关键业务、改革重点领域、国有资本运营重要环节以及境外国有资产的监督,规范操作流程,强化专业检查,开展总会计师由履行出资人职责机构委派的试点。加强和改进外派监事会制度,明确职责定位,强化与有关专业监督机构的协作,加强当期和事中监督,强化监督成果运用,建立健全核查、移交和整改机制。健全国有资本审计监督体系和制度,实行企业国有资产审计监督全覆盖,建立对企业国有资本的经常性审计制度。加强纪检监察监督和巡视工作,强化对企业领导人员廉洁从业、行使权力等的监督,加大大案要案查处力度,狠抓对存在问题的整改落实。整合出资人监管、外派监事会监督和审计、纪检监察、巡视等监督力量,建立监督工作会商机制,加强统筹,创新方式,共享资源,减少重复检查,提高监督效能。建立健全监督意见反馈整改机制,形成监督工作的闭环。

(二十二)实施信息公开加强社会监督。完善国有资产和国有企业信息公开制度,设立统一的信息公开网络平台,依法依规、及时准确披露国有资本整体运营和监管、国有企业公司治理以及管理架构、经营情况、财务状况、关联交易、企业负责人薪酬等信息,建设阳光国企。认真处理人民群众关于国有资产流失等问题的来信、来访和检举,及时回应社会关切。充分发挥媒体舆论监督作用,有效保障社会公众对企业国有资产运营的知情权和监督权。

(二十三)严格责任追究。建立健全国有企业重大决策失误和失职、渎职责任追究倒查机制,建立和完善重大决策评估、决策事项履职记录、决策过错认定标准等配套制度,严厉查处侵吞、贪污、输送、挥霍国有资产和逃废金融债务的行为。建立健全企业国有资产的监督问责机制,对企业重大违法违纪问题敷衍不追、隐匿不报、查处不力的,严格追究有关人员失职渎职责任,视不同情形给予纪律处分或行政处分,构成犯罪的,由司法机关依法追究刑事责任。

七、加强和改进党对国有企业的领导

(二十四)充分发挥国有企业党组织政治核心作用。把加强党的领导和完善公司治理统一起来,将党建工作总体要求纳入国有企业章程,明确国有企业党组织在公司法人治理结构中的法定地位,创新国有企业党组织发挥政治核心作用的途径和方式。在国有企业改革中坚持党的建设同步谋划、党的组织及工作机构同步设置、党组织负责人及党务工作人员同步配备、党的工作同步开展,保证党组织工作机构健全、党务工作者队伍稳定、党组织和党员作用得到有效发挥。坚持和完善双向进入、交叉任职的领导体制,符合条件的党组织领导班子成员可以通过法定程序进入董事会、监事会、经理层,董事会、监事会、经理层成员中符合条件的党员可以依照有关规定和程序进入党组织领导班子;经理层成员与党组织领导班子成员适度交叉任职;董事长、总经理原则上分设,党组织书记、董事长一般由一人担任。

国有企业党组织要切实承担好、落实好从严管党治党责任。坚持从严治党、思想建党、制度治党,增强管党治党意识,建立健全党建工作责任制,聚精会神抓好党建工作,做到守土有责、守土负责、守土尽责。党组织书记要切实履行党建工作第一责任人职责,党组织班子其他成员要切实履行"一岗双责",结合业务分工抓好党建工作。中央企业党组织书记同时担任企业其他主要领导职务的,应当设立1名专职抓企业党建工作的副书记。加强国有企业基层党组织建设和党员队伍建设,强化国有企业基层党建工作的基础保障,充分发挥基层党组织战斗堡垒作用、共产党员先锋模范作用。加强企业党组织对群众工作的领导,发挥好工会、共青团等群团组织的作用,深入细致做好职工群众的思想政治工作。把建立党的组织、开展党的工作,作为国有企业推进混合所有制改革的必要前提,根据不同类型混合所有制企业特点,科学确定党组织的设置方式、职责定位、管理模式。

(二十五)进一步加强国有企业领导班子建设和人才队伍建设。根据企业改革发展需要,明确选人用人标准和程序,创新选人用人方式。强化党组织在企业领导人员选拔任用、培养教育、管理监督中的责任,支持董事会依法选择经营管理者、经营管理者依法行使用人权,坚决防止和整治选人用人中的不正之风。加强对国有企业领导人员尤其是主要领导人员的日常监督管理和综合考核评价,及时调整不胜任、不称职的领导人员,切实解决企业领导人员能上不能下的问题。以强化忠诚意识、拓展世界眼光、提高战略思维、增强创新精神、锻造优秀品行为重点,加强企业家队伍建设,充分发挥企业家作用。大力实施人才强企战略,加快建立健全国有企业集聚人才的体制机制。

(二十六)切实落实国有企业反腐倡廉"两个责任"。国有企业党组织要切实履行好主体责任,纪检机构要履行好监督责任。加强党性教育、法治教育、警示教育,引导国有企业领导人员坚定理想信念,自觉践行"三严三实"要求,正确履职用权。建立切实可行的责任追究制度,与企业考核等挂钩,实行"一案双查"。推动国有企业纪律检查工作双重领导体制具体化、程序化、制度化,强化上级纪委对下级纪委的领导。加强和改进国有企业巡视工作,强化对权力运行的监督和制约。坚持运用法治思维和法治方式反腐败,完善反腐倡廉制度体系,严格落实反"四风"规定,努力构筑企业领导人员不敢腐、不能腐、不想腐的有效机制。

八、为国有企业改革创造良好环境条件

(二十七)完善相关法律法规和配套政策。加强国有企业相关法律法规立改废释工作,确保重大改革于法有据。切实转变政府职能,减少审批、优化制度、简化手续、提高效率。完善公共服务体系,推进政府购买服务,加快建立稳定可靠、补偿合理、公开透明的企业公共服务支出补偿机制。完善和落实国有企业重组整合涉及的资产评估增值、土地变更登记和国有资产无偿划转等方面税收优惠政策。完善国有企业退出的相关政策,依法妥善处理劳动关系调整、社会保险关系接续等问题。

(二十八)加快剥离企业办社会职能和解决历史遗留问题。完善相关政策,建立政府和国有企业合理分担成本的机制,多渠道筹措资金,采取分离移交、重组改制、关闭撤销等方式,剥离国有企业职工家属区"三供一业"和所办医院、学校、社区等公共服务机构,继续推进厂办大集体改革,对国有企业退休人员实施社会化管理,妥善解决国有企业历史遗留问题,为国有企业公平参与市场竞争创造条件。

(二十九)形成鼓励改革创新的氛围。坚持解放思想、实事求是,鼓励探索、实践、创新。全面准确评价国有企业,大力宣传中央关于全面深化国有企业改革的方针政策,宣传改革的典型案例和经验,营造有利于国有企业改革的良好舆论环境。

(三十)加强对国有企业改革的组织领导。各级党委和政府要统一思想,以高度的政治责任感和历史使命感,切实履行对深化国有企业改革的领导责任。要根据本指导意见,结合实际制定实施意见,加强统筹协调、明确责任分工、细化目标任务、强化督促落实,确保深化国有企业改革顺利推进,取得实效。

金融、文化等国有企业的改革,中央另有规定的依其规定执行。

国务院关于国有企业发展混合所有制经济的意见

国发〔2015〕54号

各省、自治区、直辖市人民政府，国务院各部委、各直属机构：

发展混合所有制经济，是深化国有企业改革的重要举措。为贯彻党的十八大和十八届三中、四中全会精神，按照"四个全面"战略布局要求，落实党中央、国务院决策部署，推进国有企业混合所有制改革，促进各种所有制经济共同发展，现提出以下意见。

一、总体要求

（一）改革出发点和落脚点。国有资本、集体资本、非公有资本等交叉持股、相互融合的混合所有制经济，是基本经济制度的重要实现形式。多年来，一批国有企业通过改制发展成为混合所有制企业，但治理机制和监管体制还需要进一步完善；还有许多国有企业为转换经营机制、提高运行效率，正在积极探索混合所有制改革。当前，应对日益激烈的国际竞争和挑战，推动我国经济保持中高速增长、迈向中高端水平，需要通过深化国有企业混合所有制改革，推动完善现代企业制度，健全企业法人治理结构；提高国有资本配置和运行效率，优化国有经济布局，增强国有经济活力、控制力、影响力和抗风险能力，主动适应和引领经济发展新常态；促进国有企业转换经营机制，放大国有资本功能，实现国有资产保值增值，实现各种所有制资本取长补短、相互促进、共同发展，夯实社会主义基本经济制度的微观基础。在国有企业混合所有制改革中，要坚决防止因监管不到位、改革不彻底导致国有资产流失。

（二）基本原则。

——政府引导，市场运作。尊重市场经济规律和企业发展规律，以企业为主体，充分发挥市场机制作用，把引资本与转机制结合起来，把产权多元化与完善企业法人治理结构结合起来，探索国有企业混合所有制改革的有效途径。

——完善制度，保护产权。以保护产权、维护契约、统一市场、平等交换、公平竞争、有效监管为基本导向，切实保护混合所有制企业各类出资人的产权权益，调动各类资本参与发展混合所有制经济的积极性。

——严格程序，规范操作。坚持依法依规，进一步健全国有资产交易规则，科学评估国有资产价值，完善市场定价机制，切实做到规则公开、过程公开、结果公开。强化交易主体和交易过程监管，防止暗箱操作、低价贱卖、利益输送、化公为私、逃废债务，杜绝国有资产流失。

——宜改则改，稳妥推进。对通过实行股份制、上市等途径已经实行混合所有制的国有企业，要着力在完善现代企业制度、提高资本运行效率上下功夫；对适宜继续推进混合所有制改革的国有企业，要充分发挥市场机制作用，坚持因地施策、因业施策、因企施策，宜独则独、宜控则控、宜参则参，不搞拉郎配，不搞全覆盖，不设时间表，一企一策，成熟一个推进一个，确保改革规范有序进行。尊重基层创新实践，形成一批可复制、可推广的成功做法。

二、分类推进国有企业混合所有制改革

（三）稳妥推进主业处于充分竞争行业和领域的商业类国有企业混合所有制改革。按照市场化、国际化要求，以增强国有经济活力、放大国有资本功能、实现国有资产保值增值为主要目标，以提高经济效益和创新商业模式为导向，充分运用整体上市等方式，积极引入其他国有资本或各类非国有资本实现股权多元化。坚持以资本为纽带完善混合所有制企业治理结构和管理方式，国有资本出资人和各类非国有资本出资人以股东身份履行权利和职责，使混合所有制企业成为真正的市场主体。

（四）有效探索主业处于重要行业和关键领域的商业类国有企业混合所有制改革。对主业处于关系国家安全、国民经济命脉的重要行业和关键领域、主要承担重大专项任务的商业类国有企业，要保持国有资本控股地位，支持非国有资本参股。对自然垄断行业，实行以政企分开、政资分开、特许经营、政府监管为主要内容的改革，根据不同行业特点实行网运分开、放开竞争性业务，促进公共资源配置市场化，同时加强分类依法监管，规范营利模式。

——重要通信基础设施、枢纽型交通基础设施、重要江河流域控制性水利水电航电枢纽、跨流域调水工程等领域，实行国有独资或控股，允许符合条件的非国有企业依法通过特许经营、政府购买服务等方式参与建设和运营。

——重要水资源、森林资源、战略性矿产资源等开发利用，实行国有独资或绝对控股，在强化环境、质量、安全监管的基础上，允许非国有资本进入，依法依规有序参与开发经营。

——江河主干渠道、石油天然气主干管网、电网等，根据不同行业领域特点实行网运分开、主辅分离，除对自然垄断环节的管网实行国有独资或绝对控股外，放开竞争性业务，允许非国有资本平等进入。

——核电、重要公共技术平台、气象测绘水文等基础数据采集利用等领域，实行国有独资或绝对控股，支持非国有企业投资参股以及参与特许经营和政府采购。粮食、石油、天然气等战略物资国家储备领域保持国有独资或控股。

——国防军工等特殊产业，从事战略武器装备科研生产、关系国家战略安全和涉及国家核心机密的核心军工能力领域，实行国有独资或绝对控股。其他军工领域，分类逐步放宽市场准入，建立竞争性采购体制机制，支持非国有企业参与武器装备科研生产、维修服务和竞争性采购。

——对其他服务国家战略目标、重要前瞻性战略性产业、生态环境保护、共用技术平台等重要行业和关键领域，加大国有资本投资力度，发挥国有资本引导和带动作用。

（五）引导公益类国有企业规范开展混合所有制改革。在水电气热、公共交通、公共设施等提供公共产品和服务的行业和领域，根据不同业务特点，加强分类指导，推进具备条件的企业实现投资主体多元化。通过购买服务、特许经营、委托代理等方式，鼓励非国有企业参与经营。政府要加强对价格水平、成本控制、服务质量、安全标准、信息披露、营运效率、保障能力等方面的监管，根据企业不同特点有区别地考核其经营业绩指标和国有资产保值增值情况，考核中要引入社会评价。

三、分层推进国有企业混合所有制改革

（六）引导在子公司层面有序推进混合所有制改革。对国有企业集团公司二级及以下企业，以研发创新、生产服务等实体企业为重点，引入非国有资本，加快技术创新、管理创新、商业模式创新，合理限定法人层级，有效压缩管理层级。明确股东的法律地位和股东在资本收益、企业重大决策、选择管理者等方面的权利，股东依法按出资比例和公司章程规定行权履职。

（七）探索在集团公司层面推进混合所有制改革。在国家有明确规定的特定领域，坚持国有资本控股，形成合理的治理结构和市场化经营机制；在其他领域，鼓励通过整体上市、并购重组、发行可转债等方式，逐步调整国有股权比例，积极引入各类投资者，形成股权结构多元、股东行为规范、内约束有效、运行高效灵活的经营机制。

（八）鼓励地方从实际出发推进混合所有制改革。各地区要认真贯彻落实中央要求，区分不同情况，制定完善改革方案和相关配套措施，指导国有企业稳妥开展混合所有制改革，确保改革依法合规、有序推进。

四、鼓励各类资本参与国有企业混合所有制改革

（九）鼓励非公有资本参与国有企业混合所有制改革。非公有资本投资主体可通过出资入股、收购股权、认购可转债、股权置换等多种方式，参与国有企业改制重组或国有控股上市公司增资扩股以及企业经营管理。非公有资本投资主体可以货币出资，或以实物、股权、土地使用权等法律法规允许的方式出资。企业国有产权或国有股权转让时，除国家另有规定外，一般不在意向受让人资质条件中对民间投资主体单独设置附加条件。

（十）支持集体资本参与国有企业混合所有制改革。明晰集体资产产权，发展股权多元化、经营产业化、管理规范化的经济实体。允许经确权认定的集体资本、资产和其他生产要素作价入股，参与国有企业混合所有制改革。研究制定股份合作经济（企业）管理办法。

（十一）有序吸收外资参与国有企业混合所有制改革。引入外资参与国有企业改制重组、合资合作，鼓励通过海外并购、投融资合作、离岸金融等方式，充分利用国际市场、技术、人才等资源和要素，发展混合所有制经济，深度参与国际竞争和全球产业分工，提高资源全球化配置能力。按照扩大开放与加强监管同步的要求，依照外商投资产业指导目录和相关安全审查规定，完善外资安全审查工作机制，切实加强风险防范。

（十二）推广政府和社会资本合作（PPP）模式。优化政府投资方式，通过投资补助、基金注资、担保补贴、贷款贴息等，优先支持引入社会资本的项目。以项目运营绩效评价结果为依据，适时对价格和补贴进行调整。组合引入保险资金、社保基金等长期投资者参与国家重点工程投资。鼓励社会资本投资或参股基础设施、公用事业、公共服务等领域项目，使投资者在平等竞争中获取合理收益。加强信息公开和项目储备，建立综合信息服务平台。

（十三）鼓励国有资本以多种方式入股非国有企业。在公共服务、高新技术、生态环境保护和战略性产业等重点领域，以市场选择为前提，以资本为纽带，充分发挥国有资本投资、运营公司的资本运作平台作用，对发展潜力大、成长性强的非国有企业进行股权投资。鼓励国有企业通过投资入股、联合投资、并购重组等多种方式，与非国有企业进行股权融合、战略合作、资源整合，发展混合所有制经济。支持国有资本与非国有资本共同设立股权投资基金，参与企业改制重组。

（十四）探索完善优先股和国家特殊管理股方式。国有资本参股非国有企业或国有企业引入非国有资本时，允许将部分国有资本转化为优先股。在少数特定领域探索建立国家特殊管理股制度，依照相关法律法规和公司章程规定，行使特定事项否决权，保证国有资本在特定领域的控制力。

（十五）探索实行混合所有制企业员工持股。坚持激励和约束相结合的原则，通过试点稳妥推进员工持股。员工持股主要采取增资扩股、出资新设等方式，优先支持人才资本和技术要素贡献占比较高的转制科研院所、高新技术企业和科技服务型企业开展试点，支持对企业经营业绩和持续发展有直接或较大影响的科研人员、经营管理人员和业务骨干等持股。完善相关政策，健全审核程序，规范操作流程，严格资产评估，建立健全股权流转和退出机制，确保员工持股公开透明，严禁暗箱操作，防止利益输送。混合所有制企业实行员工持股，要按照混合所有制企业实行员工持股试点的有关工作要求组织实施。

五、建立健全混合所有制企业治理机制

（十六）进一步确立和落实企业市场主体地位。政府不得干预企业自主经营，股东不得干预企业日常运营，确保企业治理规范、激励约束机制到位。落实董事会对经理层成员等高级经营管理人员选聘、业绩考核和薪酬管理等职权，维护企业真正的市场主体地位。

（十七）健全混合所有制企业法人治理结构。混合所有制企业要建立健全现代企业制度，明晰产权，同股同权，依法保护各类股东权益。规范企业股东（大）会、董事会、经理层、监事会和党组织的权责关系，按章程行权，对资本监管，靠市场选人，依规则运行，形成定位清晰、权责对等、

运转协调、制衡有效的法人治理结构。

（十八）推行混合所有制企业职业经理人制度。按照现代企业制度要求，建立市场导向的选人用人和激励约束机制，通过市场化方式选聘职业经理人依法负责企业经营管理，畅通现有经营管理者与职业经理人的身份转换通道。职业经理人实行任期制和契约化管理，按照市场化原则决定薪酬，可以采取多种方式探索中长期激励机制。严格职业经理人任期管理和绩效考核，加快建立退出机制。

六、建立依法合规的操作规则

（十九）严格规范操作流程和审批程序。在组建和注册混合所有制企业时，要依据相关法律法规，规范国有资产授权经营和产权交易等行为，健全清产核资、评估定价、转让交易、登记确权等国有产权流转程序。国有企业产权和股权转让、增资扩股、上市公司增发等，应在产权、股权、证券市场公开披露信息，公开择优确定投资人，达成交易意向后应及时公示交易对象、交易价格、关联交易等信息，防止利益输送。国有企业实施混合所有制改革前，应依据本意见制定方案，报同级国有资产监管机构批准；重要国有企业改制后国有资本不再控股的，报同级人民政府批准。国有资产监管机构要按照本意见要求，明确国有企业混合所有制改革的操作流程。方案审批时，应加强对社会资本质量、合作方诚信与操守、债权债务关系等内容的审核。要充分保障企业职工对国有企业混合所有制改革的知情权和参与权，涉及职工切身利益的要做好评估工作，职工安置方案要经过职工代表大会或者职工大会审议通过。

（二十）健全国有资产定价机制。按照公开公平公正原则，完善国有资产交易方式，严格规范国有资产登记、转让、清算、退出等程序和交易行为。通过产权、股权、证券市场发现和合理确定资产价格，发挥专业化中介机构作用，借助多种市场化定价手段，完善资产定价机制，实施信息公开，加强社会监督，防止出现内部人控制、利益输送造成国有资产流失。

（二十一）切实加强监管。政府有关部门要加强对国有企业混合所有制改革的监管，完善国有产权交易规则和监管制度。国有资产监管机构对改革中出现的违法转让和侵吞国有资产、化公为私、利益输送、暗箱操作、逃废债务等行为，要依法严肃处理。审计部门要依法履行审计监督职能，加强对改制企业原国有企业法定代表人的离任审计。充分发挥第三方机构在清产核资、财务审计、资产定价、股权托管等方面的作用。加强企业职工内部监督。进一步做好信息公开，自觉接受社会监督。

七、营造国有企业混合所有制改革的良好环境

（二十二）加强产权保护。健全严格的产权占有、使用、收益、处分等完整保护制度，依法保护混合所有制企业各类出资人的产权和知识产权权益。在立法、司法和行政执法过程中，坚持对各种所有制经济产权和合法利益给予同等法律保护。

（二十三）健全多层次资本市场。加快建立规则统一、交易规范的场外市场，促进非上市股份公司股权交易，完善股权、债权、物权、知识产权及信托、融资租赁、产业投资基金等产品交易机制。建立规范的区域性股权市场，为企业提供融资服务，促进资产证券化和资本流动，健全股权登记、托管、做市商等第三方服务体系。以具备条件的区域性股权、产权市场为载体，探索建立统一结算制度，完善股权公开转让和报价机制。制定场外市场交易规则和规范监管制度，明确监管主体，实行属地化、专业化监管。

（二十四）完善支持国有企业混合所有制改革的政策。进一步简政放权，最大限度取消涉及企业依法自主经营的行政许可审批事项。凡是市场主体基于自愿的投资经营和民事行为，只要不属于法律法规禁止进入的领域，且不危害国家安全、社会公共利益和第三方合法权益，不得限制进入。完善工商登记、财税管理、土地管理、金融服务等政策。依法妥善解决混合所有制改革涉及的国有企业职工劳动关系调整、社会保险关系接续等问题，确保企业职工队伍稳定。加快剥

离国有企业办社会职能,妥善解决历史遗留问题。完善统计制度,加强监测分析。

(二十五)加快建立健全法律法规制度。健全混合所有制经济相关法律法规和规章,加大法律法规立、改、废、释工作力度,确保改革于法有据。根据改革需要抓紧对合同法、物权法、公司法、企业国有资产法、企业破产法中有关法律制度进行研究,依照法定程序及时提请修改。推动加快制定有关产权保护、市场准入和退出、交易规则、公平竞争等方面法律法规。

八、组织实施

(二十六)建立工作协调机制。国有企业混合所有制改革涉及面广、政策性强、社会关注度高。各地区、各有关部门和单位要高度重视,精心组织,严守规范,明确责任。各级政府及相关职能部门要加强对国有企业混合所有制改革的组织领导,做好把关定向、配套落实、审核批准、纠偏提醒等工作。各级国有资产监管机构要及时跟踪改革进展,加强改革协调,评估改革成效,推广改革经验,重大问题及时向同级人民政府报告。各级工商联要充分发挥广泛联系非公有制企业的组织优势,参与做好沟通政企、凝聚共识、决策咨询、政策评估、典型宣传等方面工作。

(二十七)加强混合所有制企业党建工作。坚持党的建设与企业改革同步谋划、同步开展,根据企业组织形式变化,同步设置或调整党的组织,理顺党组织隶属关系,同步选配好党组织负责人,健全党的工作机构,配强党务工作者队伍,保障党组织工作经费,有效开展党的工作,发挥好党组织政治核心作用和党员先锋模范作用。

(二十八)开展不同领域混合所有制改革试点示范。结合电力、石油、天然气、铁路、民航、电信、军工等领域改革,开展放开竞争性业务、推进混合所有制改革试点示范。在基础设施和公共服务领域选择有代表性的政府投融资项目,开展多种形式的政府和社会资本合作试点,加快形成可复制、可推广的模式和经验。

(二十九)营造良好的舆论氛围。以坚持"两个毫不动摇"(毫不动摇巩固和发展公有制经济,毫不动摇鼓励、支持、引导非公有制经济发展)为导向,加强国有企业混合所有制改革舆论宣传,做好政策解读,阐释目标方向和重要意义,宣传成功经验,正确引导舆论,回应社会关切,使广大人民群众了解和支持改革。

各级政府要加强对国有企业混合所有制改革的领导,根据本意见,结合实际推动改革。

金融、文化等国有企业的改革,中央另有规定的依其规定执行。

国务院
2015 年 9 月 23 日

事业单位国有资产管理暂行办法

中华人民共和国财政部令第 36 号

(2006 年 5 月 30 日发布)

第一章 总 则

第一条 为了规范和加强事业单位国有资产管理,维护国有资产的安全完整,合理配置和有效利用国有资产,保障和促进各项事业发展,建立适应社会主义市场经济和公共财政要求的事业单位国有资产管理体制,根据国务院有关规定,制定本办法。

第二条 本办法适用于各级各类事业单位的国有资产管理活动。

第三条 本办法所称的事业单位国有资产,是指事业单位占有、使用的,依法确认为国家所有,能以货币计量的各种经济资源的总称,即事业单位的国有(公共)财产。

事业单位国有资产包括国家拨给事业单位的资产,事业单位按照国家规定运用国有资产组织收入形成的资产,以及接受捐赠和其他经法律确认为国家所有的资产,其表现形式为流动资产、固定资产、无形资产和对外投资等。

第四条 事业单位国有资产管理活动,应当坚持资产管理与预算管理相结合的原则,推行实物费用定额制度,促进事业资产整合与共享共用,实现资产管理和预算管理的紧密统一;应当坚持所有权和使用权相分离的原则;应当坚持资产管理与财务管理、实物管理与价值管理相结合的原则。

第五条 事业单位国有资产实行国家统一所有,政府分级监管,单位占有、使用的管理体制。

第二章 管理机构及其职责

第六条 各级财政部门是政府负责事业单位国有资产管理的职能部门,对事业单位的国有资产实施综合管理。其主要职责是:

(一)根据国家有关国有资产管理的规定,制定事业单位国有资产管理的规章制度,并组织实施和监督检查;

(二)研究制定本级事业单位实物资产配置标准和相关的费用标准,组织本级事业单位国有资产的产权登记、产权界定、产权纠纷调处、资产评估监管、资产清查和统计报告等基础管理工作;

(三)按规定权限审批本级事业单位有关资产购置、处置和利用国有资产对外投资、出租、出借和担保等事项,组织事业单位长期闲置、低效运转和超标准配置资产的调剂工作,建立事业单位国有资产整合、共享、共用机制;

(四)推进本级有条件的事业单位实现国有资产的市场化、社会化,加强事业单位转企改制工作中国有资产的监督管理;

(五)负责本级事业单位国有资产收益的监督管理;

(六)建立和完善事业单位国有资产管理信息系统,对事业单位国有资产实行动态管理;

(七)研究建立事业单位国有资产安全性、完整性和使用有效性的评价方法、评价标准和评价机制,对事业单位国有资产实行绩效管理;

(八)监督、指导本级事业单位及其主管部门、下级财政部门的国有资产管理工作。

第七条 事业单位的主管部门(以下简称主管部门)负责对本部门所属事业单位的国有资产实施监督管理。其主要职责是:

(一)根据本级和上级财政部门有关国有资产管理的规定,制定本部门事业单位国有资产管理的实施办法,并组织实施和监督检查;

(二)组织本部门事业单位国有资产的清查、登记、统计汇总及日常监督检查工作;

(三)审核本部门所属事业单位利用国有资产对外投资、出租、出借和担保等事项,按规定权限审核或者审批有关资产购置、处置事项;

(四)负责本部门所属事业单位长期闲置、低效运转和超标准配置资产的调剂工作,优化事业单位国有资产配置,推动事业单位国有资产共享、共用;

（五）督促本部门所属事业单位按规定缴纳国有资产收益；

（六）组织实施对本部门所属事业单位国有资产管理和使用情况的评价考核；

（七）接受同级财政部门的监督、指导并向其报告有关事业单位国有资产管理工作。

第八条 事业单位负责对本单位占有、使用的国有资产实施具体管理。其主要职责是：

（一）根据事业单位国有资产管理的有关规定，制定本单位国有资产管理的具体办法并组织实施；

（二）负责本单位资产购置、验收入库、维护保管等日常管理，负责本单位资产的账卡管理、清查登记、统计报告及日常监督检查工作；

（三）办理本单位国有资产配置、处置和对外投资、出租、出借和担保等事项的报批手续；

（四）负责本单位用于对外投资、出租、出借和担保的资产的保值增值，按照规定及时、足额缴纳国有资产收益；

（五）负责本单位存量资产的有效利用，参与大型仪器、设备等资产的共享、共用和公共研究平台建设工作；

（六）接受主管部门和同级财政部门的监督、指导并向其报告有关国有资产管理工作。

第九条 各级财政部门、主管部门和事业单位应当按照本办法的规定，明确管理机构和人员，做好事业单位国有资产管理工作。

第十条 财政部门根据工作需要，可以将国有资产管理的部分工作交由有关单位完成。

第三章 资产配置及使用

第十一条 事业单位国有资产配置是指财政部门、主管部门、事业单位等根据事业单位履行职能的需要，按照国家有关法律、法规和规章制度规定的程序，通过购置或者调剂等方式为事业单位配备资产的行为。

第十二条 事业单位国有资产配置应当符合以下条件：

（一）现有资产无法满足事业单位履行职能的需要；

（二）难以与其他单位共享、共用相关资产；

（三）难以通过市场购买产品或者服务的方式代替资产配置，或者采取市场购买方式的成本过高。

第十三条 事业单位国有资产配置应当符合规定的配置标准；没有规定配置标准的，应当从严控制，合理配置。

第十四条 对于事业单位长期闲置、低效运转或者超标准配置的资产，原则上由主管部门进行调剂，并报同级财政部门备案；跨部门、跨地区的资产调剂应当报同级或者共同上一级的财政部门批准。法律、行政法规另有规定的，依照其规定。

第十五条 事业单位向财政部门申请用财政性资金购置规定限额以上资产的（包括事业单位申请用财政性资金举办大型会议、活动需要进行的购置），除国家另有规定外，按照下列程序报批：

（一）年度部门预算编制前，事业单位资产管理部门会同财务部门审核资产存量，提出下一年度拟购置资产的品目、数量，测算经费额度，报主管部门审核；

（二）主管部门根据事业单位资产存量状况和有关资产配置标准，审核、汇总事业单位资产购置计划，报同级财政部门审批；

（三）同级财政部门根据主管部门的审核意见，对资产购置计划进行审批；

（四）经同级财政部门批准的资产购置计划，事业单位应当列入年度部门预算，并在上报年度部门预算时附送批复文件等相关材料，作为财政部门批复部门预算的依据。

第十六条　事业单位向主管部门或者其他部门申请项目经费的，有关部门在下达经费前，应当将所涉及的规定限额以上的资产购置事项报同级财政部门批准。

第十七条　事业单位用其他资金购置规定限额以上资产的，报主管部门审批；主管部门应当将审批结果定期报同级财政部门备案。

第十八条　事业单位购置纳入政府采购范围的资产，应当按照国家有关政府采购的规定执行。

第十九条　事业单位国有资产的使用包括单位自用和对外投资、出租、出借、担保等方式。

第二十条　事业单位应当建立健全资产购置、验收、保管、使用等内部管理制度。

事业单位应当对实物资产进行定期清查，做到账账、账卡、账实相符，加强对本单位专利权、商标权、著作权、土地使用权、非专利技术、商誉等无形资产的管理，防止无形资产流失。

第二十一条　事业单位利用国有资产对外投资、出租、出借和担保等应当进行必要的可行性论证，并提出申请，经主管部门审核同意后，报同级财政部门审批。法律、行政法规另有规定的，依照其规定。

事业单位应当对本单位用于对外投资、出租和出借的资产实行专项管理，并在单位财务会计报告中对相关信息进行充分披露。

第二十二条　财政部门和主管部门应当加强对事业单位利用国有资产对外投资、出租、出借和担保等行为的风险控制。

第二十三条　事业单位对外投资收益以及利用国有资产出租、出借和担保等取得的收入应当纳入单位预算，统一核算，统一管理。国家另有规定的除外。

第四章　资产处置

第二十四条　事业单位国有资产处置，是指事业单位对其占有、使用的国有资产进行产权转让或者注销产权的行为。处置方式包括出售、出让、转让、对外捐赠、报废、报损以及货币性资产损失核销等。

第二十五条　事业单位处置国有资产，应当严格履行审批手续，未经批准不得自行处置。

第二十六条　事业单位占有、使用的房屋建筑物、土地和车辆的处置，货币性资产损失的核销，以及单位价值或者批量价值在规定限额以上的资产的处置，经主管部门审核后报同级财政部门审批；规定限额以下的资产的处置报主管部门审批，主管部门将审批结果定期报同级财政部门备案。法律、行政法规另有规定的，依照其规定。

第二十七条　财政部门或者主管部门对事业单位国有资产处置事项的批复是财政部门重新安排事业单位有关资产配置预算项目的参考依据，是事业单位调整相关会计账目的凭证。

第二十八条　事业单位国有资产处置应当遵循公开、公正、公平的原则。

事业单位出售、出让、转让、变卖资产数量较多或者价值较高的，应当通过拍卖等市场竞价方式公开处置。

第二十九条　事业单位国有资产处置收入属于国家所有，应当按照政府非税收入管理的规定，实行"收支两条线"管理。

第五章　产权登记与产权纠纷处理

第三十条　事业单位国有资产产权登记(以下简称产权登记)是国家对事业单位占有、使用的国有资产进行登记,依法确认国家对国有资产的所有权和事业单位对国有资产的占有、使用权的行为。

第三十一条　事业单位应当向同级财政部门或者经同级财政部门授权的主管部门(以下简称授权部门)申报、办理产权登记,并由财政部门或者授权部门核发《事业单位国有资产产权登记证》(以下简称《产权登记证》)。

第三十二条　《产权登记证》是国家对事业单位国有资产享有所有权,单位享有占有、使用权的法律凭证,由财政部统一印制。

事业单位办理法人年检、改制、资产处置和利用国有资产对外投资、出租、出借、担保等事项时,应当出具《产权登记证》。

第三十三条　事业单位国有资产产权登记的内容主要包括:

(一)单位名称、住所、负责人及成立时间;

(二)单位性质、主管部门;

(三)单位资产总额、国有资产总额、主要实物资产额及其使用状况、对外投资情况;

(四)其他需要登记的事项。

第三十四条　事业单位应当按以下规定进行国有资产产权登记:

(一)新设立的事业单位,办理占有产权登记;

(二)发生分立、合并、部分改制,以及隶属关系、单位名称、住所和单位负责人等产权登记内容发生变化的事业单位,办理变更产权登记;

(三)因依法撤销或者整体改制等原因被清算、注销的事业单位,办理注销产权登记。

第三十五条　各级财政部门应当在资产动态管理信息系统和变更产权登记的基础上,对事业单位国有资产产权登记实行定期检查。

第三十六条　事业单位与其他国有单位之间发生国有资产产权纠纷的,由当事人协商解决。协商不能解决的,可以向同级或者共同上一级财政部门申请调解或者裁定,必要时报有管辖权的人民政府处理。

第三十七条　事业单位与非国有单位或者个人之间发生产权纠纷的,事业单位应当提出拟处理意见,经主管部门审核并报同级财政部门批准后,与对方当事人协商解决。协商不能解决的,依照司法程序处理。

第六章　资产评估与资产清查

第三十八条　事业单位有下列情形之一的,应当对相关国有资产进行评估:

(一)整体或者部分改制为企业;

(二)以非货币性资产对外投资;

(三)合并、分立、清算;

(四)资产拍卖、转让、置换;

(五)整体或者部分资产租赁给非国有单位;

(六)确定涉讼资产价值;

(七)法律、行政法规规定的其他需要进行评估的事项。

第三十九条　事业单位有下列情形之一的,可以不进行资产评估:

（一）经批准事业单位整体或者部分资产无偿划转的;

（二）行政、事业单位下属的事业单位之间的合并、资产划转、置换和转让;

（三）发生其他不影响国有资产权益的特殊产权变动行为,报经同级财政部门确认可以不进行资产评估的。

第四十条　事业单位国有资产评估工作应当委托具有资产评估资质的评估机构进行。事业单位应当如实向资产评估机构提供有关情况和资料,并对所提供的情况和资料的客观性、真实性和合法性负责。

事业单位不得以任何形式干预资产评估机构独立执业。

第四十一条　事业单位国有资产评估项目实行核准制和备案制。核准和备案工作按照国家有关国有资产评估项目核准和备案管理的规定执行。

第四十二条　事业单位有下列情形之一的,应当进行资产清查:

（一）根据国家专项工作要求或者本级政府实际工作需要,被纳入统一组织的资产清查范围的;

（二）进行重大改革或者整体、部分改制为企业的;

（三）遭受重大自然灾害等不可抗力造成资产严重损失的;

（四）会计信息严重失真或者国有资产出现重大流失的;

（五）会计政策发生重大更改,涉及资产核算方法发生重要变化的;

（六）同级财政部门认为应当进行资产清查的其他情形。

第四十三条　事业单位进行资产清查,应当向主管部门提出申请,并按照规定程序报同级财政部门批准立项后组织实施,但根据国家专项工作要求或者本级政府工作需要进行的资产清查除外。

第四十四条　事业单位资产清查工作的内容主要包括基本情况清理、账务清理、财产清查、损溢认定、资产核实和完善制度等。资产清查的具体办法由财政部另行制定。

第七章　资产信息管理与报告

第四十五条　事业单位应当按照国有资产管理信息化的要求,及时将资产变动信息录入管理信息系统,对本单位资产实行动态管理,并在此基础上做好国有资产统计和信息报告工作。

第四十六条　事业单位国有资产信息报告是事业单位财务会计报告的重要组成部分。事业单位应当按照财政部门规定的事业单位财务会计报告的格式、内容及要求,对其占有、使用的国有资产状况定期做出报告。

第四十七条　事业单位国有资产占有、使用状况,是主管部门、财政部门编制和安排事业单位预算的重要参考依据。各级财政部门、主管部门应当充分利用资产管理信息系统和资产信息报告,全面、动态地掌握事业单位国有资产占有、使用状况,建立和完善资产与预算有效结合的激励和约束机制。

第八章　监督检查与法律责任

第四十八条　财政部门、主管部门、事业单位及其工作人员,应当依法维护事业单位国有资产的安全完整,提高国有资产使用效益。

第四十九条 财政部门、主管部门和事业单位应当建立健全科学合理的事业单位国有资产监督管理责任制,将资产监督、管理的责任落实到具体部门、单位和个人。

第五十条 事业单位国有资产监督应当坚持单位内部监督与财政监督、审计监督、社会监督相结合,事前监督与事中监督、事后监督相结合,日常监督与专项检查相结合。

第五十一条 事业单位及其工作人员违反本办法,有下列行为之一的,依据《财政违法行为处罚处分条例》的规定进行处罚、处理、处分:

(一)以虚报、冒领等手段骗取财政资金的;
(二)擅自占有、使用和处置国有资产的;
(三)擅自提供担保的;
(四)未按规定缴纳国有资产收益的。

第五十二条 财政部门、主管部门及其工作人员在上缴、管理国有资产收益,或者下拨财政资金时,违反本办法规定的,依据《财政违法行为处罚处分条例》的规定进行处罚、处理、处分。

第五十三条 主管部门在配置事业单位国有资产或者审核、批准国有资产使用、处置事项的工作中违反本办法规定的,财政部门可以责令其限期改正,逾期不改的予以警告。

第五十四条 违反本办法有关事业单位国有资产管理规定的其他行为,依据国家有关法律、法规及规章制度进行处理。

第九章 附 则

第五十五条 社会团体和民办非企业单位中占有、使用国有资产的,参照本办法执行。参照公务员制度管理的事业单位和社会团体,依照国家关于行政单位国有资产管理的有关规定执行。

第五十六条 实行企业化管理并执行企业财务会计制度的事业单位,以及事业单位创办的具有法人资格的企业,由财政部门按照企业国有资产监督管理的有关规定实施监督管理。

第五十七条 地方财政部门制定的本地区和本级事业单位的国有资产管理规章制度,应当报上一级财政部门备案。

中央级事业单位的国有资产管理实施办法,由财政部会同有关部门根据本办法制定。

第五十八条 境外事业单位国有资产管理办法由财政部另行制定。中国人民解放军、武装警察部队以及经国家批准的特定事业单位的国有资产管理办法,由解放军总后勤部、武装警察部队和有关主管部门会同财政部另行制定。

行业特点突出,需要制定行业事业单位国有资产管理办法的,由财政部会同有关主管部门根据本办法制定。

第五十九条 本办法中有关资产配置、处置事项的"规定限额"由省级以上财政部门另行确定。

第六十条 本办法自2006年7月1日起施行。此前颁布的有关事业单位国有资产管理的规定与本办法相抵触的,按照本办法执行。

财政部关于认真贯彻实施财政部令第 35 号第 36 号有关问题的通知

财办〔2006〕34 号

各省、自治区、直辖市、计划单列市财政厅(局)：

2006 年 5 月 30 日财政部公布了《行政单位国有资产管理暂行办法》(财政部令第 35 号)和《事业单位国有资产管理暂行办法》(财政部令第 36 号)(以下简称《办法》)，自 2006 年 7 月 1 日起施行。现对《办法》的贯彻实施提出以下意见，请结合实际情况，认真贯彻落实。

一、充分认识《办法》公布的重要意义

《办法》的公布，是贯彻落实党的十六届三中全会精神和"十一五"规划要求的一项重要举措，标志着我国行政事业单位国有资产管理工作进入了一个崭新的阶段，对促进我国行政事业单位国有资产管理向规范化、科学化、法制化和信息化方向发展，对维护行政事业单位国有资产安全完整、合理配置和有效利用，对保障行政事业单位履行职能，建立适应社会主义市场经济和公共财政要求的行政事业单位国有资产管理体制具有十分重要的意义。地方各级财政部门要认真组织学习，进一步明确行政事业单位国有资产管理的原则和思路，理顺管理体制，建立健全行政事业单位国有资产管理规章制度，全面加强资产配置、使用、处置等各环节的监督管理，不断提高国有资产和财政资金的使用效益。

二、进一步明确行政事业单位国有资产管理的原则和思路

行政事业单位国有资产管理是公共财政管理的重要组成部分。《办法》规定，行政事业单位国有资产管理活动应当遵循资产管理与预算管理相结合、资产管理与财务管理相结合、实物管理与价值管理相结合的原则。地方各级财政部门要从构建与社会主义市场经济体制相适应的公共财政体制框架和财政改革、财政管理全局的角度，进一步明确行政事业单位国有资产管理的原则和思路，更新管理理念，改变管理方式，促进资产管理与预算管理、财务管理、价值管理的相互配合、相互制约，全面提高综合管理水平，提高财政资金使用的规范性、安全性和有效性。

三、理顺行政事业单位国有资产管理体制

《办法》规定，各级财政部门是政府负责行政事业单位国有资产管理的职能部门，对行政事业单位国有资产实行综合管理。目前，我国绝大多数地方已经明确行政事业单位国有资产的管理职能在财政部门，但仍有少数地方存在管理职责不顺的问题。地方各级财政部门要按照本通知的要求，进一步理顺行政事业单位国有资产管理职责，未按《办法》规定履行行政事业单位国有资产管理职能的，要尽快向本级政府汇报取得支持，争取早日理顺体制、明确职能，确保全国行政事业单位国有资产管理政策的贯彻落实和各项工作的顺利开展。

四、建立健全行政事业单位国有资产管理规章制度

《办法》是行政事业单位国有资产管理的纲领性文件。财政部将根据《办法》确定的原则，研究制定中央行政事业单位国有资产管理实施办法，以及行政事业单位国有资产的配置、使用、处置、评估、收入管理等一系列配套制度，细化各个环节的管理，逐步完善行政事业单位国有资产管理的制度体系。地方各级财政部门要根据《办法》的规定要求，制定和完善本地区和本级行政事

业单位国有资产管理规章制度,努力将《办法》各项管理规定落到实处,促进资产管理的制度化、规范化、科学化。

五、全面加强资产配置、使用、处置等各环节的监督管理

《办法》构建起了行政事业单位国有资产从形成、使用到处置全过程的有效监管体系。地方各级财政部门要按照《办法》的要求,认真履行各项职责,对资产配置、处置和产权变动事项等要认真审核、从严把关;从形成、征缴和使用诸环节,加强对行政事业单位出租、出借、处置和经营使用国有资产形成收入的监督管理;对资产调剂、产权界定、产权纠纷调处等工作建章立制、全面推进,努力将《办法》的各项规定落到实处。

六、认真搞好资产清查,推动资产管理工作的信息化

财政部将尽快组织开展行政事业单位国有资产清查工作,摸清"家底",掌握资产的数量、构成、使用情况。在资产清查的基础上,财政部将按照"金财工程"的统一规划,开发建立全国行政事业单位国有资产管理信息系统,借助现代信息技术手段,实现动态管理,提高行政事业单位国有资产管理信息化水平。地方各级财政部门要按照财政部统一的政策、统一的方法和统一的工作步骤,认真组织做好本地区行政事业单位国有资产清查工作,积极推动资产管理工作的信息化。

七、做好《办法》的宣传培训工作

《办法》的公布意义重大。财政部将及时组织做好宣传、培训和实施前的各项准备工作。地方各级财政部门也要搞好宣传和培训工作,广泛利用各种媒体大力宣传《办法》的重要意义和行政事业单位国有资产管理政策,营造良好的社会氛围,推动《办法》的贯彻实施和行政事业单位国有资产管理工作的深入开展。

财政部
二〇〇六年七月三日

关于中央行政事业单位所属企业国有资产监管工作归口管理的通知

财办〔2010〕35号

党中央有关部门财务部门,国务院有关部委、有关直属机构部门,全国人大常委会办公厅机关事务管理局,全国政协办公厅机关事务管理局,最高人民法院司法行政装备管理局,最高人民检察院计划财务装备局,有关人民团体财务部门,新疆生产建设兵团财务局,有关中央企业集团:

根据《行政单位国有资产管理暂行办法》(财政部令第35号)和《事业单位国有资产管理暂行办法》(财政部令第36号)的有关规定,经我部研究决定,现将中央行政事业单位所属企业国有资产监管工作的有关事项通知如下:

自发文之日起,除财务和资产关系在财政部单列的铁道、邮政、烟草等企业,中国人民银行、银监会、证监会、保监会、全国社保基金理事会、民航局所属企业,国防科工局等军工部门所属企业之外,其余所有中央行政事业单位所属企业国有资产监管工作按照企业"出资人"性质分别归

口我部行政政法司和教科文司管理。即中央行政单位出资的所属企业(不含文化企业)由行政政法司负责;中央事业单位出资的所属企业和中央级文化企业由教科文司负责;既有中央行政单位出资,又有中央事业单位出资的企业,根据"出资金额占比孰高"的原则确定由行政政法司或教科文司负责。企业有关产权登记、产权界定、资产评估、清产核资等申报(备案)资料一律按规定报送我部行政政法司或教科文司。

特此通知。

财政部

二〇一〇年八月二十六日

教育部关于印发《教育部直属高等学校国有资产管理暂行办法》的通知

教财〔2012〕6号

部属各高等学校、事业单位:

为进一步加强教育部直属高等学校国有资产管理,规范国有资产管理行为,合理配置和有效使用国有资产,防止国有资产流失,确保国有资产安全与完整,根据《事业单位国有资产管理暂行办法》(财政部令第36号)、《中央级事业单位国有资产管理暂行办法》(财教〔2008〕13号)和《关于进一步规范和加强中央级事业单位国有资产管理有关问题的通知》(财教〔2010〕200号)等有关规定,教育部制定了《教育部直属高等学校国有资产管理暂行办法》,并经财政部审定。现印发给你们,请遵照执行。

附件:教育部直属高等学校国有资产管理暂行办法

教育部

二〇一二年十一月二十一日

附件:

教育部直属高等学校国有资产管理暂行办法

第一章 总 则

第一条 为加强教育部直属高等学校(以下简称高校)国有资产管理,规范国有资产管理行为,合理配置和有效使用国有资产,防止国有资产流失,确保国有资产安全与完整,保障和促进高校各项事业发展,根据财政部《事业单位国有资产管理暂行办法》(财政部令第 36 号)和《中央级事业单位国有资产管理暂行办法》(财教〔2008〕13 号)等有关规定,制定本办法。

第二条 本办法适用于教育部直属高等学校。

第三条 本办法所称国有资产,是指高校占有、使用的,依法确认为国家所有,能以货币计量的各种经济资源的总称。

高校国有资产包括用国家财政资金形成的资产、国家无偿调拨给高校的资产、按照国家政策规定运用国有资产组织收入形成的资产、接受捐赠等经法律确认为国家所有的其他资产,其表现形式为流动资产、固定资产、在建工程、无形资产和对外投资等。

第四条 高校国有资产管理活动,应当坚持以下原则:

(一)资产管理与预算管理相结合的原则;

(二)资产管理与财务管理、实物管理与价值管理相结合的原则;

(三)安全完整与注重绩效相结合的原则。

第二章 管理机构及其职责

第五条 高校国有资产实行"国家统一所有,财政部综合管理,教育部监督管理,高校具体管理"的管理体制。

第六条 教育部负责对高校的国有资产实施监督管理。主要职责是:

(一)贯彻执行国家有关国有资产管理法律法规和政策。

(二)根据财政部国有资产管理有关规定,制定高校国有资产管理实施办法,并组织实施和监督检查。

(三)组织高校国有资产清查、登记、统计汇总及日常监督检查工作。

(四)健全高校国有资产管理信息系统,对高校国有资产实施动态管理。

(五)按规定权限审核、审批或报备高校有关资产配置、处置以及利用国有资产对外投资、出租、出借等事项;负责高校长期闲置、低效运转和超标准配置资产的调剂工作,优化高校国有资产配置,推动高校国有资产共享、共用。

(六)按规定权限审核、审批或报备高校出资企业改制上市、产权转让、资产重组等国有资产管理事项;组织编报高校出资企业国有资本经营预算建议草案,并督促高校按规定缴纳国有资本收益。

(七)组织实施高校国有资产管理的绩效考核,推进资产共享共用和公共平台建设工作。

第七条 高校应建立"统一领导、归口管理、分级负责、责任到人"的国有资产管理机制。

第八条 高校应建立健全国有资产管理机构,履行高校国有资产管理职责。

第九条 高校负责对本单位占有、使用的国有资产实施具体管理。主要职责是:

(一)贯彻执行国家有关国有资产管理法律法规和政策。

(二)根据财政部、教育部国有资产管理有关规定,制定国有资产管理具体办法并组织实施。

(三)完善资产购置、验收、登记入账、使用维护、绩效考核等日常管理工作,做好资产的账务管理、清查登记、统计报告及日常监督检查工作;负责国有资产信息管理及信息化建设等工作,对国有资产实施动态管理。

(四)按照规定权限,办理国有资产配置、处置和对外投资、出租、出借等事项的审核、审批或报备手续。

（五）负责用于对外投资、出租、出借等国有资产的保值增值，承担出资企业国有资产保值增值责任。

（六）负责办理国有资产产权占有、变更及注销登记等相关工作；负责国有资产清查、清产核资、资产评估及资产划转工作；负责出资企业国有资产管理工作，做好出资企业国有资本经营预算和国有资本收益的缴纳工作。

（七）负责存量资产的有效利用，推动大型仪器、设备等资产的共享、共用和公共平台建设工作，建立国有资产共享共用机制。

（八）负责国有资产管理体系建设，建立思想素质和业务素质较高的资产管理队伍。

（九）接受教育部、财政部的监督指导，定期报告国有资产管理工作。

第三章 资产配置

第十条 高校国有资产配置是指高校根据事业发展的需要，按照国家有关法律法规和规章制度规定的程序，通过购置、调剂及接受捐赠等方式为本单位配备资产的行为。

第十一条 高校国有资产配置应当符合以下条件：

（一）现有资产无法满足高校事业发展的需要；

（二）难以与其他单位共享、共用相关资产；

（三）难以通过市场购买服务方式实现，或者采取市场购买服务方式成本过高。

第十二条 高校国有资产配置应当符合国家规定的配置标准；国家没有规定配置标准的，应当加强论证，从严控制，合理配置。

第十三条 高校应当按照财政部、教育部的要求，根据本单位发展需求，以资产存量为依据，对纳入财政部新增资产配置预算范围的资产，分别编制基本支出年度资产购置计划和项目支出年度资产购置计划，并按照财政部批复的年度部门预算组织实施。新增资产配置预算一经批复，除无法预见的临时性或特殊增支事项外，不得调整。确需调整的，应当由高校提出申请，报教育部审核并报财政部审批。没有履行相关程序的，一律不得购置。

高校购置纳入政府采购范围的资产，应当按照政府采购管理的有关规定执行。

第十四条 高校接受捐赠等方式形成的各类资产属国有资产，由高校依法占有、使用，应及时办理入账手续，加强管理。高校自建资产应及时办理工程竣工验收、竣工财务决算编报以及按照规定办理资产移交，并根据资产的相关凭证或文件及时进行账务处理。

第十五条 高校对校内长期闲置、低效运转的资产，应进行调剂，提高资产使用效益；对于长期闲置的大型仪器设备，高校应报告教育部，由教育部负责调剂。

第四章 资产使用

第十六条 高校国有资产的使用包括单位自用和对外投资、出租、出借等方式。高校国有资产使用应首先保证高等教育事业发展的需要。

第十七条 高校应当建立健全国有资产购置、验收、入账、保管、领用、使用、维护等相互制约的管理制度，加强国有资产日常管理。

第十八条 高校应当坚持安全完整与注重绩效相结合的原则，建立国有资产有偿使用制度，积极推进国有资产整合与共享共用，提高国有资产使用效益。

第十九条 高校应当对实物资产进行定期清查，完善资产管理账表和相关资料，做到账账、账卡、账实相符;对清查盘点中发现的问题,应当查明原因,并在资产统计信息报告中反映。

第二十条　高校应当加强对本单位专利权、商标权、著作权、土地使用权、非专利技术、校名校誉、商誉等无形资产的管理,依法保护,合理利用,并按照国家有关规定及时办理入账手续,加强管理。

第二十一条　高校利用国有资产对外投资、出租、出借等事项,应当符合国家有关法律法规的规定,加强可行性论证、法律审核和监管,做好风险控制和跟踪管理,确保国有资产保值增值。

第二十二条　高校利用国有资产对外投资、出租、出借等事项,按以下规定权限履行审批手续:

高校利用货币资金对外投资50万元(人民币,下同)以下的,由高校审批后10个工作日内将审批文件及相关资料报教育部备案,教育部审核汇总后报财政部备案;50万元以上(含50万元)至800万元以下的,由高校审核后报教育部审批,教育部审批后报财政部备案;800万元以上(含800万元)的,由高校审核后报教育部审核,教育部审核后报财政部审批。

高校利用固定资产、无形资产对外投资、出租、出借,单项或批量价值(账面原值,下同)在500万元以下的,由高校审批后10个工作日内将审批文件及相关资料报教育部备案,教育部审核汇总后报财政部备案;单项或批量价值在500万元以上(含500万元)至800万元以下的,由高校审核后报教育部审批,教育部审批后报财政部备案;单项或批量价值在800万元以上(含800万元)的,由高校审核后报教育部审核,教育部审核后报财政部审批。

第二十三条　高校向教育部申报国有资产使用事项,应对提交材料的真实性、有效性、准确性负责。

第二十四条　高校经批准利用非货币性资产进行对外投资,应当聘请具有相应资质的中介机构,对拟投资资产进行评估,资产评估事项按规定履行备案或者核准手续;高校国有资产出租,原则上应采取公开招租的形式确定出租的价格,必要时可采取评审或者资产评估的办法确定出租的价格。高校国有资产出租、出借,期限一般不得超过5年。

第二十五条　高校不得使用财政拨款及其结余进行对外投资;凡有银行贷款的高校,原则上不得新增货币资金投资;高校不得买卖期货、股票;不得购买企业债券、基金和其他任何形式的金融衍生品或进行其他任何形式的金融风险投资;利用国外贷款的高校,不得在国外债务尚未清偿前利用该贷款形成的资产对外投资。国家另有规定的,从其规定。

第二十六条　高校不得将其占有、使用的国有资产作为抵押物对外抵押或担保,不得为任何单位或个人的经济活动提供担保。国家另有规定的,从其规定。

第二十七条　高校应发挥自身优势,积极鼓励利用科研成果等无形资产实施科技成果转化。按照国家法律法规和有关规定,制定促进科技成果转化实施办法。

第二十八条　高校应当对本单位对外投资、出租、出借的资产实行专项管理,并在单位财务报告中披露相关信息。

高校对外投资收益以及利用国有资产出租、出借和科研成果形成的无形资产等取得的收入应当纳入学校预算,统一核算,统一管理。

第五章　资产处置

第二十九条　高校国有资产处置是指高校对其占有、使用的国有资产进行产权转让或者注销产权的行为。

第三十条 高校国有资产处置的范围包括:报废、淘汰的资产,产权或使用权转移的资产,盘亏、呆账及非正常损失的资产,闲置、拟置换的资产,以及依照国家有关规定需要处置的其他资产。

处置方式包括:报废报损、出售、出让、转让(含股权减持)、无偿调拨(划转)、对外捐赠、置换、货币性资产损失核销等。

第三十一条 高校处置的资产应当权属清晰。权属关系不明确或者存在权属纠纷的资产,须待权属界定明确后方可处置。

第三十二条 高校处置国有资产,应按照规定权限进行审核、审批或报备。未按规定办理相关手续,不得擅自处置。

第三十三条 高校处置国有资产,应按以下权限履行审批手续:

核销货币性资产损失 50 万元以下的,由高校审批后 10 个工作日内将审批文件及相关资料报教育部备案,教育部审核汇总后报财政部备案;50 万元以上(含 50 万元)至 800 万元以下的,由高校审核后报教育部审批,教育部审批后报财政部备案;800 万元以上(含 800 万元)的,由高校审核后报教育部审核,教育部审核后报财政部审批。

货币性资产以外的其他资产处置事项,一次性处置单位价值或批量价值(账面原值,下同)在 500 万元以下的,由高校审批后 10 个工作日内将审批文件及相关资料报教育部备案,教育部审核汇总后报财政部备案;一次性处置单位价值或批量价值在 500 万元以上(含 500 万元)至 800 万元以下的,由高校审核后报教育部审批,教育部审批后报财政部备案;一次性处置单位价值或批量价值在 800 万元以上(含 800 万元)的,由高校审核后报教育部审核,教育部审核后报财政部审批。

其中,中关村国家自主创新示范区内高校对其拥有的科技成果进行产权转让或注销产权的行为,一次性处置单位价值或批量价值在 800 万元以下的,由高校按照有关规定自主进行处置,并于一个月内将处置结果报财政部备案;一次性处置单位价值或批量价值在 800 万元以上(含 800 万元)的,由高校审核后报教育部审核,教育部审核后报财政部审批。国家另有规定的,从其规定。

第三十四条 高校向教育部申报国有资产处置事项,应对提交材料的真实性、有效性、准确性负责。

第三十五条 高校国有资产处置应当遵循公开、公正、公平和竞争、择优的原则。高校出售、出让、转让资产数量较多或者价值较高的,应通过招标、拍卖等市场竞价方式公开处置。未达到使用年限的固定资产报废、报损,高校应从严控制。

高校直接持有出资企业国有股权转让,按照《企业国有产权转让管理暂行办法》(国资委 财政部令第 3 号)、《财政部关于企业国有资产办理无偿划转手续的规定》(财管字〔1999〕301 号)和《企业国有产权无偿划转管理暂行办法》(国资发产权〔2005〕239 号)等规定执行;涉及高校直接持有上市公司国有股权转让,按照《国有股东转让所持上市公司股份管理暂行办法》(国资委 证监会令第 19 号)和《财政部关于股份有限公司国有股权管理工作有关问题的通知》(财管字〔2000〕200 号)等规定执行。

第三十六条 高校应当加强对本单位专利权、商标权、著作权、土地使用权、非专利技术、校名校誉、商誉等无形资产处置行为的管理,规范操作,防止国有资产流失。

第三十七条 教育部、财政部对高校国有资产处置事项的批复,以及高校按规定权限处置国有资产并报备案的文件,是高校办理产权变动和进行账务处理的依据,是教育部、财政部安排高校资产配置预算的参考依据。

第三十八条　高校国有资产处置收入,在扣除相关税金、评估费、拍卖佣金等相关费用后,按照政府非税收入管理和财政国库收缴管理的规定上缴中央国库,实行"收支两条线"管理。

第六章　产权登记与产权纠纷处理

第三十九条　高校国有资产产权登记是指国家对高校占有、使用的国有资产进行登记,依法确认国家对国有资产的所有权和高校对国有资产的占有、使用权的行为。

第四十条　高校根据财政部《事业单位及事业单位所办企业国有资产产权登记管理办法》(财教〔2012〕242号)有关规定,组织申报国有资产产权登记。

第四十一条　产权纠纷是指由于国有资产所有权、经营权、使用权等产权归属不清而发生的争议。

第四十二条　高校与其他国有单位和国有企业之间发生国有资产产权纠纷的,由当事人双方协商解决;协商不能解决的,由高校向教育部申请调解,或者由教育部报财政部调解,调解不成的,可依法提起诉讼。

第四十三条　高校与非国有单位或者个人之间发生产权纠纷的,由高校提出拟处理意见,经教育部审核并报财政部同意后,与对方当事人协商解决;协商不能解决的,依照司法程序处理。

第七章　资产评估与资产清查

第四十四条　高校有下列情形之一的,应当对相关国有资产进行评估:
(一)整体或者部分改制为企业;
(二)以非货币性资产对外投资;
(三)合并、分立、清算;
(四)资产拍卖、转让、置换;
(五)整体或者部分资产租赁给非国有单位;
(六)确定涉讼资产价值;
(七)法律、行政法规规定的其他需要进行评估的事项。

第四十五条　高校有下列情形之一的,可以不进行资产评估:
(一)经批准部分资产无偿划转;
(二)下属事业单位之间的合并、资产划转、置换和转让;
(三)其他不影响国有资产权益的特殊产权变动行为,报经教育部和财政部确认可以不进行资产评估的。

第四十六条　高校国有资产评估工作应当依据国家国有资产评估有关规定,委托具有资产评估资质的评估机构进行。高校应当如实向资产评估机构提供有关情况和资料,并对所提供的情况和资料的客观性、真实性和合法性负责。

高校不得以任何形式干预资产评估机构独立执业。

第四十七条　高校国有资产评估项目实行核准制和备案制。核准和备案工作按照国家有关国有资产评估项目核准和备案管理的规定执行。

高校资产评估项目备案工作,应由高校审核后报教育部审核,教育部审核后报财政部备案。高校出资企业的资产评估项目备案工作,应由高校审核后报教育部备案。

第四十八条　高校进行资产清查,按照财政部《行政事业单位资产清查暂行办法》(财办

〔2006〕52号)有关规定,应当向教育部提出申请,经教育部审核,财政部批准立项后组织实施。高校资产清查工作中的资产盘盈、资产损失和资金挂账认定和结果确认等,按照财政部《行政事业单位资产核实暂行办法》(财办〔2007〕19号)有关规定执行。国家另有规定的,从其规定。

高校资产清查中的固定资产损失,应按以下权限履行审批手续:

单项固定资产损失低于50万元的,根据中介机构的审计意见,经高校负责人批准后核销,并报教育部备案,教育部审核汇总后报财政部备案;单项固定资产损失超过50万元(含50万元)、低于200万元的,由高校提出处理意见,报经教育部批准后核销,并报财政部备案;单项固定资产损失超过200万元(含200万元)的,由高校提出处理意见,经教育部审核,报财政部批准后核销。

高校资产清查中的货币资金损失、坏账损失、存货损失、有价证券损失、对外投资损失、无形资产损失等其他类资产损失,应按以下权限履行审批手续:

分类损失低于50万元的,由高校提出处理意见,经教育部批准后核销,并报财政部备案;分类损失超过50万元(含50万元)的,由高校提出处理意见,经教育部审核,报财政部批准后核销。

第四十九条 高校资产清查内容包括:基本情况清理、账务清理、财产清查、损溢认定、资产核实和完善制度等。高校有下列情形之一,应当进行资产清查:

(一) 根据各级政府及其财政部门专项工作要求,纳入统一组织的资产清查范围的;

(二) 进行重大改革或者改制的;

(三) 遭受重大自然灾害等不可抗力造成资产严重损失的;

(四) 会计信息严重失真或者国有资产出现重大流失的;

(五) 会计政策发生重大变更,涉及资产核算方法发生重要变化的;

(六) 财政部门认为应当进行资产清查的其他情形。

第八章 资产信息管理与报告

第五十条 高校应当按照国有资产管理信息化的要求,建立国有资产管理信息系统,及时录入相关数据信息,加强国有资产的动态监管,并在此基础上组织国有资产的统计和信息报告工作。

第五十一条 高校国有资产管理实行报告制度,包括年度决算报告、重大事项报告和专项工作报告等。国有资产信息报告是高校财务会计报告的重要组成部分。

第五十二条 高校应当按照财政部规定的年度部门决算报表的格式、内容及要求,对其占有、使用的国有资产状况做出报告。国有资产年度决算报告应当内容完整、信息真实、数据准确。

第五十三条 高校应当充分利用资产管理信息系统和资产信息报告,全面、动态地掌握本单位国有资产的占有、使用和处置状况,并作为编制本单位部门预算的重要依据。

第九章 资产管理绩效考核

第五十四条 高校国有资产管理绩效考核是指利用国有资产年度决算报告、资产专项报告、财务会计报告、资产统计信息、资产管理信息化数据库等资料,运用一定的方法、指标及标准,科学考核和评价高校国有资产管理效益的行为。

第五十五条 高校应当逐步建立和完善国有资产管理绩效考核制度和考核体系,按照社会效益和经济效益相结合的原则,通过科学合理、客观公正、规范可行的方法、标准和程序,真实地反映和评价本单位国有资产管理绩效。

第五十六条 高校国有资产管理绩效考核,应当包括国有资产管理的基础工作,国有资产管理制度建设,国有资产配置、使用和处置等主要内容。

第五十七条 高校国有资产管理绩效考核,应当坚持分类考核与综合考核相结合,日常考核与年终考核相结合,绩效考核与预算考评相结合,采用多元化的指标体系和科学的方式方法,不断提高高校国有资产的安全性、完整性和有效性。

第五十八条 高校应当充分利用国有资产管理绩效考核的结果,总结经验、推广应用,查漏补缺、完善制度,加强管理、提高效益。

第十章 监督检查

第五十九条 教育部建立科学合理的高校国有资产监督管理制度,并对高校国有资产管理情况进行监督检查。

第六十条 高校应建立国有资产管理检查制度,对本单位国有资产管理情况进行监督检查。

第六十一条 高校国有资产监督检查应当坚持单位内部监督与财政监督、审计监督、社会监督相结合,事前监督与事中监督、事后监督相结合,日常监督与专项检查相结合。

第六十二条 高校应当建立健全科学合理的国有资产监督管理责任制,将资产监督管理责任落实到具体部门、单位和个人,加强对国有资产利用效率和效益的考核,依法维护国有资产的安全完整,提高国有资产使用效益。

第六十三条 高校和有关责任人违反本办法规定的,应依法追究其相应责任,并依据相关规定进行处罚、处分和处理。

第十一章 附 则

第六十四条 高校应当根据本办法和单位实际,制定本单位国有资产管理办法,并报教育部备案。

第六十五条 高校出资企业改制上市、产权转让、资产重组等国有资产管理事项,按照财政部有关规定执行。

第六十六条 教育部直属事业单位的国有资产管理依照本办法执行。

第六十七条 本办法由教育部负责解释。本办法未尽事项,按照国家国有资产管理的有关规定执行。

第六十八条 本办法自印发之日起施行。

教育部关于印发《教育部直属高等学校、直属单位国有资产管理工作规程(暂行)》的通知

教财函〔2013〕55号

部属各高等学校,各直属单位:

为进一步加强和规范教育部直属高校、直属单位及所办企业国有资产管理,明确办理国有资产管理事项和流程,使国有资产管理工作更具规范性和可操作性,确保国有资产安全完整与保值增值,根据《中华人民共和国公司法》《中华人民共和国企业国有资产法》《事业单位国有资产管理暂行办法》《教育部直属高等学校国有资产管理暂行办法》等有关规定,教育部制定了《教育部直属高等学校、直属单位国有资产管理工作规程(暂行)》,并经财政部同意,现印发给你们,请遵照执行。

附件:《教育部直属高等学校、直属单位国有资产管理工作规程(暂行)》

教育部
2013年6月7日

教育部直属高等学校、直属单位国有资产管理工作规程(暂行)

为进一步加强和规范教育部直属高等学校、直属事业单位(以下统称单位)国有资产管理,确保国有资产安全完整和保值增值,根据《公司法》《企业国有资产法》《事业单位国有资产管理暂行办法》《教育部直属高等学校国有资产管理暂行办法》等法律、法规及国家国有资产管理有关规定,制定本规程。

一、事业资产使用

(一)办理流程

1. 单位利用货币资金对外投资50万元(人民币,下同)以下的,由单位审批后将审批文件及相关材料报教育部(财务司)备案,教育部(财务司)审核汇总后报财政部备案;50万元以上(含50万元)至800万元以下的,由单位审核后报教育部(财务司)审批,教育部(财务司)审批后报财政部备案;800万元以上(含800万元)的,由单位审核后报教育部(财务司),教育部(财务司)审核后报财政部审批。

2. 单位利用货币资金以外其他形式的国有资产对外投资、出租、出借,单项或批量价值(账面原值,无账面原值依据评估价值,下同)在500万元以下的,由单位审批后将审批文件及相关材料报教育部(财务司)备案,教育部(财务司)审核汇总后报财政部备案;单项或批量价值在500

万元以上(含500万元)至800万元以下的,由单位审核后报教育部(财务司),教育部(财务司)审批后报财政部备案;单项或批量价值在800万元以上(含800万元)的,由单位审核后报教育部(财务司),教育部(财务司)审核后报财政部审批。

3. 单位短期出租、出借资产在6个月以内(含6个月)的事项,且单项或批量价值在500万元以上(含500万元)的,由单位审核后报教育部(财务司),教育部(财务司)审批后报财政部备案。单位收到批复文件后,应将其复印件报所在地的财政监察专员办事处备案。

(二)申报材料

1. 对外投资

单位按规定权限审批后报教育部(财务司)备案的事项,应提供如下材料:

(1)单位对外投资事项的正式申请文件;

(2)单位对外投资的国有资产清单;

(3)单位同意利用国有资产对外投资的会议(如校长办公会或党委常委会)决议;

单位按规定权限审核后报教育部(财务司)审批(审核)的事项,除提供上述1—3项材料外,还应提供如下材料:

(4)拟对外投资资产的价值凭证(根据财政部《会计档案管理办法》,资产价值凭证超过规定保存年限已销毁的,须提供单位说明材料,下同)及权属证明,如购货发票或收据、工程决算副本、国有土地使用权证、房屋所有权证、股权证、资产评估报告书等凭据的复印件;

(5)单位进行对外投资的可行性分析报告;

(6)单位法人证书复印件、拟合作方法人证书复印件或企业营业执照(副本)复印件、个人身份证复印件等;

(7)拟创办经济实体的章程和工商行政管理部门预先核准的企业名称通知书;

(8)单位与拟合作方签订的合作意向书、协议草案或合同草案;

(9)单位上年度财务报表、拟合作方经中介机构审计的上年度财务审计报告;

(10)其他材料。

2. 出租、出借

单位按规定权限审批后报教育部(财务司)备案的事项,应提供如下材料:

(1)单位出租、出借事项的正式申请文件;

(2)单位出租、出借的国有资产清单;

(3)单位同意利用国有资产出租、出借的会议(如校长办公会或党委常委会)决议;

单位按规定权限审核后报教育部(财务司)审批(审核)的事项,除提供上述1—3项材料外,还应提供如下材料:

(4)拟出租、出借资产的价值凭证及权属证明,如购货发票或收据、工程决算副本、国有土地使用权证、房屋所有权证、股权证、资产评估报告书等凭据的复印件;

(5)单位进行出租、出借的可行性分析报告;

(6)单位法人证书复印件、承租(借)方的事业单位法人证书复印件或企业营业执照(副本)复印件、个人身份证复印件等;

(7)其他材料。

(三)工作要求

1. 单位向教育部(财务司)申报国有资产使用事项,应对申报材料的真实性、合法性、有效性、准确性负责,不因报教育部(财务司)备案而转移自身的法律责任。单位申报材料不符合要求的,教育部(财务司)将《教育部财务司国有资产处置、使用、评估备案等审核意见》(以下简称

《审核意见》)反馈单位,单位根据反馈意见补充材料,教育部(财务司)审核合规后,按规定程序办理相关手续。对违反国家有关规定的事项,教育部(财务司)将所有材料退回单位,并责令整改。

2. 单位报教育部(财务司)备案的资产使用事项所提供的材料中,正式申请文件需一式四份,其他材料一式一份;报教育部(财务司)审批的材料一式一份;报教育部(财务司)审核、财政部审批的材料一式二份。单位所提供材料的复印件需加盖单位公章。

3. 单位办理国有资产使用涉及"三重一大"事项,应按《教育部关于进一步推进直属高校贯彻落实"三重一大"决策制度的意见》(教监〔2011〕7号)文件规定,由领导班子集体讨论形成会议纪要并做出决定。

4. 单位应依照《教育部直属高等学校国有资产管理暂行办法》在10月1日前修订本单位国有资产使用管理办法并报教育部(财务司)备案。

5. 单位国有资产出租,原则上应采取公开招租的形式确认出租的价格,必要时可采取评审或者资产评估的办法确定出租的价格。单位利用国有资产出租、出借的期限一般不得超过5年。

6. 单位对外投资收益及利用国有资产出租、出借等取得的收入应当纳入单位预算,统一核算,统一管理。

二、事业资产处置

(一) 办理流程

1. 单位核销货币性资产损失50万元以下的,由单位审批后将审批文件及相关材料报教育部(财务司)备案,教育部(财务司)审核汇总后报财政部备案;50万元以上(含50万元)至800万元以下的,由单位审核后报教育部(财务司)审批,教育部(财务司)审批后报财政部备案;800万元以上(含800万元)的,由单位审核后报教育部(财务司),教育部(财务司)审核后报财政部审批。

2. 单位处置货币性资产以外的其他事项,一次性处置单位价值或批量价值在500万元以下的,由单位审批后将审批文件及相关材料报教育部(财务司)备案,教育部(财务司)审核汇总后报财政部备案;一次性处置单位价值或批量价值在500万元以上(含500万元)至800万元以下的,由单位审核后报教育部(财务司)审批,教育部(财务司)审批后报财政部备案;一次性处置单位价值或批量价值在800万元以上(含800万元)的,由单位审核后报教育部(财务司),教育部(财务司)审核后报财政部审批。

3. 国家自主创新示范区内的单位对其拥有的科技成果进行产权转让或注销产权的行为,依照国家有关规定执行。

(二) 申报材料

1. 报废、报损

单位按规定权限审批后报教育部(财务司)备案的事项,应提供如下材料:

(1) 单位报废、报损事项的正式申请文件;

(2)《中央级事业单位国有资产处置申请表》;

(3) 单位同意国有资产报废、报损的会议(如校长办公会或党委常委会)决议;

单位按规定权限审核后报教育部(财务司)审批(审核)的事项,除提供上述1—3项材料外,还应提供如下材料:

(4) 能够证明盘亏、毁损以及非正常损失资产价值的有效凭证。如购货发票或收据、工程决算副本、记账凭证、固定资产卡片、盘点表及产权证明等凭据的复印件；

（5）单位贵重仪器设备报废须提供 5 名以上专家的鉴定意见书；

（6）非正常损失责任事故的鉴定文件及对责任者的处理文件；

（7）因房屋拆除等原因需办理资产核销手续的，提交相关职能部门的房屋拆除批复文件、建设项目拆建立项文件、双方签定的房屋拆迁补偿协议；

（8）其他材料。

2. 出售、出让、转让

单位按规定权限审批后报教育部（财务司）备案的事项，应提供如下材料：

（1）单位出售、出让、转让事项的正式申请文件；

（2）《中央级事业单位国有资产处置申请表》；

（3）单位同意利用国有资产出售、出让、转让的会议（如校长办公会或党委常委会）决议；

单位按规定权限审核后报教育部（财务司）审批（审核）的事项，除提供上述 1—3 项材料外，还应提供如下材料：

（4）资产价值凭证及产权证明，如购货发票或收据、工程决算副本、国有土地使用权证、房屋所有权证、股权证等凭据的复印件；

（5）出售、出让、转让方案（包括资产的基本情况、处置的原因、方式等）；

（6）出售、出让、转让合同草案，属于股权转让的，还应提交股权转让可行性报告；

（7）其他材料。

3. 无偿调拨（划转）

单位按规定权限审批后报教育部（财务司）备案的事项，应提供如下材料：

（1）单位无偿调拨（划转）事项的正式申请文件；

（2）《中央级事业单位国有资产处置申请表》；

（3）单位同意无偿调拨（划转）事项的会议（如校长办公会或党委常委会）决议；

单位按规定权限审核后报教育部（财务司）审批（审核）的事项，除提供上述 1—3 项材料外，还应提供如下材料：

（4）资产价值凭证及产权证明，如购货发票或收据、工程决算副本、国有土地使用权证、房屋所有权证、股权证等凭据的复印件；

（5）因单位撤销、合并、分立而移交资产的，需提供撤销、合并、分立的批文；

（6）拟无偿调拨（划转）国有资产的名称、数量、规格、单价等清单；

（7）其他材料。

4. 对外捐赠

单位按规定权限审批后报教育部（财务司）备案的事项，应提供如下材料：

（1）单位对外捐赠事项的正式申请文件；

（2）《中央级事业单位国有资产处置申请表》；

（3）单位同意捐赠事项的会议（如校长办公会或党委常委会）决议；

单位按规定权限审核后报教育部（财务司）审批（审核）的事项，除提供上述 1—3 项材料外，还应提供如下材料：

（4）捐赠报告，内容包括：捐赠事由、途径、方式、责任人、资产构成及其数额、交接程序等；

（5）单位出具的捐赠事项对本单位财务状况和业务活动影响的分析报告，使用货币资金对外捐赠的，应提供货币资金的来源说明等；

（6）能够证明捐赠资产价值的有效凭证，如购货发票或收据、工程决算副本、记账凭证、固定资产卡片及产权证明等凭据的复印件；

（7）其他材料。

5. 资产置换

单位按规定权限审批后报教育部（财务司）备案的事项,应提供如下材料：

（1）单位资产置换事项的正式申请文件；

（2）《中央级事业单位国有资产处置申请表》；

（3）单位同意置换事项的会议（如校长办公会或党委常委会）决议；

单位按规定权限审核后报教育部（财务司）审批（审核）的事项,除提供上述1—3项材料外,还应提供如下材料：

（4）资产价值凭证及产权证明,如购货发票或收据、工程决算副本、国有土地使用权证、房屋所有权证、股权证等凭据的复印件；

（5）对方单位拟用于置换资产的基本情况说明、是否已被设置为担保物等；

（6）双方草签的置换协议；

（7）对方单位的法人证书或营业执照的复印件；

（8）单位近期的财务报告；

（9）其他材料。

6. 对外投资、担保（抵押）损失

单位按规定权限审批后报教育部（财务司）备案的事项,应提供如下材料：

（1）单位对外投资、担保（抵押）损失事项的正式申请文件；

（2）《中央级事业单位国有资产处置申请表》；

（3）单位同意对外投资、担保（抵押）损失事项的会议（如校长办公会或党委常委会）决议；

单位按规定权限审核后报教育部（财务司）审批（审核）的事项,除提供上述1—3项材料外,还应提供如下材料：

（4）被投资单位的清算审计报告及注销文件；

（5）债权或股权凭证、形成呆坏账的情况说明和具有法定依据的证明材料；

（6）已申请仲裁或提起诉讼的,须提交相关法律文书；

（7）其他材料。

（三）工作要求

1. 单位向教育部（财务司）申报国有资产处置事项,应对申报材料的真实性、合法性、有效性、准确性负责,不因报教育部（财务司）备案而转移自身的法律责任。单位申报材料不符合要求的,教育部（财务司）将《审核意见》反馈单位,单位根据反馈意见补充材料,教育部（财务司）审核合规后,按规定程序办理相关手续。对违反国家有关规定的事项,教育部（财务司）将所有材料退回单位,并责令整改。

2. 单位转让或无偿划转直接持有的企业国有产权,按事业资产处置限额审批,并按照《企业国有产权转让管理暂行办法》（国务院国资委 财政部令第3号）、《国有股东转让所持上市公司股份管理暂行办法》（国务院国资委 证监会令第19号）、《中央级事业单位国有资产处置管理暂行办法》（财教〔2008〕495号）等有关法规执行。

3. 单位报教育部（财务司）备案、审批或审核的资产处置事项材料中,《中央级事业单位国有资产处置申请表》一式五份（原件）。此外,报教育部（财务司）备案的正式申请文件一式五份,其他材料一式一份；报教育部（财务司）审批的材料一式一份；报教育部（财务司）审核、财政部审批的材料一式二份。单位所提供材料的复印件需加盖单位公章。

4. 单位办理国有资产处置涉及"三重一大"事项,应按《教育部关于进一步推进直属高校贯彻落实"三重一大"决策制度的意见》(教监〔2011〕7号)文件规定,由领导班子集体讨论形成会议纪要并做出决定。

5. 单位应依照《教育部直属高等学校国有资产管理暂行办法》在10月1日前修订本单位国有资产处置管理办法并报教育部(财务司)备案。

6. 单位国有资产处置收入,在扣除相关税金、评估费、拍卖佣金等费用后,按照政府非税收入管理和财政国库收缴管理的规定上缴中央国库,实行"收支两条线"管理。国家另有规定的,从其规定。

三、事业资产清查与核实

(一)资产清查

1. 办理流程

根据财政部《中央级事业单位国有资产管理暂行办法》(财教〔2008〕13号)有关规定,单位进行资产清查应当向教育部(财务司)提出申请,经教育部(财务司)审核同意后实施,教育部(财务司)将相关材料报财政部备案。其中,根据国家要求进行的资产清查除外。资产清查工作按照财政部《行政事业单位资产清查暂行办法》(财办〔2006〕52号)、《行政事业单位资产核实暂行办法》(财办〔2007〕19号)有关规定执行。

2. 申报材料

单位提出资产清查立项申请,应提交如下材料:

(1)单位开展资产清查工作的正式申请文件,包括资产清查的原因、范围以及工作基准日等内容;

(2)单位同意开展资产清查工作的会议(如校长办公会或党委常委会)决议;

(3)资产清查工作实施方案,包括工作目标、办事机构基本情况、工作组织方式、工作内容、工作步骤和时间安排、工作要求及工作纪律等;

(4)其他材料。

单位申请资产清查结果确认,应提交如下材料:

(1)单位确认资产清查结果的正式申请文件;

(2)单位同意资产清查结果的会议(如校长办公会或党委常委会)决议;

(3)资产清查工作结果报告,包括资产清查的基准日、范围、内容、结果,以及基准日资产及财务状况;

(4)数据报表,按规定格式和软件填报的资产清查报表及相关材料;

(5)证明材料,需申报处理的资产损益和资金挂账等情况,相关材料应当单独汇编成册,并附有关凭证材料和具有法律效力的证明材料;

(6)审计报告,社会中介机构对行政事业单位资产清查的结果,出具经注册会计师签字的资产清查专项审计报告;

(7)其他材料。

3. 工作要求

(1)单位向教育部(财务司)申报资产清查事项,应对申报材料的真实性、合法性、有效性、准确性负责。单位申报材料不符合要求的,教育部(财务司)将《审核意见》反馈单位,单位根据反馈意见补充材料,教育部(财务司)审核合规后,按规定程序办理相关手续。对违反国家有关规定的事项,教育部(财务司)将所有材料退回单位,并责令整改。

（2）单位有下列情形之一，应当进行资产清查：

① 根据财政部、教育部专项工作要求，纳入统一组织的资产清查范围的；

② 进行重大改革或者改制的；

③ 遭受重大自然灾害等不可抗力造成资产严重损失的；

④ 会计信息严重失真或者国有资产出现重大流失的；

⑤ 会计政策发生重大变更，涉及资产核算方法发生重要变化的；

⑥ 应当进行资产清查的其他情形。

（3）单位资产清查应按以下程序进行：

① 单位清理。单位根据国家清查政策、有关财务、会计制度和单位内部控制制度，对资产清查中清理出的资产盘盈、资产损失和资产挂账，分别提出处理意见，并编制报表和撰写工作报告。

② 专项审计。接受委托的会计师事务所根据《中国注册会计师审计师审计准则》和国家其他有关规定，对资产清查结果进行审核，并出具专项审计报告。

③ 上报结果。单位向教育部（财务司）报送资产清查工作结果报告，经教育部（财务司）审核后报财政部批准确认。

（二）资产核实

单位资产清查工作中的资产盘盈、资产损失和资金挂账认定确认，按照财政部《行政事业单位资产核实暂行办法》（财办〔2007〕19号）有关规定执行。国家另有规定的，从其规定。

1. 办理流程

资产盘盈、资产损失和资金挂账按规定权限审批后，按国家统一的会计制度进行账务处理。

（1）单位单项固定资产损失低于50万元的，根据中介机构的审计意见，经单位批准后核销，并报教育部（财务司）备案，教育部（财务司）审核汇总后报财政部备案；单项固定资产损失超过50万元（含50万元），低于200万元的，由单位提出处理意见，报经教育部（财务司）批准后核销，并报财政部备案；单项固定资产损失超过200万元（含200万元）的，由单位提出处理意见，报教育部（财务司），教育部（财务司）审核后报财政部批准核销。

（2）货币资金损失、坏账损失、存货损失、有价证券损失、对外投资损失、无形资产损失等其他类资产损失，分类损失低于50万元的，由单位提出处理意见，经教育部（财务司）批准后核销，并报财政部备案；分类损失超过50万元（含50万元）的，由单位提出处理意见，经教育部（财务司）审核，报财政部批准后核销。

2. 申报材料

（1）单位申请资产核实的正式申请文件；

（2）单位同意资产核实事项的会议（如校长办公会或党委常委会）决议；

（3）单位资产核实工作报告；

（4）具有法律效力的外部证据、社会中介机构的经济鉴证证明和特定事项的单位内部证据；

（5）其他材料。

3. 工作要求

单位向教育部（财务司）申报资产核实事项，应对申报材料的真实性、合法性、有效性、准确性负责。单位申报材料不符合要求的，教育部（财务司）将《审核意见》反馈单位，单位根据反馈意见补充材料，教育部（财务司）审核合规后，按规定程序办理相关手续。对违反国家有关规定的事项，教育部（财务司）将所有材料退回单位，并责令整改。

四、事业资产评估及备案

(一) 办理流程

根据《国有资产评估管理办法》(国务院令第91号)等有关规定,单位资产评估项目的备案工作,应当按照下列程序进行:

1. 产权持有单位委托具有相应资质的资产评估机构对标的资产进行评估。

2. 单位对评估报告进行初审,并自评估基准日起9个月内,向教育部(财务司)提出国有资产评估项目备案申请,教育部(财务司)审核后报财政部备案。

(二) 申报材料

1. 单位资产评估项目备案的正式申请文件,包括单位基本情况、开展资产评估工作的原因、资产评估基准日、资产评估委托方、中介机构、资产评估结果以及其他需说明的事项;

2.《国有资产评估项目备案表》(一式三份);

3. 资产评估项目相对应的经济行为批准文件;

4. 资产评估报告(评估报告书、评估说明和评估明细表等);

5. 评估基准日报表及评估基准日上一年度决算报告;

6. 事业单位法人证书及产权登记证复印件;

7. 其他材料。

(三) 工作要求

1. 单位向教育部(财务司)申报资产评估备案事项,应对申报材料的真实性、合法性、有效性、准确性负责。单位申报材料不符合要求的,教育部(财务司)将《审核意见》反馈单位,单位根据反馈意见补充材料,教育部(财务司)审核合规后,按规定程序办理相关手续。对违反国家有关规定的事项,教育部(财务司)将所有材料退回单位,并责令整改。

2. 单位有下列情形之一时,应当进行资产评估:

(1) 整体或者部分改制为企业;

(2) 以非货币性资产对外投资;

(3) 合并、分立、清算;

(4) 资产拍卖、转让、置换;

(5) 整体或者部分资产租赁给非国有单位;

(6) 确定涉讼资产价值;

(7) 法律、行政法规规定的其他需要进行评估的事项。

五、事业单位产权登记

单位产权登记应根据《财政部关于印发〈事业单位及事业单位所办企业国有资产产权登记管理办法〉的通知》(财教〔2012〕242号)等有关规定执行。

(一) 占有产权登记

占有产权登记适用于新设立和已经取得法人资格但尚未办理产权登记的单位。

1. 办理流程

新设立单位应当在审批机关批准设立后60日内,经单位审核后报教育部(财务司),教育部(财务司)审核后报财政部办理产权登记。

2. 申报材料

(1) 单位办理占有产权登记的正式申请文件;

（2）事业单位国有资产产权登记表（占有登记）（一式三份）；
（3）审批机关批准设立的文件；
（4）国有资产总额及来源证明；
（5）设置抵押、质押、留置或提供保证、定金以及资产被司法机关冻结的，应当提供相关文件和凭证；
（6）涉及土地、林地、海域、房屋、车辆等重要资产的，应当提供相关的产权证明材料；
（7）涉及对外投资的，应当提供对外投资的批复文件；
（8）涉及资产评估事项的，应当提交核准或备案文件；
（9）其他材料。

已经取得法人资格但尚未办理产权登记的单位，除提供上述所列材料外，还应当提供以下有关材料：

（10）财政部批复的上一年度财务报告；
（11）《事业单位法人证书》复印件；
（12）《中华人民共和国组织机构代码证》复印件；
（13）其他材料。

（二）变动产权登记

变动产权登记适用于单位发生分立、合并、部分改制，以及单位名称、单位（性质）分类、人员编制数、主管部门、管理级次、预算级次发生变化，以及国有资产金额一次或累计变动超过国有资产总额20%（含）的行为事项。

1. 办理流程

单位应当自审批机关批准变动之日起60日内，经单位审核后报教育部（财务司），教育部（财务司）审核后向财政部申请办理产权登记。

2. 申报材料

（1）单位办理变动产权登记的正式申请文件；
（2）事业单位国有资产产权登记表（变动登记）（一式三份）；
（3）单位会议决议文件，教育部、财政部等审批机关批准变动的批复文件；
（4）《事业单位产权登记证》副本；
（5）《事业单位法人证书》复印件；
（6）财政部批复的上一年度财务报告；
（7）设置抵押、质押、留置或提供保证、定金以及资产被司法机关冻结的，应当提供相关文件和凭证；
（8）涉及资产评估事项的，应当提交相关部门的核准或备案文件；
（9）涉及土地、林地、海域、房屋、车辆等重要资产的，应当提供相关的产权证明材料；
（10）涉及资产处置的，应当提交资产处置的批复文件；
（11）涉及对外投资情况发生变动的，应当提供相关材料；
（12）其他材料。

（三）注销产权登记

注销产权登记适用于因分立、合并、依法撤销或改制等原因被整体清算、注销和划转的单位。

1. 办理流程

单位应当自审批机关批准整体清算、注销和划转等行为之日起60日内，经单位审核后报教育部(财务司),教育部(财务司)审核后报财政部办理产权登记。

2. 申报材料

(1) 单位办理注销产权登记的正式申请文件;
(2) 单位会议决议文件,教育部、财政部等审批机关批准注销的批复;
(3) 清算报告;
(4) 资产清查报告、资产评估报告及相关部门的资产评估项目核准或备案文件;
(5) 属于有偿转让或整体改制的,应当提交有偿转让的合同协议或经相关部门批复的转制方案;
(6) 财政部批复的上一年度财务报告;
(7) 设置抵押、质押、留置或提供保证、定金以及资产被司法机关冻结的,应当提供相关文件和凭证;
(8)《事业单位产权登记证》正本、副本;
(9) 资产处置的批复文件;
(10) 其他材料。

(四) 年度检查

1. 办理流程

单位产权登记实行年度检查制度。单位应当于年度财务报告批复后1个月内,经单位审核后报教育部(财务司),教育部(财务司)审核后报财政部办理产权登记年度检查。

2. 申报材料

(1) 单位产权登记年度检查正式申请文件;
(2)《事业单位国有资产产权登记表(年度检查)》;
(3)《事业单位产权登记证》副本;
(4) 经批复上一年度财务报告;
(5) 国有资产增减变动审批文件;
(6) 其他材料。

(五) 工作要求

1. 单位向教育部(财务司)申报产权登记事项,应对申报材料的真实性、合法性、有效性、准确性负责。单位申报材料不符合要求的,教育部(财务司)将《审核意见》反馈单位,单位根据反馈意见补充材料,教育部(财务司)审核合规后,按规定程序办理相关手续。对违反国家有关规定的事项,教育部(财务司)将所有材料退回单位,并责令整改。

2. 单位申请产权登记,申报材料中除产权登记表外均一式两份。未办理占有产权登记的单位依法被注销时,应当先补办占有产权登记,再按照本规程的规定申请办理注销产权登记。

3. 单位办理变动、注销产权登记或年度检查,单位改制,资产出租、出借,资产评估项目核准或备案等财政审批手续以及其他法律、法规规定的事项时,应当出具《事业单位产权登记证》。如未按照规定出具《事业单位产权登记证》,一律不予受理。

4. 单位产权归属关系不清楚、发生产权纠纷或资产被司法机关冻结的,应当暂缓办理产权登记,并在产权界定清楚、产权纠纷处理完毕或资产被司法机关解冻后,及时办理产权登记。

六、单位所办企业国有资产管理

单位所办企业(以下简称企业)是指单位出资的国有独资企业、国有独资公司、国有资本控股公司、国有资本参股公司及其各级子企业。

企业国有资产管理包括企业关系国有资产出资人权益的重大事项决定及清产核资、资产评估、产权登记等国有资产基础管理工作。

企业合并、分立、改制、上市,增加或者减少注册资本,发行债券,进行重大投资,为他人提供大额担保,转让重大财产,进行大额捐赠,分配利润,以及解散、申请破产等重大事项,应当遵守法律、行政法规以及企业章程的规定,不得损害出资人和债权人的权益。

企业办理国有资产管理涉及"三重一大"事项,应按《教育部关于进一步推进直属高校贯彻落实"三重一大"决策制度的意见》(教监〔2011〕7号)文件规定,由领导班子集体讨论形成会议纪要,并做出决定。

单位直接出资的国有独资公司章程由单位或者董事会制订,由董事会制订的报单位审核批准。

国有独资企业、国有独资公司、国有资本控股公司对其所出资企业的重大事项,参照《企业国有资产法》中关系国有资产出资人权益的重大事项规定履行出资人职责。

(一) 企业合并、分立,增加或者减少注册资本,发行债券,分配利润,以及解散、申请破产重大事项

1. 国有独资企业、国有独资公司

(1) 办理流程

根据《公司法》《企业国有资产法》《证券法》《破产法》等法律法规及有关规定,单位直接出资的国有独资企业、国有独资公司有合并、分立,增加或者减少注册资本,分配利润,以及解散、申请破产重大事项的,由单位审核后报教育部(财务司),教育部(财务司)审核后报财政部决定。

单位直接出资的国有独资企业、国有独资公司所出资的各级国有独资企业、国有独资公司有合并、分立,增加或者减少注册资本,分配利润,以及解散、申请破产重大事项的,应当依照法定程序由出资企业决定。

企业发行债券按照《企业债券管理条例》(国务院令第121号)、《公司债券发行试点办法》(证监会令第49号)、《国家发展改革委关于进一步改进和加强企业债券管理工作的通知》(发改财金〔2004〕1134号)等有关规定办理。

根据《国务院办公厅关于北京大学清华大学规范校办企业管理体制试点问题的通知》(国办函〔2001〕58号)、《国务院办公厅关于同意北京大学清华大学设立北大资产经营有限公司和清华控股有限责任公司的复函》(国办函〔2003〕30号)有关规定,北大资产经营有限公司和清华控股有限公司有合并、分立,增加或者减少注册资本,分配利润,以及解散、申请破产重大事项的,分别由北京大学和清华大学决定。

(2) 申报材料

合并、分立,增加或者减少注册资本

① 单位关于企业办理合并、分立,增加或者减少注册资本事项的正式申请文件,包括标的企业情况简介,可行性研究、方案摘要,本单位内部决策程序及结论等内容;

② 办理事项的决策文件,包括单位决议、公司董事会决议或企业总经理办公会决议;

③ 可行性研究报告及具体方案;

④ 出资人身份证明复印件及章程;

⑤ 出资人货币资金来源证明;

⑥ 企业审计报告;

⑦ 新公司章程草案;

⑧ 企业名称变更的,应提供工商行政管理部门出具的企业名称预核准通知书;

⑨ 以非货币资金增加或者减少注册资本的,应提供评估基准日起9个月内的非货币资产评估报告;

⑩ 中介机构出具的验资报告;

⑪ 其他材料。

分配利润

① 单位关于企业办理分配利润的正式申请文件;

② 办理事项的决策文件,包括单位决议、公司董事会决议或企业总经理办公会决议;

③ 企业营业执照(副本)复印件;

④ 企业章程复印件;

⑤ 分配利润方案;

⑥ 企业年度审计报告;

⑦ 其他材料。

解散、申请破产

① 单位关于企业解散、申请破产的正式申请文件,包括拟解散、申请破产的企业情况简介,企业解散、申请破产方案及可行性研究摘要,本单位决策程序及结论,资产、债务及人员安置情况摘要等;

② 企业解散、申请破产的决策文件,包括单位决议、公司董事会决议或企业总经理办公会决议;

③ 可行性研究报告及具体方案;

④ 经工商行政管理部门备案的企业解散、申请破产的企业法人营业执照(副本)、章程复印件;

⑤ 企业清算报告;

⑥ 企业人员安置方案、职工工资的支付及社会保险费用的缴纳情况;

⑦ 企业资产、债务处置方案;

⑧ 其他材料。

2. 国有资本控股公司、国有资本参股公司

办理流程

单位出资的各级国有资本控股公司、国有资本参股公司有合并、分立,增加或者减少注册资本,分配利润,以及解散、申请破产重大事项的,依照法律、行政法规以及公司章程的规定,由公司股东会、股东大会或者董事会决定。单位或企业委派的股东代表参加国有资本控股公司、国有资本参股公司召开的股东会会议、股东大会会议,应当按照委派机构指示提出议案、发表意见、行使表决权,并将其履行职责的情况和结果以书面形式及时报告单位或企业。

3. 工作要求

(1) 单位向教育部(财务司)申报合并、分立,增加或者减少注册资本,发行债券,分配利润,以及解散、申请破产重大事项,应对申报材料的真实性、合法性、有效性、准确性负责。单位申报材料不符合要求的,教育部(财务司)将《审核意见》反馈单位,单位根据反馈意见补充材料,教育部(财务司)审核合规后,按规定程序办理相关手续。对违反国家有关规定的事项,教育部(财务司)将所有材料退回单位,并责令整改。

(2) 企业发行债券按照《企业债券管理条例》(国务院令第121号)、《公司债券发行试点办法》(证监会令第49号)、《国家发展改革委关于进一步改进和加强企业债券管理工作的通知》(发改财金〔2004〕1134号)等有关规定办理。

（3）企业的合并、分立、改制、解散、申请破产重大事项,应当听取企业工会的意见,并通过职工代表大会或者其他形式听取职工的意见和建议。

（4）单位应根据《教育部直属高等学校国有资产管理暂行办法》在2013年12月31日前制定本单位企业国有资产管理办法并报教育部(财务司)备查。

（二）重大投资,为他人提供大额担保,转让重大财产,进行大额捐赠、上市等重大事项

1. 国有独资企业、国有独资公司

办理流程

单位出资的各级国有独资企业、国有独资公司有重大投资,为他人提供大额担保,转让重大财产,进行大额捐赠、上市等重大事项的,国有独资企业由企业负责人集体讨论决定,国有独资公司由董事会决定。

2. 国有资本控股公司、国有资本参股公司

办理流程

单位出资的各级国有资本控股公司、国有资本参股公司有重大投资,为他人提供大额担保,转让重大财产,进行大额捐赠、上市等重大事项的,依照法律、行政法规以及公司章程的规定,由公司股东会、股东大会或者董事会决定。单位或企业委派的股东代表参加国有资本控股公司、国有资本参股公司召开的股东会会议、股东大会会议,应当按照委派机构指示提出议案、发表意见、行使表决权,并将其履行职责的情况和结果以书面形式及时报告单位或企业。

（三）清产核资

企业应根据《国有企业清产核资办法》(国务院国资委令第1号)、《国有企业清产核资工作规程》(国资评价〔2003〕73号)等文件规定,开展清产核资工作。企业清产核资立项申请和清产核资结果确认由单位审核后报教育部(财务司),教育部(财务司)审核后报财政部审批。

1. 办理流程

（1）企业通过单位向教育部(财务司)提出立项申请,教育部(财务司)审核后报财政部审批;

（2）立项批复同意后,企业制定清产核资工作实施方案,并组织账务清理、资产清查等工作;

（3）聘请社会中介机构进行清产核资工作,并对清产核资工作结果进行专项财务审计,对有关损益提出鉴证证明;

（4）企业清产核资结果由单位审核后报教育部(财务司),教育部(财务司)审核后报财政部审批;

（5）企业根据财政部批复的清产核资结果,按有关规定进行调账。

2. 申报材料

（1）清产核资立项申请

① 单位关于企业办理清产核资立项正式申请文件,包括企业基本情况、开展清产核资工作的原因、清产核资基准日、清产核资工作范围、清产核资工作组织方式及时间安排、清产核资中介机构以及其他需说明的事项;

② 企业制定的拟实施的清产核资方案;

③ 中介机构的资质证书及营业执照复印件;

④ 股东大会或股东会、董事会决议;

⑤ 企业法人营业执照、组织机构代码证、税务登记证及章程复印件;

⑥ 开展清产核资理由的相关文件或材料;

⑦ 其他材料。

(2) 清产核资结果确认
① 单位关于企业确认清产核资结果正式申请文件;
② 清产核资立项批复复印件;
③ 清产核资工作报告,主要包含以下内容:企业清产核资的基准日、范围、内容、结果以及基准日资产及财务状况等,清产核资工作结果,对清产核资暴露出来的企业资产、财务管理中存在的问题、原因进行分析并提出改进措施等;
④ 企业清产核资报表,包括合并清产核资报表及清产核资范围内各企业单户报表;
⑤ 法定机构出具的清产核资专项审计报告;
⑥ 企业各项资产损失、资金挂账的原始凭证材料及具有法律效力证明材料的复印件,如材料较多应单独汇编成册,编注页码,列出目录;
⑦ 清产核资结果企业内部公示情况;
⑧ 清产核资电子数据(清产核资管理软件导出的 jio 文件和 Excel 表格文件,财政部另有规定的,从其规定);
⑨ 其他材料。
清产核资结果经财政部批复确认后,自清产核资基准日起 2 年内有效。
3. 工作要求
(1) 单位向教育部(财务司)申报企业清产核资事项,应对申报材料的真实性、合法性、有效性、准确性负责。单位申报材料不符合要求的,教育部(财务司)将《审核意见》反馈单位,单位根据反馈意见补充材料,教育部(财务司)审核合规后,按规定程序办理相关手续。对违反国家有关规定的事项,教育部(财务司)将所有材料退回单位,并责令整改。
(2) 企业出现下列情形之一时,应当进行清产核资:
① 企业分立、合并、重组、改制、撤销等经济行为涉及资产或产权结构重大变动情况的;
② 企业会计政策发生重大更改,涉及资产核算方法发生重要变化情况的;
③ 国家有关法律、法规规定企业特定经济行为必须开展清产核资工作的。
(3) 单位应自立项批复之日起 3 个月内完成清产核资各项主体工作,并上报清产核资结果。
(四) 资产评估
1. 办理流程
根据《国有资产评估管理办法》(国务院令第 91 号)《国有资产评估管理若干问题的规定》(财政部令第 14 号)《企业国有资产评估管理暂行办法》(国务院国资委令第 12 号)《财政部关于印发〈国有资产评估项目备案管理办法〉的通知》(财企〔2001〕802 号)等文件规定。企业资产评估事项由单位审核后报教育部(财务司)备案。
2. 申报材料
(1) 单位关于企业资产评估备案的函,内容包括:企业基本情况、开展资产评估工作的原因、资产评估基准日、资产评估委托方、中介机构、资产评估结果以及其他需说明的事项;
(2)《国有资产评估项目备案表》或《接受非国有资产评估项目备案表》(一式三份);
(3) 与资产评估项目相对应的经济行为批准文件;
(4) 资产评估报告(评估报告书、评估说明和评估明细表等);
(5) 评估基准日及评估基准日上一年度审计报告;
(6) 其他材料。
3. 工作要求
(1) 单位向教育部(财务司)申报企业资产评估备案事项,应对申报材料的真实性、合法性、有效性、准确性负责。对于材料齐全,符合要求的,教育部(财务司)在20个工作日内给予备案。单位申报材料不符合要求的,教育部(财务司)将《审核意见》反馈单位,单位根据反馈意见补充材料,教育部(财务司)审核合规后,按规定程序办理相关手续。对违反国家有关规定的事项,教育部(财务司)将所有材料退回单位,并责令整改。

(2) 企业有下列情形之一时,应对相关资产进行评估:
① 整体或者部分改建为有限责任公司或者股份有限公司;
② 以非货币资产对外投资;
③ 合并、分立、破产、解散;
④ 非上市公司国有股东股权比例变动;
⑤ 产权转让;
⑥ 资产转让、置换;
⑦ 整体资产或者部分资产租赁给非国有单位;
⑧ 以非货币资产偿还债务;
⑨ 资产涉讼;
⑩ 收购非国有单位的资产;
⑪ 接受非国有单位以非货币资产出资;
⑫ 接受非国有单位以非货币资产抵债;
⑬ 法律、行政法规规定的其他需要进行资产评估的事项。

(3) 依照产权关系,企业资产评估报告应逐级审核,单位审核后应自评估基准日起9个月内,向教育部(财务司)提出国有资产评估项目备案申请。

(4) 企业进行资产评估,应当委托具有相应资质的资产评估机构进行评估。针对不同情况,资产评估工作的委托按以下情况处理:经济行为事项涉及的评估对象属于企业法人财产权范围的,由企业委托;经济行为事项涉及的评估对象属于企业产权等出资人权利的,按照产权关系,由企业的出资人委托。企业接受非国有资产等涉及非国有资产评估的,一般由接受非国有资产的企业委托。

(五) 产权登记

根据《企业国有资产产权登记管理办法》(国务院令第192号)、《财政部关于印发〈事业单位及事业单位所办企业国有资产产权登记管理办法〉的通知》(财教〔2012〕242号)、《关于中央级事业单位所办企业国有资产产权登记启用新〈企业国有资产产权登记表〉的通知》(财办教〔2012〕39号)等文件规定,企业产权登记由单位审核后报教育部(财务司),教育部(财务司)审核后报财政部登记。

1. 占有产权登记

申请取得法人资格的新设立企业和已经取得法人资格但尚未办理产权登记的企业,应当申请办理占有产权登记。

(1) 办理流程

新设立企业应当于申请办理工商注册登记前60日内,由单位审核后报教育部(财务司),教育部(财务司)审核后报财政部办理占有产权登记。未办理占有产权登记的企业,补办占有产权登记时,应当提交企业设立和自企业设立至补办占有产权登记时发生的历次产权变动的文件、证件及有关材料。

(2) 申报材料

新设立企业应当提交下列材料:

① 单位办理企业占有产权登记的正式申请文件；
② 《企业国有资产产权登记表(占有登记)》(一式四份)；
③ 出资人母公司或上级单位批准设立的文件、投资协议书；单位直接投资设立企业的，应当提交《事业单位产权登记证》副本复印件及财政部、教育部或单位批准的对外投资批复文件；
④ 本企业章程；
⑤ 由企业出资的，应当提交各出资人的企业章程、《企业法人营业执照》复印件、经审计的企业上一年度财务报告，其中国有资本出资人还应当提交有关部门办理的《企业产权登记证》复印件；由单位出资的，应当提交《事业单位法人证书》和《事业单位产权登记证》副本的复印件；由自然人出资的，应当提交自然人有效的身份证件复印件；
⑥ 法定机构出具的验资报告，其中以货币投资的，还应当附银行进账单；以实物、无形资产投资的，还应当提交资产评估项目核准或备案文件；
⑦ 本企业的《企业名称预先核准通知书》；
⑧ 其他材料。

已经取得法人资格但尚未办理占有产权登记的企业，除上述第①款至第⑥款规定的材料外，还应提交下列有关材料：
⑨ 本企业经审计的企业上一年度财务报告；
⑩ 本企业的《企业法人营业执照》复印件；
⑪ 设置抵押、质押、留置或提供保证、定金以及资产被司法机关冻结的，应当提交相关文件和凭证；
⑫ 补办时发生的历次产权变动，应根据变动产权登记申报材料提供；
⑬ 其他材料。

2. 变动产权登记

企业发生企业名称、企业级次、企业组织形式改变，企业分立、合并或者经营形式改变，企业国有资本额、比例增减变动以及企业国有资本出资人变动事项的，应当申请办理变动产权登记。

（1）办理流程

企业申请办理变动产权登记，应当于审批机关核准变动登记后，或自企业股东大会、董事会做出决定之日起30日内，由单位审核后报教育部(财务司)，教育部(财务司)审核后报财政部办理变动产权登记。

（2）申报材料
① 单位办理企业变动产权登记的正式申请文件；
② 《企业国有资产产权登记表(变动登记)》(一式四份)；
③ 出资人母公司或上级单位的批准文件、企业股东大会或董事会做出的书面决定，单位追加投资的，应当提交《事业单位产权登记证》副本复印件及财政部、教育部或单位批准的对外投资批复文件；
④ 修改后的本企业章程；
⑤ 由企业出资的，应当提交各出资人的企业章程、《企业法人营业执照》复印件、经审计的企业上一年度财务报告。其中，国有资本出资人还应当提交有关部门办理的《企业产权登记证》复印件；由单位出资的，应当提交《事业单位法人证书》和《事业单位产权登记证》副本的复印件；由自然人出资的，应当提交自然人有效的身份证件复印件；
⑥ 本企业的《企业法人营业执照》复印件，经审计的企业上一年度财务报告，本企业的《企业产权登记证》副本；

⑦ 设置抵押、质押、留置或提供保证、定金以及资产被司法机关冻结的,应当提交相关文件和凭证;

⑧ 法定机构出具的验资报告,其中以货币投资的,应当附银行进账单;以实物、无形资产投资的,应当提交资产评估项目核准或备案文件;

⑨ 企业合并、分立、转让或减少注册资本的,应当提交企业债务处置或承继情况说明及相关文件;

⑩ 其他材料。

3. 注销产权登记

企业发生解散、依法撤销,转让全部国有产权(股权)或改制后不再设置国有股权,依法宣告破产事项的,应当申请办理注销产权登记。

(1) 办理流程

企业发生解散、依法撤销,转让全部国有产权(股权)或改制后不再设置国有股权的,应当自政府有关部门决定或财政部、教育部、单位或母公司批准之日起 30 日内;企业依法宣告破产的,应当自法院裁定之日起 60 日内;由单位审核后报教育部(财务司),教育部(财务司)审核后报财政部办理注销产权登记。

(2) 申报材料

① 单位办理企业注销产权登记的正式申请文件;

②《企业国有资产产权登记表(注销登记)》(一式四份);

③ 出资人母公司或单位批准的文件,企业股东大会或董事会做出的书面决定,政府有关部门或财政部、教育部、单位的批复文件,工商行政管理机关责令关闭的文件或法院宣告企业破产的裁定书;

④ 经审计的企业上一年度财务报告;

⑤ 本企业的财产清查、清算报告、资产评估报告及相关部门的资产评估项目备案文件;

⑥ 属于有偿转让或整体改制的,应当提交有偿转让或整体改制的协议或方案,以及受让企业的《企业法人营业执照》复印件、企业章程、经审计的年度财务报告和设置抵押、质押、留置或提供保证、定金以及资产被司法机关冻结等情况的相关证明文件;

⑦ 本企业的《企业产权登记证》正本、副本和《企业法人营业执照》复印件;

⑧ 设置抵押、质押、留置或提供保证、定金以及资产被司法机关冻结的,应当提交相关文件和凭证;

⑨ 企业债务处置或承继情况说明及有关文件;企业的资产处置情况说明及相关批复文件;企业改制、破产或撤销的职工安置情况;

⑩ 其他材料。

4. 年度检查

(1) 办理流程

企业产权登记实行年度检查制度。企业应当于每个公历年度终了后 4 个月内,在办理工商年检登记之前,经单位审核后报教育部(财务司),教育部(财务司)审核后报财政部办理产权登记年度检查。

(2) 申报材料

① 单位关于企业产权登记年度检查正式申请文件;

②《企业国有资产产权登记表(年度检查)》;

③《企业产权登记证》副本和《企业法人营业执照》复印件;

④ 企业国有资产经营年度报告书;
⑤ 其他材料。

5. 工作要求

(1) 单位向教育部(财务司)申报产权登记事项,应对申报材料的真实性、合法性、有效性、准确性负责。对于材料齐全,符合要求的,教育部(财务司)在20个工作日内审核后报财政部办理。单位申报材料不符合要求的,教育部(财务司)将《审核意见》反馈单位,单位根据反馈意见补充材料,教育部(财务司)审核合规后,按规定程序办理相关手续。对违反国家有关规定的事项,教育部(财务司)将所有材料退回单位,并责令整改。

(2) 企业凡是占有、使用国有资产的,都应及时办理产权登记,未及时办理占有产权登记的企业应当向产权登记机关申请补办。

(3) 企业国有资产经营年度报告主要包括以下内容:
① 企业国有资产保值增值情况;
② 企业国有资本金实际到位和增减变动情况;
③ 企业及其所属各级子公司等发生产权变动,是否及时办理相应产权登记手续的情况;
④ 企业对外投资及投资收益情况;
⑤ 企业及其子公司提供保证、定金或设置抵押、质押、留置以及资产被司法机关冻结等产权或有变动情况;
⑥ 企业及其所属各级子公司等涉及国有产权分立、合并、改制上市等重大情况;
⑦ 其他需要说明的问题。

(4) 申报材料除产权登记表外,其余材料均为一式两份。

(六) 企业改制

企业改制是指:国有独资企业改为国有独资公司,国有独资企业、国有独资公司改为国有资本控股公司或者非国有资本控股公司,国有资本控股公司改为非国有资本控股公司。

企业改制应根据《企业国有资产法》《国务院办公厅转发国务院国有资产监督管理委员会〈关于规范国有企业改制工作的意见〉的通知》(国办发〔2003〕96号)、《国务院办公厅转发国资委〈关于进一步规范国有企业改制工作实施意见〉的通知》(国办发〔2005〕60号)等相关规定执行。

1. 国有独资企业、国有独资公司

(1) 办理流程

单位直接出资的国有独资企业、国有独资公司改制,应当依照法定程序,由单位审核后报教育部(财务司),教育部(财务司)审核后报财政部决定。

单位直接出资的国有独资企业、国有独资公司所出资的各级国有独资企业、国有独资公司改制,应当依照法定程序由出资企业决定。

(2) 申报材料
① 单位关于直接出资的国有独资企业、国有独资公司改制的正式申请文件;
② 企业决策文件;
③ 企业职工代表大会审议通过的企业改制方案;
④ 法律意见书;
⑤ 经中介机构审计的上一年度财务报告;
⑥ 企业章程;
⑦ 企业法人营业执照副本复印件;

⑧其他材料。

2. 国有资本控股公司

办理流程

单位出资的各级国有资本控股公司改制,依照法律、行政法规以及公司章程的规定,由公司股东会、股东大会决定。单位或企业委派的股东代表参加国有资本控股公司召开的股东会会议、股东大会会议,应当按照委派机构指示提出议案、发表意见、行使表决权,并将其履行职责的情况和结果以书面形式及时报告单位或企业。

3. 工作要求

(1)企业改制应按以下程序进行:

① 被改制企业制定改制方案并履行相应的批准程序。方案应载明改制后的企业组织形式、企业资产和债权债务处理方案、股权变动方案、改制的操作程序、资产评估和财务审计等中介机构的选聘等事项。企业改制涉及重新安置企业职工的,还应当制定职工安置方案,并经职工代表大会或者职工大会审议通过。

② 企业改制应当按照规定进行清产核资、财务审计、资产评估,准确界定和核实资产,客观、公正地确定资产的价值。企业改制过程中涉及的清产核资、评估备案、产权登记等事项按照本规程执行。

(2)企业改制中涉及企业国有产权转让的应严格按照国家有关法律法规以及《企业国有产权转让管理暂行办法》(国务院国资委 财政部令第 3 号)、《关于印发〈企业国有产权向管理层转让暂行规定〉的通知》(国资发产权〔2005〕78 号)等文件执行。

(3)企业实施改制,应严格控制管理层通过增资扩股以各种方式直接或间接持有本企业的股权。管理层成员拟通过增资扩股持有企业股权的,不得参与制定改制方案、确定国有产权折股价、选择中介机构,以及参与清产核资、财务审计、离任审计、资产评估中的重大事项。

(七)国有产权无偿划转

企业国有产权无偿划转,是指企业国有产权在政府机构、事业单位、国有独资企业、国有独资公司之间的无偿转移。国有独资公司作为划入或划出一方的,应当符合《公司法》的有关规定。

1. 办理流程

(1)企业(不含上市公司)国有产权无偿划转

根据《企业国有产权转让管理暂行办法》(国务院国资委 财政部令第 3 号)、《财政部关于企业国有资产办理无偿划转手续的规定》(财管字〔1999〕301 号)、《企业国有产权无偿划转管理暂行办法》(国资发产权〔2005〕239 号)、《企业国有产权无偿划转工作指引》(国资发产权〔2009〕25 号)等相关规定,企业国有产权在所出资企业内部无偿划转的,由所出资企业决定后经单位抄报教育部(财务司)。除上述情形之外的企业国有产权无偿划转,由单位审核后报教育部(财务司),教育部(财务司)审核后报财政部审批。

(2)企业无偿划转所持上市公司国有股权

根据《国有股东转让所持上市公司股份管理暂行办法》(国务院国资委 证监会令第 19 号)规定,企业无偿划转所持上市公司国有股权由单位审核后报教育部(财务司),教育部(财务司)审核后报财政部审批。

2. 申报材料

(1)企业(不含上市公司)国有产权无偿划转抄报教育部(财务司),应提交单位同意无偿划转的批复、总经理办公会或董事会有关无偿划转的决议和划转双方签订的无偿划转协议;

(2)企业(不含上市公司)国有产权无偿划转报教育部(财务司)审核,应提交如下材料:

① 单位办理无偿划转的正式申请文件；
② 单位同意无偿划转的批复；
③ 总经理办公会或董事会有关无偿划转的决议；
④ 划转双方及被划转企业的产权登记证；
⑤ 无偿划转的可行性论证报告；
⑥ 划转双方签订的无偿划转协议；
⑦ 中介机构出具的被划转企业划转基准日的审计报告或财政部清产核资结果批复文件；
⑧ 划出方债务处置方案；
⑨ 被划转企业职代会通过的职工分流安置方案；
⑩ 其他材料。

（3）企业无偿划转所持上市公司国有股权报批材料依照《国有股东转让所持上市公司股份管理暂行办法》（国务院国资委 证监会令第19号）相关规定执行。

3. 工作要求

单位向教育部（财务司）申报无偿划转事项，应对申报材料的真实性、合法性、有效性、准确性负责。单位申报材料不符合要求的，教育部（财务司）将《审核意见》反馈单位，单位根据反馈意见补充材料，教育部（财务司）审核合规后，按规定程序办理相关手续。对违反国家有关规定的事项，教育部（财务司）将所有材料退回单位，并责令整改。

（八）国有产权协议转让

1. 办理流程

（1）企业（不含上市公司）国有产权协议转让

企业国有产权协议转让根据《企业国有产权转让管理暂行办法》（国务院国资委 财政部令第3号）《关于企业国有产权转让有关事项的通知》（国资发产权〔2006〕306号）《关于中央企业国有产权协议转让有关事项的通知》（国资发产权〔2010〕11号）等规定，在本企业内部实施资产重组的境内企业协议转让，由企业决定后经单位抄报教育部（财务司）。除上述情形之外的协议转让行为，应由单位审核后报教育部（财务司），教育部（财务司）审核后报财政部审批。

（2）企业协议转让所持上市公司国有股权应按照《国有股东转让所持上市公司股份管理暂行办法》（国务院国资委 证监会令第19号）规定，由单位审核后报教育部（财务司），教育部（财务司）审核后报财政部审批。

2. 申报材料

（1）企业（不含上市公司）国有产权协议转让由单位抄报教育部（财务司），应提交单位同意协议转让的批复、股东会、总经理办公会或董事会有关协议转让的决议和划转双方签订的协议转让合同；

（2）企业（不含上市公司）国有产权协议转让报教育部（财务司）审核应提交如下材料：

① 单位关于企业国有产权协议转让的正式申请文件；
② 同意协议转让经济行为文件、协议转让合同；
③ 企业国有产权转让方案，主要内容包括：转让标的企业国有产权的基本情况，企业国有产权转让行为的有关论证情况，转让标的企业涉及的、经企业所在地劳动保障行政部门审核的职工安置方案，转让标的企业涉及的债权、债务包括拖欠职工债务的处理方案，企业国有产权转让收益处置方案，企业国有产权转让公告的主要内容；
④ 转让企业国有产权导致转让方不再拥有控股地位的，应当附送经债权金融机构书面同意的相关债权债务协议、职工代表大会审议职工安置方案的决议等；

⑤ 转让方和转让标的企业国有资产产权登记证;
⑥ 企业营业执照(副本)复印件、最近年度经审计的财务报告;
⑦ 中介机构出具的法律意见书;
⑧ 其他材料。

(3)企业协议转让所持上市公司国有股权报批材料依照《国有股东转让所持上市公司股份管理暂行办法》(国务院国资委 证监会令第19号)执行。

3. 工作要求

(1)单位向教育部(财务司)申报企业产权协议转让事项,应对申报材料的真实性、合法性、有效性、准确性负责。单位申报材料不符合要求的,教育部(财务司)将《审核意见》反馈单位,单位根据反馈意见补充材料,教育部(财务司)审核合规后,按规定程序办理相关手续。对违反国家有关规定的事项,教育部(财务司)将所有材料退回单位,并责令整改。

(2)企业内部的资产重组中,拟直接采取协议方式转让国有产权的,转让方和受让方应为企业中全资或绝对控股企业。企业之间协议转让导致失去控股权的,转让标的企业应先进行改制,完成改制后办理转让手续。

(3)企业国有产权转让应不断提高进场交易比例,严格控制场外协议转让。对于国民经济关键行业、领域的结构调整中对受让方有特殊要求,或者所出资企业内部资产重组中确需采取直接协议转让的,单位要进行认真审核和监控。

(九)股份有限公司国有股权管理

1. 办理流程

根据《财政部关于股份有限公司国有股权管理工作有关问题的通知》(财管字〔2000〕200号)等有关规定,股份有限公司国有股权管理事项由单位审核后报教育部(财务司),教育部(财务司)审核后报财政部审批。

2. 申报材料

(1)股份有限公司设立
① 单位关于股份有限公司设立的正式申请文件;
② 单位及国有股股东同意组建股份有限公司的文件;
③ 可行性研究报告、资产重组方案、国有股权管理方案;
④ 各发起人国有资产产权登记证、营业执照及主发起人前三年财务报表;
⑤ 发起人协议、资产重组协议;
⑥ 资产评估合规性审核文件;
⑦ 关于资产重组、国有股权管理的法律意见书;
⑧ 公司章程;
⑨ 其他材料。

(2)股份有限公司配股
① 单位关于股份有限公司配股事项的正式申请文件;
② 上市公司基本概况和董事会提出的配股预案及董事会决议;
③ 公司近期财务报告(年度报告或中期报告)和目前公司前10名股东名称、持股数及其持股比例;
④ 公司前次募集资金使用审核报告和本次募集资金运用的可行性研究报告及政府对有关投资方面的批准文件;
⑤ 以实物资产认购股份的,需提供该资产的概况、资产评估报告书及合规性审核文件;

⑥ 其他材料。

（3）转让或划转股权

① 单位关于转让或划转国有股权的正式申请文件；

② 单位及国有股股东关于股权转让或划转的批准文件；

③ 国有股权转让可行性研究报告、转让收入的收取及使用管理的报告；

④ 转让方、受让方草签的股权转让协议；

⑤ 公司上年度及近期财务审计报告和公司前 10 名股东名称、持股情况及以前年度国有股权发生变化情况；

⑥ 受让方或划入方基本情况、营业执照及近 2 年财务审计报告；

⑦ 受让方与公司、转让方的债权债务情况；

⑧ 受让方在报财政部审批受让国有股权前 9 个月内与转让方及公司发生的股权转让、资产置换、投资等重大事项的材料；

⑨ 受让方对公司的考察报告及未来 12 个月内对公司进行重组的计划（适用于控股权发生变更的转让情形）；

⑩ 关于股权转让的法律意见书；

⑪ 其他材料。

（4）上市公司回购国有股

① 单位关于国有股回购事项的正式申请文件；

② 单位及国有股股东关于同意回购的文件；

③ 上市公司关于国有股回购方案；

④ 公司近期经审计的财务报告（年度报告或中期报告）；

⑤ 回购协议书草案及国有股股东减持收入使用计划；

⑥ 公司对债权人妥善安排的协调方案；

⑦ 公司章程；

⑧ 其他材料。

（5）国有股担保

① 单位关于国有股质押担保的正式申请文件；

② 可行性报告；

③ 担保的有关协议；

④ 国有股权登记证明；

⑤ 公司近期财务报告（年度报告或中期报告）；

⑥ 资金使用项目情况及还款计划；

⑦ 关于股权担保的法律意见书；

⑧ 其他材料。

3. 工作要求

单位向教育部（财务司）申报国有股权管理事项，应对申报材料的真实性、合法性、有效性、准确性负责。单位申报材料不符合要求的，教育部（财务司）将《审核意见》反馈单位，单位根据反馈意见补充材料，教育部（财务司）审核合规后，按规定程序办理相关手续。对违反国家有关规定的事项，教育部（财务司）将所有材料退回单位，并责令整改。

(十) 国有股转持社保基金

1. 办理流程

根据《境内证券市场转持部分国有股充实全国社会保障基金实施办法》(财企〔2009〕94号)等有关规定,国有股转持社保基金事项由单位审核后报教育部(财务司),教育部(财务司)审核后报财政部审批。

2. 申报材料

(1) 单位关于国有股转持社保基金的正式申请文件;
(2) 国有股东关于国有股转持社保基金的申请文件;
(3) 财政部同意国有股权管理方案的批复文件;
(4) 上市公司国有股转持社保基金的转持方案;
(5) 国有股东对国有股转持的承诺书;
(6) 本企业的企业国有资产产权登记证(表)、营业执照复印件;
(7) 国有股东的企业国有资产产权登记证(表)、营业执照复印件;
(8) 中介机构出具的法律意见书;
(9) 股东大会决议;
(10) 其他材料。

3. 工作要求

(1) 单位向教育部(财务司)申报国有股转持社保基金事项,应对申报材料的真实性、合法性、有效性、准确性负责。单位申报材料不符合要求的,教育部(财务司)将《审核意见》反馈单位,单位根据反馈意见补充材料,教育部(财务司)审核合规后,按规定程序办理相关手续。对违反国家有关规定的事项,教育部(财务司)将所有材料退回单位,并责令整改。

(2) 根据《关于豁免国有创业投资机构和国有创业投资引导基金国有股转持义务有关问题的通知》(财企〔2010〕278号)和《关于豁免国有创业投资机构和国有创业投资引导基金国有股转持义务有关审核问题的通知》(财企〔2011〕14号)等有关规定,符合条件的国有创业投资机构和国有创业投资引导基金,投资于未上市中小企业形成的国有股,国有创业投资机构和国有创业投资引导基金可直接向财政部申请豁免国有股转持义务。

(十一) 股权激励

1. 国有控股上市公司股权激励

(1) 办理流程

根据《国有资产监督管理委员会关于印发〈国有控股上市公司(境内)实施股权激励试行办法〉的通知》(国资发分配〔2006〕175号)、《国有资产监督管理委员会关于印发〈国有控股上市公司(境外)实施股权激励试行办法〉的通知》(国资发分配〔2006〕8号)、《关于规范国有控股上市公司实施股权激励制度有关问题的通知》(国资发分配〔2008〕171号)等文件规定,国有控股上市公司股权激励事项在股东大会审议批准股权激励计划之前,应当将上市公司拟实施的股权激励计划报单位审核,单位审核后报教育部(财务司),教育部(财务司)审核后报财政部审批。

(2) 申报材料

① 单位关于办理国有控股上市公司股权激励事项的正式申请文件;
② 股权激励计划(草案);
③ 股权激励计划考核办法;
④ 股权激励计划股权授予管理办法;
⑤ 董事会决议、监事会决议;

⑥ 独立董事关于股票期权激励计划的独立意见;
⑦ 监事会关于对激励对象名单核实情况的说明;
⑧ 董事、监事、高管人员薪酬及效益收入管理制度;
⑨ 基于岗位标准月薪的薪酬体系和薪酬与考核委员会名单;
⑩ 绩效考核评价制度;
⑪ 公司的发展战略及实施规划;
⑫ 法律意见书;
⑬ 其他材料。

2. 中关村国家自主创新示范区内高校企业股权激励

中关村国家自主创新示范区内高校企业股权激励事项依照《中关村国家自主创新示范区企业股权和分红激励实施办法》(财企〔2010〕8号)、《关于〈中关村国家自主创新示范区企业股权和分红激励实施办法〉的补充通知》(财企〔2011〕1号)等有关规定执行。

(1) 办理流程

① 企业制定股权和分红激励方案。由企业总经理办公会或者董事会(以下统称企业内部管理机构)负责拟定激励方案。企业内部管理机构拟定激励方案时,应通过企业职工代表大会或者其他形式充分听取职工意见和建议。

② 单位对奖励事项作出决定。企业内部管理机构应当将激励方案在本企业内部公示5个工作日,广泛听取职工意见,并将结果报送单位,由单位集体研究做出决定。

③ 激励方案涉及审计和资产评估备案工作。激励方案所涉及的财务数据,应由主要的国有产权持有单位委托具有资质的会计师事务所进行审计,并出具审计报告。激励方案中涉及的资产评估工作应由主要的国有产权持有单位委托具有资质的资产评估机构进行评估。

④ 单位向教育部(财务司)提交实施企业股权和分红激励申报材料。单位向教育部(财务司)报送实施企业股权和分红激励方案、听取职工意见情况及有关材料。教育部(财务司)自受理企业股权和分红激励方案之日起20个工作日内,提出审核意见,对符合条件的方案发文批复。

⑤ 单位所出资企业就股权和分红激励方案召开股东会、股东大会,并在5个工作日内将经股东会、股东大会审议通过的激励方案、相关批准文件、股东会、股东大会决议以及审计报告、资产评估报告、法律意见书等材料报送财政部、科技部,同时抄送首都创新资源平台。

(2) 申报材料

① 单位关于企业股权和分红激励方案的请示;
② 单位及企业关于股权和分红激励方案的决策文件;
③ 股权和分红激励方案的可行性研究报告及具体方案(应依据《中关村国家自主创新示范区企业股权和分红激励实施办法》对激励方案进行充分论证分析);
④ 涉及股权和分红激励企业的营业执照、章程复印件;
⑤ 股权和分红激励涉及人员的有效身份证复印件;
⑥ 涉及股权和分红激励企业近3年的审计报告,资产评估报告及备案表等复印件;
⑦ 本次股权和分红激励的法律意见书;
⑧ 其他材料。

3. 工作要求

(1) 国有控股股东应将上市公司按股权激励计划实施的分期股权激励方案,事前报教育部

(财务司),教育部(财务司)审核后报财政部备案。

（2）国有控股股东在下列情况下应按本规程规定重新履行申报审核程序：

① 上市公司终止股权激励计划并实施新计划或变更股权激励计划相关事项的；

② 上市公司因发行新股、转增股本、合并、分立、回购等原因导致总股本发生变动或其他原因需要调整股权激励对象范围、授予数量等股权激励计划主要内容的。

（3）上市公司股权激励计划应包括以下内容：

① 上市公司简要情况，包括公司薪酬管理制度、薪酬水平等情况；

② 股权激励计划和股权激励管理办法等应由股东大会审议的事项及其相关说明；

③ 选择的期权定价模型及股票期权的公平市场价值的测算、限制性股票的预期收益率等情况的说明；

④ 上市公司绩效考核评议制度及发展战略和实施计划的说明等。绩效考核评价制度应当包括岗位职责核定、绩效考核评价指标和标准、年度及任期绩效考核目标、考核评价程序以及根据绩效考核评价办法对高管人员股权的授予和行权的相关规定。

（十二）上市公司国有股质押

1. 办理流程

根据《担保法》《关于上市公司国有股质押有关问题的通知》(财企〔2001〕651号)等文件规定，企业质押所持有的上市公司国有股由单位审核后报教育部(财务司)，教育部(财务司)审核后报财政部履行备案手续。

2. 申报材料

（1）单位关于企业质押所持有的上市公司国有股的正式申请文件；

（2）国有股东授权代表单位持有上市公司国有股证明文件；

（3）质押的可行性报告及公司董事会(或总经理办公会)决议；

（4）质押协议副本；

（5）资金使用及还款计划；

（6）关于国有股质押的法律意见书；

（7）其他材料。

3. 工作要求

单位向教育部(财务司)申报国有股权质押事项，应对申报材料的真实性、合法性、有效性、准确性负责。对不符合要求的，教育部(财务司)将《审核意见》反馈单位，单位根据反馈意见补充材料，教育部(财务司)审核合规后，报财政部办理；对违反国家有关规定的事项，教育部(财务司)将所有材料退回单位，并责令整改。

（十三）上市公司国有股东发行可交换公司债券

1. 办理流程

根据《证券法》《关于规范上市公司国有股东发行可交换公司债券及国有控股上市公司发行证券有关事项的通知》(国资发产权〔2009〕125号)等有关规定，企业作为上市公司国有股东依法发行在一定期限内依据约定的条件可以交换成该股东所持特定上市公司股份的公司债券，由单位审核后报教育部(财务司)，教育部(财务司)审核后报财政部审批。

2. 申报材料

（1）单位关于所出资企业依法申请发行可交换公司债券的正式申请文件；

（2）国有股东发行可交换公司债券的正式申请文件；

（3）国有股东发行可交换公司债券的方案及内部决议；

（4）国有股东发行可交换公司债券的风险评估论证情况、偿本付息的具体方案及债务风险的应对预案；

（5）国有控股股东发行可交换公司债券对其控股地位影响的分析；

（6）国有股东为发行可交换公司债券设定担保的股票质押备案表；

（7）国有股东基本情况、营业执照、公司章程及产权登记文件；

（8）国有股东最近一个会计年度的审计报告；

（9）上市公司基本情况、最近一期年度报告及中期报告；

（10）其他材料。

3．工作要求

单位向教育部（财务司）申报上市公司国有股东发行可交换公司债券事项，应对申报材料的真实性、合法性、有效性、准确性负责。对不符合要求的，教育部（财务司）将《审核意见》反馈单位，单位根据反馈意见补充材料，教育部（财务司）审核合规后，报财政部办理；对违反国家有关规定的事项，教育部（财务司）将所有材料退回单位，并责令整改。

（十四）国有控股上市公司发行证券

国有控股上市公司发行证券，包括上市公司采用公开方式向原股东配售股份，向不特定对象公开募集股份，采用非公开方式向特定对象发行股份以及发行（分离交易）可转换公司债券等。

1．办理流程

根据《证券法》《上市公司证券发行管理办法》（证监会令第30号）、《关于规范上市公司国有股东发行可交换公司债券及国有控股上市公司发行证券有关事项的通知》（国资发产权〔2009〕125号）等有关规定，企业作为国有控股上市公司发行证券，由单位审核后报教育部（财务司），教育部（财务司）审核后报财政部审批。

2．申报材料

（1）单位关于国有控股上市公司依法发行证券的正式申请文件；

（2）国有控股上市公司拟发行证券情况的正式申请文件；

（3）上市公司董事会关于本次发行证券的决议；

（4）上市公司拟发行证券的方案；

（5）国有控股股东基本情况、认购股份情况及其上一年度审计报告；

（6）国有控股股东关于上市公司发行证券对其控股地位影响的分析；

（7）上市公司基本情况、最近一期的年度报告及中期报告；

（8）上市公司前次募集资金使用情况的报告及本次募集资金使用方向是否符合国家相关政策规定；

（9）上市公司发行可转换债券的风险评估论证情况、偿本付息的具体方案及发生债务风险的应对预案；

（10）中介机构出具的法律意见书；

（11）其他材料。

3．工作要求

单位向教育部（财务司）申报国有控股上市公司发行证券事项，应对申报材料的真实性、合法性、有效性、准确性负责。对不符合要求的,教育部(财务司)将《审核意见》反馈单位,单位根据反馈意见补充材料,教育部(财务司)审核合规后,报财政部办理;对违反国家有关规定的事项,教育部(财务司)将所有材料退回单位,并责令整改。

(十五) 国有股东与上市公司重大资产重组

1. 办理流程

根据《证券法》《关于规范国有股东与上市公司进行资产重组有关事项的通知》(国资发产权〔2009〕124号)等有关规定,企业与上市公司进行资产重组,应当按照以下程序办理:

(1) 按照有关法律、法规以及企业章程规定,履行内部决策程序。企业就本次资产重组事项进行内部决策后,应当按照相关规定书面通知上市公司,由上市公司依法披露,并申请股票停牌。同时,将可行性研究报告由单位审核后报教育部(财务司),教育部(财务司)审核后报财政部预审核。

(2) 企业本次重组事项需有股东会(股东大会)作出决议的,应当按照有关法律法规规定,在财政部出具预审核意见后,提交股东会(股东大会)审议。

(3) 企业作为国有股东或潜在国有股东与上市公司进行资产重组的方案经上市公司董事会审议通过后,企业应当在上市公司股东大会召开前不少于30个工作日,将相关方案由单位审核后报教育部(财务司),教育部(财务司)审核后报财政部审批。

2. 申报材料

(1) 关于本次资产重组的正式申请文件;

(2) 资产重组方案,方案一般包括资产重组的原因及目的、所涉及的资产范围、业务情况及近三年损益情况、未来盈利预测及其依据;所涉及相关资产作价的说明;对国有股东及上市公司权益、盈利水平及未来发展的影响;

(3) 上市公司董事会决议;

(4) 本次资产重组涉及相关资产的审计报告、评估报告及作价依据;

(5) 国有股东上一年度的审计报告;

(6) 上市公司基本情况、最近一期的年度报告或中期报告;

(7) 律师事务所出具的法律意见书;

(8) 其他材料。

3. 工作要求

(1) 单位向教育部(财务司)申报国有股东与上市公司重大资产重组事项,应对申报材料的真实性、合法性、有效性、准确性负责。对不符合要求的,教育部(财务司)将《审核意见》反馈单位,单位根据反馈意见补充材料,教育部(财务司)审核合规后,报财政部办理;对违反国家有关规定的事项,教育部(财务司)将所有材料退回单位,并责令整改。

(2) 企业作为国有股东,对上市公司进行资产重组的可行性报告应认真分析本次重组对企业、上市公司及资本市场的影响。如涉及国有股东人员安置、土地使用权处置、债权债务处理等相关问题国有股东应当制定解决方案。

(3) 国有股东向上市公司注入、购买或置换资产不涉及国有股东所持上市公司股份发生变化的,按相关规定办理。

七、出版社改制

出版社改制按照《财政部 中宣部 新闻出版总署关于中央出版单位转制和改制中国有资产

管理的通知》(财教〔2008〕256号)、《财政部关于中央级经营性文化事业单位转制中资产和财务管理问题的通知》(财教〔2009〕126号)等有关规定执行。

出版社改制,除执行本规程中有关规定外,涉及资本结构变更、合并或分立等行政许可事项,须报出版行业主管部门审批。

教育科学出版社按单位所办企业管理,国有资产管理按本规程执行。

八、中国教育出版传媒集团有限公司国有资产管理

(一) 清产核资

1. 办理流程

根据《国有企业清产核资办法》(国务院国资委令第1号)、《国有企业清产核资工作规程》(国资评价〔2003〕73号)、《关于印发中央文化企业清产核资工作表的通知》(财文资〔2012〕6号)等文件规定,中国教育出版传媒集团有限公司(以下简称传媒集团)及各级子企业清产核资立项申请和清产核资结果确认由单位审核后报教育部(财务司),教育部(财务司)审核后报财政部审批。

2. 申报材料

按照本规程企业清产核资的申报材料及《关于印发中央文化企业清产核资工作表的通知》(财文资〔2012〕6号)有关规定执行。

(二) 评估备案

1. 办理流程

根据《中央文化企业国有资产评估管理暂行办法》(财文资〔2012〕15号)等文件规定,传媒集团及其各级子公司由国务院批准的经济行为涉及的资产评估项目,由传媒集团报教育部(财务司),教育部(财务司)审核后报财政部核准。其他资产评估项目实行备案制,其中传媒集团及其子企业的资产评估项目由集团报教育部(财务司),教育部(财务司)审核后报财政部备案,集团子企业以下企业的资产评估项目由集团负责备案。涉及拟上市项目的资产评估由传媒集团报教育部(财务司),教育部(财务司)审核后报财政部备案。

2. 申报材料

按照《中央文化企业国有资产评估管理暂行办法》(财文资〔2012〕15号)有关规定执行。

(三) 产权登记

1. 办理流程

根据《中央文化企业国有资产产权登记管理暂行办法》(财文资〔2012〕16号)等有关规定,传媒集团及各级子企业产权登记由传媒集团审核后报教育部(财务司),教育部(财务司)审核后报财政部登记。

2. 申报材料

按照《中央文化企业国有资产产权登记管理暂行办法》(财文资〔2012〕16号)有关规定执行。

(四) 工作要求

1. 传媒集团向教育部(财务司)申报国有资产管理事项,应对申报材料的真实性、合法性、有效性、准确性负责,不因报教育部(财务司)备案而转移自身的法律责任。传媒集团申报材料不符合要求的,教育部(财务司)将《教育部财务司国有资产处置、使用、评估备案等审核意见》(以

下简称《审核意见》)反馈传媒集团,传媒集团根据反馈意见补充材料,教育部(财务司)审核合规后,按规定程序办理相关手续。对违反国家有关规定的事项,教育部(财务司)将所有材料退回传媒集团,并责令整改。

2. 传媒集团及各级子企业有除上述特别规定事项之外,涉及本规程所列其他国有资产管理事项的,依照本规程规定执行。

九、本规程未尽事项,按国家国有资产管理有关规定执行。如国家法律、法规有新规定,依照新规定办理。

十、本规程由教育部(财务司)负责解释。

附件:教育部直属高等学校、直属单位国有资产管理工作事项办理流程图

图 1　事业资产使用事项办理流程图

图 2　事业资产处置事项办理流程图

图 3　事业资产清查与核实事项办理流程图

图 4　事业资产评估及备案事项办理流程图

图 5　事业单位产权登记事项办理流程图

图 6　企业关系国有资产出资人权益的重大事项办理流程图(一)

图 7　企业关系国有资产出资人权益的重大事项办理流程图(二)

图 8　企业清产核资事项办理流程图

图 9　企业国有资产评估事项办理流程图

图 10　中国教育出版传媒集团有限公司及下属企业国有资产评估事项办理流程图

图 11　企业国有资产产权登记事项办理流程图

图 12　企业改制事项办理流程图

图 13　企业国有产权无偿划转事项办理流程图

图 14　企业国有产权协议转让事项办理流程图

图 15　股份有限公司国有股权管理、国有股转持社保基金、上市公司国有股权质押、上市公司国有股东发行可交换公司债券、国有控股上市公司发行证券事项办理流程图

图 16　企业国有股东与上市公司重大资产重组事项办理流程图

图 17　企业国有股权激励事项办理流程图

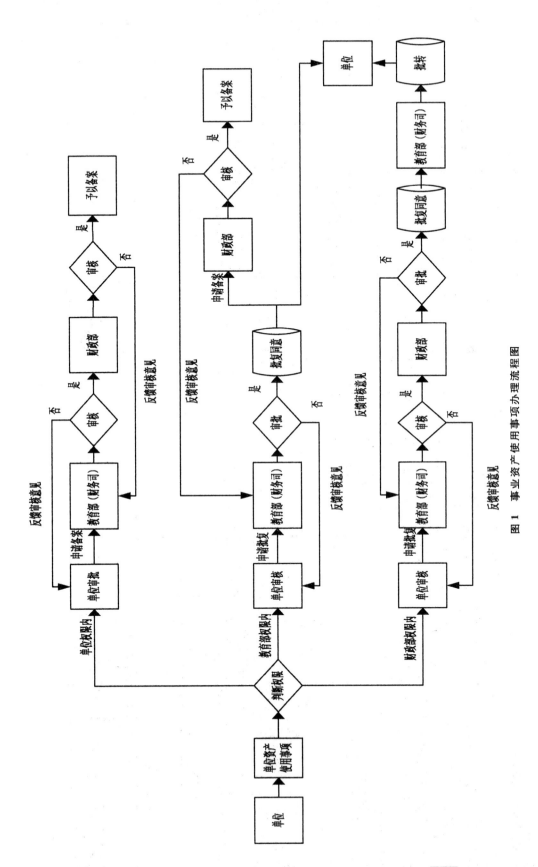

图 1 事业资产使用事项办理流程图

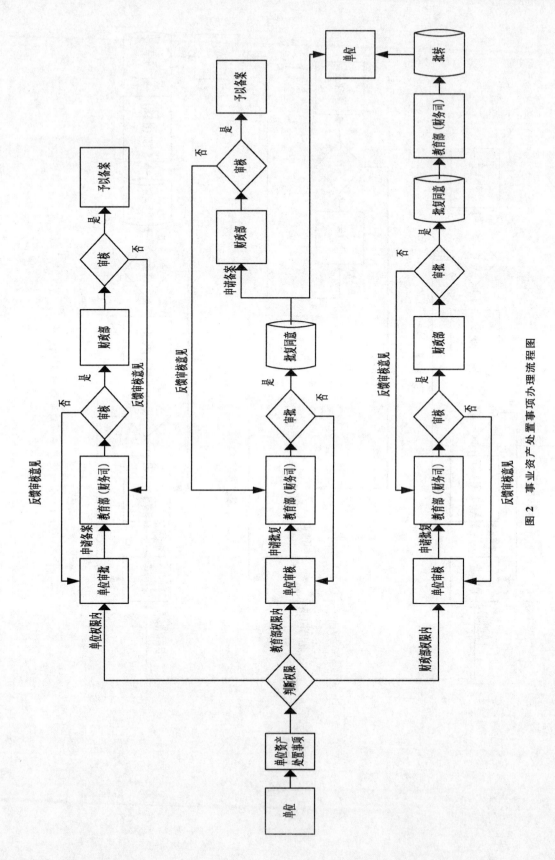

图 2 事业资产处置事项办理流程图

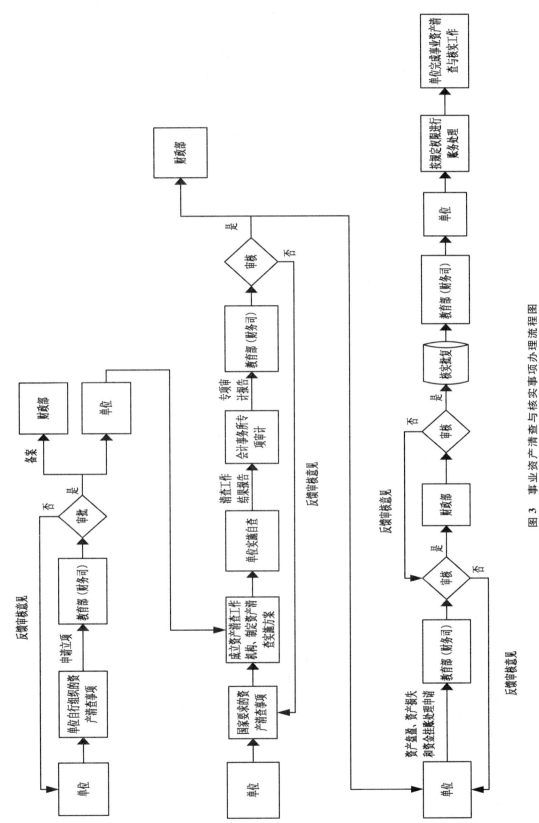

图 3 事业资产清查与核实事项办理流程图

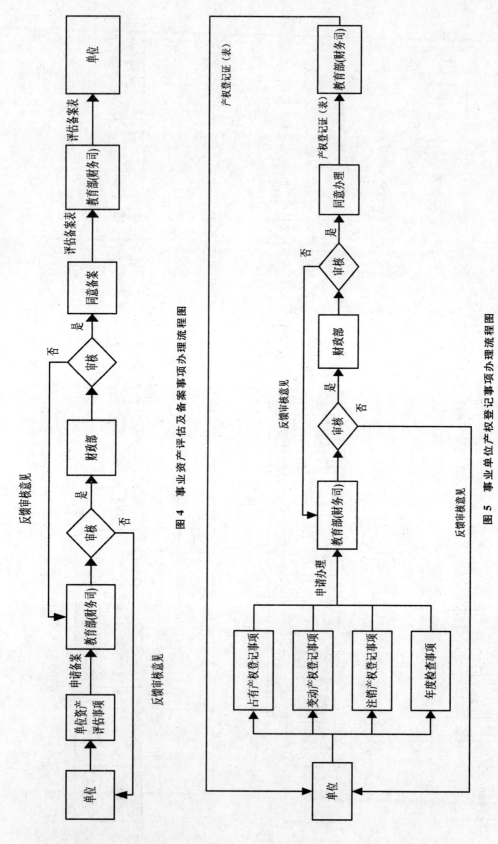

图 4 事业资产评估及备案事项办理流程图

图 5 事业单位产权登记事项办理流程图

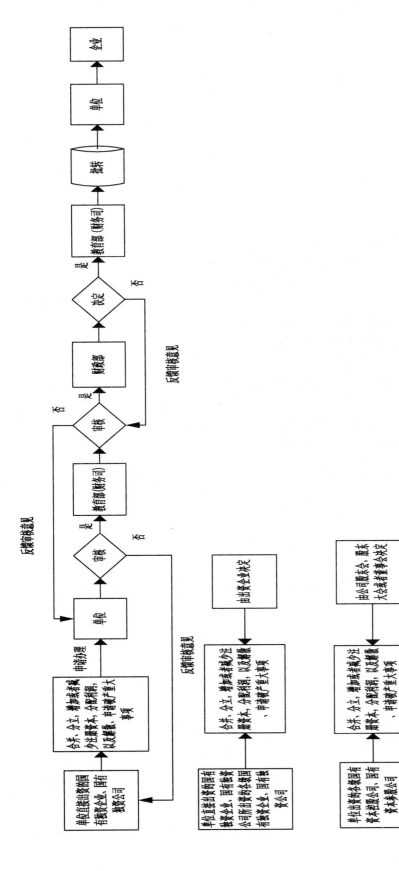

图6 企业关系国有资产出资人权益的重大事项办理流程图（一）

注：1. 企业发行债券按照相关规定办理。
2. 北京大学北大资产经营有限公司和清华控股有限公司有合并、分立、增加或者减少注册资本，分配利润，以及解散、申请破产重大事项的，分别由北京大学和清华大学决定。

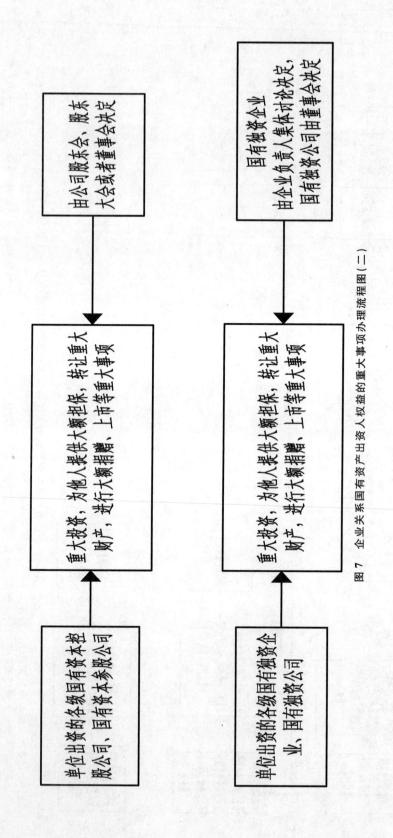

图 7　企业关系国有资产出资人权益的重大事项办理流程图（二）

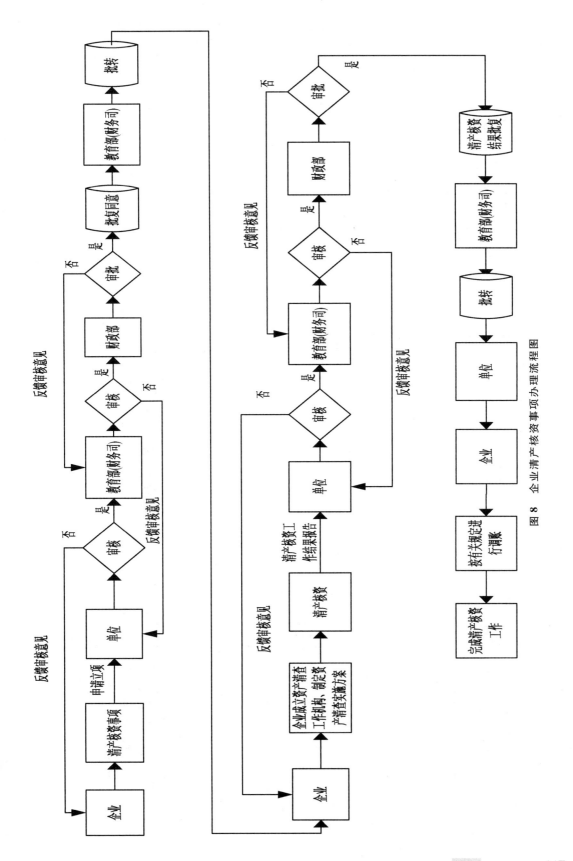

图 8 企业清产核资事项办理流程图

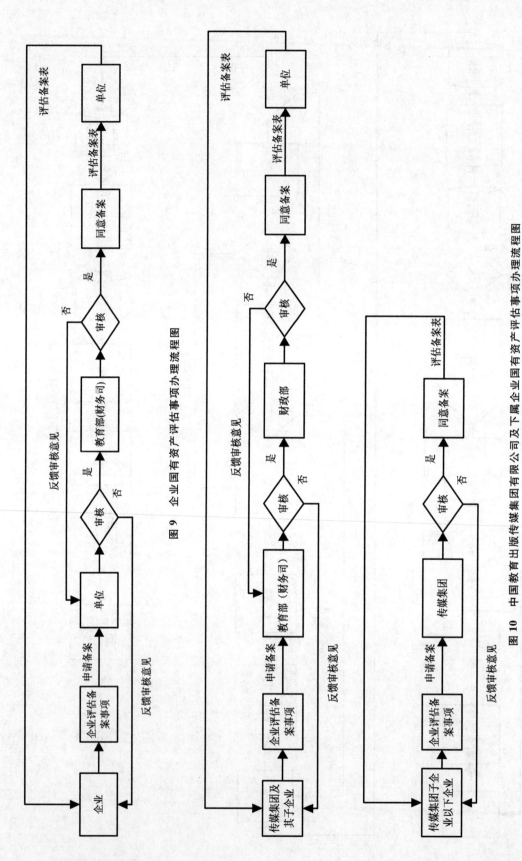

图 9 企业国有资产评估事项办理流程图

图 10 中国教育出版传媒集团有限公司及下属企业国有资产评估事项办理流程图

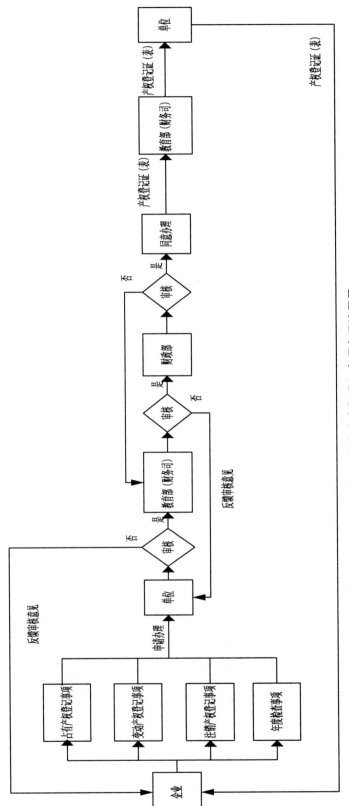

图 11 企业国有资产产权登记事项办理流程图

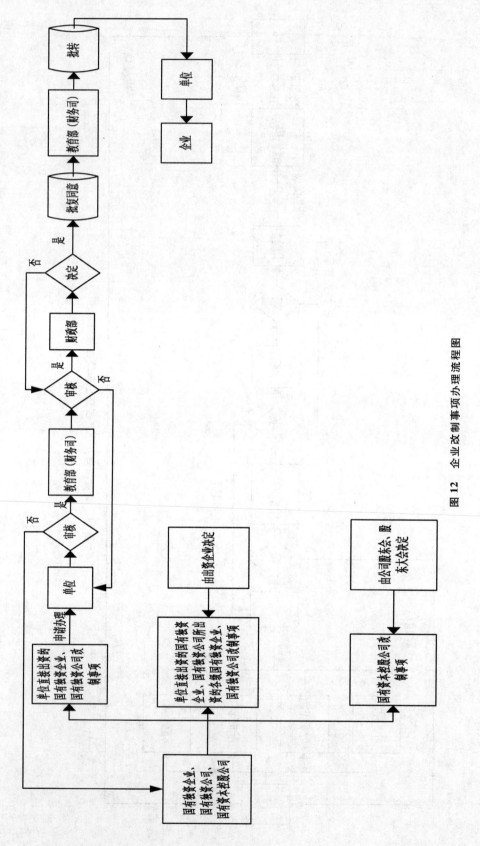

图 12 企业改制事项办理流程图

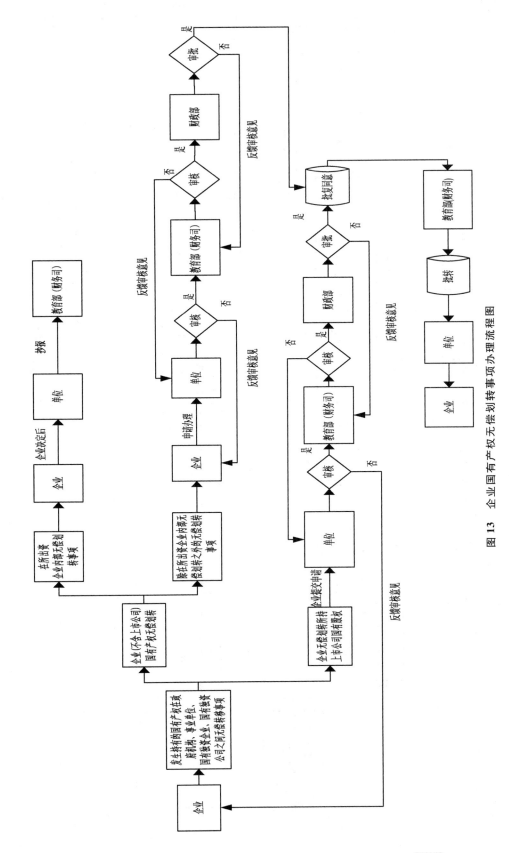

图 13 企业国有产权无偿划转事项办理流程图

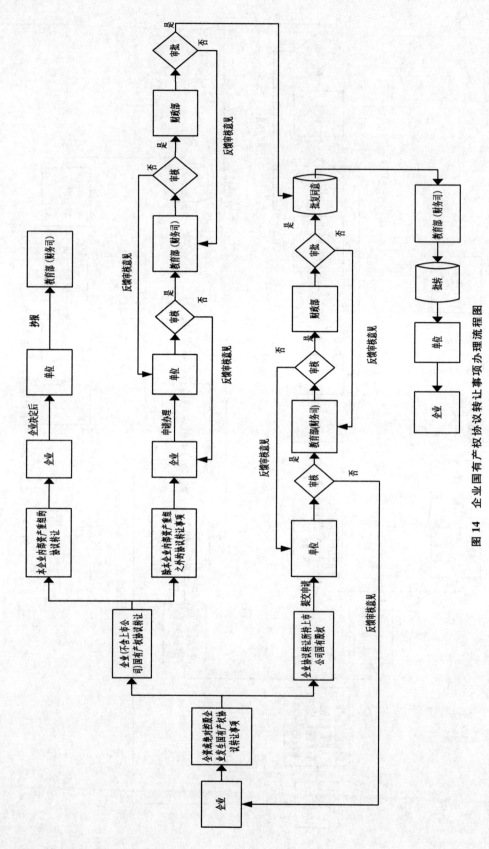

图 14　企业国有产权协议转让事项办理流程图

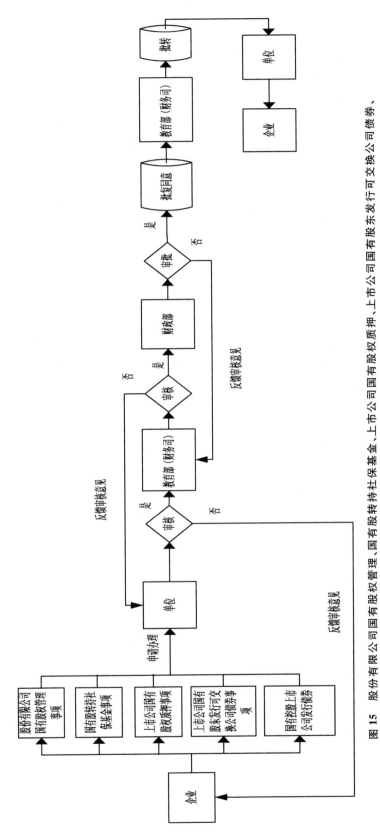

图 15 股份有限公司国有股权质押事项经单位报教育部(财务司)审核,由教育部(财务司)审核后报财政部履行备案手续。

注:1. 上市公司国有股权质押事项、国有股权管理、国有股转持社保基金、上市公司国有股东发行可交换公司债券、国有控股上市公司发行证券事项办理流程图

2. 符合条件的企业国有股转持社保基金可向财政部直接申请豁免国有股转持义务。

综合类 | 123

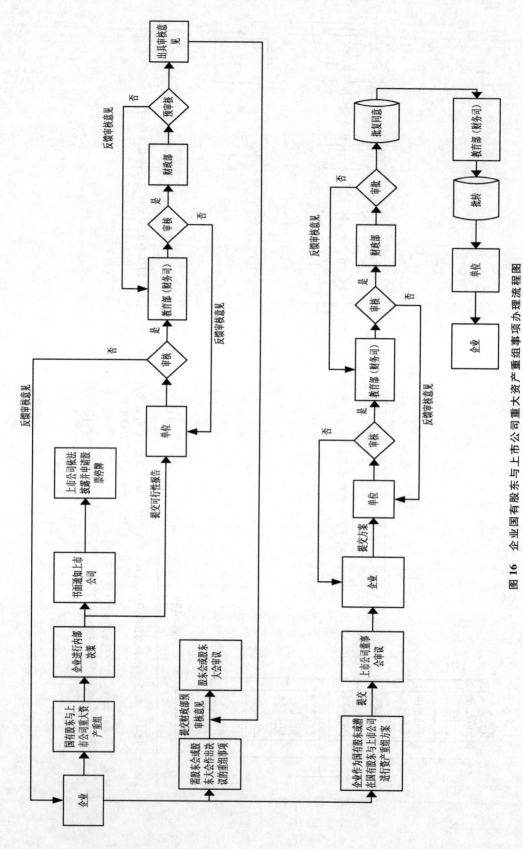

图 16 企业国有股东与上市公司重大资产重组事项办理流程图

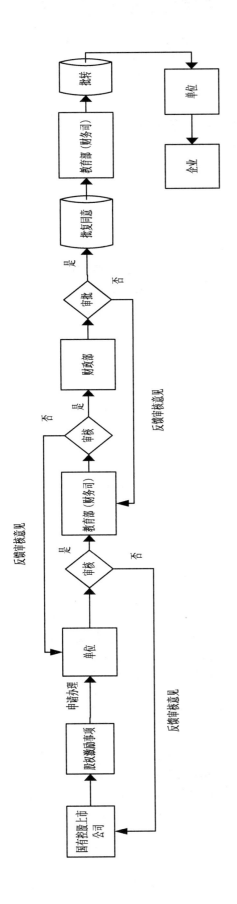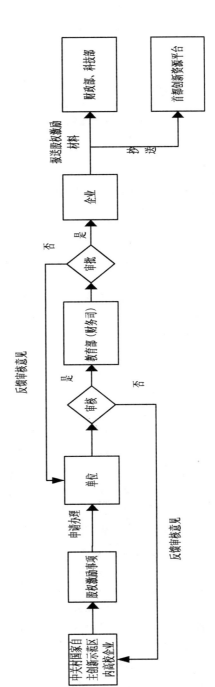

图 17 企业国有股权激励事项办理流程图

综合类 | 125

教育部关于进一步规范和加强直属高等学校所属企业国有资产管理的若干意见

教财〔2015〕6号

部属各高等学校、各直属单位：

按照中央深化国有企业改革精神和加快实施创新驱动发展战略要求，根据《中华人民共和国企业国有资产法》、财政部《事业单位国有资产管理暂行办法》和《教育部直属高等学校国有资产管理暂行办法》有关规定，经财政部同意，现就进一步规范和加强直属高等学校所属企业国有资产管理提出如下意见。

一、以管资本为主加强所属企业国有资产监管

1. 切实行使投资人权利、履行投资人义务。学校要坚持以管资本为主加强所属企业国有资产监管，加快建立事企分开、权责明晰的国有资产监管体制机制，防范国有资产流失，实现国有资产保值增值。加快实施创新驱动发展战略，使所属企业真正成为产学研用结合平台、高新技术成果转移转化基地和科技型企业孵化器。

2. 落实管理责任。学校要落实对资产经营公司及其他独资、控股企业监管职责。要依法制定或参与制定企业章程、选择管理者和参与企业重大决策。资产经营公司及其他独资、控股企业要依法对所出资企业行使出资人权利和履行出资人义务，通过选派股东代表、依法参与企业重大决策、选择管理者、制定或者参与制定所出资企业章程，加强对所出资企业管理，切实维护国有资本权益。

3. 加强绩效考评。学校要加强资产经营公司及其他独资、控股企业经营业绩考核。要制定评价办法，完善考核评价体系，对特定经营期间的盈利能力、资产质量、债务风险、经营业绩增长及管理状况等进行综合评价，防范企业风险，确保国有资产保值增值。要加强对资产经营公司及其他独资、控股企业负责人经营业绩考核；将经营业绩考核结果作为资产经营公司及其他独资、控股企业负责人岗位调整、职务任免、薪酬待遇奖惩的重要依据，促使资产经营公司及其他独资、控股企业负责人勤勉尽责。资产经营公司及其他独资、控股企业要加强对下属各级独资、控股企业经营业绩考核。要根据所投资企业具体情况，制定分类考核办法；加强对派出的股东代表、董监事成员以及企业高级管理人员履职情况进行考核。

二、对所属企业全面进行清理规范

4. 建立退出机制。学校要对所属企业全面进行清理排查，对长期亏损、扭亏无望的企业，依法依规关、停、并、转；对与学科建设无关、对教学科研无促进作用或长期不向高校分配利润的企业，要尽快撤出投资；对产权链条过长难以监管的企业，要压缩产权层级或退出投资。

5. 清理无偿占用资产。学校要对无偿或低价占用本校资产的企业，按国有资产管理规定办理资产使用手续。要规范校名校誉使用。除出版社、科技园（产业园）、设计院（规划院）、资产经营公司、国家工程中心（实验室）外，其他企业一律不得冠用学校全称。

6. 规范企业改制行为。学校所属企业改制,要制定详尽改制方案,严格按规定开展清产核资、产权界定、财务审计、资产评估,准确界定和核实资产,客观、公正地确定资产价值,坚决禁止低价折股、低价转让,搞关联交易、利益输送。凡企业改制涉及管理层持股的,应当严格执行国资委、财政部印发的《企业国有产权向管理层转让暂行规定》(国资发产权〔2005〕78号)。

三、依法依规办理国有资产管理报批报备

7. 严格按规定办理报批。学校所属企业发生合并、分立,增加或者减少注册资本,分配利润,以及解散、申请破产等关系国有资产出资人权益的重大事项,要按照国家规定、按管理权限,报财政部、教育部、证监会等有关部委和学校批准。学校所属企业清产核资、产权登记、无偿划转、协议转让以及股份公司国有股权管理方案、转持社保基金、上市公司资产重组等按规定要履行国有资产报批手续的事项,要按程序办理。

8. 严格按规定办理评估备案。学校所属企业整体或部分改建为有限责任公司或者股份有限公司,以非货币资产对外投资、偿还债务,合并、分立、破产、解散,国有股东股权比例变动,产权转让,资产转让、置换,整体资产或者部分资产租赁给非国有单位,资产涉讼,收购非国有单位的资产,接受非国有单位以非货币资产出资、抵债等法律法规规定的需要进行资产评估的,要按规定进行资产评估,并将评估结果报教育部备案。

四、有序推进混合所有制改革

9. 坚持一企一策。学校要按照国家推进国有企业混合所有制改革的总体部署,本着有利于国有资本放大、保值增值、提高竞争力,有利于各种所有制资本取长补短、相互促进、共同发展,有利于健全企业内部治理结构的原则,从企业实际情况和特定发展阶段出发,积极稳妥推进所属企业混合所有制改革。坚持一企一策,成熟一个改革一个。

10. 坚持公开透明。学校所属企业国有股权转让,要做到规则公开、过程公开、结果公开。改革方案出台前,要依法依规履行公众参与、专家论证、风险评估、合法性审查等程序,坚持集体研究决策。要保障企业职工知情权,涉及企业职工重新安置等职工切身利益的改革措施,要制定职工安置方案,并提交职工代表大会或职工大会审议通过。

五、加强企业负责人薪酬待遇管理

11. 合理确定薪酬结构和水平。学校要根据中央深化国有企业负责人薪酬制度改革精神,按规定加强资产经营公司及其他独资、控股企业负责人薪酬管理。建立综合考核评价制度。坚持经济效益和社会效益相统一,对资产经营公司及其他独资、控股企业负责人履职情况进行全面综合考核评价。改进经营业绩考核。科学设置考核指标,合理确定考核目标,实行定量和定性分析相结合、横向与纵向对比相补充的考核办法,规范考核程序,严格考核管理。加大考核结果运用。根据考核结果确定资产经营公司及其他独资、控股企业负责人绩效年薪和任期激励收入。建立资产经营公司及其他独资、控股企业负责人薪酬信息公开制度。定期向社会公开资产经营公司及其他独资、控股企业负责人薪酬水平、福利性收入等薪酬信息,接受社会公众监督。资产经营公司及其他独资、控股企业要加强下属各级独资、控股企业负责人薪酬管理。要按照规定制定下属各级独资、控股企业负责人薪酬管理办法,并报学校备案;加强对下属各级独资、控股企业负责人经营业绩考核,根据考核结果,确定企业负责人绩效年薪和任期激励收入。

12. 加强所属企业负责人履职待遇和业务支出监督管理。学校要按照中央有关规定,合理确定并严格规范资产经营公司及其他独资、控股企业负责人履职待遇、业务支出。要制定规范资产经营公司及其他独资、控股企业负责人履职待遇、业务支出的具体规定和相关标准;对资产经

营公司及其他独资、控股企业负责人履职待遇、业务支出管理进行指导监督;对资产经营公司及其他独资、控股企业负责人履职待遇、业务支出年度预算实行备案管理,并将资产经营公司负责人及其他独资、控股企业履职待遇、业务支出情况列为经济责任审计和企业内部审计的重要内容。资产经营公司及其他独资、控股企业要加强本企业和各级子企业负责人履职待遇和业务支出管理。

六、规范领导干部在所属企业兼职任职

13. 高校领导干部不得在所属企业兼职(任职)。现职和不担任现职但未办理退(离)休手续的党政领导干部不得在所属企业兼职(任职)。对辞去公职或者退(离)休党政领导干部到企业兼职(任职)的,要按照中组部有关规范党政领导干部在企业兼职(任职)的规定执行。

七、其他

14. 教育部直属单位所属企业参照本意见执行。
15. 本意见自印发之日起实施。国家有新规定的,依照新规定执行。

教育部
2015 年 6 月 19 日

教育部关于修改《教育部直属高等学校、直属单位国有资产管理工作规程(暂行)》有关条款的通知

教财〔2015〕27 号

各直属高等学校、直属单位:

根据新修订的《公司法》和国家有关规定,我部对《教育部直属高等学校、直属单位国有资产管理工作规程(暂行)》(教财函〔2013〕55 号,以下简称《工作规程》)进行了修订。单位所办国有独资企业、国有独资公司发生合并、分立、增加或减少注册资本事项,单位所办企业办理占有产权登记、变动产权登记事项,不再提交验资报告。

《工作规程》中有关条款修改如下:

一、在"六、单位所办企业国有资产管理(一)企业合并、分立,增加或者减少注册资本,发行债券,分配利润,以及解散、申请破产重大事项 1. 国有独资企业、国有独资公司(2)申报材料"中删除"⑩中介机构出具的验资报告"。

二、在"六、单位所办企业国有资产管理(五)产权登记 1. 占有产权登记(2)申报材料⑥"中删除"法定机构出具的验资报告,其中"。

三、在"六、单位所办企业国有资产管理(五)产权登记 2. 变动产权登记(2)申报材料"⑧中删除"法定机构出具的验资报告,其中"。

2014 年 3 月 1 日以后发生的企业国有资产管理事项,按照本通知要求执行。

教育部
2015 年 4 月 1 日

二 事业资产使用和处置

财政部关于中央级事业单位国有资产管理
授权审批问题的通知

财教〔2006〕282号

教育部：

　　为规范和加强中央级事业单位国有资产处置和使用行为的管理，提高工作效率，切实做好中央级事业资产管理工作，根据《事业单位国有资产管理暂行办法》(财政部令第36号)，暂授权你部对所属事业单位一次性处置资产价值800万元以下的资产处置事项，以及单项价值800万元以下的资产使用事项(含对外投资、出租、出借、担保等)予以审批。资产处置收入暂按现行财务制度规定执行。财政部另有规定的，按新规定执行。

　　请你部按照事业单位国有资产管理的有关规定，严格履行审批程序，并及时将审批结果报我部备案。对事业单位国有资产及其收益，要加强监督管理，防止国有资产流失，维护国家作为所有者的合法权益。

财政部
二〇〇六年十二月六日

财政部关于印发《中央级事业单位
国有资产管理暂行办法》的通知

财教〔2008〕13号

党中央有关部门、国务院各部委、各直属机构，全国人大常委会办公厅，全国政协办公厅，高法院，高检院，有关人民团体，有关中央管理企业，新疆生产建设兵团财务局：

　　为进一步加强中央级事业单位的国有资产管理，根据《事业单位国有资产管理暂行办法》(财政部令第36号)和国家有关规定，我们制定了《中央级事业单位国有资产管理暂行办法》。现印发给你们，请遵照执行。

　　附件：中央级事业单位国有资产管理暂行办法

财政部
二〇〇八年三月十二日

中央级事业单位国有资产管理暂行办法

第一章 总 则

第一条 为加强中央级事业单位国有资产管理,合理配置和有效利用国有资产,保障和促进各项事业发展,根据《事业单位国有资产管理暂行办法》(财政部令第36号),制定本办法。

第二条 本办法适用于执行事业单位财务和会计制度的中央级各类事业单位。

第三条 本办法所称的中央级事业单位国有资产,是指中央级事业单位占有、使用的,依法确认为国家所有,能以货币计量的各种经济资源的总称。

中央级事业单位国有资产包括:国家拨给中央级事业单位的资产,中央级事业单位按照国家政策规定运用国有资产组织收入形成的资产,以及接受捐赠和其他经法律确认为国家所有的资产,其表现形式为流动资产、固定资产、无形资产和对外投资等。

第四条 中央级事业单位国有资产管理活动,应当坚持资产管理与预算管理相结合的原则,推行实物费用定额制度,促进事业资产整合与共享共用,实现资产管理和预算管理的紧密统一;应当坚持所有权和使用权相分离的原则;应当坚持资产管理与财务管理、实物管理与价值管理相结合的原则。

第五条 中央级事业单位国有资产实行国家统一所有,财政部、中央级事业单位主管部门(以下简称主管部门)监管,单位占有、使用的管理体制。

第二章 管理机构及其职责

第六条 财政部是负责中央级事业单位国有资产管理的职能部门,对中央级事业单位国有资产实施综合管理。其主要职责是:

(一)贯彻执行国家有关国有资产管理的法律、行政法规和政策;

(二)根据国家有关国有资产管理的规定,制定中央级事业单位国有资产管理的规章制度,并组织实施和监督检查;

(三)研究制定中央级事业单位实物资产配置标准和相关的费用标准,负责中央级事业单位国有资产的产权登记、产权界定、产权纠纷调处、资产评估监管、资产清查、统计报告等基础管理工作;

(四)按照规定权限审批中央级事业单位有关资产购置、处置和利用国有资产对外投资、出租、出借等事项,组织中央级事业单位长期闲置、低效运转和超标准配置资产的跨部门调剂工作,建立中央级事业单位国有资产整合、共享和共用机制;

(五)结合事业单位分类改革,推进有条件的中央级事业单位实现国有资产管理的市场化、社会化,加强中央级事业单位转企改制工作中国有资产的监督管理;

(六)负责中央级事业单位国有资产收益的监督管理;财政部驻各地财政监察专员办事处(以下简称专员办)负责当地中央级事业单位国有资产处置收入的监缴等工作;

(七)建立中央级事业单位国有资产管理信息系统,对中央级事业单位国有资产实行动态监管；

（八）研究建立中央级事业单位国有资产安全性、完整性和使用有效性的评价方法、评价标准和评价机制，对中央级事业单位国有资产的配置、使用和处置等实行绩效管理，盘活存量，调控增量，提高资产使用效益；

（九）监督、指导中央级事业单位及其主管部门的国有资产管理工作。

第七条　主管部门负责对本部门所属事业单位的国有资产实施监督管理。其主要职责是：

（一）贯彻执行国家有关国有资产管理的法律、行政法规和政策；

（二）根据财政部有关国有资产管理的规定，制定本部门所属事业单位国有资产管理的实施办法，并组织实施和监督检查；

（三）组织本部门所属事业单位国有资产的清查、登记、统计汇总及日常监督检查工作；

（四）按规定权限审核或者审批所属事业单位有关资产配置、处置事项以及利用国有资产对外投资、出租、出借等事项，负责本部门所属事业单位长期闲置、低效运转和超标准配置资产的调剂工作，优化事业单位国有资产配置，推动事业单位国有资产共享、共用；

（五）督促本部门所属事业单位按规定缴纳国有资产收益；

（六）按照财政部有关规定，组织实施本部门所属事业单位国有资产管理的绩效考评；

（七）接受财政部的监督、指导，并报告有关事业单位国有资产管理工作。

第八条　中央级事业单位负责对本单位占有、使用的国有资产实施具体管理。其主要职责是：

（一）贯彻执行国家有关国有资产管理的法律、行政法规和政策；

（二）根据财政部、主管部门有关国有资产管理的规定，制定本单位国有资产管理的具体办法并组织实施；

（三）负责本单位资产购置、验收入库、维护保管等日常管理，负责本单位资产的账卡管理、清查登记、统计报告及日常监督检查工作；

（四）办理本单位国有资产配置、处置和对外投资、出租、出借等事项的报批手续；根据主管部门授权，审批本单位有关国有资产配置、处置和对外投资、出租、出借等事项；

（五）负责本单位用于对外投资、出租、出借等资产的保值增值，按照规定及时、足额缴纳国有资产收益；

（六）负责本单位存量资产的有效利用，参与大型仪器、设备等资产的共享、共用和公共研究平台建设工作；

（七）接受主管部门和财政部的监督、指导，并报告有关国有资产管理工作。

第九条　财政部、主管部门和中央级事业单位应当按照本办法的规定，明确相关管理机构和工作人员，做好中央级事业单位国有资产管理工作。

第三章　资产配置及使用

第十条　中央级事业单位国有资产配置是指财政部、主管部门、中央级事业单位等根据中央级事业单位履行职能的需要，按照国家有关法律、行政法规和规章制度规定的程序，通过购置或者调剂等方式为中央级事业单位配备资产的行为。

第十一条　中央级事业单位国有资产配置应当符合以下条件：

（一）现有资产无法满足中央级事业单位履行职能的需要；

（二）难以与其他单位共享、共用相关资产；

（三）难以通过市场购买服务方式实现,或者采取市场购买方式成本过高。

第十二条　中央级事业单位国有资产配置应当符合规定的配置标准;没有规定配置标准的,应当从严控制,合理配置。

第十三条　对于中央级事业单位长期闲置、低效运转或者超标准配置的资产,原则上由主管部门进行调剂,并报财政部备案;跨部门的资产调剂须报财政部批准。法律、行政法规另有规定的,依照其规定。

第十四条　中央级事业单位向财政部申请用财政性资金购置规定限额以上资产的,除国家另有规定外,按照下列程序报批:

（一）中央级事业单位的资产管理部门应会同财务部门根据资产的存量情况、使用及其绩效情况,提出拟新购置资产的品目、数量和所需经费的资产购置计划,经单位领导批准后报主管部门审核;

（二）主管部门根据所属事业单位资产存量状况、人员编制和有关资产配置标准等,对其资产购置计划进行审核后,报财政部审批;

（三）经财政部批准的资产购置计划,按照部门预算管理的相关要求列入主管部门年度部门预算。

第十五条　中央级事业单位用非财政性资金购置规定限额以上资产的,报主管部门审批;主管部门应当于批复之日起15个工作日内将批复文件报财政部备案。

第十六条　中央级事业单位购置纳入政府采购范围的资产,应当按照政府采购管理的有关规定实施政府采购。

第十七条　中央级事业单位国有资产的使用包括单位自用和对外投资、出租、出借等方式。

第十八条　中央级事业单位应当建立健全资产购置、验收、保管、使用等内部管理制度。中央级事业单位应当对实物资产进行定期清查,做到账账、账卡、账实相符,加强对本单位专利权、商标权、著作权、土地使用权、非专利技术等无形资产的管理,防止无形资产流失。

第十九条　中央级事业单位对外投资、出租、出借等,应当符合国家有关法律、行政法规的规定,遵循投资回报、风险控制和跟踪管理等原则,并进行可行性论证,实现国有资产的保值增值。

第二十条　中央级事业单位申报国有资产对外投资、出租、出借等事项,应当附可行性论证报告和拟签订的协议（合同）等相关材料,按以下方式履行审批手续:单项价值在800万元以下的,由财政部授权主管部门进行审批,主管部门应当于批复之日起15个工作日内将审批文件(一式三份)报财政部备案;800万元以上(含800万元)的,经主管部门审核后报财政部审批。

第二十一条　中央级事业单位应当对本单位对外投资、出租、出借的资产实行专项管理,同时在单位财务会计报告中对相关信息进行披露。

第二十二条　中央级事业单位对外投资收益以及利用国有资产出租、出借等取得的收入应当纳入单位预算,统一核算,统一管理。

第四章　资产处置

第二十三条　中央级事业单位国有资产处置,是指中央级事业单位对其占有、使用的国有资产进行产权转让或者注销产权的行为。处置方式包括出售、出让、转让、对外捐赠、报废、报损以及货币性资产损失核销等。

第二十四条　中央级事业单位国有资产处置应遵循公开、公正、公平的原则,严格履行审批手续,未经批准不得擅自处置。

第二十五条　中央级事业单位处置国有资产时,应根据财政部规定附相关材料,按以下方式履行审批手续:单位价值或批量价值在800万元以下的,由财政部授权主管部门进行审批,主管部门应当于批复之日起15个工作日内将批复文件(三份)报财政部备案;800万元以上(含)的,经主管部门审核后报财政部审批。

第二十六条　财政部、主管部门对中央级事业单位国有资产处置事项的批复,以及中央级事业单位按规定处置资产报主管部门备案的文件,是财政部安排中央级事业单位有关资产配置预算项目的参考依据,中央级事业单位应当依据其办理产权变动和进行账务处理。

第二十七条　中央级事业单位出售、出让、转让资产数量较多或者价值较高的,应当通过拍卖等市场竞价方式公开处置。

第二十八条　中央级事业单位国有资产处置收入属于国家所有,应当按照政府非税收入管理和财政国库收缴管理的规定上缴中央财政,实行"收支两条线"管理。

第二十九条　财政部批复资产处置的相关文件,应当抄送中央级事业单位所在地专员办。

第五章　产权登记与产权纠纷处理

第三十条　中央级事业单位国有资产产权登记是国家对中央级事业单位占有、使用的国有资产进行登记,依法确认国有资产所有权和中央级事业单位对国有资产占有、使用权的行为。

第三十一条　中央级事业单位国有资产产权登记主要包括:
(一)单位名称、住所、法定负责人及成立时间;
(二)单位性质、主管部门;
(三)单位资产总额、国有资产总额、主要实物资产金额及其使用状况、对外投资情况;
(四)其他需要登记的事项。

第三十二条　财政部根据国有资产管理工作的需要,开展中央级事业单位国有资产产权登记工作。

第三十三条　产权纠纷是指由于国有资产所有权、经营权、使用权等产权归属不清而发生的争议。

第三十四条　中央级事业单位与其他国有单位和国有企业之间发生国有资产产权纠纷的,由当事人双方协商解决,协商不能解决的,可以向主管部门申请调解;主管部门调解不成的,由主管部门报财政部调解或者依法裁定,必要时报国务院裁定。

第三十五条　中央级事业单位与非国有单位和非国有企业或者个人之间发生产权纠纷的,中央级事业单位应当提出拟处理意见,经主管部门审核并报财政部同意后,与对方当事人协商解决,协商不能解决的,依照司法程序处理。

第六章　资产评估与资产清查

第三十六条　中央级事业单位有下列情形之一的,应当对相关国有资产进行评估:
(一)整体或者部分改制为企业;
(二)以非货币性资产对外投资;
(三)合并、分立、清算;
(四)资产拍卖、转让、置换;
(五)整体或者部分资产租赁给非国有单位;

（六）确定涉讼资产价值；

（七）法律、行政法规规定的其他需要进行评估的事项。

第三十七条 中央级事业单位有下列情形之一的，可以不进行资产评估：

（一）中央级事业单位整体或者部分资产无偿划转；

（二）中央级行政、事业单位下属的事业单位之间的合并、资产划转、置换和转让；

（三）其他不影响国有资产权益的特殊产权变动行为，报经财政部确认可以不进行资产评估的。

第三十八条 中央级事业单位国有资产评估工作应当依据《国有资产评估管理办法》（国务院令第91号）委托具有资产评估资格证书的评估机构进行。中央级事业单位应当如实向资产评估机构提供有关情况和资料，并对所提供的情况和资料的客观性、真实性和合法性负责。

中央级事业单位不得以任何形式干预资产评估机构独立执业。

第三十九条 中央级事业单位国有资产评估项目实行核准制和备案制。核准和备案工作按照国家有关国有资产评估项目核准和备案管理的规定执行。

第四十条 中央级事业单位进行资产清查，应当提出申请，经主管部门审核同意后实施，主管部门应将相关材料报财政部备案。根据国家要求进行的资产清查除外。资产清查工作按照财政部《行政事业单位资产清查暂行办法》（财办〔2006〕52号）、《行政事业单位资产核实暂行办法》（财办〔2007〕19号）有关规定执行。

第七章　资产信息管理与报告

第四十一条 中央级事业单位应当按照国有资产管理信息化的要求，及时将资产变动信息录入管理信息系统，对本单位资产实行动态管理，并在此基础上做好国有资产统计和信息报告工作。

第四十二条 中央级事业单位国有资产信息报告是中央级事业单位财务会计报告的重要组成部分。中央级事业单位应当按照财政部规定的年度部门决算报表的格式、内容及要求，对其占有、使用的国有资产状况做出报告。

第四十三条 财政部、主管部门应当充分利用资产管理信息系统和资产信息报告，全面、动态地掌握中央级事业单位国有资产的占有、使用和处置状况，并作为编制和安排中央级事业单位预算的重要参考依据。

第八章　监　督　检　查

第四十四条 财政部、主管部门、中央级事业单位应当各司其职，建立健全科学合理的中央级事业单位国有资产监督管理责任制，将资产监督、管理的责任落实到具体部门、单位和个人，依法维护中央级事业单位国有资产的安全完整，提高国有资产使用效益。

专员办就地对中央级事业单位资产管理情况进行监督检查。

第四十五条 中央级事业单位国有资产监督应当坚持单位内部监督与财政监督、审计监督、社会监督相结合，事前监督与事中监督、事后监督相结合，日常监督与专项检查相结合。

第四十六条 主管部门及其事业单位违反本办法规定的，财政部依据《财政违法行为处罚处分条例》的规定进行处罚、处分、处理，并视情节轻重暂停或取消其年度资产购置计划的申报资格。

第九章　附　则

第四十七条　参照《中华人民共和国公务员法》管理、执行事业单位财务和会计制度的中央级事业单位和社会团体的国有资产管理，依照本办法执行；执行《民间非营利组织会计制度》的中央级社会团体及民办非企业单位中占有、使用国有资产的，参照本办法执行。

第四十八条　实行企业化管理并执行企业财务和会计制度的中央级事业单位，以及中央级事业单位所办的全资企业和控股企业，按照企业财务及国有资产管理的有关规定实施监督管理。

第四十九条　经国家批准特定中央级事业单位的国有资产管理办法，由有关主管部门会同财政部另行制定。

第五十条　主管部门可以根据本办法和部门实际情况，制定本部门所属事业单位的国有资产管理实施办法，报财政部备案。

中央级事业单位应当根据本办法和主管部门的有关要求，制定本单位的（包括驻外机构）资产管理办法，报主管部门备案。

第五十一条　对涉及国家安全的中央级事业单位国有资产的配置、使用、处置等管理活动，要按照国家有关保密制度的规定，做好保密工作，防止失密和泄密。

第五十二条　中央级事业单位资产配置、资产使用、资产处置、产权登记、产权纠纷处理等具体管理办法，由财政部根据本办法制定。

第五十三条　本办法自 2008 年 3 月 15 日起施行。此前颁布的有关中央级事业单位国有资产管理的规定与本办法相抵触的，按照本办法执行。

财政部关于印发《中央级事业单位国有资产处置管理暂行办法》的通知

财教〔2008〕495 号

党中央有关部门，国务院各部委、各直属机构，全国人大常委会办公厅，全国政协办公厅，高法院，高检院，有关人民团体，有关中央管理企业，新疆生产建设兵团财务局：

为进一步加强中央级事业单位的国有资产管理，根据《事业单位国有资产管理暂行办法》（财政部令第 36 号）、《中央级事业单位国有资产管理暂行办法》（财教〔2008〕13 号）的有关规定，我们制定了《中央级事业单位国有资产处置管理暂行办法》。现印发给你们，请遵照执行。

附件：中央级事业单位国有资产处置管理暂行办法

财政部
二〇〇八年十二月十六日

中央级事业单位国有资产处置管理暂行办法

第一章　总　　则

第一条　为规范中央级事业单位国有资产处置行为,维护国有资产的安全和完整,保障国家所有者权益,根据《事业单位国有资产管理暂行办法》(财政部令第36号)和《中央级事业单位国有资产管理暂行办法》(财教〔2008〕13号),制定本办法。

第二条　本办法适用于执行事业单位财务和会计制度的中央级各类事业单位。

第三条　本办法所称的中央级事业单位国有资产处置,是指中央级事业单位对其占有、使用的国有资产,进行产权转让或注销产权的行为。

第四条　中央级事业单位国有资产处置应遵循公开、公正、公平和竞争、择优的原则,严格履行审批手续,未经批准不得擅自处置。

第五条　财政部、中央级事业单位主管部门(以下简称主管部门)按照规定权限对中央级事业单位国有资产处置事项进行审批(审核)或备案。

第六条　财政部、主管部门对中央级事业单位国有资产处置事项的批复,以及中央级事业单位按规定处置国有资产报主管部门备案的文件,是财政部安排中央级事业单位有关资产配置预算项目的参考依据,中央级事业单位应当依据其办理产权变动和进行账务处理。账务处理按照现行事业单位财务和会计制度的有关规定执行。

第七条　中央级事业单位拟处置的国有资产权属应当清晰。权属关系不明确或者存在权属纠纷的资产,须待权属界定明确后予以处置;被设置为担保物的国有资产处置,应当符合《中华人民共和国担保法》、《中华人民共和国物权法》等法律的有关规定。

第二章　处置范围和基本程序

第八条　中央级事业单位国有资产处置的范围包括:闲置资产,报废、淘汰资产,产权或使用权转移的资产,盘亏、呆账及非正常损失的资产,以及依照国家有关规定需要处置的其他资产。按资产性质分为流动资产、固定资产、无形资产、对外投资等。

处置方式包括无偿调拨(划转)、对外捐赠、出售、出让、转让、置换、报废报损、货币性资产损失核销等。

第九条　中央级事业单位国有资产处置按以下权限予以审批:

(一)中央级事业单位一次性处置单位价值或批量价值(账面原值,下同)在800万元人民币(以下简称规定限额)以上(含800万元)的国有资产,经主管部门审核后报财政部审批;

(二)中央级事业单位一次性处置单位价值或批量价值在规定限额以下的国有资产,由财政部授权主管部门进行审批。主管部门应当于批复之日起15个工作日内,将批复文件(一式三份)报财政部备案。

第十条　财政部批复的中央级事业单位国有资产处置文件,应当抄送财政部驻当地财政监察专员办事处(以下简称专员办);中央级事业单位收到主管部门国有资产处置的批复文件后,将复印件报当地专员办备案。

第十一条 中央级事业单位处置规定限额以上的国有资产,应当按以下程序办理:

(一)单位申报。中央级事业单位处置国有资产,须填写《中央级事业单位国有资产处置申请表》,并附相关材料,以正式文件向主管部门申报。

(二)主管部门审核。主管部门对中央级事业单位的申报处置材料进行合规性、真实性等审核后,报财政部审批。

(三)财政部审批。财政部对主管部门报送的国有资产处置事项进行审核批复。数量较大的国有资产处置,财政部可委托专员办对国有资产处置有关情况进行实地核查。

(四)评估备案与核准。中央级事业单位根据财政部的批复,委托具有资产评估资质的评估机构对国有资产进行评估,评估结果报财政部或主管部门备案。评估结果按照国家有关规定须经核准的,报财政部核准。

(五)公开处置。中央级事业单位对申报处置的国有资产进行公开处置。

中央级事业单位处置规定限额以下的国有资产,按照单位申报—主管部门审批—评估备案与核准—公开处置的程序,由主管部门审批后,报财政部备案。

第三章 无偿调拨(划转)和捐赠

第十二条 无偿调拨(划转)是指在不改变国有资产性质的前提下,以无偿转让的方式变更国有资产占有、使用权的行为。

第十三条 无偿调拨(划转)的资产包括:

(一)长期闲置不用、低效运转、超标准配置的资产;

(二)因单位撤销、合并、分立而移交的资产;

(三)隶属关系改变,上划、下划的资产;

(四)其他需调拨(划转)的资产。

第十四条 无偿调拨(划转)应当按以下程序办理:

(一)同一部门所属事业单位之间、事业单位与行政单位之间以及事业单位对企业的国有资产无偿调拨(划转),按规定限额审批。

(二)跨部门国有资产的无偿调拨(划转)。划出方和接收方协调一致(附意向性协议),分别报主管部门审核同意后,由划出方主管部门报财政部审批,并附接收方主管部门同意无偿调拨(划转)的有关文件。

(三)跨级次国有资产的无偿调拨(划转)。中央级事业单位国有资产无偿调拨(划转)给地方的,应附省级主管部门和财政部门同意接收的相关文件,由中央级事业单位主管部门报财政部审批;地方单位国有资产无偿调拨(划转)给中央级事业单位的,经地方单位同级财政部门审批后,办理国有资产无偿调拨(划转)手续。中央级事业单位应将接收资产的有关情况报主管部门备案。主管部门应在15个工作日内报财政部备案。

第十五条 中央级事业单位申请国有资产无偿调拨(划转),应提交以下材料:

(一)无偿调拨(划转)申请文件;

(二)《中央级事业单位国有资产处置申请表》;

(三)资产价值凭证及产权证明,如购货发票或收据、工程决算副本、国有土地使用权证、房屋所有权证、股权证等凭据的复印件(加盖单位公章);

(四)因单位撤销、合并、分立而移交资产的,需提供撤销、合并、分立的批文;

(五)拟无偿调拨(划转)国有资产的名称、数量、规格、单价等清单;
(六)其他相关材料。

第十六条 对外捐赠是指中央级事业单位依照《中华人民共和国公益事业捐赠法》,自愿无偿将其有权处分的合法财产赠与给合法的受赠人的行为,包括实物资产捐赠、无形资产捐赠和货币性资产捐赠等。

第十七条 中央级事业单位国有资产对外捐赠,应提交以下材料:
(一)对外捐赠申请文件;
(二)《中央级事业单位国有资产处置申请表》;
(三)捐赠报告,包括:捐赠事由、途径、方式、责任人、资产构成及其数额、交接程序等;
(四)捐赠单位出具的捐赠事项对本单位财务状况和业务活动影响的分析报告,使用货币资金对外捐赠的,应提供货币资金的来源说明等;
(五)主管部门、中央级事业单位决定捐赠事项的有关文件;
(六)能够证明捐赠资产价值的有效凭证,如购货发票或收据、工程决算副本、记账凭证、固定资产卡片及产权证明等凭据的复印件(加盖单位公章);
(七)其他相关材料。

第十八条 实际发生的对外捐赠,应当依据受赠方出具的同级财政部门或主管部门统一印(监)制的捐赠收据或者捐赠资产交接清单确认;对无法索取同级财政部门或主管部门统一印(监)制的捐赠收据的,应当依据受赠方所在地城镇街道、乡镇等基层政府组织出具的证明确认。

第十九条 中央级事业单位接受捐赠的国有资产,应及时办理入账手续,并报主管部门备案。主管部门应在15个工作日内报财政部备案。

第四章 出售、出让、转让和置换

第二十条 出售、出让、转让是指变更中央级事业单位国有资产所有权或占有、使用权并取得相应收益的行为。

第二十一条 中央级事业单位国有资产出售、出让、转让,应当通过产权交易机构、证券交易系统、协议方式以及国家法律、行政法规规定的其他方式进行。中央级事业单位国有资产出售、出让、转让应当严格控制产权交易机构和证券交易系统之外的直接协议方式。

第二十二条 中央级事业单位国有资产出售、出让、转让,以按规定权限由财政部、主管部门备案或核准的资产评估报告所确认的评估价值作为市场竞价的参考依据,意向交易价格低于评估结果90%的,应当按规定权限报财政部或主管部门重新确认后交易。

第二十三条 中央级事业单位申请出售、出让、转让国有资产,应提交以下材料:
(一)出售、出让、转让申请文件;
(二)《中央级事业单位国有资产处置申请表》;
(三)资产价值凭证及产权证明,如购货发票或收据、工程决算副本、国有土地使用权证、房屋所有权证、股权证等凭据的复印件(加盖单位公章);
(四)出售、出让、转让方案,包括资产的基本情况、处置的原因、方式等;
(五)出售、出让、转让合同草案,属于股权转让的,还应提交股权转让可行性报告;
(六)其他相关材料。

第二十四条 置换是指中央级事业单位与其他单位以非货币性资产为主进行的交换。这种交换不涉及或只涉及少量的货币性资产(即补价)。

第二十五条　中央级事业单位申请国有资产置换,应提交以下材料:
(一) 置换申请文件;
(二)《中央级事业单位国有资产处置申请表》;
(三) 资产价值凭证及产权证明,如购货发票或收据、工程决算副本、国有土地使用权证、房屋所有权证、股权证等凭据的复印件(加盖单位公章);
(四) 对方单位拟用于置换资产的基本情况说明、是否已被设置为担保物等;
(五) 双方草签的置换协议;
(六) 对方单位的法人证书或营业执照的复印件(加盖单位公章);
(七) 中央级事业单位近期的财务报告;
(八) 其他相关材料。

第五章　报废报损和核销

第二十六条　报废是指按有关规定或经有关部门、专家鉴定,对已不能继续使用的资产,进行产权注销的资产处置行为。

第二十七条　报损是指由于发生呆账损失、非正常损失等原因,按有关规定对资产损失进行产权注销的资产处置行为。

第二十八条　中央级事业单位申请国有资产报废、报损,应提交以下材料:
(一) 报废、报损申请文件;
(二)《中央级事业单位国有资产处置申请表》;
(三) 能够证明盘亏、毁损以及非正常损失资产价值的有效凭证。如购货发票或收据、工程决算副本、记账凭证、固定资产卡片、盘点表及产权证明等凭据的复印件(加盖单位公章);
(四) 报废、报损价值清单;
(五) 非正常损失责任事故的鉴定文件及对责任者的处理文件;
(六) 因房屋拆除等原因需办理资产核销手续的,提交相关职能部门的房屋拆除批复文件、建设项目拆建立项文件、双方签定的房屋拆迁补偿协议;
(七) 其他相关材料。

第二十九条　中央级事业单位国有资产对外投资、担保(抵押)发生损失申请损失处置的,应提交以下材料:
(一) 对外投资、担保(抵押)损失处置申请文件;
(二)《中央级事业单位国有资产处置申请表》;
(三) 被投资单位的清算审计报告及注销文件;
(四) 债权或股权凭证、形成呆坏账的情况说明和具有法定依据的证明材料;
(五) 申请仲裁或提起诉讼的,提交相关法律文书;
(六) 其他相关材料。

第三十条　货币性资产损失核销是指单位按现行财务与会计制度,对确认形成损失的货币性资产(现金、银行存款、应收账款、应收票据等)进行核销的行为。

第三十一条　中央级事业单位申请货币性资产损失核销,应提交以下材料:
(一) 货币性资产损失核销申请文件;
(二)《中央级事业单位国有资产处置申请表》;
(三) 债务人已被依法宣告破产、撤销、关闭,用债务人清算财产清偿后仍不能弥补损失的,提供宣告破产的民事裁定书以及财产清算报告、注销工商登记或吊销营业执照的证明、政府有关部门决定关闭的文件；

（四）债务人死亡或者依法被宣告失踪、死亡的，提供其财产或遗产不足清偿的法律文件；

（五）涉及诉讼的，提供判决裁定申报单位败诉的人民法院生效判决书或裁定书，或虽胜诉但因无法执行被裁定终止执行的法律文件。

第六章　处置收入和支出管理

第三十二条　处置收入是指在出售、出让、转让、置换、报废报损等处置国有资产过程中获得的收入，包括出售实物资产和无形资产的收入、置换差价收入、报废报损残值变价收入、保险理赔收入、转让土地使用权收益等。

第三十三条　中央级事业单位国有资产处置收入，在扣除相关税金、评估费、拍卖佣金等费用后，按照政府非税收入管理和财政国库收缴管理的规定上缴中央国库，实行"收支两条线"管理。

土地使用权转让收益，按照《财政部关于将中央单位土地收益纳入预算管理的通知》（财综〔2006〕63号）规定，上缴中央国库，实行"收支两条线"管理。

出售实物资产和无形资产收入、置换差价收入、报废报损残值变价收入、保险理赔收入等上缴中央国库，实行"收支两条线"管理。

科技成果转化（转让）收入，按照《国务院办公厅转发科技部等部门关于促进科技成果转化若干规定的通知》（国办发〔1999〕29号）的有关规定，在扣除奖励资金后上缴中央国库。

国家另有规定的，从其规定。

第三十四条　中央级事业单位利用国有资产对外投资形成的股权（权益）的出售、出让、转让收入，按以下规定办理：

（一）利用现金对外投资形成的股权（权益）的出售、出让、转让，属于中央级事业单位收回对外投资，股权（权益）出售、出让、转让收入纳入单位预算，统一核算，统一管理；

（二）利用实物资产、无形资产对外投资形成的股权（权益）的出售、出让、转让收入，按以下情形分别处理：

1. 收入形式为现金的，扣除投资收益，以及税金、评估费等相关费用后，上缴中央国库，实行"收支两条线"管理；投资收益纳入单位预算，统一核算，统一管理。

2. 收入形式为资产和现金的，现金部分扣除投资收益，以及税金、评估费等相关费用后，上缴中央国库，实行"收支两条线"管理。

（三）利用现金、实物资产、无形资产混合对外投资形成的股权（权益）的出售、出让、转让收入，按照本条第（一）、（二）项的有关规定分别管理。

第三十五条　中央级事业单位应上缴的国有资产处置收入和应上缴的利用国有资产对外投资形成的股权（权益）的出售（出让、转让）收入，根据实际情况，按以下方式上缴：

（一）已开设中央财政汇缴专户的预算单位，按照财政部非税收入收缴制度有关规定，在取得处置收入后2个工作日内，全额缴入中央财政汇缴专户。

（二）未开设中央财政汇缴专户的预算单位，应按下列不同情况上缴国有资产处置收入：

1. 一级预算单位。由财政部为其开设中央财政汇缴专户，一级预算单位在取得处置收入后2个工作日内，全额缴入其中央财政汇缴专户。

2. 二级预算单位。其主管一级预算单位为行政事业单位的，二级预算单位如无下属预算单位，由财政部为其主管一级预算单位开设中央财政汇缴专户，二级预算单位在取得处置收入后2个工作日内,全额直接缴入一级预算单位的中央财政汇缴专户;二级预算单位如有下属预算单位,由财政部为二级预算单位开设中央财政汇缴专户,二级预算单位在取得处置收入后2个工作日内,全额直接缴入其中央财政汇缴专户。其主管部门为企业集团的,由财政部为二级预算单位开设中央财政汇缴专户,二级预算单位在取得处置收入后2个工作日内,全额直接缴入其中央财政汇缴专户。

3. 三级及三级以下预算单位。由财政部为其主管二级预算单位开设中央财政汇缴专户,三级及三级以下预算单位在取得处置收入后2个工作日内,全额直接缴入其主管二级预算单位的中央财政汇缴专户。

第三十六条 中央级事业单位上缴的国有资产处置收入,纳入预算管理。事业单位因事业发展产生的资产配置需求,在编制部门预算时由财政部根据有关资产配置标准及中央财力情况统筹安排。

第七章 监督检查和法律责任

第三十七条 财政部对主管部门在授权范围内审批的中央级事业单位国有资产处置情况进行监督,可定期或不定期对中央级事业单位国有资产处置情况开展专项检查。

专员办对所在地的中央级事业单位国有资产处置情况进行监督检查。

第三十八条 主管部门应建立国有资产处置事后检查制度,定期或不定期对所属事业单位资产处置情况进行监督检查。

第三十九条 主管部门和中央级事业单位在国有资产处置过程中不得有下列行为:

(一)未按规定程序申报,擅自越权对规定限额以上的国有资产进行处置;

(二)对不符合规定的申报处置材料予以审批;

(三)串通作弊、暗箱操作,压价处置国有资产;

(四)截留资产处置收入;

(五)其他造成单位资产损失的行为。

第四十条 财政部、主管部门、中央级事业单位和个人违反本办法规定的,应根据《财政违法行为处罚处分条例》(国务院令第427号)等国家有关规定追究法律责任。

第八章 附 则

第四十一条 执行《民间非营利组织会计制度》的中央级社会团体及民办非企业单位涉及国有资产处置的,参照本办法执行。

第四十二条 主管部门可根据本办法的规定,结合本部门实际情况,制定本部门所属事业单位国有资产处置管理办法。主管部门可以根据实际工作需要,授权所属事业单位一定限额的国有资产处置权限,报财政部备案。

第四十三条 对涉及国家安全和秘密的中央级事业单位国有资产处置,应当按照国家有关保密制度的规定,做好保密工作,防止失密和泄密。

第四十四条 事业单位所办全资企业及控股企业的国有资产处置,按照《企业财务通则》(财政部令第41号)、《企业国有资本与财务管理暂行办法》(财企〔2001〕325号)、《企业国有产权转让管理暂行办法》(国资委 财政部令第3号)等有关规定,由财政部实施监督管理。

第四十五条 本办法自2009年1月1日起施行。此前颁布的有关规定与本办法不一致的,以本办法为准。

附:中央级事业单位国有资产处置申请表

附：

中央级事业单位国有资产处置申请表

申报单位（签章）　　　　　　　　　　　　　　　申报日期　　年　月　日　　　　　　　　　　　　　　　金额：万元

序号	资产名称	资产类别				资产来源	型号规格	单位	数量（股份）	购置（投资）日期	价值		处置方式	备注
		流动资产	固定资产	无形资产	对外投资	其他资产						账面原值	已折旧额	账面净值		

处置原因	
资产管理部门负责人（签章）	单位负责人（签章）
事业单位意见	预算（财务）管理部门负责人（签章）　　　　　年　月　日
	年　月　日
主管部门审核意见	预算（财务）管理部门负责人（签章）　　　　　年　月　日
	备注　　　　　　　　　　　　　　　　　　　　年　月　日

说明：
1. 本表适用于事业单位国有资产出售、出让、转让、置换、报废报损、货币性资产核销等处置事项申请。
2. 资产类别：(1) 固定资产 ①土地、房屋及构筑物 ②通用设备 ③专用设备 ④交通运输设备 ⑤电气设备 ⑥电子产品及通信设备 ⑦仪器仪表及其他 ⑧文艺体育设备 ⑨图书、文物及陈列品 ⑩家具用具及其他；(2) 流动资产；(3) 无形资产 ①专利权 ②著作权 ③商标权 ④土地使用权 ⑤其他；(4) 对外投资；(5) 其他资产。
3. 资产来源：(1) 财政性资金形成（包括预算外资金）；(2) 单位自筹资金形成；(3) 单位合并形成；(4) 上级拨付资金形成；(5) 上级调入形成；(6) 接受捐赠形成；(7) 其他。
4. 资产处置方式：(1) 拍卖；(2) 招投标；(3) 协议转让；(4) 其他方式。
5. 表中资产类别、资产来源、资产处置方式等均用代码填写。

中央级事业单位国有资产处置申请表

申报日期 年 月 日

申报单位（签章）： 金额：万元

序号	资产名称	资产类别				型号规格	单位	数量（股份）	购置（投资）日期	价值				处置方式	备注
		流动资产	固定资产	无形资产	其他资产					账面原值	已折旧额	账面净值	评估价值		

处置原因

划出方	单位意见	资产管理部门负责人签章 预算（财务）管理部门负责人签章 单位负责人签章 年 月 日
	主管部门审核意见	资产管理部门负责人签章 预算（财务）管理部门负责人签章 单位负责人签章 年 月 日 备注
接收方	单位意见	资产管理部门负责人签章 预算（财务）管理部门负责人签章 单位负责人签章 年 月 日
	主管部门审核意见	资产管理部门负责人签章 预算（财务）管理部门负责人签章 单位负责人签章 年 月 日 备注

说明：1. 本表适用于事业单位国有资产无偿调拨（划转）、对外捐赠等事项申请。
2. 资产类别：(1) 固定资产 ① 土地、房屋及构筑物 ② 通用设备 ③ 专用设备 ④ 交通运输设备 ⑤ 电气设备 ⑥ 电子产品及通信设备 ⑦ 仪器仪表及其他 ⑧ 文艺体育设备 ⑨ 图书、文物及陈列品 ⑩ 家具用具及其他；(2) 流动资产 ① 货币性资金 ② 有价证券 ③ 应收账款 ④ 预付账款 ⑤ 其他；(3) 无形资产 ① 专利权 ② 著作权 ③ 商标权 ④ 土地使用权 ⑤ 其他资产。
3. 资产处置方式：(1) 同部门之间不改变资产属性的调拨；(2) 跨部门之间调拨；(3) 中央级单位和地方单位之间资产无偿调拨；(4) 固定资产捐赠；(5) 流动资产捐赠；(6) 无形资产捐赠；(7) 其他形式捐赠；(8) 其他。
4. 表中资产类别、资产处置方式等均用代码填写。

财政部关于正式实施行政事业单位资产管理信息系统有关问题的通知

财办〔2009〕39 号

党中央有关部门、国务院各部委、各直属机构、全国人大常委会办公厅、全国政协办公厅、高法院、高检院、有关人民团体、有关中央管理企业、各省、自治区、直辖市及计划单列市财政厅（局）、新疆生产建设兵团财务局：

为了全面加强行政事业单位国有资产管理，推进行政事业单位资产管理信息化工作，实现对资产的动态监管，按照《行政单位国有资产管理暂行办法》（财政部令第 35 号）和《事业单位国有资产管理暂行办法》（财政部令第 36 号）有关要求，根据"金财工程"建设总体规划，财政部决定正式实施"行政事业单位资产管理信息系统"（以下简称资产管理信息系统）。现将有关事项通知如下：

一、加强领导，落实责任

资产管理信息系统是"金财工程"的重要组成部分，已完成了与金财工程应用支撑平台的衔接。该系统的正式实施，是实现资产管理动态化、预算编制精细化的重要举措，是编制年度新增资产配置预算的重要支撑，有利于提高工作效率、降低管理成本、实现资产管理与预算管理的有机结合，对进一步创新行政事业单位国有资产监管手段将产生积极的影响。中央部门和省级财政部门要高度重视资产管理信息系统的实施工作。

资产管理信息系统是严格按照行政事业单位国有资产管理体制进行设计的，遵循横向"财政部门—主管部门—行政事业单位"、纵向"中央—省—市—县—乡"的框架。中央部门要按照国务院确定的中央行政事业单位国有资产管理职责分工，切实抓好本部门所属行政事业单位资产管理信息化工作，直接对财政部负责，并报告工作情况。省级财政部门负责统一组织本地区系统的实施工作，除负责本级资产管理信息系统实施外，还要做好指导下级财政部门实施工作。

资产管理信息系统实施工作涉及部门、单位多，工作难度大。中央部门、省级财政部门要加强领导，统一组织，认真做好对所属行政事业单位的培训和指导，为系统有效应用提供保障。各部门、各单位业务人员和信息技术人员，要密切配合，分工明确，责任到人，确保在规定时间内顺利完成系统的实施工作。

二、时间安排和数据管理

中央部门应于 2009 年 12 月 31 日前，完成本部门的系统实施和培训工作，2010 年 3 月底完成数据上报。省级财政部门应于 2009 年 12 月 31 日前，完成省本级的系统实施和培训工作，同时向我部上报本省的实施计划，2010 年 6 月底前完成数据上报。

中央部门上报数据细化到资产卡片级，省级财政部门上报汇总数据。要严格数据审核，确保上报数据的真实、准确、完整。资产管理信息系统数据要实时更新，并定期上报纸质文件，具体要求另行通知。

涉密资产信息暂不进入资产管理信息系统，具体管理办法另行通知。中央部门、各级财政部门要切实做好资产管理信息系统的数据安全工作。

三、实施经费

根据现行的财政管理体制，财政部门应在充分整合现有软硬件资源的基础上，按照保证工作需要和节约使用的原则，认真落实资产管理信息系统实施所需经费。中央部门实施资产管理信息系统所需经费，应在本部门预算中统筹考虑解决。

资产管理信息系统所有软件产品、相关文档、源代码、相关数据版权归财政部所有。财政部免费提供一定数量的软件安装光盘和用户使用手册，中央部门和各级财政部门可以根据工作需要自行复制。

四、服务支持

为保证资产管理信息系统在全国的有效运行，中央部门、各级财政部门的信息技术部门，负责组织做好本部门、本地区的资产管理信息系统日常运行维护、技术支持服务工作。财政部将成立系统实施支持小组，对系统实施的有关问题提供技术咨询。

实施过程中，中央部门、财政部门和行政事业单位根据工作实际需要进行个性化扩充的，原则上应将需求情况逐级上报，经中央部门和省级财政部门汇总后报财政部信息网络中心。财政部将根据资产管理信息系统的应用情况和业务发展需要，统一组织升级工作，以节约资金和资源，保证系统数据的有效衔接。对不能满足需要的其他个性化需求，允许在资产管理信息系统基础上进行个性化扩充，但不得改变资产管理信息系统业务、技术基本框架。

根据合同规定，系统开发公司还将对省级财政部门本级、中央一级预算单位本级的实施安装和两年维护提供免费服务。其他实施工作，采用市场运作的原则，提供实施服务的机构由中央部门和省级财政部门自主选定，既可以组织力量自主实施，也可以选择其他公司或原系统开发公司提供服务。

五、软件版本管理

资产管理信息系统分为"财政及主管部门版"和"行政事业单位版"两部分。为了保证资产管理信息系统的数据一致性，原则要求中央部门和财政部门统一使用资产管理信息系统"财政及主管部门版"。没有应用其他资产管理信息系统的行政事业单位，建议使用资产管理信息系统"行政事业单位版"。

本着节约高效的原则，对已有其他资产管理信息系统的部门、地区、行政事业单位，应按照财政部公开的系统数据接口规范，做好自身系统与资产管理信息系统的对接和数据转换工作，保证"行政事业单位—主管部门—财政部门"各个环节的数据动态衔接，实现资产数据的动态更新。

六、软硬件及网络环境

中央部门、省级财政部门要按照《行政事业单位资产管理信息系统部署技术方案》（详见财政部门户网站），根据自身的用户数和业务规模进行测算，合理配置支撑系统运行的软硬件环境。

资产管理信息系统部署在财政专网，支持在线和离线两种数据上报方式。各级财政部门通过财政内网逐级完成数据上报，并最终报送财政部。中央部门通过财政专网向财政部上报数据，在没有网络环境的情况下可以通过离线方式上报数据。

财政部

二〇〇九年八月二十八日

财政部关于实施行政事业单位资产管理信息系统有关问题的补充通知

财办〔2009〕43号

党中央有关部门,国务院各部委、各直属机构,全国人大常委会办公厅,全国政协办公厅,高法院,高检院,有关人民团体,有关中央管理企业,各省、自治区、直辖市、计划单列市财政厅(局),新疆生产建设兵团财务局:

为了更好地实施"行政事业单位资产管理信息系统",现将有关事项补充通知如下:

一、数据上报时间和范围

上报数据的基准日为2009年12月31日。省级财政部门于2010年6月底前完成省本级数据上报,2010年底完成全省(含市县乡)数据上报。信息系统的电子数据要做到及时更新,2010年资产数据(含电子版和纸质版)实行半年上报方式,2011年后数据上报工作将根据实际情况另行通知。

涉密资产详细信息暂不进入资产管理信息系统。涉密资产主管部门要按照行政事业单位国有资产管理的有关要求,加强内部管理,同时按要求将涉密数据汇总信息(含电子版和纸质版)上报财政部。

二、技术支持

财政部门户网站"行政事业单位资产管理信息系统"模块提供相关资料的下载,包括:系统介绍、系统部署及配置方案、用户手册、导数模板等,各相关单位可自行下载。各省级财政部门和中央部门可以将软件、用户手册等资料放在自己的网站上,对下级单位提供下载服务。

各中央部门于12月31日前,将"行政事业单位资产管理信息系统"实施方案报财政部备案。财政部信息网络中心将为中央部门对下级单位技术培训提供必要的支持。

中央部门、省级财政部门如需要软件数据接口规范,可向财政部信息网络中心申请。省级财政部门如需要软件的源代码等核心技术资料,可由各地信息中心向财政部信息网络中心申请,经批准并签署保密协议后,可在原软件基础上进行修改,修改方案报财政部信息网络中心备案。

三、原开发单位免费服务内容

根据合同规定,软件原开发单位北京久其软件股份公司将免费提供软件在全国36个省级财政厅(局)及中央一级预算单位的实施服务和系统2年后期维护,免费实施工作主要包括:系统安装、调试、中间件配置服务;完成系统数据采集任务下发,指导完成流程审批参数设置和预配预警参数设置;免费提供省级财政部门和中央一级预算单位一次对下培训的讲师;协助用户制定系统权限设置方案,现场指导用户完成功能权限、数据权限、组织机构权限、用户角色创建的设置;完成2007年资产清查汇总报表的导入,通过电话、网络等方式技术支持资产数据的导入。

财政部系统实施技术支持电话:010-68553137

财政部

二〇〇九年十一月二十六日

财政部关于印发《中央级事业单位国有资产使用管理暂行办法》的通知

财教〔2009〕192 号

党中央有关部门,国务院各部委、各直属机构,全国人大常委会办公厅,全国政协办公厅,高法院,高检院,有关人民团体,有关中央企业,新疆生产建设兵团财务局:

  为进一步加强中央级事业单位的国有资产管理,根据《事业单位财务规则》(财政部令第8号)、《事业单位国有资产管理暂行办法》(财政部令第36号)、《中央级事业单位国有资产管理暂行办法》(财教〔2008〕13号)的有关规定,我们制定了《中央级事业单位国有资产使用管理暂行办法》。现印发给你们,请遵照执行。

  附件:中央级事业单位国有资产使用管理暂行办法

财政部
二〇〇九年八月二十八日

中央级事业单位国有资产使用管理暂行办法

第一章 总 则

  第一条 为了规范和加强中央级事业单位国有资产使用管理,提高资产使用效益,防止国有资产流失,根据《事业单位财务规则》、《事业单位国有资产管理暂行办法》、《中央级事业单位国有资产管理暂行办法》,制定本办法。

  第二条 本办法适用于执行事业单位财务和会计制度的中央级各类事业单位。

  第三条 中央级事业单位国有资产使用应遵循权属清晰、安全完整、风险控制、注重绩效的原则。

  第四条 中央级事业单位国有资产使用包括单位自用、对外投资和出租、出借等,国有资产使用应首先保证事业发展的需要。

  第五条 财政部、中央级事业单位主管部门(以下简称主管部门)按照规定权限对中央级事业单位国有资产对外投资和出租、出借等事项进行审批(审核)或备案。中央级事业单位负责本单位国有资产使用的具体管理。

  第六条 财政部、主管部门对中央级事业单位国有资产使用事项的批复,以及中央级事业单位报主管部门备案的文件,是中央级事业单位办理产权登记和账务处理的重要依据。账务处理按照国家事业单位财务和会计制度的有关规定执行。

  第七条 中央级事业单位应对本单位对外投资和出租、出借资产实行专项管理,并在单位财务会计报告中对相关信息进行披露。

第八条 中央级事业单位国有资产使用应按照国有资产信息化管理的要求,及时将资产变动信息录入管理信息系统,对本单位国有资产实行动态管理。

第九条 中央级事业单位拟对外投资和出租、出借的国有资产的权属应当清晰。权属关系不明确或者存在权属纠纷的资产不得进行对外投资和出租、出借。

第二章 资产自用

第十条 中央级事业单位资产自用管理应本着实物量和价值量并重的原则,对实物资产进行定期清查,完善资产管理账表及有关资料,做到账账、账卡、账实相符,并对资产丢失、毁损等情况实行责任追究制度。

第十一条 中央级事业单位要建立健全自用资产的验收、领用、使用、保管和维护等内部管理流程,并加强审计监督和绩效考评。

第十二条 中央级事业单位国有资产管理部门对单位购置、接受捐赠、无偿划拨等方式获得的资产应及时办理验收入库手续,严把数量、质量关,验收合格后送达具体使用部门;自建资产应及时办理竣工验收、竣工财务决算编报以及按要求办理资产移交和产权登记。中央级事业单位财务管理部门应根据资产的相关凭证或文件及时进行账务处理。

第十三条 中央级事业单位应建立资产领用交回制度。资产领用应经主管领导批准。资产出库时保管人员应及时办理出库手续。办公用资产应落实到人,使用人员离职时,所用资产应按规定交回。

第十四条 中央级事业单位应认真做好自用资产使用管理,经常检查并改善资产使用状况,减少资产的非正常损耗,做到高效节约、物尽其用,充分发挥国有资产使用效益,防止国有资产使用过程中的损失和浪费。

第十五条 财政部、主管部门应积极引导和鼓励中央级事业单位实行国有资产共享共用,建立资产共享共用与资产绩效、资产配置、单位预算挂钩的联动机制。中央级事业单位应积极推进本单位国有资产的共享共用工作,提高国有资产使用效益。

第十六条 中央级事业单位应加强对无形资产的管理和保护,并结合国家知识产权战略的实施,促进科技成果转化。

第十七条 中央级事业单位应建立资产统计报告制度,定期向单位领导报送资产统计报告,及时反映本单位资产使用以及变动情况。

第三章 对外投资

第十八条 中央级事业单位利用国有资产对外投资,单项或批量价值(账面原值,下同)在800万元人民币以上(含800万元)的,经主管部门审核后报财政部审批;单项或批量价值在800万元以下的,由主管部门按照有关规定进行审批,并于批复之日起15个工作日内将审批文件(一式三份)报财政部备案。

第十九条 中央级事业单位应在科学论证、公开决策的基础上提出对外投资申请,附相关材料,报主管部门审核或者审批。主管部门应对中央级事业单位申报材料的完整性、决策过程的合规性、拟投资项目资金来源的合理性等进行审查,并报财政部审批或者备案。

中央级事业单位对外投资效益情况是主管部门审核新增对外投资事项的参考依据。主管部门要严格控制资产负债率过高的中央级事业单位的对外投资行为。

第二十条　中央级事业单位申请利用国有资产对外投资,应提供如下材料,并对材料的真实性、有效性、准确性负责：

（一）中央级事业单位对外投资事项的书面申请；

（二）拟对外投资资产的价值凭证及权属证明,如购货发票或收据、工程决算副本、国有土地使用权证、房屋所有权证、股权证等凭据的复印件(加盖单位公章)；

（三）中央级事业单位进行对外投资的可行性分析报告；

（四）中央级事业单位拟同意利用国有资产对外投资的会议决议或会议纪要复印件；

（五）中央级事业单位法人证书复印件、拟合作方法人证书复印件或企业营业执照复印件、个人身份证复印件等；

（六）拟创办经济实体的章程和工商行政管理部门下发的企业名称预先核准通知书；

（七）中央级事业单位与拟合作方签订的合作意向书、协议草案或合同草案；

（八）中央级事业单位上年度财务报表；

（九）经中介机构审计的拟合作方上年财务报表；

（十）其他材料。

第二十一条　中央级事业单位转让(减持)对外投资形成的股权,按照《中央级事业单位国有资产处置管理暂行办法》的有关规定办理。

第二十二条　中央级事业单位经批准利用国有资产进行对外投资的,应聘请具有相应资质的中介机构,对拟投资资产进行资产评估。资产评估事项按规定履行备案或核准手续。

第二十三条　中央级事业单位不得从事以下对外投资事项：

（一）买卖期货、股票,国家另有规定的除外；

（二）购买各种企业债券、各类投资基金和其他任何形式的金融衍生品或进行任何形式的金融风险投资,国家另有规定的除外；

（三）利用国外贷款的事业单位,在国外债务尚未清偿前利用该贷款形成的资产对外投资；

（四）其他违反法律、行政法规规定的。

第二十四条　中央级事业单位应在保证单位正常运转和事业发展的前提下,严格控制货币性资金对外投资。不得利用财政拨款和财政拨款结余对外投资。

第二十五条　中央级事业单位应加强无形资产对外投资的管理,防止国有资产流失。

第二十六条　中央级事业单位利用国有资产进行境外投资的,应遵循国家境外投资项目核准和外汇管理等相关规定,履行报批手续。

第二十七条　中央级事业单位应加强对外投资形成的股权的管理,依法履行出资人的职能。

第二十八条　中央级事业单位利用国有资产对外投资取得的收益,应按照预算管理及事业单位财务和会计制度的有关规定纳入单位预算,统一核算,统一管理。

第二十九条　财政部、主管部门应加强对中央级事业单位国有资产对外投资的考核。中央级事业单位应建立和完善国有资产内控机制和保值增值机制,确保国有资产的安全完整,实现国有资产的保值增值。

第四章　出租、出借

第三十条　中央级事业单位国有资产出租、出借,资产单项或批量价值在800万元人民币以上(含800万元)的,经主管部门审核后报财政部审批；资产单项或批量价值在800万元以下的,由主管部门按照有关规定进行审批,并于15个工作日内将审批结果(一式三份)报财政部备案。

第三十一条 中央级事业单位国有资产出租、出借,应在严格论证的基础上提出申请,附相关材料,报主管部门审核或者审批。主管部门应对中央级事业单位申报材料的完整性、决策过程的合规性进行审查,按规定报财政部审批或者备案。

第三十二条 中央级事业单位申请出租、出借国有资产,应提供如下材料,并对材料的真实性、有效性、准确性负责:

(一)中央级事业单位拟出租、出借事项的书面申请;

(二)拟出租、出借资产的价值凭证及权属证明,如购货发票或收据、工程决算副本、国有土地使用权证、房屋所有权证、股权证等凭据的复印件(加盖单位公章);

(三)中央级事业单位进行出租、出借的可行性分析报告;

(四)中央级事业单位同意利用国有资产出租、出借的内部决议或会议纪要复印件;

(五)中央级事业单位法人证书复印件、拟出租出借方的事业单位法人证书复印件或企业营业执照复印件、个人身份证复印件等;

(六)其他材料。

第三十三条 中央级事业单位国有资产有下列情形之一的,不得出租、出借:

(一)已被依法查封、冻结的;

(二)未取得其他共有人同意的;

(三)产权有争议的;

(四)其他违反法律、行政法规规定的。

第三十四条 中央级事业单位国有资产出租,原则上应采取公开招租的形式确定出租的价格,必要时可采取评审或者资产评估的办法确定出租的价格。中央级事业单位利用国有资产出租、出借的,期限一般不得超过五年。

第三十五条 中央级事业单位国有资产出租、出借取得的收入,应按照预算管理及事业单位财务和会计制度的有关规定纳入单位预算,统一核算、统一管理。

第五章 监督管理

第三十六条 财政部、主管部门应加强对中央级事业单位国有资产使用行为及其收入的日常监督和专项检查。

财政部驻各地财政监察专员办事处(以下简称专员办)对所在地的中央级事业单位国有资产使用情况进行监督检查。

第三十七条 财政部批复的中央级事业单位国有资产对外投资和出租、出借文件,应抄送相关的专员办;中央级事业单位收到主管部门对其国有资产对外投资和出租、出借的批复文件后,应将复印件报当地专员办备案。

第三十八条 主管部门、中央级事业单位在国有资产使用过程中不得有下列行为:

(一)未按规定权限申报,擅自对规定限额以上的国有资产进行对外投资和出租、出借;

(二)对不符合规定的对外投资和出租、出借事项予以审批;

(三)申通作弊,暗箱操作,违规利用国有资产对外投资和出租、出借;

(四)其他违反国家有关规定造成单位资产损失的行为。

第三十九条 主管部门、中央级事业单位违反本办法规定的,依照《财政违法行为处罚处分条例》等国家有关规定追究法律责任。

第四十条 中央级事业单位应依照《中华人民共和国企业国有资产法》、《中华人民共和国公司法》、《企业财务通则》和《企业国有产权转让管理暂行办法》等企业国有资产监管的有关规定,加强对所投资全资企业和控股企业的监督管理。

第四十一条 中央级事业单位应于每个会计年度终了后,按照财政部规定的部门决算报表格式、内容和要求,对其国有资产使用情况做出报告,报主管部门的同时抄送当地专员办备案,由主管部门汇总后报财政部。

第六章 附 则

第四十二条 参照《中华人民共和国公务员法》管理并执行事业单位财务和会计制度的中央级事业单位国有资产使用管理,按照本办法执行。

执行《民间非营利组织会计制度》的中央级社会团体及民办非企业单位国有资产使用管理,参照本办法执行。

实行企业化管理并执行企业财务和会计制度的中央级事业单位,其国有资产使用按照企业国有资产监督管理的有关规定实施监督管理。

第四十三条 主管部门应依据本办法,结合本部门实际制定本部门所属事业单位(包括驻外机构)国有资产使用的具体实施办法,报财政部备案。主管部门可以根据实际工作需要,授予所属事业单位一定限额的国有资产使用权限并报财政部备案。

第四十四条 对涉及国家安全的中央级事业单位国有资产使用管理活动,应按照国家有关保密制度的规定,做好保密工作,防止失密和泄密。

第四十五条 本办法自 2009 年 9 月 1 日起施行。此前颁布的有关规定与本办法不一致的,以本办法为准。

财政部关于《中央级事业单位国有资产使用管理暂行办法》的补充通知

财教〔2009〕495 号

党中央有关部门,国务院各部委、各直属机构,全国人大常委会办公厅,全国政协办公厅,高法院,高检院,有关人民团体,有关中央企业,新疆生产建设兵团财务局:

《中央级事业单位国有资产使用管理暂行办法》(财教〔2009〕192 号,以下简称《办法》)于今年 9 月 1 日起实施。针对实施过程中出现的新问题,现就有关事项补充通知如下:

一、《办法》实施前后应审批事项的处理问题

《办法》出台前,中央级事业单位未经批准实施对外投资、出租出借等事项的,不再追溯。中央级事业单位应将对外投资、出租出借等事项发生的时间、期限、资金来源、资产状况、所签合同、单位领导办公会议纪要、未报批理由、收益情况等,报主管部门审核认定。主管部门应加强管理,认真审核,并将审核认定情况以部发文形式正式报财政部备查,涉及法律纠纷的事项应将法律纠纷解决后报备。

《办法》出台后未按规定报批的,主管部门一律不予受理,并督促中央级事业单位限期改正,同时相应取消该单位下一年度资产使用事项的申批资格。

二、资产短期出租、出借事项的审批程序问题

六个月以内(含六个月)的资产出租、出借事项,财政部授权主管部门审批。主管部门应于批复之日起15个工作日内将审批文件(一式三份)报财政部备案。中央级事业单位收到主管部门的批复文件后,应将复印件报所在地的财政监察专员办事处备案。

主管部门应进一步加强对所属事业单位国有资产使用事项的管理,结合本部门实际制定加强所属事业单位国有资产使用管理的有关规定,督促所属事业单位严格按照《办法》的有关规定,履行国有资产使用等事项的报批程序。

财政部
二〇〇九年十二月二十九日

财政部关于进一步规范和加强中央级事业单位国有资产管理有关问题的通知

财教〔2010〕200号

党中央有关部门,国务院各部委、各直属机构,全国人大常委会办公厅,全国政协办公厅,高法院,高检院,有关人民团体,有关中央管理企业,新疆生产建设兵团财务局:

事业单位国有资产是政府履行公共服务职能的重要物质基础,切实加强事业单位国有资产管理,对于进一步健全财政职能和深化收入分配制度改革,提高政府执政能力具有重要意义。自财政部颁布实施《事业单位国有资产管理暂行办法》(财政部令第36号)和《中央级事业单位国有资产管理暂行办法》(财教〔2008〕13号)等规章制度以来,在各方共同努力下,形成了"国家统一所有,政府分级监管,单位占有使用"的管理体制,以及与此相适应的"财政部门—主管部门—事业单位"的事业资产管理运行机制。各中央部门及其所属事业单位按照上述规定,结合自身实际,建立健全了内部监管体制,规范了国有资产配置、使用和处置管理。总体上看,中央级事业单位国有资产管理工作有序、稳步推进,取得了较好成效。但是也有少数部门和单位违反事业单位国有资产管理制度,不按规定履行管理职能和资产配置、使用、处置、评估等审批程序,给相关工作造成了一定的影响,必须引起高度重视。为了进一步贯彻落实财政部令第36号规定,切实规范和加强中央级事业单位国有资产管理,现就有关事宜通知如下:

一、加强事业单位国有资产管理制度建设

各部门应当根据财政部令第36号、《中央级事业单位国有资产管理暂行办法》(财教〔2008〕13号)、《中央级事业单位国有资产使用管理暂行办法》(财教〔2009〕192号)和《中央级事业单位国有资产处置管理暂行办法》(财教〔2008〕495号)等规定,结合自身实际,尽快制定本部门所属事业单位的国有资产管理办法,报经财政部同意后印发实施。

二、切实做好新增资产配置预算工作

各部门应当按照《财政部关于编制2011年中央部门预算的通知》(财预〔2010〕271号)的有

关要求,认真做好2011年所属事业单位新增资产配置预算编报工作,所有使用财政性资金及其他资金购置车辆、单价200万元及以上的大型设备的支出(包括基本支出和项目支出),都必须编制新增资产配置预算。因不可预见因素确需在年度预算执行中使用财政性资金及其他资金购置车辆和单价200万元及以上大型设备的,事业单位应报主管部门审核后,由主管部门报财政部核批。没有履行相关程序的,一律不得购置。按照规定需要实行政府采购的,应当按照政府采购的有关规定执行。

三、进一步规范事业单位国有资产使用管理

各部门应当按照《中央级事业单位国有资产使用管理暂行办法》(财教〔2009〕192号)的规定,加强对所属事业单位国有资产使用的管理。对于所属事业单位利用国有资产对外投资或出租、出借事项,单项或批量价值在800万元以上(含800万元)的,各部门需认真审核后报财政部审批;单项或批量价值在800万元以下的,各部门按规定审批后,应当在15个工作日内将批复文件(一式四份)报财政部备案。

各部门应当按照《财政部关于〈中央级事业单位国有资产使用管理暂行办法〉的补充通知》(财教〔2009〕495号)要求,对2009年9月1日前本部门所属事业单位未经批准实施对外投资、出租出借等事项,在认真审核相关材料的基础上,于2010年8月31日前将审核认定情况以部发文形式正式报财政部备查,涉及法律纠纷的事项应待纠纷解决后报备。

四、规范事业资产处置行为,加强处置收入管理

各部门应当按照《中央级事业单位国有资产处置管理暂行办法》(财教〔2008〕495号)的规定,加强对所属事业单位国有资产处置事项的管理。对于事业单位单位价值或批量价值在800万元以上(含800万元)的国有资产处置事项,各部门审核后报财政部审批;单位价值或批量价值在800万元以下的处置事项,各部门按照有关规定审批后,应当在15个工作日内将批复文件(一式四份)报财政部备案。

事业单位国有资产处置应遵循公开、公正、公平和竞争、择优的原则,自主选择有资质的产权交易机构、证券交易系统进行公开处置。按照《中华人民共和国反不正当竞争法》和《国有资产评估管理办法》(国务院令第91号)有关规定,各部门不得指定事业单位国有资产处置交易机构。

事业单位国有资产处置收入是政府非税收入的重要组成部分。按照《国务院办公厅转发财政部〈关于深化收支两条线改革进一步加强财政管理的意见〉的通知》(国办发〔2001〕93号)精神和《财政国库管理制度改革方案》(财库〔2001〕24号)、《财政部关于加强政府非税收入管理的通知》(财综〔2004〕53号)、《中央级事业单位国有资产处置管理暂行办法》(财教〔2009〕495号)等规定,事业单位国有资产处置收入,在扣除相关税费后,必须按照政府非税收入管理和财政国库收缴管理的规定上缴国库,实行"收支两条线"管理。各部门应当按照《财政部关于编制2011年中央部门预算的通知》(财预〔2010〕271号)的要求,组织所属事业单位认真填报"中央行政事业单位资产处置收入和行政单位资产出租出借收入预算(录入)表"和"中央行政事业单位资产处置收入和行政单位资产出租出借收入安排支出预算(录入)表",财政部将根据有关资产配置标准及财力情况统筹安排。

五、加强事业单位所属企业国有资产管理

各部门及其所属事业单位应当按照《中华人民共和国企业国有资产法》、《企业财务通则》(财政部令第41号)等规定的要求,切实加强对事业单位所办全资或控股企业的监督管理。事业单位要按照"事企分开"的原则,逐步与所办企业建立以资本为纽带的产权关系,加强和规范对所办企业的监管,保证国有资产的保值增值。所办企业的改制上市、产权转让、资产重组等重大

事项,由各部门审核后报财政部批准实施,并到财政部办理国有资产产权占有、变动和注销登记等手续。

六、进一步规范资产评估行为

各部门及其所属事业单位应当按照《国有资产评估管理办法》(国务院令第91号)、《国有资产评估管理若干问题的规定》(财政部令第14号)和财政部《国有资产评估项目备案管理办法》(财企〔2001〕802号)的有关规定,认真做好事业单位资产评估备案的管理工作。各部门和事业单位均可依法委托具有资产评估资质的评估机构开展资产评估工作,并按照"谁委托、谁付费"的原则支付相关费用。任何部门不得滥用行政权力,限定其他部门和单位委托其指定的评估机构开展资产评估工作,也不得干预资产评估机构独立执业。

请各部门及其所属事业单位严格执行《事业单位国有资产管理暂行办法》(财政部令第36号)、《中央级事业单位国有资产管理暂行办法》(财教〔2008〕13号)等办法和本通知要求,切实做好中央级事业单位国有资产的管理工作。财政部将适时对各部门及其所属事业单位的国有资产管理情况进行监督检查,违反相关规定的,财政部依据《财政违法行为处罚处分条例》(国务院令第427号)有关规定严肃处理。

财政部
二〇一〇年七月十三日

关于在中关村国家自主创新示范区进行中央级事业单位科技成果处置权改革试点的通知

财教〔2011〕18号

党中央有关部门,国务院各部委、各直属机构,全国人大常委会办公厅,全国政协办公厅,高法院,高检院,有关人民团体,有关中央管理企业,新疆生产建设兵团:

为了积极支持中关村国家自主创新示范区建设,进一步激发区内中央级事业单位及其研发人员的积极性和创造性,财政部决定在中关村国家自主创新示范区进行中央级事业单位科技成果处置权改革试点,现将有关事项通知如下:

一、中央级事业单位科技成果处置是指,中央级事业单位对其拥有的科技成果进行产权转让或注销产权的行为,包括无偿划转、对外捐赠、出售、转让等。

二、中央级事业单位科技成果处置权限:一次性处置单位价值或批量价值在800万元以下的,由所在单位按照有关规定自主进行处置,并于一个月内将处置结果报财政部备案;一次性处置单位价值或批量价值在800万元以上(含)的,仍按现行规定执行,即由所在单位经主管部门审核同意后报财政部审批。

三、本通知在中关村国家自主创新示范区内中央级事业单位中试行。已经发布的相关文件与本通知不一致的,依照本通知执行。试行时间为本通知发布之日起至2013年12月31日。

财政部
二〇一一年二月二十二日

财政部关于在中关村国家自主创新示范区开展中央级事业单位科技成果收益权管理改革试点的意见

财教〔2011〕127号

党中央有关部门，国务院各部委、各直属机构，全国人大常委会办公厅，全国政协办公厅，高法院，高检院，有关人民团体，有关中央管理企业，新疆生产建设兵团：

为积极支持中关村国家自主创新示范区建设，进一步激发区内中央级事业单位及其研发人员的积极性和创造性，按照国务院关于在中关村国家自主创新示范区开展科技成果收益权管理改革试点的要求，财政部决定在中关村国家自主创新示范区开展中央级事业单位科技成果收益权管理改革试点工作，现提出如下意见。

一、本意见所指中央级事业单位科技成果收益包括：

（一）《财政部关于在中关村国家自主创新示范区进行中央级事业单位科技成果处置权改革试点的通知》（财教〔2011〕18号）规定的中央级事业单位科技成果处置行为产生的收益。

（二）中央级事业单位按照《中央级事业单位国有资产处置管理暂行办法》（财教〔2008〕495号）有关规定，对利用其拥有的科技成果对外投资形成的股权（权益）进行初次处置产生的收益，不包括二次或多次转让股权（权益）产生的收益。

以上收益是指按照财教〔2008〕495号有关规定应上缴中央国库的处置收入。

二、科技成果收益分段按比例留归单位，纳入单位预算统筹用于科研及相关技术转移工作，其余部分上缴中央国库。按照科技成果价值在800万元以下、800—5000万元、5000万元以上三种情况，分别规定如下：

科技成果价值	收益分成额度		留归单位比例（%）	上缴中央财政比例（%）
800万元以下	全部收益		100	0
800—5000万元（含800万元）	第一段	收益×（800万/科技成果价值）	100	0
	第二段	收益×（1-800万/科技成果价值）	90	10
5000万元以上（含5000万元）	第一段	收益×800万/科技成果价值	100	0
	第二段	收益×（5000万-800万）/科技成果价值	90	10
	第三段	收益×（1-5000万/科技成果价值）	0	100

注：科技成果价值的界定按照《中央级事业单位国有资产处置管理暂行办法》（财教〔2008〕495号）有关规定执行。

三、中央级事业单位按照财教〔2011〕18号规定报批有关处置事项时，其收益如属于按照财教〔2008〕495号第三十三条有关规定扣除奖励资金后的收益，需同时报送有关奖励方案。

四、主管部门应加强对中央级事业单位科技成果收益的管理，应上缴中央财政的部分要督促单位及时上缴,留归单位的部分要加强管理和监督检查,确保资金安全、规范、有效使用。

五、对于特殊的处置事项,国家保留对其收益上收的权利。

六、本意见适用于中关村国家自主创新示范区内的中央级事业单位,自意见发布之日起至2013年12月31日发生的相关处置事项。已经发布的相关文件与本意见不一致的,依照本意见执行。

财政部
二〇一一年五月四日

关于部署行政事业单位资产管理信息系统(二期)的通知

财办〔2013〕51号

党中央有关部门财务司(局),国务院各部委、各直属机构财务司(局),全国人大常委会办公厅机关事务管理局,全国政协办公厅机关事务管理局,高法院司法行政装备管理局,高检院计划财务装备局,有关人民团体财务司(局),各民主党派中央财务部门,各省、自治区、直辖市、计划单列市财政厅(局),新疆生产建设兵团财务局,有关中央管理企业:

为了全面加强行政事业单位国有资产管理,推进行政事业单位资产管理信息化工作,实现对资产的动态监管,按照《行政单位国有资产管理暂行办法》(财政部令第35号)和《事业单位国有资产管理暂行办法》(财政部令第36号)有关要求,根据财政信息化建设总体规划,财政部对行政事业单位资产管理信息系统进行了升级改造,主要包括调整资产分类代码、完善资产卡片信息项、完善相关管理功能等。目前系统升级改造工作已经完成,将正式部署实施"行政事业单位资产管理信息系统(二期)"(以下简称资产管理信息系统)。现将有关事项通知如下:

一、总体要求

(一)组织领导。实施资产管理信息系统是实现资产管理动态化、预算编制科学化的重要举措,是编制年度新增资产配置预算的重要支撑,有利于提高工作效率、降低管理成本、实现资产管理与预算管理的有机结合。中央部门和省级财政部门应当高度重视,结合实际,制定切实可行的工作方案,做好资产管理信息系统的部署实施工作。中央部门负责本部门所属行政事业单位资产管理信息系统部署实施工作,并直接向财政部报送工作情况;省级财政部门负责统一组织本地区系统的部署实施工作,除负责本级资产管理信息系统实施外,还要指导下级财政部门做好有关工作。

资产管理信息系统实施涉及部门、单位多,覆盖面广,工作难度大。中央部门、省级财政部门要加强领导,统一组织,认真做好对所属行政事业单位的培训和指导,为系统有效应用提供保障。各部门、各单位业务人员和信息技术人员要密切配合,分工明确,责任到人,确保系统的顺利部署实施。

(二)部署范围。信息系统部署范围包括各级行政单位、事业单位(含执行企业财务和会计制度的事业单位)和执行《民间非营利组织会计制度》的社会团体。为了保证资产管理信息系统的数据一致性,各中央部门和地方财政部门可以直接选用财政部组织开发的资产管理信息系统,也可以结合实际工作自行组织开发资产管理信息系统。本着节约高效的原则,对已经开发使用其他版本国有资产管理系统的部门、地区、行政事业单位,应当按照财政部公开的系统数据接口规范,做好自身系统与资产管理信息系统的对接和数据转换工作,保证"行政事业单位—主管部门—财政部门"各个环节的数据动态衔接,实现资产数据的动态更新。

(三)部署方式和软硬件保障。资产管理信息系统采用在线/离线双模式的B/S架构。为了实现数据的实时性,各中央部门、地方财政部门应当确保系统联网至基层单位。部署方式方面,中央部门和地方财政部门应当充分利用现有网络条件,根据工作实际选择部署方式。各中央部门和地方财政部门应当为资产管理信息系统的实施提供必要的人员、硬件和网络环境保障。本着厉行节约的原则,各部门、各单位应当充分利用现有设备开展工作。具体的系统部署方案和设备配置建议详见附件。

二、时间安排

考虑到中央部门和地方财政部门信息化水平、网络环境条件差异较大的实际,为了保证工作质量,资产管理信息系统采取统一布置,有计划,分功能,分阶段实施的方式推广。

各中央部门和省级财政部门应当于2014年1月31日前完成系统升级准备工作,包括整理用户权限列表和审批参数设置表、软硬件设备及网络环境准备、系统参数准备及培训准备等;2014年4月30日前完成系统参数配置、数据迁移和应用培训等工作;2014年6月30日前完成资产管理信息系统部署工作。省级财政部门应当根据上述时间安排制订工作方案,明确本地区资产管理信息系统实施进度,确保2014年6月30日前基本完成系统部署工作。

三、经费保障

根据现行的财政管理体制,各中央部门和地方财政部门应当在充分整合现有软硬件和网络资源的基础上,按照保证工作需要和节约使用的原则,认真落实资产管理信息系统应用所需经费。中央部门应用资产管理信息系统所需经费,在本部门预算中统筹考虑解决。

四、应用管理

各中央部门、地方财政部门和行政事业单位应当在梳理预算、决算、政府采购等业务流程的基础上,完善国有资产管理工作流程,并将管理流程设置在资产管理信息系统中,形成各项工作既有机联系、又相互制衡的工作新机制。同时,应当建立健全资产管理信息系统内部管理规范和岗位管理制度,落实资产管理信息系统岗位责任制和领导负责制,科学设置资产管理信息系统中经办、审核、审批和系统管理等岗位,合理安排岗位人员,确保资产管理信息系统安全稳定运行。

各级财政部门应当认真研究和推进资产管理信息系统与财务系统、预算系统、决算系统等的对接。各级行政事业单位财务管理、预算管理等部门应当协助本单位资产管理部门做好资产管理信息系统与财务系统、预算系统、决算系统等之间的衔接与核查。

各中央部门、地方财政部门应当做好资产管理信息系统数据管理,保证数据的安全、准确、完整。涉密资产暂不纳入网络版资产管理信息系统进行管理。资产管理信息系统管理方面的具体要求,将在《行政事业单位资产管理信息系统管理规程》(另行印发)中详细规定。

五、服务支持

根据财政部信息网络中心与资产管理信息系统开发商久其公司签订的《技术开发(委托)合同》,久其公司将为财政部及36个省级财政部门、150个中央部门的全国统一版本实施免费提供以下服务:一是系统上门安装、调试,包括数据库、中间件的配置服务;二是完成系统数据采集任务下发,完成流程审批参数设置和预配预警参数设置;三是协助用户制定系统权限设置方案,完成功能权限、数据权限、组织机构权限、用户角色创建的设置;四是完成已实施的行政事业单位资产管理信息系统基础数据、汇总报表的导入,及资产分类代码变动后的对照整理工作;五是完成系统与其他财政系统衔接的初始调试工作;六是分别为财政部及 36 个省级财政部门、150 个中央部门的对下培训免费提供讲师一次;七是完成系统实施后的交接工作,并回收由用户签章的实施工作意见。除上述内容外,有关地方、部门和行政事业单位需要系统开发商协助进行其他相关工作的,应当按照市场价格支付费用。久其公司将主动与省级财政部门和中央部门进行联系,做好系统升级的技术服务工作。中央部门、地方财政部门和行政事业单位在进行系统维护或个性化开发过程中,应当根据有关规定并结合实际,综合考虑行政事业资产管理工作需求和技术支持机构实施服务能力等因素,以保证系统应用效果。

附件:1. 行政事业单位资产管理信息系统部署方案及配置建议(中央部门,不发地方)
2. 行政事业单位资产管理信息系统部署方案及配置建议(地方财政部门,不发中央部门)

财政部
二〇一三年十二月十八日

附件 1:

行政事业单位资产管理信息系统部署方案及配置建议
(中央部门)

行政事业单位资产管理信息系统(二期)(以下简称资产管理信息系统)应用范围涉及财政部、150 家中央部门及其下属的 1.7 万户行政事业单位。为了保证资产管理信息系统的使用效果,中央部门应当结合现有设备和网络情况,根据本部门和单位的实际情况选择相应的部署方式。具体内容如下:

一、部署模式

资产管理信息系统部署模式采用财政部集中部署和部门分级部署相结合的方式,财政部在财政专网和互联网上分别部署资产管理信息系统(见图1),各部门可以根据自身实际情况和网络条件选择资产管理信息系统部署方式。

资产规模中等或下属单位较少的中央部门,可以选择不单独部署资产系统,部门本级和下属单位直接登录财政部服务器开展资产管理业务操作。下属单位全部可以连通财政专网的,应当访问财政部部署在财政专网的服务器(网址:http://10.128.1.33);下属单位不能全部连通财政专网的,应当访问财政部部署在互联网的服务器(网址:http://zcgl.mof.gov.cn)。资产管理信息系统采用实名访问,操作权限、访问 U-key(互联网)等具体事项,由中央部门统计下属单位情况,统一向财政部信息网络中心提出申请,并设立一名本部门的系统管理员,进行日常系统管理和工作联络。申请表附后。

符合以下条件的中央部门应当单独部署资产系统:一是业务量较大,资产卡片数高于 20 万张或下属单位数量超过 100 家的;二是业务数据不宜放在互联网上的;三是需要对系统功能进行个性化扩展的。单独部署资产系统的中央部门,下属单位访问本部门的服务器开展业务,通过互联网或本部门专用网络开展本部门资产管理业务操作。中央部门通过前置机摆渡方式完成与财政部的数据交换,将相关信息交换至财政专网。

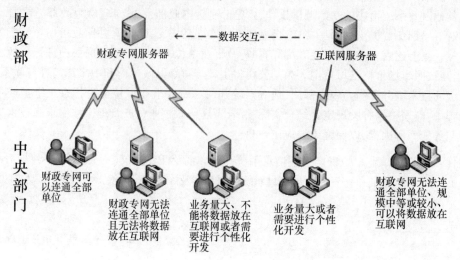

图1 资产管理信息系统部署模式示意图

二、软硬件配置建议
(一)服务器
1. 硬件配置

应用域	服务器		配置建议	数量
卡片数据大于100万的部门	应用服务器	处理器	6核心2.4GHZ主频CPU×2同等或以上	1
		内存	64GB ECC DDRIII 1333MHz或以上	
		硬盘	300GB 15krpm SAS×4或以上	
	数据库服务器	处理器	6核心2.4GHZ主频CPU×2同等或以上	1
		内存	64GB ECC DDRIII 1333MHz或以上	
		硬盘	300GB 15krpm SAS×4或以上	
	前置机	处理器	Intel 酷睿 i5(四核) 3.0G 同等或以上	1
		内存	4 GB DDRIII 1333MHz或以上	
		硬盘	500GB 15krpm	
		操作系统	Windows 7 专业版(64bit)及以上	
卡片数据小于100万的部门	应用服务器	处理器	4核心2.4GHZ主频CPU×2同等或以上	1
		内存	32GB ECC DDRIII 1333MHz或以上	
		硬盘	300GB 15krpm SAS×4或以上	
	数据库服务器	处理器	4核心2.4GHZ主频CPU×2同等或以上	1
		内存	32GB ECC DDRIII 1333MHz或以上	
		硬盘	300GB 15krpm SAS×4或以上	
	前置机	处理器	Intel 酷睿 i5(四核) 3.0G 同等或以上	1
		内存	4 GB DDRIII 1333MHz或以上	
		硬盘	500GB 15krpm	
		操作系统	Windows 7 专业版(64bit)及以上	

续表

应用域	服务器		配置建议	数量
卡片数据小于30万的部门	应用服务器	处理器	4 核心 2.0GHZ 主频 CPU×1 同等或以上	1
		内存	16GB ECC DDRIII 1333MHz 或以上	
		硬盘	300GB 15krpm SAS×2 或以上	
	数据库服务器	处理器	4 核心 2.0GHZ 主频 CPU×1 同等或以上	1
		内存	16GB ECC DDRIII 1333MHz 或以上	
		硬盘	300GB 15krpm SAS×2 或以上	
	前置机	处理器	Intel 酷睿 i5(四核) 3.0G 同等或以上	1
		内存	4 GB DDRIII 1333MHz 或以上	
		硬盘	500GB 15krpm	
		操作系统	Windows 7 专业版(64bit)及以上	

2. 软件配置

应用域	配置方案	操作系统	数据库
卡片数据大于100万的部门	HA 小型机	IBM AIX 5L 及以上	Oracle 10gR2 企业版及以上
卡片数据小于100万的部门	PC Server	Microsoft Windows Server 2008 R2 企业版 Redhat Enterprise Linux 5.8 或以上	Oracle 10gR2 企业版及以上
卡片数据小于30万的部门		Microsoft Windows Server 2008 R2 企业版 Redhat Enterprise Linux 5.8 或以上	Oracle 10gR2 标准版及以上达梦数据库

(二) 客户端

行政事业单位资产管理系统 2.0 采用 B/S 架构,用户通过浏览器访问系统进行操作,客户端配置推荐如下:

应用域	客户端		配置建议	数量
日常资产管理(基层单位)	硬件配置(台式机)	CPU	Intel(R) Core(TM) i5-2310 CPU @ 2.90GHz 及以上	1
		内存	2G 及以上	
		保留带宽	1Mbps	
		操作系统	Windows 7 专业版本及以上	
	软件配置	浏览器	FireFox、IE8 及以上版本	1
事项审批和主管查询(财政及主管部门)	硬件配置(台式机)	CPU	Intel Core i5-2500 @ 3.3GHZ 四核及以上	1
		内存	4G	
		保留带宽	1Mbps	
	软件配置	操作系统	Windows 7 专业版本及以上	1
		浏览器	FireFox、IE8 及以上版本	
最低配置	硬件配置(台式机或笔记本)	CPU	Intel Core2 Duo CPU E6550 @ 2.33GHz 双核及以上	1
		内存	2G 及以上	
		保留带宽	0.6Mbps	
	软件配置	操作系统	Windows XP 及以上	1
		浏览器	FireFox、IE7 及以上版本	

（三）网络环境建议

1. 客户端接入宽带

资产系统能够正常顺畅使用的最低保留带宽为 0.6Mbps，建议每个客户端用户的接入带宽在 1M 以上为最佳。

2. 服务器端接入带宽

服务端接入带宽大小与服务器需要服务的并发用户量和传输数据大小有关系。确定服务器接入带宽时，需要先确定服务器需要服务的最大并发用户数，然后再确定每个并发用户需要保留的最低带宽，相乘即为服务器接入带宽的大小。

《行政事业单位资产管理信息系统（V2.0）用户申请表》及《行政事业单位资产管理信息系统（V2.0）单位情况表》填写完成后，请于 2014 年 1 月 31 日前反馈财政部教科文司，表内相关信息是系统初始等工作的重要依据。《行政事业单位资产管理信息系统（V2.0）实施用户回执单》填写完成后，请于 2014 年 6 月 30 日前反馈财政部信息网络中心。

中央部门及所属行政事业单位用户名为《单位情况表》中的单位代码，初始密码与登录名称一致。初次登录后系统会自动提示修改密码，以保证数据的安全性。事业单位应当在系统中建立所办企业用户，由系统自动生成企业用户名及密码，企业用户据此登录系统后开展产权登记工作。

中央部门及所属单位用户登录系统首页后，可以在首页"下载专区"下载资产管理信息系统用户手册，如需技术支持，可以拨打久其公司资产管理服务专线 4001199797-6。

财政部行政事业单位资产管理信息系统（V2.0）
用户申请表

申请部门（盖章）：

本部门系统管理员姓名		所在司局（处室）	
联系电话（手机）		联系电话（座机）	
传真		电子邮箱	
部署方式	□ 财政部集中部署	□ 部门分级部署	
应用网络类型	□ 财政专网	□ 互联网	
部门用户（个）		所属单位用户（个）	
部门用户姓名及身份证号（可另附表填写）		所属单位用户姓名、单位及身份证号（可另附表填写）	

注：

1. 部门用户和所属单位用户个数为自然人个数。如某部门设置信息系统管理员 1 名，经办人 1 名，审核人 1 名，审批人 1 名，则该部门用户为 4。所属单位指所属行政单位、事业单位、社会团体，不包括事业单位所办企业。

2. 本部门系统管理员必须为部门正式在编人员。

行政事业单位资产管理信息系统(V2.0)
单位情况表

序号	上级单位代码	单位代码	单位名称	组织机构代码	单位类型	单位性质
1						
2						
3						
……						

注:
1. 主管部门汇总所属单位用户信息后统一报送至财政部教科文司。主管部门本级应当单独填列。
2. 一般使用预算单位代码作为单位层次代码。上级单位代码,填写本单位上级单位的预算单位代码。主管部门上级单位代码填写00。
3. 组织机构代码,填写各级技术监督局核发给单位的组织机构代码。
4. 单位类型,在以下类型中选择填写:"普通主管、事业基层、行政基层"。
5. 单位性质,在以下类型中选择填写:"行政单位;参照公务员法管理的事业单位、财政补助事业单位、经费自理事业单位;参照公务员法管理的社会团体、其他社会团体"。

行政事业单位资产管理信息系统(V2.0)
实施用户回执单

用户单位信息	部门						(单位公章)	
	单位地址							
	资产管理负责人		部门		电话		E-Mail	
	资产管理联络员		部门		电话		E-Mail	
	系统管理人员		部门		电话		E-Mail	
	其他							
免费实施情况								

序号	项目	完成情况
1	系统安装、调试	
2	完成系统数据采集任务下发	
3	完成流程审批参数设置和预配预警参数设置	
4	协助用户制定系统权限设置方案,完成功能权限、数据权限、组织机构权限、用户角色创建的设置	

续表

序号	项目	完成情况
5	完成已实施的行政事业单位资产管理信息系统(一期)基础数据、汇总报表的导入,及资产分类代码变动后的对照整理工作	
6	完成系统与其他财政系统衔接的初始调试工作	
7	对下培训免费提供讲师一次	
8	完成系统实施后的交接工作,并回收由用户签章的实施工作意见	
实施情况详细记录		
网络情况		
下属单位数量		
系统用户数		
部署模式		
其他		

实施人员情况	现场实施人员及联系方式	共_____人,名单如下:
	工作量统计	
	实施负责人确认	(签字/日期)

意见反馈	
免费实施项目是否完成	□是　□否　□其他　情况说明:
服务态度	□很好　□好　□一般　□差
意见和建议	

附件2：

行政事业单位资产管理信息系统
部署方案及配置建议
（地方财政部门）

　　行政事业单位资产管理信息系统(二期)(以下简称资产管理信息系统)部署模式对于系统运行效果有着非常重要的影响,各省级财政部门应当根据实际情况,选择适宜的资产管理信息系统部署模式,同时确定全省资产管理信息系统的部署模式,并指导下级财政部门完成资产管理信息系统实施工作。

　　资产管理信息系统可部署在财政专网、政府电子政务网或互联网,省级财政部门在网络选择上要尽可能保证行政事业单位网络的连通性。部署模式建议采用省市二级部署模式,市级部署包括市本级和所属的区县。资产卡片数据量在100万以下,或单位数量小于1万户的省,可采用省级大集中部署模式。

　　一、部署模式

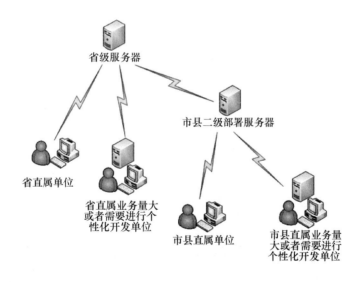

　　业务量大(资产卡片数高于20万张或下属单位数超过100家)或者需要进行个性化开发的单位,可以部署独立的资产管理系统,采用在线传输、离线报盘等方式,同步数据到财政资产管理系统。

二、软硬件配置建议
（一）服务器
1. 硬件配置建议

应用域	服务器		配置建议	数量
省级财政资产管理系统	省级财政厅	应用服务器	处理器	6 核心 2.4GHZ 主频 CPU ×2 同等或以上	1
			内存	64GB ECC DDRIII 1333MHz 或以上	
			硬盘	300GB 15krpm SAS ×2 或以上	
		数据库服务器	处理器	6 核心 2.4GHZ 主频 CPU ×2 同等或以上	2
			内存	64GB ECC DDRIII 1333MHz 或以上	
			硬盘	300GB 15krpm SAS ×2 或以上	
		磁盘阵列	带电池和缓存的 RAID 控制器，4GB 缓存或以上	1
			600GB 15k SAS ×4 或以上	
			300GB SSD 硬盘 ×2 或以上	
			双光纤控制器	
市县二级部署资产管理系统	卡片数据小于 100 万	应用服务器	处理器	4 核心 2.4GHZ 主频 CPU ×2 同等或以上	1
			内存	32GB ECC DDRIII 1333MHz 或以上	
			硬盘	300GB 15krpm SAS ×4 或以上	
		数据库服务器	处理器	4 核心 2.4GHZ 主频 CPU ×2 同等或以上	1
			内存	32GB ECC DDRIII 1333MHz 或以上	
			硬盘	300GB 15krpm SAS ×4 或以上	
	卡片数据小于 30 万	应用服务器	处理器	4 核心 2.0GHZ 主频 CPU ×1 同等或以上	1
			内存	16GB ECC DDRIII 1333MHz 或以上	
			硬盘	300GB 15krpm SAS ×2 或以上	
		数据库服务器	处理器	4 核心 2.0GHZ 主频 CPU ×1 同等或以上	1
			内存	16GB ECC DDRIII 1333MHz 或以上	
			硬盘	300GB 15krpm SAS ×2 或以上	

2. 软件配置建议

应用域	配置方案	操作系统	数据库
财政厅	HA 小型机	IBM AIX 5L 及以上	Oracle 10gR2 企业版及以上 Rac 组件
卡片数据小于 100 万的部门	PC Server	Microsoft Windows Server 2008 R2 企业版 Redhat Enterprise Linux 5.8 或以上	Oracle 10gR2 企业版及以上
卡片数据小于 30 万的部门		Microsoft Windows Server 2008 R2 企业版 Redhat Enterprise Linux 5.8 或以上	Oracle 10gR2 标准版及以上 达梦数据库

（二）客户端

行政事业单位资产管理系统 2.0 采用 B/S 架构，用户通过浏览器访问系统进行操作，客户端配置推荐如下：

应用域	客户端		配置建议	数量
日常资产管理	硬件配置（台式机）	CPU	Intel(R) Core(TM) i5-2310 CPU @ 2.90GHz 及以上	1
		内存	2G 及以上	
		保留带宽	1Mbps	
	软件配置	操作系统	Windows 7 专业版本及以上	1
		浏览器	FireFox、IE8 及以上版本	
事项审批和主管查询	硬件配置（台式机）	CPU	Intel Core i5-2500 @ 3.3GHZ 四核及以上	1
		内存	4G	
		保留带宽	1Mbps	
	软件配置	操作系统	Windows 7 专业版本及以上	1
		浏览器	FireFox、IE8 及以上版本	
最低配置	硬件配置（台式机或笔记本）	CPU	Intel Core2 Duo CPU E6550 @ 2.33GHz 双核及以上	1
		内存	2G 及以上	
		保留带宽	0.6Mbps	
	软件配置	操作系统	Windows XP 及以上	1
		浏览器	FireFox、IE7 及以上版本	

（三）网络环境建议

1. 客户端接入宽带

资产系统能够正常顺畅使用的最低保留带宽为 0.6Mbps，建议每个客户端用户的接入带宽在 1M 以上为最佳。

2. 服务器端接入带宽

服务端接入带宽大小与服务器需要服务的并发用户量和传输数据大小有关系。确定服务器接入带宽时，需要先确定服务器需要服务的最大并发用户数，然后再确定每个并发用户需要保留的最低带宽，相乘即为服务器接入带宽的大小。

《行政事业单位资产管理信息系统（V2.0）实施用户回执单》填写完成后，请于 2014 年 6 月 30 日前反馈财政部信息网络中心。

用户登录系统首页后，可以在首页"下载专区"下载资产管理信息系统用户手册，如需技术支持，可以拨打久其公司资产管理服务专线 4001199797-6。

行政事业单位资产管理信息系统（V2.0）
实施用户回执单

<table>
<tr><td rowspan="6">用户单位信息</td><td colspan="2">部门</td><td colspan="5">（单位公章）</td></tr>
<tr><td colspan="2">单位地址</td><td colspan="5"></td></tr>
<tr><td>资产管理负责人</td><td></td><td>部门</td><td></td><td>电话</td><td></td><td>E-Mail</td></tr>
<tr><td>资产管理联络员</td><td></td><td>部门</td><td></td><td>电话</td><td></td><td>E-Mail</td></tr>
<tr><td>系统管理人员</td><td></td><td>部门</td><td></td><td>电话</td><td></td><td>E-Mail</td></tr>
<tr><td colspan="7">其他</td></tr>
</table>

免费实施情况

序号	项目	完成情况
1	系统安装、调试	
2	完成系统数据采集任务下发	
3	完成流程审批参数设置和预配预警参数设置	
4	协助用户制定系统权限设置方案，完成功能权限、数据权限、组织机构权限、用户角色创建的设置	
5	完成已实施的行政事业单位资产管理信息系统（一期）基础数据、汇总报表的导入，及资产分类代码变动后的对照整理工作	
6	完成系统与其他财政系统衔接的初始调试工作	
7	对下培训免费提供讲师一次	
8	完成系统实施后的交接工作，并回收由用户签章的实施工作意见	

实施情况详细记录

网络情况	
下属单位数量	
系统用户数	
部署模式	

续表

实施情况详细记录			
其他			
实施人员情况	现场实施人员及联系方式	共_____人，名单如下：	
	工作量统计		
	实施负责人确认		（签字/日期）
意见反馈			
免费实施项目是否完成	□是　□否　□其他　情况说明：		
服务态度	□很好　□好　□一般　□差		
意见和建议			

财政部关于印发《行政事业单位国有资产管理信息系统管理规程》的通知

财办〔2013〕52号

党中央有关部门，国务院各部委、各直属机构，全国人大常委会办公厅，全国政协办公厅，高法院，高检院，有关人民团体，各民主党派中央，各省、自治区、直辖市、计划单列市财政厅（局），新疆生产建设兵团财务局，有关中央管理企业：

　　为了规范和加强行政事业单位国有资产管理信息系统管理，提升行政事业单位国有资产管理信息化水平，夯实管理基础，规范管理流程，实现动态管理，根据《行政单位国有资产管理暂行办法》（财政部令第35号）和《事业单位国有资产管理暂行办法》（财政部令第36号）等有关规定，特制定《行政事业单位国有资产管理信息系统管理规程》，现予印发，请认真贯彻执行。执行过程中遇到的问题，请及时向我部反馈。下一步，财政部将根据资产管理信息系统部署实施和资产管理工作进展情况，逐步推进资产管理业务的网上办理。

　　附件：行政事业单位国有资产管理信息系统管理规程

财政部
二〇一三年十二月二十五日

附件：

行政事业单位国有资产管理信息系统管理规程

第一章 总 则

第一条 为了规范和加强行政事业单位国有资产管理信息系统（以下简称"资产管理信息系统"）管理，提升行政事业单位国有资产管理（以下简称"国有资产管理"）信息化水平，夯实管理基础，规范管理流程，逐步实现动态管理，根据《行政单位国有资产管理暂行办法》和《事业单位国有资产管理暂行办法》等有关规定，结合工作实际，制定本规程。

第二条 各级财政部门、主管部门和行政事业单位利用资产管理信息系统进行的资产管理工作以及资产管理信息系统运行、维护和管理，适用本规程。

第三条 资产管理信息系统是国有资产管理的信息化管理平台，包括资产卡片管理、资产配置管理、资产使用管理、资产处置管理、产权登记管理、资产评估管理、资产收益管理、资产报表管理和查询分析等功能。

第四条 资产管理信息系统管理，是指各级财政部门、主管部门和行政事业单位，按照职责规定，根据资产管理流程，制定资产管理信息系统相关制度、推进系统建设、强化系统使用、管控系统风险，与财务、预算、决算、政府采购、非税收入管理等系统对接，对国有资产实现动态管理。

第五条 财政部制订统一的资产管理信息系统数据规范，负责资产管理信息系统的建立、推广和升级完善。各级地方财政部门、主管部门可以根据实际情况，组织开发符合本地方、部门、单位特点的个性化功能模块，实现与财政部资产管理信息系统的有效对接。个性化功能模块应当符合财政部制定的数据规范。已建立资产管理信息系统的部门、地方和行政事业单位，应当按照财政部制定的数据规范，做好已有系统与财政部资产管理信息系统的对接和数据转换工作。

各级财政部门、主管部门和行政事业单位应当推进硬件和网络建设，为资产管理信息系统的使用提供必要的物质保障。

第六条 各级财政部门负责研究和推进资产管理信息系统与财务系统、预算系统、决算系统、政府采购系统和非税收入管理系统等的对接。各级行政事业单位财务管理、预算管理等部门应当对上述系统之间的衔接与核查予以协助。

第七条 各级财政部门、主管部门和行政事业单位应当在梳理预算、决算、政府采购等业务的基础上，完善资产管理工作流程，将管理流程设置在资产管理信息系统中，并按照规定的管理权限和系统中设定的管理流程，逐步实现资产管理事项的网上办理。

第八条 各级财政部门、主管部门和行政事业单位应当建立健全资产管理信息系统内部管理规范和岗位管理制度，落实资产管理信息系统岗位责任制和领导负责制，科学设置资产管理信息系统中经办、审核、审批和系统管理等岗位，合理安排岗位人员，加强保密管理和风险防范，确保资产管理信息系统安全稳定运行。

第二章 基础管理

第九条 行政事业单位应当根据国有资产管理的有关规定,在资产管理信息系统中填写本单位名称、性质、级次、组织机构代码和人员编制等基础信息,设置岗位人员权限和相应的管理流程、时限等,完成资产管理信息系统初始化操作。

第十条 行政事业单位应当将所有的资产卡片全部纳入到资产管理信息系统管理,并按照资产使用的具体情况完善资产卡片信息项,保证资产卡片信息的准确性。

第十一条 行政事业单位新增资产,应当于财务入账前在资产管理信息系统中建立资产卡片,做到"账卡相符",并在财务入账后在资产管理信息系统中及时完成资产入账工作,做到"账账相符"。

第十二条 行政事业单位应当逐步通过资产管理信息系统完成资产验收入库、领用、使用、保管、交回、维护维修等资产日常管理工作。

第十三条 行政事业单位单位名称、级次、组织机构代码、人员编制、审批(审核)权限等基础信息需要调整的,行政事业单位应当向主管部门提出申请,经批准后调整资产管理信息系统有关内容。

第三章 数据管理与应用

第十四条 资产管理信息系统数据分为基础数据和业务数据。基础数据是指资产卡片等原始数据。业务数据是指在办理资产配置、资产使用、资产处置、产权登记和资产评估等国有资产管理事项时形成的数据。业务数据原则上应当通过基础数据形成。

涉密资产数据不得纳入非涉密资产管理信息系统进行管理,涉密资产业务不通过非涉密的资产系统进行网上办理。

第十五条 行政事业单位应当在摸清家底的基础上,将本单位国有资产信息纳入资产管理信息系统,建立资产基础信息数据库,并根据资产增减变动情况及时准确录入,保证数据信息的全面性、及时性、准确性。

第十六条 行政事业单位应当通过资产管理信息系统开展资产数据报告工作。年度终了,中央级行政事业单位应当向上级部门报送经单位负责人核签后的本年度资产报表数据,主管部门应当对所属单位数据进行审核汇总后报送财政部。

地方财政部门应当结合工作实际开展资产数据报告工作。年度终了,地方财政部门、主管部门、行政事业单位应当形成本地区、本部门、本单位年度资产报表及分析报告,并按照规定的时限和程序逐级报送至财政部。

第十七条 各级财政部门可以通过资产管理信息系统查看本级及下级行政事业单位的资产数据;各级主管部门可以查看本部门及所属单位的资产数据;行政事业单位可以查看本单位及所属单位的资产数据。

第十八条 行政事业单位应当以资产管理信息系统数据为依据,编制预算、决算,执行政府采购。主管部门和财政部门审核预算、决算、进行决策时也应当以资产管理信息系统数据为基础。

第四章 事项及流程管理

第十九条 行政事业单位申请办理以下事项时,应当按照规定将文件及附报材料传入资产管理信息系统,根据权限利用系统进行审核、审批、上报,并通过资产管理信息系统查询事项办理情况:
（一）新增资产的;
（二）出租出借国有资产的;
（三）处置国有资产的;
（四）办理国有资产评估核准备案的;
（五）办理产权登记的;
（六）事业单位利用国有资产进行对外投资的;
（七）其他涉及单位资产管理的事项。

第二十条 各级财政部门、主管部门应当按照规定及时利用资产管理信息系统对资产管理事项申请进行审核、审批或备案。

第二十一条 行政事业单位应当通过资产管理信息系统,完成经批准的资产管理事项的执行和资产收益管理工作。行政事业单位应当及时将资产管理事项执行情况录入系统,并在国有资产产生并确认收益后,于规定时限内将收益情况录入资产管理信息系统。

第二十二条 各级财政部门、主管部门应当通过资产管理信息系统及时了解行政事业单位资产管理情况,并据此进行评价与考核。

第二十三条 中央级行政事业单位办理资产管理事项时,系统申请、审核和审批应当与报送纸质文件同步进行,并确保纸质文件和电子文件一致。各地方应当结合本地区资产管理信息系统推广使用情况,逐步实现资产管理事项网上办理和报送纸质文件同步进行。有条件的地方和部门可以探索通过资产管理信息系统实现无纸化办理。

第五章 监督检查

第二十四条 各级主管部门和行政事业单位未按照规定录入资产基础数据及报送资产统计报告,或者资产管理事项未在资产管理信息系统中处理的,同级财政部门将不予办理有关资产管理事项;报送材料不符合国有资产管理有关规定的,有关审核部门将不予受理,并逐级退还。

第二十五条 各级财政部门、主管部门及其工作人员在办理资产管理事项时违反国家有关法律、法规和规章制度规定,造成国有资产流失的,依照《财政违法行为处罚处分条例》等有关规定追究责任,涉嫌犯罪的,移送司法机关处理。

第六章 附 则

第二十六条 执行企业财务和会计制度的事业单位、社会团体和民办非企业单位,参照本规程执行。境外行政事业单位资产管理信息系统管理规程由财政部会同有关主管部门另行制定。

第二十七条 地方各级财政部门可以根据本规程,结合本地区实际制定具体的管理制度,并报上级财政部门备案;各级主管部门可以根据同级财政部门规程,结合本部门实际制定具体的管理制度,并报同级财政部门备案。

第二十八条 本规程由财政部负责解释。

第二十九条 本规程自 2014 年 1 月 31 日起施行。

财政部关于扩大中央级事业单位科技成果处置权和收益权管理改革试点范围和延长试点期限的通知

财教〔2013〕306号

党中央有关部门,国务院各部委、各直属机构,全国人大常委会办公厅,全国政协办公厅,高法院,高检院,有关人民团体,有关中央管理企业,新疆生产建设兵团:

  为落实创新驱动发展战略,有效激发创新活力,加速科技成果转化和产业化,经国务院同意,现将中央级事业单位科技成果处置权和收益权管理改革试点政策实施范围调整有关事项通知如下:

  实施范围由中关村国家自主创新示范区扩大到东湖国家自主创新示范区、张江国家自主创新示范区和合芜蚌自主创新综合试验区。试点地区内的中央级事业单位按照《财政部关于在中关村国家自主创新示范区进行中央级事业单位科技成果处置权改革试点的通知》(财教〔2011〕18号)和《财政部关于在中关村国家自主创新示范区开展中央级事业单位科技成果收益权管理改革试点的意见》(财教〔2011〕127号)有关规定执行。政策实施时间为2013年10月1日至2015年12月31日。中关村国家自主创新示范区相关政策实施时间相应延长至2015年12月31日。

  特此通知。

  附件:1. 财政部关于在中关村国家自主创新示范区进行中央级事业单位科技成果处置权改革试点的通知(财教〔2011〕18号)(略)
    2. 财政部关于在中关村国家自主创新示范区开展中央级事业单位科技成果收益权管理改革试点的意见(财教〔2011〕127号)(略)

财政部
二○一三年九月二十六日

教育部关于扩大直属高等学校、直属事业单位无形资产使用和处置权限的通知

教财函〔2014〕8号

直属高校、直属事业单位:

  为推动无形资产转化利用,提高工作效率,经财政部同意,现就无形资产使用和处置权限调整有关事项通知如下:

  一、本通知所称无形资产使用是指各直属高等学校、直属事业单位(以下简称各单位)对其占有、使用的无形资产自用和对外投资、出租、出借的行为。无形资产处置是指各单位对其占有、

使用的无形资产进行产权转让或者注销产权的行为，包括无偿划转、对外捐赠、出售、转让等。

二、各单位一次性使用或处置无形资产单位价值或批量价值在800万元以下的，由所在单位按照有关规定自主进行审批，并于10个工作日内将结果报教育部备案；一次性使用或处置单位价值或批量价值在800万元以上(含)的，仍按现行规定执行，即由各单位审核后报教育部审核，教育部审核后报财政部审批。

三、各单位使用和处置无形资产涉及的评估项目备案工作仍按《教育部直属高等学校国有资产管理暂行办法》(教财〔2012〕6号)有关规定执行。

四、财政部关于国家自主创新示范区内科技成果处置有专门规定的，依照其规定执行。

五、本通知自印发之日起施行。

教育部
二〇一四年一月十六日

科技开发用品免征进口税收暂行规定

财政部、海关总署、国家税务总局令第44号

（2007年1月31日发布）

第一条 为了鼓励科学研究和技术开发，促进科技进步，规范科技开发用品的免税进口行为，根据国务院关于同意对科教用品进口实行税收优惠政策的决定，制定本规定。

第二条 下列科学研究、技术开发机构，在2010年12月31日前，在合理数量范围内进口国内不能生产或者性能不能满足需要的科技开发用品，免征进口关税和进口环节增值税、消费税：

（一）科技部会同财政部、海关总署和国家税务总局核定的科技体制改革过程中转制为企业和进入企业的主要从事科学研究和技术开发工作的机构；

（二）国家发展和改革委员会会同财政部、海关总署和国家税务总局核定的国家工程研究中心；

（三）国家发展和改革委员会会同财政部、海关总署、国家税务总局和科技部核定的企业技术中心；

（四）科技部会同财政部、海关总署和国家税务总局核定的国家重点实验室和国家工程技术研究中心；

（五）财政部会同国务院有关部门核定的其他科学研究、技术开发机构。

第三条 免税进口科技开发用品的具体范围，按照本规定所附《免税进口科技开发用品清单》执行。

财政部会同有关部门根据科技开发用品的需求变化及国内生产发展情况，适时对《免税进口科技开发用品清单》进行调整。

第四条 依照本规定免税进口的科技开发用品，应当直接用于本单位的科学研究和技术开发，不得擅自转让、移作他用或者进行其他处置。

第五条 经海关核准的单位，其免税进口的科技开发用品可以用于其他单位的科学研究和

技术开发活动。

第六条 违反规定,将免税进口的科技开发用品擅自转让、移作他用或者进行其他处置的,按照有关规定处罚,有关单位在 1 年内不得享受本税收优惠政策;依法被追究刑事责任的,有关单位在 3 年内不得享受本税收优惠政策。

第七条 海关总署根据本规定制定海关具体实施办法。

第八条 本规定自 2007 年 2 月 1 日起施行。

附件:

免税进口科技开发用品清单

(一) 研究开发、科学试验用的分析、测量、检查、计量、观测、发生信号的仪器、仪表及其附件;

(二) 为科学研究、技术开发提供必要条件的实验室设备(不包括中试设备);

(三) 计算机工作站,中型、大型计算机;

(四) 在海关监管期内用于维修依照本规定已免税进口的仪器、仪表和设备或者用于改进、扩充该仪器、仪表和设备的功能而单独进口的专用零部件及配件;

(五) 各种载体形式的图书、报刊、讲稿、计算机软件;

(六) 标本、模型;

(七) 实验用材料;

(八) 实验用动物;

(九) 研究开发、科学试验和教学用的医疗检测、分析仪器及其附件(限于医药类科学研究、技术开发机构);

(十) 优良品种植物及种子(限于农林类科学研究、技术开发机构);

(十一) 专业级乐器和音像资料(限于艺术类科学研究、技术开发机构);

(十二) 特殊需要的体育器材(限于体育类科学研究、技术开发机构);

(十三) 研究开发用的非汽油、柴油动力样车(限于汽车类研究开发机构)。

科学研究和教学用品免征进口税收规定

财政部、海关总署、国家税务总局令第 45 号

(2007 年 1 月 31 日发布)

第一条 为了促进科学研究和教育事业的发展,推动科教兴国战略的实施,规范科学研究和教学用品的免税进口行为,根据国务院关于同意对科教用品进口实行税收优惠政策的决定,制定本规定。

第二条 科学研究机构和学校,以科学研究和教学为目的,在合理数量范围内进口国内不能生产或者性能不能满足需要的科学研究和教学用品,免征进口关税和进口环节增值税、消费税。

第三条 本规定所称科学研究机构和学校,是指:

(一)国务院部委、直属机构和省、自治区、直辖市、计划单列市所属专门从事科学研究工作的各类科研院所;

(二)国家承认学历的实施专科及以上高等学历教育的高等学校;

(三)财政部会同国务院有关部门核定的其他科学研究机构和学校。

第四条 免税进口科学研究和教学用品的具体范围,按照本规定所附《免税进口科学研究和教学用品清单》执行。

财政部会同国务院有关部门根据科学研究和教学用品的需求及国内生产发展情况,适时对《免税进口科学研究和教学用品清单》进行调整。

第五条 依照本规定免税进口的科学研究和教学用品,应当直接用于本单位的科学研究和教学,不得擅自转让、移作他用或者进行其他处置。

第六条 经海关核准的单位,其免税进口的科学研究和教学用品可用于其他单位的科学研究和教学活动。

第七条 违反规定,将免税进口的科学研究和教学用品擅自转让、移作他用或者进行其他处置的,按照有关规定处罚,有关单位在1年内不得享受本税收优惠政策;依法被追究刑事责任的,有关单位在3年内不得享受本税收优惠政策。

第八条 海关总署根据本规定制定海关具体实施办法。

第九条 本规定自2007年2月1日起施行。

附件:

免税进口科学研究和教学用品清单

(一)科学研究、科学试验和教学用的分析、测量、检查、计量、观测、发生信号的仪器、仪表及其附件;

(二)为科学研究和教学提供必要条件的实验室设备(不包括中试设备);

(三)计算机工作站,中型、大型计算机;

(四)在海关监管期内用于维修依照本规定已免税进口的仪器、仪表和设备或者用于改进、扩充该仪器、仪表和设备的功能而单独进口的专用零部件及配件;

(五)各种载体形式的图书、报刊、讲稿、计算机软件;

(六)标本、模型;

(七)教学用幻灯片;

(八)实验用材料;

(九)实验用动物;

(十)科学研究、科学试验和教学用的医疗检测、分析仪器及其附件(限于医药类院校、专业和医药类科学研究机构。经海关核准,上述进口单位以科学研究或教学为目的,在每5年每种1

台的范围内,可将免税医疗检测、分析仪器用于其附属医院的临床活动);

（十一）优良品种植物及种子(限于农林类科学研究机构和农林类院校、专业);

（十二）专业级乐器和音像资料(限于艺术类科学研究机构和艺术类院校、专业);

（十三）特殊需要的体育器材(限于体育类科学研究机构和体育类院校、专业);

（十四）教练飞机(限于飞行类院校);

（十五）教学实验船舶所用关键设备(限于航运类院校);

（十六）科学研究用的非汽油、柴油动力样车(限于汽车类院校、专业)。

实施《科教用品免税规定》和《科技用品免税暂行规定》的有关办法和相关事宜公告

海关总署公告2007年第13号

根据《科学研究和教学用品免征进口税收规定》(财政部 海关总署 税务总局令第45号,以下简称《科教用品免税规定》)和《科技开发用品免征进口税收暂行规定》(财政部 海关总署 税务总局令第44号,以下简称《科技用品免税暂行规定》)的有关规定,现就海关实施《科教用品免税规定》和《科技用品免税暂行规定》的有关办法和相关事宜公告如下：

一、《科教用品免税规定》和本公告所称科学研究机构和学校是指：

（一）国务院各部委、直属机构和省、自治区、直辖市、计划单列市所属专门从事科学研究工作的各类科研院所；

（二）国家承认学历的大专及以上学历教育的高等学校,其中包括成人高等学校(广播电视大学、职工大学、教育学院、管理干部学院、农民高等学校、独立设置的函授学院等);高等职业学校;中央党校及省、自治区、直辖市、计划单列市党校；

（三）财政部会同国务院有关部门核定的其他科研机构和学校。

二、《科技用品免税暂行规定》和本公告所称科学研究、技术开发机构(以下简称科技开发机构)是指：

（一）科技部会同财政部、海关总署和税务总局核定的科技体制改革过程中转制为企业和进入企业的主要从事科学研究和技术开发工作的机构；

（二）国家发展改革委会同财政部、海关总署和税务总局核定的国家工程研究中心；

（三）国家发展改革委会同财政部、海关总署、税务总局和科技部核定的企业技术中心；

（四）科技部会同财政部、海关总署和税务总局核定的国家重点实验室和国家工程技术研究中心；

（五）财政部会同国务院有关部门核定的其他科学研究、技术开发机构。

三、科学研究机构、学校进口《科教用品免税规定》附件"免税进口科学研究和教学用品清单"所列商品和科技开发机构进口《科技用品免税暂行规定》附件"免税进口科技开发用品清单"中所列商品均可予免征进口关税和进口环节增值税、消费税,其中：

（一）"免税进口科学研究和教学用品清单"和"免税进口科技开发用品清单"(以下统称"清单")第(一)项包括进行分析、测量、检查、计量、观测等工作必需的传感器或类似装置及其附件；

（二）"清单"第（二）项的"实验室设备"只限于为科学研究、教学和科技开发提供必要条件或与仪器、仪表配套使用的小型实验室设备、装置、专用器具和器械（国家规定不予免税的20种商品除外），如超低温设备、小型超纯水设备、小型发酵设备等，但不包括中试设备（详见附件1）；

（三）"清单"第（三）项包括网络设备，如数据交换仪、路由器、集成器、防火墙；

（四）"清单"第（四）项所列用于维修、改进或扩充功能的零部件及配件只限用于原享受科教用品、科技开发用品优惠政策免税进口并在海关监管期内的仪器、仪表和设备等的专用件；

（五）"免税进口科学研究和教学用品清单"第（八）项和"免税进口科技开发用品清单"第（七）项所列实验用材料是指科学研究、教学和科技开发实验中所需的试剂、生物中间体和制品、药物、同位素等特殊专用材料（详见附件2）；

（六）"免税进口科学研究和教学用品清单"第（十）项和"免税进口科技开发用品清单"第（九）项所列的医疗检测、分析仪器及其附件是指医药类院校、专业和医药类科学研究机构及科技开发机构为科学研究、科学试验、教学和科技开发进口的医疗检测、分析仪器，但不包括用于手术、治疗的仪器设备，例如呼吸机、监护仪、心脏起搏器、牙科椅等；

（七）"免税进口科学研究和教学用品清单"第（十二）项和"免税进口科技开发用品清单"第（十一）项所列"专业级乐器"是指艺术类院校、专业和艺术类科学研究机构及科技开发机构进行创作、教学、科学研究和科技开发所需的弦乐类、管乐类、打击乐与弹拨乐类、键盘乐类、电子乐类等方面的专用乐器；"音像资料"是指上述院校、科学研究机构及科技开发机构进行教学、科学研究和科技开发专用的音像资料。

四、符合上述第一条、第二条规定的科学研究机构、学校和科技开发机构，首次申请免税进口科教用品或科技开发用品前，应持凭有关批准文件向单位所在地直属海关申请办理资格备案手续。其中：

（一）高等学校（包括成人高等学校，师范、医药类高等职业学校以及由国务院有关部门和单位主办的高等职业学校）持凭教育部批准设立的文件；国务院授权省、自治区、直辖市人民政府审批设立的高等职业学校，持凭省级人民政府批准设立的文件；

（二）国务院各部委、直属机构设立的科学研究机构持凭主管部门批准成立的文件、《事业单位法人证书》和科技部认定该单位为科学研究机构的有关文件；

（三）省、自治区、直辖市、计划单列市设立的科学研究机构持凭主管部门批准成立的文件、《事业单位法人证书》和同级科技主管部门认定该单位为科学研究机构的有关文件。其中，省、自治区、直辖市、计划单列市设立的厅局级科学研究机构还需持凭国家机构编制主管部门批准成立的文件；

（四）科技开发机构持凭国务院有关部门的核定文件。

经海关审核认定申请单位符合条件的，海关予以办理科教用品、科技开发用品免税资格备案。

五、经批准免税进口的科教用品和科技开发用品，应当直接用于本单位的科学研究、教学和科技开发活动，未经海关许可不得擅自转让、移作他用或进行其他处置。

六、免税进口科教用品、科技开发用品的单位，经海关核准后，其免税进口的仪器、设备可用于其他单位的科学研究、教学和科技开发活动，但不得移出本单位。

七、医药类院校、专业和医药类科学研究机构为从事科学研究、教学活动，需将免税进口的医疗检测、分析仪器放置于其经省级或省级以上的教育或卫生主管部门批准的附属医院临床使用的，须事先向海关提出申请并经海关核准。上述仪器经海关核准进口后，应由医药类院校、医药类专业所在院校和医药类科学研究机构进行登记管理。

前款规定的上述单位进口放置在附属医院使用的大中型医疗检测、分析仪器,按照主要功能和用途,限每所附属医院每种每5年1台;放置在附属医院使用的其他小型医疗检测、分析仪器应限制在合理数量内。

本科院校的附属医院一般应达到三级甲等水平,专科学校的附属医院一般应达到二级甲等以上水平。

八、违反有关规定,将免税进口的科教用品和科技开发用品擅自转让、移作他用或进行其他处置,依法被追究刑事责任的,有关单位自违法行为发现之日起3年内不得享受本税收优惠政策;按照有关规定被处罚但未被追究刑事责任的,有关单位自违规行为发现之日起1年内不得享受本税收优惠政策。

九、接受捐赠进口科教用品和科技开发用品按照本公告的规定办理。

十、上述规定自公告之日起实施。

特此公告。

附件:1. 为科学研究、教学和科技开发提供必要条件的实验设备、装置和器械(不包括中试设备)
 2. 实验用材料

二〇〇七年三月三十日

附件1:

为科学研究、教学和科技开发提供必要条件的实验设备、装置和器械(不包括中试设备)

一、实验环境方面
(一)教学实验仪器及装置;
(二)教学示教、演示仪器及装置;
(三)超净设备(如换气、灭菌、纯水、净化设备等);
(四)特殊实验环境设备(如超低温、超高温、高压、低压、强腐蚀设备等);
(五)特殊电源、光源(如电极、开关、线圈、各种光源等);
(六)清洗循环设备;
(七)恒温设备(如水浴、恒温箱、灭菌仪等);
(八)小型粉碎、研磨制备设备;
(九)其他。
二、样品制备设备和装置
(一)特种泵类(如分子泵、离子泵、真空泵、蠕动泵、蜗轮泵、干泵等);
(二)培养设备(如培养箱、发酵罐等);
(三)微量取样设备(如移液管、取样器、精密天平等);
(四)分离、纯化、浓缩设备(如离心机、层析、色谱、萃取、结晶设备、旋转蒸发器等);

（五）气体、液体、固体混合设备(如旋涡混合器等)；

（六）制气设备、气体压缩设备；

（七）专用制样设备(如切片机、压片机、镀膜机、减薄仪、抛光机等)，实验用注射、挤出、造粒、膜压设备；实验室样品前处理设备；

（八）实验室专用小器具(如分配器、量具、循环器、清洗器、工具等)；

（九）其他。

三、实验室专用设备

（一）特殊照相和摄影设备(如水下、高空、高温、低温等)；

（二）科研飞机、船舶用关键设备和部件；

（三）特种数据记录设备及材料(如大幅面扫描仪、大幅面绘图仪、磁带机、光盘机等)；

（四）特殊电子部件(如电路板、特种晶体管、专用集成电路等)；

（五）材料科学专用设备(如干胶仪、特种坩埚、陶瓷、图形转换设备、制版用干板、特种等离子体源、离子源、外延炉、扩散炉、溅射仪、离子刻蚀机、材料实验机等)，可靠性试验设备，微电子加工设备，通信模拟仿真设备，通信环境试验设备；

（六）小型熔炼设备(如真空、粉末、电渣等)，特殊焊接设备；

（七）小型染整、纺丝试验专用设备；

（八）电生理设备；

（九）其他。

附件2：

实验用材料

一、无机试剂、有机试剂、生化试剂。

二、新合成或新发现的化学物质或化学材料。

三、研究用的矿石、矿物燃料、矿物油及其副产品。

四、科研用的电子材料、特种金属材料、膜材料，各种分析用的标准物、固定相。

五、实验或研究用的水(超纯水、导电水、去离子水等)，空气(液态空气、压缩空气、已除去惰性气体的空气等)，超纯氮、氦(包括液氮、液氦等)。

六、科研用的各种催化剂、助剂及添加剂(防老化剂、防腐剂、促进剂、黏合剂、硫化剂、光吸收剂、发泡剂、消泡剂、乳化剂、破乳剂、分散剂、絮凝剂、抗静电剂、引发剂、渗透剂、光稳定剂、再生活化剂等)。

七、高分子化合物：特种塑料、树脂、橡胶(耐高、低温，耐强酸碱腐蚀，抗静电，高机械强度，或易降解等)。

八、其他。

关于修改《科技开发用品免征进口税收暂行规定》和《科学研究和教学用品免征进口税收规定》的决定

财政部、海关总署、国家税务总局令第 63 号

(2011 年 6 月 14 日发布)

经国务院批准,财政部、海关总署、国家税务总局决定对《科技开发用品免征进口税收暂行规定》和《科学研究和教学用品免征进口税收规定》的部分条款予以修改。

一、对《科技开发用品免征进口税收暂行规定》作如下修改:

(一)将第二条中的"在 2010 年 12 月 31 日前"修改为"在 2015 年 12 月 31 日前"。

(二)将附件《免税进口科技开发用品清单》中的第二项修改为:"(二)为科学研究、技术开发提供必要条件的科研实验用设备(用于中试和生产的设备除外)"。

二、对《科学研究和教学用品免征进口税收规定》作如下修改:

将附件《免税进口科学研究和教学用品清单》中的第二项修改为:"(二)为科学研究和教学提供必要条件的科研实验用设备(用于中试和生产的设备除外)"。

本决定自 2011 年 1 月 1 日起施行。

《科技开发用品免征进口税收暂行规定》和《科学研究和教学用品免征进口税收规定》根据本决定作相应修改,重新公布。

关于非货币性资产投资企业所得税政策问题的通知

财税〔2014〕116 号

各省、自治区、直辖市、计划单列市财政厅(局)、国家税务局、地方税务局,新疆生产建设兵团财务局:

为贯彻落实《国务院关于进一步优化企业兼并重组市场环境的意见》(国发〔2014〕14 号),根据《中华人民共和国企业所得税法》及其实施条例有关规定,现就非货币性资产投资涉及的企业所得税政策问题明确如下:

一、居民企业(以下简称企业)以非货币性资产对外投资确认的非货币性资产转让所得,可在不超过 5 年期限内,分期均匀计入相应年度的应纳税所得额,按规定计算缴纳企业所得税。

二、企业以非货币性资产对外投资,应对非货币性资产进行评估并按评估后的公允价值扣除计税基础后的余额,计算确认非货币性资产转让所得。

企业以非货币性资产对外投资,应于投资协议生效并办理股权登记手续时,确认非货币性资产转让收入的实现。

三、企业以非货币性资产对外投资而取得被投资企业的股权,应以非货币性资产的原计税成本为计税基础,加上每年确认的非货币性资产转让所得,逐年进行调整。

被投资企业取得非货币性资产的计税基础,应按非货币性资产的公允价值确定。

四、企业在对外投资5年内转让上述股权或投资收回的,应停止执行递延纳税政策,并就递延期内尚未确认的非货币性资产转让所得,在转让股权或投资收回当年的企业所得税年度汇算清缴时,一次性计算缴纳企业所得税;企业在计算股权转让所得时,可按本通知第三条第一款规定将股权的计税基础一次调整到位。

企业在对外投资5年内注销的,应停止执行递延纳税政策,并就递延期内尚未确认的非货币性资产转让所得,在注销当年的企业所得税年度汇算清缴时,一次性计算缴纳企业所得税。

五、本通知所称非货币性资产,是指现金、银行存款、应收账款、应收票据以及准备持有至到期的债券投资等货币性资产以外的资产。

本通知所称非货币性资产投资,限于以非货币性资产出资设立新的居民企业,或将非货币性资产注入现存的居民企业。

六、企业发生非货币性资产投资,符合《财政部 国家税务总局关于企业重组业务企业所得税处理若干问题的通知》(财税〔2009〕59号)等文件规定的特殊性税务处理条件的,也可选择按特殊性税务处理规定执行。

七、本通知自2014年1月1日起执行。本通知发布前尚未处理的非货币性资产投资,符合本通知规定的可按本通知执行。

财政部　国家税务总局
2014年12月31日

财政部 国家税务总局关于个人非货币性资产投资有关个人所得税政策的通知

财税〔2015〕41号

各省、自治区、直辖市、计划单列市财政厅(局)、地方税务局,新疆生产建设兵团财务局:

为进一步鼓励和引导民间个人投资,经国务院批准,将在上海自由贸易试验区试点的个人非货币性资产投资分期缴税政策推广至全国。现就个人非货币性资产投资有关个人所得税政策通知如下:

一、个人以非货币性资产投资,属于个人转让非货币性资产和投资同时发生。对个人转让非货币性资产的所得,应按照"财产转让所得"项目,依法计算缴纳个人所得税。

二、个人以非货币性资产投资,应按评估后的公允价值确认非货币性资产转让收入。非货币性资产转让收入减除该资产原值及合理税费后的余额为应纳税所得额。

个人以非货币性资产投资,应于非货币性资产转让、取得被投资企业股权时,确认非货币性资产转让收入的实现。

三、个人应在发生上述应税行为的次月15日内向主管税务机关申报纳税。纳税人一次性缴税有困难的,可合理确定分期缴纳计划并报主管税务机关备案后,自发生上述应税行为之日起不超过5个公历年度内(含)分期缴纳个人所得税。

四、个人以非货币性资产投资交易过程中取得现金补价的,现金部分应优先用于缴税;现金不足以缴纳的部分,可分期缴纳。

个人在分期缴税期间转让其持有的上述全部或部分股权,并取得现金收入的,该现金收入应优先用于缴纳尚未缴清的税款。

五、本通知所称非货币性资产,是指现金、银行存款等货币性资产以外的资产,包括股权、不动产、技术发明成果以及其他形式的非货币性资产。

本通知所称非货币性资产投资,包括以非货币性资产出资设立新的企业,以及以非货币性资产出资参与企业增资扩股、定向增发股票、股权置换、重组改制等投资行为。

六、本通知规定的分期缴税政策自2015年4月1日起施行。对2015年4月1日之前发生的个人非货币性资产投资,尚未进行税收处理且自发生上述应税行为之日起期限未超过5年的,可在剩余的期限内分期缴纳其应纳税款。

财政部　国家税务总局
2015年3月30日

三
资产清查与清产核资

国有企业清产核资办法

国务院国有资产监督管理委员会令第 1 号

(2003 年 9 月 9 日发布)

第一章 总 则

第一条 为加强对企业的国有资产监督管理,规范企业清产核资工作,真实反映企业的资产及财务状况,完善企业基础管理,为科学评价和规范考核企业经营绩效及国有资产保值增值提供依据,根据《企业国有资产监督管理暂行条例》等法律、法规,制定本办法。

第二条 本办法所称清产核资,是指国有资产监督管理机构根据国家专项工作要求或者企业特定经济行为需要,按照规定的工作程序、方法和政策,组织企业进行账务清理、财产清查,并依法认定企业的各项资产损溢,从而真实反映企业的资产价值和重新核定企业国有资本金的活动。

第三条 国务院,省、自治区、直辖市人民政府,设区的市、自治州级人民政府履行出资人职责的企业及其子企业或分支机构的清产核资,适用本办法。

第四条 企业清产核资包括账务清理、资产清查、价值重估、损溢认定、资金核实和完善制度等内容。

第五条 企业清产核资清出的各项资产损失和资金挂账,依据国家清产核资有关法律、法规、规章和财务会计制度的规定处理。

第六条 各级国有资产监督管理机构是企业清产核资工作的监督管理部门。

第二章 清产核资的范围

第七条 各级国有资产监督管理机构对符合下列情形之一的,可以要求企业进行清产核资:

(一)企业资产损失和资金挂账超过所有者权益,或者企业会计信息严重失真、账实严重不符的;

(二)企业受重大自然灾害或者其他重大、紧急情况等不可抗力因素影响,造成严重资产损失的;

(三)企业账务出现严重异常情况,或者国有资产出现重大流失的;

(四)其他应当进行清产核资的情形。

第八条 符合下列情形之一,需要进行清产核资的,由企业提出申请,报同级国有资产监督管理机构批准:

(一)企业分立、合并、重组、改制、撤销等经济行为涉及资产或产权结构重大变动情况的;

(二)企业会计政策发生重大更改,涉及资产核算方法发生重要变化情况的;

(三)国家有关法律法规规定企业特定经济行为必须开展清产核资工作的。

第三章 清产核资的内容

第九条 账务清理是指对企业的各种银行账户、会计核算科目、各类库存现金和有价证券等基本财务情况进行全面核对和清理,以及对企业的各项内部资金往来进行全面核对和清理,以保证企业账账相符,账证相符,促进企业账务的全面、准确和真实。

第十条 资产清查是指对企业的各项资产进行全面的清理、核对和查实。在资产清查中把实物盘点同核实账务结合起来,把清理资产同核查负债和所有者权益结合起来,重点做好各类应收及预付账款、各项对外投资、账外资产的清理,以及做好企业有关抵押、担保等事项的清理。

企业对清查出的各种资产盘盈和盘亏、报废及坏账等损失按照清产核资要求进行分类排队,提出相关处理意见。

第十一条 价值重估是对企业账面价值和实际价值背离较大的主要固定资产和流动资产按照国家规定方法、标准进行重新估价。

企业在以前清产核资中已经进行资产价值重估或者因特定经济行为需要已经进行资产评估的,可以不再进行价值重估。

第十二条 损溢认定是指国有资产监督管理机构依据国家清产核资政策和有关财务会计制度规定,对企业申报的各项资产损溢和资金挂账进行认证。

企业资产损失认定的具体办法另行制定。

第十三条 资金核实是指国有资产监督管理机构根据企业上报的资产盘盈和资产损失、资金挂账等清产核资工作结果,依据国家清产核资政策和有关财务会计制度规定,组织进行审核并批复准予账务处理,重新核定企业实际占用的国有资本金数额。

第十四条 企业占用的国有资本金数额经重新核定后,应当作为国有资产监督管理机构评价企业经营绩效及考核国有资产保值增值的基数。

第四章 清产核资的程序

第十五条 企业清产核资除国家另有规定外,应当按照下列程序进行:
(一)企业提出申请;
(二)国有资产监督管理机构批复同意立项;
(三)企业制定工作实施方案,并组织账务清理、资产清查等工作;
(四)聘请社会中介机构对清产核资结果进行专项财务审计和对有关损溢提出鉴证证明;
(五)企业上报清产核资工作结果报告及社会中介机构专项审计报告;
(六)国有资产监督管理机构对资产损溢进行认定,对资金核实结果进行批复;
(七)企业根据清产核资资金核实结果批复调账;
(八)企业办理相关产权变更登记和工商变更登记;
(九)企业完善各项规章制度。

第十六条 所出资企业由于国有产权转让、出售等发生控股权转移等产权重大变动需要开展清产核资的,由同级国有资产监督管理机构组织实施并负责委托社会中介机构。

第十七条 子企业由于国有产权转让、出售等发生控股权转移等重大产权变动的,可以由所出资企业自行组织开展清产核资工作。对有关资产损溢和资金挂账的处理,按规定程序申报批准。

第十八条　企业清产核资申请报告应当说明清产核资的原因、范围、组织和步骤及工作基准日。

对企业提出的清产核资申请,同级国有资产监督管理机构根据本办法和国家有关规定进行审核,经同意后批复企业开展清产核资工作。

第十九条　企业实施清产核资按下列步骤进行:

(一)指定内设的财务管理机构、资产管理机构或者多个部门组成的清产核资临时办事机构,统称为清产核资机构,负责具体组织清产核资工作;

(二)制定本企业的清产核资实施方案;

(三)聘请符合资质条件的社会中介机构;

(四)按照清产核资工作的内容和要求具体组织实施各项工作;

(五)向同级国有资产监督管理机构报送由企业法人代表签字、加盖公章的清产核资工作结果申报材料。

第二十条　企业清产核资实施方案以及所聘社会中介机构的名单和资质情况应当报同级国有资产监督管理机构备案。

第二十一条　企业清产核资工作结果申报材料主要包括下列内容:

(一)清产核资工作报告。主要反映本企业的清产核资工作基本情况,包括:企业清产核资的工作基准日、范围、内容、结果,以及基准日资产及财务状况;

(二)按规定表式和软件填报的清产核资报表及相关材料;

(三)需申报处理的资产损溢和资金挂账等情况,相关材料应当单独汇编成册,并附有关原始凭证资料和具有法律效力的证明材料;

(四)子企业是股份制企业的,还应当附送经该企业董事会或者股东会同意对清产核资损溢进行处理的书面证明材料;

(五)社会中介机构根据企业清产核资的结果,出具经注册会计师签字的清产核资专项财务审计报告并编制清产核资后的企业会计报表;

(六)其他需提供的备查材料。

第二十二条　国有资产监督管理机构收到企业报送的清产核资工作结果申报材料后,应当进行认真核实,在规定时限内出具清产核资资金核实的批复文件。

第二十三条　企业应当按照国有资产监督管理机构的清产核资批复文件,对企业进行账务处理,并将账务处理结果报国有资产监督管理机构备案。

第二十四条　企业在接到清产核资的批复30个工作日内,应当到同级国有资产监督管理机构办理相应的产权变更登记手续,涉及企业注册资本变动的,应当在规定的时间内到工商行政管理部门办理工商变更登记手续。

第五章　清产核资的组织

第二十五条　企业清产核资工作按照统一规范、分级管理的原则,由同级国有资产监督管理机构组织指导和监督检查。

第二十六条　各级国有资产监督管理机构负责本级人民政府批准或者交办的企业清产核资组织工作。

第二十七条　国务院国有资产监督管理委员会在企业清产核资中履行下列职责:

(一)制定全国企业清产核资规章、制度和办法;

(二）负责所出资企业清产核资工作的组织指导和监督检查；

(三）负责对所出资企业的各项资产损溢进行认定，并对企业占用的国有资本进行核实；

(四）指导地方国有资产监督管理机构开展企业清产核资工作。

第二十八条　地方国有资产监督管理机构在企业清产核资中履行下列监管职责：

(一）依据国家有关清产核资规章、制度、办法和规定的工作程序，负责本级人民政府所出资企业清产核资工作的组织指导和监督检查；

(二）负责对本级人民政府所出资企业的各项资产损溢进行认定，并对企业占用的国有资本进行核实；

(三）指导下一级国有资产监督管理机构开展企业清产核资工作；

(四）向上一级国有资产监督管理机构及时报告工作情况。

第二十九条　企业清产核资机构负责组织企业的清产核资工作，向同级国有资产监督管理机构报送相关资料，根据同级国有资产监督管理机构清产核资批复组织企业本部及子企业进行调账。

第三十条　企业投资设立的各类多元投资企业的清产核资工作，由实际控股或协议主管的上级企业负责组织，并将有关清产核资结果及时通知其他有关各方。

第六章　清产核资的要求

第三十一条　各级国有资产监督管理机构应当加强企业清产核资的组织领导，加强监督检查，对企业清产核资工作结果的审核和资产损失的认定，应当严格执行国家清产核资有关的法律、法规、规章和有关财务会计制度规定，严格把关，依法办事，严肃工作纪律。

第三十二条　各级国有资产监督管理机构应当对企业清产核资情况及相关社会中介机构清产核资审计情况进行监督，对社会中介机构所出具专项财务审计报告的程序和内容进行检查。

第三十三条　企业进行清产核资应当做到全面彻底、不重不漏、账实相符，通过核实"家底"，找出企业经营管理中存在的矛盾和问题，以便完善制度、加强管理、堵塞漏洞。

第三十四条　企业在清产核资工作中应当坚持实事求是的原则，如实反映存在问题，清查出来的问题应当及时申报，不得瞒报虚报。

企业清产核资申报处理的各项资产损失应当提供具有法律效力的证明材料。

第三十五条　企业在清产核资中应当认真清理各项长期积压的存货，以及各种未使用、剩余、闲置或因技术落后淘汰的固定资产、工程物资，并组织力量进行处置，积极变现或者收回残值。

第三十六条　企业在完成清产核资后，应当全面总结，认真分析在资产及财务日常管理中存在的问题，提出相应整改措施和实施计划，强化内部财务控制，建立相关的资产损失责任追究制度，以及进一步完善企业经济责任审计和企业负责人离任审计制度。

第三十七条　企业清产核资中产权归属不清或者有争议的资产，可以在清产核资工作结束后，依据国家有关法规，向同级国有资产监督管理机构另行申报产权界定。

第三十八条　企业对经批复同意核销的各项不良债权、不良投资及实物资产损失，应当加强管理，建立账销案存管理制度，组织力量或成立专门机构积极清理和追索，避免国有资产流失。

第三十九条　企业应当在清产核资中认真清理各项账外资产、负债，对经批准同意入账的各项盘盈资产及同意账务处理的有关负债，应当及时纳入企业日常资产及财务管理的范围。

第四十条　企业对清产核资中反映出的各项管理问题应当认真总结经验，分清工作责任，建立各项管理制度，并严格落实。应当建立健全不良资产管理机制，巩固清产核资成果。

第四十一条 除涉及国家安全的特殊企业以外,企业清产核资工作结果须委托符合资质条件的社会中介机构进行专项财务审计。

第四十二条 社会中介机构应当按照独立、客观、公正的原则,履行必要的审计程序,认真核实企业的各项清产核资材料,并按规定进行实物盘点和账务核对。对企业资产损溢按照国家清产核资政策和有关财务会计制度规定的损溢确定标准,在充分调查研究、论证的基础上进行职业推断和合规评判,提出经济鉴证意见,并出具鉴证证明。

第四十三条 进行清产核资的企业应当积极配合社会中介机构的工作,提供审计工作和经济鉴证所必要的资料和线索。企业和个人不得干预社会中介机构的正常执业行为。社会中介机构的审计工作和经济鉴证工作享有法律规定的权力,承担法律规定的义务。

第四十四条 企业及社会中介机构应当根据会计档案管理的要求,妥善保管有关清产核资各项工作的底稿,以备检查。

第七章 法律责任

第四十五条 企业在清产核资中违反本办法所规定程序的,由同级国有资产监督管理机构责令其限期改正;企业清产核资工作质量不符合规定要求的,由同级国有资产监督管理机构责令其重新开展清产核资。

第四十六条 企业在清产核资中有意瞒报情况,或者弄虚作假、提供虚假会计资料的,由同级国有资产监督管理机构责令改正,根据《中华人民共和国会计法》和《企业国有资产监督管理暂行条例》等有关法律、法规规定予以处罚;对企业负责人和直接责任人员依法给予行政和纪律处分。

第四十七条 企业负责人和有关工作人员在清产核资中,采取隐瞒不报、低价变卖、虚报损失等手段侵吞、转移国有资产的,由同级国有资产监督管理机构责令改正,并依法给予行政和纪律处分;构成犯罪的,依法追究刑事责任。

第四十八条 企业负责人对申报的清产核资工作结果真实性、完整性承担责任;社会中介机构对企业清产核资审计报告的准确性、可靠性承担责任。

第四十九条 社会中介机构及有关当事人在清产核资中与企业相互串通、弄虚作假、提供虚假鉴证材料的,由同级国有资产监督管理机构会同有关部门依法查处;构成犯罪的,依法追究刑事责任。

第五十条 国有资产监督管理机构工作人员在对企业清产核资工作结果进行审核过程中徇私舞弊,造成重大工作过失的,应当依法给予行政和纪律处分;构成犯罪的,依法追究刑事责任。

第八章 附 则

第五十一条 各省、自治区、直辖市和计划单列市的国有资产监督管理机构可依据本办法制定本地区的具体实施办法。

第五十二条 各中央部门管理的企业的清产核资工作参照本办法执行。

第五十三条 本办法实施前的有关企业清产核资工作的规章制度与本办法不一致的,依照本办法的规定执行。

第五十四条 本办法由国务院国有资产监督管理委员会负责解释。

第五十五条 本办法自发布之日起施行。

关于印发清产核资工作问题解答(一)的通知

国资厅评价〔2003〕53号

党中央有关部门、国务院各部委、各直属机构,各省、自治区、直辖市及计划单列市国有资产监督管理机构,新疆生产建设兵团,各中央企业:

为贯彻落实《国有企业清产核资办法》(国资委令第1号)及相关清产核资工作文件的精神,帮助企业了解国家统一的清产核资工作制度,现将《清产核资工作问题解答(一)》印发你们,请遵照执行。在执行过程中有何问题,请及时反映。

国务院国有资产监督管理委员会办公厅
二○○三年十一月十一日

清产核资工作问题解答(一)

《国有企业清产核资办法》(国资委令第1号)及相关清产核资工作文件公布后,我们陆续接到一些企业、会计师事务所询问清产核资工作的有关问题,现解答如下:

一、关于中央企业所属境外子企业开展清产核资和进行审计的问题

按照《关于印发中央企业清产核资工作方案的通知》(国资评价〔2003〕58号)有关规定,中央企业所属境外子企业应纳入中央企业清产核资范围,由中央企业依据《国有企业清产核资办法》及相关配套文件的要求统一组织。中央企业所属境外子企业清产核资的专项财务审计工作可由中央企业委托国内会计师事务所进行,也可由中央企业的内部审计机构进行并出具相应的审计报告。

二、关于按有关规定进行"主辅分离辅业改制"的企业开展清产核资工作的问题

按照《关于国有大中型企业主辅分离辅业改制分流安置富余人员的实施办法》(国经贸企改〔2002〕859号)及相关文件的规定,进行"主辅分离辅业改制"的企业,若已开展了清产核资(财产清查)工作,则应由中央企业将清查出的有关资产损失,按照《国有企业清产核资办法》及相关配套文件规定的要求与程序报国资委批准核销。

若尚未开展清产核资(财产清查)的,应由中央企业按照《国有企业清产核资办法》及相关配套文件规定的要求与程序,将进行"主辅分离辅业改制"的企业统一纳入中央企业清产核资范围。

为了适应"主辅分离辅业改制"工作的需要,进行"主辅分离辅业改制"企业的清产核资结果及资产损失,可由中央企业提前单独报国资委批准核销。

三、(略)

四、关于股份制企业开展清产核资的问题

股份制企业应当在经企业董事会或股东会决议同意的前提下组织开展清产核资;若企业董事会或股东会不同意本企业开展清产核资,应由企业出具董事会或股东会不同意本企业开展清产核资的相关决议报国资委,其中控股企业需经国资委核准后可以不开展清产核资工作。

五、关于股份制企业清产核资清查出的资产损失处理问题

对于股份制企业清产核资清查出的资产损失,若申请以核减权益方式处理的,原则上应由企业的所有股东按股权比例共同承担;但若企业董事会或股东会不同意按股权比例核减各自的权益,则清查出的资产损失由企业在当期损益中自行消化。

六、关于企业在清产核资中清查出的资产损失,未经批准前在年度财务决算中反映的问题

企业在清产核资中清查出的资产损失,在国资委没有批准之前不能自行进行账务处理,在年度财务决算报表的"资产负债表"(企财01表)中,不能将清查出的流动资产损失和固定资产损失在"待处理流动资产净损失"和"待处理固定资产净损失"科目中反映,而应在各类资产的原科目中反映;在年度财务决算报表的"基本情况表(二)"(企财附04-2表)中,可将企业在清产核资中清查出的各类资产损失作为"本年不良资产及挂账"反映。

七、关于债转股企业在清产核资中清查出的转股前资产损失的处理问题

债转股企业开展清产核资,对清查出的债转股前资产损失,经审核同意后可以核减该企业的所有者权益。

八、关于企业申报的"按原会计制度清查出的资产损失"中未予批准核销的部分,转为"按《企业会计制度》预计的资产损失"的问题

对于企业申报的"按原会计制度清查出的资产损失"中未予批准核销的部分,企业可以继续收集相关证据,在1年内重新申报1次;若企业继续收集相关证据有一定的困难,经批准也可以将这部分资产损失转为"按《企业会计制度》预计的资产损失"。

九、关于企业被有关权力机构罚没的资产作为清产核资资产损失申报的问题

按照国家有关规定,企业因违法、违纪(如偷漏税、走私)等行为而被有关国家权力机构对相关财产进行罚没处理的资产一律不得作为资产损失申报,而应按照国家的相关规定计入当期损益。

十、关于资不抵债企业清产核资的资产损失在清产核资报表中反映的问题

对于资不抵债的企业,按照《关于印发中央企业清产核资工作方案的通知》(国资评价〔2003〕58号)有关规定,也应纳入此次中央企业的清产核资范围。对于这部分企业清查出的资产损失,在清产核资报表中暂作为冲减未分配利润处理。

关于印发中央企业清产核资工作方案的通知

国资评价〔2003〕58号

各中央企业:

为摸清中央企业"家底",核实中央企业资产质量,推动企业执行《企业会计制度》和做好企业业绩考核、绩效评价以及国有资本保值增值工作,我委决定从2003年9月起,有步骤地组织中

央企业开展清产核资工作。现将《中央企业清产核资工作方案》印发给你们,请结合本企业实际认真执行和落实,并将工作中有关情况和问题及时上报。

国务院国有资产监督管理委员会
二〇〇三年九月二日

中央企业清产核资工作方案

为了适应我国国有经济管理体制改革和国有资产监督管理的需要,认真贯彻落实《企业国有资产监督管理暂行条例》,摸清中央企业"家底",核实中央企业资产质量,为中央企业执行《企业会计制度》和做好企业业绩考核、绩效评价以及国有资本保值增值工作创造条件,国资委决定从2003年9月起分期组织中央企业开展清产核资工作。

一、清产核资工作目标

(一)全面摸清中央企业"家底",如实暴露企业存在的矛盾和问题,真实、完整地反映企业资产状况、财务状况和经营成果,促进提高企业会计信息质量。

(二)全面清查核实中央企业各项资产损失情况,并根据国家清产核资政策规定进行处理,促进企业解决历史遗留问题,为执行《企业会计制度》创造条件。

(三)通过对中央企业所属事业单位清产核资工作,核实事业单位资产、权益等状况,规范中央企业会计核算和财务报告制度,促进真实反映企业经营实力。

(四)全面清查核实中央企业所属境外子企业各类资产、负债和所有者权益,规范境外企业财务监督管理和财务报告制度,促进加强境外国有资产监督管理工作。

二、清产核资工作安排

为配合中央企业执行《企业会计制度》工作,国资委监管的中央企业清产核资工作从2003年9月分批开始,分别用5个月时间完成清产核资主体工作任务,全部工作于2004年10月结束。具体分以下几个阶段进行:

(一)前期准备(2003年6—8月)。在对中央企业进行调查排队基础上,提出中央企业分批开展清产核资工作计划,制订《中央企业清产核资工作方案》、《国有企业清产核资办法》及相关配套制度,并下发工作文件、报表和工作软件。

(二)工作部署(2003年9月初)。对中央企业清产核资工作进行工作部署,明确领导组织和办事机构,落实清产核资工作任务。各中央企业明确或建立相应的组织或办事机构,制定切实可行的工作方案,做好组织动员工作。

(三)业务培训(2003年9月)。计划组织2期中央企业清产核资工作培训班,培训中央企业清产核资工作人员,具体讲解清产核资工作政策、制度和办法及清产核资报表和软件。

(四)组织实施。分批组织中央企业开展清产核资工作,全面完成账务清理、资产清查、数据汇总上报等主体工作任务,全部工作于2004年10月结束。

三、清产核资清查时间点

为了保证中央企业清产核资各项工作有序进行,根据企业自身实际情况及国家关于执行《企业会计制度》工作总体安排,中央企业清产核资工作将采取分期分批方式组织进行。具体安排如下：

（一）2002年前已申请执行或已执行《企业会计制度》的有关中央企业，按照财政部规定的有关工作要求，做好有关资金核实工作，直接向国资委申报资产损失处理，可不再组织清产核资工作。

（二）申请2003年执行《企业会计制度》的中央企业，清产核资主体工作时间为2003年9—12月，资产清查时间点为2002年12月31日，全部工作于2004年3月底结束。

（三）申请在2004年或2005年执行《企业会计制度》的中央企业，清产核资主体工作时间为2004年1—6月，资产清查时间点为2003年12月31日，全部工作于2004年10月底结束。

（四）总公司设在港澳地区的中资企业和其他特殊情况企业清产核资工作另行商定。

四、清产核资工作内容

（一）账务清理。指以清产核资资产清查点为基准对企业母公司及其所属企业和事业单位的各类账户、会计凭证、会计账簿以及企业内部资金往来和借款情况进行全面核对和清理，做到账账相符、账证相符、账表相符。

（二）资产清查。指对企业各项资产进行全面清理、核对和查实。重点做好各类应收及预付账款、各项对外投资、账外资产的清理，以及企业有关抵押、担保等事项的核对。

（三）价值重估。指对企业账面价值和实际价值背离较大的主要固定资产和流动资产按照国家规定方法、标准进行重新估价。

（四）损溢认定。指依据国家清产核资政策和有关财务会计制度规定，对企业申报的各项资产损溢和资金挂账进行认定，并对执行《企业会计制度》预计损失进行确认。

（五）资金核实。指根据企业上报的资产盘盈和资产损失、资金挂账等清产核资工作结果，依据国家清产核资政策和有关财务会计制度规定，组织进行审核并批复准予账务处理，重新核定企业实际占用的国有资本金数额。

（六）完善制度。指企业在完成清产核资工作后，认真分析在资产及财务日常管理中存在的问题，提出相应整改措施和实施《企业会计制度》计划，逐步健全和完善各项规章制度，巩固清产核资成果，防止前清后乱。

五、清产核资工作组织领导

中央企业清产核资工作，由国资委统一领导、统一组织、分步实施，有关清产核资的重大问题由国资委研究决定。各中央企业具体组织所属企业、单位开展清产核资工作。

（一）国资委负责中央企业清产核资工作部署，制定清产核资规章制度和工作方案，对企业清产核资工作及中介机构审计工作进行督促、指导和核查。

（二）中央企业应结合企业自身实际情况，成立清产核资领导小组，并指定内部有关机构或成立临时办事机构，具体负责组织实施工作。

（三）中央企业所属事业单位、境外企业清产核资工作要按照中央企业清产核资工作统一部署和要求开展，具体工作实施按其财务隶属关系组织进行。

六、清产核资工作要求

为确保清产核资工作质量，提高工作效率，开展清产核资工作的中央企业应遵循以下工作要求：

（一）中央企业清产核资工作应认真执行《国有企业清产核资办法》等制度规定（另行下发），做到全面彻底、不重不漏、账实相符，切实摸清"家底"，保证清产核资工作结果真实、可靠。

（二）中央企业在清产核资工作中应坚持实事求是的原则，如实暴露存在问题。对清查出的各项资产损失均应按有关要求取得合法证据或具有法定效力的经济鉴证材料，不得虚报、瞒报。

（三）中央企业对清出的各项资产损失和资金挂账,应认真清理、分类排队、查明原因,根据企业实际情况,依据国家清产核资政策和有关财务会计制度规定,认真研究提出处理意见。

（四）中央企业经批准财务核销的各项不良债权、不良投资及实物资产损失,要建立"账销案存"管理制度,认真加强有关管理工作,组织力量或成立专门机构继续进行清理和追索,避免国有资产流失。

（五）中央企业通过开展清产核资,如实反映企业所属单位在经营管理中存在的矛盾和问题,对资不抵债难以持续经营的,应在认真调查研究的基础上做好分类排队,依法予以合并、歇业、撤销、出售和破产,加快推动企业组织结构的调整,促进提高国有资本总体运营效益。

（六）除涉及国家安全的特殊企业以外,中央企业清产核资工作结果须委托符合资质条件的社会中介机构进行审计,并上报企业清产核资审计报告。

（七）中央企业在清产核资工作中,要指定专门机构和专人负责,及时将工作的进展情况、存在的问题、工作组织和意见或建议,通过简报、情况反映、专题报告或阶段工作总结等形式报送国资委(统计评价局)。

关于印发《国有企业资产损失认定工作规则》的通知

国资评价〔2003〕72号

党中央有关部门,国务院各部委、各直属机构,各省、自治区、直辖市及计划单列市国有资产监督管理机构,新疆生产建设兵团,各中央企业：

为了加强对国有及国有控股企业清产核资工作的监督管理,规范企业资产损失的核实和认定工作,根据《国有企业清产核资办法》(国资委令第1号)和国家有关财务会计制度,我们制定了《国有企业资产损失认定工作规则》,现印发给你们。请结合企业自身实际,认真遵照执行,并及时反映工作中有关情况和问题。

国务院国有资产监督管理委员会
二〇〇三年九月十三日

国有企业资产损失认定工作规则

第一章 总 则

第一条 为加强对国有及国有控股企业(以下简称企业)清产核资工作的监督管理,规范企业资产损失的核实和认定工作,根据《国有企业清产核资办法》和国家有关财务会计制度,制定本规则。

第二条 本规则所称的资产损失,是指企业清产核资清查出的在基准日之前,已经发生的各项财产损失和以前年度的经营潜亏及资金挂账等。

第三条 企业清产核资中清查出的各项资产损失,依据《国有企业清产核资办法》及本规则规定进行核实和认定。

第四条 企业清产核资中清查出各项资产损失的核实和认定,依据有关会计科目,按照货币资金损失、坏账损失、存货损失、待摊费用挂账损失、投资损失、固定资产损失、在建工程和工程物资损失、无形资产损失、其他资产损失等分类分项进行。

第五条 国有资产监督管理机构按照国家有关规定负责对企业清产核资中清查出的资产损失进行审核和认定工作。

第二章 资产损失认定的证据

第六条 在清产核资工作中,企业需要申报认定的各项资产损失,均应提供合法证据,包括:具有法律效力的外部证据、社会中介机构的经济鉴证证明和特定事项的企业内部证据。

第七条 具有法律效力的外部证据,是指企业收集到的司法机关、公安机关、行政部门、专业技术鉴定部门等依法出具的与本企业资产损失相关的具有法律效力的书面文件,主要包括:

(一) 司法机关的判决或者裁定;

(二) 公安机关的立案结案证明、回复;

(三) 工商管理部门出具的注销、吊销及停业证明;

(四) 企业的破产清算公告及清偿文件;

(五) 政府部门的公文及明令禁止的文件;

(六) 国家及授权专业技术鉴定部门的鉴定报告;

(七) 保险公司对投保资产出具的出险调查单,理赔计算单等;

(八) 符合法律条件的其他证据。

第八条 社会中介机构的经济鉴证证明,是指社会中介机构按照独立、客观、公正的原则,在充分调查研究、论证和分析计算基础上,进行职业推断和客观评判,对企业的某项经济事项发表的专项经济鉴证证明或鉴证意见书,包括:会计师事务所、资产评估机构、律师事务所、专业鉴定机构等出具的经济鉴证证明或鉴证意见书。

第九条 特定事项的企业内部证据,是指本企业在财产清查过程中,对涉及财产盘盈、盘亏或者实物资产报废、毁损及相关资金挂账等情况的内部证明和内部鉴定意见书等,主要包括:

(一) 会计核算有关资料和原始凭证;

(二) 资产盘点表;

(三) 相关经济行为的业务合同;

(四) 企业内部技术鉴定小组或内部专业技术部门的鉴定文件或资料(数额较大、影响较大的资产损失项目,应当聘请行业内专家参加技术鉴定和论证);

(五) 企业的内部核批文件及有关情况说明;

(六) 由于经营管理责任造成的损失,要有对责任人的责任认定及赔偿情况说明。

第十条 对作为资产损失的所有证据,企业都应当根据内部控制制度和财务管理制度,进行逐级审核,认真把关;承担企业清产核资专项财务审计业务的中介机构应根据独立审计准则规定做好相关证据的复核、甄别工作,逐项予以核实和确认。

第三章　资产损失认定的原则

第十一条　为保证企业资产状况的真实性和财务信息的准确性,企业对清产核资中清查出的已丧失了使用价值或者转让价值、不能再为企业带来经济利益的账面无效资产,凡事实确凿、证明充分的,依据国家财务会计制度和清产核资政策规定,认定为损失,经批准后可予以财务核销。

第十二条　企业对清产核资中清查出的各项资产损失,应当积极组织力量逐户逐项进行认真清理和核对,取得足以说明损失事实的合法证据,并对损失的资产项目及金额按规定的工作程序和工作要求进行核实和认定。

对数额较大、影响较大的资产损失项目,企业应当逐项作出专项说明,承担专项财务审计业务的中介机构应当重点予以核实。

第十三条　企业对清产核资中清查出的各项资产损失,虽取得外部法律效力证明,但其损失金额无法根据证据确定的,或者难以取得外部具有法律效力证明的有关资产损失,应当由社会中介机构进行经济鉴证后出具鉴证意见书。

第十四条　企业对经批准核销的不良债权、不良投资等损失,应当认真加强管理,建立"账销案存"管理制度,组织力量或成立专门机构进一步清理和追索,避免国有资产流失。

第十五条　企业对经批准核销的报废毁损固定资产、存货、在建工程等实物资产损失,应当分类排队,进行认真清理,对有利用价值或者能收回残值的,应当积极进行处理,以最大限度降低损失。

第十六条　企业清查出的由于会计技术性差错引起的资产不实,不属于资产损失的认定范围,应当由企业依据会计准则规定的会计差错更正办法,经会计师事务所审计提出相关意见后自行处理。

第十七条　企业集团内部单位之间、母公司与子公司之间的互相往来款项、投资和关联交易,债务人核销债务要与债权人核销债权同等金额、同时进行,并签订书面协议,互相提供处理债权或者债务的财务资料。

第四章　货币资金损失的认定

第十八条　货币资金损失是指企业清查出的现金短缺和各类金融机构存款发生的有关损失。

第十九条　企业清查出的现金短缺,将现金短缺数扣除责任人赔偿后的数额,依据下列证据,确认为损失:

(一)现金保管人确认的现金盘点表(包括倒推至基准日的记录);

(二)现金保管人对于短款的说明及相关核准文件;

(三)由于管理责任造成的,应当有对责任人的责任认定及赔偿情况说明;

(四)涉及刑事犯罪的应当提供有关司法涉案材料。

第二十条　企业清查出的存款中金融机构已付、企业未付的款项,依据财产清查基准日的银行对账单及相应的银行存款余额调节表,要逐笔查明银行已付、企业未付款项的形成原因,确认与收款人的债权债务关系,核实情况分清责任。对不能收回款项,比照本规则坏账损失的认定要求,进行损失认定。

第五章　坏账损失的认定

第二十一条　坏账损失是指企业不能收回的各项应收款项造成的损失,主要包括:应收账款和其他应收款、应收票据、预付账款等发生坏账造成的损失。

第二十二条　对在清产核资中清查出的各项坏账,企业应当逐项分析形成原因,对有合法证据证明确实不能收回的应收款项,分别不同情况,认定为损失。

第二十三条　债务单位已被宣告破产、注销、吊销工商登记或者被政府责令关闭等,造成应收款项无法收回的,依据下列证据,认定为损失:

（一）法院的破产公告和破产清算的清偿文件；

（二）工商部门的注销、吊销证明；

（三）政府部门有关行政决定文件。

对上述情形中已经清算的,应当扣除债务人清算财产实际清偿部分后,对不能收回的款项,认定为损失。

对尚未清算的,由社会中介机构进行职业推断和客观评判后出具经济鉴证证明,对确实不能收回的部分,认定为损失。

第二十四条　债务人已失踪、死亡的应收款项,在取得公安机关出具的债务人已失踪、死亡的证明后,确定其遗产不足清偿部分或无法找到承债人追偿债务的,由社会中介机构进行职业推断和客观评判后出具经济鉴证证明,认定为损失。

第二十五条　债务人因遭受战争、国际政治事件及自然灾害等不可抗力因素影响,对确实无法收回的应收款项,由企业作出专项说明,经社会中介机构进行职业推断和客观评判后出具经济鉴证证明,认定为损失。

第二十六条　逾期不能收回的应收款项,有败诉的法院判决书、裁定书,或者胜诉但无法执行或债务人无偿债能力被法院裁定终(中)止执行的,依据法院的判决、裁定或终(中)止执行的法律文书,认定为损失。

第二十七条　在逾期不能收回的应收款项中,单笔数额较小、不足以弥补清收成本的,由企业作出专项说明,经社会中介机构进行职业推断和客观评判后出具经济鉴证证明,认定为损失。

第二十八条　逾期3年以上的应收款项,企业有依法催收磋商记录,确认债务人已资不抵债、连续3年亏损或连续停止经营3年以上的,并能认定在最近3年内没有任何业务往来,由社会中介机构进行职业推断和客观评判后出具鉴证证明,认定为损失。

第二十九条　逾期3年以上的应收款项,债务人在境外及港、澳、台地区的,经依法催收仍不能收回的,在取得境外中介机构出具的有关证明,或者取得我国驻外使(领)馆或商务机构出具的有关证明后,认定为损失。

第三十条　对逾期3年以上的应收款项,企业为了减少坏账损失而与债务人协商,按一定比例折扣后收回(含收回的实物资产)的,根据企业董事会或者经理(厂长)办公会审议决定(二级及以下企业应有上级母公司的核准文件)和债权债务双方签订的有效协议,以及已收回资金的证明,其折扣部分,认定为损失。

第六章　存货损失的认定

第三十一条　存货损失是指有关商品、产成品、半成品、在产品以及各类材料、燃料、包装物、低值易耗品等发生的盘盈、盘亏、变质、毁损、报废、淘汰、被盗等造成的净损失,以及存货成本的高留低转资金挂账等。

第三十二条　对盘盈和盘亏的存货,扣除责任人赔偿后的差额部分,依据下列证据,认定为损失:

(一)存货盘点表;

(二)社会中介机构的经济鉴证证明;

(三)其他应当提供的材料:

1. 存货保管人对于盘盈和盘亏的情况说明;

2. 盘盈存货的价值确定依据(包括相关入库手续、相同相近存货采购发票价格或者其他确定依据);

3. 盘亏存货的价值确定依据;

4. 企业内部有关责任认定、责任人赔偿说明和内部核批文件。

第三十三条　对报废、毁损的存货,将其账面价值扣除残值及保险赔偿或责任人赔偿后的差额部分,依据下列证据,认定为损失:

(一)单项或者批量金额较小的存货,由企业内部有关部门出具技术鉴定证明;

(二)单项或者批量金额较大的存货,应取得国家有关技术鉴定部门或具有技术鉴定资格的社会中介机构出具的技术鉴定证明;

(三)涉及保险索赔的,应当有保险公司理赔情况说明;

(四)其他应当提供的材料:

1. 企业内部关于存货报废、毁损情况说明及审批文件;

2. 残值情况说明;

3. 企业内部有关责任认定、责任人赔偿说明和内部核批文件。

第三十四条　对被盗的存货,将其账面价值扣除保险理赔以及责任人赔偿后的差额部分,依据以下证据,认定为损失:

(一)向公安机关的报案记录;公安机关立案、破案和结案的证明材料;

(二)涉及责任人的责任认定及赔偿情况说明;

(三)涉及保险索赔的,应有保险公司理赔情况说明。

第三十五条　对已削价、折价处理的存货,由企业有关部门说明情况,依据有关会计凭证将原账面价值与已收回价值的差额部分,认定为损失。

第三十六条　对清查出的存货成本高留低转部分,由企业作出专项说明,经社会中介机构进行职业推断和客观评判后出具经济鉴证证明,认定为损失。

第七章　待摊费用挂账损失的认定

第三十七条　企业清查出的已经失去摊销意义的费用项目,由企业作出相关事项说明,经社会中介机构进行职业推断和客观评判后出具经济鉴证证明,认定为损失。

第三十八条　企业清查出的长期应摊未摊费用,由企业作出难以自行消化的未摊销专项说明,经社会中介机构进行职业推断和客观评判后出具经济鉴证证明,认定为损失。

第三十九条　企业清查出的有关应提未提费用,由企业作出专项说明,经社会中介机构进行职业推断和客观评判后出具经济鉴证证明,认定为损失。

第四十条　企业清查出的以前年度由于国家外汇汇率政策调整引起的汇兑损失挂账,由企业作出专项说明,经社会中介机构进行职业推断和客观评判后出具经济鉴证证明,认定为损失。

第八章　投资损失的认定

第四十一条　投资损失是指企业发生的不良股权或者债权投资造成的损失,包括长期投资损失和短期投资损失。对清查出的不良投资,企业要逐项进行原因分析,对有合法证据证明不能收回的,认定为损失。

第四十二条　被投资单位已破产、清算、被撤销、关闭或被注销、吊销工商登记等,造成难以收回的不良投资,依据下列证据,认定为损失:

（一）法院的破产公告或者破产清算的清偿文件;

（二）工商部门的注销、吊销文件;

（三）政府部门的有关行政决定文件。

对已经清算的,扣除清算财产清偿后的差额部分,认定为损失。

尚未清算的,由社会中介机构经过职业推断和客观评判后出具经济鉴证证明,对被投资单位剩余财产确实不足清偿投资的差额部分,认定为损失。

第四十三条　对企业有关参股投资项目金额较小,确认被投资单位已资不抵债、连续经营亏损3年以上或连续停止经营3年以上的,由社会中介机构进行职业推断和客观评判后出具经济鉴证证明,对确实不能收回的部分,认定为损失。

第四十四条　企业经营期货、证券、外汇等短期投资未进行交割或清理的,不能认定为损失。

第九章　固定资产损失的认定

第四十五条　固定资产损失是指企业房屋建筑物、机器设备、运输设备、工具器具等发生的盘盈、盘亏、淘汰、毁损、报废、丢失、被盗等造成的净损失。

第四十六条　对盘盈的固定资产,依据下列证据,确认为固定资产盘盈入账。

（一）固定资产盘点表;

（二）使用保管人对于盘盈情况说明材料;

（三）盘盈固定资产的价值确定依据（同类固定资产的市场价格、类似资产的购买合同、发票或竣工决算资料）;

（四）单项或批量数额较大固定资产的盘盈,企业难以取得价值确认依据的,应当委托社会中介机构进行估价,出具估价报告。

第四十七条　对盘亏的固定资产,将其账面净值扣除责任人赔偿后的差额部分,依据下列证据,认定为损失:

（一）固定资产盘点表;

（二）盘亏情况说明（单项或批量金额较大的固定资产盘亏,企业要逐项作出专项说明,由社会中介机构进行职业推断和客观评判后出具经济鉴证证明）;

（三）社会中介机构的经济鉴证证明;

（四）企业内部有关责任认定和内部核准文件等。

第四十八条　对报废、毁损的固定资产,将其账面净值扣除残值、保险赔偿和责任人赔偿后的差额部分,依据下列证据,认定为损失:

（一）企业内部有关部门出具的鉴定证明;

（二）单项或批量金额较大的固定资产报废、毁损,由企业作出专项说明,应当委托有技术鉴

定资格的机构进行鉴定,出具鉴定证明;

（三）不可抗力原因(自然灾害、意外事故)造成固定资产毁损、报废的,应当有相关职能部门出具的鉴定报告。如消防部门出具的受灾证明;公安部门出具的事故现场处理报告、车辆报损证明;房管部门的房屋拆除证明;锅炉、电梯等安检部门的检验报告等;

（四）企业固定资产报废、毁损情况说明及内部核批文件;

（五）涉及保险索赔的,应当有保险理赔情况说明。

第四十九条 对被盗的固定资产,将其账面净值扣除责任人的赔偿和保险理赔后的差额部分,依据下列证据,认定为损失:

（一）向公安机关的报案记录;公安机关立案、破案和结案的证明材料;

（二）企业内部有关责任认定、责任人赔偿说明和内部核批文件;

（三）涉及保险索赔的,应当有保险理赔情况说明。

第十章　在建工程和工程物资损失的认定

第五十条 在建工程损失和工程物资损失是指企业已经发生的因停建、废弃和报废、拆除的在建工程项目造成的损失,以及因此而引起的相应工程物资报废或者削价处理等发生的损失。

第五十一条 因停建、废弃和报废、拆除的在建工程,将其账面投资扣除残值后的差额部分,依据下列证据,认定为损失:

（一）国家明令停建项目的文件;

（二）规划等有关政府部门出具的工程停建、拆除通知文件;

（三）企业对报废、废弃的在建工程项目出具的鉴定意见和原因说明及核批文件;单项数额较大的在建工程报废,应当有行业专家参与的技术鉴定意见;

（四）工程项目实际投入的价值确定依据。

第五十二条 由于自然灾害和意外事故毁损的在建工程,将其账面投资扣除残值、保险赔偿及责任赔偿后的差额部分,依据下列证据,认定为损失:

（一）有关自然灾害或者意外事故证明;

（二）涉及保险索赔的,应当有保险理赔情况说明;

（三）企业内部有关责任认定、责任人赔偿说明和核准文件。

第五十三条 工程物资发生损失的,比照本规则存货损失的认定要求,进行损失认定。

第十一章　无形资产和其他资产损失的认定

第五十四条 无形资产损失是指某项无形资产已经被其他新技术所代替或已经超过了法律保护的期限,已经丧失了使用价值和转让价值,不能给企业再带来经济利益,而使该无形资产成为无效资产,其账面尚未摊销的余额,形成无形资产损失。

第五十五条 企业清查出的无形资产损失,依据有关技术部门提供的鉴定材料,或者已经超过了法律保护的期限证明文件,将尚未摊销的无形资产账面余额,认定为损失。

第五十六条 企业或有负债(包括担保、抵押、委托贷款等行为造成的损失)成为事实负债后,对无法追回的债权,分别按有关资产损失认定要求,进行损失认定。

（一）对外提供担保损失。被担保人由于不能按期偿还债务,本企业承担了担保连带还款责任,经清查和追索,被担保人无偿还能力,对无法追回的,比照本规则坏账损失的认定要求,进行损失认定。

（二）抵押损失。由于企业没能按期赎回抵押资产,使抵押资产被拍卖或变卖,其账面价值与拍卖或变卖价值的差额部分,依据拍卖或变卖证明,认定为损失。

（三）委托贷款损失。企业委托金融机构向其他单位贷出的款项,对贷款单位不能按期偿还的,比照本规则投资损失的认定要求,进行损失认定。

第五十七条　国家特准储备物资发生损失的,按有关规定的审批程序另行报批。

第十二章　附　则

第五十八条　企业应按照《会计档案管理办法》的规定,妥善保管清产核资工作档案,清产核资各种工作底稿、各项资产损失认定证明和会计基础材料,应分类装订成册,按规定期限保存。

第五十九条　本规则自公布之日起施行。

关于印发国有企业清产核资工作规程的通知

国资评价[2003]73号

党中央有关部门,国务院各部委、各直属机构,各省、自治区、直辖市及计划单列市国有资产监督管理机构,新疆生产建设兵团,各中央企业:

为了加强对企业国有资产监督管理,规范企业清产核资工作,根据《国有企业清产核资办法》(国资委令第1号)及清产核资政策的有关规定,我们制定了《国有企业清产核资工作规程》,现印发给你们。请结合企业自身实际,认真遵照执行,并及时反映工作中有关情况和问题。

国务院国有资产监督管理委员会
二〇〇三年九月十三日

国有企业清产核资工作规程

第一章　总　则

第一条　为规范国有及国有控股企业(以下简称企业)清产核资工作,保证工作质量,提高工作效率,根据《国有企业清产核资办法》和国家有关财务会计制度,制定本工作规程。

第二条　企业开展清产核资工作,应当依据《国有企业清产核资办法》规定及本工作规程明确的工作程序、工作方法、工作要求和工作步骤等组织进行。

第三条　企业开展清产核资工作,有关立项申请、账务清理、资产清查、价值重估、损溢认定、报表编制、中介审计、结果申报、资金核实、账务处理、完善制度等工作任务,应当遵循本工作规程相关要求。

第四条 制定企业清产核资工作规程的目的,是为了促进建立依法管理、公开透明、监督制衡的企业清产核资工作基本程序和工作规范。

第二章 立项申请

第五条 企业开展清产核资工作,除国有资产监督管理机构特殊规定外,均应当根据实际情况和国家清产核资有关要求提出申请,经批准同意后组织实施。

属于由国有资产监督管理机构要求开展清产核资工作的,企业依据国有资产监督管理机构的工作通知或者工作方案,组织实施。

第六条 企业发生《国有企业清产核资办法》第八条所规定的有关经济行为的,依据国家清产核资有关政策和企业经济行为需要,由母公司统一向同级国有资产监督管理机构提出开展清产核资工作申请报告。

第七条 企业清产核资工作申请报告主要包括以下内容:

(一) 企业情况简介;
(二) 开展清产核资工作的原因;
(三) 开展清产核资工作基准日(清查时点);
(四) 清产核资工作范围;
(五) 清产核资工作组织方式;
(六) 需要说明的其他事项。

第八条 企业清产核资工作申请报告,应当附报能够说明开展清产核资理由的相关文件或材料。

国有控股企业开展或者参加清产核资工作,应当附报企业董事会或者股东会的相关决议。

第九条 企业开展清产核资工作的范围应当包括:企业总部及所属全部的子企业(含下属事业单位、分支机构、境外子企业等,下同)。对于因特殊原因不能参加清产核资工作的子企业,企业应当附报有关名单并说明原因,经批准后可以账面数作为清产核资工作结果。

第十条 企业所属下列子企业可以不列入参加清产核资工作范围,直接以企业账面数作为企业清产核资工作结果:

(一) 子企业新成立不到1年的;
(二) 子企业因某种特定经济行为在上一年度已组织进行过资产评估的;
(三) 子企业资产、财务状况良好,经财务审计确实不存在较大资产损失或者潜亏挂账的。

第十一条 国有资产监督管理机构在收到企业报送的清产核资工作申请报告后,应当依据清产核资制度及时予以审核和答复。

(一) 对于符合开展清产核资工作条件的,国有资产监督管理机构应在规定时间内出具同意企业开展清产核资工作的文件;
(二) 对于不符合开展清产核资工作条件的,国有资产监督管理机构应当及时通知企业并告之原因。

第十二条 企业经核准同意开展清产核资工作后,应当指定内设的财务管理或资产管理等机构或者成立多部门组成的临时机构作为具体工作办事机构,负责本企业清产核资有关工作的组织和协调,并与国有资产监督管理机构建立工作联系。

第十三条 企业经核准同意开展清产核资工作后,应当于接到同意文件15个工作日内,根据国家有关清产核资工作政策、工作制度和工作要求,制定本企业清产核资工作的具体实施方案,并报同级国有资产监督管理机构备案(其中应当抄报本企业监事会1份)。

第十四条 企业清产核资工作的具体实施方案,主要包括以下内容:
(一)企业开展清产核资工作目标;
(二)企业清产核资办事机构基本情况;
(三)企业清产核资工作组织方式;
(四)企业清产核资工作内容;
(五)企业清产核资工作步骤和时间安排;
(六)企业清产核资工作要求及工作纪律;
(七)需要说明的其他事项。

第十五条 企业在清产核资中,应当认真做好本企业内部户数清理工作,确定基本清查单位或项目,明确工作范围,落实工作责任制。基本清查单位和清产核资工作组织,原则上按照企业财务隶属关系划分和确定。

第三章 账务清理

第十六条 为保证企业的账账相符、账证相符,企业在清产核资工作中必须认真做好账务清理工作,即:对企业总公司及子企业所有账户进行清理,以及总公司同各子企业之间的各项内部资金往来、存借款余额、库存现金和有价证券等基本账务情况进行全面核对和清理,以保证企业各项账务的全面和准确。

第十七条 企业账务清理应当以清产核资工作基准日为时点,采取倒轧账的方式对各项账务进行全面清理,认真做好内部账户结算和资金核对工作。

通过账务清理要做到总公司内部各部门、总公司同各子企业之间、子企业相互之间往来关系清楚、资金关系明晰。

第十八条 企业对在金融机构开立的人民币支付结算的银行基本存款账户、一般存款账户、临时存款账户、专用存款账户,以及经常项目外汇账户、资本项目外汇账户等要进行全面清理。

第十九条 企业在清产核资中,应当认真清理企业及所属子企业各种违规账户或者账外账,按照国家现行有关金融、财会管理制度规定,检查本企业在各种金融机构中开立的银行账户是否合规,对违规开立的银行账户应当坚决清理;对于账外账的情况,一经发现,应当坚决纠正。

第二十条 企业在清产核资工作中,应当认真清查公司总部及所有子企业的各项账外现金,对违反国家财经法规及其他有关规定侵占、截留的收入,或者私存私放的各项现金(即"小金库")进行全面清理,应当认真予以纠正,及时纳入企业账内。

第二十一条 企业在清产核资中,应当认真对企业总部及所属子企业对内或者对外的担保情况、财产抵押和司法诉讼等情况进行全面清理,并根据实际情况分类排队,并采取有效措施防范风险。

第二十二条 企业在账务清理中,对清理出来的各种由于会计技术性差错因素造成的错账,应当根据会计准则关于会计差错调整的规定自行进行账务调整。

第四章 资产清查

第二十三条 企业应当在清产核资过程中认真组织力量做好资产清查工作,对企业的各项资产进行全面的清理、核对和查实。社会中介机构应按照独立审计准则的相关规定对资产盘点进行监盘。

第二十四条 企业在组织资产清查时,应当把实物盘点同核实账务结合起来,在盘点过程中要以账对物、以物核账,做好细致的核对工作,保证企业做到账实相符。

(一)企业资产清查工作应当把清理资产同核查负债和所有者权益结合起来,对企业的负债、权益认真清理,对于因会计技术差错造成的不实债权、债务进行甄别并及时改正;对清查出来的账外权益、负债要及时入账,以确保企业的资产、负债及权益的真实、准确。

(二)企业资产清查工作应当重点做好各类应收及预付账款、各项对外投资、账外资产的清理,查实应收账款的债权是否存在,核实对外投资初始成本的现有实际价值。

第二十五条 企业对流动资产清查核实的范围和内容包括现金、各种存款、各种应收及预付款项、短期投资和存货等。

第二十六条 现金清查主要是确定货币资金是否存在;货币资金的收支记录是否完整;库存现金、银行存款以及其他货币资金账户的余额是否正确。

第二十七条 对库存现金的清查,应当查看库存现金是否超过核定的限额,现金收支是否符合现金管理规定;核对库存现金实际金额与现金日记账户余额是否相符;编制库存现金盘点表。对库存外币依币种清查,并以清查时点当日之银行外币买入牌价换算。

备用金余额加上各项支出凭证的金额应等于当初设置备用金数额。截止清查时点时,应当核对企业现金日记账的余额与库存现金的盘点金额是否相符;如有差异,应说明原因。

第二十八条 对其他货币资金,主要是清查外埠存款、银行汇票存款、银行本票存款、在途货币资金、信用卡存款、信用证存款等,按其他货币资金账户及其明细分类账逐一核对。

第二十九条 对银行存款,主要清查企业在开户银行及其他金融机构各种存款账面余额与银行及其他金融机构中该企业的账面余额是否相符;对银行存款的清查,应根据银行存款对账单、存款种类及货币种类逐一查对、核实。检查银行存款余额调节表中未达账项的真实性;检查非记账本位币折合记账本位币所采用的折算汇率是否正确,折算差额是否已按规定进行账务处理。

(一)存款明细要依不同银行账户分列明细,应当区分人民币及各种外币;

(二)定期存款应当出具银行定期存款单;

(三)各项存款应当由银行出具证明文件;

(四)外币存款应当按外币币种及银行分列;

(五)银行存款账列有利息收入时应当详加注明。

第三十条 应收及预付款项的清查内容包括应收票据、应收账款、其他应收款、预付账款和待摊费用。

(一)清查应收票据时,企业应当按其种类逐笔与购货单位或者银行核对查实;

(二)清查应收账款、其他应收款和预付账款时,企业应当逐一与对方单位核对,以双方一致金额记账。对有争议的债权要认真清理、查证、核实,重新明确债权关系。对长期拖欠,要查明原因,积极催收;对经确认难以收回的款项,应当明确责任,做好有关取证工作;

(三)应当认真清理企业职工个人借款并限期收回。

第三十一条　短期投资的清查主要对国库券、各种特种债券、股票及其他短期投资进行清理,取得股票、债券及基金账户对账单,与明细账余额核对,盘点库存有价证券,与相关账户余额进行核对。

第三十二条　存货的清查内容主要包括:原材料、辅助材料、燃料、修理用备件、包装物、低值易耗品、在产品、半成品、产成品、外购商品、协作件以及代保管、在途、外存、外借、委托加工的物资(商品)等。

（一）各企业都应当认真组织清仓查库,对所有存货全面清查盘点;对清查出的积压、已毁损或需报废的存货,应当查明原因,组织相应的技术鉴定,并提出处理意见;

（二）对长期外借未收回的存货,应当查明原因,积极收回或按规定作价转让;

（三）代保管物资由代保管单位协助清查,并将清查结果告知产权单位。

第三十三条　固定资产清查的范围主要包括房屋及建筑物、机器设备、运输设备、工具器具和土地等。

（一）对固定资产要查清固定资产原值、净值、已提折旧额,清理出已提足折旧的固定资产、待报废和提前报废固定资产的数额及固定资产损失、待核销数额等;

（二）租出的固定资产由租出方负责清查,没有登记入账的要将清查结果与租入方进行核对后,登记入账;

（三）对借出和未按规定手续批准转让出去的资产,应当认真清理收回或者补办手续;

（四）对清查出的各项账面盘盈(含账外)、盘亏固定资产,要认真查明原因,分清工作责任,提出处理意见;

（五）经过清查后的各项固定资产,依据用途(指生产性或非生产性)和使用情况(指在用、未使用或不需用等)进行重新登记,建立健全实物账卡;

（六）对清查出的各项未使用、不需用的固定资产,应当查明购建日期、使用时间、技术状况和主要参数等,按调拨(其价值转入受拨单位)、转生产用、出售、待报废等提出处理意见;

（七）土地清查的范围包括企业依法占用和出租、出借给其他企业使用的土地,企业举办国内联营、合资企业以使用权作价投资或入股的土地,企业与外方举办的中外合资、合作经营企业以使用权作价入股的土地。

第三十四条　长期投资的清查主要包括总公司和子企业以流动资产、固定资产、无形资产等各种资产的各种形式投资。

（一）在清查对外长期投资时,凡按股份或者资本份额拥有实际控制权的,一般应采用权益法进行清查;没有实际控制权的,按企业目前对外投资的核算方式进行清查。核查内容包括:有关长期投资的合同、协议、章程,有权力部门的批准文件,确认目前拥有的实际股权、原始投入、股权比例、分红等项内容;

（二）企业在境外的长期投资清查主要包括以资金、实物资产、无形资产在境外投资举办的各类独资、合资、联营、参股公司等企业中的各项资产,由中方投资企业认真查明管理情况和投资效益。

第三十五条　在建工程(包括基建项目)清查的范围和内容主要是在建或停缓建的国家基建项目、技术改造项目,包括完工未交付使用(含试车)、交付使用未验收入账等工程项目、长期挂账但实际已经停工报废的项目。在建工程要由建设单位负责按项目逐一进行清查,主要登记在建工程的项目性质、投资来源、投资总额、实际支出、实际完工进度和管理状况。

对在建工程的毁损报废要详细说明原因,提供合规证明材料。对清理出来的在建工程中已完工未交付使用和交付使用未验收入账的工程,企业应当及时入账。

第三十六条 无形资产清查的范围和内容包括各项专利权、商标权、特许权、版权、商誉、土地使用权及房屋使用权等。对无形资产的清查进行全面盘点,确定其真实价值及完整内容,核实权属证明材料,检查实际摊销情况。

第三十七条 递延资产及其他资产清查的范围和内容包括开办费、租入固定资产改良支出及特准储备物资等,应当逐一清理,认真核查摊销余额。

第三十八条 负债清查的范围和内容包括各项流动负债和长期负债。流动负债要清查各种短期借款、应付及预收款项、预提费用及应付福利费等;长期负债要清查各种长期借款、应付债券、长期应付款、住房周转金等。对负债清查时企业、单位要与债权单位逐一核对账目,达到双方账面余额一致。

第三十九条 企业在对以上资产进行全面清查的基础上,根据国家有关清产核资损失认定的有关规定,在社会中介机构的配合下,收集相关证据,为资产损失、资金挂账的认定工作做好准备。

第五章 价值重估

第四十条 企业凡在以前开展清产核资工作(包括第五次全国清产核资工作,配合军队、武警部队和政法机关移交企业,中央党政机关脱钩企业,科研机构整体转制及日常开展的清产核资工作)时已进行过资产价值重估的,或者因特定经济行为需要已经组织过资产评估工作的,原则上不再进行资产价值重估。

第四十一条 中央企业在清产核资中,属第四十条规定以外,且企业账面价值和实际价值背离较大的主要固定资产和流动资产确需进行重新估价的,须在企业清产核资立项申请报告中就有关情况及原因进行专项说明,由国务院国有资产监督管理委员会审批。

第四十二条 地方所出资企业需在清产核资中进行资产价值重估的,须由省级国有资产监督管理机构核准同意。

第四十三条 企业在清产核资中经核准同意进行资产价值重估工作的,原则上应当采取物价指数法。对于特殊情况经批准后,也可采用重置成本法等其他方法进行。

第四十四条 物价指数法是以资产购建年度价格为基准价格,按国家有关部门制定的《清产核资价值重估统一标准目录》(1995年)中列出的价格指数,对资产价值进行统一调整估价的方法。

第六章 损溢认定

第四十五条 企业在进行账务清理、资产清查的基础上,对各项清理出来的资产盘盈、资产损失和资金挂账,依据国家清产核资政策和有关财务会计制度规定,认真、细致地做好资产损溢的认定工作。

第四十六条 企业在清产核资中对清理出来的各项资产盘盈、资产损失和资金挂账的核实和认定,具体按照《国有企业资产损失认定工作规则》的有关规定进行。

第四十七条 企业在清产核资中对各项资产盘盈、资产损失和资金挂账的核实和认定都必须取得合法证据。合法证据包括:

(一) 具有法律效力的外部证据;
(二) 社会中介机构的经济鉴证证明;

（三）特定经济行为的企业内部证据。

第四十八条 企业在清产核资中，要认真组织做好资产盘盈、资产损失和资金挂账有关证明的取证与证据甄别。在取得各项相关证据和资料后，企业应当认真甄别各项证明材料的可靠性和合理性；承担清产核资专项财务审计业务的社会中介机构要对企业提供的各项证据真实性、可靠性进行核实和确认。

第四十九条 企业在清产核资中对清理出的各种账外资产以及账外的债权、债务等情况在进行认真分析的基础上，作出详细说明，报国有资产监督机构审核批准后及时调整入账。

第五十条 企业在清产核资工作中，对证据充分、事实确凿的各项资产损失、资金挂账，经社会中介机构专项财务审计后，可以按照国家清产核资政策规定向国有资产监督管理机构申报认定和核销。

第五十一条 企业在清产核资中应当严格区分内部往来、内部关联交易的损失情况，在上报子企业的资产损失时，作为投资方采用权益法核算的，母公司不重复确认为损失。

第七章 报表编制

第五十二条 《企业清产核资报表》是在清产核资各项工作的基础上，依据各工作阶段所获得的数据和资料，进行整理、归类、汇总和分析，编制反映企业清产核资基准日资产状况、清查结果和资金核实的报告文件。

国务院国有资产监督管理委员会负责统一制定和下发《企业清产核资报表》格式。

第五十三条 企业在清产核资工作中，在进行账务清理、资产清查等工作并填制《清产核资工作基础表》的基础上，应当认真、如实的分别填制《企业清产核资报表》。

第五十四条 《清产核资工作基础表》是企业开展资产清查工作的基本底表。企业在清产核资过程中可根据企业自身情况对《清产核资工作基础表》进行必要的修改或调整。

第五十五条 《企业清产核资报表》分为清产核资工作情况表和清产核资损失挂账分项明细表两个部分：

（一）清产核资工作情况表主要包括：资产清查表、基本情况表、资金核实申报表、资金核实分户表、损失挂账情况表；

（二）清产核资损失挂账分项明细表反映企业申报的资产盘盈、资产损失和资金挂账分项明细情况，具体按照不同单位、损失类别等列示。

第五十六条 《企业清产核资报表》编制工作，要明确分工，精心组织，积极做好内部相关业务机构的协调和配合，确保报表数据的真实、合法和完整，并依次装订成册，由企业法人签字并加盖公章。

第五十七条 企业在清产核资工作中编制的《企业清产核资报表》和《清产核资工作基础表》应当作为工作档案的一部分，按照有关档案管理的要求妥善保管。

第八章 中介审计

第五十八条 企业清产核资工作结果应当按照规定委托符合资质条件的社会中介机构进行专项财务审计。涉及国家安全的特殊企业经同意后，由企业自行组织开展清产核资工作。

第五十九条 社会中介机构要按照独立、客观、公正的原则，履行必要的审计程序，依据独立审计准则等相关规定，认真核实企业的各项清产核资材料，并按照规定参与清点实物实施监盘。

第六十条　企业在清产核资工作中要分清与社会中介机构的职责分工,明确工作关系,细化工作程序,分清工作责任。如选择多家社会中介机构的,应当指定其中一家社会中介机构为主审机构牵头负责,并明确主审所与协作所的分工、责任等关系。

第六十一条　社会中介机构在清产核资专项财务审计工作和经济鉴证中享有法律规定的权力,承担法律规定的义务。任何企业和个人不得干涉社会中介机构正常职业行为。社会中介机构要在清产核资工作中保守企业的各项商业秘密。

第六十二条　社会中介机构对企业资产损溢,应当在充分调查研究、论证的基础上,进行职业推断和客观评判,出具经济鉴证证明,并对其真实性、可靠性负责。

社会中介机构对企业清产核资结果,应当在认真核实和详细分析的基础上,根据独立、客观、公正原则,出具专项财务审计报告,并对其准确性、可靠性负责。

第六十三条　社会中介机构在清产核资专项财务审计工作结束后,应当对企业的内控机制等情况进行审核的基础上,出具管理意见书,提出企业的改进相关管理的具体措施和建议。

第九章　结果申报

第六十四条　企业对清查出的各项资产盘盈(包括账外资产)、资产损失和资金挂账等,应当区别情况,按照国家有关清产核资政策规定,分别提出具体处理意见,及时向同级国有资产监督管理机构报送清产核资结果申报材料。

第六十五条　从企业收到清产核资立项批复文件起,应于6个月内完成清产核资各项主体工作,并向国有资产监督管理机构报送清产核资工作报告;在规定时间内不能完成工作的,需报经国有资产监督管理机构同意。

第六十六条　清产核资结果申报材料具体包括:清产核资工作报告、清产核资报表、专项财务审计报告及有关备查材料。

第六十七条　企业清产核资工作报告主要包含以下内容:
(一)企业清产核资基本情况简介;
(二)清产核资工作结果;
(三)对清产核资暴露出来的企业资产、财务管理中存在的问题、原因进行分析并提出改进措施等。

第六十八条　企业清产核资报表应包括企业总部及所属全部子企业的资产状况,以反映企业总体经营实力,并采取合并方式编制。企业所属子企业的清产核资报表以送电子文档格式附报。

第六十九条　专项财务审计报告由社会中介机构出具,主要内容包括:清产核资范围及内容;清产核资行为依据及法律依据;清产核资组织实施情况;清产核资审核意见;社会中介机构认为需要专项说明的重大事项;报告使用范围说明等。另外,还应当附申报资产损失分项明细表、资产损失申报核销项目说明及相关工作材料等。

第七十条　企业各项资产损失、资金挂账的原始凭证资料及具有法律效力证明材料的复印件,如材料较多应单独汇编成册,编注页码,列出目录。

清产核资企业及相关社会中介机构要对所提供证明材料的复印件与原件的一致性负责。

第十章 资金核实

第七十一条 国有资产监督管理机构对企业经过账务清理、资产清查等基础工作后上报的各项资产盘盈、资产损失、资金挂账等进行认定,重新核实企业实际占用的全部法人财产和国家资本金。

第七十二条 国有资产监督管理机构在收到企业报送的清产核资报告后,按照国家有关清产核资政策、国家现行的财务会计制度及相关规定,对上报材料的内容进行审核。

属于国有控股企业的应向国有资产监督管理机构附报董事会或者股东会相关决议。

第七十三条 对企业上报的各项资产损失、资金挂账有充分证据的,国有资产监督管理机构在清产核资企业申报的处理意见及社会中介机构的专项财务审计意见基础上,依据企业的承受能力等实际情况,提出相应的损失挂账处理意见。企业有消化能力的应以企业自行消化为主;如企业确无消化能力的可按相关规定冲减所有者权益。

第七十四条 对确实因客观原因在企业申报清产核资资金核实结果时,相关资产损失、资金挂账的证据不够充分,国有资产监督管理机构无法审定核准的,经同意企业可继续收集证据,在不超过一年的时间内另行补报(1次)。

第十一章 账务处理

第七十五条 企业在接到清产核资资金核实批复文件后,依据批复文件的要求,按照国家现行的财务、会计制度的规定,对企业总公司及子企业进行账务处理。

第七十六条 企业对因采用权益法核算引起的由于子企业损失被核销造成的长期投资损失,在经批准核销后,按照会计制度的规定同时调整相关会计科目。

第七十七条 企业在接到清产核资的批复60个工作日内要将账务处理结果报同级国有资产监督管理机构并抄送企业监事会(1份)。主要内容有:

(一)总公司按照国有资产监督管理机构批复的清产核资资金核实结果,对列入清产核资范围的各子企业下达的账务调整批复;

(二)企业应当对未能按照国有资产监督管理机构批复的清产核资资金核实结果调账部分的原因进行详细说明并附相关证明材料;

(三)企业所属控股、参股子企业按照批复的损失额等比例进行摊销。

第七十八条 企业对经同意核销的各项不良债权、不良投资,要建立账销案存管理制度,组织力量和建立相关机构积极清理和追索;对同意核销的各项实物资产损失,应当组织力量积极处置、回收残值,避免国有资产流失。

第七十九条 企业在接到清产核资的批复30个工作日内,按规定程序到同级国有资产监督管理机构办理相应的产权变更登记手续。企业注册资本发生变动的,在接到清产核资的批复后,在规定的时间内,按规定程序到工商行政管理部门办理工商变更登记手续。

第十二章 完善制度

第八十条 企业在清产核资的基础上,应当针对清产核资工作中暴露出来的资产及财务管理等方面问题,对资产盘盈、资产损失和资金挂账等形成原因进行认真分析,分清管理责任,提出相关整改措施,巩固清产核资工作成果,防止前清后乱。

第八十一条 企业在清产核资的基础上,按照国家现行的财务、会计及资产管理制度规定并结合企业实际情况,建立健全各项资产包括固定资产、流动资产、无形资产、递延资产、在建工程等管理制度,完善内部资产与财务管理办法。

第八十二条 企业在清产核资的基础上,应当进一步加强会计核算,完善各项内控机制,加强对企业内部各级次的财务监督,建立资产损失责任制度,完善经济责任审计和子企业负责人离任审计制度。

第八十三条 企业在清产核资的基础上,应当认真研究各项风险控制管理制度,尤其是对企业担保、委托贷款资金等事项,提出控制风险的可行的办法,加强担保及委托资金的管理与控制。

第八十四条 企业在清产核资的基础上,应当建立和完善财务信息披露制度,将本企业投资、经营、财务以及企业经营过程中的重大事项,按照国家法律、法规的要求及时向出资人、董事会和股东披露,规范会计信息的披露。

第八十五条 企业应当根据清产核资工作结果,对所属各子企业的资产及财务状况进行认真分析,对确已资不抵债或不能持续经营的,应当根据实际情况提出合并、分立、解散、清算和关闭破产等工作措施,促进企业内部结构的调整,提高企业资产营运效益。

第八十六条 企业内部的纪检监察部门应当积极介入本企业的清产核资工作,对发现的严重违纪违规问题,应当移交有关部门调查处理;涉嫌违法的问题,应当及时移送司法机关处理。

第十三章 附 则

第八十七条 企业应当按照《会计档案管理办法》的规定,妥善保管清产核资工作档案。清产核资各种工作底稿、各项证明材料原件等会计基础材料应装订成册,按规定存档。

第八十八条 本工作规程自公布之日起施行。

关于印发《国有企业清产核资资金核实工作规定》的通知

国资评价〔2003〕74号

党中央有关部门,国务院各部委、各直属机构,各省、自治区、直辖市及计划单列市国有资产监督管理机构,新疆生产建设兵团,各中央企业:

为规范国有及国有控股企业清产核资工作,真实反映企业的资产质量和财务状况,依据《国有企业清产核资办法》(国资委令第1号)及国家有关清产核资政策,我们制定了《国有企业清产核资资金核实工作规定》,现印发给你们。请结合企业实际,认真遵照执行,并及时反映工作中有关情况和问题。

国务院国有资产监督管理委员会
二〇〇三年九月十三日

国有企业清产核资资金核实工作规定

第一条 为规范国有及国有控股企业(以下简称企业)清产核资工作,促使解决企业历史遗留问题,真实反映企业的资产质量和财务状况,依据《国有企业清产核资办法》和国家有关清产核资政策,制定本规定。

第二条 资金核实是指国有资产监督管理机构根据清产核资企业上报的各项资产盘盈、资产损失和资金挂账等清产核资工作结果,依据国家清产核资政策和有关财务会计制度规定,组织进行审核并批复予以账务处理,重新核定企业实际占用国有资本金数额的工作。

第三条 企业开展清产核资工作,应当按照《国有企业清产核资办法》的有关规定,认真组织做好账务清理、资产清查等各项基础工作,如实反映企业资产质量和财务状况,做到全面彻底、账账相符、账实相符,保证企业清产核资结果的真实性、可靠性和完整性,严禁弄虚作假,避免国有资产流失。

第四条 企业清产核资工作结果应当按照规定经社会中介机构进行专项财务审计,查出的资产盘盈、资产损失和资金挂账应当提供相关合法证据或者社会中介机构经济鉴证证明等具有法律效力的证明材料。

承担企业清产核资专项财务审计工作和出具经济鉴证证明的社会中介机构,应当依据《独立审计准则》等有关规定,对企业清理出的各项资产盘盈、资产损失和资金挂账等清产核资工作结果进行客观、公正审计和经济鉴证,并对审计结果和经济鉴证证明的真实性、可靠性承担责任。

第五条 企业清理出的各项资产盘盈、资产损失和资金挂账等的认定与处理,按照事实确凿、证据充分、程序合规的原则,依据《企业清产核资办法》规定的工作程序和工作要求,由清产核资企业向国有资产监督管理机构申报批准,并按照资金核实批复结果调整账务。

第六条 企业应当按照规定要求在清产核资资金核实工作中向国有资产监督管理机构提交以下申报材料:

(一)企业清产核资工作报告,主要包括:清产核资工作基准日、工作范围、工作内容、工作结果和基准日的资产财务状况,以及相关处理意见;

(二)企业清产核资报表,包括:基准日企业基本情况表、各类资产损失明细情况表等;

(三)社会中介机构专项财务审计报告;

(四)企业申报处理的资产盘盈、资产损失和资金挂账的有关意见专项说明。企业申报处理的资产盘盈、资产损失和资金挂账的专项说明和各类资产损失明细情况表,应当逐笔写明发生日期、损失原因、政策依据、处理方式以及有关原始凭证资料和具有法律效力的证明材料齐全情况,并分类汇编成册;

(五)有关资产盘盈、资产损失和资金挂账备查材料,主要包括:企业清产核资原始凭证材料和具有法律效力的证明材料(可以用复印件),作为企业清产核资工作备查和存档资料,应当分类汇编成册,并列出目录,以便于工作备查;

(六)需要提供的其他材料。

第七条 企业清产核资资金核实工作按照以下程序进行:

（一）企业在账务清理、资产清查等工作基础上,经社会中介机构对清产核资专项财务审计和有关资产损失提出合规证据或者经济鉴证证明后,对清理出的各项资产盘盈、资产损失和资金挂账,按照国家清产核资政策和有关财务会计制度,分项提出处理意见,编制清产核资报表,撰写企业清产核资工作报告;

（二）企业向国有资产监督管理机构上报企业清产核资工作报告、清产核资报表、社会中介机构专项财务审计报告,并附相关合法证据及经济鉴证证明等材料;

（三）国有资产监督管理机构在规定工作时限内,对上报的企业清产核资工作报告、清产核资报表、社会中介机构专项财务审计报告及相关材料进行审核,并对资金核实结果进行批复;

（四）企业按照国有资产监督管理机构有关资金核实批复文件,依据国家财务会计制度有关规定,调整企业会计账务,并按照有关规定办理相关产权变更登记及工商变更登记。

第八条　对于企业在清产核资中查出的资产盘盈与资产损失相抵后,盘盈资产大于资产损失部分,根据财政部等六部门联合下发的《关于进一步贯彻落实国务院办公厅有关清产核资政策的通知》（财清〔1994〕15号,以下简称财清15号文件）的规定,经国有资产监督管理机构审核批准后,相应增加企业所有者权益。

第九条　依据《国务院办公厅关于扩大清产核资试点工作有关政策的通知》（国办发〔1993〕29号）和财清15号文件规定,企业清产核资中查出的各项资产损失和资金挂账数额较小,企业能够自行消化的,可以按照国家有关财务会计制度规定,经国有资产监督管理机构征求财政部门意见批准后分年计入损益处理;对查出的企业各项资产损失和资金挂账数额较大、企业无能力自行消化弥补的,经国有资产监督管理机构审核批准后,可冲减企业所有者权益。

第十条　企业查出的各项资产损失和资金挂账,经国有资产监督管理机构审核批准冲减所有者权益的,可依次冲减盈余公积金、资本公积金和实收资本。

对企业执行《企业会计制度》查出的各项资产损失和资金挂账,依据国家有关清产核资政策规定,以及财政部《关于国有企业执行〈企业会计制度〉有关财务政策问题的通知》（财企〔2002〕310号,以下简称企业310号文件）有关规定,经国有资产监督管理机构审核批准的,可以依次冲减以前年度未分配利润、公益金、盈余公积金、资本公积金和实收资本。

第十一条　企业应当依据国有资产监督管理机构资金核实批复文件,及时调整会计账务,并将调账结果在规定时限内报国有资产监督管理机构备案（其中抄送国有重点大型企业监事会1份）。

第十二条　企业有关资产损失和资金挂账经国有资产监督管理机构审核批准后,冲减所有者权益应当保留的资本金数额不得低于法定注册资本金限额,不足冲减部分依据财企310号文件规定,暂作待处理专项资产损失,并在3年内分期摊销,尚未摊销的余额,在资产负债表"其他长期资产"项目中列示,并在年度财务决算报告中的会计报表附注中加以说明。

第十三条　企业经批准冲销的有关不良债权、不良投资和有关实物资产损失等,应当建立"账销案存"管理制度,并组织力量或者成立专门机构进一步清理和追索,避免国有资产流失;对以后追索收回的残值或者资金应当按国家有关财务会计制度规定,及时入账并作有关收入处理。

第十四条　企业对清产核资各项基础工作资料应当认真整理,建立档案,妥善保管,并按照会计档案保管期限予以保存。

第十五条　企业对清产核资中反映出的各项经营管理中的矛盾和问题,应当认真总结经验,分清责任,建立和健全各项管理制度,完善相关内部控制机制,并做好组织落实工作。企业应当在清产核资工作的基础上,建立资产损失责任追究制度和健全企业不良资产管理制度,巩固清产核资成果。

第十六条　本规定自公布之日起施行。

关于印发《国有企业清产核资经济鉴证工作规则》的通知

国资评价〔2003〕78号

党中央有关部门,国务院各部委、各直属机构,各省、自治区、直辖市及计划单列市国有资产监督管理机构,新疆生产建设兵团,各中央企业:

为加强对企业国有资产的监督管理,规范企业清产核资经济鉴证工作,保证企业清产核资结果的真实、可靠和完整,根据《国有企业清产核资办法》(国资委令第1号)及清产核资的有关规定,我们制定了《国有企业清产核资经济鉴证工作规则》,现印发给你们。请结合企业实际,认真执行,并及时反映工作中有关情况和问题。

国务院国有资产监督管理委员会
二〇〇三年九月十八日

国有企业清产核资经济鉴证工作规则

第一章 总　　则

第一条　为规范国有及国有控股企业(以下简称企业)清产核资经济鉴证行为,保证企业清产核资结果的真实、可靠和完整,根据《国有企业清产核资办法》(以下简称《办法》)和国家有关财务会计制度规定,制定本规则。

第二条　本规则适用于组织开展清产核资工作的企业以及承办企业清产核资经济鉴证及专项财务审计业务的有关社会中介机构(以下简称中介机构)。

第三条　本规则所称清产核资经济鉴证工作,是指中介机构按照国家清产核资政策和有关财务会计制度规定,对企业清理出的有关资产盘盈、资产损失及资金挂账(以下简称损失及挂账)进行经济鉴证,对企业清产核资结果进行专项财务审计,以及协助企业资产清查和提供企业建章健制咨询意见等工作。

第四条　本规则所称中介机构主要是指具有经济鉴证业务执业资质的会计师事务所、资产评估事务所和律师事务所等。

第五条　中介机构在企业清产核资经济鉴证工作中,应根据《办法》和国家有关财务会计制度规定的工作要求、工作程序和工作方法,按照独立、客观、公正的原则,在充分调查研究、论证和分析基础上,对企业提供的清产核资资料和清查出的损失及挂账进行职业推断和客观评判,提出鉴证意见,出具清产核资专项财务审计报告和经济鉴证证明。

第二章 中介委托

第六条 按照《办法》规定,除涉及国家安全的特殊企业外,企业开展清产核资工作均须委托中介机构承办其经济鉴证业务,并应当依法签订业务委托约定书,明确委托目的、业务范围及双方责任、权利和义务。

第七条 企业按照国家有关法律法规规定或者特定经济行为要求申请进行清产核资的,以及企业所属子企业由于国有产权转让、出售等经济行为使产权发生重大变动(涉及控股权转移)需开展清产核资的,由企业母公司统一委托中介机构,并将委托结果报同级国有资产监督管理机构备案。

第八条 企业根据各级国有资产监督管理机构的要求必须开展清产核资工作的,以及企业母公司由于国有产权转让、出售等经济行为使产权发生重大变动(涉及控股权转移)需开展清产核资的,由同级国有资产监督管理机构统一委托中介机构。

第九条 承办企业清产核资经济鉴证业务的中介机构,必须具备以下条件:
(一)依法成立,具有经济鉴证或者财务审计业务执业资格;
(二)3年内未因违法、违规执业受到有关监管机构处罚,机构内部执业质量控制管理制度健全;
(三)中介机构的资质条件与委托企业规模相适应。

第十条 承办企业清产核资经济鉴证业务的中介机构专业工作人员应当具备以下条件:
(一)项目负责人应当为具有有效执业资格的注册会计师、注册评估师、律师等;
(二)相关工作人员应当具有相应的专业技能,并且熟悉国家清产核资操作程序和资金核实政策规定。

第十一条 承办企业清产核资经济鉴证业务的中介机构或者相关工作人员,与委托企业存在可能损害独立性利害关系的,应当按照规定回避。

第十二条 承办企业清产核资经济鉴证业务的中介机构在接受企业委托后,应当根据清产核资经济鉴证业务量需要,选定相对固定的专业人员参加清产核资经济鉴证工作,以保证工作按期完成。

第三章 损失及挂账鉴证

第十三条 企业在清产核资工作过程中,对于清查出的下列损失及挂账,应当委托中介机构进行经济鉴证:
(一)企业虽然取得了外部具有法律效力的证据,但其损失金额无法根据证据确定的;
(二)企业难以取得外部具有法律效力证据的有关不良应收款项和不良长期投资损失;
(三)企业损失金额较大或重要的单项存货、固定资产、在建工程和工程物资的报废、毁损;
(四)企业各项盘盈和盘亏资产;
(五)企业各项潜亏及挂账。

第十四条 在企业损失及挂账经济鉴证工作中,中介机构和相关工作人员应当实施必要的、合理的鉴证程序:
(一)督促和协助企业及时取得相关损失及挂账的具有法律效力的外部证据;
(二)在企业难以取得相关损失及挂账具有法律效力的外部证据时,中介机构及相关工作人员应当要求企业提供相关损失及挂账的内部证据；

（三）中介机构赴工作现场进行深入调查研究，取得相关调查资料；

（四）根据收集的上述材料，中介机构进行职业推断和客观评判，对企业相关损失及挂账的发生事实和可能结果进行鉴证；

（五）通过认真核对与分析计算，对企业相关损失及挂账的金额进行估算及确认；

（六）对收集的上述材料进行整理，形成经济鉴证材料；

（七）出具鉴证意见书。

第十五条 企业损失及挂账的鉴证意见书应符合以下要求：

（一）对于企业的相关损失及挂账应按照类别逐项出具鉴证意见；

（二）鉴证意见应当内容真实、表述客观、依据充分、结论明确。

第十六条 在企业损失及挂账经济鉴证工作中，中介机构及相关工作人员必须认真查阅企业有关财务会计资料和文件，勘察业务现场和设施，向有关单位和个人进行调查与核实；对企业故意不提供或者提供虚假会计资料和相关损失及挂账证据的，中介机构及相关工作人员有权对相关损失及挂账不予鉴证或者不发表鉴证意见。

第四章 专项财务审计

第十七条 企业清产核资专项财务审计业务，原则上应当由一家中介机构承担，但若开展清产核资的企业所属子企业分布地域较广，清产核资专项财务审计业务量较大时，多家中介机构（一般不超过5家）可以同时承办同一户企业的清产核资专项财务审计业务，并由承担母公司专项财务审计业务的中介机构担任主审，负责总审计工作。

第十八条 主审中介机构一般应承担企业清产核资专项财务审计业务量的50%以上（含50%），负责全部专项审计工作的组织、协调和质量控制，并对出具的企业清产核资专项财务审计报告的真实性、合法性负责。

第十九条 在企业清产核资专项财务审计工作中，中介机构及相关审计人员应当实施必要的审计流程，取得充分的审计证据。具体包括：

（一）制定清产核资专项财务审计工作计划，明确审计目的、审计范围和审计内容，拟定审计工作基础表和审计工作底稿格式，并对参加专项审计工作的相关审计人员进行培训；

（二）对企业清产核资基准日的会计报表进行审计，以保证企业清产核资基准日账面数的准确；

（三）负责企业资产清查的监盘工作；

（四）核对、询证、查实企业债权、债务；

（五）对企业损失及挂账进行审核，协助和督促企业取得损失及挂账所必需的外部具有法律效力的证据，其他中介机构出具的经济鉴证证明，以及提供特定事项的内部证明，并对其真实性和合规性进行审计；

（六）出具企业清产核资专项财务审计报告。

第二十条 在企业清产核资专项财务审计工作中，中介机构及相关审计人员应当审计的重点事项有：

（一）货币资金：重点审计企业的现金是否存在短缺，各类银行存款是否与银行对账单存在差异，其他货币资金是否存在损失等；

（二）应收款项：重点审计应收款项的账龄分析及其回函确认的情况，坏账损失的确认情况；

（三）存货：重点审计存放时间长、闲置、毁损和待报废的存货；

（四）长期投资：重点审核企业的长期投资产权清晰状况、核算方法、被投资单位的财务状况等；

（五）固定资产：重点审计固定资产的主要类型、折旧年限、折旧方法和使用状况；

（六）在建工程：重点审计在建工程的主要项目和工程结算情况，停建和待报废工程的主要原因；

（七）待摊费用、递延资产及无形资产：重点审计是否存在潜亏挂账的项目；

（八）各类盘盈资产：重点审计盘盈的原因和作价依据；

（九）各类盘亏资产：重点审计盘亏的原因、责任及金额；

（十）各项待处理资产损失：重点审核其申报审批程序是否符合企业内部控制制度和相关管理办法及相关政府部门的有关规定；

（十一）企业的内部控制制度：重点审计企业内部控制制度是否健全、有效。

第五章 审计报告

第二十一条 在实施了必要的审计流程和收集了充分、适当的审计证据后，承办企业清产核资专项财务审计业务的中介机构应当及时出具企业清产核资专项财务审计报告。

第二十二条 对于单独承办同一企业全部清产核资专项财务审计业务的中介机构，不仅应当出具该企业清产核资专项财务审计报告，还应当对该企业有较大损失的子企业出具分户清产核资专项财务审计报告。

第二十三条 对于同时承办同一企业清产核资专项财务审计业务的多家中介机构，应当分别对其审计的子企业出具分户清产核资专项财务审计报告，并报送主审中介机构，主审中介机构在此基础上出具企业清产核资专项财务审计报告。

第二十四条 企业清产核资专项财务审计报告的基本格式为：

（一）封面：标明清产核资专项审计项目的名称、中介机构名称、项目工作日期等；

（二）目录：应对专项审计报告全文编注页码，并以此列出报告正文及附表或者附件的目录；

（三）报告正文：应做到内容真实、证据确凿、依据充分、结论清楚、数据准确、文字严谨；

（四）相关工作附表及附件：

1. 损失挂账分项明细表；

2. 损失挂账申报核销项目审核说明；

3. 损失挂账的证明材料（应当分类装订成册，若证明材料过多，则作为备查材料）；

4. 主审会计师的资质证明和中介机构营业执照复印件；

5. 其他有关材料。

第二十五条 清产核资专项审计报告正文的格式为：清产核资工作范围、清产核资行为依据及法律依据、清产核资组织实施情况、清产核资审核结果、清产核资处理意见、中介机构认为需要专项说明的重大事项及报告使用范围说明等。

第二十六条 在损失挂账分项明细表中，应当将企业申报处理的损失挂账按单位和会计科目逐笔列示。具体格式为：损失项目名称、损失原因、发生时间、项目原值、申报损失金额、企业处理意见、关键证据及索引号和中介机构处理意见等。

第二十七条 在损失挂账申报核销项目审核说明中，中介机构应当对损失挂账分项明细表中列示的各类损失项目，按单位和会计科目逐项编写损失挂账项目说明。具体格式为：序号、申报损失项目名称、申报核销金额(以人民币元为单位)、关键证据、中介机构的审核意见等。

第二十八条 中介机构及相关审计人员在清产核资专项财务审计报告中应当重点披露的内容有：

（一）企业的会计责任和中介机构的审计责任；

（二）审计依据、审计方法、审计范围和已实施的审计流程；

（三）对企业损失及挂账的核实情况；

（四）处理损失及挂账,对企业的经营和财务状况将产生的影响；

（五）在清产核资专项财务审计工作中发现的有可能对企业损失及挂账的认定产生重大影响的事项；

（六）在清产核资专项财务审计工作中发现的企业重大资产和财务问题以及向企业提出的有关改进建议；

（七）对企业内部控制制度的完整性、适用性、有效性以及执行情况发表意见。

第六章　工作责任与监督

第二十九条 企业负责人对企业提供的会计资料以及申报的清产核资工作结果的真实性、完整性承担责任；中介机构对所出具的清产核资专项财务审计报告和损失及挂账经济鉴证意见的准确性、可靠性承担责任。

第三十条 承办企业清产核资经济鉴证业务的中介机构及相关工作人员应认真遵循相关执业道德规范：

（一）严格按照《办法》和国家有关财务会计制度规定,认真做好企业清产核资损失及挂账经济鉴证和专项财务审计工作；

（二）恪守独立、客观、公正的原则,做到诚信为本,不虚报、瞒报和弄虚作假；

（三）认真按照业务约定书的约定履行责任；

（四）严守企业的商业秘密,未经许可不得擅自对外公布受托企业的清产核资结果及相关材料。

第三十一条 国有资产监督管理机构负责中介机构及相关工作人员的企业清产核资经济鉴证监督工作,建立企业清产核资经济鉴证质量抽查工作制度,对中介机构出具的清产核资专项财务审计报告和企业损失及挂账经济鉴证意见的质量进行必要检查和监督。

第三十二条 承办企业清产核资经济鉴证业务的中介机构及相关工作人员在实际工作中违反国家有关法律法规规定的,国有资产监督管理机构可及时终止其清产核资经济鉴证业务,并视情节轻重,移交有关部门依法进行处罚；触犯刑律的,依法移送司法机关处理。

第三十三条 在国有资产监督管理机构对资金核实结果批复后,承办企业清产核资经济鉴证业务的中介机构应当及时协助企业按批复文件的要求进行调账。

第七章　附　　则

第三十四条 企业和承办企业清产核资经济鉴证业务的中介机构,应当按照《会计档案管理办法》的规定,妥善保管好清产核资各类工作底稿及相关材料,并做好归档管理工作。

第三十五条 本规则自公布之日起施行。

关于印发清产核资工作问题解答(二)的通知

国资厅发评价〔2004〕8号

党中央有关部门,国务院各部门,各直属机构,各省、自治区、直辖市国有资产监管机构,新疆生产建设兵团,各中央企业:

为贯彻落实《国有企业清产核资办法》(国资委令第1号)及相关清产核资工作文件的精神,帮助企业了解国家统一的清产核资工作制度,现将《清产核资工作问题解答(二)》印发你们,请遵照执行。在执行过程中有何问题,请及时反映。

国务院国有资产监督管理委员会办公厅
二〇〇四年二月十二日

清产核资工作问题解答(二)

在中央企业清产核资工作中,不少企业和会计师事务所又陆续反映了一些新的清产核资政策、报表等方面的问题,现解答如下:

一、关于正在进行改制的企业清产核资问题

根据《国务院办公厅转发国务院国有资产监督管理委员会关于规范国有企业改制工作意见的通知》(国办发〔2004〕96号,以下简称96号文件)有关规定,国有企业在改制前,首先应进行清产核资,在清产核资的基础上,再进行资产评估。在清产核资基准日之前,若企业经国资委批复将要或正在进行改制,但尚未进行资产评估或仅对部分资产进行评估的,应按96号文件要求开展清产核资工作;若企业在96号文件下发之前已进行整体资产评估,考虑到企业实际工作量及时间问题,经申报国资委核准后可不再另行开展清产核资工作。

二、关于企业所属控股或相对控股但无实际控制权的被投资企业,及企业参股但有实际控制权的被投资企业清产核资问题

根据《国有企业清产核资工作规程》(国资评价〔2003〕73号)有关规定,除第十条中列示的符合相关条件企业所属子企业可以不纳入清产核资范围外,企业及所属子企业原则上应全部纳入清产核资范围,因此,企业所属控股或相对控股但无实际控制权的被投资企业,应由企业作为其所属子企业统一纳入清产核资范围;企业参股但有实际控制权的被投资企业,也应由企业作为其所属子企业统一纳入清产核资范围;对于企业参股且无实际控制权的被投资企业,企业不应将该被投资企业纳入清产核资范围,而应由企业在清产核资中进行该笔长期投资的清理。

三、关于关闭、停业等难以持续经营的企业清产核资问题

根据《国有企业清产核资工作规程》(国资评价〔2003〕73号)的有关规定,对于关闭、停业等难以持续经营的企业,原则上也应全部纳入清产核资范围;但对于由于客观原因难以开展清产核资工作的,企业总公司应向国资委提出申请,经国资委批复同意后可以不作为单户纳入清产核资范围,而上述企业的投资企业应进行长期股权投资清理,并在限期内将清理后资产及财务状况报国资委备案。

四、关于企业按成本法核算的长期股权投资账面余额,与改为权益法核算后的应享有被投资单位账面所有者权益份额之间的差额申报处理的问题

在清产核资中,企业按照《企业会计制度》将长期股权投资从成本法调整为权益法核算而产生的企业长期股权投资账面余额,与按持股比例计算的应享有被投资单位账面所有者权益份额之间的差额,不应作为清产核资清查出的长期股权投资损失或收益申报处理,而应由企业按照财政部《关于印发工业企业〈执行企业会计制度〉有关问题衔接规定的通知》(财会〔2003〕31号)的有关规定进行账务调整。

五、关于企业内部单方挂账或金额不相等的往来款项作为坏账损失申报的问题

根据《关于印发国有企业资产损失认定工作规则的通知》(国资评价〔2003〕72号)有关规定,企业内部往来款项原则上不能作为清产核资坏账损失申报处理。但在清产核资实际工作中,通过账务清理和资产清查,企业的内部单方挂账和往来款金额不相等现象较为普遍,为了全面摸清中央企业"家底",如实反映企业存在的矛盾和问题,真实、完整地反映企业资产状况,企业内部的单方挂账在同时取得下列证据时可以在清产核资中比照坏账损失申报:

(一)企业对于单方挂账产生的内部证据,包括:会计核算有关资料和原始凭证;相关经济行为的业务合同;形成单方挂账的详细原因;

(二)债务方提供的不承认此笔挂账的理由;

(三)中介机构对该笔挂账的经济鉴证证明。

对于企业的内部金额不相等的往来款项,先由企业进行账务调整,差额部分再比照单方挂账的申报方法进行申报。

六、关于企业将主要固定资产和流动资产账面价值与实际价值背离较大的差额部分作为损失申报处理的问题

在清产核资工作中,若企业清查出主要固定资产(企业在1995年清产核资时估价入账的土地除外)和流动资产账面价值与实际价值存在较大背离的情况,且该主要固定资产和流动资产未发生产权转让或进行处置,则企业可以将主要固定资产和流动资产账面价值与实际价值的差额按照《企业会计制度》有关资产减值准备计提的原则,作为清产核资预计损失申报处理,但不得作为清产核资按"原制度"清查出的损失申报处理。

七、关于纳入清产核资范围但已于清产核资基准日上一年度进行过资产评估的企业资产损失申报问题

根据《国有企业清产核资工作规程》(国资评价〔2003〕73号)有关规定,企业所属子企业因某种特定经济行为在上一年度已组织进行过资产评估的,可以不纳入此次清产核资范围。但若企业因某种特定经济行为在上一年度组织进行过资产评估后,仍有资产损失尚需处理的,企业也可以参加此次清产核资。在申报清产核资资产损失时,企业可以按照《国有企业资产损失认定工作规则的通知》(国资评价〔2003〕72号)和《国有企业清产核资经济鉴证工作规程的通知》(国资评价〔2003〕78号)有关规定,将资产评估结果作为评估事务所出具的经济鉴证证明,提供给负责清产核资财务专项审计的会计师事务所进行审计。

八、关于期初未分配利润为负值的企业在清产核资中按《企业会计制度》预计的损失处理问题

根据《关于印发国有企业清产核资资金核实工作规定的通知》(国资评价〔2003〕74号)的有关规定,在清产核资中,对于按《企业会计制度》预计的损失,企业应核减期初未分配利润。若期初未分配利润为负值的,企业仍应将预计损失记入期初未分配利润,即加大未分配利润的负值。对于未分配利润的负值,企业应在清产核资基准日后的五年内按照会计制度用当年实现的利润进行弥补,五年后若还未弥补完,企业可用盈余公积和资本公积进行弥补。

九、关于涉及国家安全等特殊企业的清产核资结果内部审计问题

根据《国有企业清产核资经济鉴证工作规程的通知》(国资评价〔2003〕78号)有关规定,企业清产核资工作结果应当委托符合资质条件的社会中介机构进行专项财务审计。对于涉及国家安全、不适宜会计师事务所审计的特殊子企业、依据所在国家及地区法律规定进行审计的境外子企业,以及国家法律、法规尚未规定须委托会计师事务所审计的有关单位,可由企业自行组织开展清产核资工作。为了确保清产核资结果的真实可靠,对于自行组织开展清产核资工作的企业,须对其清产核资结果进行内部审计:一是企业应有正式内部审计机构,制定切实可行的内审方案,制定统一的审计程序、审计标准和审计报告格式;二是企业可探索多种内审方式,如可采取"下审一级"、"同级互审"等方式,无论采取何种方式,都必须确保审计工作质量;三是根据《国有企业清产核资经济鉴证工作规则》(国资评价〔2003〕78号)的有关规定,企业要在充分调查取证和分析论证的基础上,对各项损失挂账进行客观评判,并出具鉴证意见;四是应出具清产核资专项内审报告,专项内审报告要加盖企业公章,并有内审机构负责人和内审工作小组组长的签字。

十、关于2005年执行《企业会计制度》的企业,2004年度发生的按《企业会计制度》预计的损失处理问题

对于以2003年12月31日为基准日进行清产核资,但计划于2005年才开始执行《企业会计制度》的企业,由于企业进行清产核资和执行《企业会计制度》的时间相差一年,企业应按照清产核资和《企业会计制度》要求,进行2004年度资产损失的预计工作,并将预计损失结果另行报国资委核准。

十一、关于"企业预计损失情况表(按《企业会计制度》)"(企清工作05表)中的"企业预计损失"和"企业申报数"的填列问题

对于未执行《企业会计制度》的企业,企业预计损失情况表(按《企业会计制度》)中的"企业预计损失"填列的是该企业在清产核资中,按《企业会计制度》对8项资产预计的损失;"企业申报数"与"企业预计损失"数额相同。

对于已执行《企业会计制度》的企业,"企业预计损失"填列的是至清产核资基准日企业按《企业会计制度》已计提的8项资产减值准备;"企业申报数"填列的是企业需在此次清产核资工作中补提的8项资产减值准备。若企业在此次清产核资工作中不需要补提资产减值准备,则"企业申报数"不填数。

十二、关于企业"待处理流动资产净损失"、"待处理固定资产净损失"和"固定资产清理"科目中核算的损失挂账在"损失挂账分项明细表"中的填列问题

对于企业在清产核资工作中清查出的在"待处理流动资产净损失"、"待处理固定资产净损失"和"固定资产清理"科目中的核算的损失挂账,在填列相关"损失挂账分项明细表"时,应将在上述科目中核算的各损失挂账还原到原科目中,按照各损失挂账的实际资产类别选择填列相关"损失挂账分项明细表"。

关于印发清产核资工作问题解答(三)的通知

国资发评价〔2004〕220号

党中央有关部门,国务院各部委、各直属机构,各省、自治区、直辖市国有资产监督管理机构,新疆生产建设兵团,各中央企业:

为贯彻落实《国有企业清产核资办法》(国资委令第1号)及相关清产核资工作文件的精神,帮助企业正确掌握清产核资工作政策、制度和要求,现将《清产核资工作问题解答(三)》印发给你们,请遵照执行。在执行过程中有何问题,请及时反映。

国务院国有资产监督管理委员会
二〇〇四年四月二十九日

清产核资工作问题解答(三)

在中央企业清产核资工作中,不少企业和会计师事务所又陆续反映了一些清产核资政策、资产损失申报等方面的问题,为帮助企业正确掌握清产核资工作政策、制度和要求,现解答如下:

一、关于清产核资原制度资产损失取证问题

在清产核资过程中,一些企业反映在资产损失取证过程中,对某些按原制度应收款项、长期投资等资产损失取得具有法律效力的外部证据难度较大。根据《国有企业资产损失认定工作规则》(国资评价〔2003〕72号)有关规定,若企业在确实经过努力工作仍未取得足以证明资产已发生损失的具有法律效力的外部证据时,应对资产损失逐笔逐项收集完备的企业内部证据。企业内部证据应详细说明资产损失发生的原因和对责任人的责任追究与经济赔偿情况,经企业法定代表人签字盖章。负责企业清产核资专项财务审计的中介机构,可在企业内部证据充分的前提下,按照国家有关规定和遵循实事求是原则,通过职业判断和客观评判出具资产损失经济鉴证证明。

二、关于清产核资预计损失计提标准问题

推进企业执行《企业会计制度》是清产核资工作目标之一。根据《关于做好执行〈企业会计制度〉工作的通知》(国资评价〔2003〕45号)及相关清产核资文件规定,企业在清产核资过程中,应当按照《企业会计制度》及企业内部控制制度的规定,对可能发生损失的有问题资产,进行损失预计,作为企业首次执行《企业会计制度》时的期初资产减值准备。企业在对资产进行损失预计时,应结合企业的行业特点和资产质量状况,按照《企业会计制度》和国资委财务监管有关要求,制定统一的预计损失计提政策和操作办法,确定预计损失计提的范围、方法和标准。企业在清产核资中制定的预计损失计提政策应当与执行《企业会计制度》后计提资产减值准备的政策保持一贯性,如果不一致应该严格按照财会制度的要求作为会计政策变更事项,事先报国资委备案并陈述相关理由。

三、关于清产核资清出有问题负债申报处理问题

为了保证企业清产核资工作的全面、彻底,充分反映和解决企业存在的历史问题,在清产核资工作中,企业对各项负债应进行认真清查。对于清查出的有问题负债,应分别以下情况处理:

(一)对于清查出债权人灭失或三年以上经认定不需要支付的应付款项(如应付账款、预收账款、代销商品款及其他应付款等)可视同资产盘盈,企业可以按照清产核资有关文件的规定,在取得相关证据或中介机构的经济鉴证证明后,进行申报处理。

(二)在清产核资过程中,企业清查出由于各种原因从成本费用中预先提取留待以后年度支付的、在负债中核算的相关费用,如租金、财务费用、固定资产大修理费用、用于支付给职工的工资(包括施工企业按规定提取的百元工资含量包干)等,与企业的实际情况不符,或者超出企业实际支付规模所结余部分,可以在清产核资中申报转增权益处理。

(三)对于以前年度企业的工资超支挂账,其中属于企业根据国家有关政策,实行减员增效、下岗分流、主辅分离等改革措施,一次性支付给职工的各种补贴超出企业从成本中提取的应付工资额度而形成的挂账,在取得相关证据和中介机构出具经济鉴证意见后,可视同潜亏挂账进行申报处理。

(四)对于以前年度企业的福利费用超支挂账,其中属于企业参加职工基本医疗保险改革前发生的医药费用超支挂账,在取得相关证据和中介机构出具经济鉴证意见后,可视同潜亏挂账进行申报处理。

四、关于已执行《企业会计制度》企业补提或核销资产减值准备问题

在清产核资工作中,对已执行《企业会计制度》的企业,通过认真的资产清查,按照《企业会计制度》及企业内部控制制度的规定,发现确实存在少提资产减值准备的(包括未提足资产减值准备的资产成为事实损失的情况),应当进行补提资产减值准备,并作为预计损失在"企业预计损失情况表"(企清工作05表)中申报。已执行《企业会计制度》的企业,在清产核资工作中清查出已提足减值准备的资产成为事实损失后,企业根据清产核资有关资产损失认定文件的规定,可以申请对这部分计提的资产减值准备和相应的账面资产数额进行销账。对于申请销账的已提足的资产减值准备,企业应逐笔逐项提供相关经济鉴证证明,并填列相应的"损失挂账明细表"单独反映,其中:

(一)"坏账准备"填列"坏账损失挂账分项明细表(一)"(企清明细02-1表)、"短期投资跌价准备"填列"其他流动资产损失挂账分项明细表"(企清明细05表)、"委托贷款减值准备"根据会计制度的规定分析填列"其他流动资产损失挂账分项明细表"(企清明细05表)或"长期投资损失挂账分项明细表"(企清明细06表);"其他各项资产减值"按要求填列相应的损失挂账分项明细表。

(二)"项目原值":填列企业需核销资产减值准备所对应的资产账面原值。

(三)"清查出有问题的资产数":填列企业需核销的资产减值准备数额;

(四)"企业申报损失数"和"中介审核数":将企业需核销的资产减值准备数额和中介机构审核确认的资产减值准备数额填列在"列损益"栏中;

(五)"备注":必须注明"资产减值准备销账"。

五、关于执行《企业会计制度》变更固定资产折旧政策造成折旧计提不足在清产核资中作为资产损失申报处理问题

按照《财政部关于印发〈关于执行〈企业会计制度〉和相关会计准则有关问题解答(二)〉的通知》(财会[2003]10号)的规定:"企业首次执行《企业会计制度》而对固定资产的折旧年限、预

计净残值等所做的变更,应在首次执行的当期作为会计政策变更,采用追溯调整法进行会计处理"。根据上述规定和此次清产核资的有关政策,对于企业在执行《企业会计制度》时变更固定资产折旧政策,如对计算机设备缩短折旧年限等,使依据原制度已经提取的固定资产折旧额小于按《企业会计制度》制定的固定资产折旧政策下应提取的折旧额,这部分差额经中介机构出具经济鉴证意见后,视同应提未提费用作为原制度损失在清产核资中进行申报处理。企业在上述损失申报中采用的固定资产折旧政策应当与执行《企业会计制度》后执行的固定资产折旧政策保持一贯性,如果不一致应该严格按照财会制度的要求作为会计政策变更事项,事先报国资委备案并陈述相关理由。

六、关于企业尚未摊销的开办费在清产核资中作为资产损失申报处理问题

依据《工业企业财务制度》的有关规定,开办费是指企业在筹建期发生的费用,包括筹建期间人员工资、办公费、培训费、差旅费、印刷费、注册登记费,以及不计入固定资产和无形资产购建成本的汇兑损益、利息等支出。开办费自生产、经营月份的次月起,按不短于 5 年的期限分期摊入管理费用。对于清产核资后即开始执行《企业会计制度》的企业,若在清产核资基准日仍有尚未摊销的开办费作为资产损失申报处理问题,应区别以下情况对待:

(一)若企业尚未摊销的开办费余额较小,直接将其余额转入当期损益对当期利润不产生重大影响的,企业应依据《财政部关于印发〈实施《企业会计制度》及其相关准则问题解答〉的通知》(财会〔2001〕43 号)的有关规定处理,在清产核资中不作为原制度资产损失申报。

(二)若企业尚未摊销的开办费余额较大,直接将其余额转入当期损益对当期利润产生重大影响的,在清产核资中,企业可按照清产核资有关损失认定政策的规定,在提供充分的相关证据及中介机构的经济鉴证前提下,作为清产核资原制度损失进行申报处理。

七、关于企业至清产核资基准日仍在在建工程科目挂账或在递延资产中核算未摊销完毕的在建工程超出概算部分,作为损失申报处理问题

在清产核资资产清查过程中发现,由于各种原因,企业的在建工程超出概算的现象较为普遍。对于超出概算的部分支出,企业将在建工程转固定资产时,未能如实反映在建工程的实际情况,将这部分超概算支出仍挂账在建工程科目或转为递延资产核算。在清产核资过程中,对于这部分超出概算的支出挂账,企业应进行认真分析,区别以下不同情况分类处理:

(一)按照现行企业会计制度和财务制度的规定,超概算支出部分不符合资本化条件的,对于尚未摊销的部分,应作为应摊未摊的费用,由企业作出难以自行消化的专项说明,经中介机构进行职业推断和客观评判后出具经济鉴证证明,作为原制度应摊未摊费用损失申报处理。

(二)按照现行企业会计制度和财务制度的规定,超概算支出部分符合资本化条件的,应作为会计差错,调整相应固定资产的账面原值并补提固定资产折旧。若应补提的固定资产折旧大于该项资产的已摊销额,可作为应提未提费用,由企业作出专项说明,经中介机构进行职业推断和客观评判后出具经济鉴证证明,认定为原制度应提未提费用申报处理。

八、关于企业进行主辅分离等改制与职工解除劳动合同支付的经济补偿作为损失申报问题

企业在进行主辅分离等改制过程中,与职工解除劳动合同支付的经济补偿金,根据《关于中央企业主辅分离辅业改制分流安置富余人员资产有关问题的通知》(国资发产权〔2004〕9 号)的有关规定,改制企业可用国有净资产进行支付和预留。企业在进行主辅分离等改制前,应根据国家有关清产核资文件规定,开展清产核资工作。在清产核资资产损失申报时,企业同时提供以下相关材料后,可以将已经支付给职工的经济补偿金作为原制度损失进行申报,将经批准同意预留部分作为预计损失进行申报:

(一)批准或决定同意企业进行主辅分离等改制的文件;

（二）改制企业支付给职工解除劳动合同经济补偿金的凭证或批准同意预留的批文；

（三）改制企业支付或预留职工解除劳动合同经济补偿金的详细情况说明；

（四）中介机构的经济鉴证证明。

九、关于企业在1995年清产核资时估价作为固定资产入账的生产经营用地，后改为职工宿舍用地的处理问题

根据《国务院办公厅关于在全国进一步开展清产核资工作的通知》（国办发〔1995〕17号）和财政部、原国家土地管理局、原国家国有资产管理局《清产核资土地估价实施细则》（财清〔1994〕14号）的有关规定，1995年全国国有企业清产核资工作的主要任务之一是对全部国有企业占用的土地进行清查和估价，逐步建立国有土地基准价制度。由于1995年我国已经开始对国有企业职工住房制度进行改革，因此1995年清产核资土地清查估价工作规定，对于国有企业已进行或拟进行职工住房改革的房屋占用的土地不纳入土地清查估价范围。企业在1995年清产核资土地清查估价工作中已作为固定资产入账的生产经营用地，后改为非生产经营用地，用于建造职工宿舍的，在本次清产核资中，对于职工宿舍产权已归职工个人所有的房屋占用的土地，企业同时提供以下相关材料后，可以申报对列入固定资产中的土地进行账务核销。

（一）当地国有土地管理部门同意企业将生产经营用地改为非生产经营用地的批复文件；

（二）完备的职工房改相关证明材料；

（三）中介机构的经济鉴证证明。

十、关于清产核资结果的时效性问题

企业清产核资结果经审核确认后，自清产核资基准日起3年内有效。在清产核资结果有效期内，企业经批准或决定进行资产移交、改制或国有产权转让等事项时，直接以该次清产核资结果作为基础开展工作，不再另行组织清产核资。

十一、关于超出清产核资结果有效期后中央企业改制、资产划转和股权转让清产核资问题

中央企业资产移交、改制或国有产权转让等事项经批准或决定后，企业尚未开展清产核资或上次清产核资结果已过有效期，根据国家有关文件规定，企业必须开展清产核资工作。

（一）对于符合下列情形之一的，企业应向国务院国有资产监督管理委员会（以下简称国资委）提出开展清产核资工作的申请，并在清产核资工作结束后及时对清产核资结果进行申报，国资委对清产核资结果进行审核确认：

1. 有关部门、单位或地方政府所属企业移交给国资委直接监管或移交给中央企业作为子企业的；

2. 有关部门、单位或地方政府所属事业等单位转制成企业并移交给国资委直接监管或移交给中央企业作为子企业的；

3. 中央企业整体进行改制或国资委将所持有的中央企业国有产权进行转让；

4. 其他按规定应由国资委直接组织清产核资的。

（二）对于符合下列情形之一的，由中央企业总公司组织所属子企业开展清产核资工作，按照国家有关清产核资损失认定的文件，对所属子企业的清产核资结果进行审核认定，并在年度财务决算中将所属子企业清产核资审核认定结果进行披露，国资委在年度财务决算审核中一并确认：

1. 中央企业所属子企业进行改制的；

2. 中央企业转让所属子企业国有产权的；

3. 其他按规定应由中央企业总公司组织所属子企业开展清产核资工作的。

财政部关于印发《行政事业单位资产清查暂行办法》的通知

财办〔2006〕52号

党中央有关部门,国务院有关部委、有关直属机构,全国人大常委会办公厅,全国政协办公厅,高法院,高检院,有关人民团体,各省、自治区、直辖市、计划单列市财政厅(局),新疆生产建设兵团财务局:

为加强行政事业单位国有资产监督管理,规范行政事业单位资产清查工作,我们制定了《行政事业单位资产清查暂行办法》。现印发给你们,请遵照执行。执行中有何问题,请及时向我部反映。

附件:行政事业单位资产清查暂行办法

财政部
二〇〇六年十二月十三日

附件:

行政事业单位资产清查暂行办法

第一章 总 则

第一条 为加强行政事业单位国有资产监督管理,规范行政事业单位资产清查工作,真实反映行政事业单位的资产及财务状况,完善资产管理制度,提高资产使用效益,根据《行政单位国有资产管理暂行办法》(财政部令第35号)、《事业单位国有资产管理暂行办法》(财政部令第36号)和国家相关规定,制定本办法。

第二条 本办法适用于占有使用国有资产的各级各类行政事业单位的资产清查工作。

第三条 本办法所称行政事业单位资产清查,是指财政部门、主管部门或行政事业单位,根据各级政府及其财政部门专项工作要求或者特定经济行为需要,按照规定的政策、工作程序和方法,对行政事业单位进行账务清理、财产清查,依法认定各项资产损益,真实反映行政事业单位国有资产占有使用状况的工作。

第四条 行政事业单位有下列情形之一的,应当进行资产清查:

(一)根据各级政府及其财政部门专项工作要求,纳入统一组织的资产清查范围的;

(二)进行重大改革或者改制的;

(三)遭受重大自然灾害等不可抗力造成资产严重损失的;

(四)会计信息严重失真或者国有资产出现重大流失的;

（五）会计政策发生重大变更，涉及资产核算方法发生重要变化的；

（六）财政部门认为应当进行资产清查的其他情形。

第五条 行政事业单位资产清查工作由财政部门、主管部门或行政事业单位按照"统一政策、分级管理"的原则组织实施。

第二章 机构及其职责

第六条 财政部门是行政事业单位资产清查工作的综合管理部门。主要职责是：

（一）根据国家及上级财政部门有关行政事业单位资产清查的规定和工作要求，制定本地区和本级行政事业单位资产清查规章制度，并组织实施和监督检查；

（二）负责批复本级行政事业单位资产清查立项申请；

（三）负责本级行政事业单位资产清查中有关资产损益的认定和资产清查结果的核实；

（四）根据工作需要，负责汇总本地区和本级行政事业单位资产清查结果，并向上级财政部门及时报告工作情况；

（五）指导下级财政部门开展行政事业单位资产清查工作。

第七条 主管部门按照财务隶属关系负责组织本部门所属行政事业单位的资产清查工作。主要职责是：

（一）负责审核或提出本部门所属行政事业单位资产清查立项申请；

（二）负责制定本部门所属行政事业单位资产清查实施方案，并对所属行政事业单位资产清查工作进行监督检查；

（三）负责审核汇总本部门所属行政事业单位资产清查工作结果，并向同级财政部门报送资产清查工作结果报告；

（四）根据同级财政部门出具的资产核实批复文件，组织本部门所属行政事业单位进行账务处理。

第八条 行政事业单位负责本单位资产清查工作的具体实施。主要职责是：

（一）向主管部门和财政部门提出本单位资产清查立项申请；

（二）负责制定本单位资产清查实施方案，具体组织开展资产清查工作，并向主管部门报送资产清查工作结果；

（三）根据同级财政部门资产清查资产核实批复文件，进行账务处理，并报主管部门和同级财政部门备案；

（四）负责办理相关资产管理手续。

第九条 财政部门、主管部门或行政事业单位组织开展行政事业单位资产清查工作，应当设立或明确资产清查工作机构。

第三章 资产清查工作程序

第十条 行政事业单位进行资产清查，应当向主管部门提出申请，并按照规定程序报同级财政部门批准立项后组织实施，但根据各级政府及其财政部门专项工作要求进行的资产清查除外。

行政事业单位资产清查申请报告应当说明资产清查的原因、范围以及工作基准日等内容。

第十一条 行政事业单位资产清查工作除国家另有规定外，按照下列程序进行：

（一）行政事业单位在主管部门、同级财政部门的监督指导下设立或明确资产清查工作机

构,制定本单位资产清查工作实施方案;

(二) 行政事业单位按照资产清查工作实施方案,实施自查;

(三) 除涉及国家安全的特殊单位和特殊事项外,行政事业单位的自查结果须委托社会中介机构进行专项审计及相关工作;

(四) 行政事业单位向主管部门报送资产清查工作结果报告,经主管部门审核后报同级财政部门;

(五) 同级财政部门对有关资产损益进行认定,对资产清查结果进行核实;

(六) 根据同级财政部门资产核实批复文件及时进行账务处理,并办理相关资产管理手续;

(七) 根据资产清查工作情况,建立完善各项规章制度。

第十二条 财政部门组织开展的资产清查工作,由财政部门统一委托社会中介机构进行专项审计及相关工作。

主管部门组织或行政事业单位因特定经济行为需要开展的资产清查工作,由主管部门或行政事业单位自行委托社会中介机构进行专项审计及相关工作;财政部门认为必要时,也可直接委托。

第十三条 承担资产清查专项审计及相关工作的社会中介机构应当是依法设立的,并具备与所承担工作相适应的专业人员和专业执业能力。

第十四条 资产清查工作专项审计费用,按照"谁委托,谁付费"的原则,由委托方承担。

第十五条 行政事业单位资产清查工作结果报告主要包括下列内容:

(一) 工作报告。主要反映本单位的资产清查工作基本情况和结果,包括:本单位资产清查的基准日、范围、内容、结果,以及基准日资产及财务状况。

(二) 数据报表。按规定格式和软件填报的资产清查报表及相关材料。

(三) 证明材料。需申报处理的资产损益和资金挂账等情况,相关材料应当单独汇编成册,并附有关凭证资料和具有法律效力的证明材料。

(四) 审计报告。社会中介机构对行政事业单位资产清查的结果,出具经注册会计师签字的资产清查专项审计报告。

(五) 其他需提供的备查材料。

第四章 资产清查工作内容

第十六条 资产清查工作内容包括:单位基本情况清理、账务清理、财产清查、损益认定、资产核实和完善制度等。

第十七条 单位基本情况清理是指根据资产清查工作的需要,对应当纳入资产清查工作范围的所属单位户数、编制和人员状况等基本情况的全面清理。

第十八条 账务清理是指对行政事业单位的各种银行账户、会计核算科目、各类库存现金、有价证券以及各项资金往来等基本账务情况进行全面核对和清理。

第十九条 财产清查是指对行政事业单位的各项资产进行全面的清理、核对和查实。

行政事业单位对清查出的各种资产盘盈和盘亏、报废及坏账等损失按照资产清查要求进行分类,提出相关处理建议。

第二十条 损溢认定是指财政部门在行政事业单位进行基本情况清理、账务清理、财产清查的基础上,依据有关规定,对清理出来的有关资产盘盈、资产损失和资金挂账进行认证。

第二十一条 资产核实是指财政部门在损益认定的基础上,依据有关规定,对行政事业单位资产清查结果予以审核批复。

第二十二条 完善制度是指针对资产清查工作中发现的问题,进行全面总结、认真分析,提出相应整改措施和实施计划,建立健全资产管理制度。

第二十三条 对于资产清查中发现的、已使用但尚未办理竣工决算手续的基本建设项目,行政事业单位应当按照基本建设财务管理规定及时办理竣工决算手续。

第二十四条 行政事业单位对在资产清查中新形成的资料,要分类整理形成档案,按照《会计档案管理办法》[(84)财预字第85号]进行管理,并接受国家有关部门的监督。

第五章 监督和管理

第二十五条 财政部门应当加强对行政事业单位资产清查工作的组织领导和监督检查,加强对社会中介机构开展资产清查专项审计及相关工作的监督检查。

第二十六条 财政部门对行政事业单位有关资产损益的认定和资产清查工作结果的审核,应当严格执行国家有关法律、法规、规章和有关财务、会计制度规定,依法办事,严格把关,严肃工作纪律。

第二十七条 主管部门要在行政事业单位资产清查工作的基础上,组织力量进行认真复核,保证资产清查结果的全面、真实、准确。

第二十八条 行政事业单位进行资产清查,要做到账账、账实相符,不重不漏,查清资产来源、去向和管理情况,找出管理中存在的问题,完善制度、堵塞管理漏洞。

第二十九条 社会中介机构应当按照独立、客观、公正的原则,履行必要的程序,认真核实单位各项资产清查材料,并按规定进行实物盘点和账务核对;对单位资产损益按照国家资产清查政策和有关财务、会计制度规定的损益确定标准,在充分调查论证的基础上进行职业推断和客观评判,出具鉴证意见。

行政事业单位应当配合社会中介机构的工作,提供进行专项审计及相关工作必需的资料和线索。任何单位和个人不得干预社会中介机构的正常执业。

第三十条 财政部门可以结合实际情况组织相关专业人员或委托社会中介机构,对行政事业单位资产清查工作结果进行检查或抽查。

第六章 工作纪律

第三十一条 行政事业单位和主管部门在资产清查中违反本办法规定程序的,不组织或不积极组织,未按时完成资产清查工作的,由财政部门责令其限期完成;对资产清查工作质量不符合规定要求的,由财政部门责令其重新组织开展资产清查工作;对拒不完成资产清查工作的单位,财政部门予以通报批评。

第三十二条 行政事业单位在资产清查中有意瞒报、弄虚作假、提供虚假会计资料的,由财政部门责令其改正,并依据《中华人民共和国会计法》、《财政违法行为处罚处分条例》(国务院令第427号)等有关法律、法规规定予以处罚;单位负责人和直接责任人由财政部门会同有关部门依法查处;构成犯罪的,依法追究刑事责任。

第三十三条 单位负责人和有关工作人员在资产清查中,采取私分、低价变卖、虚报损失等手段侵吞、转移国有资产的,由财政部门会同有关部门依法查处;构成犯罪的,依法追究刑事责任。

第三十四条 行政事业单位负责人对申报的资产清查工作结果的真实性、完整性承担责任；社会中介机构对单位资产清查专项审计报告的准确性、可靠性承担责任。

第三十五条 社会中介机构及有关当事人在资产清查中与单位相互串通，弄虚作假、提供虚假鉴证材料的，由财政部门会同有关部门依法查处；构成犯罪的，依法追究刑事责任。

第三十六条 财政部门工作人员在对单位资产清查工作结果进行审核过程中徇私舞弊，造成重大后果的，由有关部门依法给予行政处分或纪律处分；构成犯罪的，依法追究刑事责任。

第七章 附 则

第三十七条 各省、自治区、直辖市和计划单列市财政部门可根据本办法，结合本地区实际，制定具体的实施细则，并报财政部备案。

第三十八条 行政单位附属未脱钩企业，执行企业财务和会计制度的事业单位，以及事业单位兴办的具有法人资格的企业，按照财政部有关企业清产核资的规定执行。

第三十九条 行政事业单位资产清查中有关资产损益认定和资产核实工作，按照《行政事业单位资产核实暂行办法》的规定执行。

《行政事业单位资产核实暂行办法》由财政部另行制定。

第四十条 本办法由财政部负责解释。

第四十一条 本办法自发布之日起施行。

财政部办公厅关于印发行政事业单位资产清查工作中有关问题解答的通知

财办行〔2007〕7号

各省、自治区、直辖市、计划单列市财政厅(局)，新疆生产建设兵团财务局，党中央有关部门财务司(局)，国务院有关部委、有关直属机构财务司(局)，全国人大常委会办公厅机关事务管理局，全国政协办公厅机关事务管理局，高法院司法行政装备管理局，高检院计划财务装备局，有关人民团体财务司(局)：

目前，各地区、各部门正按照财政部有关部署组织开展行政事业单位资产清查工作(以下简称资产清查)。根据有关地区和部门反映的问题，为便于大家理解、掌握《全国行政事业单位资产清查工作方案》、《行政事业单位资产清查暂行办法》等有关政策要求，全面完成好资产清查各项工作任务，我们研究拟订了《行政事业单位资产清查工作中有关问题解答》，现印发给你们，请结合本地区、本部门的实际情况，认真贯彻执行。

附件：行政事业单位资产清查工作中有关问题解答

财政部办公厅
二〇〇七年二月十三日

附件：

行政事业单位资产清查工作中有关问题解答

1. 事业单位资产清查范围如何确定？

答：凡执行事业单位财务和会计制度的各级各类事业单位均应纳入本次资产清查范围。包括：执行事业单位财务和会计制度的财政补助和经费自理事业单位、执行事业单位财务和会计制度并由财政部门和主管部门代编预算的事业单位、执行事业单位财务和会计制度且只有基本支出经费拨款或不定期财政拨款(项目经费)的事业单位、企业集团下属执行事业单位财务和会计制度的事业单位等。

2. 驻外机构资产清查范围如何界定？

答：纳入本次资产清查的驻外机构，主要包括驻外使领馆、常驻联合国和其他国际组织代表团、中央行政事业单位驻外非外交性质代表机构等。中央人民政府及其他行政事业单位驻香港、澳门的机构，纳入本次资产清查范围。对于其他境外组织或个人占有使用的国有资产，不纳入本次资产清查范围，有关部门应切实采取措施加强管理，确保资产的安全和完整。

3. 行政事业单位合并后应如何进行资产清查？

答：纳入资产清查范围的独立核算的行政事业单位，均应逐户编制资产清查报表。涉及单位合并的，应以是否独立核算为标准，确定应否单独编制报表。例如：事业单位合并后，属于两块牌子一个机构的，按一个单位进行资产清查。

4. 中央垂直管理的行政事业单位应纳入中央级还是地方级资产清查范围？

答：按照要求，各级财政部门按行政隶属关系组织本级政府管辖范围的行政事业单位开展资产清查工作；各主管部门按照财务隶属关系负责组织所属单位资产清查工作。因此，中央垂直管理的行政事业单位应纳入中央级资产清查范围。

5. 依靠社会捐助和会员会费运转的社会团体是否纳入资产清查范围？

答：执行事业单位财务和会计制度，挂靠有关行政主管部门，并依靠社会捐助和会员会费运转的社会团体，不纳入本次资产清查范围。

6. 各级行政事业单位驻外地办事机构如何进行资产清查？

答：各级行政事业单位驻外地办事机构应列入本级资产清查范围，由派出单位负责组织开展资产清查工作。

7. 宗教资产应如何组织开展资产清查？

答：政府宗教管理机关作为政府职能部门，其资产和直接管理单位的资产应进行资产清查。现由宗教团体直接管理的资产，暂不列入本次资产清查范围；对于其中属于重点保护文物的，由政府宗教管理机关或文物管理机关，按国家文物主管部门的规定和要求，组织宗教团体进行实物登记、核对、造册。

8. 各级总工会资产应如何组织资产清查？

答：各级总工会资产中，凡由国家拨给工会使用的资产或由国家拨付资金形成的资产，应作为国有资产进行清查登记；由工会会员交纳的会费形成的资产可不进行清查登记。

其他群众团体的资产清查工作,参照上述办法处理。

9. 已进行住房改革,办理固定资产产权过户手续的职工住房,应如何进行资产清查?

答:对于在房改过程中已经出售的职工住房,应及时对单位固定资产账务进行调整。

以市场价或成本价出售并已作销账处理的职工住房,不需再进行清查登记。以标准价出售的职工住房,考虑到单位仍拥有部分产权,应在本次资产清查过程中一并组织清查,并在资产清查工作报告中对有关情况进行反映。

10. 各级人防部门管理的人防工程、指挥、通信、警报设备设施等是否纳入清查范围?

答:各级人防部门占有、使用的国有资产,应按照规定纳入本次资产清查范围。各级人防部门管理的人防工程、指挥、通信、警报设备设施等国有资产是战备资产,可暂不纳入本次资产清查范围;对此,各级人防部门、财政部门要切实采取措施加强管理,确保资产的安全和完整,并不断提高使用效益。

11. 行政事业单位代国家、其他单位或个人代储的财产物资,是否纳入清查范围?

答:行政事业单位占有使用的资产,应按照规定纳入本次资产清查范围。行政事业单位代国家、其他单位或个人代储的财产物资,不纳入清查范围;对此,有关部门和单位应按照规定加强管理。

12. 国家安全部门及公安、检察院、法院系统的枪支、弹药及其他保密资产如何进行资产清查?

答:国家安全部门及公检法系统的枪支、弹药及其他保密资产,按照有关保密规定,由本单位相关部门组织进行清查。有关单位上报资产清查报表及电子数据时,可报送汇总报表及有关汇总数据。

其他单位涉密资产的清查工作,参照上述办法处理。

13. 行政事业单位的基本建设项目是否纳入清查范围?

答:行政事业单位基本建设项目,不纳入本次资产清查范围。对于已投入使用但尚未办理竣工决算手续的房屋构筑物,行政事业单位应按照本次资产清查工作要求,填报有关信息。

14. 执行企业财务会计制度的事业单位的有关数据应如何上报?

答:按照要求,执行企业财务会计制度的事业单位,不纳入本次清查范围,但须由行政事业单位填报相关数据。具体上报方式如下:

(1) 行政单位所属、执行企业财务会计制度的事业单位的有关数据,由行政单位负责填报《行政单位未脱钩经济实体基本情况表》。

(2) 事业单位所属、执行企业财务会计制度的事业单位的有关数据,由事业单位负责填报《事业单位对外投资情况表》。

15. 行政单位附属后勤服务单位有关数据如何填报?

答:行政单位附属后勤服务单位基本情况,应由其主管行政单位负责填报《行政单位附属后勤服务单位基本情况表》。机关服务局或机关服务中心是独立核算事业单位的,还应根据要求,单独填报事业单位资产清查报表。

16. 事业单位兴办、控股、参股的企业和单位有关数据如何填报?

答:事业单位兴办、控股、参股的企业和单位的基本情况,应由主管事业单位负责填报有关报表。

17. 行政事业单位资产清查专项审计工作如何组织?

答:中央级资产清查专项审计工作,由财政部组织统一招标选择社会中介机构,并直接委派到相关中央部门开展专项审计。财政部委托审计范围之外的行政事业单位,是否还需要委托社会中介机构开展专项审计,由主管部门自行确定;有关费用按照"谁委托,谁付费"的原则执行。

地方各级财政部门组织开展本级资产清查时,自行确定社会中介机构参与工作的方式。

18. 如何确定行政事业单位具体应填报行政报表还是事业报表?

答:行政事业单位在选择应填报的资产清查报表时,应以所执行的会计制度为基本依据进行判断。执行行政单位会计制度的,填报行政报表;执行事业单位会计制度的,填报事业报表。

19. 资产清查报表封面信息中"其他"会计制度选项应如何理解?

答:"其他"会计制度选项,是指个别部门或单位存在既执行行政单位会计制度、又执行事业单位会计制度的情况。在此情况下,该部门或单位作为一个填报单位进行清查,应选择"其他"选项,并填报两套报表。

20. 货币资金、存货等有关清查数据如何填报?

答:对于资产清查报表中没有统一设置清查基础表的货币资金、存货等,各单位可根据工作需要自行设计表格进行清查,然后再按照工作要求将有关指标录入到资产清查报表中。

21. 《事业单位对外投资情况表》中"直属"与"控制"应如何理解?

答:《事业单位对外投资情况表》中,"直属"是指与被投资单位有直接缴拨关系,"控制"是指不存在直接缴拨关系,但有权决定被投资单位的财务和经营政策,并能据以从该单位的经营活动中获取利益。

财政部关于印发《行政事业单位资产核实暂行办法》的通知

财办〔2007〕19号

党中央有关部门,国务院有关部委、有关直属机构,全国人大常委会办公厅,全国政协办公厅,高法院,高检院,有关人民团体,各省、自治区、直辖市、计划单列市财政厅(局),新疆生产建设兵团财务局:

为加强行政事业单位国有资产管理,规范行政事业单位资产核实工作,我们制定了《行政事业单位资产核实暂行办法》。现印发给你们,请遵照执行。执行中遇到的问题,请及时向我部反映。

附件:行政事业单位资产核实暂行办法

财政部
二〇〇七年四月三日

附件：

行政事业单位资产核实暂行办法

第一章 总 则

第一条 为加强行政事业单位国有资产管理，规范行政事业单位资产核实工作，真实反映行政事业单位的资产和财务状况，根据《行政事业单位资产清查暂行办法》（财办〔2006〕52号）和国家有关规定，制定本办法。

第二条 本办法适用于占有使用国有资产的各级各类行政事业单位。

第三条 行政事业单位资产核实，是指财政部门根据国家资产清查政策和有关财务、会计制度，对行政事业单位资产清查工作中的资产盘盈、资产损失和资金挂账进行认定批复，并对资产总额进行确认的工作。

第四条 财政部门、主管部门和行政事业单位，按照"防止流失，兼顾实际"的原则，在规定权限内对资产损益进行处理，国家另有规定的从其规定。

第五条 行政事业单位（以下简称单位）资产核实工作一般按照以下程序进行：

（一）单位清理。单位根据国家资产清查政策、有关财务、会计制度和单位内部控制制度，对资产清查中清理出的资产盘盈、资产损失和资金挂账，分别提出处理意见，并编制报表和撰写工作报告。

（二）专项审计。接受委托的会计师事务所根据《中国注册会计师审计准则》和国家其他有关规定，对资产清查结果进行审核，并出具专项审计报告。

（三）部门审核。主管部门对单位申报的资产清查材料（含专项审计报告）进行归纳、整理、汇总，并提出审核意见。

（四）财政审批。财政部门对主管部门报送的资产清查材料进行审核，并对清查结果予以批复。

第六条 单位对资产清查中的损益事项应提供合法证据，单位负责人对所提供的资产清查材料的真实性、完整性负责。

第二章 资 产 盘 盈

第七条 资产盘盈是指单位在资产清查基准日无账面记载，但单位实际占有使用的能以货币计量的经济资源。包括货币资金盘盈、存货盘盈、有价证券盘盈、对外投资盘盈、固定资产盘盈、无形资产盘盈、往来款项盘盈等。

已投入使用但尚未办理竣工决算手续的，按照基本建设财务管理规定及时办理竣工决算有关手续，不作为资产盘盈。

第八条 货币资金盘盈是指单位清查出的无账面记载或反映的现金和各类存款等。

（一）现金盘盈，根据现金保管人确认的现金盘点表（包括倒推至基准日的记录）和现金保管人对于现金盘盈的说明等进行认定。

（二）存款盘盈，根据银行对账单和银行存款余额调节表进行认定。

（三）清理出的"小金库"和账外收入比照货币资金盘盈处理。

第九条 存货盘盈是指单位清查出无账面记载或反映的库存材料、材料和产成品等。

存货盘盈，根据存货盘点表、经济鉴证证明和其他材料（保管人对于盘盈的情况说明、价值确定依据等）进行认定。

第十条 有价证券盘盈是指单位清查出的无账面记载或反映的有价证券。

有价证券盘盈，根据有价证券盘点表、盘盈情况说明、经济鉴证证明、有价证券的价值确定依据等进行认定。

第十一条 对外投资盘盈是指单位清查出的无账面记载或反映的单位对外投资。

对外投资盘盈，根据对外投资合同（协议）、经济鉴证证明、情况说明等进行认定。

第十二条 固定资产盘盈是指单位清查出的无账面记载或反映的固定资产。

固定资产盘盈，根据固定资产盘点表、盘盈情况说明、经济鉴证证明、盘盈价值确定依据（同类资产的市场价格、类似资产的购买合同、发票或竣工决算资料）等进行认定。难以确认价值的，委托中介机构评估确定。

（一）单位清理出的账外固定资产，若产权属于部门内其他单位而被本单位长期无偿占用，且不属于纪检、监察部门规定清退范围的，当事双方协商一致并按规定程序报批后，按账面价值申报无偿划拨；若产权属于部门外单位的，当事双方应对占用资产按市场价值签订转让或租赁合同，并按规定程序上报。纳入资产清查范围的对方单位按本办法第三章规定处理。

（二）清查出的因历史原因而无法入账的无主财产，根据《民法通则》等有关规定，依法确认为国有资产的，要及时入账，纳入国有资产管理范围。

第十三条 无形资产盘盈是指单位清查出的无账面记载或反映的无形资产。

无形资产盘盈，根据无形资产盘点表、盘盈情况说明、经济鉴证证明、盘盈价值确定依据（同类资产的市场价格、类似资产的购买合同、发票或自行开发资料）等进行认定。难以确认价值的，委托中介机构评估确定。

第十四条 暂付款、应收账款等往来款项盘盈是指单位清查出的无账面记载或反映的暂付款、应收账款等往来款项。

暂付款、应收账款等往来款项盘盈，根据盘盈情况说明、经济鉴证证明、与对方单位的对账单或询证函等进行认定。

第三章 资产损失

第十五条 资产损失是指单位在资产清查基准日有账面记载，但不归本单位占有、使用或丧失使用价值的，能以货币计量的经济资源。包括货币资金损失、坏账损失、存货损失、有价证券损失、对外投资损失、固定资产损失、无形资产损失等。

第十六条 单位清查出的资产损失应逐项清理，取得合法证据后，对损失项目及金额按规定进行核实认定。对已取得具有法律效力的外部证据，而无法确定损失金额的，根据中介机构的经济鉴证证明进行认定。

第十七条 货币资金损失是指单位清查出的现金短缺和各类存款损失等。

现金短缺，在扣除责任人赔偿后，根据现金盘点表（包括倒推至基准日的记录）、经济鉴证证明、短款说明及核准文件、赔偿责任认定及说明、司法涉案材料等进行认定。各类存款损失比照执行。

第十八条 坏账损失是指单位不能收回的各项应收款项造成的损失。清查出的各项坏账，应分析原因，对有合法证据证明确实不能收回的应收款项，按以下方式处理：

（一）因债务单位破产、被撤销、注销、吊销营业执照或者被政府责令关闭等无法收回的应收款项，根据法院的破产公告、破产清算文件、工商部门注销吊销证明、政府部门有关文件等进行认定。对已经清算的，扣除清偿部分后不能收回的款项认定为损失。

（二）债务人失踪、死亡的应收款项，根据公安机关出具的证明进行认定。债务人财产不足清偿或无法追偿债务的，可以根据中介机构出具的经济鉴证证明认定损失。

（三）因战争、国际政治事件及自然灾害等不可抗力因素无法收回的应收款项，由单位做出专项说明，可以根据中介机构出具的经济鉴证证明认定损失。

（四）其他逾期不能收回的应收款项，一般应当根据生效的法院判决书、裁定书认定损失。但以下三种情况可以按照下述方式认定损失：

逾期三年以上、单笔数额较小、不足以弥补清收成本的，由单位做出专项说明，可以根据中介机构出具的经济鉴证证明认定损失；

逾期三年以上、有依法催收记录、债务人资不抵债且连续三年亏损或停止经营三年以上、确实不能收回的，可以根据中介机构出具的经济鉴证证明认定损失；

逾期三年以上、债务人在境外及港澳台地区、依法催收确实不能收回的，可以根据中介机构出具的有关证明或我国驻外使（领）馆、驻外商务机构出具的有关证明认定损失。

（五）单位为减少坏账损失而与债务人协商，对逾期三年以上的应收款项，按原值一定比例折扣后收回（含收回的实物资产）的，根据双方签订的有效协议、资金回收证明和中介机构出具的经济鉴证证明（或评估报告），对折扣部分可以认定为损失。

第十九条 存货损失是指单位库存材料、材料、产成品等因盘亏、毁损、报废、被盗等原因造成的损失。

（一）盘亏的存货，扣除责任人赔偿后的部分，可以根据存货盘点表、社会中介机构的经济鉴证证明、盘亏情况说明、盘亏的价值确定依据、赔偿责任认定说明和内部核批文件等认定损失。

（二）报废、毁损的存货，扣除残值及保险赔偿或责任人赔偿后的部分，可以根据国家有关技术鉴定部门或具有技术鉴定资格的中介机构出具的技术鉴定证明（涉及保险索赔的应有保险公司理赔情况说明）、毁损报废说明、赔偿责任认定说明和内部核批文件等认定损失。

（三）被盗的存货，扣除保险理赔及责任人赔偿后的部分，可以根据公安机关的结案证明、责任认定及赔偿情况说明（涉及保险索赔的应有保险公司理赔情况说明）认定损失。

第二十条 有价证券及对外投资损失，应分析原因，有合法证据证明不能收回的，可以认定损失。

（一）因被投资单位破产、被撤销、注销、吊销营业执照或者被政府责令关闭等情况造成难以收回的不良投资，可以根据法院的破产公告或者破产清算的清偿文件、工商部门的注销吊销文件、政府有关部门的行政决定等认定损失。

已经清算的，扣除清算资产清偿后的差额部分，可以认定为损失。

尚未清算的，被投资单位剩余资产确实不足清偿投资的差额部分，根据中介机构出具的经济鉴证证明，可以认定为损失。

（二）对事业单位参股投资项目较小，被投资单位已资不抵债且连续停止经营三年以上的，根据中介机构出具的经济鉴证证明，对确实不能收回的部分，可以认定为损失。

（三）行政单位有价证券、事业单位证券等短期投资，未进行交割或清理的，不能认定损失。

第二十一条　固定资产损失是指单位房屋及建筑物、交通运输工具、通用设备、专用设备等因盘亏、毁损、报废、被盗等原因造成的损失。

（一）盘亏的固定资产，扣除责任人赔偿后的差额部分，可以根据固定资产盘点表、盘亏情况说明、盘亏的价值确定依据、社会中介机构的经济鉴证证明、赔偿责任认定说明和内部核批文件等认定损失。

（二）报废、毁损的固定资产，扣除残值、保险赔偿和责任人赔偿后的差额部分，可以根据国家有关技术鉴定部门或具有技术鉴定资格的中介机构出具的技术鉴定证明（涉及保险索赔的应有保险公司理赔情况说明）、毁损报废说明、赔偿责任认定说明和内部核批文件等认定损失。

因不可抗力（自然灾害、意外事故）造成固定资产毁损、报废的，应当有相关部门出具的鉴定报告。包括：事故处理报告、车辆报损证明、房屋拆除证明、受灾证明等。

（三）被盗的固定资产，扣除保险理赔及责任人赔偿后的部分，可以根据公安机关的结案证明、责任认定及赔偿情况说明（涉及保险索赔的应有保险公司理赔情况说明）认定损失。

第二十二条　无形资产损失是指无形资产因被其他新技术所代替或已经超过了法律保护的期限、丧失了使用价值和转让价值等所造成的损失。

无形资产损失，可以根据有关技术部门的鉴定材料，或者已经超过了法律保护期限的证明文件等认定损失。

第二十三条　单位经批准核销的不良债权等损失，实行"账销案存"并进行清理和追索；经批准核销的实物资产损失应分类清理，对有利用价值或残值的，应积极处理，降低损失。

第四章　资金挂账

第二十四条　资金挂账是指单位在资产清查基准日应按损益、收支进行确认处理，但挂账未确认的资金（资产）数额。

第二十五条　对于清查出的资金挂账，按照真实客观反映经济状况的原则进行认定。中介机构对单位申报的资金挂账应当重点审计。

第二十六条　特殊资金挂账按以下方式处理：

（一）属于按国家规定组织实施住房制度改革，职工住房账面价值、固定基金应冲减而未冲减的挂账，在按国家规定办理房改有关合法手续、移交产权后，按规定核销。

（二）属于对外投资中由于所办企业按国家要求脱钩等政策性因素造成的损失挂账，在取得国家关于企业脱钩的文件和产权划转文件后，可在办理资产核实手续时申报核销处理。

（三）属于基本建设项目实际投资支出超过基本建设概算的，作为自筹基建支出列为暂付款的挂账，应按基本建设程序进行概算调整，基本建设项目实际支出应纳入项目建设成本，并根据竣工财务决算批复转增固定资产。

（四）转制为企业的，因固定资产未按规定核定净值，造成固定资产账面价值和实际价值背离较大的，按照使用年限和已使用年限对固定资产净值进行重新估价。

第五章　损益证据

第二十七条　单位申报的各项资产盘盈、资产损失和资金挂账，必须提供具有法律效力的外部证据、社会中介机构的经济鉴证证明和特定事项的单位内部证据。

第二十八条　具有法律效力的外部证据是指单位收集到的与本单位资产损益相关的具有法

律效力的书面文件。主要包括：单位的撤销、合并公告及清偿文件；政府部门有关文件；司法机关的判决或者裁定；公安机关的结案证明；工商管理部门出具的注销、吊销及停业证明；专业技术部门的鉴定报告；保险公司的出险调查单和理赔计算单；企业的破产公告及破产清算的清偿文件；符合法律规定的其他证明等。

第二十九条　社会中介机构的经济鉴证证明是指社会中介机构按照独立、客观、公正的原则，对单位的某项经济事项出具的专项经济鉴证证明或鉴证意见书。社会中介机构包括：会计师事务所、资产评估机构、律师事务所、专业鉴定机构等。

第三十条　特定事项的单位内部证据是指单位对涉及资产盘盈、盘亏或者实物资产报废、毁损及相关资金挂账等情况的内部证明和内部鉴定意见书等。主要包括：有关会计核算资料和原始凭证；单位的内部核批文件及情况说明；资产盘点表；单位内部技术鉴定小组或内部专业技术部门的鉴定文件或资料；因经营管理责任造成的损失的责任认定意见及赔偿情况说明；相关经济行为的业务合同等。

第六章　审核批复

第三十一条　中央级单位的固定资产损失，按照以下权限处理：

（一）单项固定资产损失低于50万元的，根据中介机构的审计意见，经本单位负责人批准后核销，并报主管部门、财政部备案；

（二）单项固定资产损失超过50万元（含50万元），低于200万元的，由单位提出处理意见，报经主管部门批准后核销，并报财政部备案；

（三）单项固定资产损失超过200万元（含200万元）的，逐级上报，经财政部批准后核销。

第三十二条　中央级单位的货币资金损失、坏账损失、存货损失、有价证券损失、对外投资损失、无形资产损失等其他类资产损失，分类损失额低于50万元的，由单位提出处理意见，报经主管部门批准后核销，并报财政部备案；分类损失额50万元（含50万元）以上的，逐级上报，经财政部批准后核销。

第三十三条　单位对于清理出的各项资产盘盈（含账外资产），应按照财务、会计制度的有关规定确定价值，并在资产清查工作报告中予以说明，按规定权限核实批复。

中央级单位的资产盘盈审批权限，比照本办法第三十一条、第三十二条执行。

第三十四条　地方单位资产盘盈、资产损失的审批权限，根据资产清查工作的实际需要，由各级财政部门自行确定，并报上级财政部门备案。

第三十五条　单位的资金挂账，按照规定程序上报，经财政部门批准后调整有关账目。

第三十六条　根据各级政府及其财政部门专项工作要求开展的资产清查工作，有关资产损益的审批权限，可以根据资产清查工作的实际需要另行确定。

第七章　账务处理

第三十七条　资产损益确认后，按照以下原则进行账务处理：

（一）财政部门批复、备案前的资产盘盈（含账外资产）可以按照财务、会计制度的有关规定暂行入账。待财政部门批复、备案后，进行账务调整和处理。

（二）财政部门批复、备案前的资产损失和资金挂账，单位不得自行进行账务处理。待财政部门批复、备案后，进行账务处理。

第三十八条　资产盘盈、资产损失和资金挂账按规定权限审批后,按国家统一的会计制度进行账务处理。

第三十九条　资产核实审批后,单位在 30 个工作日内将账务处理结果报主管部门、财政部门备案。未按规定调账的,应详细说明情况并附相关证明材料。

第四十条　单位需要办理产权变更登记手续的,在资产核实审批后,按有关规定办理相关手续。单位下属企业注册资本发生变动的,应在规定时间内办理工商变更登记手续。

第八章　附　　则

第四十一条　各省、自治区、直辖市和计划单列市财政部门可根据本办法,结合本地区实际,制订具体的实施细则,并报财政部备案。

第四十二条　占有使用国有资产的各级各类社会团体的资产核实工作依照本办法执行。

第四十三条　行政单位附属未脱钩企业,执行企业财务和会计制度的事业单位,以及事业单位兴办的具有法人资格的企业,按照财政部有关企业清产核资的规定执行。

第四十四条　单位改制为企业或执行企业会计制度,按国家有关规定应进行价值重估、核实国家资本金等工作的,按照财政部有关企业清产核资的规定执行。

第四十五条　住房公积金管理中心管理的住房公积金的资产核销按照财政部有关规定执行。

第四十六条　本办法由财政部负责解释。

第四十七条　本办法自发布之日起施行。

四

资产评估

国有资产评估管理办法

中华人民共和国国务院令第 91 号

（1991 年 11 月 16 日发布）

第一章 总 则

第一条 为了正确体现国有资产的价值量，保护国有资产所有者和经营者、使用者的合法权益，制定本办法。

第二条 国有资产评估，除法律、法规另有规定外，适用本办法。

第三条 国有资产占有单位（以下简称占有单位）有下列情形之一的，应当进行资产评估：

（一）资产拍卖、转让；

（二）企业兼并、出售、联营、股份经营；

（三）与外国公司、企业和其他经济组织或者个人开办中外合资经营企业或者中外合作经营企业；

（四）企业清算；

（五）依照国家有关规定需要进行资产评估的其他情形。

第四条 占有单位有下列情形之一，当事人认为需要的，可以进行资产评估：

（一）资产抵押及其他担保；

（二）企业租赁；

（三）需要进行资产评估的其他情形。

第五条 全国或者特定行业的国有资产评估，由国务院决定。

第六条 国有资产评估范围包括：固定资产、流动资产、无形资产和其他资产。

第七条 国有资产评估应当遵循真实性、科学性、可行性原则，依照国家规定的标准、程序和方法进行评定和估算。

第二章 组织管理

第八条 国有资产评估工作，按照国有资产管理权限，由国有资产管理行政主管部门负责管理和监督。

国有资产评估组织工作，按照占有单位的隶属关系，由行业主管部门负责。

国有资产管理行政主管部门和行业主管部门不直接从事国有资产评估业务。

第九条 持有国务院或者省、自治区、直辖市人民政府国有资产管理行政主管部门颁发的国有资产评估资格证书的资产评估公司、会计师事务所、审计事务所、财务咨询公司，经国务院或者省、自治区、直辖市人民政府国有资产管理行政主管部门认可的临时评估机构（以下统称资产评估机构），可以接受占有单位的委托，从事国有资产评估业务。

前款所列资产评估机构的管理办法，由国务院国有资产管理行政主管部门制定。

第十条　占有单位委托资产评估机构进行资产评估时,应当如实提供有关情况和资料。资产评估机构应当对占有单位提供的有关情况和资料保守秘密。

第十一条　资产评估机构进行资产评估,实行有偿服务。资产评估收费办法,由国务院国有资产管理行政主管部门会同财政部门、物价主管部门制定。

第三章　评估程序

第十二条　国有资产评估按照下列程序进行:
(一)申请立项;
(二)资产清查;
(三)评定估算;
(四)验证确认。

第十三条　依照本办法第三条、第四条规定进行资产评估的占有单位,经其主管部门审查同意后,应当向同级国有资产管理行政主管部门提交资产评估立项申请书,并附财产目录和有关会计报表等资料。

经国有资产管理行政主管部门授权或者委托,占有单位的主管部门可以审批资产评估立项申请。

第十四条　国有资产管理行政主管部门应当自收到资产评估立项申请书之日起十日内进行审核,并作出是否准予资产评估立项的决定,通知申请单位及其主管部门。

第十五条　国务院决定对全国或者特定行业进行国有资产评估的,视为已经准予资产评估立项。

第十六条　申请单位收到准予资产评估立项通知书后,可以委托资产评估机构评估资产。

第十七条　受占有单位委托的资产评估机构应当在对委托单位的资产、债权、债务进行全面清查的基础上,核实资产账面与实际是否相符,经营成果是否真实,据以作出鉴定。

第十八条　受占有单位委托的资产评估机构应当根据本办法的规定,对委托单位被评估资产的价值进行评定和估算,并向委托单位提出资产评估结果报告书。

委托单位收到资产评估机构的资产评估结果报告书后应当报其主管部门审查;主管部门审查同意后,报同级国有资产管理行政主管部门确认资产评估结果。

经国有资产管理行政主管部门授权或者委托,占有单位的主管部门可以确认资产评估结果。

第十九条　国有资产管理行政主管部门应当自收到占有单位报送的资产评估结果报告书之日起四十五日内组织审核、验证、协商,确认资产评估结果,并下达确认通知书。

第二十条　占有单位对确认通知书有异议的,可以自收到通知书之日起十五日内向上一级国有资产管理行政主管部门申请复核。上一级国有资产管理行政主管部门应当自收到复核申请之日起三十日内作出裁定,并下达裁定通知书。

第二十一条　占有单位收到确认通知书或者裁定通知书后,应当根据国家有关财务、会计制度进行账务处理。

第四章　评估方法

第二十二条　国有资产重估价值,根据资产原值、净值、新旧程度、重置成本、获利能力等因素和本办法规定的资产评估方法评定。

第二十三条　国有资产评估方法包括：
（一）收益现值法；
（二）重置成本法；
（三）现行市价法；
（四）清算价格法；
（五）国务院国有资产管理行政主管部门规定的其他评估方法。

第二十四条　用收益现值法进行资产评估的，应当根据被评估资产合理的预期获利能力和适当的折现率，计算出资产的现值，并以此评定重估价值。

第二十五条　用重置成本法进行资产评估的，应当根据该项资产在全新情况下的重置成本，减去按重置成本计算的已使用年限的累积折旧额，考虑资产功能变化、成新率等因素，评定重估价值；或者根据资产的使用期限，考虑资产功能变化等因素重新确定成新率，评定重估价值。

第二十六条　用现行市价法进行资产评估的，应当参照相同或者类似资产的市场价格，评定重估价值。

第二十七条　用清算价格法进行资产评估的，应当根据企业清算时其资产可变现的价值，评定重估价值。

第二十八条　对流动资产中的原材料、在制品、协作件、库存商品、低值易耗品等进行评估时，应当根据该项资产的现行市场价格、计划价格，考虑购置费用、产品完工程度、损耗等因素，评定重估价值。

第二十九条　对有价证券的评估，参照市场价格评定重估价值；没有市场价格的，考虑票面价值、预期收益等因素，评定重估价值。

第三十条　对占有单位的无形资产，区别下列情况评定重估价值。
（一）外购的无形资产，根据购入成本及该项资产具有的获利能力；
（二）自创或者自身拥有的无形资产，根据其形成时所需实际成本及该项资产具有的获利能力；
（三）自创或者自身拥有的未单独计算成本的无形资产，根据该项资产具有的获利能力。

第五章　法　律　责　任

第三十一条　占有单位违反本办法的规定，提供虚假情况和资料，或者与资产评估机构串通作弊，致使资产评估结果失实的，国有资产管理行政主管部门可以宣布资产评估结果无效，并可以根据情节轻重，单处或者并处下列处罚：
（一）通报批评；
（二）限期改正，并可以处以相当于评估费用以下的罚款；
（三）提请有关部门对单位主管人员和直接责任人员给予行政处分，并可以处以相当于本人三个月基本工资以下的罚款。

第三十二条　资产评估机构作弊或者玩忽职守，致使资产评估结果失实的，国有资产管理行政主管部门可以宣布资产评估结果无效，并可以根据情节轻重，对该资产评估机构给予下列处罚：
（一）警告；
（二）停业整顿；

（三）吊销国有资产评估资格证书。

第三十三条　被处罚的单位和个人对依照本办法第三十一条、第三十二条规定作出的处罚决定不服的，可以在收到处罚通知之日起十五日内，向上一级国有资产管理行政主管部门申请复议。上一级国有资产管理行政主管部门应当自收到复议申请之日起六十日内作出复议决定。申请人对复议决定不服的，可以自收到复议通知之日起十五日内向人民法院提起诉讼。

第三十四条　国有资产管理行政主管部门或者行业主管部门工作人员违反本办法，利用职权谋取私利，或者玩忽职守，造成国有资产损失的，国有资产管理行政主管部门或者行业主管部门可以按照干部管理权限，给予行政处分，并可以处以相当于本人三个月基本工资以下的罚款。

违反本办法，利用职权谋取私利的，由有查处权的部门依法追缴其非法所得。

第三十五条　违反本办法，情节严重，构成犯罪的，由司法机关依法追究刑事责任。

第六章　附　　则

第三十六条　境外国有资产的评估，不适用本办法。

第三十七条　有关国有自然资源有偿使用、开采的评估办法，由国务院另行规定。

第三十八条　本办法由国务院国有资产管理行政主管部门负责解释。本办法的施行细则由国务院国有资产管理行政主管部门制定。

第三十九条　本办法自发布之日起施行。

国务院办公厅转发财政部关于改革国有资产评估行政管理方式加强资产评估监督管理工作意见的通知

国办发〔2001〕102号

各省、自治区、直辖市人民政府，国务院各部委、各直属机构：

财政部《关于改革国有资产评估行政管理方式加强资产评估监督管理工作的意见》已经国务院同意，现转发给你们，请认真贯彻执行。

中华人民共和国国务院办公厅
二〇〇一年十二月三十一日

关于改革国有资产评估行政管理方式加强
资产评估监督管理工作的意见

(财政部 二〇〇一年十二月二十八日)

1991年国务院发布《国有资产评估管理办法》(国务院令第91号),规定对国有资产的评估由政府行政管理部门进行立项和审核确认,这为评估行业的规范起步、健康发展奠定了基础。10年来,资产评估业在维护国家及各类投资者权益、吸收利用外资、规范国有企业改组改制和促进资本市场发展等方面发挥了重要作用。目前资产评估业已基本发育成熟,评估机构已初步具备了独立、客观、公正执业的条件,从业人员的素质不断提高。

随着我国市场经济体制的逐步完善以及我国加入世界贸易组织,为进一步转变政府职能,减少不必要的行政性审批,促进中介机构和从业人员真正做到独立、客观、公正地执业,现就改革国有资产评估行政管理方式、加强资产评估监督管理工作的有关问题提出以下意见:

一、取消政府部门对国有资产评估项目的立项确认审批制度,实行核准制和备案制

各级财政(或国有资产管理,下同)部门对国有资产评估项目不再进行立项批复和对评估报告的确认批复(合规性审核)。有关经济行为的资产评估活动由国有资产占有单位按照现行法律、法规的规定,聘请具有相应资质的中介机构独立进行,评估报告的法律责任由签字的注册资产评估师及所在评估机构共同承担。

经各级政府批准的涉及国有资产产权变动、对外投资等经济行为的重大经济项目,其国有资产评估实行核准制。凡由国务院批准实施的重大经济项目,其评估报告由财政部进行核准;凡由省级人民政府批准实施的重大经济项目,其评估报告由省级财政部门进行核准。

对其他国有资产评估项目实行备案制。除核准项目以外,中央管理的国有资产,其资产评估项目报财政部或中央管理的企业集团公司、国务院有关部门备案。地方管理的国有资产评估项目的备案工作,比照上述原则执行。

二、加强资产评估活动的监管力度

资产评估是维护社会主义市场经济秩序、促进公平交易、防止国有资产流失的重要手段。国有资产占有单位在发生公司制改建、对外投资、合并、分立、清算、股权比例变动、产权转让、资产拍卖、租赁、资产涉讼及其他影响国有权益等行为时,必须遵照国家现行法律法规的要求,独立聘请中介机构进行资产评估,不得有意或借故规避评估程序,不得借评估行为弄虚作假、侵吞国有资产。

承担资产评估工作的各类中介机构,应严格按照国家有关法律法规规定的评估程序、评估方法和标准,独立、客观、公正地进行资产评估,不得违规执业或出具虚假评估报告。

各级财政部门应认真履行职责,加强对资产评估活动的监督管理,严格规范资产评估活动中各有关主体的行为,指导国有资产占有单位合理运用评估结果。对利用评估活动弄虚作假、侵害国有资产的行为要严肃查处,认真纠正,对违法违规执业的评估机构和从业人员要严厉处罚。

三、完善制度建设，规范评估秩序

资产评估行政管理方式的改革，情况复杂，涉及面广，各地区、各部门要高度重视，积极支持，确保这项改革顺利进行。各级财政部门要切实转变工作方式，加强资产评估管理法规和制度建设。财政部要尽快制定相关配套措施，建立评估项目的核准、备案、抽查制度，完善资产评估准则体系，强化对违法违规行为的处罚制度，以进一步规范评估程序和执业行为。对工作中出现的新情况、新问题，要认真调查研究，及时总结经验，制定相应的政策制度，确保国有资产评估工作健康、有序地进行。

企业国有资产评估管理暂行办法

国务院国有资产监督管理委员会令第 12 号

（2005 年 8 月 25 日发布）

第一章 总 则

第一条 为规范企业国有资产评估行为，维护国有资产出资人合法权益，促进企业国有产权有序流转，防止国有资产流失，根据《中华人民共和国公司法》、《企业国有资产监督管理暂行条例》（国务院令第 378 号）和《国有资产评估管理办法》（国务院令第 91 号）等有关法律法规，制定本办法。

第二条 各级国有资产监督管理机构履行出资人职责的企业（以下统称所出资企业）及其各级子企业（以下统称企业）涉及的资产评估，适用本办法。

第三条 各级国有资产监督管理机构负责其所出资企业的国有资产评估监管工作。

国务院国有资产监督管理机构负责对全国企业国有资产评估监管工作进行指导和监督。

第四条 企业国有资产评估项目实行核准制和备案制。

经各级人民政府批准经济行为的事项涉及的资产评估项目，分别由其国有资产监督管理机构负责核准。

经国务院国有资产监督管理机构批准经济行为的事项涉及的资产评估项目，由国务院国有资产监督管理机构负责备案；经国务院国有资产监督管理机构所出资企业（以下简称中央企业）及其各级子企业批准经济行为的事项涉及的资产评估项目，由中央企业负责备案。

地方国有资产监督管理机构及其所出资企业的资产评估项目备案管理工作的职责分工，由地方国有资产监督管理机构根据各地实际情况自行规定。

第五条 各级国有资产监督管理机构及其所出资企业，应当建立企业国有资产评估管理工作制度，完善资产评估项目的档案管理，做好项目统计分析报告工作。

省级国有资产监督管理机构和中央企业应当于每年度终了 30 个工作日内将其资产评估项目情况的统计分析资料上报国务院国有资产监督管理机构。

第二章 资产评估

第六条 企业有下列行为之一的,应当对相关资产进行评估:
(一) 整体或者部分改建为有限责任公司或者股份有限公司;
(二) 以非货币资产对外投资;
(三) 合并、分立、破产、解散;
(四) 非上市公司国有股东股权比例变动;
(五) 产权转让;
(六) 资产转让、置换;
(七) 整体资产或者部分资产租赁给非国有单位;
(八) 以非货币资产偿还债务;
(九) 资产涉讼;
(十) 收购非国有单位的资产;
(十一) 接受非国有单位以非货币资产出资;
(十二) 接受非国有单位以非货币资产抵债;
(十三) 法律、行政法规规定的其他需要进行资产评估的事项。

第七条 企业有下列行为之一的,可以不对相关国有资产进行评估:
(一) 经各级人民政府或其国有资产监督管理机构批准,对企业整体或者部分资产实施无偿划转;
(二) 国有独资企业与其下属独资企业(事业单位)之间或其下属独资企业(事业单位)之间的合并、资产(产权)置换和无偿划转。

第八条 企业发生第六条所列行为的,应当由其产权持有单位委托具有相应资质的资产评估机构进行评估。

第九条 企业产权持有单位委托的资产评估机构应当具备下列基本条件:
(一) 遵守国家有关法律、法规、规章以及企业国有资产评估的政策规定,严格履行法定职责,近3年内没有违法、违规记录;
(二) 具有与评估对象相适应的资质条件;
(三) 具有与评估对象相适应的专业人员和专业特长;
(四) 与企业负责人无经济利益关系;
(五) 未向同一经济行为提供审计业务服务。

第十条 企业应当向资产评估机构如实提供有关情况和资料,并对所提供情况和资料的真实性、合法性和完整性负责,不得隐匿或虚报资产。

第十一条 企业应当积极配合资产评估机构开展工作,不得以任何形式干预其正常执业行为。

第三章 核准与备案

第十二条 凡需经核准的资产评估项目,企业在资产评估前应当向国有资产监督管理机构报告下列有关事项:
(一) 相关经济行为批准情况;

（二）评估基准日的选择情况；

（三）资产评估范围的确定情况；

（四）选择资产评估机构的条件、范围、程序及拟选定机构的资质、专业特长情况；

（五）资产评估的时间进度安排情况。

第十三条 企业应当及时向国有资产监督管理机构报告资产评估项目的工作进展情况。国有资产监督管理机构认为必要时，可以对该项目进行跟踪指导和现场检查。

第十四条 资产评估项目的核准按照下列程序进行：

（一）企业收到资产评估机构出具的评估报告后应当逐级上报初审，经初审同意后，自评估基准日起8个月内向国有资产监督管理机构提出核准申请；

（二）国有资产监督管理机构收到核准申请后，对符合核准要求的，及时组织有关专家审核，在20个工作日内完成对评估报告的核准；对不符合核准要求的，予以退回。

第十五条 企业提出资产评估项目核准申请时，应当向国有资产监督管理机构报送下列文件材料：

（一）资产评估项目核准申请文件；

（二）资产评估项目核准申请表（附件1）；

（三）与评估目的相对应的经济行为批准文件或有效材料；

（四）所涉及的资产重组方案或者改制方案、发起人协议等材料；

（五）资产评估机构提交的资产评估报告（包括评估报告书、评估说明、评估明细表及其电子文档）；

（六）与经济行为相对应的审计报告；

（七）资产评估各当事方的相关承诺函；

（八）其他有关材料。

第十六条 国有资产监督管理机构应当对下列事项进行审核：

（一）资产评估项目所涉及的经济行为是否获得批准；

（二）资产评估机构是否具备相应评估资质；

（三）评估人员是否具备相应执业资格；

（四）评估基准日的选择是否适当，评估结果的使用有效期是否明示；

（五）资产评估范围与经济行为批准文件确定的资产范围是否一致；

（六）评估依据是否适当；

（七）企业是否就所提供的资产权属证明文件、财务会计资料及生产经营管理资料的真实性、合法性和完整性做出承诺；

（八）评估过程是否符合相关评估准则的规定；

（九）参与审核的专家是否达成一致意见。

第十七条 资产评估项目的备案按照下列程序进行：

（一）企业收到资产评估机构出具的评估报告后，将备案材料逐级报送给国有资产监督管理机构或其所出资企业，自评估基准日起9个月内提出备案申请；

（二）国有资产监督管理机构或者所出资企业收到备案材料后，对材料齐全的，在20个工作日内办理备案手续，必要时可组织有关专家参与备案评审。

第十八条 资产评估项目备案需报送下列文件材料：

（一）国有资产评估项目备案表一式三份（附件2）；

（二）资产评估报告（评估报告书、评估说明和评估明细表及其电子文档）；

（三）与资产评估项目相对应的经济行为批准文件；

（四）其他有关材料。

第十九条 国有资产监督管理机构及所出资企业根据下列情况确定是否对资产评估项目予以备案：

（一）资产评估所涉及的经济行为是否获得批准；

（二）资产评估机构是否具备相应评估资质，评估人员是否具备相应执业资格；

（三）评估基准日的选择是否适当，评估结果的使用有效期是否明示；

（四）资产评估范围与经济行为批准文件确定的资产范围是否一致；

（五）企业是否就所提供的资产权属证明文件、财务会计资料及生产经营管理资料的真实性、合法性和完整性作出承诺；

（六）评估程序是否符合相关评估准则的规定。

第二十条 国有资产监督管理机构下达的资产评估项目核准文件和经国有资产监督管理机构或所出资企业备案的资产评估项目备案表是企业办理产权登记、股权设置和产权转让等相关手续的必备文件。

第二十一条 经核准或备案的资产评估结果使用有效期为自评估基准日起1年。

第二十二条 企业进行与资产评估相应的经济行为时，应当以经核准或备案的资产评估结果为作价参考依据；当交易价格低于评估结果的90%时，应当暂停交易，在获得原经济行为批准机构同意后方可继续交易。

第四章 监督检查

第二十三条 各级国有资产监督管理机构应当加强对企业国有资产评估工作的监督检查，重点检查企业内部国有资产评估管理制度的建立、执行情况和评估管理人员配备情况，定期或者不定期地对资产评估项目进行抽查。

第二十四条 各级国有资产监督管理机构对企业资产评估项目进行抽查的内容包括：

（一）企业经济行为的合规性；

（二）评估的资产范围与有关经济行为所涉及的资产范围是否一致；

（三）企业提供的资产权属证明文件、财务会计资料及生产经营管理资料的真实性、合法性和完整性；

（四）资产评估机构的执业资质和评估人员的执业资格；

（五）资产账面价值与评估结果的差异；

（六）经济行为的实际成交价与评估结果的差异；

（七）评估工作底稿；

（八）评估依据的合理性；

（九）评估报告对重大事项及其对评估结果影响的披露程度，以及该披露与实际情况的差异；

（十）其他有关情况。

第二十五条 省级国有资产监督管理机构应当于每年度终了30个工作日内将检查、抽查及处理情况上报国务院国有资产监督管理机构。

第二十六条 国有资产监督管理机构应当将资产评估项目的抽查结果通报相关部门。

第五章 罚 则

第二十七条 企业违反本办法,有下列情形之一的,由国有资产监督管理机构通报批评并责令改正,必要时可依法向人民法院提起诉讼,确认其相应的经济行为无效:
（一）应当进行资产评估而未进行评估;
（二）聘请不符合相应资质条件的资产评估机构从事国有资产评估活动;
（三）向资产评估机构提供虚假情况和资料,或者与资产评估机构串通作弊导致评估结果失实的;
（四）应当办理核准、备案而未办理。

第二十八条 企业在国有资产评估中发生违法违规行为或者不正当使用评估报告的,对负有直接责任的主管人员和其他直接责任人员,依法给予处分;涉嫌犯罪的,依法移送司法机关处理。

第二十九条 受托资产评估机构在资产评估过程中违规执业的,由国有资产监督管理机构将有关情况通报其行业主管部门,建议给予相应处罚;情节严重的,可要求企业不得再委托该中介机构及其当事人进行国有资产评估业务;涉嫌犯罪的,依法移送司法机关处理。

第三十条 有关资产评估机构对资产评估项目抽查工作不予配合的,国有资产监督管理机构可以要求企业不得再委托该资产评估机构及其当事人进行国有资产评估业务。

第三十一条 各级国有资产监督管理机构工作人员违反本规定,造成国有资产流失的,依法给予处分;涉嫌犯罪的,依法移送司法机关处理。

第六章 附 则

第三十二条 境外国有资产评估,遵照相关法规执行。
第三十三条 政企尚未分开单位所属企事业单位的国有资产评估工作,参照本办法执行。
第三十四条 省级国有资产监督管理机构可以根据本办法,制定本地区相关工作规范,并报国务院国有资产监督管理机构备案。
第三十五条 本办法自 2005 年 9 月 1 日起施行。

国有资产评估管理若干问题的规定

中华人民共和国财政部令第 14 号

（2001 年 12 月 31 日发布）

第一条 为了适应建立和完善现代企业制度的需要,规范经济结构调整中的国有资本运营行为,维护国有资产合法权益,根据《国有资产评估管理办法》(国务院令第 91 号)和《国务院办公厅转发财政部〈关于改革国有资产评估行政管理方式加强资产评估监督管理工作意见〉的通知》(国办发〔2001〕102号),制定本规定。

第二条 本规定适用于各类占有国有资产的企业和事业单位(以下简称占有单位)。

第三条 占有单位有下列行为之一的,应当对相关国有资产进行评估:

(一) 整体或部分改建为有限责任公司或者股份有限公司;

(二) 以非货币资产对外投资;

(三) 合并、分立、清算;

(四) 除上市公司以外的原股东股权比例变动;

(五) 除上市公司以外的整体或者部分产权(股权)转让;

(六) 资产转让、置换、拍卖;

(七) 整体资产或者部分资产租赁给非国有单位;

(八) 确定涉讼资产价值;

(九) 法律、行政法规规定的其他需要进行评估的事项。

第四条 占有单位有下列行为之一的,可以不进行资产评估:

(一) 经各级人民政府及其授权部门批准,对整体企业或者部分资产实施无偿划转;

(二) 国有独资企业、行政事业单位下属的独资企业(事业单位)之间的合并、资产(产权)划转、置换和转让。

第五条 占有单位有其他经济行为,当事人认为需要的,可以进行国有资产评估。

第六条 占有单位有下列行为之一的,应当对相关非国有资产进行评估:

(一) 收购非国有资产;

(二) 与非国有单位置换资产;

(三) 接受非国有单位以实物资产偿还债务。

第七条 占有单位有本规定所列评估事项时,应当委托具有相应资质的评估机构进行评估。

占有单位应当如实提供有关情况和资料,并对所提供的情况和资料的客观性、真实性和合法性负责,不得以任何形式干预评估机构独立执业。

第八条 国有资产评估项目实行核准制和备案制。

第九条 经国务院批准实施的重大经济事项涉及的资产评估项目,由财政部负责核准。

经省级(含计划单列市,下同)人民政府批准实施的重大经济事项涉及的资产评估项目,由省级财政部门(或国有资产管理部门,下同)负责核准。

第十条 除本规定第九条规定以外,对资产评估项目实行备案制。

中央管理的企业集团公司及其子公司,国务院有关部门直属企事业单位的资产评估项目备案工作由财政部负责,子公司或直属企事业单位以下企业的资产评估项目备案工作由集团公司或有关部门负责。

地方管理的占有单位的资产评估项目备案工作比照前款规定的原则执行。

第十一条 财政部门下达的资产评估项目核准文件和经财政部门或集团公司、有关部门备案的资产评估项目备案表是占有单位办理产权登记、股权设置等相关手续的必备文件。

第十二条 占有单位发生依法应进行资产评估的经济行为时,应当以资产评估结果作为作价参考依据,实际交易价格与评估结果相差10%以上的,占有单位应就其差异原因向同级财政部门(集团公司或有关部门)作出书面说明。

第十三条 财政部门、集团公司或有关部门应当建立资产评估项目统计报告制度,按要求将核准和备案的资产评估项目逐项登记并逐级汇总,定期上报财政部。

第十四条 财政部门应当加强对资产评估项目的监督管理,定期或不定期地对资产评估项目进行抽查。

第十五条 占有单位违反本规定,向评估机构提供虚假情况和资料,或者与评估机构串通作弊并导致评估结果失实的,由财政部门根据《国有资产评估管理办法》第三十一条的规定予以处罚。

第十六条 占有单位违反本规定,有下列情形之一的,由财政部门责令改正并通报批评:
(一)应当进行资产评估而未进行评估;
(二)应当办理核准、备案手续而未办理;
(三)聘请不符合资质条件的评估机构从事国有资产评估活动。
占有单位有前款第(三)项情形的,财政部门可以宣布原评估结果无效。

第十七条 财政部门对占有单位在国有资产评估中的违法违规行为进行处罚时,对直接负责的主管人员和其他直接责任人员,可以建议其上级单位或所在单位给予行政处分。

第十八条 资产评估机构、注册资产评估师在资产评估过程中有违法违规行为的,依法处理。

第十九条 财政部门、集团公司、有关部门及其工作人员违反国有资产评估管理的有关规定,造成国有资产损失的,由同级人民政府或所在单位对有关责任人给予行政处分。

第二十条 境外国有资产的评估,另行规定。

第二十一条 省级财政部门可以根据本规定,结合本地区实际情况制定实施细则并报财政部备案。

第二十二条 本规定自二〇〇二年一月一日起施行。

财政部关于印发 《国有资产评估项目核准管理办法》的通知

财企[2001]801号

各省、自治区、直辖市、计划单列市财政厅(局),上海市、厦门市、深圳市国有资产管理局(办公室),党中央有关部门,国务院有关部委、有关直属机构,各中央管理企业,国家开发银行,中国农业发展银行,中国进出口银行,中国工商银行,中国农业银行,中国银行,中国建设银行,交通银行,招商银行,中国民生银行,中国人民保险公司,中国人寿保险公司,中国再保险公司,中国国际信托投资公司,中国光大(集团)总公司,中央国债登记结算有限责任公司,中国银河证券有限责任公司,中国民族国际信托投资公司,中国经济开发信托投资公司,中国科技国际信托投资有限责任公司,中煤信托投资有限责任公司,全国人大常委会办公厅,全国政协办公厅,高法院,高检院,总后勤部,武警总部,有关人民团体,新疆生产建设兵团财务局:

根据《国务院办公厅转发财政部关于改革国有资产评估行政管理方式加强资产评估监督管理工作意见的通知》(国办发〔2001〕102号),我们制定了《国有资产评估项目核准管理办法》,现印发给你们,请遵照执行。

附件:一、国有资产评估项目核准管理办法
　　　二、资产评估项目核准申请表

财政部
二〇〇一年十二月三十一日

附件一:

国有资产评估项目核准管理办法

第一条　根据《国务院办公厅转发财政部关于改革国有资产评估行政管理方式加强资产评估监督管理工作意见的通知》(国办发〔2001〕102号),制定本办法。

第二条　经国务院批准实施的重大经济事项涉及的国有资产评估项目,由财政部负责核准。

经省级(含计划单列市,下同)人民政府批准实施的重大经济事项涉及的国有资产评估项目,由省级财政部门(或国有资产管理部门,下同)负责核准。

第三条　国有资产占有单位(以下简称占有单位)在委托评估机构之前,应及时向财政部门报告有关项目的工作进展情况;财政部门认为必要时,可对该项目进行跟踪指导和检查。

第四条　核准工作按以下程序进行:

(一)占有单位收到评估机构出具的评估报告后应当上报其集团公司或有关部门初审,经集团公司或有关部门初审同意后,占有单位应在评估报告有效期届满前2个月向财政部门提出核准申请;

(二)财政部门收到核准申请后,对符合要求的,应在20个工作日内完成对评估报告的审核,下达核准文件;不符合要求的,予以退回。

财政部门认为必要时可组织有关专家参与审核。

第五条　占有单位提出资产评估项目核准申请时,应向财政部门报送下列文件:

(一)集团公司或有关部门审查同意转报财政部门予以核准的文件;

(二)资产评估项目核准申请表(附件二);

(三)与评估目的相对应的经济行为批准文件或有效材料;

(四)资产重组方案或改制方案、发起人协议等其他材料;

(五)资产评估机构提交的资产评估报告(包括评估报告书、评估说明和评估明细表及其软盘);

(六)资产评估各当事方的承诺函。

第六条　财政部门主要从以下方面予以审核:

（一）进行资产评估的经济行为是否合法并经批准；

（二）资产评估机构是否具备评估资质；

（三）主要评估人员是否具备执业资格；

（四）评估基准日的选择是否适当，评估报告的有效期是否明示；

（五）评估所依据的法律、法规和政策是否适当；

（六）评估委托方是否就所提供的资产权属证明文件、财务会计资料及生产经营管理资料的真实性、合法性做出承诺；

（七）评估过程、步骤是否符合规定要求；

（八）其他。

第七条 注册资产评估师及评估机构对其出具的资产评估报告承担法律责任。

第八条 财政部门应当建立评估核准项目统计报告制度。省级财政部门应于每年度终了30个工作日内将本省评估核准项目情况统计汇总后上报财政部。

第九条 本办法自发布之日起施行。

附件二：

资产评估项目核准申请表

填表日期： 年 月 日　　　　　　　　　　　　　　　　编号：

资产占有单位			企业管理级次		
上级单位					
集团公司(有关部门)					
资产所在地	省(区、市)		市(地)		区(县)
评估目标	经国务院或省级人民政府批准的重大事项：				
评估范围	整体/部分资产		主要评估办法		
账面值(万元)	资产		负债		净资产
评估结果(万元)					
评估机构名称			资质证书编号		
注册评估师编号			评估基准日		
申请核准 (申报单位盖章) 法人代表签字： 　　　　　年 月 日		同意申请 (上级单位盖章) 单位领导签字： 　　　　　年 月 日		同意申请 集团公司、有关部门 　　　　　年 月 日	

财政部关于印发《国有资产评估项目备案管理办法》的通知

财企〔2001〕802号

各省、自治区、直辖市、计划单列市财政厅（局），上海市、厦门市、深圳市国有资产管理局（办公室），党中央有关部门，国务院有关部委、有关直属机构，各中央管理企业，国家开发银行，中国农业发展银行，中国进出口银行，中国工商银行，中国农业银行，中国银行，中国建设银行，交通银行，招商银行，中国民生银行，中国人民保险公司，中国人寿保险公司，中国再保险公司，中国国际信托投资公司，中国光大（集团）总公司，中央国债登记结算有限责任公司，中国银河证券有限责任公司，中国民族国际信托投资公司，中国经济开发信托投资公司，中国科技国际信托投资有限责任公司，中煤信托投资有限责任公司，全国人大常委会办公厅，全国政协办公厅，高法院，高检院，总后勤部，武警总部，有关人民团体，新疆生产建设兵团财务局：

根据《国务院办公厅转发财政部关于改革国有资产评估行政管理方式加强资产评估监督管理工作意见的通知》（国办发〔2001〕102号），我们制定了《国有资产评估项目备案管理办法》，现印发给你们，请遵照执行。

附件：一、国有资产评估项目备案管理办法
　　　二、国有资产评估项目备案表

财政部
二〇〇一年十二月三十一日

附件一：

国有资产评估项目备案管理办法

第一条 根据《国务院办公厅转发财政部关于改革国有资产评估行政管理方式加强资产评估监督管理工作意见的通知》（国办发〔2001〕102号），制定本办法。

第二条 本办法适用于除核准项目以外的所有国有资产评估项目。

第三条 本办法所称国有资产评估项目备案，是指国有资产占有单位（以下简称占有单位）按有关规定进行资产评估后，在相应经济行为发生前将评估项目的有关情况专题向财政部门（或国有资产管理部门，下同）、集团公司、有关部门报告并由后者受理的行为。

第四条 国有资产评估项目备案工作实行分级管理。

中央管理的企业集团公司及其子公司，国务院有关部门直属企事业单位的资产评估项目备案工作由财政部负责；子公司或直属企事业单位以下企业的资产评估项目备案工作由集团公司或有关部门负责。

地方管理的占有单位的资产评估项目备案工作比照前款规定的原则执行。

评估项目涉及多个国有产权主体的,按国有股最大股东的资产财务隶属关系办理备案手续;持股比例相等的,经协商可委托其中一方办理备案手续。

第五条　办理备案手续须报送以下文件材料:
(一) 占有单位填报的《国有资产评估项目备案表》(附件二);
(二) 资产评估报告(评估报告书、评估说明和评估明细表可以软盘方式报备);
(三) 其他材料。

第六条　办理备案手续应当遵循以下程序:
(一) 占有单位收到评估机构出具的评估报告后,对评估报告无异议的,应将备案材料逐级报送财政部门(集团公司、有关部门);
(二) 财政部门(集团公司、有关部门)收到占有单位报送的备案材料后,对材料齐全的,应在10个工作日内办理备案手续;对材料不齐全的,待占有单位或评估机构补充完善有关材料后予以办理。

第七条　评估项目备案后,需对评估结果进行调整的,占有单位应自调整之日起15个工作日内向原备案机关重新办理备案手续,原备案表由备案机关收回。

第八条　财政部门建立评估项目备案统计报告制度。中央管理的企业集团公司或有关部门应于每季度终了15个工作日内将备案项目情况统计汇总后上报财政部;省级(含计划单列市,下同)财政部门应于每年度终了30个工作日内将本省备案项目情况统计汇总后上报财政部。

第九条　各级财政部门、中央管理的企业集团公司、国务院有关部门应加强对评估项目备案工作的管理,对备案项目必须严格逐项登记,建立评估项目备案档案管理制度。

第十条　各级财政部门应加强对评估项目备案情况的监督检查,确保备案项目经济行为和国有资产评估行为的合法性。

第十一条　省级财政部门、集团公司或有关部门可以根据本办法制定补充规定。

第十二条　本办法自发布之日起施行。

财政部 国家知识产权局关于加强知识产权资产评估管理工作若干问题的通知

财企〔2006〕109号

各省、自治区、直辖市、计划单列市财政厅(局)、知识产权局:

为了加强知识产权资产评估管理,规范知识产权的评估行为,使知识产权资产评估更好地服务于国家创新经济建设和知识产权保护工作,依据《中华人民共和国公司法》、《中华人民共和国专利法》、《中华人民共和国商标法》、《中华人民共和国著作权法》、《中华人民共和国担保法》、《国有资产评估管理办法》等有关规定,现就知识产权资产评估管理工作的有关事项通知如下:

一、知识产权占有单位符合下列情形之一的,应当进行资产评估:
(一) 根据《公司法》第二十七条规定,以知识产权资产作价出资成立有限责任公司或股份有限公司的;
(二) 以知识产权质押,市场没有参照价格,质权人要求评估的;
(三) 行政单位拍卖、转让、置换知识产权的;

（四）国有事业单位改制、合并、分立、清算、投资、转让、置换、拍卖涉及知识产权的；

（五）国有企业改制、上市、合并、分立、清算、投资、转让、置换、拍卖、偿还债务涉及知识产权的；

（六）国有企业收购或通过置换取得非国有单位的知识产权，或接受非国有单位以知识产权出资的；

（七）国有企业以知识产权许可外国公司、企业、其他经济组织或个人使用，市场没有参照价格的；

（八）确定涉及知识产权诉讼价值，人民法院、仲裁机关或当事人要求评估的；

（九）法律、行政法规规定的其他需要进行资产评估的事项。

非国有单位发生合并、分立、清算、投资、转让、置换、偿还债务等经济行为涉及知识产权的，可以参照国有企业进行资产评估。

二、知识产权评估应当依法委托经财政部门批准设立的资产评估机构进行评估。

资产评估机构从事知识产权评估业务时，应当严格遵循有关的资产评估准则和规范。在评估过程中，要考虑知识产权的特殊性，科学、客观地分析知识产权预期收益的可行性和合理性。

资产评估机构在执行知识产权评估业务时，可以聘请专利、商标、版权等知识产权方面的专家协助工作，但不能因此减轻或免除资产评估机构及注册资产评估师应当承担的法律责任。

三、财政部和国家知识产权局共同组织知识产权评估专业培训、考核并颁发培训证书，建立并严格执行继续教育、培训考核制度，确保培训的质量，不断提高注册资产评估师及从业人员知识产权评估的专业能力和水平。

四、中国资产评估协会应当加强行业自律和专业指导工作，可以建立知识产权评估专家库和相关的专业委员会，建立和完善知识产权数据库，为知识产权资产评估创建必要的平台，以提高资产评估的执业质量、行业公信力和影响力。

五、资产评估机构必须坚持独立、客观、公正的原则，不得以迎合委托方对评估结果高估或者低估的要求，给予"回扣"、恶性压价等不正当方式承揽知识产权评估业务。

财政部和国家知识产权局定期组织对从事知识产权评估业务的资产评估机构执业质量进行监督检查。

六、任何单位和个人不得非法干预知识产权评估业务和评估结果。

七、占有知识产权的国有单位和从事知识产权评估业务的资产评估机构违反上述规定的，按国家有关规定处理。

本通知发布后，过去有关规定与本通知内容相抵触的，以本通知为准。

财政部　国家知识产权局
二〇〇六年四月十九日

关于加强企业国有资产评估管理工作有关问题的通知

国资委产权〔2006〕274号

各省、自治区、直辖市国资委，各中央企业：

《企业国有资产评估管理暂行办法》（国资委令第12号，以下简称《暂行办法》）的施行，进一步规范了企业国有资产评估管理工作，有效提高了资产评估工作水平。结合《暂行办法》施行以来的实际情况，企业国有资产评估管理过程中的一些具体问题需进一步明确。经研究，现就有关问题通知如下：

一、中央企业国有资产评估项目备案管理有关问题

经国务院国有资产监督管理机构批准经济行为的事项涉及的资产评估项目，其中包括采用协议方式转让企业国有产权事项涉及的资产评估项目和股份有限公司国有股权设置事项涉及的资产评估项目，由国务院国有资产监督管理机构负责备案。

经国务院国有资产监督管理机构批准进行主辅分离辅业改制项目中，按限额专项委托中央企业办理相关资产评估项目备案。其中，属于国家授权投资机构的中央企业负责办理资产总额账面值5000万元（不含）以下资产评估项目的备案，5000万元以上的资产评估项目由国务院国有资产监督管理机构办理备案；其他中央企业负责办理资产总额账面值2000万元（不含）以下资产评估项目的备案，2000万元以上的资产评估项目由国务院国有资产监督管理机构办理备案。

二、资产评估项目的委托

根据《暂行办法》第八条规定，企业发生应当进行资产评估的经济行为时，应当由其产权持有单位委托具有相应资质的资产评估机构进行评估。针对不同经济行为，资产评估工作的委托按以下情况处理：经济行为事项涉及的评估对象属于企业法人财产权范围的，由企业委托；经济行为事项涉及的评估对象属于企业产权等出资人权利的，按照产权关系，由企业的出资人委托。企业接受非国有资产等涉及非国有资产评估的，一般由接受非国有资产的企业委托。

三、涉及多个国有产权主体的资产评估项目的管理方式

有多个国有股东的企业发生资产评估事项，经协商一致可由国有股最大股东依照其产权关系办理核准或备案手续；国有股股东持股比例相等的，经协商一致可由其中一方依照其产权关系办理核准或备案手续。

国务院批准的重大经济事项同时涉及中央和地方的资产评估项目，可由国有股最大股东依照其产权关系，逐级报送国务院国有资产监督管理机构进行核准。

四、涉及非国有资产评估项目的核准或备案

企业发生《暂行办法》第六条所列经济行为，需要对接受的非国有资产进行评估的，接受企业应依照其产权关系将评估项目报国有资产监督管理机构或其所出资企业备案；如果该经济行为属于各级人民政府批准实施的，接受企业应依照其产权关系按规定程序将评估项目报同级国有资产监督管理机构核准。

五、资产评估备案表及其分类

为适应《暂行办法》第六条所列各类经济行为资产评估项目备案的需要，将资产评估项目备案表分为国有资产评估项目备案表和接受非国有资产评估项目备案表两类。各级企业进行资产评估项目备案时，应按附件的格式和内容填报办理。

六、企业价值评估

涉及企业价值的资产评估项目，以持续经营为前提进行评估时，原则上要求采用两种以上方法进行评估，并在评估报告中列示，依据实际状况充分、全面分析后，确定其中一个评估结果作为评估报告使用结果。同时，对企业进行价值评估，企业应当提供与经济行为相对应的评估基准日审计报告。

附件：1. 国有资产评估项目备案表
   2. 接受非国有资产评估项目备案表
   3.《国有资产评估项目备案表》、《接受非国有资产评估项目备案表》填报说明

国务院国有资产监督管理委员会
二〇〇六年十二月十二日

中国资产评估协会关于印发
《企业国有资产评估报告指南》的通知

中评协〔2008〕218号

各省、自治区、直辖市、计划单列市资产评估协会(注册会计师协会):

  为规范注册资产评估师编制和出具企业国有资产评估报告行为,维护社会公共利益和资产评估各方当事人合法权益,根据国有资产评估管理有关规定和《资产评估准则——评估报告》,中国资产评估协会制定了《企业国有资产评估报告指南》,现予以发布,自2009年7月1日起施行。

  《企业国有资产评估报告指南》适用于非金融类国有企业的评估报告。金融企业因债权转股权等原因持有的非金融类企业股权价值评估报告适用本指南。

  请各协会将《企业国有资产评估报告指南》转发评估机构,组织评估机构和注册资产评估师进行学习和培训,并将执行过程中发现的问题及时上报中国资产评估协会。

中国资产评估协会
二〇〇八年十一月二十八日

企业国有资产评估报告指南

第一章 总 则

  第一条 为规范注册资产评估师编制和出具企业国有资产评估报告行为,维护社会公共利益和资产评估各方当事人合法权益,根据国有资产评估管理有关规定和《资产评估准则——评估报告》,制定本指南。

  第二条 注册资产评估师根据企业国有资产评估管理的有关规定执行资产评估业务,编制和出具企业国有资产评估报告,应当遵守本指南。金融企业和行政事业单位国有资产评估报告另行规范。

  第三条 本指南所指企业国有资产评估报告(以下简称评估报告),由标题、文号、声明、摘要、正文、附件、评估明细表和评估说明构成。

  第四条 注册资产评估师应当清晰、准确陈述评估报告内容,不得使用误导性的表述。

  第五条 评估报告提供的信息,应当使企业国有资产监督管理机构和相关机构能够全面了解评估情况,使评估报告使用者能够合理理解评估结论。

  第六条 评估报告内容应当完整,符合本指南的要求。

第二章　标题、文号、声明和摘要

第七条　评估报告标题应当简明清晰,一般采用"企业名称＋经济行为关键词＋评估对象＋评估报告"的形式。评估报告文号包括评估机构特征字、种类特征字、年份、报告序号。

第八条　注册资产评估师应当声明遵循法律法规,恪守资产评估准则,并对评估结论合理性承担相应的法律责任。评估报告声明应当提醒评估报告使用者关注评估报告特别事项和使用限制等内容。评估报告声明应当置于评估报告摘要之前。

第九条　注册资产评估师应当在评估报告正文的基础上编制评估报告摘要。评估报告摘要应当简明扼要地反映经济行为、评估目的、评估对象和评估范围、价值类型、评估基准日、评估方法、评估结论及其使用有效期、对评估结论产生影响的特别事项等关键内容。评估报告摘要应当采用下述文字提醒评估报告使用者阅读全文:"以上内容摘自评估报告正文,欲了解本评估项目的详细情况和合理理解评估结论,应当阅读评估报告正文。"评估报告摘要应当置于评估报告正文之前。

第三章　正　　文

第十条　评估报告正文应当包括:
（一）绪言;
（二）委托方、被评估单位(或者产权持有单位)和业务约定书约定的其他评估报告使用者概况;
（三）评估目的;
（四）评估对象和评估范围;
（五）价值类型及其定义;
（六）评估基准日;
（七）评估依据;
（八）评估方法;
（九）评估程序实施过程和情况;
（十）评估假设;
（十一）评估结论;
（十二）特别事项说明;
（十三）评估报告使用限制说明;
（十四）评估报告日;
（十五）签字盖章。

第十一条　绪言一般采用包含下列内容的表述格式:
"×××（委托方全称）:
×××（评估机构全称）接受贵单位(公司)的委托,根据有关法律、法规和资产评估准则、资产评估原则,采用×××评估方法(评估方法名称),按照必要的评估程序,对×××（委托方全称）拟实施×××行为(事宜)涉及的×××（资产——单项资产或者资产组合、企业、股东全部权益、股东部分权益）在××××年××月××日的××价值(价值类型)进行了评估。现将资产评估情况报告如下。"

第十二条 评估报告正文应当介绍委托方、被评估单位(或者产权持有单位)和业务约定书约定的其他评估报告使用者的概况。

(一)委托方和业务约定书约定的其他评估报告使用者概况一般包括名称、法定住所及经营场所、法定代表人、注册资本及主要经营范围等。

(二)企业价值评估中,被评估单位(或者产权持有单位)概况一般包括:

1. 名称、法定住所及经营场所、法定代表人、主要经营范围、注册资本、公司股东及持股比例、股权变更情况及必要的公司产权和经营管理结构、历史情况等;

2. 近三年资产、财务、经营状况;

3. 委托方和被评估单位(或者产权持有单位)之间的关系(如产权关系、交易关系)。

(三)单项资产或者资产组合评估,被评估单位(或者产权持有单位)概况一般包括名称、法定住所及经营场所、法定代表人、注册资本及主要经营范围等。

(四)委托方与被评估单位(或者产权持有单位)为同一企业,按对被评估单位的要求编写。

(五)存在交叉持股的,应当列示交叉持股图并简述交叉持股关系及是否属于同一控制的情形。

(六)存在关联交易的,应当说明关联方、交易方式等基本情况。

第十三条 评估报告应当说明本次资产评估的目的及其所对应的经济行为,并说明该经济行为获得批准的相关情况或者其他经济行为依据。

第十四条 评估报告应当对评估对象进行具体描述,以文字、表格的方式说明评估范围。企业价值评估中,应当说明下列内容:

(一)委托评估对象和评估范围与经济行为涉及的评估对象和评估范围是否一致,不一致的应当说明原因,并说明是否经过审计;

(二)对企业价值影响较大的单项资产或者资产组合(如房地产开发企业中存货、工业企业的生产线及厂房等)的法律权属状况、经济状况和物理状况;

(三)企业申报的账面记录或者未记录的无形资产类型、数量、法律权属状况等;

(四)企业申报的表外资产的类型、数量;

(五)引用其他机构出具的报告结论所涉及的资产类型、数量和账面金额(或者评估值)。

单项资产或者资产组合评估,应当说明委托评估资产的数量(如土地面积、建筑物面积、设备数量、无形资产数量等)、法律权属状况、经济状况和物理状况等。

第十五条 评估报告应当说明市场价值及其定义。选择市场价值以外的价值类型,应当说明选择理由及其定义。

第十六条 评估报告应当说明评估基准日及确定评估基准日所考虑的主要因素,包括下列主要内容:

(一)本项目评估基准日是××××年××月××日;

(二)确定评估基准日所考虑的主要因素(如经济行为的实现、会计期末、利率和汇率变化_____等)。

第十七条 评估报告应当说明本次评估业务所对应的经济行为、法律法规、评估准则、权属、取价等依据。

(一)经济行为依据应当为有效批复文件以及可以说明经济行为及其所涉及的评估对象与评估范围的其他文件资料;

(二)法律法规依据通常包括与国有资产评估有关的法律、法规等;

（三）评估准则依据包括本评估项目中依据的相关资产评估准则和相关规范；

（四）权属依据通常包括国有资产产权登记证书、基准日股份持有证明、出资证明、国有土地使用证（或者土地使用权出让合同）、房屋所有权证、采矿许可证、勘查许可证、林权证、专利证（发明专利证书、实用新型专利证书、外观设计专利证书）、商标注册证、著作权（版权）相关权属证明、船舶所有权登记证书、船舶国籍证书、机动车行驶证、有关产权转让合同、其他权属证明文件等；

（五）取价依据通常包括企业提供的财务会计、经营方面的资料，国家有关部门发布的统计资料、技术标准和政策文件，以及评估机构收集的有关询价资料、参数资料等；

（六）其他参考依据。

第十八条　评估报告应当说明所选用的评估方法，以及选择评估方法的理由。以持续经营为前提，采用两种以上方法进行企业价值评估，应当分别说明两种评估方法选取的理由以及评估结论确定的方法。

第十九条　评估报告应当说明自接受评估项目委托起至出具评估报告的主要评估工作过程，一般包括以下内容：

（一）接受项目委托，确定评估目的、评估对象与评估范围、评估基准日、拟定评估计划等过程；

（二）指导被评估单位清查资产、准备评估资料、核实资产与验证资料等过程；

（三）选择评估方法、收集市场信息和估算等过程；

（四）评估结果汇总、评估结论分析、撰写报告和内部审核等过程。

第二十条　评估报告应当披露评估假设及其对评估结论的影响。

第二十一条　评估报告应当以文字和数字形式清晰说明评估结论，评估结论应当是确定的数值。

（一）采用资产基础法进行企业价值评估，应当以文字形式说明资产、负债、所有者权益（净资产）的账面价值、评估价值及其增减幅度，并同时采用评估结果汇总表反映评估结论。

（二）单项资产或者资产组合评估，应当以文字形式说明账面价值、评估价值及其增减幅度。

（三）采用两种以上方法进行企业价值评估，除单独说明评估价值和增减变动幅度外，应当说明两种以上评估方法结果的差异及其原因和最终确定评估结论的理由。

（四）存在多家被评估单位的项目，应当分别说明评估价值。

第二十二条　评估报告应当说明评估程序受到的限制、评估特殊处理、评估结论瑕疵等特别事项，及期后事项，通常包括下列内容：

（一）引用其他机构出具的报告结论的情况，并说明已了解所引用报告结论的取得过程，承担引用报告结论的相关责任；

（二）权属资料不全面或者存在瑕疵的情形；

（三）评估程序受到限制的情形；

（四）评估资料不完整的情形；

（五）评估基准日存在的法律、经济等未决事项；

（六）担保、租赁及其或有负债（或有资产）等事项的性质、金额及与评估对象的关系；

（七）评估基准日至评估报告日之间可能对评估结论产生影响的事项；

（八）本次资产评估对应的经济行为中，可能对评估结论产生重大影响的瑕疵情形。评估报告应当说明对特别事项的处理方式、特别事项对评估结论可能产生的影响，并提示评估报告使用者关注其对经济行为的影响。

第二十三条 评估报告使用限制通常包括下列事项：

（一）评估报告只能用于评估报告载明的评估目的和用途；

（二）评估报告的全部或者部分内容被摘抄、引用或者披露于公开媒体，需评估机构审阅相关内容，法律、法规规定以及相关当事方另有约定的除外；

（三）评估结论的使用有效期；

（四）因评估程序受限造成的评估报告的使用限制。

第二十四条 评估报告应当载明评估报告日。评估报告日通常为注册资产评估师形成最终专业意见的日期。

第二十五条 评估报告正文应当由两名以上注册资产评估师签字盖章，并由评估机构盖章。有限责任公司制评估机构的法定代表人或者合伙制评估机构负责该评估业务的合伙人应当在评估报告上签字。声明、摘要和评估明细表上一般不需要另行签字盖章。

第四章 附 件

第二十六条 评估报告附件内容应当与评估目的、评估方法、评估结论相关联，通常包括下列内容：

（一）与评估目的相对应的经济行为文件；

（二）被评估单位专项审计报告；

（三）委托方和被评估单位法人营业执照；

（四）委托方和被评估单位产权登记证；

（五）评估对象涉及的主要权属证明资料；

（六）委托方和相关当事方的承诺函；

（七）签字注册资产评估师的承诺函；

（八）评估机构资格证书；

（九）评估机构法人营业执照副本；

（十）签字注册资产评估师资格证书；

（十一）重要取价依据（如合同、协议）；

（十二）评估业务约定书；

（十三）其他重要文件。

第二十七条 评估报告附件内容及其所涉及的签章应当清晰、完整，相关内容应当与评估报告摘要、正文一致。评估报告附件为复印件的，应当与原件一致。

第二十八条 按有关规定需要进行专项审计的，应当将企业提供的与经济行为相对应的评估基准日专项审计报告（含会计报表和附注）作为评估报告附件。按有关规定无需进行专项审计的，应当将企业确认的与经济行为相对应的评估基准日企业财务报表作为评估报告附件。

第二十九条 如果引用其他机构出具的报告结论，根据现行有关规定，所引用的报告应当经相应主管部门批准（备案）的，应当将相应主管部门的相关批准（备案）文件作为评估报告的附件。

第五章 评估明细表

第三十条 单项资产或者资产组合评估、采用资产基础法进行企业价值评估,应当编制评估明细表。注册资产评估师可以根据本指南对评估明细表的基本要求和企业会计核算所设置的会计科目编制评估明细表。评估明细表包括被评估资产负债会计科目的评估明细表和各级汇总表。

第三十一条 被评估资产负债会计科目的评估明细表格式和内容基本要求如下:

(一)表头应当含有被评估资产负债类型(会计科目)名称、被评估单位(或者产权持有单位)、评估基准日、表号、金额单位、页码;

(二)表中应当含有资产负债的名称(明细)、经营业务或者事项内容、技术参数、发生(购、建、创)日期、账面价值、评估价值、评估增减幅度等基本内容。必要时,在备注栏对技术参数或者经营业务、事项情况进行注释;

(三)表尾应当标明被评估单位(或者产权持有单位)填表人员、填表日期和评估人员。

第三十二条 评估明细表按会计明细科目、一级科目逐级汇总,并编制资产负债表(方式)的评估汇总表及以人民币万元为金额单位的评估结果汇总表。根据需要设置的各级汇总表,表尾应当标明评估人员。

第三十三条 会计计提的减值准备在相应会计科目(资产负债类型)合计项下列示,评估增减值应当按会计计提减值准备前后分别列示。

第三十四条 评估结果汇总表应当按以下顺序和项目内容列示:流动资产、非流动资产、资产总计、流动负债、非流动负债、负债总计、净资产等类别和项目。

第三十五条 被评估单位为两家以上的,评估明细表应当按被评估单位(或者产权持有单位)分别自成体系。

第六章 评 估 说 明

第三十六条 评估说明包括评估说明使用范围声明、委托方和被评估单位(或者产权持有单位)共同编写的《企业关于进行资产评估有关事项的说明》和注册资产评估师编写的《资产评估说明》。

第三十七条 评估说明应当做到内容完整、表述清晰,并充分考虑不同经济行为和不同评估方法的特点。

第三十八条 《企业关于进行资产评估有关事项的说明》应当由委托方单位负责人和被评估单位(或者产权持有单位)负责人签字,加盖相应单位公章并签署日期。注册资产评估师可以根据需要,建议企业编写的《企业关于进行资产评估有关事项的说明》包括以下内容:

(一)委托方与被评估单位(或者产权持有单位)概况;

(二)关于经济行为的说明;

(三)关于评估对象与评估范围的说明;

(四)关于评估基准日的说明;

(五)可能影响评估工作的重大事项说明;

(六)资产负债情况、未来经营和收益状况预测说明;

(七)资料清单。

第三十九条 《资产评估说明》是对评估对象进行核实、评定估算的详细说明,应当包括以下内容:

(一)评估对象与评估范围说明;
(二)资产核实总体情况说明;
(三)评估技术说明;
(四)评估结论及分析。

第七章 出具与装订

第四十条 评估报告应当使用中文撰写。需要同时出具外文评估报告的,以中文评估报告为准。评估结论一般以人民币为计量币种,使用其他币种表示的,应当注明该币种与人民币在评估基准日的汇率。

第四十一条 评估报告封面应当载明评估报告标题及文号、评估机构全称和评估报告日。

第四十二条 评估报告标题及文号一般在封面上方居中位置,评估机构名称及评估报告日应当在封面下方居中位置。评估报告应当用 A4 规格纸张印刷。

第四十三条 评估报告一般分册装订,各册应当具有独立的目录。声明、摘要、正文和附件合订成册,其目录中应当含有其他册的目录,但其他册目录中的页码不予标注。评估说明和评估明细表分别独立成册。必要时附件可以独立成册。评估明细表一般应当按会计科目顺序装订。

第四十四条 评估报告封底或者其他适当位置应当标注评估机构名称、地址、邮政编码、联系电话、传真、电子邮箱等。

第八章 附 则

第四十五条 本指南自 2009 年 7 月 1 日起施行。

附一:"注册资产评估师声明"指引(供参考)
附二:"注册资产评估师承诺函"指引(供参考)
附三:"评估说明"编写指引(供参考)
附四:评估明细表样表(供参考)

附一:

"注册资产评估师声明"指引
(供参考)

一、我们在执行本资产评估业务中,遵循相关法律法规和资产评估准则,恪守独立、客观和公正的原则;根据我们在执业过程中收集的资料,评估报告陈述的内容是客观的,并对评估结论合理性承担相应的法律责任。

二、评估对象涉及的资产、负债清单由委托方、被评估单位(或者产权持有单位)申报并经其签章确认;所提供资料的真实性、合法性、完整性,恰当使用评估报告是委托方和相关当事方的责任。

三、我们与评估报告中的评估对象没有现存或者预期的利益关系;与相关当事方没有现存或者预期的利益关系,对相关当事方不存在偏见。

四、我们已(或者未)对评估报告中的评估对象及其所涉及资产进行现场调查;我们已对评估对象及其所涉及资产的法律权属状况给予必要的关注,对评估对象及其所涉及资产的法律权属资料进行了查验,并对已经发现的问题进行了如实披露,且已提请委托方及相关当事方完善产权以满足出具评估报告的要求。

五、我们出具的评估报告中的分析、判断和结论受评估报告中假设和限定条件的限制,评估报告使用者应当充分考虑评估报告中载明的假设、限定条件、特别事项说明及其对评估结论的_____影响。

附二:

"注册资产评估师承诺函"指引
(供参考)

×××公司(单位):

受你单位的委托,我们对你单位拟实施×××行为(事宜)所涉及的×××(资产——单项资产或者资产组合、企业、股东全部权益、股东部分权益),以××××年××月××日为基准日进行了评估,形成了资产评估报告。在本报告中披露的假设条件成立的前提下,我们承诺如下:

一、具备相应的执业资格。
二、评估对象和评估范围与评估业务约定书的约定一致。
三、对评估对象及其所涉及的资产进行了必要的核实。
四、根据资产评估准则和相关评估规范选用了评估方法。
五、充分考虑了影响评估价值的因素。
六、评估结论合理。
七、评估工作未受到干预并独立进行。

注册资产评估师签章:
年 月 日

附三：

"评估说明"编写指引
（供参考）

评估说明是申请备案核准资产评估项目的必备材料，为方便企业国有资产监督管理机构和相关机构全面了解评估情况，本指引结合国有资产评估项目备案核准的要求，为注册资产评估师、委托方和相关当事方编写评估说明提供指引。

第一部分　评估说明封面及目录

一、封面

评估说明封面应当载明下列内容：

1. 标题（一般采用"企业名称+经济行为关键词+评估对象+评估说明"的形式）；
2. 评估报告文号；
3. 评估机构名称；
4. 评估报告日。

二、目录

1. 目录应当在封面的下一页排印，包括每一部分的标题和相应页码。
2. 如果评估说明中收录有关文件或者资料的复印件，应当统一标注页码。

第二部分　关于评估说明使用范围的声明

声明应当写明，评估说明供国有资产监督管理机构（含所出资企业）、相关监管机构和部门使用。除法律法规规定外，材料的全部或者部分内容不得提供给其他任何单位和个人，不得见诸公开媒体。

第三部分　企业关于进行资产评估有关事项的说明

注册资产评估师可以建议委托方和被评估单位（或者产权持有单位）按以下格式和内容编写《企业关于进行资产评估有关事项的说明》。

《企业关于进行资产评估有关事项的说明》应当由委托方单位负责人和被评估单位（或者产权持有单位）负责人签字，加盖委托方与被评估单位公章，并签署日期。

一、委托方与被评估单位概况

（一）委托方概况

1. 企业名称及简称、住所、注册资本、法定代表人。
2. 企业性质、企业历史沿革（包括隶属关系的演变）。

3. 经营业务范围及主要经营业绩。
（二）被评估单位概况
1. 企业名称及简称、住所、注册资本、法定代表人。
2. 企业性质、企业历史沿革（包括隶属关系的演变）。
3. 经营业务范围及主要经营业绩。
4. 近三年来企业的资产、财务、负债状况和经营业绩，已经审计的应当说明注册会计师发表的意见，以往不良资产处置情况。
5. 主要产品品种、生产能力，近年实际生产量、销售量，主要市场及其市场占有率，本企业产品在同类产品市场的地位，主要原材料、能源供应情况，环境污染及治理情况。
6. 形成企业主要生产能力的状况，正在或者计划进行的投资项目简况，企业的主要资产状况。
7. 执行的主要会计政策，生产经营是否存在国家政策、法规的限制或者优惠，生产经营的优势分析和各种因素风险。
（三）委托方与被评估单位的关系
1. 委托方与被评估单位的关系一般包括产权关系、行政隶属关系、交易关系等。
2. 存在两家以上被评估单位（或者产权持有单位），应当分别予以介绍。
3. 委托方与被评估单位（或者产权持有单位）为同一企业，按被评估单位要求的内容与格式编写。
4. 存在交叉持股的，还应当列示交叉持股图并简述交叉持股关系以及是否属于同一控制的情形。
5. 存在关联交易的，应当说明关联方、交易方式等基本情况。
二、关于经济行为的说明
（一）说明本次资产评估满足何种需要、所对应的经济行为类型及其经济行为获得批准的相关情况，或者其他经济行为依据。
（二）获得有关部门批准的，应当载明批件名称、批准日期及文号。
三、关于评估对象与评估范围的说明
（一）说明委托评估对象，评估范围内资产和负债的类型、账面金额以及审计情况。
（二）对于经营租入资产、特许使用的资产，以及没有会计记录的无形资产应当特别说明是否纳入评估范围及其理由。
（三）如在评估目的实现前有不同的产权持有单位，应当列表载明各产权持有单位待评估资产的类型、账面金额等。
（四）账面资产是否根据以往资产评估结论进行了调账。
（五）本次评估前是否存在不良资产核销或者资产剥离行为等。
四、关于评估基准日的说明
（一）说明所确定的评估基准日，评估基准日表述为：××××年××月××日。
（二）说明确定评估基准日的理由，如评估基准日受特定经济行为文件的约束，应当载明该文件的名称、批准日期及文号。
五、可能影响评估工作的重大事项的说明一般包括下列内容：
（一）曾经进行过清产核资或者资产评估的情况，调账情况。
（二）影响生产经营活动和财务状况的重大合同、重大诉讼事项。
（三）抵（质）押及其或有负债、或有资产的性质、金额，及其对应资产负债情况。

（四）账面未记录的资产负债的类型及其估计金额。

六、资产负债清查情况、未来经营和收益状况预测的说明

（一）资产负债清查情况说明一般包括下列内容：

1. 列入清查范围的资产负债的种类、账面金额，产权状况，实物资产分布地点及特点。

2. 清查工作的组织如时间计划、实施方案。

3. 清查所采取的措施，待处理、待报废固定资产，高、精、尖设备和特殊建筑物以及毁损、变质存货检测或者鉴定的情况。

4. 清查中发现的盘盈、盘亏、毁损、变质、报废存货的数量和金额的确定情况，呆坏账损失及无需偿付负债的判断及原因分析。

（二）未来经营和收益状况预测说明一般包括下列内容：

1. 所在行业相关经济要素及发展前景、生产经营历史情况、面临的竞争情况及优劣势分析。

2. 内部管理制度、人力资源、核心技术、研发状况、无形资产、管理层构成等经营管理状况。

3. 近年企业资产、负债、权益、盈利、利润分配、现金流量等资产财务状况。

4. 未来主营收入、成本、费用等的预测过程和结果。

5. 如果企业存在关联交易，应当说明关联交易性质及定价原则等。

七、资料清单

一般包括下列内容：

1. 资产评估申报表（由评估机构出具样式）；

2. 相关经济行为的批文；

3. 审计报告；

4. 资产权属证明文件、产权证明文件；

5. 重大合同、协议等；

6. 生产经营统计资料；

7. 其他资料。

第四部分 资产评估说明

一、评估对象与评估范围说明

（一）评估对象与评估范围内容

1. 说明委托评估的评估对象与评估范围。

2. 说明委托评估的资产类型、账面金额。

3. 说明委托评估的资产权属状况（含应当评估的相关负债）。

（二）实物资产的分布情况及特点

1. 说明实物资产的类型、数量、分布情况和存放地点。

2. 说明实物资产的技术特点、实际使用情况、大修理及改扩建情况等。

（三）企业申报的账面记录或者未记录的无形资产情况。

（四）企业申报的表外资产（如有申报）的类型、数量。

（五）引用其他机构出具的报告的结论所涉及的资产类型、数量和账面金额（或者评估值）。

单项资产或者资产组合评估，可以根据具体情况确定内容的详略程度。

二、资产核实情况总体说明

（一）资产核实人员组织、实施时间和过程。

（二）影响资产核实的事项及处理方法。

1. 一般包括资产性能的限制、存放地点的限制、诉讼保全的限制、技术性能的局限、涉及商业秘密和国家秘密，以及评估基准日时正在进行的大修理、改扩建情况等。

2. 对于不能采用现场调查方式直接核实的资产，应当说明原因、涉及范围及处理方法。

（三）核实结论

1. 资产核实结论。

2. 资产核实结果是否与账面记录存在差异及其程度。

3. 权属资料不完善等权属不清晰的资产。

4. 企业申报的账外资产的核实结论。

三、评估技术说明

（一）成本法采用成本法评估单项资产或者资产组合、采用资产基础法评估企业价值，应当根据评估项目的具体情况，以及资产负债类型，编写评估技术说明。各资产负债评估技术说明应当包含资产负债的内容和金额、核实方法、评估值确定的方法和结果等基本内容。常见的资产负债类型，评估技术说明编写内容指引如下。

1. 货币资金

（1）货币资金的内容（包括库存现金、银行存款及其他货币资金）和金额。

（2）现金存放地点、核实方法和过程。

（3）查阅银行对账单、银行余额调节表的情况；银行账户函证情况及不符情况下的处理方式；并说明未达账项（如存在）是否影响净资产及其金额。

（4）其他货币资金的类型（银行汇票存款、银行本票存款、信用卡存款、信用证保证金存款、存出投资款、外埠存款等）及核实方法、评估值确定的方法。

（5）如现金出现负数，应当说明原因及评估处理方式。

（6）评估结果及差异。

2. 交易性金融资产

（1）交易性金融资产的种类（包括企业为交易目的所持有的债券、股票、基金及其他交易性金融资产等）、形成时间及对应的金额。

（2）交易性金融资产的核实方法和结果。

（3）交易性金融资产公允价值的形成，以及交易性金融资产的变现能力。

（4）上市交易的债券、股票、基金应当说明评估基准日前后一段时间内的交易价格、持有量及评估计算过程；非上市的债券、股票、基金应当说明票面利率或者约定利率及评估计算过程。

（5）交易性金融资产公允价值与评估价值类型的一致性，并说明评估值确定的方法和结果。

3. 应收票据

（1）应收票据的种类（银行承兑汇票和商业承兑汇票）和金额。

（2）查阅票据凭证过程及结果，已变现应收票据的数额。

（3）可能形成坏账的应收票据的判断依据及评估值的确定过程及结果；并列示已成为坏账应收票据的证据。

4. 应收账款、应收股利、应收利息、预付账款和其他应收款

（1）应收账款、应收股利、应收利息、预付账款和其他应收款的主要业务内容和对应金额。

（2）应收账款、应收股利、应收利息、预付账款和其他应收款核实的方法及结果。

（3）应收账款、应收股利、应收利息、预付账款和其他应收款发生时间和原因，收回的可能性的判断过程及结果。

（4）可能形成坏账款项的判断依据及评估值确定的过程及结果；并列示已成为坏账的应收账款、应收股利、应收利息、预付账款和其他应收款的证据。

（5）坏账准备的评估处理。

5. 存货

（1）存货的种类、金额等。应当分别按材料采购（在途物资）、原材料、在库周转材料、委托加工物资、产成品（库存商品）、在产品（自制半成品）、发出商品、在用周转材料等进行说明。

（2）存货数量和品质核实的方法、过程和结果。

（3）外购存货账面记录的构成，并分析构成的合理性，说明市场价格的查询情况。

（4）自制存货的销售成本费用率及相关税费额或者比率的确定方法和数额。

（5）对外销售存货的适销程度及判断理由。

（6）在用存货成新率的确定方法。

（7）失效、变质、残损、无用等存货的可变现价值的判断过程和结论，或者技术鉴定（如需要）情况及可变现价值的判断情况。技术鉴定应当说明鉴定方法及鉴定结论。

6. 一年内到期的非流动资产

（1）一年内到期的非流动资产的内容和金额。

（2）一年内到期的非流动资产核实的方法和结果。

（3）一年内到期的非流动资产评估值确定的方法和结果。

7. 其他流动资产

（1）其他流动资产的内容和金额。

（2）其他流动资产核实的方法和结果。

（3）其他流动资产评估值确定的方法和结果。

8. 可供出售金融资产

（1）可供出售金融资产的种类（股票投资、债券投资、其他投资）、发生时间和对应金额。

（2）可供出售金融资产核实的方法和结果。

（3）可供出售金融资产公允价值与评估价值类型的一致性，并说明评估值确定的方法和结果。

9. 持有至到期投资

（1）持有至到期投资的内容和金额。

（2）持有至到期投资核实的方法和结果。

（3）持有至到期投资可收回金额的判断理由，并说明评估值确定的方法、过程和结果。

10. 长期应收款

（1）长期应收款的内容和金额。

（2）长期应收款核实的方法和结果。

（3）长期应收款评估值确定的方法和结果。

（4）无法收回的长期应收款的判断理由和依据。

（5）坏账准备的评估处理。

11. 长期股权投资

（1）长期股权投资的内容和金额。

（2）长期股权投资核实的内容（投资日期、持股比例、投资协议等）、方法和结果。

（3）控股长期股权投资，应当说明对被投资企业的企业价值进行评估的情况以及评估结果，并说明控股长期股权投资评估值确定的方法和结果。

（4）非控股长期股权投资，应当按投资项目分别说明非控股长期股权投资评估值确定的方法和结果。

12．投资性房地产

（1）投资性房地产的种类、内容和金额。

（2）投资性房地产核实的方法和结果。并应当说明投资性房地产权属资料的查验情况、租赁合同约定的租金、租赁期限等内容。

（3）采用收益法评估投资性房地产，应当说明现实租赁合同约定的租金、租赁期限，租赁合同到期后租金的确定方法，折现率确定方法和结果，评估值确定的方法和结果；采用市场法评估投资性房地产，应当说明可比交易实例的选取、可比因素比较调整、评估值确定的方法和结果。

（4）公允价值计量的投资性房地产，应当说明评估值与公允价值及其变动的差异及原因。

13．固定资产

（1）机器设备类固定资产。

1）机器设备类固定资产的数量、账面原值、账面净值、减值准备等。

2）机器设备类固定资产的特点、购置日期、类别、工艺流程、技术状况、日常维护和管理制度、折旧及计提减值政策等。

3）机器设备类固定资产核实的方法和结果。

4）评估方法选取的依据和理由，并列示主要计算公式、参数含义及参数确定的方法。

5）采用成本法评估，应当说明重置全价的构成、各费用项目的测算过程、采用的价格和费用标准等；说明设备成新状况（或者增值贬值因素）以及进行量化的方法及依据。对于待修理设备，应当说明修复的可能性及预计费用。

6）采用收益法（对可单独获利的机器设备）评估，应当说明其收益状况及收益额预测过程和结果，折现率确定的方法及结果。

7）采用市场法（对存在活跃二手设备市场的机器_____设备）评估，应当说明交易价格的基本内涵、交易时间等情况。

8）根据评估项目的具体情况，应当选择典型设备（一般指单台金额大、技术典型的设备）举例说明评估参数的测算和判断以及评估值确定的方法、过程和结果。

9）对于精密、大型、高价的设备，应当说明技术和使用状况；对于报废的设备，应当说明变现的可能性。

10）对于国家强制淘汰、报废的设备，受火灾、水灾浸泡或者地震等其他因素导致设备严重毁损的情况，应当特别提示，并说明改变用途使用和原用途继续使用的可能性。

11）大型或者重型设备的建筑基础，按房屋建筑物类固定资产评估说明的要求编写。

（2）房屋建筑物类固定资产

1）房屋建筑物类固定资产的类型、数量、账面原值、账面净值、减值准备等。

2）房屋建筑物类固定资产购建日期、结构形式、权属状况、日常维护和管理制度、最近一次大修或者装潢情况、折旧及计提减值政策，以及房屋建筑物类固定资产所占用土地的情况。

3）房屋建筑物类固定资产核实的方法和结果。对于复杂、大型、独特、高价的房屋建筑物，应当说明已进行现场勘查以及勘查情况；对于国家强制报废的房屋建筑物，受腐蚀、过火、水灾浸泡或者地震等其他因素导致建筑物严重毁损的情况,应当特别提示,并说明核实情况。

4）评估方法选取的依据和理由,并列示主要计算公式、参数含义及参数确定的方法。

5）采用成本法评估,应当说明重置全价的构成、各费用项目的测算过程、采用的价格和费用标准等;说明房屋建筑物类资产成新状况(或者增值贬值因素)以及进行量化的方法及依据;对于待修理房屋建筑物,应当说明修复的可能性及预计费用。

6）采用市场法评估,应当说明选取交易实例的依据或者理由、交易实例的基本情况、成交时间、交易状况及交易价格内涵等,对所选取的交易实例,应当全面介绍比较因素、比较结果以及评估值确定的方法。

7）采用收益法评估,应当说明其租金预测情况,以及折现率确定的方法和结果。

8）根据评估项目的具体情况,应当选择典型房屋建筑物举例说明评估参数的测算和判断以及评估值确定的方法和过程。典型房屋建筑物应当选择能代表不同的结构形式(一般包括框架结构、框剪结构、全现浇结构、排架结构、钢排架结构、砖混结构、砖木结构、简易结构、钢棚结构等)、不同的分布地点、不同的建筑年代,且金额较大的房屋建筑物类资产。

9）房屋建筑物中含大型附属设备的,应当按机器设备类固定资产评估的要求编写评估说明。

10）对于在房屋建筑物科目核算的投资性房地产,应当按投资性房地产的要求编写评估说明。

14. 在建工程

（1）在建工程的内容、账面价值、减值准备、开工日期和预计完工日期。

（2）在建工程项目的合规性文件核实情况。一般包括:项目可行性研究报告及批复、初步设计及批复、建设用地规划许可证、建设工程规划许可证、建筑工程施工许可证等。对于停建和缓建等在建项目,应当说明已进行现场勘查以及勘查情况。

（3）在建工程账面记录的明细构成,并分析相关费用支出是否正常。

（4）在建工程的形象进度、合同签订情况、已支付工程款和应付(未付)工程款情况,并说明对评估价值的影响。

（5）参照房屋建筑物、机器设备类固定资产的要求编写评估说明。

15. 工程物资

（1）工程物资的种类和账面金额。

（2）工程物资核实的方法和结果。

（3）工程物资的评估说明参照存货评估说明要求编写。

16. 固定资产清理

（1）固定资产清理的内容(出售、转让、报废、毁损、对外投资、非货币性资产交换、债务重组等)和金额。

（2）固定资产清理核实的方法和结果。

（3）固定资产清理一般反映企业尚未清理完毕的固定资产清理净损失。应当根据不同内容,说明评估值确定的方法和结果。

17. 生产性生物资产

（1）生产性生物资产的内容(未成熟生产性生物资产、成熟生产性生物资产)、种类、群别、取得方式、实物数量、账面金额构成及折旧政策等。

（2）生产性生物资产核实的方法和结果。

（3）生产性生物资产评估值确定的方法和结果。

(4) 根据评估项目的具体情况,举例说明评估参数测算的方法和过程。所举案例应当选择能代表不同种类、群别、取得方式的生产性生物资产。

18. 油气资产

(1) 油气资产的类别、不同矿区或者油田分布,油气资产构成

(矿区权益和油气井及相关设施等)、账面金额等。

(2) 油气资产原值的构成、折耗政策。特别说明是否存在弃置费用现值以及对应的预计负债。

(3) 油气资产核实的方法和结果。

(4) 油气资产的评估值确定的方法和结果。

(5) 根据评估项目的具体情况,举例说明评估参数测算确定的方法和过程。所举案例,应当选择能代表不同矿区或者油田分布的油气资产。

19. 无形资产

(1) 土地使用权(含固定资产—土地)

1) 土地的宗数、面积、土地使用权取得方式、性质、原始入账价值、摊销政策、摊余价值等。

2) 土地的登记状况、权利状况、利用状况。土地的登记状况和权利状况,以土地登记、土地使用证和土地使用权出让合同中的有关内容为准,土地利用状况以建筑物、地上附着物等产权登记内容和实际勘查与调查的内容为准。

3) 土地的一般因素、区域因素和个别因素(一般包括:城市资源状况、房地产制度与房地产市场概况、产业政策、城市规划与发展目标、城市社会经济状况等;区域概况、交通条件、基础设施条件、环境条件、产业集聚状况和规划限制等;土地位置、面积、用途、宽度、临街状况、深度、形状、地质、地形、地势、容积率、基础设施以及评估对象现状利用或者规划利用等影响地价水平的因素)。

4) 土地使用权核实的方法和结果。

5) 土地使用权评估价值内涵,所选取评估方法的依据或者理由。

6) 采用市场法评估,应当说明所选交易实例的基本状况(名称、坐落、四至、面积、用途、产权状况、土地形状、土地使用期限、建筑物建成日期、建筑结构、周围环境等)、成交日期、成交价格(包括总价、单价及计价方式、付款方式)、交易情况(交易目的、交易方式、交易税费负担方式、交易人之间的特殊利害关系、特殊交易动机)等内容,并说明交易情况、交易日期等修正情况。

7) 采用收益法评估,应当说明收益期限、净收益与折现率确定的过程和结果。

8) 采用成本法评估,应当说明费用项目的构成、各费用项目的测算过程、采用的价格和费用标准等;说明与地上建筑物费用项目的划分;说明评估对象的开发期限、开发状况和相应的开发费用标准及依据;说明土地增值标准的确定方法和依据;说明修正的因素及修正过程。

9) 采用基准地价修正法评估,应当说明基准地价的公布时间,批准机关和文号,基准地价的内涵,利用基准地价估算宗地价格的公式;说明宗地位置、用途及评估对象所在级别或者区域的基准地价和对应的因素修正系数;说明评估对象的价值内涵与基准地价内涵的差异,以及修正的内容(土地级别、用途、权益性质、交易日期修正、区域因素修正、个别因素修正、使用年期修正和开发程度等)。

10) 采用假设开发法评估时,应当说明开发完成后的不动产价值、后续开发建设的必要支出和应得利润等的确定方法、过程和结果。

11) 引用土地估价报告评估结论,应当说明引用的土地宗数、面积、土地使用权取得方式、性

质、原始入账价值、摊销政策、摊余价值等;说明所引用土地评估结论的地价定义、评估方法、评估结果及调整使用的情况。

(2) 矿业权

1) 矿业权人的基本情况。

2) 矿床勘查、矿山建设规划或者矿山建设和生产经营等基本情况。

3) 矿业权取得时间、方式和以往矿业权价款(或者价值)评估、处置或者交易等情况。

4) 有效的勘查许可证、采矿许可证的主要信息(探矿权主要包括勘查许可证号、探矿权人、勘查项目名称、勘查范围、各拐点地理坐标、勘查面积、有效期限等。采矿权主要包括采矿许可证号、采矿权人、矿山名称、开采矿种、开采方式、生产规模、矿区面积、有效期限、各拐点地理坐标、开采深度等)。

5) 评估对象的矿产资源勘查和开发概况。

6) 选择评估方法的依据和理由,并列示主要计算公式及参数含义。

7) 参数确定情况,包括所依据或者参考资料的来源出处;各评估参数的确定原则、依据、过程和结果。

8) 引用专业报告确定评估参数,应当说明专业报告的名称、形成时间、结论等主要情况。引用专业报告参数进行调整确定评估参数,应当说明其调整确定过程。利用专家协助确定价值指数,应当说明专家的数量、专业及资格、专家工作过程、结论等主要情况,并说明对其检查、汇总及分析的过程。

9) 引用矿业权评估报告评估结论,应当说明引用的矿业权名称、矿业权取得方式、性质、原始入账价值、摊销政策、摊余价值等。说明所引用矿业权评估结论的价值内涵、评估方法、评估结果以及引用处理情况,同时说明矿业权价款评估、备案及价款缴纳情况。

(3) 其他无形资产

1) 无形资产的名称、形成过程、存在形式、存在期限、权属、原始入账金额、摊销政策、摊余价值等。

2) 无形资产核实的内容、方法、过程和结果(从法律、经济、技术及获利能力等角度分析说明所申报评估的无形资产的存在;说明无形资产的特征、获利能力、获利期限;已实际应用的无形资产,应当说明其应用及效益状况)。

3) 选取评估方法的理由,并列示主要计算公式及参数含义。

4) 采用收益法评估,应当说明收益预测的依据,如市场调查结论、订单合同、政府推广文件等。

5) 采用成本法评估,应当说明费用项目的构成、各费用项目的测算过程、采用的价格和费用标准等。

6) 采用市场法评估,应当说明所选交易实例的依据或者理由、交易实例的基本情况、成交时间、交易状况及交易价格内涵等,对所选取的交易实例,应当全面介绍比较因素、比较结果及评估值确定的方法和结果。

20. 开发支出

(1) 开发支出的内容和金额。

(2) 开发支出核实的方法和结果。

(3) 开发支出评估值确定的方法和结果。

21. 商誉

(1) 商誉的账面价值及其形成原因。

（2）商誉所对应资产组的账面价值。

（3）商誉的评估处理方法和结果。

22．长期待摊费用

（1）长期待摊费用的内容、原始发生额和摊销期。

（2）所形成的资产或者权利是否已在其他类型资产中反映,如反映,应当说明不另计评估值。

（3）长期待摊费用核实的方法和结果。

（4）结合长期待摊费用的具体内容,说明尚未摊销完毕的长期待摊费用是否存在尚存的资产或者权利,如存在,应当指明受益期。

23．递延所得税资产

（1）递延所得税资产的内容和种类。

（2）递延所得税资产核实的方法和结果。

（3）递延所得税资产评估值确定的方法和结果。

24．其他非流动资产

（1）其他非流动资产的内容、种类及形成原因等。

（2）其他非流动资产核实的方法和结果。

（3）其他非流动资产评估值确定的方法和结果。

25．短期借款

（1）借款的金额、发生日期、放贷银行名称、还款期限、贷款利率以及抵(质)押情况。

（2）对借款的函证情况。

（3）利息结算、支付情况,并说明利息支付情况对评估值的影响。

26．交易性金融负债

（1）交易性金融负债的种类和核实方法。

（2）交易性金融负债票面利率计算、支付的情况。

（3）承担的交易性金融负债的公允价值的形成。

（4）交易性金融负债公允价值与评估价值类型的一致性,说明评估值确定的方法和结果。

27．应付票据

（1）应付票据的种类(银行承兑、商业承兑)、签发日、到期日。

（2）应付票据核实的方法和结果。

（3）带息票据,应当说明利息计息、支付情况,并说明已考虑利息支付对评估值的影响。

28．应付账款、预收账款和其他应付款

（1）应付账款、预收账款和其他应付款的主要业务内容、发生日期。

（2）应付账款、预收账款和其他应付款核实的方法和结果。

（3）对于无需支付的应付账款、预收账款和其他应付款,应说明依据和理由。

29．应付职工薪酬

（1）应付职工薪酬的内容(包括工资、职工福利、社会保险费、住房公积金、工会经费、职工教育经费、非货币性福利、辞退福利、股份支付、按规定从净利润中提取的职工奖励及福利基金等)和对应金额等。

（2）被评估单位相关职工薪酬政策。

（3）工资、职工福利、社会保险费、住房公积金、工会经费、职工教育经费、非货币性福利、辞退福利、股份支付、按规定从净利润中提取的职工奖励及福利基金等的计提、发放或者使用核实的方法和结果。

（4）对于无需支付的职工薪酬，应当说明依据和理由。

30. 应交税费

（1）应交税费的内容（包括增值税、消费税、营业税、所得税、资源税、土地增值税、城市维护建设税、房产税、土地使用税、车船使用税、教育费附加、矿产资源补偿费、企业代扣代交的个人所得税等）和对应金额。

（2）被评估单位相关的税负政策，说明被评估单位所享有的优惠税收政策，享有优惠政策的期限和批准单位等。

（3）应交税费核实的方法和结果。

（4）说明借方余额的原因及评估方法。

31. 应付利息

（1）应付利息的内容（包括对应的本金、分期付息到期还本的长期借款、企业债券等应支付的利息等）、金额等。

（2）应付利息核实的方法和结果。

（3）按合同利率或者实际利率计算确定应付未付利息的过程和结果。

32. 应付股利（应付利润）

（1）应付股利发生的期限和金额。

（2）应付股利的核实内容（被评估单位股利或利润分配政策、相关应付股利分配的文件的核实情况）和方法。

（3）对于长期未付的（应付股利），应当说明原因，并说明是否考虑可能需要支付逾期利息对企业负债增加的因素。

（4）应付股利评估值的确定方法和结果。

（5）董事会或者类似机构通过的利润分配方案中拟分配的现金股利或者利润，尽管账面未记录，但应当特别说明根据会计附注披露的内容可能对企业价值的影响。

33. 一年内到期的非流动负债

（1）一年内到期的非流动负债的内容和金额。

（2）一年内到期的非流动负债核实的方法和结果。

（3）一年内到期的非流动负债评估值确定的方法和结果。

34. 其他流动负债

（1）其他流动负债的内容和金额。

（2）其他流动负债核实的方法和结果。

（3）其他流动负债评估值确定的方法和结果。

35. 长期借款

（1）借款的金额、发生日期、放贷银行名称、还款期限和贷款利率以及抵（质）押情况。

（2）对借款的函证情况。

（3）长期借款评估值的确定方法和结果。

（4）利率水平、结算方式和结算时间对评估结论的影响。

36. 应付债券

（1）应付债券的种类（分期付息一次还本的债券、一次还本付息的债券等）、票面金额、债券票面利率、还本付息期限与方式、发行总额、发行日期和编号、委托代售单位、转换股份等情况。

（2）应付债券核实的方法和结果。对可转换公司债券，应当说明应付债券为该项可转换公司债券包含的负债成分。

（3）说明是否考虑可能需要支付逾期利息对企业负债增加的因素。

（4）说明是否存在按票面利率计算确定的应付未付利息与按摊余成本和实际利率计算确定的债券利息费用的差额，以及评估值确定的方法。

（5）可转换公司债券评估值确定的方法和结果。

37. 长期应付款

（1）长期应付款的种类（应付融资租入固定资产的租赁费、以分期付款方式购入固定资产等发生的应付款项等）、发生日期和金额、约定的还款期限、方式等。

（2）长期应付款核实的方法和结果。

（3）长期应付款评估值确定的方法和结果。

38. 专项应付款

（1）专项应付款形成依据、项目名称、性质（取得政府作为企业所有者投入的具有专项或者特定用途的款项）、内容、约定的验收时间和方式等核实情况。

（2）用于工程项目的专项应付款资产形成的进度情况，不可能形成长期资产需要核销的情况。

（3）尚未转销的专项应付款是否为企业真实的负债。

39. 预计负债

（1）预计负债的金额和种类（企业确认的对外提供担保、未决诉讼、产品质量保证、重组义务、亏损性合同等）。

（2）预计负债核实的方法和结果。

（3）企业确认预计负债的证据以及第三方或者债权人的询证证据等。

40. 递延所得税负债

（1）递延所得税负债的金额、种类和企业确认依据。

（2）递延所得税负债核实的方法和结果。

（3）递延所得税负债的具体内容，说明递延所得税负债评估值确定的过程和结果。

41. 其他非流动负债

（1）其他非流动负债的种类、形成原因、企业确认依据等。

（2）其他非流动负债核实的方法和结果。

（3）其他非流动负债评估值确定的方法和结果。

（二）市场法

采用市场法进行企业价值评估，应当根据所采用的具体评估方法（参考企业比较法或者并购案例比较法）确定评估技术说明的编写内容。一般编写内容指引如下。

1. 说明评估对象，包括企业整体价值、股东全部权益价值、股东部分权益价值。

2. 市场法原理

（1）并购案例比较法的定义、原理、应用前提及评估选用并购案例法的理由。

（2）参考企业比较法的定义、原理、应用前提及评估选用参考企业比较法的理由。

3. 选取具体评估方法的理由

4. 基本步骤说明

（1）搜集相关资料、对评估对象基本情况进行阐述。

（2）对被评估单位（或者产权持有单位）所在行业发展状况与前景进行分析。

（3）对被评估单位提供的评估对象财务状况进行分析、调整。

（4）分析、确定参考企业或者并购案例。

（5）对参考企业或者并购案例的可比因素进行分析、调整，确定可比因素数值。

（6）估算评估对象价值。

5. 被评估单位（或者产权持有单位）所在行业发展状况与前景的分析判断。

6. 参考企业或者并购案例的选择及与评估对象的可比性分析。

7. 确定可比因素的方法和过程（特别说明对可比因素分析时考虑的主要方面），价值比率的确定过程，分析、调整评估对象财务状况的内容。

8. 评估值确定的方法、过程和结果。

9. 评估结论及分析。

（三）收益法

采用收益法进行企业价值评估，应当根据行业特点、企业经营方式和所确定的预期收益口径以及评估的其他具体情况等，确定评估技术说明的编写内容。一般编写内容指引如下。

1. 说明评估对象，即企业整体价值、股东全部权益价值和股东部分权益价值。

2. 收益法的应用前提及选择的理由和依据

（1）收益法的定义和原理。

（2）收益法的应用前提。

（3）收益法选择的理由和依据。

3. 收益预测的假设条件收益预测的假设条件应当结合评估项目的具体情况确定。一般包括：

（1）国家现行的有关法律法规及政策、国家宏观经济形势无重大变化，本次交易各方所处地区的政治、经济和社会环境无重大变化，无其他不可预测和不可抗力因素造成的重大不利影响。

（2）针对评估基准日资产的实际状况，假设企业持续经营。

（3）假设公司的经营者是负责的，且公司管理层有能力担当其职务。

（4）除非另有说明，假设公司完全遵守所有有关的法律法规。

（5）假设公司未来将采取的会计政策和编写此份报告时所采用的会计政策在重要方面基本一致。

（6）假设公司在现有的管理方式和管理水平的基础上，经营范围、方式与目前方向保持一致。

（7）有关利率、汇率、赋税基准及税率、政策性征收费用等不发生重大变化。

（8）无其他人力不可抗拒因素及不可预见因素对企业造成重大不利影响。

根据资产评估的要求,认定这些假设条件在评估基准日时成立,当未来经济环境发生较大变化时,将不承担由于假设条件改变而推导出不同评估结论的责任。

4. 企业经营、资产、财务分析

(1) 被评估单位所在行业状况及发展前景、生产经营的历史情况、面临的竞争情况及企业战略等。

(2) 企业内部管理制度、人力资源、核心技术、研发状况、销售网络、特许经营权、管理层构成等经营管理状况。

(3) 企业历史年度财务分析。一般包括收入、成本和费用分析,盈利能力、偿债能力和营运能力分析以及成长性分析等。

(4) 经营性资产、非经营性资产、溢余资产分析。

5. 评估计算及分析过程

(1) 收益模型的选取

① 选取收益法的具体测算方法及模型。

② 列示计算公式并对参数进行解释与说明。

(2) 收益年限的确定确定的收益年限并说明其理由。

(3) 未来收益的确定

① 生产经营模式与收益主体、口径的相关性。

② 收入的预测。

1) 营业收入的预测。通常包括区域经济发展与市场环境、业内竞争情况与企业对策、公司的营业收入及构成分析和营业收入的预测。

2) 投资收益预测分析。

③ 营业成本的预测。

④ 销售费用的预测。

⑤ 管理费用的预测。

⑥ 财务费用的预测。

⑦ 营业税金及附加的估算。

⑧ 折旧与摊销的预测。

⑨ 资本性支出预测。

⑩ 营运资金预测、营运资金增加额的确定。

3) 企业历史年度有关资金营运指标。

4) 营运资金增加额计算。

(4) 折现率的确定

① 所选折现率的模型(公式与参数定义)。

② 模型中有关参数的选取过程。

例如:无风险报酬率(依据、过程、结果)、市场收益率(依据、参数、过程、结果)、Beta(贝塔)系数的测算。

6. 评估值测算过程与结果

(1) 列表说明公式中的各参数值以及测算过程。

(2) 终值的估算。

（3）列示评估结论。

7．其他资产和负债的评估(非收益性/经营性资产和负债)价值

（1）评估的资产和负债类型。

（2）评估方法。

（3）评估结果。

8．评估结果

9．测算表格

采用收益法进行企业价值评估,应当编制必要的测算表格。测算表格中的数据应当与评估报告相应内容一致。

四、评估结论及分析

（一）评估结论

1．用文字叙述账面价值和评估价值,采用两种评估方法评估企业价值,应当分别说明其评估价值以及确定最终评估结论的依据和理由。

2．含有"评估结论根据以上评估工作得出"的字样。

3．对于存在多家被评估单位的情况,应当分别说明评估价值。

4．对于不纳入评估汇总表的评估结果,应当单独列示。

（二）评估结论与账面价值比较变动情况及原因

1．说明评估结论与账面价值比较变动情况,包括绝对变动额和相对变动率。

2．分析评估结论与账面价值比较变动原因。

（三）股东部分权益价值的溢价(或者折价)的考虑等内容企业价值评估,在适当及切实可行的情况下需要考虑由于控股权和少数股权等因素产生的溢价或者折价,以及流动性对评估对象价值的影响,包括但不限于：

1．说明是否考虑了溢价与折价。

2．说明溢价与折价测算的方法,对其合理性做出判断。

附四：

评估明细表样表
（供参考）

一、说明

本套样表参照《企业会计准则第30号——财务会计报表列报》应用指南的基本要求进行设计。

具体评估项目中,可以根据本指南对评估明细表的基本要求、企业会计核算所设置的会计科目,参考本套样表编制评估明细表。

二、评估明细表样表

1．表1：资产评估结果汇总表

2．表2：资产评估结果分类汇总表

3. 表3：流动资产评估汇总表
4. 表3-1：货币资金评估汇总表
5. 表3-1-1：货币资金—现金评估明细表
6. 表3-1-2：货币资金—银行存款评估明细表
7. 表3-1-3：货币资金—其他货币资金评估明细表
8. 表3-2：交易性金融资产评估汇总表
9. 表3-2-1：交易性金融资产—股票投资评估明细表
10. 表3-2-2：交易性金融资产—债券投资评估明细表
11. 表3-2-3：交易性金融资产—基金投资评估明细表
12. 表3-3：应收票据评估明细表
13. 表3-4：应收账款评估明细表
14. 表3-5：预付账款评估明细表
15. 表3-6：应收利息评估明细表
16. 表3-7：应收股利（应收利润）评估明细表
17. 表3-8：其他应收款评估明细表
18. 表3-9：存货评估汇总表
19. 表3-9-1：存货—材料采购（在途物资）评估明细表
20. 表3-9-2：存货—原材料评估明细表
21. 表3-9-3：存货—在库周转材料评估明细表
22. 表3-9-4：存货—委托加工物资评估明细表
23. 表3-9-5：存货—产成品（库存商品、开发产品、农产品）评估明细表
24. 表3-9-6：存货—在产品（自制半成品）评估明细表
25. 表3-9-7：存货—发出商品评估明细表
26. 表3-9-8：存货—在用周转材料评估明细表
27. 表3-10：一年内到期的非流动资产评估明细表
28. 表3-11：其他流动资产评估明细表
29. 表4：非流动资产评估汇总表
30. 表4-1：可供出售金融资产评估汇总表
31. 表4-1-1：可供出售金融资产—股票投资评估明细表
32. 表4-1-2：可供出售金融资产—债券投资评估明细表
33. 表4-1-3：可供出售金融资产—其他投资评估明细表
34. 表4-2：持有至到期投资评估明细表
35. 表4-3：长期应收款评估明细表
36. 表4-4：长期股权投资评估明细表
37. 表4-5：投资性房地产评估明细表（含4张备选表）
38. 表4-6：固定资产评估汇总表
39. 表4-6-1：固定资产—房屋建筑物评估明细表
40. 表4-6-2：固定资产—构筑物及其他辅助设施评估明细表
41. 表4-6-3：固定资产—管道和沟槽评估明细表
42. 表4-6-4：固定资产—机器设备评估明细表
43. 表4-6-5：固定资产—车辆评估明细表

44. 表 4-6-6：固定资产—电子设备评估明细表
45. 表 4-6-7：固定资产—土地评估明细表
46. 表 4-7：在建工程评估汇总表
47. 表 4-7-1：在建工程—土建工程评估明细表
48. 表 4-7-2：在建工程—设备安装工程评估明细表
49. 表 4-8：工程物资评估明细表
50. 表 4-9：固定资产清理评估明细表
51. 表 4-10：生产性生物资产评估明细表
52. 表 4-11：油气资产评估明细表
53. 表 4-12：无形资产评估汇总表
54. 表 4-12-1：无形资产—土地使用权评估明细表
55. 表 4-12-2：无形资产—矿业权评估明细表
56. 表 4-12-3：无形资产—其他无形资产评估明细表
57. 表 4-13：开发支出评估明细表
58. 表 4-14：商誉评估明细表
59. 表 4-15：长期待摊费用评估明细表
60. 表 4-16：递延所得税资产评估明细表
61. 表 4-17：其他非流动资产评估明细表
62. 表 5：流动负债评估汇总表
63. 表 5-1：短期借款评估明细表
64. 表 5-2：交易性金融负债评估明细表
65. 表 5-3：应付票据评估明细表
66. 表 5-4：应付账款评估明细表
67. 表 5-5：预收账款评估明细表
68. 表 5-6：应付职工薪酬评估明细表
69. 表 5-7：应交税费评估明细表
70. 表 5-8：应付利息评估明细表
71. 表 5-9：应付股利（应付利润）评估明细表
72. 表 5-10：其他应付款评估明细表
73. 表 5-11：一年内到期的非流动负债评估明细表
74. 表 5-12：其他流动负债评估明细表
75. 表 6：非流动负债评估汇总表
76. 表 6-1：长期借款评估明细表
77. 表 6-2：应付债券评估明细表
78. 表 6-3：长期应付款评估明细表
79. 表 6-4：专项应付款评估明细表
80. 表 6-5：预计负债评估明细表
81. 表 6-6：递延所得税负债评估明细表
82. 表 6-7：其他非流动负债评估明细表

财政部 国家工商总局关于加强以非货币财产出资的评估管理若干问题的通知

财企〔2009〕46号

党中央有关部门,国务院各部委、各直属机构,总后勤部、武警总部,全国人大常委会办公厅,全国政协办公厅,各中央管理企业,各省、自治区、直辖市、计划单列市财政厅(局)、工商行政管理局,新疆生产建设兵团财务局、工商局:

为了加强以实物、知识产权、土地使用权等非货币财产出资的评估管理,规范以非货币财产出资评估行为,依据《中华人民共和国公司法》、《中华人民共和国公司登记管理条例》等有关法律法规,现就以非货币财产出资评估管理有关事项通知如下:

一、有下列情形之一的,应当进行资产评估:

(一)投资人以非货币财产出资的;

(二)在验资或申请工商登记时,验资机构或投资人发现用作出资的非货币财产与评估基准日时的资产状态、使用方式、市场环境等方面发生显著变化,或者由于评估假设已发生重大变化,可能导致资产价值发生重大变化的;

(三)法律、行政法规规定的其他需要进行资产评估的事项。

二、以非货币财产出资评估,投资人应当委托依法设立的资产评估机构进行。

三、以非货币财产出资的投资人,应当对所提供的非货币财产的真实性、合法性承担责任。

四、资产评估机构从事以非货币财产出资评估业务时,应当严格遵循有关的资产评估准则和规范,并对评估结论的合理性承担法律责任。

资产评估机构在执行以非货币财产出资评估业务时,可以聘请相关专业的专家协助工作,但不能因此减轻或免除资产评估机构及注册资产评估师应当承担的法律责任。

五、资产评估机构应当遵循独立、客观、公正的原则,不得迎合委托方要求出具虚假的评估报告,不得以给予"回扣"、恶性压价等不正当竞争方式承揽以非货币财产出资评估业务。

六、投资人及其他任何单位和个人不得干预以非货币财产出资的评估业务和评估结果,相关专业的专家在协助资产评估机构执业时,应当只对评估对象的技术状况发表专业意见,不得对评估报告及评估结果是否合理发表意见。

七、财政、工商管理部门应当建立信息通报机制,对以非货币财产出资的投资人和从事以非货币财产出资评估业务的资产评估机构违反上述规定的,应当按国家有关规定进行处理。

八、中国资产评估协会应当加强行业自律和专业指导工作,建立相关专业的专家库,建立并完善相关的诚信信息档案和数据库,为以非货币财产出资评估创建必要的平台,以提高资产评估的执业质量、行业公信力和影响力。

九、本通知印发后,过去有关规定与本通知内容相抵触的,以本通知为准。

财政部 国家工商总局
二〇〇九年三月三十日

关于企业国有资产评估报告审核工作有关事项的通知

国资产权〔2009〕941号

各省、自治区、直辖市及计划单列市和新疆建设兵团国资委,各中央企业:

为规范企业国有资产评估行为,加强企业国有资产评估报告审核工作,现将有关事项通知如下:

一、各级国有资产监督管理机构及国家出资企业对企业国有资产评估报告核准、备案时,应依照中国资产评估协会公布的《企业国有资产评估报告指南》(以下简称《指南》)进行审核,进一步提高核准和备案工作质量。

二、各级国有资产监督管理机构及国家出资企业对企业国有资产评估报告核准、备案时,发现评估报告中存在《指南》第二十二条所列示下列情况时,应当要求申请核准、备案单位妥善解决相关问题后,方予受理。

(一)权属资料不全面或者存在瑕疵;

(二)评估程序受到限制;

(三)资产评估对应的经济行为中存在可能对评估结论产生重大影响的瑕疵。

三、申请核准、备案单位报送的评估报告中有关收益法说明部分应包括下列参数、依据及测算过程:

(一)收入预测表及说明;

(二)成本及费用预测表及说明;

(三)折旧和摊销预测表及说明;

(四)营运资金预测表及说明;

(五)资本性支出预测表及说明;

(六)折现率选取、计算、分析及说明;

(七)负债预测表及说明;

(八)溢余资产分析及说明;

(九)非经营性资产分析及说明。

四、企业国有产权持有单位或被评估单位应如实提供相关评估资料,确保资料真实、完整、有效。企业国有资产评估报告中的《企业关于进行资产评估有关事项的说明》应由委托方或产权持有单位按照《指南》要求编写,对实际存在但未入账的无形资产应详细说明。《企业关于进行资产评估有关事项的说明》应加盖编写单位公章。

五、《国有资产评估项目备案表》及《接受非国有资产评估项目备案表》(见附件)已进行调整,企业申请资产评估项目备案时,可从国务院国有资产监督管理委员会网站下载,并按要求填报办理。

附件:1. 国有资产评估项目备案表
   2. 接受非国有资产评估项目备案表

国务院国有资产监督管理委员会
二〇〇九年九月十一日

附件1

备案编号：_____

国有资产评估项目备案表

产权持有单位(盖章)：_____

法定代表人(签字)：_____

填报日期：_____

国务院国有资产监督管理委员会制

备注：

1. 本备案表应与资产评估报告书同时使用，评估报告的使用各方应关注评估报告书中所揭示的特别事项和评估报告的法律效力等内容，合理使用评估结果。

2. 本项目所出具的资产评估报告的法律责任由受托评估机构和在评估报告中签字的具有相应执业资格的评估人员共同承担，不因本备案而转移其法律责任。

3. 本表一式三份。一份留存备案单位，一份送产权持有单位，一份送上级单位。

资产评估项目基本情况

评估对象				
产权持有单位			企业管理级次	
资产评估委托方				
所出资企业(有关部门)				
经济行为类型	☐ 整体或者部分改建为有限责任公司或者股份有限公司　☐ 以非货币资产对外投资 ☐ 合并、分立、破产、解散　☐ 非上市公司国有股东股权比例变动 ☐ 产权转让　☐ 资产转让、置换　☐ 整体资产或者部分资产租赁给非国有单位 ☐ 以非货币资产偿还债务　☐ 资产涉讼　☐ 其他				
评估报告书编号			主要评估方法	
评估机构名称			资质证书编号	
注册评估师姓名			注册评估师编号	
产权持有单位联系人		电话	通讯地址	
所出资企业(有关部门)联系人		电话	通讯地址	
申报备案 产权持有单位盖章 法定代表人签字： 　　　年　月　日		同意转报备案 上级单位盖章 单位领导签字： 　　　年　月　日	备　案 国有资产监督管理机构 (所出资企业、有关部门) 　　　年　月　日	

资产评估结果

评估基准日： 年 月 日
评估结果使用有效期至： 年 月 日

金额单位:人民币万元

项　　目	账面价值	评估价值	增减值	增减率(%)
流动资产				
长期投资				
固定资产				
无形资产				
其中:土地使用权				
其他资产				
资产总计				
流动负债				
长期负债				
负债总计				
净资产				

（保留两位小数点）

附件 2

备案编号：_____

接受非国有资产评估项目备案表

接受非国有资产的企业(盖章)：_____

法 定 代 表 人(签字)：_____

填 报 日 期：_____

国务院国有资产监督管理委员会制

备注：

1. 本备案表应与资产评估报告书同时使用，评估报告的使用各方应关注评估报告书中所揭示的特别事项和评估报告的法律效力等内容，合理使用评估结果。

2. 本项目所出具的资产评估报告的法律责任由受托评估机构和在评估报告中签字的具有相应执业资格的评估人员共同承担，不因本备案而转移其法律责任。

3. 本表一式三份。一份留存备案单位，一份送产权持有单位，一份送上级单位。

资产评估项目基本情况

评估对象				
接受非国有资产的企业			企业管理级次	
资产评估委托方				
所出资企业(有关部门)				
经济行为类型	□ 收购非国有单位的资产 □ 接受非国有单位以非货币资产出资 □ 接受非国有单位以非货币资产抵债 □ 其他			
评估报告书编号			主要评估方法	
评估机构名称			资质证书编号	
注册评估师姓名			注册评估师编号	
接受非国有资产的企业联系人		电话	通讯地址	
所出资企业(有关部门)联系人		电话	通讯地址	

申报备案	同意转报备案	备案
接受非国有资产的企业盖章 法定代表人签字： 年 月 日	上级单位盖章 单位领导签字： 年 月 日	国有资产监督管理机构 (所出资企业、有关部门) 年 月 日

资产评估结果

评　估　基　准　日：　年　月　日
评估结果使用有效期至：　年　月　日

金额单位:人民币万元

项　　目	账面价值	评估价值	增减值	增减率(%)
流动资产				
长期投资				
固定资产				
无形资产				
其中:土地使用权				
其他资产				
资产总计				
流动负债				
长期负债				
负债总计				
净资产				

（保留两位小数点）

五
产权管理

企业国有资产产权登记管理办法

中华人民共和国国务院令第192号发布

（1996年1月25日）

第一条 为了加强企业国有资产产权登记管理，健全国有资产基础管理制度，防止国有资产流失，制定本办法。

第二条 本办法所称企业国有资产产权登记（以下简称产权登记），是指国有资产管理部门代表政府对占有国有资产的各类企业的资产、负债、所有者权益等产权状况进行登记，依法确认产权归属关系的行为。

第三条 国有企业、国有独资公司、持有国家股权的单位以及其他形式占有国有资产的企业（以下统称企业），应当依照本办法的规定办理产权登记。

第四条 企业产权归属关系不清楚或者发生产权纠纷的，可以申请暂缓办理产权登记。

企业应当在经批准的暂缓办理产权登记期限内，将产权界定清楚、产权纠纷处理完毕，并及时办理产权登记。

第五条 县级以上各级人民政府国有资产管理部门按照产权归属关系办理产权登记。

国有资产管理部门根据工作需要，可以按照产权归属关系委托政府有关部门或者机构办理产权登记。

第六条 产权登记分为占有产权登记、变动产权登记和注销产权登记。

第七条 企业应当依照本办法向国有资产管理部门办理占有产权登记。

占有产权登记的主要内容：

（一）出资人名称、住所、出资金额及法定代表人；

（二）企业名称、住所及法定代表人；

（三）企业的资产、负债及所有者权益；

（四）企业实收资本、国有资本；

（五）企业投资情况；

（六）国务院国有资产管理部门规定的其他事项。

国有资产管理部门向企业核发的国有资产产权登记表，是企业的资信证明文件。

第八条 企业发生下列变动情形之一的，应当自变动之日起30日内办理变动产权登记：

（一）企业名称、住所或者法定代表人改变的；

（二）国有资本占企业实收资本比例发生变化的；

（三）企业分立、合并或者改变经营形式的；

（四）有国务院国有资产管理部门规定的其他变动情形的。

第九条 企业发生下列情形之一的，应当自该情形发生之日起30日内办理注销产权登记：

（一）企业解散、被依法撤销或者被依法宣告破产的；

（二）企业转让全部产权或者企业被划转的；

（三）有国务院国有资产管理部门规定的其他情形的。

第十条　企业办理产权登记,应当按照规定填报国有资产产权登记表并提交有关文件、凭证、报表等。填报的内容或者提交的文件、凭证、报表等不符合规定的,国有资产管理部门有权要求企业补正。

第十一条　产权登记实行年度检查制度。

企业应当于每一年度终了后90日内,办理产权年度检查登记,向国有资产管理部门提交财务报告和国有资产经营年度报告书,报告下列主要内容:

（一）出资人的资金实际到位情况;

（二）企业国有资产的结构变化,包括企业对外投资情况;

（三）国有资产增减、变动情况;

（四）国务院国有资产管理部门规定的其他事项。

第十二条　国有资产产权登记表由国务院国有资产管理部门统一制定。

任何单位和个人不得伪造、涂改、出卖或者出借国有资产产权登记表。

国有资产产权登记表遗失或者毁坏的,应当按照规定申请补领。

第十三条　国有资产管理部门应当建立健全产权登记档案制度,并定期分析和报告国有资产产权状况。

第十四条　企业违反本办法规定,有下列行为之一的,由国有资产管理部门责令改正、通报批评,可以处以10万元以下的罚款,并提请政府有关部门对企业领导人员和直接责任人员按照规定给予纪律处分:

（一）在规定期限内不办理产权登记的;

（二）隐瞒真实情况、未如实办理产权登记的;

（三）不按照规定办理产权年度检查登记的;

（四）伪造、涂改、出卖或者出借国有资产产权登记表的。

第十五条　国有资产管理部门工作人员在办理产权登记中玩忽职守、徇私舞弊、滥用职权、谋取私利,构成犯罪的,依法追究刑事责任;尚不构成犯罪的,依法给予行政处分。

第十六条　军队企业的国有资产产权登记管理办法,由中国人民解放军总后勤部会同国务院国有资产管理部门参照本办法制定。

第十七条　本办法自发布之日起施行。国家国有资产管理局、财政部、国家工商行政管理局1992年5月11日发布的《国有资产产权登记管理试行办法》同时废止。

集体企业国有资产产权界定暂行办法

国家国有资产管理局令第2号

（1994年11月25日发布）

第一章　总　　则

第一条　为了进一步明晰产权关系,建立与社会主义市场经济体制相适应的现代企业制度,促进公有制经济的巩固和发展,维护国有资产所有者和集体资产所有者的合法权益,根据国家有关规定,制定本办法。

第二条 本办法所称集体企业国有资产产权界定(以下简称产权界定),系指国家依法划分和认定存在于集体所有制企业中国有资产的所有权归属,并明确国家作为所有者对这部分国有资产行使权利的财产范围和管理权限的一种法律行为。

第三条 本办法适用于注册为集体所有制性质的各种城镇集体企业(含合作社)资产的产权界定。

第四条 产权界定应遵循"谁投资、谁拥有产权"的原则进行,即从资产的原始来源入手,界定产权。凡国家作为投资主体,在没有将资产所有权让渡之前,仍享有对集体企业中国有资产的所有权。

第五条 在产权界定过程中,应本着"立足今后加强管理,历史问题处理适度"的工作原则,实事求是,公平公正地进行界定。既要维护国有资产所有者正当权益,也不得损害集体企业所有者的合法利益。

第六条 进行产权界定,应保持国家对集体经济法律、法规、政策的连续性和协调性。

第七条 集体企业中的国有资产,须以价值形态进行界定和记账反映。

第二章 集体企业国有资产的界定

第八条 全民所有制企业、事业单位、国家机关等(以下简称全民单位)投资或创办的集体企业,以及虽不隶属于全民单位,但全民单位实际以货币、实物、无形资产等给予扶持和资助的集体企业国有资产所有权界定,依下列办法处理:

(一) 全民单位以货币、实物和所有权属于国家的土地使用权、知识产权等独资创办的以集体所有制名义注册登记的企业单位,其资产所有权界定按对国有企业产权界定规定办理。但依国家有关国有资产管理法律、法规规定或协议约定并经国有资产管理部门认定的属于无偿资助的除外。

(二) 新建的企业,开办资金完全由全民单位以银行贷款及借款形式筹措,生产经营以集体性质注册的,其资产产权界定比照前款规定。

(三) 全民单位用国有资产在集体企业中的投资及按照投资份额(或协议约定)应取得的资产收益界定为国有资产。

(四) 全民单位以资助、扶持等多种形式向集体企业投入资金或设备,凡投入时没有约定是投资或债权关系的,一般应视同投资性质。如有争议,可由双方协商,重新确定法律关系并补办有关手续,协商不成的,由国有资产管理部门会同有关部门进行界定。但下列情不作为投资关系:

1. 凡属于1979年以前投入的,可视同垫支借用性质;
2. 凡集体企业已按期支付折旧等费用,可视同租用关系处理。

第九条 集体企业在发展过程中,使用银行贷款、国家借款等借贷资金形成的资产,全民单位只提供担保的,不界定为国有资产。但履行了连带责任的,全民单位应予追索清偿。集体企业确实无力按期归还的,经双方协商可转为投资。转为投资的部分界定为国有资产。

第十条 集体企业依据国家统一的法律、法规和政策享受减免税优惠而形成的资产,不界定为国有资产。

第十一条 集体企业在开办初期或发展过程中,享受国家特殊减免税优惠政策,凡在执行政策时与国家约定其减免税部分为国家扶持基金并实行专项管理的,界定为扶持性国有资产,单独列账反映。

第十二条 集体企业享受国家税前还贷和以税还贷等特殊优惠政策而形成的资产,其中国家税收应收未收部分,界定为扶持性国有资产,单独列账反映。

第十三条 集体企业无偿占用城镇土地的,其土地所有权属于国有,企业可以有偿使用,经界定后单列入账。

第十四条 凡界定为国有资产的,均按其占企业总资产的份额,滚动计算。

第十五条 除上述条款外,集体企业中的下列资产,不界定为国有资产:
(一)国家以抚恤性质拨给残疾人福利企业的实物和资金等形成的资产;
(二)全民单位在劳动就业服务企业开办时拨给的闲置设备等实物资产;
(三)全民单位所属人员将属于自己所有的专利、发明等带给集体企业所形成的资产;
(四)明确约定为借款或租赁性质支持集体企业发展而形成的资产;
(五)其他经认定不属国有的资产。

第三章 集体企业国有资产的使用和管理

第十六条 集体企业中已界定的国有资产,其所有权属于国家,企业对其拥有法人财产权。除发生产权转让等法定情形外,集体企业可以继续使用,国家不得抽回国有资产。

第十七条 集体企业对占用的国有资产负有保值增值责任,不得以任何形式将国有资产量化到集体或个人。

第十八条 对界定后属于国有资产的,可依照下列办法处理:
(一)企业继续使用,按规定交付资产收益;
(二)按国家规定,缴纳不低于同期银行贷款利率的资产占用费;
(三)实行租赁经营,由投资单位收取租金;
(四)实行有偿转让,由双方签订合同,一次付清或分期付款;
(五)作为与全民单位联营,按国家有关联营的规定办理;
(六)作价入股,按股份制企业进行管理,并参与分红;也可作为优先股,只收取股息或红利,不参与管理;
(七)对本办法第十一条和第十二条所称扶持性国有资产,国家只保留特定条件下对这部分资产的最终处置权,不参与管理及收益,企业应将这部分资产用于生产发展,不得挪作他用或私分,否则,可依规定收归国库;
(八)其他。
上述办法中除第(七)项外,可以由当事人根据实际情况选择适用。

第十九条 集体企业占用全民单位土地的,可实行租用制度,由集体企业向产权单位交纳租金。

第二十条 集体企业国有资产经清理界定后,凡界定为政策部门投资的应办理产权登记等法律手续,以明晰产权。今后凡完全用国有资产投资创办的企业或经营单位,均不得注册为集体所有制性质。

第二十一条 全民单位在举办集体企业过程中,不得将本单位的重要生产车间、部门无偿划给集体经营;不得以各种形式将本应归属全民单位的收益转移给集体企业。

第四章 产权界定的组织实施

第二十二条 各级国有资产管理部门是产权界定的主管机关,国有资产管理部门应会同有关部门负责组织实施产权界定工作。

第二十三条 集体企业产权界定应分步实施,但发生下列情形,应当首先进行产权界定:

(一)与外方合资、合作的;

(二)实行公司制改组或股份合作制改造和与其他企业联营的;

(三)发生兼并、拍卖等产权变动的;

(四)由全民单位投资创办的集体企业,全民单位正进行清产核资的;

(五)其他情形。

第二十四条 产权界定应从查账入手。查阅财政、银行和其他部门的拨款拨物账单、投资单位拨入资金或实物的证明或收据,以及税务部门给予企业减免税等优惠的文件规定和减免数额;还可对照检查企业收款收物账和享受减免税额,上下结合,以确定国家投资或拨入资产。

因为历史等原因,拨入资产手续不全,账单不存的,可以事实为依据,确定拨入资产。

第二十五条 国有资产增值或减值的计算方法是:以国有资产投入企业时,投入资产占企业净资产总额中的比重,乘以产权界定时企业净资产总额(所有者权益),即为国有资产总额。具体计算时,应分年分段计算,最后加总。

第二十六条 产权界定依下列程序进行:

(一)建立由国有资产管理部门、企业主管部门、财税部门、社会公正性中介机构和企业参加的产权界定小组,具体负责企业产权界定工作;

(二)查阅有关资料和原始凭证;

(三)进行清理和界定;

(四)经界定属于国有资产的,由企业填报"国有资产产权界定表",报同级国有资产管理部门认定;

(五)经认定的国有资产,要明确管理主体,办理有关法律手续;

(六)调整会计账目,属于政府部门投资的办理产权登记手续。

第五章 法律责任

第二十七条 占用国有资产的集体企业,违反本办法规定,不接受产权界定或不如实反映和提供资料,使产权界定无法进行,损害国家利益的,产权界定主管机关可以根据情节轻重,对企业领导人和直接责任人员给予通报批评,提请有关部门给予行政处分。触犯刑律的,移交司法机关惩处。

第二十八条 发生属于应当进行产权界定的情形,集体企业隐瞒不报或串通作弊,导致国有资产权益受损的,应由产权界定主管机关会同有关部门,给予企业领导人及直接责任人员以经济的、行政的处罚。

第二十九条 企业主管部门和人员违反本办法规定,阻止和干扰产权界定工作,或与企业串通作弊,损害国有资产权益的,可根据情节轻重,由产权界定主管机关报请政府给予直接责任人员行政的、经济的处分。触犯刑律的,移交司法机关惩处。

发生上款情形,还需补办产权界定手续。

第三十条 产权界定主管机关的工作人员违反本办法规定,在产权界定中以权谋私、徇私舞弊,不如实进行产权界定,使国家和集体权益受损的,国有资产管理部门应给予直接责任者行政处分。触犯刑律的,提交司法机关处理。

第六章 附 则

第三十一条 国家国有资产管理局可会同有关部门制定分行业实施办法。

第三十二条 各省、自治区、直辖市可根据本办法制定实施细则,报国家国有资产管理局备案。

第三十三条 军队、武警等特殊单位所举办的集体企业产权界定,可参照本办法规定,由其主管部门组织实施。

第三十四条 本办法发布前公布的产权界定政策,凡与本办法有抵触的,以本办法的规定为准。

第三十五条 本办法由国家国有资产管理局负责解释。

第三十六条 本办法自发布之日起施行。

企业国有产权转让管理暂行办法

国务院国有资产监督管理委员会、财政部令第3号

(2003年12月31日发布)

第一章 总 则

第一条 为规范企业国有产权转让行为,加强企业国有产权交易的监督管理,促进企业国有资产的合理流动、国有经济布局和结构的战略性调整,防止企业国有资产流失,根据《企业国有资产监督管理暂行条例》和国家有关法律、行政法规的规定,制定本办法。

第二条 国有资产监督管理机构、持有国有资本的企业(以下统称转让方)将所持有的企业国有产权有偿转让给境内外法人、自然人或者其他组织(以下统称受让方)的活动适用本办法。

金融类企业国有产权转让和上市公司的国有股权转让,按照国家有关规定执行。

本办法所称企业国有产权,是指国家对企业以各种形式投入形成的权益、国有及国有控股企业各种投资所形成的应享有的权益,以及依法认定为国家所有的其他权益。

第三条 企业国有产权转让应当遵守国家法律、行政法规和政策规定,有利于国有经济布局和结构的战略性调整,促进国有资本优化配置,坚持公开、公平、公正的原则,保护国家和其他各方合法权益。

第四条 企业国有产权转让应当在依法设立的产权交易机构中公开进行,不受地区、行业、出资或者隶属关系的限制。国家法律、行政法规另有规定的,从其规定。

第五条 企业国有产权转让可以采取拍卖、招投标、协议转让以及国家法律、行政法规规定的其他方式进行。

第六条 转让的企业国有产权权属应当清晰。权属关系不明确或者存在权属纠纷的企业国有产权不得转让。被设置为担保物权的企业国有产权转让,应当符合《中华人民共和国担保法》的有关规定。

第七条 国有资产监督管理机构负责企业国有产权转让的监督管理工作。

第二章 企业国有产权转让的监督管理

第八条 国有资产监督管理机构对企业国有产权转让履行下列监管职责:

(一)按照国家有关法律、行政法规的规定,制定企业国有产权交易监管制度和办法;

(二)决定或者批准所出资企业国有产权转让事项,研究、审议重大产权转让事项并报本级人民政府批准;

(三)选择确定从事企业国有产权交易活动的产权交易机构;

(四)负责企业国有产权交易情况的监督检查工作;

(五)负责企业国有产权转让信息的收集、汇总、分析和上报工作;

(六)履行本级政府赋予的其他监管职责。

本办法所称所出资企业是指国务院,省、自治区、直辖市人民政府,设区的市、自治州级人民政府授权国有资产监督管理机构履行出资人职责的企业。

第九条 所出资企业对企业国有产权转让履行下列职责:

(一)按照国家有关规定,制定所属企业的国有产权转让管理办法,并报国有资产监督管理机构备案;

(二)研究企业国有产权转让行为是否有利于提高企业的核心竞争力,促进企业的持续发展,维护社会的稳定;

(三)研究、审议重要子企业的重大国有产权转让事项,决定其他子企业的国有产权转让事项;

(四)向国有资产监督管理机构报告有关国有产权转让情况。

第十条 企业国有产权转让可按下列基本条件选择产权交易机构:

(一)遵守国家有关法律、行政法规、规章以及企业国有产权交易的政策规定;

(二)履行产权交易机构的职责,严格审查企业国有产权交易主体的资格和条件;

(三)按照国家有关规定公开披露产权交易信息,并能够定期向国有资产监督管理机构报告企业国有产权交易情况;

(四)具备相应的交易场所、信息发布渠道和专业人员,能够满足企业国有产权交易活动的需要;

(五)产权交易操作规范,连续3年没有将企业国有产权拆细后连续交易行为以及其他违法、违规记录。

第三章 企业国有产权转让的程序

第十一条 企业国有产权转让应当做好可行性研究,按照内部决策程序进行审议,并形成书面决议。

国有独资企业的产权转让,应当由总经理办公会议审议。国有独资公司的产权转让,应当由董事会审议;没有设立董事会的,由总经理办公会议审议。涉及职工合法权益的,应当听取转标的企业职工代表大会的意见,对职工安置等事项应当经职工代表大会讨论通过。

第十二条 按照本办法规定的批准程序,企业国有产权转让事项经批准或者决定后,转让方应当组织转让标的企业按照有关规定开展清产核资,根据清产核资结果编制资产负债表和资产移交清册,并委托会计师事务所实施全面审计(包括按照国家有关规定对转让标的企业法定代表人的离任审计)。资产损失的认定与核销,应当按照国家有关规定办理。

转让所出资企业国有产权导致转让方不再拥有控股地位的,由同级国有资产监督管理机构组织进行清产核资,并委托社会中介机构开展相关业务。

社会中介机构应当依法独立、公正地执行业务。企业和个人不得干预社会中介机构的正常执业行为。

第十三条 在清产核资和审计的基础上,转让方应当委托具有相关资质的资产评估机构依照国家有关规定进行资产评估。评估报告经核准或者备案后,作为确定企业国有产权转让价格的参考依据。

在产权交易过程中,当交易价格低于评估结果的90%时,应当暂停交易,在获得相关产权转让批准机构同意后方可继续进行。

第十四条 转让方应当将产权转让公告委托产权交易机构刊登在省级以上公开发行的经济或者金融类报刊和产权交易机构的网站上,公开披露有关企业国有产权转让信息,广泛征集受让方。产权转让公告期为20个工作日。

转让方披露的企业国有产权转让信息应当包括下列内容:

(一)转让标的的基本情况;
(二)转让标的企业的产权构成情况;
(三)产权转让行为的内部决策及批准情况;
(四)转让标的企业近期经审计的主要财务指标数据;
(五)转让标的企业资产评估核准或者备案情况;
(六)受让方应当具备的基本条件;
(七)其他需披露的事项。

第十五条 在征集受让方时,转让方可以对受让方的资质、商业信誉、经营情况、财务状况、管理能力、资产规模等提出必要的受让条件。

受让方一般应当具备下列条件:

(一)具有良好的财务状况和支付能力;
(二)具有良好的商业信用;
(三)受让方为自然人的,应当具有完全民事行为能力;
(四)国家法律、行政法规规定的其他条件。

第十六条 受让方为外国及我国香港特别行政区、澳门特别行政区、台湾地区的法人、自然人或者其他组织的,受让企业国有产权应当符合国务院公布的《指导外商投资方向规定》及其他有关规定。

第十七条 经公开征集产生两个以上受让方时,转让方应当与产权交易机构协商,根据转让标的的具体情况采取拍卖或者招投标方式组织实施产权交易。

采取拍卖方式转让企业国有产权的,应当按照《中华人民共和国拍卖法》及有关规定组织实施。

采取招投标方式转让企业国有产权的,应当按照国家有关规定组织实施。

企业国有产权转让成交后,转让方与受让方应当签订产权转让合同,并应当取得产权交易机构出具的产权交易凭证。

第十八条 经公开征集只产生一个受让方或者按照有关规定经国有资产监督管理机构批准的,可以采取协议转让的方式。

采取协议转让方式的,转让方应当与受让方进行充分协商,依法妥善处理转让中所涉及的相关事项后,草签产权转让合同,并按照本办法第十一条规定的程序进行审议。

第十九条 企业国有产权转让合同应当包括下列主要内容:

(一) 转让与受让双方的名称与住所;
(二) 转让标的企业国有产权的基本情况;
(三) 转让标的企业涉及的职工安置方案;
(四) 转让标的企业涉及的债权、债务处理方案;
(五) 转让方式、转让价格、价款支付时间和方式及付款条件;
(六) 产权交割事项;
(七) 转让涉及的有关税费负担;
(八) 合同争议的解决方式;
(九) 合同各方的违约责任;
(十) 合同变更和解除的条件;
(十一) 转让和受让双方认为必要的其他条款。

转让企业国有产权导致转让方不再拥有控股地位的,在签订产权转让合同时,转让方应当与受让方协商提出企业重组方案,包括在同等条件下对转让标的企业职工的优先安置方案。

第二十条 企业国有产权转让的全部价款,受让方应当按照产权转让合同的约定支付。

转让价款原则上应当一次付清。如金额较大、一次付清有困难的,可以采取分期付款的方式。采取分期付款方式的,受让方首期付款不得低于总价款的30%,并在合同生效之日起5个工作日内支付;其余款项应当提供合法的担保,并应当按同期银行贷款利率向转让方支付延期付款期间利息,付款期限不得超过1年。

第二十一条 转让企业国有产权涉及国有划拨土地使用权转让和由国家出资形成的探矿权、采矿权转让的,应当按照国家有关规定另行办理相关手续。

第二十二条 转让企业国有产权导致转让方不再拥有控股地位的,应当按照有关政策规定处理好与职工的劳动关系,解决转让标的企业拖欠职工的工资、欠缴的各项社会保险费以及其他有关费用,并做好企业职工各项社会保险关系的接续工作。

第二十三条 转让企业国有产权取得的净收益,按照国家有关规定处理。

第二十四条 企业国有产权转让成交后,转让和受让双方应凭产权交易机构出具的产权交易凭证,按照国家有关规定及时办理相关产权登记手续。

第四章 企业国有产权转让的批准程序

第二十五条 国有资产监督管理机构决定所出资企业的国有产权转让。其中,转让企业国有产权致使国家不再拥有控股地位的,应当报本级人民政府批准。

第二十六条 所出资企业决定其子企业的国有产权转让。其中,重要子企业的重大国有产权转让事项,应当报同级国有资产监督管理机构会签财政部门后批准。其中,涉及政府社会公共管理审批事项的,需预先报经政府有关部门审批。

第二十七条 转让企业国有产权涉及上市公司国有股性质变化或者实际控制权转移的,应当同时遵守国家法律、行政法规和相关监管部门的规定。

对非上市股份有限公司国有股权转让管理,国家另有规定的,从其规定。

第二十八条 决定或者批准企业国有产权转让行为,应当审查下列书面文件:

(一) 转让企业国有产权的有关决议文件;

(二) 企业国有产权转让方案;

(三) 转让方和转让标的企业国有资产产权登记证;

(四) 律师事务所出具的法律意见书;

(五) 受让方应当具备的基本条件;

(六) 批准机构要求的其他文件。

第二十九条 企业国有产权转让方案一般应当载明下列内容:

(一) 转让标的企业国有产权的基本情况;

(二) 企业国有产权转让行为的有关论证情况;

(三) 转让标的企业涉及的、经企业所在地劳动保障行政部门审核的职工安置方案;

(四) 转让标的企业涉及的债权、债务包括拖欠职工债务的处理方案;

(五) 企业国有产权转让收益处置方案;

(六) 企业国有产权转让公告的主要内容。

转让企业国有产权导致转让方不再拥有控股地位的,应当附送经债权金融机构书面同意的相关债权债务协议、职工代表大会审议职工安置方案的决议等。

第三十条 对于国民经济关键行业、领域中对受让方有特殊要求的,企业实施资产重组中将企业国有产权转让给所属控股企业的国有产权转让,经省级以上国有资产监督管理机构批准后,可以采取协议转让方式转让国有产权。

第三十一条 企业国有产权转让事项经批准或者决定后,如转让和受让双方调整产权转让比例或者企业国有产权转让方案有重大变化的,应当按照规定程序重新报批。

第五章 法律责任

第三十二条 在企业国有产权转让过程中,转让方、转让标的企业和受让方有下列行为之一的,国有资产监督管理机构或者企业国有产权转让相关批准机构应当要求转让方终止产权转让活动,必要时应当依法向人民法院提起诉讼,确认转让行为无效。

(一) 未按本办法有关规定在产权交易机构中进行交易的;

(二) 转让方、转让标的企业不履行相应的内部决策程序、批准程序或者超越权限、擅自转让企业国有产权的;

(三) 转让方、转让标的企业故意隐匿应当纳入评估范围的资产,或者向中介机构提供虚假会计资料,导致审计、评估结果失真,以及未经审计、评估,造成国有资产流失的;

(四) 转让方与受让方串通,低价转让国有产权,造成国有资产流失的;

(五) 转让方、转让标的企业未按规定妥善安置职工、接续社会保险关系、处理拖欠职工各项债务以及未补缴欠缴的各项社会保险费,侵害职工合法权益的;

(六) 转让方未按规定落实转让标的企业的债权债务,非法转移债权或者逃避债务清偿责任的;以企业国有产权作为担保的,转让该国有产权时,未经担保权人同意的。

(七) 受让方采取欺诈、隐瞒等手段影响转让方的选择以及产权转让合同签订的;

(八) 受让方在产权转让竞价、拍卖中,恶意串通压低价格,造成国有资产流失的。

对以上行为中转让方、转让标的企业负有直接责任的主管人员和其他直接责任人员,由国有资产监督管理机构或者相关企业按照人事管理权限给予警告,情节严重的,给予纪律处分;造成国有资产损失的,应当负赔偿责任;由于受让方的责任造成国有资产流失的,受让方应当依法赔偿转让方的经济损失;构成犯罪的,依法移送司法机关追究刑事责任。

第三十三条 社会中介机构在企业国有产权转让的审计、评估和法律服务中违规执业的,由国有资产监督管理机构将有关情况通报其行业主管机关,建议给予相应处罚;情节严重的,可要求企业不得再委托其进行企业国有产权转让的相关业务。

第三十四条 产权交易机构在企业国有产权交易中弄虚作假或者玩忽职守,损害国家利益或者交易双方合法权益的,依法追究直接责任人员的责任,国有资产监督管理机构将不再选择其从事企业国有产权交易的相关业务。

第三十五条 企业国有产权转让批准机构及其有关人员违反本办法,擅自批准或者在批准中以权谋私,造成国有资产流失的,由有关部门按照干部管理权限,给予纪律处分;构成犯罪的,依法移送司法机关追究刑事责任。

第六章 附 则

第三十六条 境外企业国有产权转让管理办法另行制定。

第三十七条 政企尚未分开的单位以及其他单位所持有的企业国有产权转让,由主管财政部门批准,具体比照本办法执行。

第三十八条 本办法由国务院国有资产监督管理委员会负责解释;涉及有关部门的,由国资委商有关部门解释。

第三十九条 本办法自2004年2月1日起施行。

国有股东转让所持上市公司股份管理暂行办法

国务院国有资产监督管理委员会、中国证券监督管理委员会令第19号

(2007年6月30日发布)

第一章 总 则

第一条 为规范国有股东转让所持上市公司股份行为,推动国有资源优化配置,防止国有资产损失,维护证券市场稳定,根据《中华人民共和国公司法》、《中华人民共和国证券法》和《企业国有资产监督管理暂行条例》(国务院令第378号)等法律、行政法规的规定,制定本办法。

第二条 本办法所称国有股东,是指持有上市公司股份的国有及国有控股企业、有关机构、部门、事业单位等。

第三条 国有股东将其持有的上市公司股份通过证券交易系统转让、以协议方式转让、无偿划转或间接转让的,适用本办法。

国有独资或控股的专门从事证券业务的证券公司及基金管理公司转让所持上市公司股份按

照相关规定办理。

第四条 国有股东转让所持有的上市公司股份应当权属清晰。权属关系不明确和存在质押、抵押、司法冻结等法律限制转让情况的股份不得转让。

第五条 国有股东转让所持上市公司股份应坚持公开、公平、公正的原则,符合国家的有关法律、行政法规和规章制度的规定,符合国家或地区的产业政策及国有经济布局和结构战略性调整方向,有利于促进国有资产保值增值,有利于提高企业核心竞争力。

第六条 国有股东转让上市公司股份的价格应根据证券市场上市公司股票的交易价格确定。

第七条 国务院国有资产监督管理机构负责国有股东转让上市公司股份的审核工作。

中央国有及国有控股企业、有关机构、部门、事业单位转让上市公司股份对国民经济关键行业、领域和国有经济布局与结构有重大影响的,由国务院国有资产监督管理机构报国务院批准。

地方国有及国有控股企业、有关机构、部门、事业单位转让上市公司股份不再拥有上市公司控股权的,由省级国有资产监督管理机构报省级人民政府批准后报国务院国有资产监督管理机构审核。

在条件成熟时,国务院国有资产监督管理机构应按照《企业国有资产监督管理暂行条例》的要求,将地方国有及国有控股企业、有关机构、部门、事业单位转让上市公司股份逐步交由省级国有资产监督管理机构审核。

第二章 国有股东所持上市公司股份通过证券交易系统的转让

第八条 国有控股股东通过证券交易系统转让上市公司股份,同时符合以下两个条件的,由国有控股股东按照内部决策程序决定,并在股份转让完成后7个工作日内报省级或省级以上国有资产监督管理机构备案:

(一)总股本不超过10亿股的上市公司,国有控股股东在连续三个会计年度内累计净转让股份(累计转让股份扣除累计增持股份后的余额,下同)的比例未达到上市公司总股本的5%;总股本超过10亿股的上市公司,国有控股股东在连续三个会计年度内累计净转让股份的数量未达到5000万股或累计净转让股份的比例未达到上市公司总股本的3%。

(二)国有控股股东转让股份不涉及上市公司控制权的转移。

多个国有股东属于同一控制人的,其累计净转让股份的数量或比例应合并计算。

第九条 国有控股股东转让股份不符合前条规定的两个条件之一的,应将转让方案逐级报国务院国有资产监督管理机构审核批准后实施。

第十条 国有参股股东通过证券交易系统在一个完整会计年度内累计净转让股份比例未达到上市公司总股本5%的,由国有参股股东按照内部决策程序决定,并在每年1月31日前将其上年度转让上市公司股份的情况报省级或省级以上国有资产监督管理机构备案;达到或超过上市公司总股本5%的,应将转让方案逐级报国务院国有资产监督管理机构审核批准后实施。

第十一条 国有股东采取大宗交易方式转让上市公司股份的,转让价格不得低于该上市公司股票当天交易的加权平均价格。

第十二条 国有股东通过证券交易系统转让上市公司股份需要报国有资产监督管理机构审核批准的,其报送的材料主要包括:

(一)国有股东转让上市公司股份的请示;

（二）国有股东转让上市公司股份的内部决策文件及可行性研究报告；
（三）国有股东基本情况及上一年度经审计的财务会计报告；
（四）上市公司基本情况及最近一期的年度报告和中期报告；
（五）国有资产监督管理机构认为必要的其他文件。

第十三条 国有股东转让上市公司股份的可行性研究报告应当包括但不限于以下内容：
（一）转让原因；
（二）转让价格及确定依据；
（三）转让的数量及时限；
（四）转让收入的使用计划；
（五）转让是否符合国家或本地区产业政策及国有经济布局和结构战略性调整方向。

第三章　国有股东所持上市公司股份的协议转让

第十四条 国有股东拟协议转让上市公司股份的，在内部决策后，应当及时按照规定程序逐级书面报告省级或省级以上国有资产监督管理机构，

并应当同时将拟协议转让股份的信息书面告知上市公司，由上市公司依法公开披露该信息，向社会公众进行提示性公告。公开披露文件中应当注明，本次股份拟协议转让事项须经相关国有资产监督管理机构同意后才能组织实施。

第十五条 国有股东报告省级或省级以上国有资产监督管理机构拟协议转让上市公司股份事项的材料主要包括：
（一）国有股东拟协议转让上市公司股份的内部决策文件及可行性研究报告；
（二）拟公开发布的股份协议转让信息内容；
（三）国有资产监督管理机构认为必要的其他文件。

第十六条 省级或省级以上国有资产监督管理机构收到国有股东拟协议转让上市公司股份的书面报告后，应在10个工作日内出具意见。

第十七条 国有股东获得国有资产监督管理机构对拟协议转让上市公司股份事项的意见后，应当书面告知上市公司，由上市公司依法公开披露国有股东所持上市公司股份拟协议转让信息。

第十八条 国有股东所持上市公司股份拟协议转让信息包括但不限于以下内容：
（一）拟转让股份数量及所涉及的上市公司名称及基本情况；
（二）拟受让方应当具备的资格条件；
（三）拟受让方递交受让申请的截止日期。

第十九条 存在下列特殊情形的，经省级或省级以上国有资产监督管理机构批准后，国有股东可不披露拟协议转让股份的信息直接签订转让协议：
（一）上市公司连续两年亏损并存在退市风险或严重财务危机，受让方提出重大资产重组计划及具体时间表的；
（二）国民经济关键行业、领域中对受让方有特殊要求的；
（三）国有及国有控股企业为实施国有资源整合或资产重组，在其内部进行协议转让的；
（四）上市公司回购股份涉及国有股东所持股份的；
（五）国有股东因接受要约收购方式转让其所持上市公司股份的；
（六）国有股东因解散、破产、被依法责令关闭等原因转让其所持上市公司股份的。

第二十条 国有股东收到拟受让方提交的受让申请及受让方案后,应当对受让方案进行充分的研究论证,并在综合考虑各种因素的基础上择优选取受让方。

第二十一条 受让国有股东所持上市公司股份后拥有上市公司实际控制权的,受让方应为法人,且应当具备以下条件:

(一) 受让方或其实际控制人设立三年以上,最近两年连续盈利且无重大违法违规行为;

(二) 具有明晰的经营发展战略;

(三) 具有促进上市公司持续发展和改善上市公司法人治理结构的能力。

第二十二条 国有控股股东拟采取协议转让方式转让股份并不再拥有上市公司控股权的,应当聘请在境内注册的专业机构担任财务顾问,财务顾问应当具有良好的信誉及近三年内无重大违法违规记录。

第二十三条 财务顾问应当勤勉尽责,遵守行业规范和职业道德,对上市公司股份的转让方式、转让价格、股份转让对国有股东和上市公司的影响等方面出具专业意见;并对拟受让方进行尽职调查,出具尽职调查报告。尽职调查应当包括但不限于以下内容:

(一) 拟受让方受让股份的目的;

(二) 拟受让方的经营情况、财务状况、资金实力及是否有重大违法违规记录和不良诚信记录;

(三) 拟受让方是否具有及时足额支付转让价款的能力及受让资金的来源及其合法性;

(四) 拟受让方是否具有促进上市公司持续发展和改善上市公司法人治理结构的能力。

第二十四条 国有股东协议转让上市公司股份的价格应当以上市公司股份转让信息公告日(经批准不须公开股份转让信息的,以股份转让协议签署日为准,下同)前30个交易日的每日加权平均价格算术平均值为基础确定;确需折价的,其最低价格不得低于该算术平均值的90%。

第二十五条 存在下列特殊情形的,国有股东协议转让上市公司股份的价格按以下原则分别确定:

(一) 国有股东为实施资源整合或重组上市公司,并在其所持上市公司股份转让完成后全部回购上市公司主业资产的,股份转让价格由国有股东根据中介机构出具的该上市公司股票价格的合理估值结果确定。

(二) 国有及国有控股企业为实施国有资源整合或资产重组,在其内部进行协议转让且其拥有的上市公司权益和上市公司中的国有权益并不因此减少的,股份转让价格应当根据上市公司股票的每股净资产值、净资产收益率、合理的市盈率等因素合理确定。

第二十六条 国有股东选择受让方后,应当及时与受让方签订转让协议。转让协议应当包括但不限于以下内容:

(一) 转让方、上市公司、拟受让方企业名称、法定代表人及住所;

(二) 转让方持股数量、拟转让股份数量及价格;

(三) 转让方、受让方的权利和义务;

(四) 股份转让价款支付方式及期限;

(五) 股份登记过户的条件;

(六) 协议变更和解除条件;

(七) 协议争议的解决方式;

(八) 协议各方的违约责任;

(九) 协议生效条件。

第二十七条 国有股东与拟受让方签订股份转让协议后,应及时履行信息披露等相关义务,同时应按规定程序报国务院国有资产监督管理机构审核批准。

决定或批准国有股东协议转让上市公司股份,应当审查下列书面材料:

(一)国有股东协议转让上市公司股份的请示及可行性研究报告;
(二)国有股东公开征集的受让方案及关于选择拟受让方的有关论证情况;
(三)国有股东上一年度经审计的财务会计报告;
(四)拟受让方基本情况、公司章程及最近一期经审计的财务会计报告;
(五)上市公司基本情况、最近一期的年度报告及中期报告;
(六)股份转让协议及股份转让价格的定价说明;
(七)拟受让方与国有股东、上市公司之间在最近12个月内股权转让、资产置换、投资等重大情况及债权债务情况;
(八)律师事务所出具的法律意见书;
(九)国有资产监督管理机构认为必要的其他文件。

第二十八条 国有股东应及时收取上市公司股份转让价款。

拟受让方以现金支付股份转让价款的,国有股东应在股份转让协议签订后5个工作日内收取不低于转让收入30%的保证金,其余价款应在股份过户前全部结清。在全部转让价款支付完毕或交由转让双方共同认可的第三方妥善保管前,不得办理转让股份的过户登记手续。

拟受让方以股票等有价证券支付股份转让价款的按照有关规定办理。

第二十九条 国务院国有资产监督管理机构关于国有股东转让其所持上市公司股份的批复文件和全部转让款支付凭证是证券交易所、中国证券登记结算有限责任公司办理上市公司股份过户手续和工商管理部门办理上市公司章程变更的必备文件。

第四章 国有股东所持上市公司股份的无偿划转

第三十条 国有股东所持上市公司股份可以依法无偿划转给政府机构、事业单位、国有独资企业以及国有独资公司持有。

国有独资公司作为划入或划出一方的,应当符合《中华人民共和国公司法》的有关规定。

第三十一条 上市公司股份划转双方应当在可行性研究的基础上,按照内部决策程序进行审议,并形成无偿划转股份的书面决议文件。

第三十二条 国有股东无偿划转所持上市公司股份可能影响其偿债能力时,上市公司股份划出方应当就无偿划转事项制定相应的债务处置方案。

第三十三条 上市公司股份无偿划转由划转双方按规定程序逐级报国务院国有资产监督管理机构审核批准。

第三十四条 国有股东无偿划转其所持上市公司股份,应当向国有资产监督管理机构报送以下主要材料:

(一)国有股东无偿划转上市公司股份的请示及内部决议文件;
(二)国有股东无偿划转所持上市公司股份的可行性研究报告;
(三)上市公司股份无偿划转协议;
(四)划转双方基本情况、上一年经审计的财务会计报告;
(五)上市公司基本情况、最近一期的年度报告及中期报告;
(六)划出方债务处置方案及或有负债的解决方案;

（七）划入方未来12个月内对上市公司的重组计划或发展规划（适用于上市公司控股权转移的）；

（八）律师事务所出具的法律意见书。

第五章　国有股东所持上市公司股份的间接转让

第三十五条　本办法所称国有股东所持上市公司股份的间接转让是指国有股东因产权转让或增资扩股等原因导致其经济性质或实际控制人发生变化的行为。

第三十六条　国有股东所持上市公司股份间接转让应当充分考虑对上市公司的影响，并按照本办法有关国有股东协议转让上市公司股份价格的确定原则合理确定其所持上市公司股份价格，上市公司股份价格确定的基准日应与国有股东资产评估的基准日一致。国有股东资产评估的基准日与国有股东产权持有单位对该国有股东产权变动决议的日期相差不得超过一个月。

第三十七条　上市公司国有控股股东所持上市公司股份发生间接转让的，应当聘请在境内注册的专业机构担任财务顾问，并对国有产权拟受让方或国有股东引进的战略投资者进行尽职调查，并出具尽职调查报告。

第三十八条　国有股东所持上市公司股份间接转让的，国有股东应在产权转让或增资扩股方案实施前（其中，国有股东国有产权转让的，应在办理产权转让鉴证前；国有股东增资扩股的，应在公司工商登记前），由国有股东逐级报国务院国有资产监督管理机构审核批准。

第三十九条　决定或批准国有股东所持上市公司股份间接转让，应当审查下列书面材料：

（一）国有股东间接转让所持上市公司股份的请示；

（二）国有股东的产权转让或增资扩股批准文件、资产评估结果核准文件及可行性研究报告；

（三）经批准的国有股东产权转让或增资扩股方案；

（四）国有股东国有产权进场交易的有关文件或通过产权交易市场、媒体或网络公开国有股东增资扩股的信息情况及战略投资者的选择依据；

（五）国有股东的国有产权转让协议或增资扩股协议；

（六）国有股东资产作价金额，包括国有股东所持上市公司股份的作价说明；

（七）上市公司基本情况、最近一期的年度报告及中期报告；

（八）国有产权拟受让方或战略投资者最近一期经审计的财务会计报告；

（九）财务顾问出具的财务顾问报告（适用于国有控股股东国有产权变动的）；

（十）律师事务所出具的法律意见书；

（十一）国有资产监督管理机构认为必要的其他文件。

第六章　法　律　责　任

第四十条　在国有股东转让上市公司股份中，转让方、上市公司和拟受让方有下列行为之一的，国有资产监督管理机构应要求转让方终止上市公司股份转让活动，必要时应向人民法院提起诉讼：

（一）未按本办法有关规定在证券交易所公开股份转让信息的；

（二）转让方、上市公司不履行相应的内部决策程序、批准程序或者超越权限、擅自转让上市公司股份的；

（三）转让方、上市公司向中介机构提供虚假会计资料，导致审计、评估结果失真，造成国有资产损失的；

（四）转让方与拟受让方串通，低价转让上市公司股份，造成国有资产损失的；

（五）拟受让方在上市公司股份公开转让信息中，与有关方恶意串通低评低估上市公司股份价格，造成国有资产损失的；拟受让方未在其承诺的期限内对上市公司进行重大资产重组的；

（六）拟受让方采取欺诈、隐瞒等手段影响转让方的选择以及上市公司股份协议签订的。

对以上行为的转让方、上市公司负有直接责任的主管人员和其他直接责任人员，由国有资产监督管理机构或者相关企业按照权限给予纪律处分，造成国有资产损失的，应负赔偿责任；由于拟受让方的责任造成国有资产损失的，拟受让方应依法赔偿转让方的经济损失；涉嫌犯罪的，依法移送司法机关处理。

第四十一条 社会中介机构在上市公司股份转让的审计、评估、咨询和法律服务中违规执业的，由国有资产监督管理机构将有关情况通报其行业主管部门，建议给予相应处罚；情节严重的，上市公司国有股东不得再委托其进行上市公司股份转让的相关业务。

第四十二条 上市公司股份转让批准机构及其有关人员违反本办法，擅自批准或者在批准中以权谋私，造成国有资产损失的，由有关部门按照权限给予纪律处分；涉嫌犯罪的，依法移送司法机关处理。

国有资产监督管理机构违反有关法律、法规或本办法的规定审核上市公司股份转让并造成国有资产损失的，对直接负责的主管人员和其他责任人员依法给予纪律处分；涉嫌犯罪的，依法移送司法机关处理。

第四十三条 上市公司、国有股东违反有关法律、法规或本办法的规定进行股份转让并造成国有资产损失的，国有资产监督管理机构可以责令国有股东采取措施限期纠正；上市公司、国有股东有关负责人及其他责任人员应负赔偿责任，并对其依法给予纪律处分；涉嫌犯罪的，依法移送司法机关处理。

第七章 附 则

第四十四条 国有或国有控股企业持有的上市公司股份被司法机关强制执行的，根据有关法律及司法机关出具的具有法律效力的文件办理相关手续。

第四十五条 本办法自2007年7月1日起施行。

关于印发《国有资产产权界定和产权纠纷处理暂行办法》的通知

国资法规发〔1993〕68号

国务院各部委、各直属机构，各省、自治区、直辖市及计划单列市国有资产管理局（办公室、处）：

为了进一步明确权归属，维护国有资产所有者和其他产权主体的合法权益，促进建立产权明晰的现代企业制度，推动产权界定和产权纠纷处理工作的开展，我局制定了《国有资产产权界定和产权纠纷处理暂行办法》。现印发给你们，请遵照执行，并将执行遇到的问题、建议及时告知我们，以便进一步完善。

附件：国有资产产权界定和产权纠纷处理暂行办法

国家国有资产管理局
一九九三年十一月二十一日

国有资产产权界定和产权纠纷处理暂行办法

第一章 总 则

第一条 为了维护国有资产所有者和其他产权主体的合法权益，明确产权归属，促进社会主义市场经济的发展，制定本办法。

第二条 本办法下列用语的含义：

国有资产。系指国家依法取得和认定的，或者国家以各种形式对企业投资和投资收益、国家向行政事业单位拨款等形成的资产。

产权。系指财产所有权以及财产所有权有关的经营权、使用权等财产权。不包括债权。

产权界定。系指国家依法划分财产所有权和经营权、使用权等产权归属，明确各类产权主体行使权利的财产范围及管理权限的一种法律行为。

产权纠纷。系指由于财产所有权及经营权、使用权等产权归属不清而发生的争议。

第三条 本办法适用于全部或部分占用国有资产单位的产权界定，全民所有制单位与其他所有制单位之间以及全民所有制单位之间的国有资产产权的界定及产权纠纷的处理。

第四条 产权界定应遵循"谁投资、谁拥有产权"的原则进行。在界定过程中，既要维护国有资产所有者及经营使用者的合法权益，又不得侵犯其他财产所有者的合法权益。

第五条 产权纠纷的处理应本着实事求是、公正、公平的原则依法进行。

第二章 国有资产所有权界定

第六条 中华人民共和国是国有资产所有权的唯一主体，国务院代表国家行使国有资产的所有权，国家对国有资产实行分级分工管理，国有资产分级分工管理主体的区分和变动不是国有资产所有权的分割和转移。

第七条 国家机关及其所属事业单位占有、使用的资产以及政党、人民团体中由国家拨款等形成的资产，界定为国有资产。

第八条 全民所有制企业中的产权界定依下列办法处理：

1. 有权代表国家投资的部门和机构以货币、实物和所有权属于国家的土地使用权、知识产权等向企业投资，形成的国家资本金，界定为国有资产；

2. 全民所有制企业运用国家资本金及在经营中借入的资金等所形成的税后利润经国家批准留给企业作为增加投资的部分以及从税后利润中提取的盈余公积金、公益金和未分配利润等，

界定为国有资产;

3. 以全民所有制企业和行政事业单位(以下统称全民单位)担保,完全用国内外借入资金投资创办的或完全由其他单位借款创办的全民所有制企业,其收益积累的净资产,界定为国有资产;

4. 全民所有制企业接受馈赠形成的资产,界定为国有资产;

5. 在实行《企业财务通则》《企业会计准则》以前,全民所有制企业从留利中提取的职工福利基金、职工奖励基金和"两则"实行后用公益金购建的集体福利设施而相应增加的所有者权益,界定为国有资产;

6. 全民所有制企业中党、团、工会组织等占用企业的财产,不包括以个人缴纳党费、团费、会费以及按国家规定由企业拨付的活动经费等结余购建的资产,界定为国有资产。

第九条 集体所有制企业中国有资产所有权界定依下列办法处理:

1. 全民单位以货币、实物和所有权属于国家的土地使用权、知识产权等独资(包括几个全民单位合资,下同)创办的以集体所有制名义注册登记的企业单位,其资产所有权界定按照本办法第八条的规定办理。但依国家法律、法规规定或协议约定并经国有资产管理部门认定的属于无偿资助的除外。

2. 全民单位用国有资产在非全民单位独资创办的集体企业(以下简称集体企业)中的投资以及按照投资份额应取得的资产收益留给集体企业发展生产的资本金及其权益,界定为国有资产。

3. 集体企业依据国家规定享受税前还贷形成的资产,其中属于国家税收应收未收的税款部分,界定为国有资产;企业依据国家规定享受减免税形成的资产,其中列为"国家扶持基金"等投资性的减免税部分界定为国有资产。经国有资产管理部门会同有关部门核定数额后,继续留给集体企业使用,由国家收取资产占用费。上述国有资产的增值部分由于历史原因无法核定的,可以不再追溯产权。

集体企业改组为股份制企业时,改组前税前还贷形成的资产中国家税收应收未收的税款部分和各种减免税形成的资产中列为"国家扶持基金"等投资性的减免税部分界定为国家股,其他减免税部分界定为企业资本公积金。

4. 集体企业使用银行贷款、国家借款等借贷资金形成的资产,全民单位只提供担保的,不界定为国有资产;但履行了连带责任的,全民单位应予追索清偿或经协商转为投资。

第十条 供销、手工业、信用等合作社中由国家拨入的资本金(含资金或者实物)界定为国有资产,经国有资产管理部门会同有关部门核定数额后,继续留给合作社使用,由国家收取资产占用费。上述国有资产的增值部分由于历史原因无法核定的,可以不再追溯产权。

第十一条 集体企业和合作社无偿占用国有土地的,应由国有资产管理部门会同土地管理部门核定其占用土地的面积和价值量,并依法收取土地占用费。

集体企业和合作社改组为股份制企业时,国有土地折价部分,形成的国家股份或其他所有者权益,界定为国有资产。

第十二条 中外合资经营企业中国有资产所有权界定依下列办法处理:

1. 中方以国有资产出资投入的资本总额,包括现金、厂房建筑物、机器设备、场地使用权、无形资产等形成的资产,界定为国有资产;

2. 企业注册资本增加,按双方协议,中方以分得利润向企业再投资或优先购买另一方股份的投资活动中所形成的资产,界定为国有资产;

3. 可分配利润及从税后利润中提取的各项基金中中方按投资比例所占的相应份额,不包括已提取用于职工奖励、福利等分配给个人消费的基金,界定为国有资产;

4. 中方职工的工资差额,界定为国有资产;

5. 企业根据中国法律和有关规定按中方工资总额一定比例提取的中方职工的住房补贴基金,界定为国有资产;

6. 企业清算或完全解散时,馈赠或无偿留给中方继续使用的各项资产,界定为国有资产。

第十三条 中外合作经营企业中国有资产所有权界定参照第十二条规定的原则办理。

第十四条 股份制企业中国有资产所有权界定依下列办法处理:

1. 国家机关或其授权单位向股份制企业投资形成的股份,包括现有已投入企业的国有资产折成的股份,构成股份制企业中的国家股,界定为国有资产;

2. 全民所有制企业向股份制企业投资形成的股份,包括现有已投入企业的国有资产折成的股份,构成股份制企业中的国家股,界定为国有资产;

3. 股份制企业公积金、公益金中,全民单位按照投资应占有的份额,界定为国有资产;

4. 股份制企业未分配利润中,全民单位按照投资比例所占的相应份额,界定为国有资产。

第十五条 联营企业中国有资产所有权界定参照第十四条规定的原则办理。

第三章 全民单位之间产权界定

第十六条 各个单位占用的国有资产,应按分级分工管理的原则,分别明确其与中央、地方、部门之间的管理关系,非经有权管理其所有权的人民政府批准或双方约定,并办理产权划转手续,不得变更资产的管理关系。

第十七条 全民单位对国家授予其使用或经营的资产拥有使用权或经营权。除法律、法规另有规定者外,不得在全民单位之间无偿调拨其资产。

第十八条 全民所有制企业之间是平等竞争的法人实体,相互之间可以投资入股,按照"谁投资、谁拥有产权"的原则,企业法人的对外长期投资或入股,属于企业法人的权益,不受非法干预或侵占。

第十九条 依据国家有关规定,企业之间可以实行联营,并享有联营合同规定范围内的财产权利。

第二十条 国家机关投资创办的企业和其他经济实体,应与国家机关脱钩,其产权由国有资产管理部门会同有关部门委托有关机构管理。

第二十一条 国家机关所属事业单位经批准以其占用的国有资产出资创办的企业和其他经济实体,其产权归该单位拥有。

第二十二条 对全民单位由于历史原因或管理问题造成的有关房屋产权和土地使用权关系不清或有争议的,依下列办法处理:

1. 全民单位租用房产管理部门的房产,因各种历史原因全民单位实际上长期占用,并进行过多次投入、改造或翻新,房产结构和面积发生较大变化的,可由双方协商共同拥有产权。

2. 对数家全民单位共同出资或由上级主管部门集资修建的职工宿舍、办公楼等,应在核定各自出资份额的基础上,由出资单位按份共有或共同共有其产权。

3. 对有关全民单位已办理征用手续的土地,但被另一些单位或个人占用,应由原征用土地一方进行产权登记,办理相应法律手续。已被其他单位或个人占用的,按规定实行有偿使用。

4. 全民单位按国家规定以优惠价向职工个人出售住房,凡由于分期付款,或者在产权限制期内,或者由于保留溢值分配权等原因,产权没有完全让渡到个人之前,全民单位对这部分房产应视为共有财产。

第二十三条 对电力、邮电、铁路和城市市政公用事业等部门,按国家规定由行业统一经营

管理,可由国有资产管理部门委托行业主管部门根据历史因素及其行业管理特点,对使用单位投入资金形成的资产,依下列办法处理:

1. 使用单位投入资金形成的资产交付这些行业进行统一管理,凡已办理资产划转手续的,均作为管理单位法人资产;凡没有办理资产划转手续的,可根据使用单位与管理单位双方自愿的原则,协商办理资产划转手续或资产代管手续;

2. 对使用单位投入资金形成的资产,未交付这些行业统一管理而归使用单位自己管理的,产权由使用单位拥有;

3. 对由电力部门代管的农电资产,凡已按规定办理有关手续,并经过多次更新改造,技术等级已发生变化,均作为电力企业法人资产;

4. 凡属于上述部门的企业代管其他企业、单位的各项资产,在产权界定或清产核资过程中找不到有关单位协商或办理手续的,经通告在一定期限后,可以视同为无主资产,归国家所有,其产权归代管企业;

5. 对于地方政府以征收的电力建设资金或集资、筹资等用于电力建设形成的资产,凡属于直接投资实行按资分利的,在产权界定中均按投资比例划分投入资本份额;属于有偿使用已经或者将要还本付息的,其产权划归电力企业。

第四章 产权界定的组织实施

第二十四条 国有资产产权界定工作,按照资产的现行分级分工管理关系,由各级国有资产管理部门会同有关部门进行。

第二十五条 省级以上国有资产管理部门应当成立产权界定和产权纠纷调处委员会,具体负责产权界定及纠纷处理事宜。

第二十六条 全国性的产权界定工作,可结合清产核资,逐步进行。

第二十七条 占有、使用国有资产的单位,发生下列情形的,应当进行产权界定:

1. 与外方合资、合作的;
2. 实行股份制改造和与其他企业联营的;
3. 发生兼并、拍卖等产权变动的;
4. 国家机关及其所属事业单位创办企业和其他经济实体的;
5. 国有资产管理部门认为需要界定的其他情形。

第二十八条 产权界定依下列程序进行:

1. 全民单位的各项资产及对外投资,由全民单位首先进行清理和界定,其上级主管部门负责督促和检查。必要时也可以由上级主管部门或国有资产管理部门直接进行清理和界定;

2. 全民单位经清理、界定已清楚属于国有资产的部分,按财务隶属关系报同级国有资产管理部门认定;

3. 经认定的国有资产,须按规定办理产权登记等有关待续。

占用国有资产的其他单位的产权界定,可以参照上述程序办理。

第五章 产权纠纷处理程序

第二十九条 全民所有制单位之间因对国有资产的经营权、使用权等发生争议而产生的纠纷,应在维护国有资产权益的前提下,由当事人协商解决。协商不能解决的,应向同级或共同上一级国有资产管理部门申请调解和裁定,必要时报有权管辖的人民政府裁定,国务院拥有最终裁定权。

第三十条 上述全民单位对国有资产管理部门的裁定不服的,可以在收到裁定书之日起十五日内,向上一级国有资产管理部门申请复议,上一级国有资产管理部门应当自收到复议申请之日起六十日内作出复议决定。

第三十一条 全民所有制单位与其他经济成分之间发生的产权纠纷,由全民单位提出处理意见,经同级国有资产管理部门同意后,与对方当事人协商解决。协商不能解决的,依司法程序处理。

第六章 法律责任

第三十二条 对违反本办法规定,导致国有资产流失的,由国有资产管理部门会同有关部门(以下简称产权界定主管机关)根据情节轻重,分别给予直接责任人员行政经济的处罚,触犯刑律的,由司法部门予以惩处。

第三十三条 产权界定主管机关的工作人员违反本办法,利用职权谋私利或者玩忽职守,造成国有资产损失的,国有资产管理部门和有关部门应按照干部管理权限,给予责任人员行政处分,触犯刑律的,提交司法机关处理。

第三十四条 发生属于产权界定范围的情形,国有资产占用单位隐瞒不报或串通作弊,导致国有资产权益受损的,产权界定主管机关可以根据情节轻重,对占用单位的主管人员和直接责任人员给予通报批评、罚款等处罚。

发生上款情形,还需补办产权界定手续。

第三十五条 对于违反产权界定及纠纷处理程序,国有资产管理部门可以单独或会同有关部门给予责任人员行政、经济的处罚。

第七章 附 则

第三十六条 本为法由国家国有资产管理局负责解释。
第三十七条 本办法自公布之日起施行。

财政部关于印发《关于企业国有资产办理无偿划转手续的规定》的通知

财管字〔1999〕301号

国务院各部委、各直属机构,各省、自治区、直辖市、计划单列市财政厅(国有资产管理局)、中央管理企业:

为促进国有经济结构调整,加速国有资产的合理流动和优化配置,规范资产划转操作程序,特制定《关于企业国有资产办理无偿划转手续的规定》。现印发给你们,请遵照执行,并将执行中遇到的问题及时告知我们。以便进一步完善。

附件:关于企业国有资产办理无偿划转手续的规定

财政部
一九九九年九月二十七日

附件:

关于企业国有资产办理无偿划转手续的规定

第一条 为促进国有经济结构调整,加速国有资产的合理流动和优化配置,规范操作程序,特制定本规定。

第二条 本规定所指的企业国有资产无偿划转是指企业因管理体制改革、组织形式调整和资产重组等原因引起的整体或部分国有资产在不同国有产权主体之间的无偿转移。

第三条 办理企业国有资产无偿划转手续应遵循以下原则:

1. 符合国家有关法律法规,符合国家的产业政策;
2. 有利于产业结构、企业产权结构的调整,有利于提高国有资产的运营效率;
3. 坚持双方协商一致的原则。

第四条 企业国有资产无偿划转由各级财政(国有资产管理)部门负责办理。

第五条 凡占有、使用国有资产的部门和企业发生下列产权变动情况的,应按本规定办理企业资产无偿划转手续:

1. 企业因管理体制、组织形式调整,改变行政隶属关系的;
2. 国有企业之间无偿兼并;
3. 企业间国有产权(或国有股权)的无偿划转或置换;
4. 组建企业集团,理顺集团内部产权关系;
5. 经国家批准的其他无偿划转行为。

第六条 按照国有资产统一所有,分级管理的原则,企业国有资产办理无偿划转应按照下列情况分别进行申报:

1. 属于地方管理的国有资产,在本省、自治区、直辖市、计划单列市所辖范围内划转的,由划入及划出双方的主管部门或企业集团母公司向同级财政(国有资产管理)部门提出申请。属跨地、市、县划转的,还应由双方同级财政(国有资产管理)部门分别向同一上级财政(国有资产管理)部门提出申请。
2. 属于地方管理的国有资产跨省、自治区、直辖市、计划单列市进行划转的,由划入及划出双方企业主管部门或集团母公司向同级财政(国有资产管理)部门提出申请,逐级上报财政部。
3. 属于地方管理的国有资产与中央管理的国有资产之间划转的,地方由企业的主管部门或企业集团母公司向同级财政(国有资产管理)部门提出申请,逐级上报财政部。中央由企业集团母公司、重点企业或企业主管部门向财政部提出申请。
4. 属于中央管理的国有资产在企业集团、重点企业及中央各部门之间进行划转的,由划入与划出双方向财政部提出申请。

第七条 各级财政(国有资产管理)部门在接到完整的资产划转申报材料后,应认真审查,及时作出是否批准资产划转的决定,并发文批复。

第八条 企业集团、重点企业按产权纽带管理的国有资产,在集团内部进行资产划转由集团母公司审批,报同级财政(国有资产管理)部门备案;由部门管理暂未脱钩企业的国有资产在同一部门内部进行资产划转,暂由有关主管部门审批,报同级财政(国有资产管理)部门备案。

第九条 办理资产划转手续,需提交下列文件:

1. 划转双方办理资产划转的申请(凡申办跨区域资产划转的,同时应附逐级上报的有关文件资料);
2. 划转双方企业母公司或主管部门签订的资产划转协议及政府有关批准文件(涉及企业行政隶属关系改变的,需提交经贸委批准文件);
3. 被划转企业经中介机构审定的划转基准日财务报告;
4. 被划转企业与划入方企业的产权登记证、企业法人营业执照复印件。

第十条 划入、划出双方企业应依据资产划转文件办理变动产权登记等有关手续,并进行相关的账务调整。

第十一条 凡未按本规定办理资产划转手续的,财务(国有资产管理)部门不予办理相应的产权登记手续。

第十二条 本规定自发布之日起执行,原国家国有资产管理局《关于国有资产办理无偿划转手续的通知》(国资工字〔1990〕第17号)同时废止。

财政部关于修订《企业国有资产产权登记管理办法实施细则》的通知

财管字〔2000〕116号

党中央各部门,国务院各部委、各直属机构、直属事业单位,全国人大常委会办公厅,全国政协常委会办公厅,总后勤部,武警总部,中央各企业集团,新疆生产建设兵团,各省、自治区、直辖市及计划单列市财政厅(局)、国有资产管理局(办公室):

根据国务院颁布的《企业国有资产产权登记管理办法》(国务院第192号令),结合政府机构改革及军队、武警部队、政法机关、党政机关与所办、所管企业脱钩的实际情况,按照党的十五届四中全会《关于国有企业改革和发展若干重大问题的决定》所确定的"国家所有、分级管理、授权经营、分工监督"的原则,重新修订了《企业国有资产产权登记管理办法实施细则》,现印发给你们,请遵照执行。执行中有何问题,请及时反馈我部。

按本实施细则的规定重新制订的产权登记表证式样及填报说明另行下发。

附件:企业国有资产产权登记管理办法实施细则

财政部
二〇〇〇年四月六日

企业国有资产产权登记管理办法实施细则

第一章 总 则

第一条 根据国务院颁布的《企业国有资产产权登记管理办法》（国务院第192号令，以下简称《办法》），按照"国家所有、分级管理、授权经营、分工监督"的原则，制定本实施细则。

第二条 下列已取得或申请取得法人资格的企业或国家授权投资的机构（以下统称企业），应当按规定申办企业国有资产产权登记（以下简称产权登记）：

（一）国有企业；
（二）国有独资公司；
（三）国家授权投资的机构；
（四）设置国有股权的有限责任公司和股份有限公司；
（五）国有企业、国有独资公司或国家授权投资机构投资设立的企业；
（六）其他形式占有、使用国有资产的企业。

第三条 产权登记机关是县级以上各级政府负责国有资产管理的部门。财政部主管全国产权登记工作，统一制定产权登记的各项政策法则。上级产权登记机关指导下级产权登记机关的产权登记工作。

第四条 财政（国有资产管理）部门审定和颁发的《中华人民共和国企业国有资产产权登记证》（以下简称产权登记证），是依法确认企业产权归属关系的法律凭证和政府对企业授权经营国有资本的基本依据。

产权登记证分为正本和副本，企业发生国有产权变动时应当同时变更产权登记证正本和副本。

第五条 产权登记机关依法履行下列职责：

（一）依法确认企业产权归属，理顺企业集团内部产权关系；
（二）掌握企业国有资产占有、使用的状况；
（三）监管企业的国有产权变动；
（四）检查企业国有资产经营状况；
（五）监督国家授权投资机构、国有企业和国有独资公司的出资行为；
（六）备案企业的担保或资产被司法冻结等产权或有变动事项；
（七）在汇总、分析的基础上，编报并向同级政府和上级产权登记机关呈送产权登记与产权变动状况分析报告。

第六条 企业提供保证、定金或设置抵押、质押、留置，以及发生资产被司法机关冻结情况的，应当在申办各类产权登记中如实向产权登记机关报告。

企业以设置抵押、质押、留置、作为定金以及属于司法冻结的资产用于投资或进行产权（股权）转让时，必须符合《中华人民共和国担保法》等有关法律、法规的规定，否则，产权登记机关不予登记。

第二章 分 级 管 理

第七条 产权登记按照统一政策、分级管理的原则由县级以上政府负责国有资产管理的部门按产权归属关系组织实施。

第八条 由两个及两个以上国有资本出资人共同投资设立的企业,按国有资本额最大的出资人的产权归属关系确定企业产权登记的管辖机关。若国有资本各出资人出资额相等,则按推举的出资人的产权归属关系确定企业产权登记的管辖机关,其余出资人出具产权登记委托书。产权登记机关办理上述企业产权登记时,应将产权登记表原件一式多份分送企业其余国有资本出资人。

第九条 产权登记机关可视具体情况,委托仍管理企业的政府部门、机构或下级产权登记机关办理企业的产权登记,具体办法另行制定。

第十条 财政部负责下列企业的产权登记工作：
(一)由国务院管辖的企业(含国家授权投资机构)；
(二)中央各部门、直属机构的机关后勤、事业单位,各直属事业单位及全国性社会团体管辖的企业；
(三)中央国有企业、国有独资公司或国务院授权的国家授权投资机构投资设立的企业。

第十一条 省、自治区、直辖市及计划单列市(以下简称省级)财政(国有资产管理)部门负责下列企业的产权登记：
(一)由省级政府管辖的企业(含省属国家授权投资机构)；
(二)省级各部门、直属机构的机关后勤、事业单位,各直属事业单位及省级社会团体管辖的企业；
(三)省级国有企业、国有独资公司或省级政府授权的国家授权投资机构投资设立的企业；
(四)财政部委托办理产权登记的企业。

第十二条 地(市)、县负责国有资产管理的部门产权登记管辖范围由各省、自治区、直辖市及计划单列市财政(国有资产管理)部门具体规定。

第三章 国家授权投资机构

第十三条 国家授权投资机构,实行如下产权登记管理方式：
(一)国家授权投资的机构设立或发生产权变动时应当按照本细则的规定向产权登记机关办理相应的占有、变动或注销产权登记；
(二)国家授权投资的机构投资所属的各类企业设立、变动或注销时,应当经授权投资机构审核同意后,按照本细则的规定向产权登记机关申办相应的产权登记手续；
(三)国家授权投资的机构应当按照本细则的规定每年向产权登记机关办理产权登记年度检查,汇总分析本企业的国有资产经营和产权变动状况,并提交国有资产经营年度报告书。国家授权投资的机构所属的各类企业由授权投资机构一并向产权登记机关办理产权登记年度检查,各企业不再单独向产权登记机关办理产权登记年度检查。

第四章 占有产权登记

第十四条 已取得法人资格的企业应当在本细则实施后向产权登记机关申办占有产权登记,填写《企业国有资产占有产权登记表》,并提交下列文件、资料:

(一) 由出资人的母公司或上级单位批准设立的文件、投资协议书或出资证明文件;

(二) 经注册会计师审计的或财政部门核定的企业上一年度财务报告;

(三) 各出资人的企业法人营业执照副本、经注册会计师审计的或财政部门核定的企业上一年度财务报告,其中国有资本出资人还应当提交产权登记证副本;

(四) 企业章程;

(五)《企业法人营业执照》副本;

(六) 企业提供保证、定金或设置抵押、质押、留置以及资产被司法机关冻结的相关文件;

(七) 申办产权登记的申请;

(八) 产权登记机关要求提交的其他文件、资料。

产权登记机关核准企业占有登记后,向企业核发产权登记证。

第十五条 申请取得法人资格的企业应当于申请办理工商注册登记前 30 日内,向财政(国有资产管理)部门办理产权登记,填写《企业国有资产占有产权登记表》,并提交下列文件、资料:

(一) 出资人的母公司或上级单位批准设立的文件、投资协议书或出资证明文件;

(二) 企业章程;

(三)《企业名称预先核准通知书》;

(四) 各出资人的企业法人营业执照、经注册会计师审计的或财政部门核定的企业上一年度财务报告和提供保证、定金或设置抵押、质押、留置以及资产被司法机关冻结的相关文件;其中,国有资本出资人还应当提交产权登记证副本;

(五) 经注册会计师审核的验资报告,其中以货币投资的应当附银行进账单;以实物、无形资产投资的应当提交经财政(国有资产管理)部门合规性审核的资产评估报告;

(六) 申办产权登记的申请;

(七) 产权登记机关要求提交的其他文件、资料。

财政(国有资产管理)部门审定的产权登记表,是企业办理工商注册登记的资信证明文件。

企业依据产权登记机关审定的产权登记表向工商行政管理部门申办注册登记,取得企业法人资格后 30 日内到原产权登记机关领取产权登记证,同时提交《企业法人营业执照》副本。

第十六条 事业单位和社会团体法人设立企业或对企业追加投资的,应当提交《中华人民共和国国有资产产权登记证(行政事业单位)》及上级单位批准的非经营性资产转经营性资产的可行性研究报告,产权登记机关审查后直接办理占有或变动产权登记手续。

第十七条 除政府批准设立外,企业的组织形式不得登记为国有独资公司。

第十八条 国有企业设立的全资企业,其组织形式不得登记为集体企业。

第十九条 企业在申办占有产权登记时,实收资本与注册资本相比已发生增减变动的,应当先按实收资本变动前数额办理占有登记,再按本实施细则的规定申办变动产权登记。未办理占有产权登记的企业发生国有产权变动时,应当按本实施细则第十四条的规定补办占有产权登记,然后再按本实施细则的规定申办变动或注销产权登记。

第五章 变动产权登记

第二十条 企业发生下列情形之一的,应当申办变动产权登记:
(一)企业名称、住所或法定代表人改变的;
(二)企业组织形式发生变动的;
(三)企业国有资本额发生增减变动的;
(四)企业国有资本出资人发生变动的;
(五)产权登记机关规定的其他变动情形。

第二十一条 企业发生本细则第二十条第一款情形的,应当于工商行政管理部门核准变动登记后30日内向原产权登记机关申办变动产权登记。

第二十二条 企业发生本细则第二十条第二款至第五款情形的,应当自政府有关部门或企业出资人批准、企业股东大会或董事会做出决定之日起30日内,向工商行政管理部门申请变更登记前,向原产权登记机关办理变动产权登记。

第二十三条 企业申办变动产权登记应当填写《企业国有资产变动产权登记表》,并提交下列文件、资料:
(一)政府有关部门或出资人的母公司或上级单位的批准文件、企业股东大会或董事会做出的书面决定及出资证明;
(二)修改后的企业章程;
(三)各出资人的企业法人营业执照、经注册会计师审计的或财政部门核定的企业上一年度财务报告和提供保证、定金或设置抵押、质押、留置以及资产被司法机关冻结的相关文件;其中,国有资本出资人还应当提交产权登记证副本;
(四)本企业的《企业法人营业执照》副本、经注册会计师审计的或财政部门核定的企业上一年度财务报告和提供保证、定金或设置抵押、质押、留置以及资产被司法机关冻结的相关文件和企业的产权登记证副本;
(五)经注册会计师审核的验资报告,其中以货币投资的应当附银行进账单;以实物、无形资产投资的应当提交经财政(国有资产管理)部门合规性审核的资产评估报告;
(六)企业发生本细则第二十条第三款、第四款情形且出资人是事业单位和社会团体法人的,应当提交《中华人民共和国国有资产产权登记证(行政事业单位)》和出资人上级单位批准的非经营性资产转经营性资产的可行性研究报告;
(七)企业兼并、转让或减少国有资本的,应当提交与债权银行、债权人签订的有关债务保全协议;
(八)经出资人的母公司或上级单位批准的转让国有产权的收入处置情况说明及有关文件;
(九)申办产权登记的申请;
(十)产权登记机关要求提交的其他文件、资料。

第二十四条 产权登记机关核准企业变动产权登记后,相应办理企业产权登记证正本和副本的变更手续。

第二十五条 企业发生国有产权变动而不及时办理相应产权登记手续,致使产权登记证正本、副本记载情况与实际情况不符的,由企业承担相应的法律责任。

第六章 注销产权登记

第二十六条 企业发生下列情形之一的,应当向原产权登记机关申办注销产权登记:
(一)企业解散、被依法撤销或被依法宣告破产;
(二)企业转让全部国有产权或改制后不再设置国有股权的;
(三)产权登记机关规定的其他情形。

第二十七条 企业解散的,应当自出资人的母公司或上级单位批准之日起 30 日内,向原产权登记机关申办注销产权登记。企业被依法撤销的,应当自政府有关部门决定之日起 30 日内向原产权登记机关申办注销产权登记。企业被依法宣告破产的,应当自法院裁定之日起 60 日内由企业破产清算机构向原产权登记机关申办注销产权登记。

企业转让全部国有产权(股权)或改制后不再设置国有股权的,应当自出资人的母公司或上级单位批准后 30 日内向原产权登记机关申办注销产权登记。

第二十八条 企业申办注销产权登记时应当填写《企业国有资产注销产权登记表》,并提交下列文件、资料:
(一)政府有关部门、出资人的母公司或上级单位、企业股东大会的批准文件,工商行政管理机关责令关闭的文件或法院宣告企业破产的裁定书;
(二)经注册会计师审计的或财政部门核定的企业上一年度财务报告;
(三)企业的财产清查、清算报告或经财政(国有资产管理)部门合规性审核的资产评估报告;
(四)企业有偿转让或整体改制的协议或方案;
(五)本企业的产权登记证正、副本和《企业法人营业执照》副本和提供保证、定金或设置抵押、质押、留置以及资产被司法机关冻结的相关文件;
(六)受让企业的《企业法人营业执照》副本和经注册会计师审计的年度财务报告和提供保证、定金或设置抵押、质押、留置以及资产被司法机关冻结的相关文件;
(七)转让方、受让方与债权银行、债权人签订的债务保全的协议;
(八)经出资人的母公司或上级单位批准的资产处置或产权转让收入处置情况说明及相关文件;
(九)申办产权登记的申请;
(十)产权登记机关要求提交的其他文件、资料。

第二十九条 产权登记机关核准企业注销产权登记后,收回被注销企业的产权登记证正本和副本。

第七章 产权登记年度检查

第三十条 企业应当于每个公历年度终了后 90 日内,办理工商年检登记之前,向原产权登记机关申办产权登记年度检查。

第三十一条 企业申办产权登记年度检查时应当按产权登记机关的规定上报企业国有资产经营年度报告书和填写《企业国有资产产权登记年度检查表》,并提交下列文件、资料:
(一)经注册会计师审计的或财政部门核定的企业上一年度财务报告;
(二)企业的产权登记证副本和《企业法人营业执照》副本;
(三)企业国有资产经营年度报告书;
(四)申办产权登记年度检查的申请;

（五）产权登记机关要求提交的其他文件、资料。

第三十二条　企业国有资产经营年度报告书是反映企业在检查年度内国有资产经营状况和产权变动状况的书面文件。主要报告以下内容：

（一）企业国有资产保值增值情况；

（二）企业国有资本金实际到位和增减变动情况；

（三）企业及其子公司、孙公司等发生产权变动情况及是否及时办理相应产权登记手续情况；

（四）企业对外投资及投资收益情况；

（五）企业及其子公司的担保、资产被司法机关冻结等产权或有变动情况；

（六）其他需要说明的问题。

企业产权登记年度检查制度和产权登记与产权变动状况分析报告制度另行制定。

第三十三条　年检合格后，由产权登记机关在企业产权登记证副本和年度检查表上加盖年检合格章。

第三十四条　下级产权登记机关应当于每个公历年度终了后150日内，编制并向同级政府和上级产权登记机关报送产权登记与产权变动状况分析报告。

第三十五条　产权登记年度检查表不作为确定企业国有产权归属的法律依据。企业不得以年度检查替代产权登记。

企业应当按产权登记机关的规定及时办理年度检查，如不按规定办理年度检查的或年度检查不合格的，其产权登记证不再具有法律效力。

产权登记机关在年度检查中发现企业未及时办理产权登记问题时，应当督促其按本实施细则的规定补办产权登记。未补办产权登记的，其年度检查不予通过。

第八章　产权登记程序

第三十六条　企业占有、使用国有资产状况以最近一次办理产权登记时产权登记机关确认的数额为准。

第三十七条　企业申办产权登记，应当按规定填写相应的产权登记表，并向产权登记机关提交有关的文件、资料。

第三十八条　企业申办产权登记必须经政府管理的企业或企业集团母公司（含政府授权经营的企业），出具审核意见；仍由政府有关部门、机构或国有社会团体管理的企业，由部门、机构或社团出具审核意见。

企业未按上述规定取得审核意见的，产权登记机关不予受理产权登记。

第三十九条　产权登记机关收到企业提交的符合规定的全部文件、资料后，发给《产权登记受理通知书》，并于10个工作日内做出核准产权登记或不准予产权登记的决定。

产权登记机关核准产权登记的，发给、换发或收缴企业的产权登记证正本和副本。

产权登记机关不予登记的，应当自做出决定之日起3日内通知登记申请人，并说明原因。

第四十条　企业发生《办法》第四条规定情形，需暂缓办理产权登记的，应向产权登记机关提出书面申请。产权登记机关自收到企业书面申请10个工作日内，依据实际情况以书面文件通知企业准予或不准予暂缓登记。

（一）企业获准暂缓登记的，应当在批准的期限内，将产权界定清楚、产权纠纷处理完毕，并及时办理产权登记；

（二）企业在批准的暂缓期限内，仍未能将产权界定清楚、产权纠纷处理完毕的，应当在期满后向产权登记机关书面报告产权纠纷处理情况并书面申请延续暂缓登记,产权登记机关自收到企业书面报告和申请10个工作日内,依据实际情况以书面文件通知企业准予或不准予延续暂缓登记。

第四十一条 企业有下列行为之一的,产权登记机关有权要求其更正,拒不更正的,产权登记机关不予办理产权登记:

(一) 企业填报的产权登记表各项内容或提交的文件违反有关法规或不符合本实施细则要求的;

(二) 企业以实物或无形资产出资,未按国家有关规定进行资产评估或折股的;

(三) 企业的投资行为、产权变动行为违反法律、行政法规和国家有关政策规定或使国有资产权益受到侵害的。

第四十二条 未及时办理产权登记的企业在补办产权登记时,应当书面说明原因和具体情况。

第九章 产权登记档案管理

第四十三条 财政部统一制定产权登记证正本和副本,确定各类产权登记表的内容和格式。

第四十四条 经产权登记机关颁发、审定的产权登记表和产权登记证正本、副本是产权登记的法律文件。任何单位和个人不得伪造、涂改、出借、出租或出售,有遗失或毁坏的,应当向原产权登记机关申请补领。

第四十五条 企业申办产权登记时,应当将所提交的文件、材料整理成卷,附加目录清单,纸张的尺寸规格不得超出产权登记证副本。企业未按要求提交规范文件、材料的,产权登记机关有权不予受理。

第四十六条 产权登记机关应当妥善保管企业产权登记表,建立产权登记档案。

第四十七条 企业的产权登记管辖机关发生变更的,由原产权登记机关将该企业产权登记档案材料整理、归并后移交新的产权登记管辖机关。

第十章 法律责任

第四十八条 企业违反《办法》有关规定的,产权登记机关可视情节轻重,做出如下处罚:

(一) 企业不在规定的期限内办理产权登记及其年度检查的,产权登记机关责令其限期办理,并视情节轻重,处以一千元以上三万元以下罚款,逾期仍不办理的,产权登记机关视情节轻重,处以三万元以上六万元以下罚款,并提请政府有关部门对企业领导人员和直接责任人员给予相应的纪律处分;

(二) 企业提供虚假财务报告或证明文件,隐瞒真实情况,骗取产权登记及其年度检查的;伪造、涂改、出借、出租、出卖产权登记表和产权登记证等其他行为的,产权登记机关责令其限期改正,并予以通报批评,视情节轻重处以六万元以上十万元以下罚款,并提请政府有关部门对企业领导人员和直接责任人员给予相应的纪律处分;

(三) 会计、评估、法律咨询事务所(公司)等中介机构故意为企业出具虚假的审计、验资报告或有关证明文件的,将不得再从事与产权登记有关的审计、验资、评估等事务,产权登记机关将向注册会计师协会等管理机构通报情况,并予以公告;造成国有资产流失并构成犯罪的,依法追究其刑事责任。

第四十九条 产权登记行政处罚决定由财政(国有资产管理)部门负责人核准并加盖公章以《企业产权登记行政处罚决定书》(以下简称《决定书》)的形式通知受处罚企业。需要罚款的,同时向指定缴款银行签发财政部门统一印制的罚款收据。

企业对行政处罚决定不服的,可以在收到决定书之日起15日内向上一级产权登记机关申请行政复议。上一级产权登记机关应当自受理复议之日起60日内做出复议决定。

第五十条 产权登记证是企业进行资产评估、国有企业股份制改组和产权转让等审批的必备文件之一。对没有产权登记证的企业,不予办理相关的工作。

第五十一条 企业违反规定不办理产权登记及其年度检查,造成国有资产流失并构成犯罪的,依法追究其刑事责任。

第五十二条 产权登记机关工作人员违反《办法》和本细则的规定,利用职权刁难企业的,或牟取私利,玩忽职守,造成国有资产流失的,视情节轻重给予行政处分。构成犯罪的,依法追究其刑事责任。

第十一章 附 则

第五十三条 军队保留企业的产权登记实施细则由中国人民解放军总后勤部参照本实施细则重新制定,报财政部备案。

第五十四条 本实施细则由财政部负责解释并组织实施。

第五十五条 本实施细则自发布之日起施行。原国家国有资产管理局制定的《企业国有资产产权登记管理办法实施细则》(国资产发〔1996〕31号文件)同时废止。

财政部关于股份有限公司国有股权管理工作有关问题的通知

财管字〔2000〕200号

各省、自治区、直辖市、计划单列市财政厅(局)、国有资产管理局(办公室),国务院有关部委,中央企业集团,中国人民解放军总后勤部,新疆生产建设兵团:

为进一步完善国有股权管理工作,促进股份有限公司(以下简称"公司")健康发展,根据政府职能转变和证券市场发展的需要,重新规范国有股权管理中的有关事项,现就有关问题通知如下:

一、国有股权管理工作的职能划分。

按照国家所有、分级管理的原则,地方股东单位的国有股权管理事宜一般由省级(含计划单列市,下同)财政(国有资产管理,以下简称"国资")部门审核批准;国务院有关部门或中央管理企业(以下简称"中央单位")的国有股权管理事宜由财政部审核批准。但发行外资股(B股、H股等),国有股变现筹资,以及地方股东单位的国家股权、发起人国有法人股权发生转让、划转、质押担保等变动(或者或有变动)的有关国有股权管理事宜,须报财政部审核批准。具体职能划分如下:

(一)省级财政(国资)部门国有股权管理职能。

地方国有资产占用单位设立公司和发行A股股票;

地方股东单位未全额认购或以非现金方式全额认购应配股份;

地方股东单位持有上市公司非发起人国有法人股及非上市公司国有股权发生直接或间接转

让、划转以及因司法冻结、担保等引起的股权变动及或有变动。

（二）财政部国有股权管理职能。

中央股东单位的国有股权管理事宜；

地方股东单位涉及以下行为的，由省级财政（国资）部门审核后报财政部批准：

设立公司并发行外资股（B股、H股等）；

上市公司国家股权、发起人国有法人股权发生直接或间接转让、划转以及因司法冻结、担保等引起的股权变动及或有变动；

国家组织进行的国有股变现筹资、股票期权激励机制试点等工作。

（三）国有资产占用单位设立公司和发行A股股票涉及地方和中央单位共同持股的，按第一大股东归属确定管理权限。

二、国有股权管理程序。

（一）由省级财政（国资）部门负责的国有股权管理事宜，经地方财政（国资）部门逐级审核后，报省级财政（国资）部门批准。

（二）由财政部负责的国有股权管理事宜，按以下两种情形办理：

国有股权由地方单位持有的，国有股权管理事宜由省级财政（国资）部门审核后报财政部批准。

国有股权由中央单位持有的，国有股权管理事宜由中央单位审核后报财政部批准。

三、办理国有股权管理审核批复事宜需报送的材料。

（一）设立公司需报送的材料：

1. 中央单位或地方财政（国资）部门及国有股东关于国有股权管理问题的申请报告；

2. 中央单位或地方政府有关部门同意组建股份有限公司的文件；

3. 设立公司的可行性研究报告、资产重组方案、国有股权管理方案；

4. 各发起人国有资产产权登记证、营业执照及主发起人前三年财务报表；

5. 发起人协议、资产重组协议；

6. 资产评估合规性审核文件；

7. 关于资产重组、国有股权管理的法律意见书；

8. 公司章程。

（二）配股时需报送的材料：

1. 中央单位或省级财政（国资）部门及国有股股东的申请报告；

2. 上市公司基本概况和董事会提出的配股预案及董事会决议；

3. 公司近期财务报告（年度报告或中期报告）和目前公司前10名股东名称、持股数及其持股比例；

4. 公司前次募集资金使用审核报告和本次募集资金运用的可行性研究报告及政府对有关投资立项的批准文件；

5. 以实物资产认购股份的，需提供该资产的概况、资产评估报告书及合规性审核文件等。

（三）转让或划转股权需报送的材料：

1. 中央单位或省级财政（国资）部门关于转让或划转国有股权的申请报告；

2. 中央单位或省级人民政府关于股权转让或划转的批准文件；

3. 国有股权转让可行性研究报告、转让收入的收取及使用管理的报告；

4. 转让方、受让方草签的股权转让协议；

5. 公司上年度及近期财务审计报告和公司前10名股东名称、持股情况及以前年度国有股权发生变化情况；

6. 受让方或划入方基本情况、营业执照及近2年财务审计报告；

7. 受让方与公司、转让方的债权债务情况；

8. 受让方在报财政部审批受让国有股权前9个月内与转让方及公司发生的股权转让、资产置换、投资等重大事项的资料；

9. 受让方对公司的考察报告及未来12个月内对公司进行重组的计划(适用于控股权发生变更的转让情形)；

10. 关于股权转让的法律意见书。

(四) 上市公司回购国有股时需报送的材料：

1. 中央单位或省级财政(国资)部门关于国有股回购的申请报告；

2. 国有股股东单位关于同意回购的文件；

3. 上市公司关于国有股回购方案；

4. 公司近期经审计的财务报告；

5. 回购协议书草案及国有股股东减持收入使用计划；

6. 公司对债权人妥善安排的协调方案；

7. 公司章程。

(五) 国有股担保时需报送的材料：

1. 中央单位或省级财政(国资)部门及国有股东关于国有股质押担保的申请；

2. 国有股担保的可行性报告；

3. 担保的有关协议；

4. 国有股权登记证明；

5. 公司近期财务报告(年度报告或中期报告)；

6. 资金使用项目情况及还款计划；

7. 关于股权担保的法律意见书。

四、公司发行股票、增发股票或国有股股东与公司发生资产置换，国有股东应在此项工作完成后即将有关情况报财政(国资)部门备案。

五、财政部和省级财政(国资)部门出具的关于国有股权管理的批复文件是有关部门批准成立股份公司、发行审核的必备文件和证券交易所进行股权登记的依据。

六、省级财政(国资)部门在出具股权管理批复文件时须同时报财政部备案，并建立国有股权变动情况报告制度，每年7月份将上半年国有股权变化情况向财政部报告；每年1月份将上一年度国有股权变化情况向财政部报告。

七、国有股权管理工作的监督检查。

财政部建立国有股权管理工作的监督检查制度，定期或不定期地对国有股权管理工作进行检查和监督。如发现违规行为，将严肃处理，并依法追究当事人的责任。

省级财政(国资)部门未按国家国有股权管理有关规定执行的，财政部将对其进行通报批评，限期整改。

八、本通知自2000年7月1日起实施，《关于规范股份有限公司国有股权管理有关问题的通知》(国资企发〔1996〕58号)文同时废止，其他文件中凡与本通知不一致的，以本通知为准。

财政部

二〇〇〇年五月十九日

财政部关于上市公司国有股质押有关问题的通知

财企〔2001〕651号

国务院各部委、各直属机构，各省、自治区、直辖市、计划单列市财政厅（局），上海市、深圳市国有资产管理办公室，各中央管理企业，新疆生产建设兵团财务局，中国人民解放军总后勤部：

为了加强上市公司国有股质押的管理，规范国有股东行为，根据《国务院关于印发〈减持国有股筹集社会保障资金管理暂行办法〉的通知》和国家有关法律、法规的规定，现就上市公司国有股质押有关问题通知如下：

一、国有股东授权代表单位将其持有的国有股用于银行贷款和发行企业债券质押，应当遵守《中华人民共和国公司法》、《中华人民共和国担保法》及有关国有股权管理等法律法规的规定，并制定严格的内部管理制度和责任追究制度。

二、公司发起人持有的国有股，在法律限制转让期限内不得用于质押。

三、国有股东授权代表单位持有的国有股只限于为本单位及其全资或控股子公司提供质押。

四、国有股东授权代表单位用于质押的国有股数量不得超过其所持该上市公司国有股总额的50%。

五、国有股东授权代表单位以国有股进行质押，必须事先进行充分的可行性论证，明确资金用途，制订还款计划，并经董事会（不设董事会的由总经理办公会）审议决定。

六、国有股东授权代表单位以国有股质押所获贷款资金，应当按照规定的用途使用，不得用于买卖股票。

七、以国有股质押的，国有股东授权代表单位在质押协议签订后，按照财务隶属关系报省级以上主管财政机关备案，并根据省级以上主管财政机关出具的《上市公司国有股质押备案表》，按照规定到证券登记结算公司办理国有股质押登记手续。

（一）国有股东授权代表单位办理国有股质押备案应当向省级以上主管财政机关提交如下文件：

1. 国有股东授权代表单位持有上市公司国有股证明文件；
2. 质押的可行性报告及公司董事会（或总经理办公会）决议；
3. 质押协议副本；
4. 资金使用及还款计划；
5. 关于国有股质押的法律意见书。

（二）各省、自治区、直辖市、计划单列市财政厅（局）应于每年1月31日前，将本地区上年度上市公司国有股质押情况上报财政部。具体内容包括：

1. 国有股质押总量；
2. 各国有股东授权代表单位国有股质押情况；
3. 各国有股东授权代表单位国有股解除质押情况；
4. 各国有股东授权代表单位国有股因质押被人民法院冻结、拍卖情况。

八、国有股东授权代表单位将其持有的国有股用于银行贷款和发行企业债权质押，应当按照证券市场监管和国有股权管理的有关规定履行信息披露的义务。

九、国有股用于质押后,国有股东授权代表单位应当按时清偿债务。若国有股东授权代表单位不能按时清偿债务的,应当通过法律、法规规定的方式和程序将国有股变现后清偿,不得将国有股直接过户到债权人名下。

十、国有股变现清偿时,涉及国有股协议转让的,应按规定报财政部核准;导致上市公司实际控制权发生变化的,质押权人应当同时遵循有关上市公司收购的规定。

十一、本通知自印发之日起执行。

附件:上市公司国有股质押备案表(略)

财政部
二〇〇一年十月二十五日

关于做好贯彻落实《企业国有产权转让管理暂行办法》有关工作的通知

国资发产权〔2004〕195号

各中央企业:

国务院国资委、财政部于2003年12月31日公布了《企业国有产权转让管理暂行办法》(国资委、财政部令第3号,以下简称《办法》),对规范企业国有产权转让行为,加强企业国有产权交易的监督管理作出了规定。为做好《办法》有关规定的组织落实工作,现将有关事项通知如下:

一、进一步提高对规范企业国有产权转让行为重要性的认识

党的十六大和十六届三中全会提出了加快调整国有经济布局和结构,完善国有资本有进有退、合理流动机制和推动产权有序流转的战略目标。各中央企业要认真领会党中央精神,抓住机遇,加快企业产权制度改革步伐;要从提高企业核心竞争力,促进企业持续发展和维护社会稳定的大局出发,进一步规范国有产权转让行为,促进国有产权的有序流转。

二、认真做好《办法》各项规定的组织实施工作

《办法》规定了企业国有产权转让的批准和操作程序,明确了相关监管职责。各中央企业要按照"明确职责、规范运作、严格把关、监管有力"的原则,认真做好各项规定的组织实施工作。要及早研究制定本企业的国有产权转让管理办法,报我委备案;要落实企业内部负责企业国有产权转让监管的职能部门和人员,明确工作责任;要加强对各级子企业国有产权转让行为的审核,并对进入市场后各个工作环节实施跟踪监管,切实维护所有者权益,防止国有资产流失。

三、严格落实企业国有产权转让进场制度

《办法》对企业国有产权转让进入产权交易市场作出了明确的规定。我委将在对全国产权交易机构调查摸底的基础上,按照一定的程序选择确定从事中央企业国有产权转让活动的产权交易机构。在此之前,暂将上海联合产权交易所、天津产权交易中心和北京产权交易所作为试点,负责发布中央企业的国有产权转让信息,并由其或其所在的区域性产权市场组织相关产权交易活动。各中央企业要充分认识企业国有产权进场交易的重要意义,切实执行进场交易制度,促进企业国有产权"阳光交易"制度的建立。

四、建立企业国有产权转让情况报告制度

为做好企业国有产权转让信息的统计分析工作,我委将制定统一的企业国有产权交易信息统计报告制度。各中央企业要全面掌握企业国有产权转让的有关情况,对子企业的国有产权转让行为批复文件须同时报我委备案,并在每年1月份将上一年度企业国有产权转让情况统计汇总后报我委;要按照企业国有资产产权登记管理的有关规定和要求,加强产权变动登记管理,强化产权变动监管力度。

五、做好有关企业国有产权转让行为的规范衔接工作

《办法》已于2004年2月1日起施行,各中央企业要对正在进行的国有产权转让进行清理。对经有关方面批准并已于2月1日前正式签订产权转让合同的,可按有关批复和合同的约定组织实施,但后续工作环节要按《办法》的规定进行规范;对2月1日前没有正式签订产权转让合同的,应按照《办法》的各项规定重新予以规范。

六、加强对企业国有产权交易活动的监督检查工作

我委将建立企业国有产权转让管理的监督检查制度,由负责产权转让的部门会同纪检、监察部门定期或不定期地对各中央企业国有产权交易活动进行监督检查,发现违法违规行为,将按照有关规定严肃处理。各中央企业也要通过对各级子企业国有产权转让事前、事中和事后等环节的审核把关和监督检查,切实履行好相关监管职责。在检查工作中,各中央企业应注意了解和总结在企业国有产权交易活动中出现的新情况、新问题,对有关重要情况和重大问题及时报告。

上海联合产权交易所网址:www.suaee.com
天津产权交易中心网址:www.tprtc.com
北京产权交易所网址:www.cbex.com.cn

国务院国有资产监督管理委员会
二〇〇四年三月八日

关于企业国有产权转让有关问题的通知

国资发产权〔2004〕268号

各中央企业,各省、自治区、直辖市国资委:

《企业国有产权转让管理暂行办法》(国资委、财政部令第3号,以下简称《办法》)施行后,一些中央企业和地方国资监管机构反映在企业国有产权转让操作过程中的一些问题,要求予以明确。经研究,现就有关问题通知如下:

一、关于实施主辅分离、辅业改制工作中资产处置与《办法》有关规定的衔接问题

在国有大中型企业主辅分离、辅业改制,分流安置富余人员过程中,经国资监管机构及相关部门确定列入主辅分离、辅业改制范围企业的资产处置,应当按照《关于国有大中型企业主辅分离辅业改制分流安置富余人员的实施办法》(国经贸企改〔2002〕859号)及有关配套文件的规定执行。对于改制企业的国有净资产按规定进行各项支付的剩余部分,采取向改制企业的员工或外部投资者出售的,应当按照国家有关规定办理,具体交易方式可由所出资企业或其主管部门(单位)决定。

二、关于重要子企业的重大国有产权转让事项的确定问题

中央企业按国务院国资委印发的《关于贯彻落实〈国务院办公厅转发国务院国有资产监督管理委员会关于规范国有企业改制工作意见的通知〉的通知》(国资发改革〔2004〕4号)的相关规定办理,暂由中央企业确定其转让行为报国务院国资委批准或自行决定;地方企业暂由地方国资监管机构按照有关规定,结合各地实际明确相应的管理要求。在国务院国资委对重要子企业的重大事项管理办法出台后按照新的规定办理。

三、关于转让企业国有产权涉及上市公司国有股性质变化的有关操作问题

转让企业国有产权涉及上市公司国有股性质变化的,应按照《办法》规定的程序进行,到经国资监管机构选择确定的产权交易机构中公开披露产权转让信息,广泛征集受让方。在确定受让方并草签产权转让合同后,由转让方按照国家对上市公司国有股转让管理的规定,将涉及的上市公司国有股性质变化事项报国务院国资委审核批准。其他事项按以下程序办理:

(一)转让企业国有产权涉及上市公司国有股性质变化的事项获得批准后,转让方应当持批准文件、受让方的全额现金支付凭证到产权交易机构办理产权交易鉴证手续。

(二)转让、受让双方应持国务院国资委对涉及上市公司国有股性质变化事项的批准文件、受让方的全额现金支付凭证、产权交易机构出具的产权交易凭证或省级以上国资监管机构对直接采取协议方式转让国有产权的批准文件等,按照规定程序到证券登记结算机构办理上市公司国有股变更登记手续。

(三)转让企业国有产权涉及上市公司国有股性质变化的,转让方还应按照证券监管部门的有关规定履行信息披露义务,且信息披露时间不得晚于在产权交易机构中披露产权转让信息的时间。

四、关于企业国有产权转让方案的制订及落实问题

企业国有产权转让方案是相关批准机构审议、批准转让行为以及产权转让成交后转让方落实相关事项的重要依据,转让方应重点做好以下内容的研究和落实工作:

(一)转让方应当对企业国有产权转让行为进行充分论证和深入分析,必要时可以聘请相关专业咨询机构提出企业国有产权转让的咨询、论证意见。

(二)对转让标的企业涉及的职工安置方案,应当按照国家有关政策规定明确提出企业职工的劳动关系分类处理方式和有关补偿标准,经该企业职工代表大会讨论通过,并获企业所在地劳动保障行政部门审核同意。

(三)企业国有产权转让成交后,转让方应按照《国务院办公厅转发国务院国有资产监督管理委员会〈关于规范国有企业改制工作意见〉的通知》(国办发〔2003〕96号)和《办法》的相关规定,做好转让方案各项内容的落实工作。除国家另有规定外,不得采取转让前将有关费用从净资产中抵扣的方法进行企业国有产权转让。

五、关于企业国有产权转让信息公开披露问题

为保证企业国有产权转让信息披露的充分性和广泛性,企业国有产权转让相关批准机构必须加强对转让公告内容的审核,产权交易机构也应当加强对企业国有产权转让信息披露的管理。

(一)产权转让公告应由产权交易机构按照规定的渠道和时间公开披露,对于重大的产权转让项目或产权转让相关批准机构有特殊要求的,转让方可以与产权交易机构通过委托协议另行约定公告期限,但不得少于20个工作日。转让公告期自报刊发布信息之日起计算。

(二)产权转让公告发布后,转让方不得随意变动或无故提出取消所发布信息。因特殊原因确需变动或取消所发布信息的,应当出具相关产权转让批准机构的同意或证明文件,并由产权交易机构在原信息发布渠道上进行公告,公告日为起算日。

(三)在产权转让公告中提出的受让条件不得出现具有明确指向性或违反公平竞争的内容。

企业国有产权转让信息公开披露后,有关方面应当按照同样的受让条件选择受让方。

六、关于对意向受让方的登记管理问题

为保证有关方面能够按照公开、公正、公平的原则参与企业国有产权交易,在企业国有产权转让公告发布后,对征集到的意向受让方按照以下规定进行管理:

(一)对征集到的意向受让方由产权交易机构负责登记管理,产权交易机构不得将对意向受让方的登记管理委托转让方或其他方面进行。产权交易机构要与转让方按照有关标准和要求对登记的意向受让方共同进行资格审查,确定符合条件的意向受让方的数量。

(二)产权交易机构要对有关意向受让方资格审查情况进行记录,并将受让方的登记、资格审查等资料与其他产权交易基础资料一同作为产权交易档案妥善保管。

(三)在对意向受让方的登记过程中,产权交易机构不得预设受让方登记数量或以任何借口拒绝、排斥意向受让方进行登记。

国务院国有资产监督管理委员会
二〇〇四年八月二十五日

关于印发《企业国有产权向管理层转让暂行规定》的通知

国资发产权〔2005〕78号

国务院各部委、各直属机构,各省、自治区、直辖市及计划单列市国有资产监督管理机构、财政厅(局),新疆生产建设兵团,各中央企业:

为加强企业国有资产监督管理,规范企业国有产权转让行为,根据《国务院办公厅转发国务院国有资产监督管理委员会关于规范国有企业改制工作意见的通知》(国办发〔2003〕96号)及《企业国有产权转让管理暂行办法》(国资委、财政部令第3号)的有关规定,我们制定了《企业国有产权向管理层转让暂行规定》,现印发给你们,请结合实际,认真遵照执行,并及时反映工作中有关情况和问题。

国务院国有资产监督管理委员会　财政部
二〇〇五年四月十一日

企业国有产权向管理层转让暂行规定

一、为进一步推进国有企业改革,规范企业国有产权转让,保障国有产权有序流转,根据《国务院办公厅转发国务院国有资产监督管理委员会关于规范国有企业改制工作意见的通知》(国办发〔2003〕96号)及《企业国有产权转让管理暂行办法》(国资委、财政部令第3号,以下简称《暂行办法》),制定本规定。

二、本规定所称"管理层"是指转让标的企业及标的企业国有产权直接或间接持有单位负责人以及领导班子其他成员。"企业国有产权向管理层转让"是指向管理层转让,或者向管理层直接或间接出资设立企业转让的行为。

三、国有资产监督管理机构已经建立或政府已经明确国有资产保值增值行为主体和责任主体的地区或部门,可以探索中小型国有及国有控股企业国有产权向管理层转让(法律、法规和部门规章另有规定的除外)。

大型国有及国有控股企业及所属从事该大型企业主营业务的重要全资或控股企业的国有产权和上市公司的国有股权不向管理层转让。

四、国有及国有控股企业的划型标准按照原国家经贸委、原国家计委、财政部、国家统计局《关于印发中小企业标准暂行规定的通知》(国经贸中小企〔2003〕143号)、国家统计局《统计上大中小型企业划分办法(暂行)》(国统字〔2003〕17号)规定的分类标准执行。今后国家相关标准如有调整,按照新标准执行。

五、企业国有产权向管理层转让,应当严格执行《暂行办法》的有关规定,并应当符合以下要求:

(一)国有产权持有单位应当严格按照国家规定委托中介机构对转让标的企业进行审计,其中标的企业或者标的企业国有产权持有单位的法定代表人参与受让企业国有产权的,应当对其进行经济责任审计。

(二)国有产权转让方案的制订以及与此相关的清产核资、财务审计、资产评估、底价确定、中介机构委托等重大事项应当由有管理职权的国有产权持有单位依照国家有关规定统一组织进行,管理层不得参与。

(三)管理层应当与其他拟受让方平等竞买。企业国有产权向管理层转让必须进入经国有资产监督管理机构选定的产权交易机构公开进行,并在公开国有产权转让信息时对以下事项详尽披露:目前管理层持有标的企业的产权情况、拟参与受让国有产权的管理层名单、拟受让比例、受让国有产权的目的及相关后续计划、是否改变标的企业的主营业务、是否对标的企业进行重大重组等。产权转让公告中的受让条件不得含有为管理层设定的排他性条款,以及其他有利于管理层的安排。

(四)企业国有产权持有单位不得将职工安置费等有关费用从净资产中抵扣(国家另有规定除外);不得以各种名义压低国有产权转让价格。

(五)管理层受让企业国有产权时,应当提供其受让资金来源的相关证明,不得向包括标的企业在内的国有及国有控股企业融资,不得以这些企业的国有产权或资产为管理层融资提供保证、抵押、质押、贴现等。

六、管理层存在下列情形的,不得受让标的企业的国有产权:

(一)经审计认定对企业经营业绩下降负有直接责任的;

(二)故意转移、隐匿资产,或者在转让过程中通过关联交易影响标的企业净资产的;

(三)向中介机构提供虚假资料,导致审计、评估结果失真,或者与有关方面串通,压低资产评估结果以及国有产权转让价格的;

(四)违反有关规定,参与国有产权转让方案的制订以及与此相关的清产核资、财务审计、资产评估、底价确定、中介机构委托等重大事项的;

(五)无法提供受让资金来源相关证明的。

七、企业国有产权向管理层转让,有关工作程序、报送材料等按照《暂行办法》的规定执行。

八、企业国有产权向管理层转让后仍保留有国有产权的,参与受让企业国有产权的管理层不得作为改制后企业的国有股股东代表。相关国有产权持有单位应当按照国家有关规定,选派合格人员担任国有股股东代表,依法履行股东权利。

九、管理层不得采取信托或委托等方式间接受让企业国有产权。

十、企业国有产权向管理层转让后涉及该企业所持上市公司国有股性质变更的,按照国家有关规定办理。

十一、主辅分离、辅业改制,分流安置富余人员过程中,经国有资产监督管理机构及相关部门确定列入主辅分离、辅业改制范围的企业,需向管理层转让企业国有产权的,按照《关于国有大中型企业主辅分离辅业改制分流安置富余人员的实施办法》(国经贸企改〔2002〕859号)及有关配套文件规定办理。

十二、国有控股高新技术企业、转制科研机构符合《国务院办公厅关于转发财政部、科技部关于国有控股高新技术企业开展股权激励试点工作指导意见的通知》(国办发〔2002〕48号)以及《国务院办公厅转发国务院体改办关于深化转制科研机构产权制度改革若干意见的通知》(国办发〔2003〕9号)的规定实施股权激励试点工作,需向管理层转让企业国有产权的,应当报经省级以上财政主管部门或相关国有资产监督管理机构批准。

十三、各级国有资产监督管理机构和有关监管部门应切实加强对企业国有产权向管理层转让工作的监督管理,及时总结经验,不断完善相关规章制度和监管措施,切实维护出资人及职工的合法权益。

十四、各级国有资产监督管理机构所选定的产权交易机构应当按照本规定的要求,加强对企业国有产权转让中涉及管理层受让相关事项的审查,认真履行产权交易机构的职责和义务。

十五、相关机构和人员违反本规定进行国有产权向管理层转让的,国有资产监督管理机构、财政主管部门或政府授权部门应当要求转让方终止国有产权转让活动,必要时应当向人民法院提起诉讼,申请确认转让行为无效,并按照《企业国有资产监督管理暂行条例》(国务院令第378令)、《财政违法行为处罚处分条例》(国务院令第427号)及《暂行办法》的规定追究相关人员的责任;涉嫌犯罪的,依法移送司法机关处理。

十六、政企尚未分开的单位以及其他单位所持有的企业国有产权向管理层转让的,由政府财政主管部门或授权的国有资产监管机构批准,具体比照本规定执行。

关于印发《企业国有产权无偿划转管理暂行办法》的通知

国资发产权〔2005〕239号

各中央企业,各省、自治区、直辖市及计划单列市、新疆生产建设兵团国有资产监督管理机构:

为规范企业国有产权无偿划转行为,保障企业国有产权有序流动,防止国有资产流失,我们制定了《企业国有产权无偿划转管理暂行办法》,现印发给你们,请遵照执行。在执行中有何问题,请及时反馈我委。

国务院国有资产监督管理委员会
二〇〇五年八月二十九日

企业国有产权无偿划转管理暂行办法

第一章 总 则

第一条 为规范企业国有产权无偿划转行为,保障企业国有产权有序流动,防止国有资产流失,根据《企业国有资产监督管理暂行条例》(国务院令第 378 号)等有关规定,制定本办法。

第二条 本办法所称企业国有产权无偿划转,是指企业国有产权在政府机构、事业单位、国有独资企业、国有独资公司之间的无偿转移。

国有独资公司作为划入或划出一方的,应当符合《中华人民共和国公司法》的有关规定。

第三条 各级人民政府授权其国有资产监督管理机构(以下简称国资监管机构)履行出资人职责的企业(以下统称所出资企业)及其各级子企业国有产权无偿划转适用本办法。

股份有限公司国有股无偿划转,按国家有关规定执行。

第四条 企业国有产权无偿划转应当遵循以下原则:

(一) 符合国家有关法律法规和产业政策的规定;
(二) 符合国有经济布局和结构调整的需要;
(三) 有利于优化产业结构和提高企业核心竞争力;
(四) 划转双方协商一致。

第五条 被划转企业国有产权的权属应当清晰。权属关系不明确或存在权属纠纷的企业国有产权不得进行无偿划转。被设置为担保物权的企业国有产权无偿划转,应当符合《中华人民共和国担保法》的有关规定。有限责任公司国有股权的划转,还应当遵循《中华人民共和国公司法》的有关规定。

第二章 企业国有产权无偿划转的程序

第六条 企业国有产权无偿划转应当做好可行性研究。无偿划转可行性论证报告一般应当载明下列内容:

(一) 被划转企业所处行业情况及国家有关法律法规、产业政策规定;
(二) 被划转企业主业情况及与划入、划出方企业主业和发展规划的关系;
(三) 被划转企业的财务状况及或有负债情况;
(四) 被划转企业的人员情况;
(五) 划入方对被划转企业的重组方案,包括投入计划、资金来源、效益预测及风险对策等;
(六) 其他需说明的情况。

第七条 划转双方应当在可行性研究的基础上,按照内部决策程序进行审议,并形成书面决议。

划入方(划出方)为国有独资企业的,应当由总经理办公会议审议;已设立董事会的,由董事会审议。划入方(划出方)为国有独资公司的,应当由董事会审议;尚未设立董事会的,由总经理办公会议审议。所涉及的职工分流安置事项,应当经被划转企业职工代表大会审议通过。

第八条 划出方应当就无偿划转事项通知本企业(单位)债权人,并制订相应的债务处置方案。

第九条 划转双方应当组织被划转企业按照有关规定开展审计或清产核资,以中介机构出具的审计报告或经划出方国资监管机构批准的清产核资结果作为企业国有产权无偿划转的依据。

第十条 划转双方协商一致后,应当签订企业国有产权无偿划转协议。划转协议应当包括下列主要内容:

(一)划入划出双方的名称与住所;
(二)被划转企业的基本情况;
(三)被划转企业国有产权数额及划转基准日;
(四)被划转企业涉及的职工分流安置方案;
(五)被划转企业涉及的债权、债务(包括拖欠职工债务)以及或有负债的处理方案;
(六)划转双方的违约责任;
(七)纠纷的解决方式;
(八)协议生效条件;
(九)划转双方认为必要的其他条款。

无偿划转事项按照本办法规定程序批准后,划转协议生效。划转协议生效以前,划转双方不得履行或者部分履行。

第十一条 划转双方应当依据相关批复文件及划转协议,进行账务调整,按规定办理产权登记等手续。

第三章 企业国有产权无偿划转的批准

第十二条 企业国有产权在同一国资监管机构所出资企业之间无偿划转的,由所出资企业共同报国资监管机构批准。

企业国有产权在不同国资监管机构所出资企业之间无偿划转的,依据划转双方的产权归属关系,由所出资企业分别报同级国资监管机构批准。

第十三条 实施政企分开的企业,其国有产权无偿划转所出资企业或其子企业持有的,由同级国资监管机构和主管部门分别批准。

第十四条 下级政府国资监管机构所出资企业国有产权无偿划转上级政府国资监管机构所出资企业或其子企业持有的,由下级政府和上级政府国资监管机构分别批准。

第十五条 企业国有产权在所出资企业内部无偿划转的,由所出资企业批准并抄报同级国资监管机构。

第十六条 批准企业国有产权无偿划转事项,应当审查下列书面材料:

(一)无偿划转的申请文件;
(二)总经理办公会议或董事会有关无偿划转的决议;
(三)划转双方及被划转企业的产权登记证;
(四)无偿划转的可行性论证报告;
(五)划转双方签订的无偿划转协议;
(六)中介机构出具的被划转企业划转基准日的审计报告或同级国资监管机构清产核资结果批复文件;

（七）划出方债务处置方案；
（八）被划转企业职代会通过的职工分流安置方案；
（九）其他有关文件。

第十七条　企业国有产权无偿划转事项经批准后，划出方和划入方调整产权划转比例或者划转协议有重大变化的，应当按照规定程序重新报批。

第十八条　有下列情况之一的，不得实施无偿划转：
（一）被划转企业主业不符合划入方主业及发展规划的；
（二）中介机构对被划转企业划转基准日的财务报告出具否定意见、无法表示意见或保留意见的审计报告的；
（三）无偿划转涉及的职工分流安置事项未经被划转企业的职工代表大会审议通过的；
（四）被划转企业或有负债未有妥善解决方案的；
（五）划出方债务未有妥善处置方案的。

第十九条　下列无偿划转事项，依据中介机构出具的被划转企业上一年度（或最近一次）的审计报告或经国资监管机构批准的清产核资结果，直接进行账务调整，并按规定办理产权登记等手续。
（一）由政府决定的所出资企业国有产权无偿划转本级国资监管机构其他所出资企业的；
（二）由上级政府决定的所出资企业国有产权在上、下级政府国资监管机构之间的无偿划转；
（三）由划入、划出方政府决定的所出资企业国有产权在互不隶属的政府的国资监管机构之间的无偿划转；
（四）由政府决定的实施政企分开的企业，其国有产权无偿划转国资监管机构持有的；
（五）其他由政府或国资监管机构根据国有经济布局、结构调整和重组需要决定的无偿划转事项。

第四章　附　　则

第二十条　企业国有产权无偿向境外划转及境外企业国有产权无偿划转办法另行制定。

第二十一条　企业实物资产等无偿划转参照本办法执行。

第二十二条　本办法自公布之日起施行。

关于做好企业国有产权转让监督检查工作的通知

国资发产权〔2005〕294号

各省、自治区、直辖市、计划单列市国有资产监督管理机构、财政厅（局）、发展改革委、监察厅（局）、工商局、证监局，新疆生产建设兵团，各中央企业：

根据中央纪委关于严格执行产权交易制度和国务院关于规范发展产权交易市场的有关工作要求，为进一步贯彻落实《企业国有产权转让管理暂行办法》（国务院国资委、财政部令第3号，以下简称《办法》）及其配套文件精神，不断规范企业国有产权转让，各级国资监管机构、财政、发展改革、监察、工商、证券监管等部门要有计划、有重点地组织做好企业国有产权转让监督检查工作。现就做好监督检查工作有关问题通知如下：

一、监督检查的范围是《办法》及其配套文件施行以来，企业国有产权转让所涉及的相关部门、企业、社会中介机构、产权交易机构以及其他组织等的规范操作情况。

二、监督检查工作要以国家有关规范企业国有产权转让政策规定和工作要求的贯彻落实和实际执行情况为重点，认真做好相关重点环节的审核把关。主要内容为：

（一）企业国有产权转让监管制度的贯彻落实情况。各地区、部门和相关企业是否对相关制度规定进行了全面贯彻落实，并结合各自实际制定了相应的管理办法；企业国有产权转让监管的职能部门、人员和工作责任是否明确；对产权交易机构的选择和监管工作是否到位。

（二）企业国有产权转让进场交易情况。企业国有产权转让是否在经国资监管机构选择确定的产权交易机构中进行；符合竞价条件的产权转让项目，是否通过竞价方式进行交易；对于直接采取协议转让方式转让国有产权的，是否符合《办法》的相关规定。

（三）产权交易机构的规范操作情况。《办法》及其配套文件规定的贯彻落实和实际执行情况；企业国有产权交易的要件及标准审查把关情况；企业国有产权交易活动中遵守国家相关法律法规的情况；企业国有产权交易中出现纠纷的调处情况；企业国有产权交易信息的统计报告情况；是否存在将企业国有产权拆细后连续交易行为。

（四）企业国有产权转让规定程序的执行情况。是否按照《办法》的要求履行了相应的批准程序和操作程序，以及是否对内部决策、转让行为批准、清产核资、财务审计、资产评估、价格确定、转让价款支付以及产权登记等全过程进行了规范操作；内部决策机构、职代会、审核批准机构、社会中介机构、产权交易机构等出具的材料是否齐全、有效。

（五）企业国有产权转让信息的披露情况。是否按照《办法》规定的内容、方式、时间公开披露产权转让信息，广泛征集受让方；产权转让信息发布后，对意向受让方的确定是否符合规定；对受让方提出的条件有无违反公平竞争原则。

（六）职工合法权益的保护情况。产权转让中涉及职工合法权益的事项是否经过职代会审议；职工安置等事项是否经职代会讨论通过并由劳动保障部门审核；转让后职工安置等事项是否落实。

（七）相关方面履行职责情况。产权转让涉及各方是否按照规定履行相应职责，是否存在越权批准或违规操作等问题，是否存在干预社会中介机构独立、公正执业问题。

（八）国家有关政策规定的执行情况。产权转让中涉及上市公司国有股权管理，向外商转让国有产权，向管理层转让企业国有产权，国有划拨土地使用权转让和国家出资形成的探矿权、采矿权转让等是否符合国家法律和有关政策规定，是否经过相关部门审核或批准；转让方是否按照规定收取产权转让价款，对取得的净收益是否按照国家有关规定处理。

（九）对暴露问题的处理情况。对企业国有产权转让过程中的违法违规行为是否及时作出处理。

三、各有关部门要坚持"执法必严、违法必究"的原则，通过监督检查进一步规范企业国有产权转让。在监督检查的方式上，可以采取地方（部门、企业）工作自查与相关部门对项目的重点抽查相结合、定期检查与不定期抽查相结合、组织工作调研与督查指导相结合、国有产权转让项目检查与对产权交易机构检查评审相结合、举报和媒体曝光的案件处理与专项检查相结合以及检查问题、总结交流经验与完善政策相结合等多种方式进行。

四、企业国有产权转让监督检查工作，由各级国资监管机构牵头，会同财政、发展改革、监察、工商、证券监管等部门共同组织进行。具体工作可以由有关部门结合自身业务进行监督检查,也可以在同级国资监管机构的统一协调下,建立日常的监督检查工作机制,通过各有关部门分工合作或组成监督检查工作组等多种形式,对企业国有产权转让工作进行监督检查。

五、在监督检查工作中,对于发现的各种问题,要视情节轻重,依据国家有关法律、法规和《办法》及其配套文件的规定严肃处理。在对有关具体问题的处理上,要区别自查、自纠和被查、被纠的界限,实事求是地进行处理。

六、逐步建立企业国有产权转让监督检查总结报告制度。各级国资监管机构应当依照本通知要求,根据具体情况确定监督检查的重点内容和重点企业、机构,并与有关部门协商制定监督检查工作方案,结合有关部门业务具体组织实施;企业国有产权转让涉及的相关企业、机构应当按照国家有关规定,认真组织开展自查工作,确保工作规范和质量,不留死角;各级国资监管机构在每年年终要对监督检查工作组织情况及时总结报告,对重大问题要形成专题报告。

七、企业国有产权转让涉及面广、政策性强,各有关方面要严格履行各自的职责和义务,认真组织和配合做好监督检查工作。

(一)各级国资监管机构要充分做好有关部门的协调工作,在组织进行监督检查工作中做到有计划、有重点和不重复。

(二)各级国资监管机构、财政、发展改革、监察、工商、证券监管等部门,在企业国有产权转让监督检查工作中,应加强工作联系和沟通,检查后有关部门要对检查情况进行通报,对发现的问题要及时处理。

(三)在监督检查工作中,涉及的相关部门、企业(单位)、社会中介机构以及产权交易机构应积极配合有关部门的监督检查工作,如实反映情况,主动提供有关资料。

(四)在监督检查工作中,各级国资监管机构在做好监督检查情况总结的基础上,要注重做好宣传,推广好的经验和做法,抓好对发现问题的督促整改工作。

(五)在监督检查工作中,参与检查的工作人员要坚持原则,深入细致,求真务实,依法检查,廉洁奉公,遵守纪律。对于违反检查纪律的行为和相关工作人员要及时纠正、查处。

国务院国有资产监督管理委员会　财政部
国家发展和改革委员会　监察部
国家工商行政管理总局　中国证券监督管理委员会
二〇〇五年十一月十七日

关于企业国有产权转让有关事项的通知

国资发产权〔2006〕306号

各省、自治区、直辖市及计划单列市、新疆生产建设兵团国资委,财政厅(局),各中央企业:

《企业国有产权转让管理暂行办法》(国资委、财政部令第3号,以下简称《办法》)颁布以来,企业国有产权转让得到了进一步规范,市场配置资源的基础性作用在国有经济布局和结构调整中日渐加强,但在具体实施工作中还有一些事项需要进一步明确。经研究,现通知如下:

一、关于省级以上国资监管机构对协议转让方式的批准

企业国有产权转让应不断提高进场交易比例,严格控制场外协议转让。对于国民经济关键

行业、领域的结构调整中对受让方有特殊要求,或者所出资企业(本通知所称所出资企业系指各级国有资产监督管理机构履行出资人职责的企业)内部资产重组中确需采取直接协议转让的,相关批准机构要进行认真审核和监控。

(一)允许协议转让的范围

1. 在国有经济结构调整中,拟直接采取协议方式转让国有产权的,应当符合国家产业政策以及国有经济布局和结构调整的总体规划。受让方的受让行为不得违反国家经济安全等方面的限制性或禁止性规定,且在促进企业技术进步、产业升级等方面具有明显优势。标的企业属于国民经济关键行业、领域的,在协议转让企业部分国有产权后,仍应保持国有绝对控股地位。

2. 在所出资企业内部的资产重组中,拟直接采取协议方式转让国有产权的,转让方和受让方应为所出资企业或其全资、绝对控股企业。

(二)所出资企业协议转让事项的批准权限,按照转让方的隶属关系,中央企业由国务院国资委批准,地方企业由省级国资监管机构批准。相关批准机构不得自行扩大协议转让范围,不得下放或分解批准权限。

(三)协议转让项目的资产评估报告由该协议转让的批准机构核准或备案,协议转让项目的转让价格不得低于经核准或备案的资产评估结果。

(四)相关批准机构应当在批准文件中明确协议转让事项执行的有效时限,并建立对批准协议转让事项的跟踪、报告制度。各省级国资监管机构应当将协议转让的批准和实施结果报告国务院国资委。

二、关于外商受让企业国有产权

在企业国有产权转让中,涉及受让方为外国的企业和其他经济组织或者个人的(以下统称外商),应当按以下规定办理:

(一)向外商转让企业国有产权应在产权交易市场中公开进行。特殊情况下,确需采取协议方式转让的,应符合《办法》及本通知中关于批准协议转让的相关规定。

(二)转让方在提出受让条件时,应对照《外商投资产业指导目录》及相关规定,对国家对外商受让标的企业产权有限制性或禁止性规定的,应在产权转让公告中予以提示。

(三)通过产权交易市场确定外商为受让主体的,由转让方按照国家有关管理规定报政府相关职能部门审核批准。

香港特别行政区、澳门特别行政区和台湾地区的投资者受让企业国有产权,参照以上规定办理。

三、关于企业国有产权受让条件的审核管理

广泛征集受让方是落实企业国有产权进场交易制度的关键环节,转让方、相关批准机构和产权交易机构要进一步加强受让条件的审核管理工作。

(一)转让方在制订企业国有产权转让方案时,应当根据转让标的企业的实际情况,明确提出对受让方的受让条件要求。

(二)对受让条件中表述不明确或者有违反公平竞争内容的,产权交易机构应及时向转让方提出修改建议,或要求转让方对受让条件的执行标准作出书面解释和具体说明。

(三)受让条件及其执行标准的书面解释和具体说明经相关批准机构审核后,由产权交易机构在产权转让公告中一并公布。未经公布的受让条件不得作为确认或否定意向受让方资格的依据。

(四)在产权转让公告中公布的受让条件,一经发布不得擅自变更。在产权交易机构尚未收到正式受让意向申请之前,确需变更受让条件的,应经产权转让相关批准机构批准后,在原信息发布渠道予以公告,公告期重新计算。

四、关于受让资格的审核确认

产权交易机构按照公布的受让条件提出对受让方资格的审核意见,并在征求转让方意见后,最终确认意向受让人资格。

(一)产权交易机构应当将正式表达受让意向的法人、自然人全部纳入登记管理范围,严格按照公布的受让条件进行资格审核后,提出具备受让资格的意向受让人名单。

(二)产权交易机构和转让方对意向受让人是否符合公告条件产生分歧时,产权交易机构可就有关分歧事项书面征求政府有关职能部门(机构)意见,也可通过产权交易争端协调机制,对分歧事项进行协调。

(三)对意向受让人资格审核确认完成后,产权交易机构应当及时将审核结果以书面形式告知相关各方。

(四)当登记的意向受让人没有响应产权转让公告中受让条件的全部要求,或提出带有附加条件的受让要求时,产权交易机构应当及时以书面形式对其进行提示,在规定的公告期限内该意向受让人没有作出调整、纠正的,应取消其受让资格。

五、关于企业国有产权转让价格

按照《办法》的规定,企业国有产权转让价格应当以资产评估结果为参考依据,在产权交易市场中公开竞价形成,产权交易机构应按照有利于竞争的原则积极探索新的竞价交易方式。

(一)转让企业国有产权的首次挂牌价格不得低于经核准或备案的资产评估结果。经公开征集没有产生意向受让方的,转让方可以根据标的企业情况确定新的挂牌价格并重新公告;如拟确定新的挂牌价格低于资产评估结果的90%,应当获得相关产权转让批准机构书面同意。

(二)对经公开征集只产生一个意向受让方而采取协议转让的,转让价格应按本次挂牌价格确定。

(三)企业国有产权转让中涉及的职工安置、社会保险等有关费用,不得在评估作价之前从拟转让的国有净资产中先行扣除,也不得从转让价款中进行抵扣。

(四)在产权交易市场中公开形成的企业国有产权转让价格,不得以任何付款方式为条件进行打折、优惠。

六、关于各级财政部门在企业国有产权转让中的管理工作

各级财政部门应当认真做好有关企业国有产权转让的监督检查以及标的企业财政政策清理等工作,并按以下规定进行审核或者审批:

(一)按照《办法》第26条审核企业国有产权转让时,重点审核涉及《办法》第28条、29条规定的事项是否符合国家有关企业财务管理的政策规定。

(二)按照《办法》第37条的规定,政企尚未分开单位以及其他单位所持有的企业国有产权转让,由政企尚未分开单位以及其他单位审核后,报同级财政部门批准。

国务院国有资产监督管理委员会　财政部
二〇〇六年十二月三十一日

关于印发《上市公司国有股东标识管理暂行规定》的通知

国资发产权〔2007〕108号

国务院各部委、各直属机构,各省、自治区、直辖市及计划单列市、新疆生产建设兵团国资委,各中央企业,上海证券交易所、深圳证券交易所、中国证券登记结算有限责任公司:

  为加强对上市公司国有股东的管理,维护证券市场稳定,根据国家有关法律、行政法规,特制定《上市公司国有股东标识管理暂行规定》。现印发你们,请结合实际,认真遵照执行,并及时反映工作中有关情况和问题。

国务院国有资产监督管理委员会
中国证券监督管理委员会
二〇〇七年六月三十日

上市公司国有股东标识管理暂行规定

  第一条 为加强对上市公司国有股东的管理,促进国有资产保值增值,维护证券市场稳定,根据国家有关法律、行政法规,制定本规定。

  第二条 本规定所称上市公司国有股东,是指持有上市公司股份的国有及国有控股企业、有关机构、部门、事业单位等。

  第三条 国有资产监督管理机构应当在国有控股或参股的股份公司相关批复文件中对国有股东作出明确界定,并在国有股东名称后标注具体的国有股东标识,国有股东的标识为"SS"(State-owned Shareholder)。

  中国证券登记结算有限责任公司(以下简称登记公司)根据省级或省级以上国有资产监督管理机构的批复以及国有股东或股票发行人的申请,对国有股东证券账户进行标识登记。

  第四条 国有控股或参股的股份有限公司(以下简称股份公司)申请发行股票时,应向证券监督管理机构提供国有资产监督管理机构关于股份公司国有股权管理的批复文件,该文件是股份有限公司申请股票发行的必备文件。

  第五条 股份公司股票发行结束后,股票发行人向登记公司申请股份初始登记时,应当在申请材料中对持有限售股份的国有股东性质予以注明,并提供国有资产监督管理机构关于股份公司国有股权管理的批复文件。

  国有单位通过协议方式受让上市公司股份,根据有关规定需要报国有资产监督管理机构审核批准的,应及时履行申报程序。国有单位通过司法强制途径受让上市公司股份的,应根据有关法律规定报国有资产监督管理机构办理国有股东身份界定手续。国有单位向登记公司申请办理股份过户登记时,应当在申请材料中对其国有股东性质予以注明,并提供国有资产监督管理机构有关批复文件或国有股东身份界定文件。

国有股东因产权变动引起其经济性质或实际控制人变化的,应根据国有资产监督管理机构对其国有股东身份的界定文件,及时向登记公司申请办理国有股东证券账户标识的注销手续。

第六条 股票发行人或国有单位办理相关业务时按上述规定已注明国有股东身份,如该股东证券账户中尚未加设国有股东标识的,登记公司应当根据股票发行人或国有单位的申报以及国有资产监督管理机构关于股份公司国有股权管理的批复文件,在相应证券账户中加设国有股东标识。

证券账户已加设国有股东标识但股票发行人或国有单位未予注明的,以国有股东证券账户中已加设的标识为准。

第七条 国有股东自本规定下发之日起30日内,应将其在本规定下发前已开设的证券账户情况(包括账户名称、账户号码、持有的上市公司股票名称、数量、流通状态等)报对其负监管职责的国有资产监督管理机构备案。下一级国有资产监督管理机构应将本地所属国有股东开设证券账户的报备情况报上一级国有资产监督管理机构备案。

国有单位在本规定下发后新开设证券账户的,应在开设证券账户后7个工作日内将其开设的证券账户情况按上述程序报国有资产监督管理机构备案。

第八条 省级或省级以上国有资产监督管理机构根据国有单位开设证券账户的备案情况建立上市公司国有股东信息库,并定期(每季度末)核查上市公司国有股东标识的加设及变更情况,对未加设或未及时变更国有股东标识的国有股东证券账户统一向登记公司出函办理国有股东标识的加设及变更工作。

第九条 国有单位应严格按本规定办理国有股东标识的登记工作及向国有资产监督管理机构上报其开设证券账户的情况。

第十条 对完成股权分置改革的上市公司以及股票发行实行新老划断后至本规定实施前新上市的股份公司,由国务院国有资产监督管理委员会会同中国证券监督管理委员会,根据国有资产监督管理机构关于股权分置改革中国有股权管理的批复以及新上市股份公司国有股权管理的批复,统一组织协调国有股东标识的加设工作。

对未完成股权分置改革的上市公司,国有资产监督管理机构在对其股权分置改革中国有股权管理有关问题进行批复时,应在国有股东名称后标注国有股东标识。上市公司应当根据该批复在向登记公司申请办理实施股权分置改革涉及的变更登记事项时一并办理国有股东标识加设工作。

第十一条 国有股东在其所持有的上市公司股份发生转让或变动时,需严格遵守上市公司国有股权管理的有关法律、行政法规的规定。

关于印发《国有单位受让上市公司股份管理暂行规定》的通知

国资发产权〔2007〕109号

各省、自治区、直辖市及计划单列市、新疆生产建设兵团国资委,各中央企业:

为规范国有单位受让上市公司股份行为,加强对上市公司国有股东的管理,维护各类投资者合法权益和证券市场稳定,防范国有单位投资风险,根据国家有关法律、行政法规,特制定《国有单位受让上市公司股份管理暂行规定》。现印发给你们,请结合实际,认真遵照执行,并及时反映工作中有关情况和问题。

国务院国有资产监督管理委员会
二〇〇七年六月二十八日

国有单位受让上市公司股份管理暂行规定

第一条 为规范国有单位受让上市公司股份行为,加强对上市公司国有股东的管理,维护各类投资者合法权益和证券市场稳定,防范国有单位投资风险,根据国家有关法律、行政法规,制定本规定。

第二条 本规定所称国有单位是指各级国有资产监督管理机构监管范围内的国有及国有控股企业、有关机构、事业单位等。

第三条 国有独资或控股的专门从事证券业务的证券公司及基金管理公司受让上市公司股份按照相关规定办理。

第四条 国有单位受让上市公司股份应当符合国家有关法律、行政法规和政策规定及本单位的发展规划和年度投资计划,坚持公开、公平、公正原则,有利于国有经济布局和结构战略性调整,有利于加强主业,提升核心竞争力,并做好投资风险的评估、控制和管理工作。

第五条 国有单位受让上市公司股份应当严格按照《证券法》等有关法律、行政法规及规章制度的规定,及时履行信息披露等法定义务。

国有单位受让上市公司股份应当做好可行性研究,按照内部决策程序进行审议,并形成书面决议。

第六条 国有单位受让上市公司股份可以通过证券交易系统购买、通过协议方式受让或其他合法途径进行。

第七条 国有单位受让上市公司股份的价格应根据该上市公司的股票市场价格、合理市盈率、盈利能力及企业发展前景等因素合理确定。

第八条 国有单位受让上市公司股份按本办法有关规定需要报国有资产监督管理机构审核

批准的,按以下程序办理:国有单位为中央单位的,其受让上市公司股份由中央单位逐级报国务院国有资产监督管理机构批准。

国有单位为地方单位的,其受让上市公司股份由地方单位逐级报省级国有资产监督管理机构批准。

第九条 国有单位在一个会计年度内通过证券交易所的证券交易系统累计净受让上市公司的股份(所受让的股份扣除所出让的股份的余额)未达到上市公司总股本5%的,由国有单位按内部管理程序决策,并在每年1月31日前将其上年度通过证券交易系统受让上市公司股份的情况报省级或省级以上国有资产监督管理机构备案;达到或超过上市公司总股本5%的,国有单位应将其受让上市公司股份的方案事前报省级或省级以上国有资产监督管理机构备案后方可组织实施。

国有单位通过其控制的不同的受让主体分别受让上市公司股份的,受让比例应合并计算。

第十条 国有单位通过证券交易系统受让上市公司股份需要报国有资产监督管理机构备案的,其报送的材料主要包括:

(一)国有单位受让上市公司股份的方案及内部决议;

(二)国有单位受让上市公司股份的可行性研究报告;

(三)国有单位的基本情况、最近一期财务审计报表;

(四)上市公司的基本情况、最近一期的年度报告和中期报告。

第十一条 国有单位受让上市公司股份的可行性研究报告应主要包括以下内容:

(一)受让股份的原因;

(二)受让股份是否有利于加强主业,是否符合企业发展规划;

(三)受让股份的价格上限及确定依据;

(四)受让股份的数量及受让时限;

(五)受让股份的资金筹措;

(六)受让股份后对企业经营发展的影响分析;

(七)关于上市公司未来的发展规划和重组计划(适用于受让股份后成为上市公司控股股东的)。

第十二条 国有资产监督管理机构收到国有单位通过证券交易系统受让上市公司股份的备案材料后,应在10个工作日内对该事项出具备案意见。国有单位受让上市公司股份的方案经国有资产监督管理机构备案后方可组织实施。

第十三条 国有单位通过协议方式受让上市公司股份并成为上市公司控股股东的,应当聘请在境内注册的专业机构担任财务顾问,针对本单位受让上市公司股份的方式、受让价格、对本单位及上市公司的影响等方面发表专业意见。

财务顾问应当具有良好的信誉及且近三年内无重大违法违规记录。

第十四条 国有单位通过协议方式受让上市公司股份后不具有上市公司控股权或上市公司国有控股股东通过协议方式增持上市公司股份的,由国有单位按内部管理程序决策;国有单位通过协议方式受让上市公司股份后具有上市公司控股权的,应在与转让方签订股份转让协议后逐级报省级或省级以上国有资产监督管理机构审核批准。

第十五条 国有单位协议受让上市公司股份需要报国有资产监督管理机构审核批准的,其报送的材料主要包括:

(一)国有单位受让上市公司股份的请示及内部决议文件;

(二)关于受让上市公司股份的可行性研究报告及受让股份价格的专项说明;

(三)上市公司股份转让协议;

（四）国有单位基本情况、上一年经审计的财务审计报告；
（五）上市公司基本情况、最近一期的年度报告及中期报告；
（六）财务顾问出具的财务顾问报告；
（七）律师事务所出具的法律意见书。
协议受让上市公司股份的可行性研究报告内容参照本规定第十一条的规定。

第十六条　国有单位协议受让上市公司股份经批准后，应持国有资产监督管理机构的有关批复到证券交易所及中国证券登记结算有限责任公司办理股份过户手续。

国有单位协议受让上市公司股份需要报国有资产监督管理机构审核批准的，国有资产监督管理机构的批复文件是证券交易所和中国证券登记结算有限责任公司办理上市公司股份过户手续及工商管理部门办理上市公司章程变更的必备文件。

第十七条　国有单位认购上市公司发行股票的、将其持有的上市公司发行的可转换公司债券转换成股票的、通过司法机关强制执行手续受让上市公司股份的、间接受让上市公司股份的（即受让上市公司股东的控股权）按照相关法律、行政法规及规章制度的规定办理，并在上述行为完成后10个工作日内报省级或省级以上国有资产监督管理机构备案。

第十八条　国有资产监督管理机构应依据本规定及国家有关法律、行政法规及规章制度的规定，认真履行对国有单位受让上市公司股份的审核职责，并根据《上市公司国有股东标识管理暂行规定》对国有单位受让上市公司股份开设的国有股股东证券账户做好标识管理。

关于印发《企业国有产权无偿划转工作指引》的通知

国资发产权〔2009〕25号

各中央企业：

为进一步规范中央企业国有产权无偿划转行为，更好地实施政务公开，服务企业，提高办事效率，国资委制定了《企业国有产权无偿划转工作指引》，现印发给你们，请遵照执行。执行中有何问题和建议，请及时反馈我委。

国务院国有资产监督管理委员会
二〇〇九年二月十六日

企业国有产权无偿划转工作指引

第一条　为进一步规范中央企业国有产权无偿划转行为，根据国务院国有资产监督管理委员会（以下简称国资委）《企业国有产权无偿划转管理暂行办法》（以下简称《办法》），制定本指引。

第二条　国有独资企业、国有独资公司、国有事业单位投资设立的一人有限责任公司及其再投资设立的一人有限责任公司（以下统称国有一人公司），可以作为划入方（划出方）。

国有一人公司作为划入方(划出方)的,无偿划转事项由董事会审议;不设董事会的,由股东作出书面决议,并加盖股东印章。

国有独资企业产权拟无偿划转国有独资公司或国有一人公司持有的,企业应当依法改制为公司。

第三条 中央企业及其子企业无偿划入(划出)企业国有产权的,适用本指引。

第四条 中央企业及其子企业无偿划入企业国有产权,应当符合国资委有关减少企业管理层次的要求,划转后企业管理层次原则上不超过三级。

第五条 划转双方应当严格防范和控制无偿划转的风险,所作承诺事项应严谨合理、切实可行,且与被划转企业直接相关;划转协议的内容应当符合《办法》的规定,不得以重新划回产权等作为违约责任条款。

第六条 划入方(划出方)应当严格按照《办法》第二章的有关规定做好无偿划转的相关工作。无偿划转事项需报国资委批准的,按以下程序办理:

(一)中央企业应按规定对无偿划转事项进行审核,履行内部程序后,向国资委报送申请文件及相关材料。

(二)国资委收到申请文件及相关材料后,应当在5个工作日内提出初审意见。对初审中发现的问题,国资委审核人员应及时与中央企业进行沟通;中央企业无异议的,应在5个工作日内修改完善相关材料并报国资委。对材料齐备、具备办理条件的,国资委应及时予以办理。

第七条 中央企业应当按照《办法》第十六条的规定向国资委报送文件材料,其中:

(一)申请文件的主要内容包括:

1. 请示的具体事项。

2. 划出方、划入方及被划转企业的基本情况。

主要包括设立时间、组织形式、注册资本、股权结构、级次、主营业务、生产经营和财务状况等。

3. 无偿划转的理由。

4. 划入方关于被划转企业发展规划、效益预测等。

5. 被划转企业风险(负担)情况。

(1)人员情况。在岗人员、内退人员及离退休人员人数,职工分流安置方案,离退休人员管理方式、统筹外费用等。

(2)或有负债情况。对外担保、未决诉讼等具体情况,相关解决方案,风险判断及其影响等。

(3)办社会职能情况。企业办各类社会职能情况,相关解决方案等。

6. 相关决策及协议签订情况。

划出方、划入方、职代会、中央企业、政府主管部门、地市级以上政府或国有资产监督管理机构相关决策(批准)情况。

涉及有限责任公司国有股权无偿划转的,相关股东会决议情况;涉及中外合资企业国有股权无偿划转的,相关董事会决议情况。

协议签订及主要内容。

7. 相关承诺事项。

(1)被划转企业国有产权权属清晰,不存在限制或者妨碍产权转移的情形。

(2)除已报送国资委的划转协议和承诺事项外,未与划转他方签订任何补充协议,也无其他承诺事项。

申请文件中有关被划转企业的主营业务、财务状况、或有负债、人员安置等内容,应与可行性论证报告、划转协议及审计报告等相关内容一致。

（二）需提交的其他有关文件主要指：

1. 中央企业子企业作为划入方（划出方）的，中央企业相关决议或批准文件；

2. 企业国有产权在中央企业与非中央企业之间无偿划转的，相关政府主管部门、地市级以上政府或国有资产监督管理机构的批准文件；

3. 涉及有限责任公司国有股权无偿划转的，相关股东会决议或有法律效力的其他证明文件；涉及中外合资企业国有股权无偿划转的，相关董事会决议或有法律效力的其他证明文件。

第八条　国资委主要从以下方面对无偿划转事项进行审核：

（一）划转双方主体资格适格，被划转企业产权关系清晰；

（二）符合中央企业主业及发展规划，有利于提高企业核心竞争力；

（三）划转所涉及各方决策程序合法合规，相关文件齐备、有效；

（四）相关风险防范和控制情况，划转协议规定内容齐备，无可能出现纠纷的条款。

第九条　本指引自公布之日起施行。

关于印发《境内证券市场转持部分国有股充实全国社会保障基金实施办法》的通知

财企〔2009〕94号

国务院有关部委，有关直属机构，各省、自治区、直辖市、计划单列市财政厅（局）、国有资产监督管理委员会（办公室），中国证券登记结算有限责任公司，有关国有股东、上市公司：

经国务院批准，现将《境内证券市场转持部分国有股充实全国社会保障基金实施办法》印发给你们，请认真贯彻执行。

财政部　国资委

证监会　社保基金会

二〇〇九年六月十九日

境内证券市场转持部分国有股充实全国社会保障基金实施办法

第一章　总　则

第一条　按照中央关于多渠道筹集社会保障基金的决定精神，根据国务院关于在境内证券市场实施国有股转持的有关政策，制定本办法。

第二条 本办法所称国有股东是指经国有资产监督管理机构确认的国有股东。

第三条 本办法所称国有资产监督管理机构,是指代表国务院和省级以上(含计划单列市)人民政府履行出资人职责、负责监督管理企业国有资产的特设机构和负责监督管理金融类企业国有资产的各级财政部门。

第四条 本办法所称国有股是指国有股东持有的上市公司股份。

第五条 本办法所称国有股转持是指股份有限公司首次公开发行股票并上市时,按实际发行股份数量的10%,将上市公司部分国有股转由全国社会保障基金理事会(以下简称社保基金会)持有。

第二章 转持范围、比例和方式

第六条 股权分置改革新老划断后,凡在境内证券市场首次公开发行股票并上市的含国有股的股份有限公司,除国务院另有规定的,均须按首次公开发行时实际发行股份数量的10%,将股份有限公司部分国有股转由社保基金会持有,国有股东持股数量少于应转持股份数量的,按实际持股数量转持。

第七条 股权分置改革新老划断后至本办法公布前首次公开发行股票并上市的股份有限公司,由经国有资产监督管理机构确认的上市前国有股东承担转持义务。经确认的国有股东在履行转持义务前已发生股份转让的,须按其承担的转持义务以上缴资金等方式替代转持国有股。

第八条 本办法公布后首次公开发行股票并上市的股份有限公司,由经国有资产监督管理机构确认的国有股东承担转持义务。

第九条 混合所有制的国有股东,由该类国有股东的国有出资人按其持股比例乘以该类国有股东应转持的权益额,履行转持义务。具体方式包括:在取得国有股东各出资人或各股东一致意见后,直接转持国有股,并由该国有股东的国有出资人对非国有出资人给予相应补偿;或者由该国有股东的国有出资人以分红或自有资金一次或分次上缴中央金库。

第十条 对符合直接转持股份条件,但根据国家相关规定需要保持国有控股地位的,经国有资产监督管理机构批准,允许国有股东在确保资金及时、足额上缴中央金库情况下,采取包括但不限于以分红或自有资金等方式履行转持义务。

第三章 转持程序

第十一条 股权分置改革新老划断后至本办法公布前首次公开发行股票并上市的股份有限公司的转持程序:

1. 国有资产监督管理机构根据现有资料对转持公司中的国有股东身份和转持股份数量进行初步核定,并由财政部、国资委、证监会和社保基金会将上市公司名称、国有股东名称及应转持股份数量等内容向社会联合公告。应转持股份自公告之日起予以冻结。

2. 国有股东对转持公告如有疑义,应在公告发布后30个工作日内向国有资产监督管理机构反馈意见,由国有资产监督管理机构予以重新核定。

3. 对于以转持股份形式履行转持义务的,国有资产监督管理机构向中国证券登记结算有限责任公司(以下简称中国结算公司)下达国有股转持通知,并抄送社保基金会。中国结算公司在收到国有股转持通知后15个工作日内,将各国有股东应转持股份,变更登记到社保基金会转持股票账户。

对于以上缴资金方式履行转持义务的,国有股东应及时足额就地上缴中央金库,凭一般缴款书(复印件)到中国结算公司办理股份解冻手续。

4. 国有股东在国有股转持程序完成后30个工作日内,应将转持股份情况,或以其他方式履行转持义务情况以及一般缴款书(复印件)等有关文件报国有资产监督管理机构备案,并抄送财政部和社保基金会。

第十二条 本办法公布后首次公开发行股票并上市的股份有限公司的转持程序:

1. 首次公开发行股票并上市的股份有限公司的第一大国有股东向国有资产监督管理机构申请确认国有股东身份和转持股份数量。国有资产监督管理机构确认后,出具国有股转持批复,并抄送社保基金会和中国结算公司。国有股转持批复要求国有股东向社保基金会作出转持承诺,并载明各国有股东转持股份数量或上缴资金数量等内容。该批复应作为股份有限公司申请首次公开发行股票并上市的必备文件。

2. 对于以转持股份形式履行转持义务的,中国结算公司在收到国有股转持批复后、首次公开发行股票上市前,将各国有股东应转持股份,变更登记到社保基金会转持股票账户。对于以上缴资金方式履行转持义务的,国有股东须按国有股转持批复的要求,及时足额就地上缴到中央金库。

3. 国有股东在国有股转持工作完成后30个工作日内将转持股份情况,或以其他方式履行转持义务情况以及一般缴款书(复印件)等有关文件报国有资产监督管理机构备案,并抄送财政部和社保基金会。

第四章 转持股份的管理和处置

第十三条 转由社保基金会持有的境内上市公司国有股,社保基金会承继原国有股东的禁售期义务。对股权分置改革新老划断至本办法公布前首次公开发行股票并上市的股份有限公司转持的股份,社保基金会在承继原国有股东的法定和自愿承诺禁售期基础上,再将禁售期延长三年。

第十四条 社保基金会转持国有股后,享有转持股份的收益权和处置权,不干预上市公司日常经营管理。

第十五条 国有股转持给社保基金会和资金上缴中央金库后,相关国有单位核减国有权益,依次冲减未分配利润、盈余公积金、资本公积金和实收资本,并做好相应国有资产产权变动登记工作。对于转持股份,社保基金以发行价入账,并纳入基金总资产统一核算。对国有股东替代转持上缴中央金库的资金,财政部应及时拨入社保基金账户。

第十六条 财政部负责对转持国有股充实全国社保基金的财务管理实施监管。财政部可委托专业中介机构定期对社保基金会转持国有股的运营情况进行审计。

第十七条 社保基金会应设立专门账户用于接收转持股份,按本办法转持国有股以及转持股份在社保基金各账户之间转账,免征过户费。

第十八条 国有股转持过程中涉及的信息披露事项,由相关方依照有关法律法规处理。

第五章 附 则

第十九条 本办法由财政部商有关部门负责解释。

第二十条 境外上市公司减转持工作仍按现有相关规定执行。

第二十一条 本办法自公布之日起施行。

关于印发《企业国有产权交易操作规则》的通知

国资发产权〔2009〕120号

各省、自治区、直辖市及计划单列市和新疆生产建设兵团国资委,各中央企业,上海联合产权交易所、北京产权交易所、天津产权交易中心、重庆联合产权交易所:

  为统一规范企业国有产权交易行为,根据《中华人民共和国企业国有资产法》、《企业国有资产监督管理暂行条例》(国务院令第378号)、《企业国有产权转让管理暂行办法》(国资委、财政部令第3号)等有关规定,我们制定了《企业国有产权交易操作规则》。现印发给你们,请结合实际遵照执行。执行中有何问题,请及时反馈我委。

国务院国有资产监督管理委员会
二〇〇九年六月十五日

企业国有产权交易操作规则

第一章 总 则

  第一条 为统一规范企业国有产权交易行为,根据《中华人民共和国企业国有资产法》、《企业国有资产监督管理暂行条例》(国务院令第378号)、《企业国有产权转让管理暂行办法》(国资委、财政部令第3号)等有关规定,制定本规则。

  第二条 省级以上国资委选择确定的产权交易机构(以下简称产权交易机构)进行的企业国有产权交易适用本规则。

  第三条 本规则所称企业国有产权交易,是指企业国有产权转让主体(以下统称转让方)在履行相关决策和批准程序后,通过产权交易机构发布产权转让信息,公开挂牌竞价转让企业国有产权的活动。

  第四条 企业国有产权交易应当遵循等价有偿和公开、公平、公正、竞争的原则。产权交易机构应当按照本规则组织企业国有产权交易,自觉接受国有资产监督管理机构的监督,加强自律管理,维护市场秩序,保证产权交易活动的正常进行。

第二章 受理转让申请

  第五条 产权转让申请的受理工作由产权交易机构负责承担。实行会员制的产权交易机构,应当在其网站上公布会员的名单,供转让方自主选择,建立委托代理关系。

第六条 转让方应当向产权交易机构提交产权转让公告所需相关材料,并对所提交材料的真实性、完整性、有效性负责。按照有关规定需要在信息公告前进行产权转让信息内容备案的转让项目,由转让方履行相应的备案手续。

第七条 转让方提交的材料符合齐全性要求的,产权交易机构应当予以接收登记。

第八条 产权交易机构应当建立企业国有产权转让信息公告的审核制度,对涉及转让标的信息披露的准确性和完整性,交易条件和受让方资格条件设置的公平性与合理性,以及竞价方式的选择等内容进行规范性审核。符合信息公告要求的,产权交易机构应当予以受理,并向转让方出具受理通知书;不符合信息公告要求的,产权交易机构应当将书面审核意见及时告知转让方。

第九条 转让方应当在产权转让公告中披露转让标的基本情况、交易条件、受让方资格条件、对产权交易有重大影响的相关信息、竞价方式的选择、交易保证金的设置等内容。

第十条 产权转让公告应当对转让方和转让标的企业基本情况进行披露,包括但不限于:

(一) 转让方、转让标的及受托会员的名称;

(二) 转让标的企业性质、成立时间、注册地、所属行业、主营业务、注册资本、职工人数;

(三) 转让方的企业性质及其在转让标的企业的出资比例;

(四) 转让标的企业前十名出资人的名称、出资比例;

(五) 转让标的企业最近一个年度审计报告和最近一期财务报表中的主要财务指标数据,包括所有者权益、负债、营业收入、净利润等;

(六) 转让标的(或者转让标的企业)资产评估的备案或者核准情况,资产评估报告中总资产、总负债、净资产的评估值和相对应的审计后账面值;

(七) 产权转让行为的相关内部决策及批准情况。

第十一条 转让方在产权转让公告中应当明确为达成交易需要受让方接受的主要交易条件,包括但不限于:

(一) 转让标的挂牌价格、价款支付方式和期限要求;

(二) 对转让标的企业职工有无继续聘用要求;

(三) 产权转让涉及的债权债务处置要求;

(四) 对转让标的企业存续发展方面的要求。

第十二条 转让方可以根据标的企业实际情况,合理设置受让方资格条件。受让方资格条件可以包括主体资格、管理能力、资产规模等,但不得出现具有明确指向性或者违反公平竞争的内容。产权交易机构认为必要时,可以要求转让方对受让方资格条件的判断标准提供书面解释或者具体说明,并在产权转让公告中一同公布。

第十三条 转让方应当在产权转让公告中充分披露对产权交易有重大影响的相关信息,包括但不限于:

(一) 审计报告、评估报告有无保留意见或者重要提示;

(二) 管理层及其关联方拟参与受让的,应当披露其目前持有转让标的企业的股权比例、拟参与受让国有产权的人员或者公司名单、拟受让比例等;

(三) 有限责任公司的其他股东或者中外合资企业的合营他方是否放弃优先购买权。

第十四条 产权转让公告中应当明确在征集到两个及以上符合条件的意向受让方时,采用何种公开竞价交易方式确定受让方。选择招投标方式的,应当同时披露评标方法和标准。

第十五条 转让方可以在产权转让公告中提出交纳交易保证金的要求。产权交易机构应当明示交易保证金的处置方式。

第三章　发布转让信息

第十六条　企业国有产权转让信息应当在产权交易机构网站和省级以上公开发行的经济或者金融类报刊上进行公告。

中央企业产权转让信息由相关产权交易机构在其共同选定的报刊以及各自网站联合公告，并在转让标的企业注册地或者转让标的企业重大资产所在地选择发行覆盖面较大的经济、金融类报刊进行公告。

第十七条　转让方应当明确产权转让公告的期限。首次信息公告的期限应当不少于20个工作日，并以省级以上报刊的首次信息公告之日为起始日。

第十八条　信息公告期按工作日计算，遇法定节假日以政府相关部门公告的实际工作日为准。产权交易机构网站发布信息的日期不应当晚于报刊公告的日期。

第十九条　信息公告期间不得擅自变更产权转让公告中公布的内容和条件。因特殊原因确需变更信息公告内容的，应当由产权转让批准机构出具文件，由产权交易机构在原信息发布渠道进行公告，并重新计算公告期。

第二十条　在规定的公告期限内未征集到符合条件的意向受让方，且不变更信息公告内容的，转让方可以按照产权转让公告的约定延长信息公告期限，每次延长期限应当不少于5个工作日。未在产权转让公告中明确延长信息公告期限的，信息公告到期自行终结。

第二十一条　企业国有产权转让首次信息公告时的挂牌价不得低于经备案或者核准的转让标的资产评估结果。如在规定的公告期限内未征集到意向受让方，转让方可以在不低于评估结果90%的范围内设定新的挂牌价再次进行公告。如新的挂牌价低于评估结果的90%，转让方应当重新获得产权转让批准机构批准后，再发布产权转让公告。

第二十二条　信息公告期间出现影响交易活动正常进行的情形，或者有关当事人提出中止信息公告书面申请和有关材料后，产权交易机构可以作出中止信息公告的决定。

第二十三条　信息公告的中止期限由产权交易机构根据实际情况设定，一般不超过1个月。产权交易机构应当在中止期间对相关的申请事由或者争议事项进行调查核实，也可转请相关部门进行调查核实，及时作出恢复或者终结信息公告的决定。如恢复信息公告，在产权交易机构网站上的累计公告期不少于20个工作日，且继续公告的期限不少于10个工作日。

第二十四条　信息公告期间出现致使交易活动无法按照规定程序正常进行的情形，并经调查核实确认无法消除时，产权交易机构可以作出终结信息公告的决定。

第四章　登记受让意向

第二十五条　意向受让方在信息公告期限内，向产权交易机构提出产权受让申请，并提交相关材料。产权交易机构应当对意向受让方逐一进行登记。

第二十六条　意向受让方可以到产权交易机构查阅产权转让标的的相关信息和材料。

第二十七条　产权交易机构应当对意向受让方提交的申请及材料进行齐全性和合规性审核，并在信息公告期满后5个工作日内将意向受让方的登记情况及其资格确认意见书面告知转让方。

第二十八条　转让方在收到产权交易机构的资格确认意见后，应当在5个工作日内予以书面回复。如对受让方资格条件存有异议，应当在书面意见中说明理由，并提交相关证明材料。转让方逾期未予回复的,视为同意产权交易机构作出的资格确认意见。

第二十九条 经征询转让方意见后,产权交易机构应当以书面形式将资格确认结果告知意向受让方,并抄送转让方。

第三十条 转让方对产权交易机构确认的意向受让方资格有异议,应当与产权交易机构进行协商,必要时可以就有关争议事项征询国有资产监督管理机构意见。

第三十一条 通过资格确认的意向受让方在事先确定的时限内向产权交易机构交纳交易保证金(以到达产权交易机构指定账户为准)后获得参与竞价交易资格。逾期未交纳保证金的,视为放弃受让意向。

第五章 组织交易签约

第三十二条 产权转让信息公告期满后,产生两个及以上符合条件的意向受让方的,由产权交易机构按照公告的竞价方式组织实施公开竞价;只产生一个符合条件的意向受让方的,由产权交易机构组织交易双方按挂牌价与买方报价孰高原则直接签约。涉及转让标的企业其他股东依法在同等条件下享有优先购买权的情形,按照有关法律规定执行。

第三十三条 公开竞价方式包括拍卖、招投标、网络竞价以及其他竞价方式。

第三十四条 产权交易机构应当在确定受让方后的次日起3个工作日内,组织交易双方签订产权交易合同。

第三十五条 产权交易合同条款包括但不限于:
(一) 产权交易双方的名称与住所;
(二) 转让标的企业的基本情况;
(三) 产权转让的方式;
(四) 转让标的企业职工有无继续聘用事宜,如何处置;
(五) 转让标的企业的债权、债务处理;
(六) 转让价格、付款方式及付款期限;
(七) 产权交割事项;
(八) 合同的生效条件;
(九) 合同争议的解决方式;
(十) 合同各方的违约责任;
(十一) 合同变更和解除的条件。

第三十六条 产权交易机构应当依据法律法规的相关规定,按照产权转让公告的内容以及竞价交易结果等,对产权交易合同进行审核。

第三十七条 产权交易涉及主体资格审查、反垄断审查等情形,产权交易合同的生效需经政府相关部门批准的,交易双方应当将产权交易合同及相关材料报政府相关部门批准,产权交易机构应当出具政府相关部门审批所需的交易证明文件。

第六章 结算交易资金

第三十八条 产权交易资金包括交易保证金和产权交易价款,一般以人民币为计价单位。
产权交易机构实行交易资金统一进场结算制度,开设独立的结算账户,组织收付产权交易资金,保证结算账户中交易资金的安全,不得挪作他用。

第三十九条 受让方应当在产权交易合同约定的期限内,将产权交易价款支付到产权交易机构的结算账户。受让方交纳的交易保证金按照相关约定转为产权交易价款。产权交易合同约定价款支付方式为分期付款的,首付交易价款数额不低于成交金额的30%。

第四十条 受让方将产权交易价款交付至产权交易机构结算账户后,产权交易机构应当向受让方出具收款凭证。对符合产权交易价款划出条件的,产权交易机构应当及时向转让方划出交易价款。转让方收到交易价款后,应当向产权交易机构出具收款凭证。

第四十一条 交易双方为同一实际控制人的,经产权交易机构核实后,交易资金可以场外结算。

第四十二条 产权交易的收费标准应当符合产权交易机构所在地政府物价部门的有关规定,并在产权交易机构的工作场所和信息平台公示。

交易双方应当按照产权交易机构的收费标准支付交易服务费用,交易机构在收到服务费用后,应当出具收费凭证。

第七章 出具交易凭证

第四十三条 产权交易双方签订产权交易合同,受让方依据合同约定将产权交易价款交付至产权交易机构资金结算账户,且交易双方支付交易服务费用后,产权交易机构应当在3个工作日内出具产权交易凭证。

第四十四条 产权交易涉及主体资格审查、反垄断审查等情形时,产权交易机构应当在交易行为获得政府相关部门批准后出具产权交易凭证。

第四十五条 产权交易凭证应当载明:项目编号、签约日期、挂牌起止日、转让方全称、受让方全称、转让标的全称、交易方式、转让标的评估结果、转让价格、交易价款支付方式、产权交易机构审核结论等内容。

第四十六条 产权交易凭证应当使用统一格式打印,不得手写、涂改。

第八章 附 则

第四十七条 产权交易过程中发生争议时,当事人可以向产权交易机构申请调解。争议涉及产权交易机构时,当事人可以向产权交易机构的监管机构申请调解,也可以按照约定向仲裁机构申请仲裁或者向人民法院提起诉讼。

第四十八条 国有产权转让过程中,涉嫌侵犯国有资产合法权益的,国有资产监督管理机构可以要求产权交易机构终结产权交易。

第四十九条 产权交易中出现中止、终结情形的,应当在产权交易机构网站上公告。

第五十条 本规则自2009年7月1日起施行。

关于印发《关于规范上市公司国有股东行为的若干意见》的通知

国资发产权〔2009〕123号

国务院各部委、各直属机构,各省、自治区、直辖市及计划单列市和新疆生产建设兵团国资委,各中央企业,上海证券交易所、深圳证券交易所、中国证券登记结算有限责任公司:

  为规范上市公司国有股东行为,保护各类投资者权益,维护证券市场健康发展,根据国家有关法律、行政法规,特制定《关于规范上市公司国有股东行为的若干意见》。现印发给你们,请结合实际,认真遵照执行,并及时反映工作中的有关情况和问题。

国务院国有资产监督管理委员会
二〇〇九年六月十六日

关于规范上市公司国有股东行为的若干意见

  为维护证券市场健康发展,保护各类投资者合法权益,促进国有资产的合理配置和有序流转,根据《中华人民共和国公司法》、《中华人民共和国证券法》、《中华人民共和国企业国有资产法》、《企业国有资产监督管理暂行条例》(国务院令第378号)等有关法律法规规定,现就规范上市公司国有股东(以下简称国有股东)行为有关问题提出以下意见:

  一、做维护资本市场健康发展的表率。国有股东要坚持守法诚信,规范运作,切实履行企业社会责任,积极支持上市公司做强做优,维护资本市场健康发展。

  二、切实强化信息披露责任。因自身行为可能引起上市公司证券及其衍生产品价格异动的重要信息,国有股东应当及时书面通知上市公司,并保证相关信息公开的及时与公平,信息内容的真实、准确、完整,无虚假记载、误导性陈述或者重大遗漏。在相关信息依法披露前,严禁国有股东相关人员以内部讲话、接受访谈、发表文章等形式违规披露。

  三、依法行使股东权利,严格履行股东义务。在涉及上市公司事项的相关行为决策或实施过程中,国有股东要依法处理与上市公司的关系,切实维护上市公司在人员、资产、财务、机构和业务方面的独立性。同时,应当按照相关法律法规和公司治理规则要求,严格履行内部决策、信息披露、申请报告等程序,不得暗箱操作、违规运作。

  四、积极推进国有企业整体改制上市,有序推动现有上市公司资源整合。国有股东应当按照企业发展规划,因企、因地制宜,选择适当时机,以适当方式,实现公司整体业务上市或按业务板块整体上市,做到主营业务突出;要按照加强产业集中度,以及主业发展要求,推动现有上市公司资源优化整合,不断提高资源配置效益。

  五、促进提高上市公司质量,增强上市公司核心竞争力。国有股东应当支持上市公司通过技术创新、资产重组、引进战略投资者等多种途径,不断做强做优;要严格规范与上市公司间的关联交易,推动解决同业竞争问题;要支持有退市风险及业绩较差的上市公司研究解决经营发展中存在的问题。

六、规范国有股东所持上市公司股份变动行为。国有股东应当严格按照相关证券监管法律法规,以及《国有股东转让上市公司股份管理暂行办法》(国资委 证监会令第19号)、《关于印发〈国有单位受让上市公司股份管理暂行规定〉的通知》(国资发产权〔2007〕109号)的有关要求,规范所持上市公司股份变动行为,防止内幕交易、操纵股价、损害其他投资者合法权益等行为的发生。国有股东拟通过证券交易系统出售超过规定比例股份的,应当将包括出售股份数量、价格下限、出售时限等情况的出售股份方案报经国有资产监督管理机构批准。

国有股东转让全部或部分股份致使国家对该上市公司不再具有控股地位的,国有资产监督管理机构应当报经本级人民政府批准。

七、合理确定在上市公司的持股比例。对于关系国家安全和国民经济命脉的重要行业和关键领域中的上市公司,具有实际控制力的国有股东应当采取有效措施,切实保持在上市公司中的控制力。必要时,可通过资本市场增持股份,增持行为须遵守证券市场法律法规,符合中国证监会及证券交易所关于增持行为时间"窗口期"和信息披露的相关规定。

八、规范股份质押行为。国有股东将其持有的上市公司股份用于质押的,要做好可行性论证,明确资金用途,制订还款计划,并严格按照内部决策程序进行审议。

国有股东用于质押的股份数量不得超过其所持上市公司股份总额的50%,且仅限于为本单位及其全资或控股子公司提供质押,质押股份的价值应以上市公司股票价格为基础合理确定。

九、切实加强国有股东账户监管。国有股东应当按照《关于印发〈上市公司国有股东标识管理暂行规定〉的通知》(国资发产权〔2007〕108号)的有关要求,加强对本企业及所控股企业证券账户的清理和监管工作。对于因业务开展需要,确需在证券交易机构新开证券账户或多头开设证券账户的,须得到有权批准机构的批准;要通过建立健全证券账户监测系统,构建对所持上市公司股份的动态监管体系。

十、支持上市公司分配股利。国有股东要按照证券监管的有关法律法规要求,鼓励、支持上市公司在具备条件的前提下,通过包括现金分红在内的多种分配方式回报投资者。

关于规范国有股东与上市公司进行资产重组有关事项的通知

国资发产权〔2009〕124号

国务院各部委、各直属机构,各省、自治区、直辖市及计划单列市和新疆生产建设兵团国资委,各中央企业,上海证券交易所、深圳证券交易所、中国证券登记结算有限责任公司:

为规范国有股东与上市公司资产重组行为,保护各类投资者权益,维护证券市场健康发展,根据《中华人民共和国公司法》、《中华人民共和国证券法》、《中华人民共和国企业国有资产法》及《企业国有资产监督管理暂行条例》(国务院令第378号)等法律法规规定,现就国有股东与上市公司进行资产重组所涉及的有关事项通知如下：

一、本通知所称国有股东与上市公司资产重组是指国有股东或潜在国有股东（经本次资产重组后成为上市公司国有股东的，以下统称为国有股东）向上市公司注入、购买或置换资产并涉及国有股东所持上市公司股份发生变化的情形。

国有股东向上市公司注入、购买或置换资产不涉及国有股东所持上市公司股份发生变化的，按相关规定办理。

二、国有股东与上市公司进行资产重组，应遵循以下原则：

（一）有利于促进国有资产保值增值，符合国有股东发展战略；

（二）有利于提高上市公司质量和核心竞争力；

（三）标的资产权属清晰，资产交付或转移不存在法律障碍；

（四）标的资产定价应当符合市场化原则，有利于维护各类投资者合法权益。

三、国有股东与上市公司进行资产重组应当做好可行性论证，认真分析本次重组对国有股东、上市公司及资本市场的影响，并提出可行性报告。如涉及国有股东人员安置、土地使用权处置、债权债务处理等相关问题，国有股东应当制订解决方案。

四、国有股东与上市公司进行资产重组的，应当与上市公司充分协商。国有股东与上市公司就资产重组事项进行协商时，应当采取必要且充分的保密措施，制定严格的保密制度和责任追究制度。国有股东聘请中介机构的，应当与所聘请的中介机构签署保密协议。

五、国有股东与上市公司进行资产重组的相关事项在依法披露前，市场出现相关传闻，或上市公司证券及其衍生品种出现异常交易时，国有股东应当积极配合上市公司依法履行信息披露义务；必要时，应督促上市公司向证券交易所申请股票停牌。如上市公司证券及其衍生品种价格明显异动，对本次资产重组产生重大影响的，国有股东应当调整资产重组方案，必要时应当中止本次重组事项，且国有股东在3个月内不得重新启动。

六、国有股东与上市公司进行资产重组，应当按照有关法律法规，以及企业章程规定履行内部决策程序。

七、国有股东就本次资产重组事项进行内部决策后，应当按照相关规定书面通知上市公司，由上市公司依法披露，并申请股票停牌。同时，将可行性研究报告报省级或省级以上国有资产监督管理机构预审核。

国有股东为中央单位的，由中央单位通过集团母公司报国务院国有资产监督管理机构。国有股东为地方单位的，由地方单位通过集团母公司报省级国有资产监督管理机构。

国有股东为公司制企业，且本次重组事项需由股东会（股东大会）作出决议的，应当按照有关法律法规规定，在国有资产监督管理机构出具意见后，提交股东会（股东大会）审议。

八、国有资产监督管理机构收到国有股东关于本次资产重组的书面报告后，应当在10个工作日内出具意见，并及时通知国有股东，由国有股东书面通知上市公司依法披露。在中国证监会及证券交易所规定的股票停牌期内，国有股东与上市公司资产重组的方案未能获得国有资产监督管理机构同意的，上市公司股票须立即复牌，国有股东3个月内不得重新启动该事项。

九、国有股东与上市公司进行资产重组的方案经上市公司董事会审议通过后，国有股东应当在上市公司股东大会召开日前不少于20个工作日，按规定程序将相关方案报省级或省级以上国有资产监督管理机构审核。国有资产监督管理机构在上市公司股东大会召开前5个工作日出具批复文件。

十、国有股东对上市公司进行资产重组的，应当向国有资产监督管理机构报送以下材料：

（一）关于本次资产重组的请示及方案；
（二）上市公司董事会决议；
（三）本次资产重组涉及相关资产的审计报告、评估报告及作价依据；
（四）国有股东上一年度的审计报告；
（五）上市公司基本情况、最近一期的年度报告或中期报告；
（六）律师事务所出具的法律意见书；
（七）国有资产监督管理机构要求的其他材料。

十一、国有股东与上市公司进行资产重组的方案应主要包括以下内容：
（一）本次资产重组的原因及目的；
（二）本次资产重组涉及的资产范围、业务情况及近三年损益情况、未来盈利预测及其依据；
（三）本次资产重组所涉及相关资产作价的说明；
（四）本次资产重组对国有股东及上市公司权益、盈利水平及未来发展的影响。

十二、国有股东违反本规定的，国有资产监督管理机构应当责令其整改，并按照监管权限，直接或责成相关方面对相关责任人员给予相应处分；造成国有资产损失的，应追究赔偿责任，涉嫌犯罪的，依法移送司法机关处理。

社会中介机构在国有股东与上市公司资产重组中违规执业的，国有资产监督管理机构应当将有关情况通报其行业主管部门；情节严重的，国有资产监督管理机构可通报企业3年内不得聘请该中介机构从事相关业务。

国有资产监督管理机构工作人员违反本通知有关规定，造成国有资产重大损失的，应当对直接负责的主管人员和其他相关责任人员依法给予行政处分；涉嫌犯罪的，依法移送司法机关处理。

国务院国有资产监督管理委员会
二〇〇九年六月二十四日

关于规范上市公司国有股东发行可交换公司债券及国有控股上市公司发行证券有关事项的通知

国资发产权〔2009〕125号

国务院各部委、各直属机构，各省、自治区、直辖市及计划单列市和新疆生产建设兵团国资委，各中央企业，上海证券交易所、深圳证券交易所、中国证券登记结算有限责任公司：

为规范上市公司国有股东发行可交换公司债券及国有控股上市公司发行证券行为，维护证券市场健康发展，根据《中华人民共和国公司法》《中华人民共和国证券法》《中华人民共和国企业国有资产法》，以及《企业国有资产监督管理暂行条例》（国务院令第378号）等法律法规规定，现就有关问题通知如下：

一、本通知所称上市公司国有股东发行的可交换公司债券是指上市公司国有股东依法发行、在一定期限内依据约定的条件可以交换成该股东所持特定上市公司股份的公司债券。

本通知所称国有控股上市公司发行证券包括上市公司采用公开方式向原股东配售股份、向不特定对象公开募集股份,采用非公开方式向特定对象发行股份以及发行(分离交易)可转换公司债券等。

二、上市公司国有股东发行可交换公司债券应当遵守有关法律法规及规章制度的规定,符合国有资产监督管理机构对上市公司最低持股比例的要求;应当做好可行性研究,严格履行内部决策程序,合理把握市场时机,并建立健全有关债券发行的风险防范和控制机制;募集资金的投向应当符合国家相关产业政策及企业主业发展规划。

三、上市公司国有股东发行的可交换公司债券交换为上市公司每股股份的价格应不低于债券募集说明书公告日前1个交易日、前20个交易日、前30个交易日该上市公司股票均价中的最高者。

四、上市公司国有股东发行的可交换公司债券,其利率应当在参照同期银行贷款利率、银行票据利率、同行业其他企业发行的债券利率,以及标的公司股票每股交换价格、上市公司未来发展前景等因素的前提下,通过市场询价合理确定。

五、国有股东发行可交换公司债券,该股东单位为国有独资公司的,由公司董事会负责制订债券发行方案,并由国有资产监督管理机构依照法定程序作出决定;国有股东为其他类型公司制企业的,债券发行方案在董事会审议后,应当在公司股东会(股东大会)召开前不少于20个工作日,按照规定程序将发行方案报省级或省级以上国有资产监督管理机构审核,国有资产监督管理机构应在公司股东会(股东大会)召开前5个工作日出具批复意见。

国有股东为中央单位的,由中央单位通过集团母公司报国务院国有资产监督管理机构审核;国有股东为地方单位的,由地方单位通过集团母公司报省级国有资产监督管理机构审核。

六、上市公司国有股东发行可交换公司债券的,应当向国有资产监督管理机构报送以下材料:

(一)国有股东发行可交换公司债券的请示;

(二)国有股东发行可交换公司债券的方案及内部决议;

(三)国有股东发行可交换公司债券的风险评估论证情况、偿本付息的具体方案及债务风险的应对预案;

(四)国有控股股东发行可交换公司债券对其控股地位影响的分析;

(五)国有股东为发行可交换公司债券设定担保的股票质押备案表;

(六)国有股东基本情况、营业执照、公司章程及产权登记文件;

(七)国有股东最近一个会计年度的审计报告;

(八)上市公司基本情况、最近一期年度报告及中期报告;

(九)国有资产监督管理机构要求提供的其他材料。

七、国有控股上市公司发行证券应当遵守有关法律、行政法规及规章制度的规定,有利于提高上市公司的核心竞争力,完善法人治理结构,有利于维护上市公司全体投资者的合法权益,募集资金的投向应当符合国家相关产业政策及公司发展规划。

八、国有控股上市公司发行证券,涉及国有股东或经本次认购上市公司增发股份后成为上市公司股东的潜在国有股东,以资产认购所发行证券的,应当按照国务院国有资产监督管理机构关于规范国有股东与上市公司进行资产重组的有关规定开展相关工作。

九、国有控股股东应当协助上市公司根据国家有关产业政策规定、资本市场状况,以及上市公司发展需要,就发行证券事项进行充分的可行性研究,并严格按照国家有关法律法规要求,规范运作。

十、国有控股股东应当在上市公司董事会审议通过证券发行方案后,按照规定程序在上市公司股东大会召开前不少于20个工作日,将该方案逐级报省级或省级以上国有资产监督管理机构审核。国有资产监督管理机构在上市公司相关股东大会召开前5个工作日出具批复意见。

国有资产监督管理机构关于国有控股上市公司发行证券的审核程序按照本通知第五条第二款的规定办理。

十一、国有控股上市公司拟发行证券的,国有控股股东应当向国有资产监督管理机构报送以下材料:

(一)国有控股上市公司拟发行证券情况的请示;

(二)上市公司董事会关于本次发行证券的决议;

(三)上市公司拟发行证券的方案;

(四)国有控股股东基本情况、认购股份情况及其上一年度审计报告;

(五)国有控股股东关于上市公司发行证券对其控股地位影响的分析;

(六)上市公司基本情况、最近一期的年度报告及中期报告;

(七)上市公司前次募集资金使用情况的报告及本次募集资金使用方向是否符合国家相关政策规定;

(八)上市公司发行可转换债券的风险评估论证情况、偿本付息的具体方案及发生债务风险的应对预案;

(九)律师事务所出具的法律意见书;

(十)国有资产监督管理机构要求提供的其他材料。

十二、国有控股股东在上市公司召开股东大会时,应当按照国有资产监督管理机构出具的批复意见,对上市公司拟发行证券的方案进行表决。

上市公司股东大会召开前未获得国有资产监督管理机构批复的,国有控股股东应当按照有关法律法规规定,提议上市公司延期召开股东大会。

十三、上市公司证券发行完毕后,国有控股股东应持国有资产监督管理机构的批复,到证券登记结算机构办理相关股份变更手续。

国务院国有资产监督管理委员会
二〇〇九年六月二十四日

关于中央企业国有产权协议转让有关事项的通知

国资发产权〔2010〕11号

各中央企业:

为了推动中央企业国有产权重组整合,减少企业管理层级,缩短产权链条,理顺产权关系,提高资源配置效率,根据《中华人民共和国企业国有资产法》、《企业国有资产监督管理暂行条例》(国务院令第378号)、《企业国有产权转让管理暂行办法》(国资委、财政部令第3号)以及《关于企业国有产权转让有关事项的通知》(国资发产权〔2006〕306号,以下简称306号文件)等规定,现将中央企业国有产权协议转让有关事项通知如下：

一、中央企业在本企业内部实施资产重组，符合306号文件相关规定的境内企业协议转让事项，由中央企业负责批准或依法决定，同时抄报国务院国资委。其中涉及股份有限公司股份转让的，按照国家有关规定办理。

二、中央企业在本企业内部实施资产重组，转让方和受让方均为中央企业及其直接或间接全资拥有的境内子企业的，转让价格可以资产评估或审计报告确认的净资产值为基准确定，且不得低于经评估或审计的净资产值；转让方或受让方不属于中央企业及其直接或间接全资拥有的境内子企业的，转让价格须以资产评估报告确认的净资产值为基准确定。

三、由中央企业批准或依法决定的国有产权协议转让事项，资产评估备案由中央企业负责。以审计报告确认的净资产为基准确定转让价格的，应当采用由专业机构出具的上一会计年度的年度审计报告或最近时点的审计报告。

四、中央企业之间、中央企业与地方国资委监管企业之间协议转让国有产权应当符合各自主业范围和发展战略规划，有利于做强主业和优化资源配置，并符合306号文件相关规定。转让事项由中央企业报国务院国资委批准后实施。

五、各中央企业要严格执行相关法律、法规及国务院国资委关于企业国有产权转让的相关规定，不得自行扩大协议转让范围；对于由中央企业负责批准或依法决定的协议转让事项，审批权限不得下放。

六、各中央企业应当根据企业国有产权转让相关法规及本通知要求制定相应制度，明确负责企业国有产权转让管理的机构和人员，明确内部管理程序，建立健全产权转让档案，落实工作责任。

七、各中央企业应当将本企业国有产权转让的制度、负责国有产权转让管理的机构和人员等报国务院国资委备案。

八、已经国务院国资委批准实施重组或被托管的中央企业，不适用本通知的相关规定。

九、中央企业应当在每年度1月31日前，将本企业上一年度的企业国有产权协议转让事项汇总后书面报告国务院国资委（汇总表格式详见附件）。

十、国务院国资委每年度将组织对部分中央企业开展企业国有产权转让工作检查。对于严重违反企业国有产权转让相关法规及本通知规定的中央企业及主要负责人、相关责任人员将予以通报批评；对于造成国有资产损失的，将视情节轻重依法追究相关人员的责任。

各中央企业在执行本通知过程中，遇到问题应当及时向国务院国资委反映。

附件：中央企业国有产权协议转让事项汇总表

国务院国有资产监督管理委员会
二〇一〇年一月二十六日

附件

中央企业国有产权协议转让事项汇总表

_____（中央企业名称，公章）　　　　（　　）年度

金额单位：万元

序号	国有产权协议转让项目名称	批准单位批准文号	转让方情况			标的企业情况								受让方情况				转让价格与定价依据		其他需要说明事项
			名称	国有股权比例(%)	企业级次	所属行业(代码)	名称	国有股权比例(%)		企业级次	所属行业(代码)	转让标的(%)	转让前经审计的财务状况		资产评估结果		名称	国有股权比例(%)	企业级次	所属行业(代码)	转让价格	定价方式	
								转让前	转让后				资产总额	净资产总额	资产总额	净资产总额							
一、中央企业内部重组																							
1																							
2																							
...																							
二、中央企业之间转让																							
1																							
2																							
...																							
三、中央企业与地方企业之间转让																							
1																							
2																							
...																							

附注：一、名称：转让方、受让方、标的企业名称，按企业法人营业执照名称填写；转让标的为实物资产的，按照审计或评估报告确认的资产范围或名称填写。

二、企业级次：按本企业最大国有出资人推算其相应级次，中央企业本部为一级。如存在两个或两个以上相同股比的国有出资人，应按照企业章程或具有实际控制权的出资人确定该企业级次。

三、所属行业（代码）：依据《国民经济行业分类与代码》（GB/T4754—2002），按"小类"填写相应的4位代码。

四、转让标的：指转让协议中约定转让的标的物。其中：为标的企业按审计报告确认的产权（股权）比例，如80%；为实物资产的，填写100%；为多项股权或资产混合的，填写"评估"。

五、定价方式：转让价格按照资产评估报告确认的净资产价值为基准确定的，填写"评估"；转让价格按审计报告确认的净资产值为基准确定的，填写"审计"。

关于中央级事业单位所办企业启用新《企业国有资产产权登记表》的通知

财办教〔2012〕39号

党中央有关部门财务部门,国务院各部委、各直属机构财务部门,全国人大常委会办公厅机关事务管理局,全国政协办公厅机关事务管理局,高法院行装局,高检院计财局,有关人民团体财务部门,有关中央管理企业财务部门:

根据《企业国有资产产权登记管理办法》(国务院第192号令)和《事业单位国有资产管理暂行办法》(财政部令第36号)的规定,我们制定了《事业单位及事业单位所办企业国有资产产权登记管理办法》(财教〔2012〕242号,以下简称《办法》),并研究设计了《企业国有资产产权登记表(占有登记)》、《企业国有资产产权登记表(变动登记)》、《企业国有资产产权登记表(注销登记)》和《企业国有资产产权登记表(年度检查)》(以下简称新《企业国有资产产权登记表》)。为了全面规范中央级事业单位所办企业产权登记工作,现将有关事项通知如下:

一、新《企业国有资产产权登记表》于2012年9月5日起正式启用。凡在此日期之后申请办理企业国有资产产权登记的,一律使用新《企业国有资产产权登记表》,并按照《办法》附14《企业国有资产产权登记表(证)填报说明》的要求如实准确填报。

二、新《企业国有资产产权登记表》表样打印纸张全部统一为"A3"格式,打印出的表样,均为套打(正反两面),装订线应当在内侧中间。新《企业国有资产产权登记表》表样可从财政部门户网站"事业资产管理频道"或"在线服务—下载中心"下载。

请各部门和单位严格按照上述要求办理事业单位所办企业国有资产产权登记业务,否则财政部门将不予受理。

财政部办公厅
二〇一二年九月六日

财政部关于印发《事业单位及事业单位所办企业国有资产产权登记管理办法》的通知

财教〔2012〕242号

党中央有关部门,国务院各部委、各直属机构,全国人大常委会办公厅,全国政协办公厅,高法院,高检院,有关人民团体,有关中央管理企业,各省、自治区、直辖市、计划单列市财政厅(局),新疆生产建设兵团财务局:

为了进一步加强和规范事业单位及事业单位所办企业国有资产产权登记管理,根据《企业国有资产产权登记管理办法》(国务院令第192号)和《事业单位国有资产管理暂行办法》(财政部令第36号)等有关规定,特制定《事业单位及事业单位所办企业国有资产产权登记管理办法》,现予印发,请认真贯彻执行。

附件:事业单位及事业单位所办企业国有资产产权登记管理办法

财政部
二〇一二年八月五日

事业单位及事业单位所办企业国有资产产权登记管理办法

第一章 总 则

第一条 根据《企业国有资产产权登记管理办法》(国务院令第192号)和《事业单位国有资产管理暂行办法》(财政部令第36号)等有关规定,制定本办法。

第二条 事业单位国有资产产权登记(以下简称事业单位产权登记),是指国家对事业单位占有、使用的国有资产进行登记,依法确认国家对国有资产的所有权和事业单位对国有资产的占有、使用权的行为。

事业单位所办企业国有资产产权登记(以下简称事业单位所办企业产权登记),是指财政部门代表同级政府对占有国有资产的各级各类事业单位所办企业的资产、负债、所有者权益等产权状况进行登记,依法确认产权归属关系的行为。

第三条 占有、使用国有资产的各级各类事业单位及其所办企业,应当依照本办法的规定向其同级财政部门申报、办理国有资产产权登记。

第四条 各级财政部门核发的《中华人民共和国事业单位国有资产产权登记证(正本、副本)》(以下简称《事业单位产权登记证》),是国家对事业单位国有资产享有所有权,单位享有占有、使用权的法律凭证,也是事业单位编制部门预算、办理资产配置、资产使用、资产处置和办理其他资产管理事项的重要依据;各级财政部门核发的《中华人民共和国企业国有资产产权登记证(正本、副本)》(以下简称《企业产权登记证》)是依法确认事业单位所办企业产权归属关系的法律凭证和依法经营国有资本的基本依据。

各类产权登记表是办理各项产权登记事项应当提交的重要材料,各级财政部门根据经审定的产权登记表向事业单位或其所办企业核发、换发、收回《事业单位产权登记证》或《企业产权登记证》。

第五条 《事业单位产权登记证》、《企业产权登记证》和产权登记表由财政部统一设计印制。

第六条 事业单位及其所办企业产权登记按照"统一政策、分级管理"原则由各级财政部门负责组织实施。事业单位产权登记按照财务隶属关系组织实施;事业单位所办企业产权登记按照产权关系组织实施。

第二章 事业单位产权登记

第一节 一般规定

第七条 事业单位产权登记的主要内容包括：

（一）单位名称、地址、法定代表人及成立日期；

（二）单位(性质)分类、主管部门、财务预算信息、管理级次、编制人数；

（三）单位资产总额、国有资产总额、固定资产总额、主要资产实物量及对外投资、资产出租出借情况；

（四）其他需要登记的事项。

第八条 财政部负责制定事业单位产权登记规章制度，负责组织实施中央级事业单位产权登记工作，指导下级财政部门的事业单位产权登记工作。

地方各级财政部门负责组织实施本级事业单位产权登记工作。

中央垂直管理部门所属事业单位的产权登记工作在主管部门审核的基础上，由财政部负责办理。

第九条 事业单位办理变动、注销产权登记或年度检查，单位改制，资产出租、出借，资产评估项目核准或备案等财政审批手续以及其他法律、法规规定的事项时应当向受理部门、单位出具《事业单位产权登记证》。如未按照规定出具《事业单位产权登记证》，受理部门、单位不予受理。

第二节 登记形式和内容

第十条 事业单位产权登记包括占有产权登记、变动产权登记和注销产权登记。

第十一条 占有产权登记适用于新设立和已经取得法人资格但尚未办理产权登记的事业单位。

第十二条 新设立事业单位应当在审批机关批准设立后六十日内，经主管部门审核同意后，由主管部门向同级财政部门申请办理占有产权登记。申请办理时，单位应当填报《事业单位国有资产产权登记表(占有登记)》，并提交下列文件、证件及有关资料：

（一）办理占有产权登记的申请；

（二）审批机关批准设立的文件；

（三）国有资产总额及来源证明；

（四）设置抵押、质押、留置或提供保证、定金以及资产被司法机关冻结的，应当提供相关文件和凭证；

（五）涉及土地、林地、海域、房屋、车辆等重要资产的，应当提供相关的产权证明材料；

（六）涉及对外投资的，应当提供财政部门、主管部门或事业单位的对外投资批复；

（七）涉及资产评估事项的，应当提交相关部门的核准或备案文件；

（八）财政部门要求提交的其他文件、证件及有关资料。

第十三条 已经取得法人资格但尚未办理产权登记的事业单位，在申请办理占有产权登记时应当填报《事业单位国有资产产权登记表(占有登记)》，除提交第十二条所列材料外，还应当提供以下文件、证件及有关资料：

（一）财政部门批复的上一年度财务报告；
（二）《事业单位法人证书》复印件；
（三）《中华人民共和国组织机构代码证》复印件。

第十四条 变动产权登记适用于事业单位发生分立、合并、部分改制，以及单位名称、单位（性质）分类、人员编制数、主管部门、管理级次、预算级次发生变化，以及国有资产金额一次或累计变动超过国有资产总额20%（含）的行为事项。发生上述变动事项的事业单位应当自财政部门、主管部门等审批机关批准变动之日起六十日内，经主管部门审核同意后，由主管部门向同级财政部门申请办理变动产权登记。申请办理时填报《事业单位国有资产产权登记表（变动登记）》，并提交下列文件、证件及有关资料：

（一）办理变动产权登记的申请；
（二）单位决议或会议纪要，主管部门、财政部门等审批机关批准变动的批复文件；
（三）《事业单位产权登记证》副本；
（四）《事业单位法人证书》复印件；
（五）财政部门批复的上一年度财务报告；
（六）设置抵押、质押、留置或提供保证、定金以及资产被司法机关冻结的，应当提供相关文件和凭证；
（七）涉及资产评估事项的，应当提交相关部门的核准或备案文件；
（八）涉及土地、林地、海域、房屋、车辆等重要资产的，应当提供相关的产权证明材料；
（九）涉及资产处置的，应当提交财政部门、主管部门或事业单位的资产处置批复文件；
（十）涉及对外投资情况发生变动的，应当提供相关材料；
（十一）财政部门要求提交的其他文件、证件及有关资料。

第十五条 注销产权登记适用于因分立、合并、依法撤销或改制等原因被整体清算、注销和划转的事业单位。此类单位应当自财政部门、主管部门等审批机关批准上述行为之日起六十日内，经主管部门审核同意后，由主管部门向同级财政部门申请办理注销产权登记。申请办理时填报《事业单位国有资产产权登记表（注销登记）》，并提交下列文件、证件及有关资料：

（一）办理注销产权登记的申请；
（二）单位决议或会议纪要，主管部门、财政部门等审批机关批准注销的批复，以及同级政府机构编制管理机关注销备案公告；
（三）单位的清算报告；
（四）单位的资产清查报告，资产评估报告及相关部门的资产评估项目核准或备案文件；
（五）事业单位属于有偿转让或整体改制的，应当提交有偿转让的合同协议或经相关部门批复的转制方案；
（六）财政部门批复的上一年度财务报告；
（七）设置抵押、质押、留置或提供保证、定金以及资产被司法机关冻结的，应当提供相关文件和凭证；
（八）《事业单位产权登记证》正本、副本；
（九）财政部门、主管部门的资产处置批复文件；
（十）财政部门要求提交的其他文件、证件及有关资料。

第三节 登 记 程 序

第十六条 申请办理产权登记的程序如下：

（一）事业单位按照规定填写相应的产权登记表，提交有关文件、证件及资料；

（二）报主管部门审核并出具意见；

（三）由主管部门报同级财政部门办理审定手续；

（四）财政部门依据审定合格的设立、变动、注销情况予以核发、换发或收回《事业单位产权登记证》，依据年度检查情况签署产权登记检查意见。

第十七条 事业单位占有、使用国有资产的状况以按照规定最近一次办理产权登记或年度检查时财政部门审定的数额为准。

第十八条 事业单位有下列行为之一的，财政部门应当要求其更正，拒不更正的，财政部门不予办理产权登记。

（一）填报的产权登记表内容或提交的文件、证件及有关资料违反法律、法规的规定或不符合本办法要求的；

（二）以实物或无形资产出资，未按照国家有关规定进行资产评估或依法折股，或者未按照规定办理资产评估项目核准或备案的；

（三）事业单位对外投资、出租出借、产权变动行为违反法律、法规和国家有关政策规定；

（四）其他违反法律法规情形的。

第十九条 未及时办理产权登记的事业单位在补办产权登记时，应当书面说明原因。

事业单位国有资产若设置抵押、质押、留置或提供保证、定金以及资产被司法机关冻结的，应当在申请办理产权登记时如实向财政部门、主管部门报告。

第二十条 未办理占有产权登记的事业单位依法被注销时，应当先补办占有产权登记，再按照本办法的规定申请办理注销产权登记。

第二十一条 产权归属关系不清楚、发生产权纠纷或资产被司法机关冻结的，应当暂缓办理产权登记，并在产权界定清楚、产权纠纷处理完毕或资产被司法机关解冻后，及时办理产权登记。

第二十二条 财政部门核准事业单位注销产权登记后，应当及时收回被注销事业单位的《事业单位产权登记证》正本、副本。

第四节 年 度 检 查

第二十三条 事业单位产权登记实行年度检查制度。各级财政部门应当依据资产管理信息系统数据、单位财务数据和年度资产产权变动的资料、法定批复文件等，对事业单位国有资产产权登记实行年度检查。

第二十四条 事业单位应当于年度财务报告批复后一个月内，经主管部门审核同意后，由主管部门向同级财政部门申请办理产权登记年度检查。主要内容包括：

（一）按规定办理产权登记情况；

（二）单位国有资产存量的占有、使用情况；

（三）用于从事对外投资、出租出借的国有资产保值增值及收益使用情况；

（四）单位资产价值量、主要资产实物量及权属的增减变化情况；

（五）单位资产处置情况；

（六）财政部门规定的其他情况。

第二十五条 事业单位应当清查核实年末国有资产情况，准确申报国有资产数据，如实填报《事业单位国有资产产权登记表（年度检查）》，并提交《事业单位产权登记证》副本、财政部门批复的单位上一年度财务报告、国有资产增减变动审批文件及其他有关材料。

第二十六条 主管部门应当于本部门所属事业单位年度财务报告批复后四个月内，编制并向同级财政部门报送本部门事业单位产权登记和产权变动情况分析报告。

财政部门应当于向本级各部门批复决算后六个月内，编制并向同级政府和上级财政部门报送事业单位产权登记和产权变动情况分析报告。

第二十七条 事业单位应当按照财政部门的规定及时办理产权登记年度检查。财政部门在年度检查中发现未及时办理产权登记的，应当督促其按照本办法的规定补办产权登记。未补办产权登记的，其年度检查不予通过。

不按照规定办理年度检查或年度检查未通过的，应当限期办理或改正，逾期仍未办理或改正的，暂停办理其相关资产管理审批事项。

第三章 事业单位所办企业产权登记

第一节 一 般 规 定

第二十八条 事业单位所办的国有独资企业、国有独资公司、国有控股公司和国有参股公司以及其他占有、使用国有资产的企业，应当依照本办法的规定办理事业单位所办企业产权登记。

第二十九条 各级财政部门是本级事业单位所办企业产权登记的主管部门，依法履行下列职责：

（一）依法确认企业产权归属，理顺企业产权关系；
（二）掌握企业国有资产占有、使用状况；
（三）监管企业的国有产权变动；
（四）检查企业国有资产经营状况；
（五）监督国有企业、国有独资公司、国有控股公司的出资行为；
（六）在汇总、分析基础上，编制并向同级政府和上级财政部门报送产权登记和产权变动状况的分析报告。

第三十条 财政部负责制定事业单位所办企业产权登记的规章制度，负责组织实施中央级事业单位所办企业产权登记工作，指导下级财政部门开展事业单位所办企业产权登记工作。

地方各级财政部门负责组织实施本级事业单位所办企业的产权登记工作。

中央垂直管理部门所属事业单位所办企业的产权登记工作在主管部门审核的基础上，由财政部负责办理。

第三十一条 由两个（含两个）以上国有资本出资人共同投资设立的企业，按照国有资本出资额最大的出资人产权归属关系确定企业产权登记管辖的部门。

国有资本出资额最大的出资人存在多个的，按照企业自行推举的出资人的产权归属关系确定企业产权登记的管辖部门，其余出资人出具产权登记委托书。

第三十二条 事业单位所办企业在进行资产重组、产权转让、改制上市、国有股权评估以及办理其他法律、法规规定的事项时应当出具《企业产权登记证》。

第二节 登记形式和内容

第三十三条 事业单位所办企业产权登记包括占有产权登记、变动产权登记和注销产权登记。

第三十四条 占有产权登记适用于申请取得法人资格的新设立企业和已取得法人资格但尚未办理产权登记的企业。

第三十五条 新设立企业应当于申请办理工商注册登记前六十日内,经主管部门审核同意后,由主管部门向同级财政部门申请办理占有产权登记,填报《企业国有资产产权登记表(占有登记)》,并提交下列文件、证件及有关资料:

(一)办理占有产权登记的申请;

(二)出资人母公司或上级单位批准设立的文件、投资协议书;事业单位直接投资设立企业的,应当提交《事业单位产权登记证》副本复印件及财政部门、主管部门或事业单位批准的对外投资批复文件;

(三)本企业章程;

(四)由企业出资的,应当提交各出资人的企业章程、《企业法人营业执照》复印件、经审计的企业上一年度财务报告,其中国有资本出资人还应当提交有关部门办理的《企业产权登记证》复印件;由事业单位出资的,应当提交《事业单位法人证书》和《事业单位产权登记证》副本的复印件;由自然人出资的,应当提交自然人有效的身份证件复印件;

(五)法定机构出具的验资报告,其中以货币投资的,还应当附银行进账单;以实物、无形资产投资的,还应当提交资产评估项目核准或备案文件;

(六)本企业的《企业名称预先核准通知书》;

(七)财政部门要求提交的其他文件、证件及有关资料。

第三十六条 已经取得法人资格但尚未办理占有产权登记的企业,应当填报《企业国有资产产权登记表(占有登记)》,并提交第三十五条第(一)款至第(五)款规定的材料,以及下列文件、证件及有关资料:

(一)本企业经审计的企业上一年度财务报告;

(二)本企业的《企业法人营业执照》复印件;

(三)设置抵押、质押、留置或提供保证、定金以及资产被司法机关冻结的,应当提交相关文件和凭证;

(四)财政部门要求提交的其他文件、证件及有关资料。

第三十七条 变动产权登记适用于企业发生企业名称、企业级次、企业组织形式改变,企业分立、合并或者经营形式改变,企业国有资本额、比例增减变动以及企业国有资本出资人变动的行为事项。发生上述变动事项的企业应当在审批机关核准变动登记后,或自企业股东大会、董事会做出决定之日起三十日内,经事业单位及主管部门审核同意后,由主管部门向同级财政部门申请办理变动产权登记,填报《企业国有资产产权登记表(变动登记)》,并提交下列文件、证件及有关资料:

(一)办理变动产权登记的申请;

(二)出资人母公司或上级单位的批准文件、企业股东大会或董事会做出的书面决定,事业单位追加投资的,应当提交《事业单位产权登记证》副本复印件及财政部门、主管部门或事业单位批准的对外投资批复文件;

（三）修改后的本企业章程；

（四）由企业出资的，应当提交各出资人的企业章程、《企业法人营业执照》复印件、经审计的企业上一年度财务报告，其中，国有资本出资人应还当提交有关部门办理的《企业产权登记证》复印件；由事业单位出资的，应当提交《事业单位法人证书》和《事业单位产权登记证》副本的复印件；由自然人出资的，应当提交自然人有效的身份证件复印件；

（五）本企业的《企业法人营业执照》复印件，经审计的企业上一年度财务报告；

（六）本企业的《企业产权登记证》副本；

（七）设置抵押、质押、留置或提供保证、定金以及资产被司法机关冻结的，应当提交相关文件和凭证；

（八）法定机构出具的验资报告，其中以货币投资的应当附银行进账单；以实物、无形资产投资的应当提交资产评估项目核准或备案文件；

（九）企业合并、分立、转让或减少注册资本的，应当提交企业债务处置或承继情况说明及相关文件；

（十）财政部门要求提交的其他文件、证件及有关资料。

第三十八条 注销产权登记适用于发生解散、依法撤销，转让全部国有产权（股权）或改制后不再设置国有股权的企业。此类企业应当自政府有关部门决定或财政部门、主管部门、事业单位或母公司批准之日起三十日内，经事业单位及主管部门审核同意后，由主管部门向同级财政部门申请办理注销产权登记；企业依法宣告破产的，应当自法院裁定之日起六十日内由企业破产清算机构向同级财政部门申请办理注销产权登记。填报《企业国有资产产权登记表（注销登记）》，并提交下列文件、证件及有关资料：

（一）办理注销产权登记的申请；

（二）出资人母公司获上级单位批准的文件，企业股东大会或董事会做出的书面决定，政府有关部门或财政部门、主管部门、事业单位的批复文件，工商行政管理机关责令关闭的文件或法院宣告企业破产的裁定书；

（三）经审计的企业上一年度财务报告；

（四）本企业的财产清查、清算报告、资产评估报告及相关部门的资产评估项目核准或备案文件；

（五）属于有偿转让或整体改制的，应当提交有偿转让或整体改制的协议或方案，以及受让企业的《企业法人营业执照》复印件、企业章程、经审计的年度财务报告和设置抵押、质押、留置或提供保证、定金以及资产被司法机关冻结等情况的相关证明文件；

（六）本企业的《企业产权登记证》正本、副本和《企业法人营业执照》复印件；

（七）设置抵押、质押、留置或提供保证、定金以及资产被司法机关冻结的，应当提交相关文件和凭证；

（八）企业债务处置或承继情况说明及有关文件；

（九）企业的资产处置情况说明及相关批复文件；

（十）企业改制、破产或撤销的职工安置情况；

（十一）财政部门要求提交的其他文件、证件及有关资料。

第三节 登记程序

第三十九条 事业单位所办企业申请办理产权登记，应当按照规定填写相应的产权登记表，并提交文件、证件及有关资料。

第四十条 事业单位直接出资的企业（一级企业）申请办理产权登记应当经事业单位及其主管部门出具审核意见,二级及二级以下企业申请办理产权登记应当经其上级企业、事业单位和主管部门出具审核意见。企业未按上述规定取得审核意见的,财政部门不予受理产权登记申请。

第四十一条 财政部门对审定合格的企业,办理产权登记事项,并依据审定的设立、变动、注销情况予以核发、换发或收回《企业产权登记证》,依据年度检查情况签署产权登记年度检查意见。

第四十二条 事业单位所办企业占有、使用国有资产状况以按照规定最近一次办理产权登记时财政部门审定的数额为准。

第四十三条 事业单位所办企业有下列行为之一的,财政部门应当要求其更正,拒不更正的,财政部门不予办理产权登记：

（一）填报产权登记表的内容或提交的文件、证件及有关资料违反法律、法规或不符合本办法要求的；

（二）以实物或无形资产出资,未按照国家有关规定进行资产评估或依法折股的,或者未按照规定办理资产评估项目核准或备案的；

（三）事业单位所办企业的对外投资、产权变动行为违反法律、法规和国家有关政策规定,使国有资产权益受到侵害的；

（四）其他违反法律法规情形的。

第四十四条 未及时办理产权登记的企业在补办产权登记时,应当书面说明原因和具体情况。

以事业单位所办企业的资产设置抵押、质押、留置或提供保证、定金以及资产被司法机关冻结的,应当在申请办理产权登记时如实向财政部门、主管部门、事业单位报告。

事业单位所办企业中,已设置抵押、质押、留置或提供保证、定金的资产用于投资或产权转让的,应当符合《中华人民共和国担保法》等有关法律、法规的规定,否则不予登记。

第四十五条 未办理占有产权登记的事业单位所办企业依法被注销时,应当先补办占有产权登记,再按照本办法的规定申请办理注销产权登记。

未办理占有产权登记的企业,补办占有产权登记时,应当提交企业设立和自企业设立至补办占有产权登记时发生的历次产权变动的文件、证件及有关资料。

第四十六条 产权归属关系不清楚、发生产权纠纷或资产被司法机关冻结的,应当暂缓办理产权登记,并在产权界定清楚、产权纠纷处理完毕或资产被司法机关解冻后,及时办理产权登记。

第四十七条 新设立的事业单位所办企业依据财政部门审定的产权登记表向工商行政管理部门申办企业法人登记后三十日内到财政部门领取《企业产权登记证》正本、副本,同时提交《企业法人营业执照》副本复印件。

财政部门核准事业单位所办企业注销产权登记后,应当及时收回被注销的《企业产权登记证》正本、副本。

第四节 年度检查

第四十八条 事业单位所办企业产权登记实行年度检查制度。各级财政部门应当在已办理相关产权登记的基础上,对事业单位所办企业产权登记实行年度检查。

第四十九条 事业单位所办企业应当于每个公历年度终了后四个月内,在办理工商年检登

记之前,向同级财政部门申请办理产权登记年度检查。主要内容包括:

(一)出资人的资金实际到位情况;
(二)企业经营收益和国有出资人收益情况;
(三)企业对外投资收益情况;
(四)财政部门规定的其他情况。

第五十条 事业单位所办企业办理年度检查应当填报《企业国有资产产权登记表(年度检查)》,并提交下列文件、证件及有关资料:

(一)申办产权登记年度检查的申请;
(二)经审计的企业上一年度财务报告;
(三)企业的《企业产权登记证》副本和《企业法人营业执照》复印件;
(四)企业国有资产经营年度报告书;
(五)财政部门要求提交的其他文件、证件及有关资料。

第五十一条 企业国有资产经营年度报告书是反映企业在检查年度内国有资产经营状况和产权变动情况的书面文件。主要报告以下内容:

(一)企业国有资产保值增值情况;
(二)企业国有资本金实际到位和增减变动情况;
(三)企业及其所属各级子公司等发生产权变动,是否及时办理相应产权登记手续的情况;
(四)企业对外投资及投资收益情况;
(五)企业及其子公司提供保证、定金或设置抵押、质押、留置以及资产被司法机关冻结等产权或有变动情况;
(六)企业及其所属各级子公司等涉及国有产权分立、合并、改制上市等重大情况;
(七)其他需要说明的问题。

第五十二条 主管部门应当于每个公历年度终了后五个月内,编制并向同级财政部门报送事业单位所办企业产权登记和产权变动情况分析报告。

财政部门应当于每个公历年度终了后六个月内,编制并向同级政府和上级财政部门报送事业单位所办企业产权登记和产权变动情况分析报告。

第五十三条 事业单位所办企业应当按照财政部门的规定及时办理年度检查。财政部门在年度检查中发现未及时办理产权登记的,应当督促其按照本办法的规定补办产权登记。未补办产权登记的,其年度检查不予通过。

不按照规定办理年度检查或年度检查未通过的,应当限期办理或改正,逾期仍未办理或改正的,暂停办理其涉及资产管理的财政审批事项。

第五十四条 产权登记年度检查情况不作为确定企业国有产权归属的法律依据。企业不得以年度检查代替产权登记。

第四章 产权登记档案管理

第五十五条 财政部门、主管部门、事业单位及其所办企业应当妥善保管《事业单位产权登记证》、《企业产权登记证》和各类产权登记表,建立产权登记档案。

产权登记实行信息化管理。产权登记管理信息系统是产权登记档案管理的重要手段,是行政事业资产管理信息系统的重要组成部分。财政部门、主管部门、事业单位及其所办企业应当根据占有、变动、注销产权登记和年度检查情况及时更新产权登记管理信息系统,对产权登记实行动态管理。

第五十六条 《事业单位产权登记证》和《企业产权登记证》是产权登记的法律文件。事业单位及其所办企业应当妥善保管。任何单位和个人不得伪造、涂改、出租、出借,如有遗失或者毁坏的,要及时在主要媒体公告或出具经主管部门、事业单位认定的书面说明后,按照规定向同级财政部门申请补领。

第五十七条 事业单位及其所办企业申请办理产权登记时,应当将所提交的文件、证件及有关资料整理成卷,附加目录清单。未按要求提交规范文件、证件及有关资料的,财政部门不予受理。

第五十八条 因事业单位及其所办企业产权归属关系改变导致管理级次发生变更的,由原同级财政部门将该事业单位及其所办企业产权登记档案材料移交新的同级财政部门。

第五章 监督检查与法律责任

第五十九条 各级财政部门、主管部门应当加强对事业单位及其所办企业产权登记情况的监督检查。对不按照本办法申请办理产权登记和产权登记年度检查的,依照国家有关法律规定追究责任。

第六十条 各级财政部门、主管部门的工作人员在办理产权登记中玩忽职守、徇私舞弊、滥用职权、谋取私利,构成犯罪的,依法追究刑事责任;未构成犯罪的,依法给予行政处分。

第六十一条 事业单位及其所办企业发生国有产权变动而不及时办理产权登记手续或在办理产权登记事项时提供虚假信息等,导致《事业单位产权登记证》或《企业产权登记证》登录的信息与实际情况不符的,事业单位或企业应当承担相应的法律责任。

第六十二条 社会中介机构为企业出具虚假审计、验资报告或有关证明文件的,依照《中华人民共和国注册会计师法》等国家有关法律规定追究责任。

第六章 附 则

第六十三条 社会团体和民办非企业单位及其所办企业中占有、使用国有资产的,参照本办法执行。

参照公务员制度管理,并且执行事业单位财务、会计制度的事业单位和社会团体的产权登记,按照本办法执行。参照公务员制度管理,并且执行行政单位财务、会计制度的事业单位和社会团体的产权登记,按照国家关于行政单位国有资产管理的有关规定办理。

第六十四条 实行企业化管理并执行企业财务、会计制度的事业单位,按照本办法中事业单位所办企业产权登记管理的有关规定办理产权登记事项。执行事业单位财务、会计制度的企业所属事业单位产权登记,按照本办法中事业单位产权登记的有关规定办理。

第六十五条 境外事业单位及其所办企业产权登记办法,由财政部会同有关部门另行制定。

第六十六条 中国人民解放军、武装警察部队以及经国家批准的某些特定行业的事业单位及其所办企业占有、使用国有资产的产权登记管理办法,由解放军总后勤部、武装警察部队和有关主管部门会同财政部另行制定。

第六十七条 对涉及国家安全的事业单位及其所办企业产权登记工作,要按照国家有关保密制度规定,做好保密工作。

第六十八条 财政部门根据具体情况,可以委托有关部门或单位办理事业单位及其所办企业产权登记的部分事项,具体事项由财政部门与有关部门或单位商定。

第六十九条 各省(自治区、直辖市、计划单列市)财政部门可根据本办法,制定本地区事业单位及其所办企业产权登记实施细则,并报财政部备案。

第七十条 本办法由财政部负责解释。

第七十一条 本办法自 2012 年 9 月 5 日起施行。

附:1. 中华人民共和国事业单位国有资产产权登记证(正本)(样本)
  2. 中华人民共和国事业单位国有资产产权登记证(副本)(样本)
  3. 事业单位国有资产产权登记表(占有登记)
  4. 事业单位国有资产产权登记表(变动登记)
  5. 事业单位国有资产产权登记表(注销登记)
  6. 事业单位国有资产产权登记表(年度检查)
  7. 事业单位国有资产产权登记表(证)填报说明
  8. 中华人民共和国企业国有资产产权登记证(正本)(样本)
  9. 中华人民共和国企业国有资产产权登记证(副本)(样本)
  10. 企业国有资产产权登记表(占有登记)
  11. 企业国有资产产权登记表(变动登记)
  12. 企业国有资产产权登记表(注销登记)
  13. 企业国有资产产权登记表(年度检查)
  14. 企业国有资产产权登记表(证)填报说明

六
企业改制

国务院办公厅转发国务院国有资产监督管理委员会关于规范国有企业改制工作意见的通知

国办发〔2003〕96号

各省、自治区、直辖市人民政府，国务院各部委、各直属机构：

　　国务院国有资产监督管理委员会《关于规范国有企业改制工作的意见》已经国务院同意，现转发给你们，请认真贯彻执行。

国务院办公厅
二〇〇三年十一月三十日

关于规范国有企业改制工作的意见

　　党的十五大以来，各地认真贯彻国有经济有进有退、有所为有所不为的方针，积极推进国有经济布局和结构调整，探索公有制的多种有效实现形式和国有企业改制的多种途径，取得了显著成效，积累了宝贵经验。但前一阶段国有企业改制工作中出现了一些不够规范的现象，造成国有资产的流失。国有企业改制是一项政策性很强的工作，涉及出资人、债权人、企业和职工等多方面的利益，既要积极探索，又要规范有序。为全面贯彻落实党中央关于国有经济布局结构调整和国有企业改革的精神，保证国有企业改制工作健康、有序、规范地进行，现提出以下意见：

　　一、健全制度，规范运作

　　（一）批准制度。国有企业改制应采取重组、联合、兼并、租赁、承包经营、合资、转让国有产权和股份制、股份合作制等多种形式进行。国有企业改制，包括转让国有控股、参股企业国有股权或者通过增资扩股来提高非国有股的比例等，必须制订改制方案。方案可由改制企业国有产权持有单位制订，也可由其委托中介机构或者改制企业（向本企业经营管理者转让国有产权的企业和国有参股企业除外）制订。国有企业改制方案需按照《企业国有资产监督管理暂行条例》（国务院令第378号，以下简称《条例》）和国务院国有资产监督管理委员会（以下简称国资委）的有关规定履行决定或批准程序，未经决定或批准不得实施。国有企业改制涉及财政、劳动保障等事项的，需预先报经同级人民政府有关部门审核，批准后报国有资产监督管理机构协调审批；涉及政府社会公共管理审批事项的，依照国家有关法律法规，报经政府有关部门审批；国有资产监督管理机构所出资企业改制为国有股不控股或不参股的企业（以下简称非国有的企业），改制方案需报同级人民政府批准；转让上市公司国有股权审批暂按现行规定办理，并由国资委会同证监会抓紧研究提出完善意见。

　　（二）清产核资。国有企业改制，必须对企业各类资产、负债进行全面认真的清查，做到账、卡、物、现金等齐全、准确、一致。要按照"谁投资、谁所有、谁受益"的原则,核实和界定国有资本金及其权益,其中国有企业借贷资金形成的净资产必须界定为国有产权。企业改制中涉及资产损失认定与处理的,必须按有关规定履行批准程序。改制企业法定代表人和财务负责人对清产核资结果的真实性、准确性负责。

(三)财务审计。国有企业改制,必须由直接持有该国有产权的单位决定聘请具备资格的会计师事务所进行财务审计。凡改制为非国有的企业,必须按照国家有关规定对企业法定代表人进行离任审计。改制企业必须按照有关规定向会计师事务所或政府审计部门提供有关财务会计资料和文件,不得妨碍其办理业务。任何人不得授意、指使、强令改制企业会计机构、会计人员提供虚假资料文件或违法办理会计事项。

(四)资产评估。国有企业改制,必须依照《国有资产评估管理办法》(国务院令第91号)聘请具备资格的资产评估事务所进行资产和土地使用权评估。国有控股企业进行资产评估,要严格履行有关法律法规规定的程序。向非国有投资者转让国有产权的,由直接持有该国有产权的单位决定聘请资产评估事务所。企业的专利权、非专利技术、商标权、商誉等无形资产必须纳入评估范围。评估结果由依照有关规定批准国有企业改制和转让国有产权的单位核准。

(五)交易管理。非上市企业国有产权转让要进入产权交易市场,不受地区、行业、出资和隶属关系的限制,并按照《企业国有产权转让管理暂行办法》的规定,公开信息,竞价转让。具体转让方式可以采取拍卖、招投标、协议转让以及国家法律法规规定的其他方式。

(六)定价管理。向非国有投资者转让国有产权的底价,或者以存量国有资产吸收非国有投资者投资时国有产权的折股价格,由依照有关规定批准国有企业改制和转让国有产权的单位决定。底价的确定主要依据资产评估的结果,同时要考虑产权交易市场的供求状况、同类资产的市场价格、职工安置、引进先进技术等因素。上市公司国有股转让价格在不低于每股净资产的基础上,参考上市公司盈利能力和市场表现合理定价。

(七)转让价款管理。转让国有产权的价款原则上应当一次结清。一次结清确有困难的,经转让和受让双方协商,并经依照有关规定批准国有企业改制和转让国有产权的单位批准,可采取分期付款的方式。分期付款时,首期付款不得低于总价款的30%,其余价款应当由受让方提供合法担保,并在首期付款之日起一年内支付完毕。转让国有产权的价款优先用于支付解除劳动合同职工的经济补偿金和移交社会保障机构管理职工的社会保险费,以及偿还拖欠职工的债务和企业欠缴的社会保险费,剩余价款按照有关规定处理。

(八)依法保护债权人利益。国有企业改制要征得债权金融机构同意,保全金融债权,依法落实金融债务,维护其他债权人的利益。要严格防止利用改制逃废金融债务,金融债务未落实的企业不得进行改制。

(九)维护职工合法权益。国有企业改制方案和国有控股企业改制为非国有的企业的方案,必须提交企业职工代表大会或职工大会审议,充分听取职工意见。其中,职工安置方案需经企业职工代表大会或职工大会审议通过后方可实施改制。改制为非国有的企业,要按照有关政策处理好改制企业与职工的劳动关系。改制企业拖欠职工的工资、医疗费和挪用的职工住房公积金以及企业欠缴的社会保险费等要按有关规定予以解决。改制后的企业要按照有关规定按时足额交纳社会保险费,及时为职工接续养老、失业、医疗、工伤、生育等各项社会保险关系。

(十)管理层收购。向本企业经营管理者转让国有产权必须严格执行国家的有关规定,以及本指导意见的各项要求,并需按照有关规定履行审批程序。向本企业经营管理者转让国有产权方案的制订,由直接持有该企业国有产权的单位负责或其委托中介机构进行,经营管理者不得参与转让国有产权的决策、财务审计、离任审计、清产核资、资产评估、底价确定等重大事项,严禁自卖自买国有产权。经营管理者筹集收购国有产权的资金,要执行《贷款通则》的有关规定,不得向包括本企业在内的国有及国有控股企业借款,不得以这些企业的国有产权或实物资产作标的物为融资提供保证、抵押、质押、贴现等。经营管理者对企业经营业绩下降负有责任的,不得参与收购本企业国有产权。

二、严格监督,追究责任

各级监察机关、国有资产监督管理机构和其他有关部门,要加强联系、密切配合,加大对国有企业改制工作的监督检查力度。通过建立重要事项通报制度和重大案件报告制度,以及设立并公布举报电话和信箱等办法,及时发现和严肃查处国有企业改制中的违纪违法案件。对国有资产监督管理机构工作人员、企业领导人员利用改制之机转移、侵占、侵吞国有资产的,隐匿资产、提供虚假会计资料造成国有资产流失的,营私舞弊、与买方串通低价转让国有产权的,严重失职、违规操作、损害国家和群众利益的,要进行认真调查处理。其中涉嫌犯罪的,依法移交司法机关处理;造成国有资产损失的,按照《条例》的规定,追究有关责任人的赔偿责任。对中介机构弄虚作假、提供虚假审计报告、故意压低评估价格等违规违法行为,要加大惩处力度;国有资产监督管理机构和国有及国有控股企业不得再聘请该中介机构及其责任人从事涉及国有及国有控股企业的中介活动。

为加快建设和完善产权交易市场体系,确保产权交易公开、公平、公正,由法制办会同国资委、财政部等有关部门研究有关产权交易市场的法规和监管制度,各地依照法律法规及有关规定,根据实际情况制订具体实施细则。

三、精心组织,加强领导

(一)全面准确理解国有经济布局和结构调整战略方针,坚持党的十六大提出的必须毫不动摇地巩固和发展公有制经济,必须毫不动摇地鼓励、支持和引导非公有制经济发展的方针。国有企业改制要坚持国有经济控制重要行业和关键领域,提高国有经济的控制力、影响力和带动力。在其他行业和领域,国有企业通过重组改制、结构调整、深化改革、转换机制,在市场竞争中实现优胜劣汰。

(二)在国有企业改制工作中,各地区要防止和纠正不顾产权市场供求状况及其对价格形成的影响作用、不计转让价格和收益,下指标、限时间、赶进度,集中成批向非国有投资者转让国有产权的做法。防止和避免人为造成买方市场、低价处置和贱卖国有资产的现象。

(三)国有企业改制要从企业实际出发,着眼于企业的发展。要建立竞争机制,充分考虑投资者搞好企业的能力,选择合格的投资者参与国有企业改制,引入资金、技术、管理、市场、人才等资源增量,推动企业制度创新、机制转换、盘活资产、扭亏脱困和增加就业,促进企业加快发展。

(四)地方各级人民政府及其国有资产监督管理机构、国有及国有控股企业,要高度重视国有企业改制工作,全面理解和正确贯彻党中央、国务院有关精神,切实负起责任,加强组织领导。要从实际出发,把握好改制工作的力度和节奏。在国有企业改制的每一个环节都要做到依法运作,规范透明,落实责任。上级国有资产监督管理机构要加强对下级国有资产监督管理机构的指导和监督,及时总结经验,发现和纠正国有企业改制工作中存在的问题,促进国有资产合理流动和重组,实现国有资产保值增值,更好地发挥国有经济的主导作用。

国务院办公厅转发国资委关于进一步规范国有企业改制工作实施意见的通知

国办发〔2005〕60号

各省、自治区、直辖市人民政府,国务院各部委、各直属机构:

国资委《关于进一步规范国有企业改制工作的实施意见》已经国务院同意,现转发给你们,请认真贯彻执行。

国务院办公厅
二〇〇五年十二月十九日

关于进一步规范国有企业改制工作的实施意见

国 资 委

《国务院办公厅转发国务院国有资产监督管理委员会关于规范国有企业改制工作意见的通知》(国办发〔2003〕96号)印发以来,各地区、各有关部门加强组织领导,认真贯彻落实,规范国有企业改制工作取得了重大进展。但在实际工作中还存在改制方案不完善、审批不严格,清产核资、财务审计、资产评估和产权转让不规范,对维护职工合法权益重视不够等问题。为确保国有企业改制工作健康发展,防止国有资产流失,维护职工合法权益,现就进一步规范国有企业改制工作提出以下意见:

一、严格制订和审批企业改制方案

(一)认真制订企业改制方案。改制方案的主要内容应包括:改制的目的及必要性,改制后企业的资产、业务、股权设置和产品开发、技术改造等;改制的具体形式;改制后形成的法人治理结构;企业的债权、债务落实情况;职工安置方案;改制的操作程序,财务审计、资产评估等中介机构和产权交易市场的选择等。

(二)改制方案必须明确保全金融债权,依法落实金融债务,并征得金融机构债权人的同意。审批改制方案的单位(包括各级人民政府、各级国有资产监督管理机构及其所出资企业、各级国有资产监督管理机构以外有权审批改制方案的部门及其授权单位,下同)应认真审查,严格防止企业利用改制逃废金融债务,对未依法保全金融债权、落实金融债务的改制方案不予批准。

(三)企业改制中涉及企业国有产权转让的,应严格按照国家有关法律法规以及《企业国有产权转让管理暂行办法》(国资委、财政部令第3号)、《关于印发〈企业国有产权向管理层转让暂行规定〉的通知》(国资发产权〔2005〕78号)及相关配套文件的规定执行。拟通过增资扩股实施改制的企业,应当通过产权交易市场、媒体或网络等公开企业改制有关情况、投资者条件等信息,择优选择投资者;情况特殊的,经国有资产监督管理机构批准,可通过向多个具备相关资质条件的潜在投资者提供信息等方式,选定投资者。企业改制涉及公开上市发行股票的,按照《中华人民共和国证券法》等有关法律法规执行。

(四)企业改制必须对改制方案出具法律意见书。法律意见书由审批改制方案的单位的法律顾问或该单位决定聘请的律师事务所出具,拟改制为国有控股企业且职工(包括管理层)不持有本企业股权的,可由审批改制方案的单位授权该企业法律顾问出具。

(五)国有企业改制方案需按照《企业国有资产监督管理暂行条例》(国务院令第378号)和国务院国有资产监督管理委员会的有关规定履行决定或批准程序,否则不得实施改制。国有企业改制涉及财政、劳动保障等事项的,须预先报经同级人民政府有关部门审核,批准后报国有资产监督管理机构协调审批;涉及政府社会公共管理审批事项的,依照国家有关法律法规,报经政府有关部门审批;国有资产监督管理机构所出资企业改制为非国有企业(国有股不控股及不参股的企业),改制方案须报同级人民政府批准。

(六)审批改制方案的单位必须按照权利、义务、责任相统一的原则,建立有关审批的程序、权限、责任等制度。

(七)审批改制方案的单位必须就改制方案的审批及清产核资、财务审计、资产评估、进场交易、定价、转让价款、落实债权、职工安置方案等重要资料建立档案管理制度,改制企业的国有产权持有单位要妥善保管相关资料。

二、认真做好清产核资工作

(一)企业改制要按照有关规定进行清产核资。要切实对企业资产进行全面清理、核对和查实,盘点实物、核实账目,核查负债和所有者权益,做好各类应收及预付账款、各项对外投资、账外资产的清查,做好有关抵押、担保等事项的清理工作,按照国家规定调整有关账务。

(二)清产核资结果经国有产权持有单位审核认定,并经国有资产监督管理机构确认后,自清产核资基准日起2年内有效,在有效期内企业实施改制不再另行组织清产核资。

(三)企业实施改制仅涉及引入非国有投资者少量投资,且企业已按照国家有关规定规范进行会计核算的,经本级国有资产监督管理机构批准,可不进行清产核资。

三、加强对改制企业的财务审计和资产评估

(一)企业实施改制必须由审批改制方案的单位确定的中介机构进行财务审计和资产评估。确定中介机构必须考察和了解其资质、信誉及能力;不得聘请改制前两年内在企业财务审计中有违法、违规记录的会计师事务所和注册会计师;不得聘请参与该企业上一次资产评估的中介机构和注册资产评估师;不得聘请同一中介机构开展财务审计与资产评估。

(二)财务审计应依据《中国注册会计师独立审计准则》等有关规定实施。其中,依据国家有关规定计提的各项资产减值准备,必须由会计师事务所逐笔逐项审核并出具专项意见,与审计报告一并提交国有产权持有单位作为改制方案依据,其中不合理的减值准备应予调整。国有独资企业实施改制,计提各项资产减值准备和已核销的各项资产损失凡影响国有产权转让价或折股价的,该计提减值准备的资产和已核销的各项资产损失必须交由改制企业的国有产权持有单位负责处理,国有产权持有单位应采取清理追缴等监管措施,落实监管责任,最大程度地减少损失。国有控股企业实施改制,计提各项减值准备的资产和已核销的各项资产损失由国有产权持有单位与其他股东协商处理。

(三)国有独资企业实施改制,自企业资产评估基准日到企业改制后进行工商变更登记期间,因企业盈利而增加的净资产,应上交国有产权持有单位,或经国有产权持有单位同意,作为改制企业国有权益;因企业亏损而减少的净资产,应由国有产权持有单位补足,或者由改制企业用以后年度国有股份应得的股利补足。国有控股企业实施改制,自企业资产评估基准日到改制后工商变更登记期间的净资产变化,应由改制前企业的各产权持有单位协商处理。

(四)改制为非国有的企业,必须在改制前由国有产权持有单位组织进行法定代表人离任审计,不得以财务审计代替离任审计。离任审计应依照国家有关法律法规和《中央企业经济责任审计管理暂行办法》(国资委令第7号)及相关配套规定执行。财务审计和离任审计工作应由两家会计师事务所分别承担,分别出具审计报告。

(五)企业改制涉及土地使用权的,必须经土地确权登记并明确土地使用权的处置方式。进入企业改制资产范围的土地使用权必须经具备土地估价资格的中介机构进行评估,并按国家有关规定备案。涉及国有划拨土地使用权的,必须按照国家土地管理有关规定办理土地使用权处置审批手续。

(六)企业改制涉及探矿权、采矿权有关事项的,依照国家有关法律以及《探矿权、采矿权转让管理办法》(国务院令第242号)、国土资源部《关于印发〈探矿权采矿权招标拍卖挂牌管理办法(试行)〉的通知》(国土资发〔2003〕197号)、财政部、国土资源部《关于印发〈探矿权采矿权价款转增国家资本管理办法〉的通知》(财建〔2004〕262号)等有关规定执行。企业改制必须由国土资源主管部门明确探矿权、采矿权的处置方式,但不得单独转让探矿权、采矿权,涉及由国家出资形成的探矿权、采矿权的,应当按照国家有关规定办理处置审批手续。进入企业改制资产范围的探矿权、采矿权,必须经具有矿业权评估资格的中介机构进行评估作价(采矿权评估结果报国土资源主管部门确认)并纳入企业整体资产中,由审批改制方案的单位商国土资源主管部门审批后处置。

(七)没有进入企业改制资产范围的实物资产和专利权、非专利技术、商标权、土地使用权、探矿权、采矿权、特许经营权等资产,改制后的企业不得无偿使用;若需使用的,有偿使用费或租赁费计算标准应参考资产评估价或同类资产的市场价确定。

(八)非国有投资者以实物资产和专利权、非专利技术、商标权、土地使用权、探矿权、采矿权、特许经营权等资产评估作价参与企业改制,由国有产权持有单位和非国有投资者共同认可的中介机构,对双方进入改制企业的资产按同一基准日进行评估;若一方资产已经评估,可由另一方对资产评估结果进行复核。

(九)在清产核资、财务审计、离任审计、资产评估、落实债务、产权交易等过程中发现造成国有资产流失、逃废金融债务等违法违纪问题的,必须暂停改制并追查有关人员的责任。

四、切实维护职工的合法权益

(一)改制方案必须提交企业职工代表大会或职工大会审议,并按照有关规定和程序及时向广大职工群众公布。应当向广大职工群众讲清楚国家关于国有企业改革的方针政策和改制的规定,讲清楚改制的必要性、紧迫性以及企业的发展思路。在改制方案制订过程中要充分听取职工群众意见,深入细致地做好思想工作,争取广大职工群众对改制的理解和支持。

(二)国有企业实施改制前,原企业应当与投资者就职工安置费用、劳动关系接续等问题明确相关责任,并制订职工安置方案。职工安置方案必须经职工代表大会或职工大会审议通过,企业方可实施改制。职工安置方案必须及时向广大职工群众公布,其主要内容包括:企业的人员状况及分流安置意见;职工劳动合同的变更、解除及重新签订办法;解除劳动合同职工的经济补偿金支付办法;社会保险关系接续;拖欠职工的工资等债务和企业欠缴的社会保险费处理办法等。

(三)企业实施改制时必须向职工群众公布企业总资产、总负债、净资产、净利润等主要财务指标的财务审计、资产评估结果,接受职工群众的民主监督。

(四)改制为国有控股企业的,改制后企业继续履行改制前企业与留用的职工签订的劳动合同;留用的职工在改制前企业的工作年限应合并计算为在改制后企业的工作年限;原企业不得向继续留用的职工支付经济补偿金。改制为非国有企业的,要严格按照有关法律法规和政策处理好改制企业与职工的劳动关系。对企业改制时解除劳动合同且不再继续留用的职工,要支付经济补偿金。企业国有产权持有单位不得强迫职工将经济补偿金等费用用于对改制后企业的投资或借给改制后企业(包括改制企业的投资者)使用。

(五)企业改制时,对经确认的拖欠职工的工资、集资款、医疗费和挪用的职工住房公积金以及企业欠缴社会保险费,原则上要一次性付清。改制后的企业要按照有关规定,及时为职工接续养老、失业、医疗、工伤、生育等各项社会保险关系,并按时为职工足额交纳各种社会保险费。

五、严格控制企业管理层通过增资扩股持股

(一)本意见所称"管理层"是指国有及国有控股企业的负责人以及领导班子的其他成员;本意见所称"管理层通过增资扩股持股",不包括对管理层实施的奖励股权或股票期权。

(二)国有及国有控股大型企业实施改制,应严格控制管理层通过增资扩股以各种方式直接或间接持有本企业的股权。为探索实施激励与约束机制,经国有资产监督管理机构批准,凡通过公开招聘、企业内部竞争上岗等方式竞聘上岗或对企业发展作出重大贡献的管理层成员,可通过增资扩股持有本企业股权,但管理层的持股总量不得达到控股或相对控股数量。国有及国有控股企业的划型标准按照统计局《关于印发〈统计上大中小型企业划分办法(暂行)〉的通知》(国统字〔2003〕17号)和原国家经贸委、原国家计委、财政部、统计局《关于印发中小企业标准暂行规定的通知》(国经贸中小企〔2003〕143号)规定的分类标准执行。

(三)管理层成员拟通过增资扩股持有企业股权的,不得参与制订改制方案、确定国有产权折股价、选择中介机构,以及清产核资、财务审计、离任审计、资产评估中的重大事项。管理层持股必须提供资金来源合法的相关证明,必须执行《贷款通则》的有关规定,不得向包括本企业在内的国有及国有控股企业借款,不得以国有产权或资产作为标的物通过抵押、质押、贴现等方式筹集资金,也不得采取信托或委托等方式间接持有企业股权。

(四)存在下列情况之一的管理层成员,不得通过增资扩股持有改制企业的股权:

1. 经审计认定对改制企业经营业绩下降负有直接责任的;
2. 故意转移、隐匿资产,或者在改制过程中通过关联交易影响企业净资产的;
3. 向中介机构提供虚假资料,导致审计、评估结果失真,或者与有关方面串通,压低资产评估值以及国有产权折股价的;
4. 违反有关规定,参与制订改制方案、确定国有产权折股价、选择中介机构,以及清产核资、财务审计、离任审计、资产评估中重大事项的;
5. 无法提供持股资金来源合法相关证明的。

(五)涉及管理层通过增资扩股持股的改制方案,必须对管理层成员不再持有企业股权的有关事项作出具体规定。

(六)管理层通过增资扩股持有企业股权后涉及该企业所持上市公司国有股性质变更的,按国家有关规定办理。

六、加强对改制工作的领导和管理

(一)除国有大中型企业实施主辅分离、辅业改制,通过境内外首次公开发行股票并上市改制为国有控股企业,以及国有控股的上市公司增资扩股和收购资产按国家其他规定执行外,凡符合以下情况之一的,须执行国办发〔2003〕96号文件和本意见的各项规定:

1. 国有及国有控股企业(包括其全资、控股子企业,下同)增量引入非国有投资,或者国有及国有控股企业的国有产权持有单位向非国有投资者转让该企业国有产权的。

2. 国有及国有控股企业以其非货币资产出资与非国有投资者共同投资设立新公司,并因此安排原企业部分职工在新公司就业的。

国有及国有控股企业以现金出资与非国有投资者共同投资设立新公司,并因此安排原企业部分职工在新公司就业的,执行国办发〔2003〕96号文件和本意见除清产核资、财务审计、资产评估、定价程序以外的其他各项规定。

3. 各级国有资产监督管理机构作出其他有关规定的。对由国有资产监督管理机构以外的其他部门履行出资人职责的企业,由相关部门规定。

(二) 国有产权持有单位应与非国有投资者协商签订合同、协议,维护职工合法权益,防止国有资产流失,确保进入改制后企业的国有资产保值增值。对需要在改制后履行的合同、协议,国有产权持有单位应负责跟踪、监督、检查,确保各项条款执行到位。改制后的国有控股企业应当建立现代企业制度,完善法人治理结构,制订明确的企业发展思路和转换机制方案,加快技术进步,加强内部管理,提高市场竞争力。企业在改制过程中要重视企业工会组织的建设,充分发挥工会组织的作用。

(三) 地方各级人民政府及其国有资产监督管理机构、国有及国有控股企业,要全面理解和正确贯彻落实党中央、国务院关于国有企业改革的方针、政策和措施。切实加强对国有企业改制工作的组织领导,严格执行有关改制的各项规定,认真履行改制的各项工作程序,有效防止国有资产流失。加强对改制企业落实职工安置方案的监督检查,切实维护职工的合法权益。地方政府及有关部门要关心改制后企业的改革和发展,督促落实改制措施,帮助解决遇到的困难和问题,为改制企业发展创造良好的环境和条件。地方各级人民政府要充分考虑企业、职工和社会的承受能力,妥善处理好原地方政策与现有政策的衔接,防止引发新的矛盾。各级国有资产监督管理机构要加强对国办发〔2003〕96号文件、本意见和国资委、财政部令第3号等有关规定贯彻执行情况的监督检查,及时总结经验,发现和纠正改制工作中存在的问题,促进国有企业改制工作健康、有序、规范发展。

国务院办公厅转发国资委关于推进国有资本调整和国有企业重组指导意见的通知

国办发〔2006〕97号

各省、自治区、直辖市人民政府,国务院各部委、各直属机构:

国资委《关于推进国有资本调整和国有企业重组的指导意见》已经国务院同意,现转发给你们,请认真贯彻执行。

国务院办公厅
二〇〇六年十二月五日

关于推进国有资本调整和国有企业重组的指导意见

国 资 委

近年来,国有资产管理体制改革取得重大突破,国有经济布局和结构调整取得重要进展,国有企业改革不断深化,经济效益显著提高,对完善社会主义市场经济体制、促进国民经济持续快速健康发展,发挥了重要作用。但从整体上看,国有经济分布仍然过宽,产业布局和企业组织结构不尽合理,一些企业主业不够突出,核心竞争力不强。实行国有资本调整和国有企业重组,完善国有资本有进有退、合理流动的机制,是经济体制改革的一项重大任务。为贯彻落实党的十六届三中、五中全会精神,根据《国务院关于2005年深化经济体制改革的意见》(国发〔2005〕9号),现就国有资本调整和国有企业重组提出以下意见:

一、国有资本调整和国有企业重组的基本原则和主要目标

(一)基本原则:一是坚持公有制为主体、多种所有制经济共同发展的基本经济制度。毫不动摇地巩固和发展公有制经济,增强国有经济的控制力、影响力、带动力,发挥国有经济的主导作用。毫不动摇地鼓励、支持和引导非公有制经济发展,鼓励和支持个体、私营等非公有制经济参与国有资本调整和国有企业重组。二是坚持政府引导和市场调节相结合,充分发挥市场配置资源的基础性作用。三是坚持加强国有资产监管,严格产权交易和股权转让程序,促进有序流动,防止国有资产流失,确保国有资产保值增值。四是坚持维护职工合法权益,保障职工对企业重组、改制等改革的知情权、参与权、监督权和有关事项的决定权,充分调动和保护广大职工参与国有企业改革重组的积极性。五是坚持加强领导,统筹规划,慎重决策,稳妥推进,维护企业正常的生产经营秩序,确保企业和社会稳定。

(二)主要目标:进一步推进国有资本向关系国家安全和国民经济命脉的重要行业和关键领域(以下简称重要行业和关键领域)集中,加快形成一批拥有自主知识产权和知名品牌、国际竞争力较强的优势企业;加快国有大型企业股份制改革,完善公司法人治理结构,大力发展国有资本、集体资本和非公有资本等参股的混合所有制经济,实现投资主体多元化,使股份制成为公有制的主要实现形式;大多数国有中小企业放开搞活;到2008年,长期积累的一批资不抵债、扭亏无望的国有企业政策性关闭破产任务基本完成;到2010年,国资委履行出资人职责的企业(以下简称中央企业)调整和重组至80~100家。

二、主要政策措施

(三)推动国有资本向重要行业和关键领域集中,增强国有经济控制力,发挥主导作用。重要行业和关键领域主要包括:涉及国家安全的行业,重大基础设施和重要矿产资源,提供重要公共产品和服务的行业,以及支柱产业和高新技术产业中的重要骨干企业。有关部门要抓紧研究确定具体的行业和领域,出台相应的产业和企业目录。鼓励非公有制企业通过并购和控股、参股等多种形式,参与国有企业的改组改制改造。对需要由国有资本控股的企业,要区别不同情况实行绝对控股和相对控股;对不属于重要行业和关键领域的国有资本,按照有进有退、合理流动的原则,实行依法转让,防止国有资产流失。对国有资产转让收益,应严格按照国家有关政策规定进行使用和管理。

(四)加快国有企业的股份制改革。除了涉及国家安全的企业、必须由国家垄断经营的企业

和专门从事国有资产经营管理的公司外,国有大型企业都要逐步改制成为多元股东的公司。对于因各种原因不能进入股份制公司的存续企业,要加大改革与重组的力度,改革重组工作可继续由母公司负责,也可交由国有资产经营管理公司等其他国有企业负责。

(五)大力推进改制上市,提高上市公司质量。积极支持资产或主营业务资产优良的企业实现整体上市,鼓励已经上市的国有控股公司通过增资扩股、收购资产等方式,把主营业务资产全部注入上市公司。要认真贯彻落实《国务院批转证监会关于提高上市公司质量意见的通知》(国发〔2005〕34号)要求,对上市公司控股股东以借款、提供担保、代偿债务、代垫款项等各种名目侵占上市公司资金的,有关国有资产监管机构应当加大督促、协调力度,促使其按期全部偿还上市公司资金;对不能按期偿还的,应按照法律和相关规定,追究有关责任人的行政和法律责任。同时,要建立长效机制,严禁侵占上市公司资金。

(六)积极鼓励引入战略投资者。引入战略投资者要有利于增强企业技术创新能力,提高产品的档次和水平,改善经营管理,促进企业持续发展。引入境外战略投资者,要以维护国家经济安全、国防安全和产业安全为前提,防止产生垄断,切实保护企业的自主知识产权和知名品牌,推动企业开发新产品。

(七)放开搞活国有中小企业,建立劣势企业退出市场的机制。采取改组、联合、兼并、租赁、承包经营、合资、转让国有权和股份制、股份合作制等多种形式,继续放开搞活国有中小企业。对长期亏损、资不抵债、不能清偿到期债务的企业和资源枯竭的矿山实施依法破产,对符合有关条件的严格按照有关规定抓紧实施政策性关闭破产。

(八)加快国有大型企业的调整和重组,促进企业资源优化配置。依法推进国有企业强强联合,强强联合要遵循市场规律,符合国家产业政策,有利于资源优化配置,提高企业的规模经济效应,形成合理的产业集中度,培育一批具有国际竞争力的特大型企业集团。在严格执行国家相关行业管理规定和市场规则的前提下,继续推进和完善电信、电力、民航等行业的改革重组。对不具备优势的国有企业,应采取多种方式,大力推动其并入优势国有大企业,以减少污染、节约资源、保障安全生产、提高效率。优势国有大企业要通过增加投资以及资产、业务整合等措施,充分发挥资产的整体效能,促进重组后的企业加快发展。

(九)积极推动应用技术研究院所(以下简称研究院所)与相关生产企业(包括大型工程承包企业)的重组。鼓励研究院所与相关生产企业重组,实现研发与生产相互促进、共同发展,提高企业的技术创新能力。积极探索研究院所与生产企业重组的有效途径和形式,可以由一家生产企业与研究院所重组,也可以由多家生产企业共同参与研究院所股份制改革。对主要担负基础研究、行业产品和技术监督检测的研究院所,应尽量由多家生产企业共同参与其股份制改革,并采取相应措施,确保其正常运行和发展。

(十)加大对亏损企业国有资本的调整力度。对有望扭亏的国有企业,要采取措施限期扭亏,对由于经营管理不善造成亏损的,要撤换负有责任的企业负责人。对不属于重要行业和关键领域的亏损企业,短期内难以扭亏的,可以向各类投资主体转让,或与其他国有企业进行重组。要依照有关政策,对重要行业和关键领域亏损严重的重要企业,区别不同情况,采取多种方式和途径,推动其改革重组,促进企业发展,并确保国有资本控股。

(十一)围绕突出主业,积极推进企业非主业资产重组。要通过多种途径,使部分企业非主业资产向主业突出的企业集中,促进企业之间非主业资产的合理流动。对非主业资产的中小企业,可采取多种形式放开搞活,符合主辅分离、辅业改制政策要求的,要加快主辅分离、辅业改制、分流安置富余人员的步伐。

(十二)加快国有大型企业内部的重组。要简化企业组织机构,对层级过多的下属企业进行清理、整合,通过关闭、破产、撤销、合并、取消企业法人资格等措施,原则上将管理层次控制在三级以内。要完善大企业的母子公司体制,强化母公司在战略管理、资本运作、结构调整、财务控制、风险防范等方面的功能,通过对业务和资产的调整或重组,发挥企业整体优势,实现专业化和规模化经营。

(十三)加快建立国有资本经营预算制度。国有资本经营预算要重点围绕国有资本调整和国有企业重组的方向和目标,统筹使用好国有资本收益,保障和促进企业结构调整和技术进步,提高企业核心竞争力。

(十四)促进中央企业和地方人民政府所出资企业(以下简称地方企业)之间的重组。对不属于重要行业和关键领域的中央企业,下放地方管理有利于发挥地方优势、有利于与地方企业重组提高竞争力的,在征得地方人民政府同意并报经国务院批准后,可以将其交由地方国有资产监管机构或地方企业管理;地方企业并入中央企业有利于优势互补的,在征得地方人民政府同意后,可以将其并入中央企业。鼓励中央企业和地方企业之间通过股权并购、股权置换、相互参股等方式进行重组。在地方企业之间,也应按此要求促进重组。

三、规范改制重组行为,切实加强组织领导

(十五)进一步规范企业改制方案的审批工作。国有独资企业引入非国有投资者的改制方案和国有控股企业改制为国有资本不控股或不参股企业的方案,必须按照《国务院办公厅转发国务院国有资产监督管理委员会关于规范国有企业改制工作意见的通知》(国办发〔2003〕96号)、《国务院办公厅转发国资委关于进一步规范国有企业改制工作实施意见的通知》(国办发〔2005〕60号)以及企业国有产权转让等有关规定严格审批。企业改制涉及财政、劳动保障等事项的,须报经同级人民政府有关部门审核同意后,报国有资产监管机构协调审批;涉及政府公共管理审批事项的,依照国家有关法律法规,报政府有关部门审批。要充分发挥企业职工代表大会和工会的作用,国有独资企业引入非国有投资者的改制方案和国有控股企业改制为国有资本不控股或不参股企业的方案,必须提交企业职工代表大会或职工大会审议,充分听取职工意见;职工安置方案须经企业职工代表大会或职工大会审议通过后方可实施改制。

(十六)完善国有及国有控股企业之间重组的审批程序。对国有及国有控股企业之间的重组,国家已有规定的按规定程序审批,未作规定但因重组致使国有资产监管机构所出资企业减少或者增加的,由国有资产监管机构报本级人民政府审批,其余重组方案由国有资产监管机构审批。具体重组方案应及时向职工代表大会通报。

(十七)进一步统一认识。各地区、各有关部门要深入学习、全面理解、认真贯彻落实党中央、国务院关于深化国有企业改革、调整国有经济布局和结构的精神,提高对国有资本调整和国有企业重组重要性、紧迫性、复杂性的认识。国有及国有控股企业负责人要正确处理国家、企业、个人之间的利益关系,服从国有资本调整和国有企业重组的大局,积极拥护、支持国有资本调整和国有企业重组。要严格执行国家产业政策和行业规划,对涉及国家产业政策和行业规划的重大国有资本调整和国有企业重组事项,国有资产监管机构应会同相关行业主管部门和有关地方政府共同研究决策。

(十八)切实加强组织领导。地方各级人民政府和国有资产监管机构要高度重视推进国有资本调整和国有企业重组工作,搞好调查研究和可行性分析,充分听取各方面的意见,从本地区实际出发,统筹规划,加强领导,周密部署,积极稳妥地推进,维护企业正常的生产经营秩序,确保企业和社会稳定。国资委和有关部门要加强调研、监督和指导,掌握各地工作动态,及时对国有资本调整和国有企业重组中的重大问题研究提出政策建议。国有及国有控股企业要充分发挥企业党组织的政治核心作用尤其是保证监督、宣传引导、协调服务等作用,精心组织实施,深入细致地做好职工的思想政治工作,维护职工合法权益,确保国有资本调整和国有企业重组的顺利进行。

国务院关于促进企业兼并重组的意见

国发〔2010〕27号

各省、自治区、直辖市人民政府,国务院各部委、各直属机构:

为深入贯彻落实科学发展观,切实加快经济发展方式转变和结构调整,提高发展质量和效益,现就加快调整优化产业结构、促进企业兼并重组提出以下意见:

一、充分认识企业兼并重组的重要意义

近年来,各行业、各领域企业通过合并和股权、资产收购等多种形式积极进行整合,兼并重组步伐加快,产业组织结构不断优化,取得了明显成效。但一些行业重复建设严重、产业集中度低、自主创新能力不强、市场竞争力较弱的问题仍很突出。在资源环境约束日益严重、国际间产业竞争更加激烈、贸易保护主义明显抬头的新形势下,必须切实推进企业兼并重组,深化企业改革,促进产业结构优化升级,加快转变发展方式,提高发展质量和效益,增强抵御国际市场风险能力,实现可持续发展。各地区、各有关部门要把促进企业兼并重组作为贯彻落实科学发展观,保持经济平稳较快发展的重要任务,进一步统一思想,正确处理局部与整体、当前与长远的关系,切实抓好促进企业兼并重组各项工作部署的贯彻落实。

二、主要目标和基本原则

(一)主要目标。

通过促进企业兼并重组,深化体制机制改革,完善以公有制为主体、多种所有制经济共同发展的基本经济制度。加快国有经济布局和结构的战略性调整,健全国有资本有进有退的合理流动机制,鼓励和支持民营企业参与竞争性领域国有企业改革、改制和改组,促进非公有制经济和中小企业发展。兼并重组企业要转换经营机制,完善公司治理结构,建立现代企业制度,加强和改善内部管理,加强技术改造,推进技术进步和自主创新,淘汰落后产能,压缩过剩产能,促进节能减排,提高市场竞争力。

进一步贯彻落实重点产业调整和振兴规划,做强做大优势企业。以汽车、钢铁、水泥、机械制造、电解铝、稀土等行业为重点,推动优势企业实施强强联合、跨地区兼并重组、境外并购和投资合作,提高产业集中度,促进规模化、集约化经营,加快发展具有自主知识产权和知名品牌的骨干企业,培养一批具有国际竞争力的大型企业集团,推动产业结构优化升级。

(二)基本原则。

1. 发挥企业的主体作用。充分尊重企业意愿,充分调动企业积极性,通过完善相关行业规划和政策措施,引导和激励企业自愿、自主参与兼并重组。

2. 坚持市场化运作。遵循市场经济规则,充分发挥市场机制的基础性作用,规范行政行为,由企业通过平等协商、依法合规开展兼并重组,防止"拉郎配"。

3. 促进市场有效竞争。统筹协调,分类指导,促进提高产业集中度,促进大中小企业协调发展,促进各种所有制企业公平竞争和优胜劣汰,形成结构合理、竞争有效、规范有序的市场格局。

4. 维护企业与社会和谐稳定。严格执行相关法律法规和规章制度,妥善解决企业兼并重组中资产债务处置、职工安置等问题,依法维护债权人、债务人以及企业职工等利益主体的合法权益,促进企业、社会的和谐稳定。

三、消除企业兼并重组的制度障碍

(一)清理限制跨地区兼并重组的规定。为优化产业布局、进一步破除市场分割和地区封锁,要认真清理废止各种不利于企业兼并重组和妨碍公平竞争的规定,尤其要坚决取消各地区自行出台的限制外地企业对本地企业实施兼并重组的规定。

(二)理顺地区间利益分配关系。在不违背国家有关政策规定的前提下,地区间可根据企业资产规模和盈利能力,签订企业兼并重组后的财税利益分成协议,妥善解决企业兼并重组后工业增加值等统计数据的归属问题,实现企业兼并重组成果共享。

(三)放宽民营资本的市场准入。切实向民营资本开放法律法规未禁入的行业和领域,并放宽在股权比例等方面的限制。加快垄断行业改革,鼓励民营资本通过兼并重组等方式进入垄断行业的竞争性业务领域,支持民营资本进入基础设施、公共事业、金融服务和社会事业相关领域。

四、加强对企业兼并重组的引导和政策扶持

(一)落实税收优惠政策。研究完善支持企业兼并重组的财税政策。对企业兼并重组涉及的资产评估增值、债务重组收益、土地房屋权属转移等给予税收优惠,具体按照财政部、税务总局《关于企业兼并重组业务企业所得税处理若干问题的通知》(财税〔2009〕59号)、《关于企业改制重组若干契税政策的通知》(财税〔2008〕175号)等规定执行。

(二)加强财政资金投入。在中央国有资本经营预算中设立专项资金,通过技改贴息、职工安置补助等方式,支持中央企业兼并重组。鼓励地方人民政府通过财政贴息、信贷奖励补助等方式,激励商业银行加大对企业兼并重组的信贷支持力度。有条件的地方可设立企业兼并重组专项资金,支持本地区企业兼并重组,财政资金投入要优先支持重点产业调整和振兴规划确定的企业兼并重组。

(三)加大金融支持力度。商业银行要积极稳妥开展并购贷款业务,扩大贷款规模,合理确定贷款期限。鼓励商业银行对兼并重组后的企业实行综合授信。鼓励证券公司、资产管理公司、股权投资基金以及产业投资基金等参与企业兼并重组,并向企业提供直接投资、委托贷款、过桥贷款等融资支持。积极探索设立专门的并购基金等兼并重组融资新模式,完善股权投资退出机制,吸引社会资金参与企业兼并重组。通过并购贷款、境内外银团贷款、贷款贴息等方式支持企业跨国并购。

(四)支持企业自主创新和技术进步。支持有条件的企业建立企业技术中心,提高研发水平和自主创新能力,加快科技成果向现实生产力转化。大力支持兼并重组企业技术改造和产品结构调整,优先安排技术改造资金,对符合国家产业政策的技术改造项目优先立项。鼓励和引导企业通过兼并重组淘汰落后产能,切实防止以兼并重组为名盲目扩张产能和低水平重复建设。

(五)充分发挥资本市场推动企业重组的作用。进一步推进资本市场企业并购重组的市场化改革,健全市场化定价机制,完善相关规章及配套政策,支持企业利用资本市场开展兼并重组,促进行业整合和产业升级。支持符合条件的企业通过发行股票、债券、可转换债等方式为兼并重组融资。鼓励上市公司以股权、现金及其他金融创新方式作为兼并重组的支付手段,拓宽兼并重组融资渠道,提高资本市场兼并重组效率。

(六)完善相关土地管理政策。兼并重组涉及的划拨土地符合划拨用地条件的,经所在地县级以上人民政府批准可继续以划拨方式使用;不符合划拨用地条件的,依法实行有偿使用,划拨土地使用权价格可依法作为土地使用权人的权益。重点产业调整和振兴规划确定的企业兼并重组项目涉及的原生产经营性划拨土地,经省级以上人民政府国土资源部门批准,可以国家作价出资(入股)方式处置。

（七）妥善解决债权债务和职工安置问题。兼并重组要严格依照有关法律规定和政策妥善分类处置债权债务关系,落实清偿责任,确保债权人、债务人的合法利益。研究债务重组政策措施,支持资产管理公司、创业投资企业、股权投资基金、产业投资基金等机构参与被兼并企业的债务处置。切实落实相关政策规定,积极稳妥解决职工劳动关系、社会保险关系接续、拖欠职工工资等问题。制定完善相关政策措施,继续支持国有企业实施主辅分离、辅业改制和分流安置富余人员。认真落实积极的就业政策,促进下岗失业人员再就业,所需资金从就业专项资金中列支。

（八）深化企业体制改革和管理创新。鼓励兼并重组企业进行公司制、股份制改革,建立健全规范的法人治理结构,转换企业经营机制,创新管理理念、管理机制和管理手段,加强和改善生产经营管理,促进自主创新,提高企业市场竞争力。

五、改进对兼并重组的管理和服务

（一）做好信息咨询服务。加快引进和培养熟悉企业并购业务特别是跨国并购业务的专门人才,建立促进境内外并购活动的公共服务平台,拓宽企业兼并重组信息交流渠道,加强市场信息、战略咨询、法律顾问、财务顾问、资产评估、产权交易、融资中介、独立审计和企业管理等咨询服务,推动企业兼并重组中介服务加快专业化、规范化发展。

（二）加强风险监控。督促企业严格执行兼并重组的有关法律法规和政策,规范操作程序,加强信息披露,防范道德风险,确保兼并重组操作规范、公开、透明。深入研究企业兼并重组中可能出现的各种矛盾和问题,加强风险评估,妥善制定相应的应对预案和措施,切实维护企业、社会和谐稳定。有效防范和打击内幕交易和市场操纵行为,防止恶意收购,防止以企业兼并重组之名甩包袱、偷逃税款、逃废债务,防止国有资产流失。充分发挥境内银行、证券公司等金融机构在跨国并购中的咨询服务作用,指导和帮助企业制定境外并购风险防范和应对方案,保护企业利益。

（三）维护公平竞争和国家安全。完善相关管理办法,加强和完善对重大的企业兼并重组交易的管理,对达到经营者集中法定申报标准的企业兼并重组,依法进行经营者集中审查。进一步完善外资并购管理规定,建立健全外资并购国内企业国家安全审查制度,鼓励和规范外资以参股、并购方式参与国内企业改组改造和兼并重组,维护国家安全。

六、加强对企业兼并重组工作的领导

建立健全组织协调机制,加强对企业兼并重组工作的领导。由工业和信息化部牵头,发展改革委、财政部、人力资源社会保障部、国土资源部、商务部、人民银行、国资委、税务总局、工商总局、银监会、证监会等部门参加,成立企业兼并重组工作协调小组,统筹协调企业兼并重组工作,研究解决推进企业兼并重组工作中的重大问题,细化有关政策和配套措施,落实重点产业调整和振兴规划的相关要求,协调有关地区和企业做好组织实施。各地区要努力营造企业跨地区、跨行业、跨所有制兼并重组的良好环境,指导督促企业切实做好兼并重组有关工作。

附件:促进企业兼并重组任务分工表

国务院
二〇一〇年八月二十八日

附件：

促进企业兼并重组任务分工表

序号	工作任务	牵头单位	参加单位
1	清理取消阻碍企业兼并重组的规定。	工业和信息化部	各省、自治区、直辖市人民政府
2	放宽民营资本的市场准入。	工业和信息化部	发展改革委、国土资源部、工商总局、银监会等
3	完善和落实企业兼并重组的税收优惠政策。	财政部	税务总局
4	鼓励商业银行开展并购贷款业务，扩大贷款规模。鼓励商业银行对兼并重组后的企业实行综合授信。通过并购贷款、境内外银团贷款、贷款贴息等方式支持企业跨国并购。	银监会、人民银行	发展改革委、工业和信息化部、财政部
5	积极探索设立专门并购基金等兼并重组融资新模式，完善股权投资退出机制。支持符合条件的企业通过发行股票、债券、可转换债等为兼并重组融资。	证监会、发展改革委	工业和信息化部、财政部
6	在中央国有资本经营预算中设立专项资金，支持中央企业兼并重组。	财政部	国资委、发展改革委、工业和信息化部、商务部
7	鼓励地方人民政府通过财政贴息、信贷奖励补助等方式，激励商业银行加大对企业兼并重组的信贷支持力度。有条件的地方可设立企业兼并重组专项资金。	各省、自治区、直辖市人民政府	
8	进一步推进资本市场企业并购重组的市场化改革，健全市场化定价机制，完善相关规章及配套政策，支持企业利用资本市场开展兼并重组。鼓励上市公司以股权、现金及其他金融创新方式作为兼并重组的支付手段。	证监会	发展改革委、财政部、商务部、人民银行、银监会
9	完善土地使用优惠政策。	国土资源部	财政部
10	加大对兼并重组企业技术改造支持力度。支持有条件的企业建立企业技术中心。鼓励和引导企业通过兼并重组淘汰落后产能，切实防止以兼并重组为名盲目扩张产能和低水平重复建设。	发展改革委、工业和信息化部	财政部

(续表)

序号	工作任务	牵头单位	参加单位
11	研究债务重组政策措施,支持资产管理公司、创业投资企业、股权投资基金、产业投资基金等机构参与被兼并企业的债务处置。	财政部	发展改革委、人民银行、国资委、银监会
12	制订完善相关政策措施,继续支持国有企业实施主辅分离、辅业改制和分流安置富余人员。	财政部、国资委	人力资源社会保障部
13	落实积极的就业政策,促进下岗失业人员再就业。	人力资源社会保障部、财政部,各省、自治区、直辖市人民政府	国资委
14	建立促进境内外并购活动的公共服务平台	工业和信息化部	发展改革委、商务部、证监会
15	发挥境内银行、证券公司等金融机构在跨国并购中的咨询服务作用,指导和帮助企业制定境外并购风险防范和应对方案。	商务部	银监会、证监会、工业和信息化部、发展改革委等
16	督促企业严格执行有关法律法规和政策,规范操作程序,加强信息披露。有效防范和打击内幕交易和市场操纵行为,防止恶意收购,防止以企业兼并重组之名甩包袱、偷逃税款、逃废债务,防止国有资产流失。	工业和信息化部	发展改革委、财政部、商务部、国资委、人民银行、税务总局、工商总局、银监会、证监会
17	深入研究企业兼并重组中可能出现的各种矛盾和问题,加强风险评估,制定相应的应对预案。	工业和信息化部	发展改革委、财政部、人力资源社会保障部、商务部、人民银行、国资委、银监会、证监会
18	对达到经营者集中法定申报标准的企业兼并重组,依法进行经营者集中审查。	商务部	发展改革委、工业和信息化部、国资委等
19	完善相关管理办法,加强和完善对重大的企业兼并重组交易的管理。	工业和信息化部	发展改革委、财政部、商务部、国资委、证监会
20	建立企业兼并重组工作部际协调机制。	工业和信息化部	发展改革委、财政部、人力资源社会保障部、国土资源部、商务部、人民银行、国资委、税务总局、工商总局、银监会、证监会等

财政部关于印发《企业公司制改建有关国有资本管理与财务处理的暂行规定》的通知

财企〔2002〕313号

国务院各部委,各省、自治区、直辖市、计划单列市财政厅(局),中央直管企业:

为了适应建立现代企业制度的需要,促进国有经济结构调整,规范企业在公司制改建中有关国有资本与财务处理的行为,根据《中华人民共和国公司法》、《财政部关于印发〈企业国有资本与财务管理暂行办法〉的通知》(财企〔2001〕325号)以及国家其他有关法律、行政法规的规定,我们制定了《企业公司制改建有关国有资本管理与财务处理的暂行规定》。现发给你们,请遵照执行。

财政部
二○○二年七月二十七日

附件:

企业公司制改建有关国有资本管理与财务处理的暂行规定

第一条 为适应建立现代企业制度的需要,促进国有经济结构调整,规范企业公司制改建中有关国有资本管理与财务处理行为,根据《中华人民共和国公司法》、《企业国有资本与财务管理暂行办法》以及国家其他有关法律、行政法规,制定本规定。

第二条 本规定所称公司制改建,是指国有企业经批准改建为有限责任公司(含国有独资公司)或者股份有限公司。本规定所称改建企业,是指经批准实行公司制改建的国有企业。

本规定所称公司制企业,是指实行公司制改建以后依法设立的有限责任公司(含国有独资公司)或者股份有限公司。本规定所称国有资本持有单位,是指直接持有或者直接管理改建企业国有资本的国家授权的部门或者国家授权投资的机构、国有企业以及其他组织。

本规定所称存续企业,是指企业采取分立式改建后继续保留的企业。

第三条 企业实行公司制改建,应当由国有资本持有单位负责组织实施,并遵循《企业国有资本与财务管理暂行办法》第十条规定的内部议事规范。

第四条 改建企业的产权应当清晰。对于权属关系不明确或者存在产权纠纷的改建企业,应当按照国家有关规定先进行产权界定或者产权纠纷调处。对于出资证据齐全但尚未明确产权归属关系的,应当由原占有单位按照国家规定补办相应手续。

第五条 改建企业应当对各类资产进行全面清查登记,对各类资产以及债权债务进行全面核对查实,编制改建日的资产负债表及财产清册。

在资产清查中,对拥有实际控制权的长期投资,应当延伸清查至被投资企业。

资产清查的结果由国有资本持有单位委托中介机构进行审计。委托中介机构所发生的费用由改建企业支付。

第六条 改建企业清查出来的资产损失,包括坏账损失、存货损失、固定资产及在建工程损失、担保损失、股权投资损失或者债权投资损失以及经营证券、期货、外汇交易损失等,按照财政部有关企业资产损失管理的规定确认处理。

第七条 企业实行公司制改建,国有资本持有单位应当按照国家有关规定委托具有相应资格的评估机构,对改建企业所涉及的全部资产,按照《国有资产评估管理办法》(1991年11月16日国务院令第91号)、《国有资产评估管理若干问题的规定》(2001年12月31日财政部令第14号)等有关规定进行评估。

第八条 资产评估结果是国有资本持有单位出资折股的依据,自评估基准日起一年内有效。

自评估基准日到公司制企业设立登记日的有效期内,原企业实现利润而增加的净资产,应当上缴国有资本持有单位,或经国有资本持有单位同意,作为公司制企业国家独享资本公积管理,留待以后年度扩股时转增国有股份;原企业经营亏损而减少的净资产,由国有资本持有单位补足,或者由公司制企业用以后年度国有股份应分得的股利补足。

企业超过有效期未能注册登记,或者在有效期内被评估资产价值发生重大变化的,应当重新进行评估。

第九条 企业实行公司制改建,不得将国有资本低价折股或者低价转让给经营者及其他职工个人。

企业实行整体改建的,改建企业的国有资本应当按照评估结果全部折算为国有股份,由原企业国有资本持有单位持有,并将改建企业全部资产转入公司制企业。

企业实行分立式改建的,应当按照转入公司制企业的资产、负债经过评估后的净资产折合为国有股份,并可以由原企业国有资本持有单位持有,也可以由存续企业持有。分立后没有纳入改建范围的资产,按照本规定第十四条进行处理。

企业实行合并式改建的,经过评估后的净资产折合的国有股份,合并前各方如果属于同一投资主体,应当由原共同的国有资本持有单位一并持有;如果分属不同投资主体,应当由合并前各方原国有资本持有单位分别持有。企业合并后没有纳入改建范围的资产,按照本规定第十四条进行处理。

第十条 企业实行公司制改建的股权设置方案,应当由国有资本持有单位制定;在存在两个或者两个以上国有资本持有单位的情况下,应当由具有控制权的国有资本持有单位会同其他的国有资本持有单位协商制定。

股权设置方案应当载明以下内容:

(一)股本总数及其股权结构;

(二)国有资本折股以及股份认购;

(三)股份转让条件及其定价;

(四)其他规定。

第十一条 企业国有资本持有单位应当按照《企业国有资本与财务管理暂行办法》第九条规定的权限,向国有资本变动的审批单位提出书面报告,并附送以下文件资料:

(一)企业实行公司制改建的批准文件;

(二)改建企业的国有资产产权登记证;

(三)改建企业董事会或经理办公会决议;

(四)改建企业资产清查结果以及资产重组方案;

（五）改建企业工会或者职工代表大会通过的职工安置方案；

（六）资产评估报告核准文件或者备案表；

（七）公司制企业国有股权设置方案；

（八）公司制企业股东认购股份的协议；

（九）公司制企业的公司章程。

设立股份有限公司应当报送的资料，按照财政部《关于股份有限公司国有股权管理工作有关问题的通知》（财管字〔2000〕200号）执行。

第十二条 经批准实行内部职工持股的企业，内部职工股份的认购应当符合《中华人民共和国公司法》的有关规定，改建企业或者公司制企业不得为个人认购股份垫付款项，也不得为个人贷款提供担保。

内部职工（包括经营者）持有股份尚未缴付认股资金的，不得参与分红；超过法律规定期限尚未缴付认股资金的，应当调整公司制企业的股权比例，并依法承担出资违约的责任。

第十三条 企业实行公司制改建，对占有的国有划拨土地应当进行评估并按照土地主管机关的规定履行相关手续后，区别以下情况处理：

（一）采取作价入股方式的，评估后将国有土地使用权作价投资，随同改建企业国有资本一并折股，增加公司制企业的国有股份；

（二）采取出让方式的，由公司制企业购买国有土地使用权，按照规定支付土地使用权出让金；

（三）采取租赁方式的，由公司制企业租赁使用，按照规定支付租金。

第十四条 国有资本持有单位对没有纳入改建企业范围、具备经营条件的剥离资产，可以其组建企业法人，独立核算，依法经营；对不具备经营条件的剥离资产，可以按以下方法处置：

（一）整体出售，即以资产评估结果为作价基础，向其他单位和个人公开出售。出售价格低于评估结果10%以上的，国有资本持有单位应当向国有资本变动的审批单位作出书面说明。所得出售净收益，应当作为本期损益处理。

（二）租赁经营，即向公司制企业或者有条件的其他单位和个人租赁经营，并签订租赁合同。租赁费可以参照同期银行贷款利率约定。国有资本持有单位所得租赁收益，应当按照规定纳入财务预算管理。

（三）无偿移交，即与当地政府部门充分协商后，将改建企业原承担社会职能的相关资产，无偿移交当地政府有关部门或所在社区管理，相应核减改建企业的国有资本。

凡是不能按照前款规定处置的剥离资产，可以由存续企业管理，也可以由国有资本持有单位直接管理。

第十五条 改建企业清理核实的各项债权债务，应当按照以下要求确定债权债务承继关系，并与债务人或者债权人订立债务保全协议：

（一）企业实行整体改建，应当由公司制企业承继原企业的全部债权债务；

（二）企业实行分立式改建，应当由分立的各方承继原企业的相关债权债务；

（三）企业实行合并式改建，应当由合并后的企业承继合并前各方的全部债权债务。

第十六条 企业实行公司制改建时，经批准或者与债权人协商，可以实施债权转为股权。

（一）经国家批准的各金融资产管理公司持有的债权，可以实行债权转股权，原企业相应的债务转为金融资产管理公司的股权，企业相应增加实收资本或者资本公积；

（二）经银行以外的其他债权人协商同意，可以按照有关协议和公司章程将其债权转为股权，企业相应增加实收资本或者资本公积。改建企业经过充分协商，债权人同意给予全部豁免或者部分豁免的债务，应当转作资本公积。

第十七条 改建企业账面原有的应付福利费、职工教育经费余额,仍作为流动负债管理,不得转为职工个人投资。因医疗费超支产生的职工福利费不足部分,可以依次以公益金、盈余公积金、资本公积金和资本金弥补。

改建企业账面原有应付工资余额中欠发职工工资部分,在符合国家政策、职工自愿的条件下,依法扣除个人所得税后可转为个人投资。不属于欠发职工工资的应付工资余额,作为工资基金使用,不得转为个人投资。

改建企业未退还的职工集资款、欠缴的社会保险费,应当以现有资产清偿。在符合国家政策、职工自愿的条件下,改建企业也可以将未退还的职工集资款转作个人投资。

第十八条 改建企业原由国家财政专项拨款、其他各类财政性资金投入以及实行先征后返政策返给企业的税收等,按照规定形成资本公积的,应当计入国有资本。对其中尚未形成资本公积而在专项应付款账户单独反映的部分,继续作为负债管理,形成资本公积后作为国家投资单独反映,留待以后年度按规定程序转增国有股份。

公司制企业享受国家财政扶持政策,收到财政拨给的资本性补助资金按照前款规定执行。

第十九条 在公司制改建过程中,企业依照国家有关规定支付解除劳动合同的职工的经济补偿金,以及为移交社会保障机构管理的职工一次性缴付的社会保险费,可从改建企业净资产中扣除或者以改建企业剥离资产的出售收入优先支付。

企业支付的经济补偿金,所在地县级以上人民政府有规定标准的,按照规定执行;没有规定标准的,按照原劳动部印发的《违反和解除劳动关系的经济补偿办法》(劳部发〔1994〕481号)规定的标准执行。企业支付的社会保险费,按照省级人民政府确定的缴费比例执行。

第二十条 企业实行分立式改建,应当理顺存续企业与公司制企业的产权关系,明确存续企业及分立的公司制企业国有股权持有单位。

存续企业和分立后的公司制企业应当根据资产相关性和业务相关性的原则分离资产及其债权、债务,不得相互转嫁债权、债务。存续企业和分立后的公司制企业之间的业务往来,应当严格按照独立企业之间的业务活动和市场价格结算,不得相互转移收入。

存续企业和分立后的公司制企业应当实行人员分开,经营人员不得相互兼职、转嫁工资性费用。

存续企业和分立后的公司制企业应当按照国家有关规定,严格分账,建立新账,分别编制企业财务会计报告。

第二十一条 企业实行公司制改建后,应当及时依法办理国有产权登记。

第二十二条 公司制企业吸收新的股东而增资,或者由部分股东增资,新增出资应当按照公司制企业账面每股净资产折股,或者按照原有股东协商的比例折股。

第二十三条 经批准实行内部职工持股的公司制企业,因吸收其他单位投资或者进行资本重组、经营者任期届满或者任期未满而离职、因故调离、解除职务或者离退休时,经与股份持有人协商一致,有关股份可以在公司制企业内部转让。

第二十四条 公司制企业应当按照《中华人民共和国公司法》和企业资本与财务管理制度的规定进行利润分配。向投资者分配利润,应当坚持同股同利的原则,国家股红利的具体收缴办法按财政部、原国家国有资产管理局、中国人民银行《关于颁发〈国有资产收益收缴管理办法〉的通知》〔(94)财工字第295号〕及财政部其他有关规定执行。

第二十五条 企业整体或者合并改建为公司制企业的,改建前的会计档案、资料应当由公司制企业按照有关规定保管、处理。

第二十六条 主管财政机关对企业实行公司制改建中涉及的国有资本变动行为,应当进行检查监督。

企业未经批准擅自实行公司制改建的,或者在公司制改建过程中未按照本规定执行导致国有资产流失的,主管财政机关按照《中华人民共和国公司法》及国家其他有关法律、行政法规的规定给予处罚;涉嫌犯罪的,移交司法机关依法处理。

第二十七条 各省、自治区、直辖市及计划单列市主管财政机关可以结合本地区实际情况,制定具体施行办法,并报财政部备案。

第二十八条 本规定自 2002 年 8 月 27 日起执行。财政部《关于印发〈国有企业公司制改建有关财务问题的暂行规定〉的通知》(财工字〔1995〕第 29 号)文件即予废止。财政部、原国家国有资产管理局此前发布的有关规定与本规定相抵触的,以本规定为准。

关于进一步明确国有大中型企业主辅分离辅业改制有关问题的通知

国资分配〔2003〕21 号

各省、自治区、直辖市、计划单列市及新疆生产建设兵团经贸委(经委)、财政厅(局)、劳动保障厅(局)、国家税务局、地方税务局,各中央企业:

为进一步做好国有大中型企业主辅分离辅业改制分流安置富余人员工作,现就原国家经贸委等 8 部门《印发〈关于国有大中型企业主辅分离辅业改制分流安置富余人员的实施办法〉的通知》(国经贸企改〔2002〕859 号,以下简称 859 号文件)中的有关问题通知如下:

一、关于国有控股企业的界定标准。859 号文件规定国有大中型企业(以下简称企业)主辅分离、辅业改制的范围是国有及国有控股的大中型企业,其中国有控股是指国有绝对控股。根据国家统计局《关于印发〈关于统计上划分经济成分的规定〉的通知》(国统字〔1998〕204 号),国有绝对控股是指在企业的全部资本中,国家资本(股本)所占比例大于 50% 的企业。

859 号文件提出的改制后为国有法人控股的企业指国有法人绝对控股。国有法人控股企业应尽量减少控股比重,一般不得超过 75%。改制为国有法人控股的企业再改制为非国有法人控股时,符合 859 号文件适用范围的,按照该文件的有关规定执行。

二、关于国有大中型企业划分标准。按照原国家经贸委、原国家计委、财政部、国家统计局联合下发的《关于印发中小企业标准暂行规定的通知》(国经贸中小企〔2003〕143 号,以下简称 143 号文件)规定的企业划分标准执行。143 号文件中的中小企业标准上限即为大企业标准的下限。

三、关于解除劳动关系的经济补偿标准。按照劳动保障部《违反和解除劳动合同的经济补偿办法》(劳部发〔1994〕481 号)有关规定执行。根据劳动者在本单位工作年限,每满一年发给相当于一个月工资的经济补偿金。工作时间不满一年的按一年的标准发给经济补偿金。经济补偿金的工资计算标准是指企业正常生产情况下劳动者解除劳动合同前 12 个月的月平均工资。其中,职工月平均工资低于企业月平均工资的,按企业月平均工资计发;职工月平均工资高于企业月平均工资 3 倍或 3 倍以上的,可按不高于企业月平均工资 3 倍的标准计发。企业经营者也应按照上述办法执行。

四、关于企业辅业资产的界定范围。企业要按照 859 号文件要求,以精干壮大主业、放开搞活辅业、提高企业核心竞争力为目标,合理确定企业辅业资产。实施改制分流的辅业资产主要是与主体企业主营业务关联不密切,有一定生存发展潜力的业务单位及相应资产,主要包括为主业服务的零部件加工、修理修配、运输、设计、咨询、科研院所等单位。

五、关于中央企业实施主辅分离改制分流的范围。由于部分中央企业经营业务较宽,主业和辅业的界线不易界定,辅业企业资产规模较大、人员较多,在实施主辅分离时,这部分中央企业辅业改制的范围原则上应确定为辅业中的中小企业。中小企业划分标准按照本通知第二条规定执行。

六、关于中央企业改制分流总体方案联合批复程序。中央企业所属企业改制分流总体方案分别报国资委、财政部、劳动保障部,总体方案的批复采取国资委、财政部、劳动保障部分别审核、联合批复的形式,由国资委代章出具联合批复意见。

国资委 财政部
劳动和社会保障部 国家税务总局
二〇〇三年七月四日

财政部关于《企业公司制改建有关国有资本管理与财务处理的暂行规定》有关问题的补充通知

财企〔2005〕12号

国务院各部委、各直属机构,中直管理局,各省、自治区、直辖市、计划单列市财政厅(局),新疆生产建设兵团财务局,各中央管理企业:

财政部制定的《企业公司制改建有关国有资本管理与财务处理的暂行规定》(财企〔2002〕313号)发布后,对规范企业公司制改建中有关国有资本管理与财务处理行为,促进现代企业制度的建立和国有经济结构的调整,发挥了积极的作用。随着企业重组改制的深入进行,在执行中出现了一些新情况、新问题,需要加财政部文件以完善。现就有关问题补充通知如下:

一、关于企业应付工资、应付福利费、职工教育经费余额的财务处理

改建企业账面原有的应付工资余额中,属于应发未发职工的工资部分,应予清偿;在符合国家政策、职工自愿的条件下,依法扣除个人所得税后,可转为个人投资。属于实施"工效挂钩"等办法提取数大于应发数形成的工资基金结余部分,应当转增资本公积金,不再作为负债管理,也不得转为个人投资。

改建企业账面原有的应付福利费、职工教育经费余额,应当转增资本公积金,不再作为负债管理,也不得转为个人投资。因医疗费超支产生的职工福利费不足部分,可以依次以公益金、盈余公积金、资本公积金和资本金弥补。

二、关于预提企业内退人员生活费及社会保险费等的财务处理

改建企业根据国家有关规定,对未达到法定退休年限的在册职工实行内部退养的,所需内退人员生活费及社会保险费等,应当作为管理费用,据实处理。

国有企业在分立式改建情况下,改建企业内退人员实行统一管理的,经批准可以从改建企业国有净资产中预提所需的内退人员生活费及社会保险费等,并实行专户管理。预提数额以改建

企业可支付的国有净资产为限,不足部分作为管理费用,由内退人员的统一管理单位据实承担。

三、关于母公司对子公司在公司制改建中核销国有权益的财务处理

在企业集团内部,子公司实行公司制改建,由于资产损失或产权转让等原因,经核实批准实际折股的国有权益或国有产权转让作价少于原有账面价值的,母公司相应核销对子公司的股权投资,投资损失可以转入年初未分配利润,依次以结余的年初未分配利润及公益金、盈余公积金、资本公积金弥补,不足部分用以后年度实现的税后利润弥补。

财政部
二〇〇五年一月二十六日

七
文化企业资产管理

国务院关于非公有资本进入文化产业的若干决定

国发〔2005〕10号

各省、自治区、直辖市人民政府,国务院各部委、各直属机构:

为大力发展社会主义先进文化,充分调动全社会参与文化建设的积极性,进一步引导和规范非公有资本进入文化产业,逐步形成以公有制为主体、多种所有制经济共同发展的文化产业格局,提高我国文化产业的整体实力和竞争力,现就有关问题作出如下决定:

一、鼓励和支持非公有资本进入以下领域:文艺表演团体、演出场所、博物馆和展览馆、互联网上网服务营业场所、艺术教育与培训、文化艺术中介、旅游文化服务、文化娱乐、艺术品经营、动漫和网络游戏、广告、电影电视剧制作发行、广播影视技术开发运用、电影院和电影院线、农村电影放映、书报刊分销、音像制品分销、包装装潢印刷品印刷等。

二、鼓励和支持非公有资本从事文化产品和文化服务出口业务。

三、鼓励和支持非公有资本参与文艺表演团体、演出场所等国有文化单位的公司制改建,非公有资本可以控股。

四、允许非公有资本进入出版物印刷、可录类光盘生产、只读类光盘复制等文化行业和领域。

五、非公有资本可以投资参股下列领域国有文化企业:出版物印刷、发行,新闻出版单位的广告、发行,广播电台和电视台的音乐、科技、体育、娱乐方面的节目制作,电影制作发行放映。上述文化企业国有资本必须控股51%以上。

六、非公有资本可以建设和经营有线电视接入网,参与有线电视接收端数字化改造,从事上述业务的文化企业国有资本必须控股51%以上。非公有资本可以控股从事有线电视接入网社区部分业务的企业。

七、非公有资本可以开办户外、楼宇内、交通工具内、店堂等显示屏广告业务,可以在符合条件的宾馆饭店内提供广播电视视频节目点播服务。有关部门要严格资质认定,明确经营范围,加强日常监管。

八、非公有资本进入文化产业按现行有关规定管理,其中第五条、第六条、第七条规定的事项还须经有关行政主管部门批准。有关投资项目的审批或核准,按照《国务院关于投资体制改革的决定》(国发〔2004〕20号)的规定办理。要严格审批程序,完善审批办法,规范文化产业发展,保护企业合法权益,取缔违法违规经营。非公有制文化企业在项目审批、资质认定、融资等方面与国有文化企业享受同等待遇。

九、非公有资本不得投资设立和经营通讯社、报刊社、出版社、广播电台(站)、电视台(站)、广播电视发射台(站)、转播台(站)、广播电视卫星、卫星上行站和收转站、微波站、监测台(站)、有线电视传输骨干网等;不得利用信息网络开展视听节目服务以及新闻网站等业务;不得经营报刊版面、广播电视频率频道和时段栏目;不得从事书报刊、影视片、音像制品成品等文化产品进口业务;不得进入国有文物博物馆。

十、文化部、广电总局、新闻出版总署根据本决定,制定具体实施办法,明确国家鼓励、允许、限制和禁止投资的产业目录,引导非公有制文化企业持续快速健康发展。

各地区、各部门要依法清理和修订与本决定相抵触的规定。外资进入文化产业依照有关法律法规的规定执行。

中华人民共和国国务院
二〇〇五年四月十三日

国务院办公厅关于印发文化体制改革中经营性文化事业单位转制为企业和支持文化企业发展两个规定的通知

国办发〔2008〕114号

各省、自治区、直辖市人民政府，国务院各部委、各直属机构：

中央宣传部会同中央组织部、中央编办、发展改革委、财政部、人力资源社会保障部、文化部、税务总局、工商总局、广电总局、新闻出版总署等有关部门和单位拟订的《文化体制改革中经营性文化事业单位转制为企业的规定》和《文化体制改革中支持文化企业发展的规定》，已经国务院同意，现印发给你们，请认真贯彻执行。

国务院办公厅
二〇〇八年十月十二日

文化体制改革中经营性文化事业单位转制为企业的规定

为推动文化体制改革工作，积极稳妥的促进经营性文化事业单位转制为企业，特制定以下规定：

一、关于国有文化资产管理

1. 财政部门履行国有文化资产的监管职责。

2. 经营性文化事业单位转制为企业，要认真做好资产清查、资产评估等基础工作，资产变动事项经主管部门审核同意后，报同级财政部门审批，并按有关规定办理；其中，涉及重大国有文化资产变动事项的，文化行政部门应当报请党委宣传部门审查把关。国有资产监督管理机构监管企业所属的经营性文化事业单位转制为企业的资产变动事项，应当报国有资产监督管理机构审批。

3. 经营性文化事业单位转制为企业后与原主管主办单位脱钩的，其资产财务关系在财政部门单列，由财政部门履行文化企业的国有资产与财务管理职责；转制后与原主管主办单位国有资产隶属关系不变且符合国家规定的，国有资产监管体制维持不变。

4. 在文化体制改革试点过程中已对国有文化资产管理体制进行探索的地区,可结合本地实际继续探索实践,逐步调整、完善和规范。

5. 在经营性文化事业单位转制为企业的同时,应坚持国有资产管理体制改革的方向,尽快实现政企分开,建立现代企业制度,完善公司法人治理结构。

二、关于资产和土地处置

6. 经营性文化事业单位在转制过程中,对清查出的资产损失按规定报经批准后进行核销;转制后执行《企业财务通则》。

7. 转制为企业的出版、发行单位,转制时可通过资产清查,对其库存积压待报废的出版物做一次性处理,损失允许在净资产中扣除;对于出版、发行单位库存呆滞出版物,超过一定期限的,可以作为财产损失在税前据实扣除,不采取税前提取提成差价等准备金办法。转制企业已作为财产损失税前扣除的呆滞出版物,以后年度处置的,其处置收入应纳入处置当年的应税收入。

8. 经营性文化事业单位转制为企业,其使用的原划拨土地用途符合《划拨用地目录》的,经所在地县级以上人民政府批准,可仍以划拨方式使用;不符合《划拨用地目录》的,应依法办理土地有偿使用手续,经评估确定后,以作价出资(入股)等方式处置,转增国家资本。

三、关于收入分配

9. 转制后在职职工执行企业的收入分配制度。职工工资分配应参照劳动力市场价位,合理拉开差距。

10. 国有控股企业和国有独资企业的经营者收入分配按国家有关规定执行。

11. 对在职职工现在工资外补贴、津贴、福利等项目进行清理,其中合理的部分纳入工资分配;对经营者在交通、通信等方面的职务消费,应结合相关制度改革,逐步纳入其个人收入。原事业编制内职工的住房公积金、住房补贴中由转制企业所属集团负担部分,转制后继续由集团拨付。

12. 有关部门根据文化企业劳动力市场价位,对转制后的企业的收入分配进行指导和调控。

四、关于社会保障

13. 转制后自工商注册登记的次月起按企业办法参加社会保险。转制时在职人员按国家规定计算的连续工龄,视同缴费年限,不再补缴基本养老保险费。

14. 转制前已经离退休的人员,原国家规定的离退休费待遇标准不变,转制后这类人员离退休待遇支付和调整的具体办法,按原劳动和社会保障部、原国家经济贸易委员会、科学技术部、财政部《关于国家经贸委管理的10个国家局所属科研机构转制后有关养老保险问题的通知》(劳社部发〔2002〕2号)和原劳动和社会保障部、原人事部、财政部、科技部、原建设部《关于转制科研机构和工程勘察设计单位转制前离退休人员待遇调整等问题的通知》(劳社部发〔2002〕5号)相关政策执行。

15. 转制前参加工作、转制后退休的人员,基本养老金的计发和调整,按照企业的办法执行。在转制后5年过渡期内,按企业办法计发的基本养老金,如低于按原事业单位退休办法计发的退休金,其差额部分采取加发补贴的办法解决,所需费用从基本养老保险基金中支付,具体办法按劳社部发〔2002〕2号文件的相关政策执行。各地在做好社会保障政策衔接的同时,应结合本地实际,采取切实可行的措施,解决好企业与事业单位退休待遇差问题。

16. 离休人员的医疗保障继续执行现行办法,所需资金按原渠道解决;转制前已退休人员中,原享受公费医疗的,在享受基本医疗保险待遇的基础上,可以参照国家公务员医疗补助办法,实行医疗补助。

17. 转制后具备条件的企业可按照有关规定为职工建立企业年金和补充医疗保险,并通过企业年金等方式妥善解决转制后退休人员的养老待遇问题。企业年金和补充医疗保险的企业缴费分别在工资总额4%以内的部分,从企业成本中列支。

五、关于人员分流安置

18. 对转制时距国家法定退休年龄5年以内的人员,在与本人协商一致的基础上,可以提前离岗,离岗期间的工资福利等基本待遇不变,单位和个人继续按规定缴纳各项社会保险费,达到国家法定退休年龄时,按企业办法办理退休手续。

19. 转制时,要按照《中华人民共和国劳动合同法》的规定,自工商注册登记之日起与在职职工全部签订劳动合同。职工在事业单位的工作年限合并计算为转制后企业的工作年限。转制后改制为非国有企业的,按照《中华人民共和国劳动合同法》第三十三条的规定办理。转制后根据经营方向确需分流人员的,应按《中华人民共和国劳动合同法》第四十条、第四十一条、第四十二条规定处理劳动关系,对符合支付经济补偿条件的,应依法支付经济补偿。

20. 转制企业应当切实保障职工的合法权益。转制时,对提前离岗人员所需的基本待遇及各项社会保险费、分流人员所需的经济补偿金,可从评估后的净资产中预留或从国有产权转让收入中优先支付。净资产不足的,财政部门也可给予一次性补助。

六、关于财政税收

21. 财税部门应认真落实现行税制中适用于转制企业的财税优惠政策。

22. 原事业编制内职工的住房公积金、住房补贴中由财政负担部分,转制后继续由财政部门在预算中拨付;转制后原有的正常事业费继续拨付,主要用于解决转制前已经离退休人员的社会保障问题。

23. 为保证转制工作顺利进行,同级财政可一次性拨付一定数额的资金,主要用于资产评估、审计、政策法律咨询等。

24. 经营性文化事业单位转制为企业后,免征企业所得税。

25. 由财政部门拨付事业经费的经营性文化事业单位转制为企业,对其自用房产免征房产税。

26. 对经营性文化事业单位转制中资产评估增值涉及的企业所得税,以及资产划转或转让涉及的增值税、营业税、城建税等给予适当的优惠政策。具体优惠政策由财政部、税务总局根据转制方案确定。

27. 党报、党刊将其发行、印刷业务及相应的经营性资产剥离组建的文化企业,所取得的党报、党刊发行收入和印刷收入免征增值税

七、关于法人登记

28. 转制后的企业名称,可用原单位名称(去掉主管部门),或用符合企业名称登记管理规定的其他名称。

29. 转制后需核销事业编制,注销事业单位法人。

八、关于党的建设

30. 根据中央要求经营性文化事业单位在转制过程中,要按照党章规定,根据转制后企业的实际情况和工作需要,经上级党组织批准,同步组建、改建或更名党的基层组织,选配好党组织负责人。转制后企业内部的党组织设置,也要随着企业组织结构和党员分布状况的变化,及时进行充实调整,充分发挥转制后企业党组织和党员的作用。转制后企业党组织的领导关系要按照有利于加强党的领导和开展党的工作,有利于促进企业改革和发展的原则确定。

上述政策适用于开展文化体制改革的地区和转制企业,有关名单由中央文化体制改革工作领导小组办公室提供,财政部、税务总局发布。执行期限为2009年1月1日至2013年12月31日。

文化体制改革中支持文化企业发展的规定

为推动文化体制改革工作,促进文化企业发展,特制定以下规定:
一、关于财政税收
1. 中央财政和有条件的地方财政应安排文化产业发展专项资金,并制定相应的使用和管理办法,采取贴息、补助、奖励等方式,支持文化企业发展。
2. 对电影制片企业销售电影拷贝、转让版权取得的收入,电影发行企业取得的电影发行收入,电影放映企业在农村的电影放映收入免征增值税和营业税。
3. 2010年底前,广播电视运营服务企业收取的有线数字电视基本收视维护费,经省级人民政府同意并报财政部、税务总局批准,免征营业税,期限不超过3年。
4. 对图书、报纸、期刊、音像制品、电子出版物、电影和电视完成片等按规定享受出口退税政策,境外演出取得的境外收入不征营业税;为生产重点文化产品而进口国内不能生产的自用设备及配套件、备件等,按现行税收政策有关规定,免征进口关税和进口环节增值税。
5. 在文化产业支撑技术等领域内,对国家需要重点扶持的高新技术企业,按减15%的税率征收企业所得税;文化企业开发新技术、新产品、新工艺产生的研究开发费用,允许按国家税法规定,在计算应纳税所得额时加计扣除。
二、关于投资和融资
6. 对投资兴办文化企业的,有关行政主管部门应当提高行政审批效率,并不得收取国家规定之外的任何附加费用。
7. 非公有资本进入文化产业,按照《国务院关于非公有资本进入文化产业的若干决定》(国发〔2005〕10号)执行。
8. 经批准设立国有或国有绝对控股的文化产业投资基金,作为文化领域的战略投资者,对重点领域的文化企业进行股权投资,推动文化企业跨地区、跨行业改制重组和并购,切实维护国家文化安全。
9. 鼓励文化企业通过利用银行贷款、发行企业债券等方式,投资开发战略性、先导性文化项目,进行文化资源整合,推动大宗文化产品出口,中央财政和地方财政可给予一定的贴息。
10. 针对文化企业的特点,研究制订著作权、文化品牌等无形资产的评估和质押办法,引导商业银行对文化企业给予贷款支持,鼓励商业银行创新信贷产品,加大信贷支持。鼓励担保和再担保机构开发适应文化产业的贷款担保服务。
11. 通过公司制改建实现投资主体多元化的文化企业,符合条件的可申请上市。鼓励已上市文化企业通过公开增发、定向增发等再融资方式进行并购和重组。鼓励文化企业进入创业板融资。
三、关于资产和土地处置
12. 发生合并或分立、公司制改建以及整体出售情形的文化企业,可依据国家统一的财务制度清查全部资产,清查的资产损失可以依次冲减未分配利润、盈余公积、资本公积、实收资本。
13. 出版、发行企业库存呆滞出版物,超过一定期限的,可以作为财产损失在税前据实扣除,不采取税前提取提成差价等准备金办法;已作为财产损失税前扣除的呆滞出版物,以后年度处置的,其处置收入应纳入处置当年的应税收入。

14. 国有文化企业使用的原划拨土地,改制前可继续以划拨方式使用;改制后,土地用途符合《划拨用地目录》的,经所在地县级以上人民政府批准,可仍以划拨方式使用;不符合《划拨用地目录》的,应依法办理土地有偿使用手续,经评估确定后,以作价出资(入股)等方式处置,转增国家资本。

四、关于工商管理

15. 允许投资人以知识产权等无形资产评估作价出资组建文化企业,非货币财产作价入股占注册资本的比例不超过70%。

国有文化企业应尽快建立现代企业制度。

上述政策适用于所有文化企业,执行期限为2009年1月1日至2013年12月31日。

国务院办公厅关于印发文化体制改革中经营性文化事业单位转制为企业和进一步支持文化企业发展两个规定的通知

国办发〔2014〕15号

各省、自治区、直辖市人民政府,国务院各部委、各直属机构:

中央宣传部会同中央外宣办、中央编办、发展改革委、科技部、财政部、人力资源社会保障部、国土资源部、商务部、文化部、人民银行、税务总局、工商总局、新闻出版广电总局等有关部门和单位拟定的《文化体制改革中经营性文化事业单位转制为企业的规定》和《进一步支持文化企业发展的规定》已经国务院同意,现印发给你们,请认真贯彻执行。

国务院办公厅
二〇一四年四月二日

文化体制改革中经营性文化事业单位转制为企业的规定

为进一步深化文化体制改革,继续推进国有经营性文化事业单位转企改制,特制定以下规定:

一、关于国有文化资产管理

(一)按照政企分开、政事分开原则,推动政府部门由办文化向管文化转变,推动党政部门与其所属的文化企事业单位进一步理顺关系。建立党委和政府监管国有文化资产的管理机构,实行管人管事管资产管导向相统一。

(二)经营性文化事业单位转制为企业,要认真做好资产清查、资产评估、产权登记等基础工作,依法落实原有债权债务。资产变动事项经主管部门审核同意后,报同级国有文化资产管理机构审批,并按有关规定办理;其中,涉及重大国有文化资产变动事项的,应由文化行政主管部门审核后报请党委宣传部门审查把关。国有资产监督管理机构监管企业所属的经营性文化事业单位转制为企业,应当报该国有资产监督管理机构审批,并按有关规定办理资产变动等事项。

二、关于资产和土地处置

(三)经营性文化事业单位在转制过程中,对于清查出的资产损失按规定报经批准后进行核销;切实维护银行合法债权安全,严肃处理各类借转制之名逃废银行债务行为,维护金融安全稳定。转制后财务制度应执行《企业财务通则》,会计制度应执行《企业会计准则》或《小企业会计准则》。

(四)转制为企业的出版、发行单位,转制时可按规定对其库存积压待报废的出版物进行资产处置,对经确认的损失可以在净资产中予以扣除;对于出版、发行单位处置库存呆滞出版物形成的损失,允许据实在企业所得税前扣除。

(五)经营性文化事业单位转制涉及的原划拨土地,转制后用途符合《划拨用地目录》的,可继续以划拨方式使用;不符合《划拨用地目录》的,应当依法实行有偿使用。经省级以上人民政府批准,经营性文化事业单位转制为授权经营或国有控股企业的,原生产经营性划拨用地,经批准可采用国家出资(入股)方式配置;经营性文化事业单位转制为一般竞争性企业的,原生产经营性划拨用地可采用协议出让或租赁方式进行土地资产处置。

三、关于收入分配

(六)转制后执行企业的收入分配制度。职工工资收入与岗位责任、个人贡献以及企业效益密切挂钩,参照劳动力市场价位,合理拉开差距。加强对转制后的国有文化企业收入分配的指导和调控,合理确定工资总额。

(七)国有控股企业和国有独资企业的负责人收入分配按国家有关规定执行,建立并完善国有文化企业负责人薪酬管理机制。

四、关于社会保障

(八)转制后自工商注册登记的次月起按企业办法参加社会保险。转制时在职人员按国家规定计算的连续工龄,视同缴费年限,不再补缴基本养老保险费。

(九)转制前已经离退休的人员,原国家规定的离退休费待遇标准不变,转制后这类人员离退休待遇支付和调整的具体办法,按原劳动和社会保障部、原国家经济贸易委员会、科技部、财政部《关于国家经贸委管理的10个国家局所属科研机构转制后有关养老保险问题的通知》(劳社部发〔2000〕2号)和原劳动和社会保障部、原人事部、财政部、科技部、原建设部《关于转制科研机构和工程勘察设计单位转制前离退休人员待遇调整等问题的通知》(劳社部发〔2002〕5号)相关政策执行。

(十)转制前参加工作、转制后退休的人员,基本养老金的计发和调整,按企业办法执行。在转制后5年过渡期内,按企业办法计发的基本养老金,如低于按原事业单位退休办法计发的退休金,其差额部分采取加发补贴的办法解决,所需费用从基本养老保险基金中支付,具体办法按劳社部发〔2000〕2号文件的相关规定执行。各地在做好社会保障政策衔接的同时,应结合本地实际,采取切实可行的措施,解决好企业与事业单位退休待遇差问题。

(十一)离休人员的医疗保障继续执行现行办法,也可按照所在统筹地区相关规定纳入离休人员医药费单独统筹,所需资金按原渠道解决;转制前已退休人员中,原享受公费医疗的,在享受基本医疗保险待遇的基础上,可以参照国家公务员医疗补助办法,实行医疗补助。

(十二)转制后具备条件的企业可按照有关规定为职工建立企业年金和补充医疗保险,并通过企业年金等方式妥善解决转制后退休人员的养老待遇问题。企业根据国家有关政策规定,为在本企业任职或者受雇的全体员工支付的补充养老保险费、补充医疗保险费,分别在不超过职工工资总额5%标准内的部分,在计算应纳税所得额时准予扣除;超过的部分,不予扣除。

(十三)中央各部门各单位设在地方的出版单位、中央各部门各单位出版单位在地方的派出(分支)机构的人员,转制后按规定纳入当地社会保障体系。

五、关于人员分流安置

(十四)对转制时距国家法定退休年龄5年以内的人员,在与本人协商一致的基础上,可以提前离岗,离岗期间的工资福利等基本待遇不变,单位和个人继续按规定缴纳各项社会保险费,达到国家法定退休年龄时,按企业办法办理退休手续,按转制过渡期退休人员办法享受退休待遇。

(十五)转制时,要按照《中华人民共和国劳动合同法》的规定,自工商注册登记之日起与在职职工全部签订劳动合同。职工在事业单位的工作年限合并计算为转制后企业的工作年限。转制后根据经营方向确需分流人员的,应按照《中华人民共和国劳动合同法》第四十条、第四十一条、第四十二条规定处理劳动关系,对符合支付经济补偿条件的,应依法支付经济补偿。

(十六)转制企业应当切实保障职工的合法权益。转制时,对提前离岗人员所需的基本待遇及各项社会保险费、分流人员所需的经济补偿金,可从评估后的净资产中预留或从国有产权转让收入中优先支付。净资产不足的,财政部门也可给予一次性补助。

六、关于财政税收

(十七)财税部门应认真落实适用于转制企业的现行财税优惠政策。

(十八)原事业编制内职工的住房公积金、住房补贴中由财政负担部分,转制后继续由财政部门在预算中拨付;转制前人员经费由财政负担的离退休人员的住房补贴尚未解决的,转制时由财政部门一次性拨付解决;转制前人员经费自理的离退休人员以及转制后离退休人员和在职职工住房补贴资金,由转制单位按照所在地市、县级人民政府有关企业住房分配货币化改革政策以及企业财务会计制度的规定,从本单位相应资金渠道列支。转制后原有的正常事业费继续拨付,主要用于解决转制前已经离退休人员的社会保障问题。

(十九)为确保转制工作顺利进行,同级财政可一次性拨付一定数额的资金,主要用于资产评估、审计、政策法律咨询等。

(二十)经营性文化事业单位转制为企业后,免征企业所得税。

(二十一)由财政部门拨付事业经费的经营性文化事业单位转制为企业,对其自用房产免征房产税。

(二十二)对经营性文化事业单位转制中资产评估增值、资产转让或划转涉及的企业所得税、增值税、营业税、城市维护建设税、契税等,符合现行规定的享受相应税收优惠政策。

(二十三)党报、党刊将其发行、印刷业务及相应的经营性资产剥离组建的文化企业,所取得的党报、党刊发行收入和印刷收入免征增值税。

七、关于法人登记

(二十四)转制后的企业名称,应当符合企业名称登记管理的规定。原单位名称中冠以"中国"、"中华"、"全国"、"国家"、"国际"等字样的,按有关规定经批准可继续注册使用。

(二十五)转制后须核销事业编制,注销事业单位法人,并依法办理企业工商注册登记。

八、关于党的建设

(二十六)根据中央要求,经营性文化事业单位在转制过程中,要按照党章规定,根据转制后企业的实际情况和工作需要,经上级党组织批准,同步组建、改建或更名党的基层组织,选配好党组织负责人。转制后企业内部的党组织设置,也要随着企业组织结构和党员分布状况的变化,及时进行充实调整,充分发挥转制后企业党组织和党员的作用。转制后企业党组织的领导关系要按照有利于加强党的领导和开展党的工作,有利于促进企业改革和发展的原则确定。

上述政策适用于开展文化体制改革的地区和转制企业。中央所属转制文化企业的认定,由中央宣传部会同财政部、税务总局确定并发布名单;地方所属转制文化企业的认定,按照登记管理权限,由地方各级宣传部门会同同级财政、税务部门确定和发布名单,并按程序抄送中央宣传部、财政部和税务总局。执行期限为2014年1月1日至2018年12月31日。

进一步支持文化企业发展的规定

为进一步深化文化体制改革,促进文化企业发展,特制定以下规定:
一、关于财政税收
(一)中央财政和地方财政应安排文化产业发展专项资金,有条件的应扩大专项资金规模,创新资金投入方式,完善政策扶持体系,采取贴息、补助、奖励等方式,支持文化企业发展。
(二)对电影制片企业销售电影拷贝(含数字拷贝)、转让版权取得的收入,电影发行企业取得的电影发行收入,电影放映企业在农村的电影放映收入免征增值税。一般纳税人提供的城市电影放映服务,可以按现行政策规定,选择按照简易计税办法计算缴纳增值税。
(三)2014年1月1日至2016年12月31日,对广播电视运营服务企业收取的有线数字电视基本收视维护费和农村有线电视基本收视费,免征增值税。
(四)落实和完善有利于文化内容创意生产、非物质文化遗产项目经营的税收优惠政策。
(五)对国家重点鼓励的文化产品出口实行增值税零税率。对国家重点鼓励的文化服务出口实行营业税免税。结合营业税改征增值税改革试点,逐步将文化服务行业纳入改革试点范围,对纳入增值税征收范围的上述文化服务出口实行增值税零税率或免税。享受上述税收优惠政策的国家重点鼓励的文化产品和服务的具体范围由财政部、税务总局会同有关部门确定。为承担国家鼓励类文化产业项目而进口国内不能生产的自用设备及配套件、备件,在政策规定范围内,免征进口关税。
(六)在国务院批准的中国服务外包示范城市从事服务外包业务的文化企业,符合现行税收优惠政策规定的技术先进型服务企业相关条件的,经认定后,可享受有关税收优惠政策。
(七)对从事文化产业支撑技术等领域的文化企业,按规定认定为高新技术企业的,减按15%的税率征收企业所得税;开发新技术、新产品、新工艺发生的研究开发费用,允许按国家税法规定,在计算应纳税所得额时加计扣除。文化产业支撑技术等领域的具体范围和认定工作由科技部、财政部、税务总局商中央宣传部等部门另行明确。
(八)经认定并符合软件企业相关条件的动漫企业,可申请享受国家现行鼓励软件产业发展的所得税优惠政策;2017年底前,符合条件的动漫企业,按规定享受增值税优惠政策;经认定的动漫企业自主开发、生产动漫直接产品,确需进口的商品可按现行规定享受免征进口关税和进口环节增值税的优惠政策。
(九)加大财政对文化科技创新的支持,将文化科技纳入国家相关科技发展规划和计划,积极鼓励文化与科技深度融合,促进文化企业、文化产业转型升级,发展新型文化业态。
(十)通过政府购买、消费补贴等途径,引导和支持文化企业提供更多文化产品和服务,鼓励出版适应群众购买能力的图书报刊,鼓励在商业演出和电影放映中安排低价场次或门票,鼓励网络文化运营商开发更多低收费业务。加大对文化消费基础设施建设、改造投资力度，完善政府投入方式，建立健全社会力量、社会资本参与机制，促进多层次多业态文化消费设施发展。

（十一）认真落实支持现代服务业、中小企业特别是小微企业等发展的有关优惠政策，促进中小文化企业发展。

二、关于投资和融资

（十二）对投资兴办文化企业的，有关行政主管部门应当提高行政审批效率，并不得收取国家规定之外的任何附加费用。

（十三）在国家许可范围内，鼓励和引导社会资本以多种形式投资文化产业，参与国有经营性文化事业单位转企改制，参与重大文化产业项目实施和文化产业园区建设，在投资核准、银行贷款、土地使用、税收优惠、上市融资、发行债券、对外贸易和申请专项资金等方面给予支持。

（十四）鼓励国有文化产业投资基金作为文化领域的战略投资者，对重点领域的文化企业进行股权投资。创新基金投资模式，更好地发挥基金的引导和杠杆作用，推动文化企业跨地区、跨行业、跨所有制兼并重组，切实维护国家文化安全。

（十五）进一步促进文化与金融对接，鼓励文化企业充分利用金融资源，投资开发战略性、先导性文化项目，进行文化资源整合，推动文化出口，中央财政和地方财政可给予一定的贴息。

（十六）针对文化企业的特点，研究制定知识产权、文化品牌等无形资产的评估、质押、登记、托管、投资、流转和变现等办法，完善无形资产和收益权抵（质）押权登记公示制度，鼓励金融机构积极开展金融产品和服务方式创新。在风险可控、商业可持续原则下，进一步推广知识产权质押融资、供应链融资、并购融资、订单融资等贷款业务，加大对文化企业的有效信贷投入。鼓励和支持政策性金融充分发挥扶持、引导作用，加大对重点企业和项目的信贷支持。鼓励开发文化消费信贷产品。

（十七）通过公司制改建实现投资主体多元化的文化企业，符合条件的可申请上市。鼓励已上市文化企业通过公开增发、定向增发等再融资方式进行并购和重组。鼓励文化企业进入中小企业板、创业板、"新三板"融资。鼓励符合条件的文化企业通过发行企业债券、公司债券、非金融企业债务融资工具等方式扩大融资，实现融资渠道多元化。

（十八）探索国有文化企业股权激励机制，经批准允许有条件的国有控股上市文化公司按照国家有关规定开展股权激励试点。

（十九）对按规定转制的重要国有传媒企业探索实行特殊管理股制度，经批准可开展试点。

（二十）探索建立符合文化企业特点的信用评级制度。鼓励各类担保机构对文化企业提供融资担保，通过再担保、联合担保以及担保与保险相结合等方式分散风险。探索设立文化企业融资担保基金。

三、关于资产和土地处置

（二十一）发生分立、合并、重组、改制、撤销等经济行为涉及国有资产或产权结构重大变动的文化企业，应当按照国家有关规定进行清产核资，清产核资工作中发现的资产损失经确认后应当依次冲减未分配利润、盈余公积、资本公积、实收资本。

（二十二）对于出版、发行单位处置库存呆滞出版物形成的损失，允许据实在企业所得税前扣除。

（二十三）文化企业改制涉及的原划拨土地，改制后用途符合《划拨用地目录》的，可继续以划拨方式使用；不符合《划拨用地目录》的，应当依法实行有偿使用。经省级以上人民政府批准，国有文化企业改制为授权经营或国有控股企业的，原生产经营性划拨用地，经批准可采用国家出资(入股)方式配置。文化企业改制为一般竞争性企业的,原生产经营性划拨用地可采用协议出让或租赁方式进行土地资产处置。

(二十四)利用划拨方式取得的存量房产、土地兴办文化产业的,其用地手续办理符合《划拨用地目录》的,可按划拨方式办理;不符合《划拨用地目录》的,在符合国家有关规定的前提下可采取协议出让方式办理。

四、关于工商管理

(二十五)允许投资人以知识产权等无形资产评估作价出资组建文化企业,具体按国家法律规定执行。

国有文化企业要加快公司制股份制改造,推进董事会、监事会建设,规范总会计师管理,健全协调运转、有效制衡的公司法人治理结构,形成符合现代企业制度要求、体现文化企业特点的资产组织形式和经营管理模式,确保把社会效益放在首位,实现社会效益和经济效益相统一。

上述政策适用于所有文化企业,凡未注明具体期限的,执行期限为2014年1月1日至2018年12月31日。

中共中央办公厅 国务院办公厅印发《关于推动国有文化企业把社会效益放在首位、实现社会效益和经济效益相统一的指导意见》的通知

中办发〔2015〕50号

为深入贯彻落实党的十八大和十八届三中、四中全会精神,推动国有文化企业把社会效益放在首位、实现社会效益和经济效益相统一,现提出如下指导意见。

一、重要意义

近年来,随着社会主义市场经济深入发展和文化体制改革不断深化,国有文化企业积极参与市场竞争,经营性文化事业单位规范进行转企改制,一大批图书出版、影视制作、文艺演出、电影院线、图书发行、有线电视网络等文化内容生产企业和文化信息传播企业迅速成长,文化精品不断涌现,文化服务更加活跃,有力促进了文化产业发展和文化市场繁荣,实现了社会效益和经济效益同步提升。同时也要看到,一些国有文化企业改革还没有到位,两个效益相统一的问题还没有很好地解决,片面追求经济效益、忽视社会效益现象时有出现;国有资本运行效率还不够高,内部经营管理问题比较多,知名文化企业和文化品牌比较少;相关体制机制和配套政策措施有待进一步完善,两个效益相统一的环境条件需要进一步优化。

文化企业提供精神产品,传播思想信息,担负文化传承使命,必须始终坚持把社会效益放在首位、实现社会效益和经济效益相统一。国有文化企业是发展文化产业、建设社会主义先进文化的重要力量,必须着力建立有文化特色的现代企业制度,充分发挥示范引领和表率带动作用,在推动两个效益相统一中走在前列。这是新形势下打造文化创新主体、满足群众精神文化需求、活跃文化市场的客观需要,是提升文化软实力、参与国际文化竞争、维护国家文化安全的必然选择。要进一步增强责任感、紧迫感和使命感,深化改革、创新发展,确保国有文化企业始终坚持正确文化立场,推出更多思想性艺术性观赏性俱佳的文化产品,提供更多有意义有品位有市场的文化服

务,切实发挥文化引领风尚、教育人民、服务社会、推动发展的作用。

二、总体要求

全面贯彻党的十八大和十八届三中、四中全会精神,高举中国特色社会主义伟大旗帜,深入贯彻落实习近平总书记系列重要讲话精神,紧紧围绕"四个全面"战略布局,坚持党的领导,坚持中国特色社会主义文化发展道路,坚持以人民为中心的创作生产导向,遵循社会主义市场经济规律,遵循精神文明建设要求,遵循文化产品生产传播规律,以社会主义核心价值观为引领,在国有企业改革大框架下,充分体现文化例外要求,积极推进国有文化企业改革。以建立有文化特色的现代企业制度为重点,以落实和完善文化经济政策、强化国有文化资产监管为保障,建立健全确保国有文化企业把社会效益放在首位、实现社会效益和经济效益相统一的体制机制,打造一批具有核心竞争力的骨干文化企业,推动社会主义文化大发展大繁荣。

正确处理社会效益和经济效益、社会价值和市场价值的关系,当两个效益、两种价值发生矛盾时,经济效益服从社会效益、市场价值服从社会价值,越是深化改革、创新发展,越要把社会效益放在首位。正确处理文化的意识形态属性与产业属性、文化企业特点和现代企业制度要求的关系,把加强党的领导与完善公司治理统一起来,加强分类指导,创新资产组织形式和经营管理模式,建立健全把社会效益放在首位、实现社会效益和经济效益相统一的考核评价标准。正确处理党委、政府与国有文化企业的关系,统筹制度设计和政策配套,明确谁主管谁负责和属地管理,尊重企业法人主体地位和自主经营权,强化政策引导,严格依法监管,注重道德调节,坚守社会责任,把两个效益相统一的要求落到实处。

三、完善企业内部运行机制

明确把社会效益第一、社会价值优先的经营理念体现到企业章程和各项规章制度中,推动党委领导与法人治理结构相结合、内部激励和约束相结合,形成体现文化企业特点、符合现代企业制度要求的资产组织形式和经营管理模式。

科学设置企业内部组织结构。企业党委成员以双向进入、交叉任职的方式进入董事会、监事会和经营管理层,党委书记兼任董事长,切实履行内容导向管理第一责任人职责。党委、董事会、未设董事会的经理班子等决策机构要依据各自的职责、权限和议事规则,讨论决定涉及内容导向管理的重大事项及企业运营与发展的重大决策、重要人事任免、重大项目安排和大额度资金使用等事项。从事内容创作生产传播的文化企业,要建立和完善编辑委员会、艺术委员会等专门机构,强化总编辑等内容把关岗位的职责,对涉及内容导向问题的事项,具有否决权。党报党刊、电台电视台、通讯社、时政类报刊等新闻单位,可以依法依规开展有关经营活动,但必须做到事业与企业分开、采编与经营分开,禁止采编播人员与经营人员混岗。

深化企业内部劳动、人事和收入分配等制度改革。健全绩效考核办法,实行差异化考核,对直接涉及内容创作的部门和岗位,要以社会效益考核为主,收入分配和奖励也要适当予以倾斜。

四、推动企业做强做优做大

着力提高规模化集约化专业化水平,推动国有文化企业加快公司制股份制改造,转变发展方式,强化导向管理,全面提质增效,打造一批核心竞争力强的国有或国有控股骨干文化企业,使之成为文化市场的主导力量和文化产业的战略投资者。

坚持立足主业发展,形成内容优势和传播优势,扩大市场占有率和话语权。树立精品意识,完善引导激励机制,加强原创和现实题材创作,努力创作生产更多传播当代中国价值观念、体现中华文化精神、弘扬中华优秀传统文化、反映中国人民奋斗追求的优秀文化产品。健全传播网络,规范传播秩序,发展现代流通形式,加强市场营销,鼓励和引导文化消费,不断扩大优秀文化产品的覆盖面和影响力。加大核心技术研发攻关力度,建立健全相关标准规范、管理制度和技术手段,抢占文化科技融合发展制高点。扩大对外文化贸易和文化投资,提升国际传播能力,讲好中国故事,传播好中国声音。

明确股份制改造的范围、股权结构和管理要求。按规定已经转企的出版社、非时政类报刊出版单位、新闻网站等,实行国有独资或国有文化企业控股下的国有多元。在坚持出版权、播出权特许经营前提下,探索制作和出版、制作和播出分开。新闻媒体中的广告、印刷、发行、传输网络部分,可剥离进行转企改制,由国有资本绝对控股,利用市场资源和社会力量,为发展壮大新闻宣传主业服务。在新闻出版传媒领域探索实行特殊管理股制度,积极稳妥开展试点。

推进以资本为纽带进行联合、重组。鼓励符合条件的国有文化企业上市融资。推动出版、发行、影视、演艺集团交叉持股或进行跨地区跨行业跨所有制并购重组,突出内容建设,强化技术支撑。推动传统媒体与新兴媒体融合发展,强化互联网思维,实现跨媒体、全媒体发展。推动以党报党刊所属的非时政类报刊和实力雄厚的行业性报刊出版单位为龙头,整合本区域本行业报刊资源。推动党政部门逐步与所主管主办的出版社和非时政类报刊社等企业脱钩,可以整合资源组建出版传媒集团,由集团履行相应主管主办职责,也可以划转给相应符合条件的企业来主管主办,推动政企分开。

五、完善资产监管运营机制和评价考核机制

加强国有文化资产管理、有效行使出资人权利,是党委和政府加强对国有文化企业干部管理、导向管理的重要依据,是确保国有文化企业坚持把社会效益放在首位、实现社会效益和经济效益相统一的制度保障。必须坚持对重大事项的决策权、资产配置的控制权、宣传业务的终审权、主要领导干部的任免权,确保国有文化企业正确履行社会文化责任,确保国有文化资产保值增值。

建立党委和政府监管国有文化资产的管理机构。按照依法规范的要求,探索建立党委和政府监管有机结合、宣传部门有效主导的管理模式,推动实现管人管事管资产管导向相统一。各地可结合实际继续对本地国有文化资产监管模式进行改革探索,完善宣传部门有效监管的管理体制和工作机制。推动主管主办制度与出资人制度的有机衔接。

建立健全两个效益相统一的评价考核机制。研究制定文化企业国有资产监督管理办法,充分考虑不同类型国有文化企业的功能作用,明确社会效益指标考核权重应占50%以上,并将社会效益考核细化量化到政治导向、文化创作生产和服务、受众反应、社会影响、内部制度和队伍建设等具体指标中,形成对社会效益的可量化、可核查要求;科学合理设置反映市场接受程度的经济考核指标,坚决反对唯票房、唯收视率、唯发行量、唯点击率。加强国有资本经营预算编制工作,确保国有资本保值增值,确保社会效益要求的落实。

强化国有文化资产监管运营。推进国有文化资本授权经营,统筹考虑两个效益相统一要求,形成国有文化资本流动重组、布局调整的有效平台,优化资本资源配置,推动国有文化企业增强实力、活力、抗风险能力,更好地发挥控制力、影响力。充分体现文化特点,制定文化企业无形资产评估指导意见。做好有关清产核资工作,完善和落实文化企业国有资产指定入场交易的具体办法。建立健全文化企业国有资本审计监督体系,建立健全资产损失责任追究制度。

六、发挥文化经济政策引导、激励和保障作用

文化经济政策是繁荣发展社会主义文化、确保两个效益相统一的重要保障,是扶持引导文化产业、培育规范文化市场的重要手段。必须着力落实和完善文化经济政策,保证国有文化企业合理经济效益、职工合理经济利益,引导国有文化企业自觉追求社会效益最大化,实现可持续发展。

进一步加大财政支持力度。完善政府采购和资助办法,积极有序推进政府向社会购买公共文化服务工作,进一步支持国有文化企业发展。完善各级文化产业发展专项资金使用管理,加大

对社会效益突出的产业项目扶持力度。加大中央文化企业国有资本经营预算投入力度,探索以国有资本金注入的方式推动企业兼并重组,培育国家级骨干文化企业。省属重点文化企业,经省级政府批准,2020年年底前可免缴国有资本收益。

创新财政资金使用方式。鼓励有条件的地方组建或改组国有文化资本投资公司,设立国有文化资本投资基金,发挥财政资金和国有资本的杠杆作用,带动社会资本参与,支持创新型企业和小微企业,更好地引导文化产业发展。

落实和完善税收优惠政策。继续执行推动经营性文化事业单位转制和文化企业发展的有关政策。按照财税体制改革的总体要求,统筹研究有利于文化内容创意生产、非物质文化遗产项目经营等方面的税收优惠政策。

七、健全企业干部人才管理制度

落实党管干部、党管人才原则,坚持德才兼备、以德为先的选人用人标准,强化担当意识、责任意识、奉献意识,着力打造讲政治、守纪律、会经营、善管理、有文化的国有文化企业干部人才队伍。

加强企业干部人才管理。统筹企业负责人管理、关键岗位管理、社会化人才管理,做好现行文化单位干部管理与现代企业制度有关要求的衔接,做好主管主办单位干部管理与出资人制度有关要求的衔接。各省属文化企业省管干部,由省级宣传部门会同组织部门共同负责提名、考察与管理。逐步建立企业领导人员分类分层管理制度。加强对企业领导人员的日常管理,及时调整不胜任、不称职的领导人员。建立企业负责人述职述德述廉述法制度,合理确定并严格规范企业负责人履职待遇、业务支出,完善经济责任审计和离任审计制度。建立企业负责人履行社会效益责任追究制度,对工作不力的进行诫勉谈话、降低薪酬标准,直至解除职务。

建立具有文化企业特点的干部人才评价考核制度。落实国有企业负责人薪酬制度改革的有关要求,建立健全国有文化企业负责人经营业绩考核和薪酬管理办法,统筹考核社会效益、经营业绩、管理责任和薪酬标准。按照国家有关规定,开展国有控股上市文化公司股权激励试点。开展国有文化企业职业经理人制度试点,探索市场化选聘人才的办法。

八、加强企业党的建设和思想政治工作

加强和改进新形势下国有文化企业党建工作,充分发挥党组织的政治核心作用,加强职工思想政治工作,为推进国有文化企业把社会效益放在首位、实现社会效益和经济效益相统一提供坚强的思想保证、政治保证和组织保证。

加强基层党组织和党员队伍建设。建立健全企业党建工作机构,大型企业应设立专门的工作机构,中小型企业根据实际情况设立党群综合工作部门,根据企业实际需要确定专职政工干部的数量。积极吸收各方面人才特别是优秀青年入党,着力扩大党员在采编、创作等岗位的比例。落实党风廉政建设责任制,党委(党组)负主体责任,纪委(纪检组)负监督责任,严明纪律和规矩,经常性开展党风党纪教育,营造风清气正的从业环境。

加强企业文化建设。坚持把社会主义核心价值观的要求贯穿到企业生产经营管理各环节和全过程,内化为企业精神和发展理念,提升干部群众思想道德素质和科学文化素质,增强企业内生动力。认真贯彻执行党的路线方针政策,模范遵守国家法律法规,依法经营、诚实守信,塑造国有文化企业良好形象。尊重职工主体地位,关注干部群众思想动态和利益诉求,帮助解决思想问题和实际问题。

九、加强组织领导

各地区各有关部门要高度重视,加强领导,强化措施,切实解决国有文化企业改革发展中的实际问题,做到始终坚持把社会效益放在首位、实现社会效益和经济效益相统一。要结合本地区本部门实际,抓紧制定具体实施意见,认真抓好落实。

进一步为文化企业坚持把社会效益放在首位、实现社会效益和经济效益相统一营造良好发展环境。加快推进文化法治建设,健全文化产品和服务评价体系,加强文化市场监管,加大知识产权保护力度,打击违法违规行为,抵制低俗之风。建立健全严格的市场退出机制,对内容导向存在严重问题或经营不善、已不具备基本生产经营条件的国有文化企业,坚决依法吊销、撤销有关行政许可,予以关停。探索建立国有文化企业社会责任报告制度,开展社会评议,建立健全行业自律制度。加强政策业务培训和人才培养,完善有关职业资格制度,提高从业人员素质。及时总结推广两个效益相统一的做法和经验。

严格工作纪律和要求。认真执行国家现行有关政策法规和行业管理规定,重大问题要及时请示报告,重大改革举措要严格按照有关要求和程序报批。

中共中央办公厅
国务院办公厅
2015 年 9 月 7 日

关于印发《新闻出版总署关于深化出版发行体制改革工作实施方案》的通知

新出办〔2006〕616 号

各省、自治区、直辖市新闻出版局,新疆生产建设兵团新闻出版局,解放军总政宣传部新闻出版局,中央国家机关各部委、各民主党派、各人民团体新闻出版主管部门:

根据《中共中央、国务院关于深化文化体制改革的若干意见》和全国文化体制改革工作会议的要求,新闻出版总署制定了《新闻出版总署关于深化出版发行体制改革工作实施方案》(以下简称《实施方案》),此件已经中央文化体制改革领导小组办公室原则同意,现印发给你们。

请你们按《中共中央、国务院关于深化文化体制改革的若干意见》和全国文化体制改革工作会议精神以及《实施方案》的要求,认真制定本地区、本部门的改革方案,精心组织实施,积极稳妥地推进各项工作。

各地、各部门制定的本地区、本部门出版发行体制改革实施方案及有关改革工作的进展情况须及时报送新闻出版总署深化出版发行体制改革工作领导小组办公室。

新闻出版总署
二〇〇六年七月三日

新闻出版总署关于深化出版发行体制改革工作实施方案

根据《中共中央、国务院关于深化文化体制改革的若干意见》的要求和全国文化体制改革工作会议精神,结合出版发行业改革的实际,特制定《关于深化出版发行体制改革工作实施方案》。

一、充分认识深化出版发行体制改革的重要性和紧迫性

2005年12月,中共中央、国务院颁发了《中共中央、国务院关于深化文化体制改革的若干意见》,明确要求深化文化体制改革,进一步解放和发展文化生产力。2006年3月,中央召开了全国文化体制改革工作会议。会议以邓小平理论和"三个代表"重要思想为指导,全面贯彻落实科学发展观,贯彻落实党的十六大和十六届三中、四中、五中全会精神,科学地阐明了深化文化体制改革的重大意义和需要把握的一系列重要问题,对推进出版发行体制改革具有极其重要的指导意义。全国新闻出版系统要认真学习、深刻领会中央关于文化体制改革的一系列重要精神,切实把思想认识统一到中央的重大战略部署上来。

2003年以来开展的出版发行体制改革试点工作,在中央的领导下,在各地党委、政府以及党政主管部门指导下,通过试点单位的积极探索,取得了重要进展。21个试点的新闻出版和发行单位,创新体制、转换机制,增强了活力,在许多方面有了突破性进展,取得了良好的社会效益和经济效益,为深化出版发行体制改革积累了经验。与此同时,也要看到,出版发行体制改革试点所取得的成效还只是局部和阶段性的。出版产业结构调整的任务仍然很艰巨;许多出版发行单位游离于社会主义市场经济体制之外,缺乏活力与竞争力;束缚新闻出版业健康快速发展的体制弊端和机制障碍仍然存在;推动我国出版物走出去的能力有待提高。解决这些问题的根本出路在于解放思想,实事求是,与时俱进,按照中央关于深化文化体制改革的战略部署,坚定不移地推进出版发行体制改革,不断开创新闻出版工作的新局面。

二、深化出版发行体制改革的指导思想、原则要求和目标任务

深化出版发行体制改革的指导思想是:高举邓小平理论和"三个代表"重要思想伟大旗帜,全面贯彻落实科学发展观,遵循社会主义精神文明建设的特点和规律,适应社会主义市场经济发展要求,以发展为主题,以改革为动力,以体制机制创新为重点,深入推进出版发行体制改革,调动广大新闻出版工作者的积极性和创造性,解放和发展出版生产力,促进新闻出版事业全面繁荣和出版发行产业的快速发展。

深化出版发行体制改革的原则要求是:坚持解放思想,实事求是,与时俱进,牢牢把握先进文化的前进方向;坚持一手抓事业繁荣,一手抓产业发展,促进出版发行业全面协调发展;坚持把社会效益放在首位,努力实现社会效益和经济效益的统一;坚持以体制机制创新为重点,在重塑市场主体、完善市场体系、改善宏观管理等关键环节上实现新突破;坚持区别对待、分类指导,循序渐进、逐步推开。

深化出版发行体制改革的目标任务是:形成科学有效的新闻出版宏观管理体制;形成富有效率的微观运行机制,增强活力,提高竞争力;形成以公有制为主体、多种所有制共同发展的出版物市场格局,确保国有资本的主导地位;形成统一、开放、竞争、有序的现代出版市场体系;形成推动我国优秀出版物走向世界的开放格局。

三、大力推动微观运行体制机制改革,重塑市场主体

党报、党刊、时政类报刊以及少数承担政治性、公益性出版任务的出版单位实行事业体制,切实贯彻"增加投入、转换机制、增强活力、改善服务"的方针。这些出版单位要为人民群众提供基本的公益性出版服务,传播先进文化,提供精神食粮,体现人文关怀,不断满足人民群众和国家经济社会发展最基本的出版需求。国家将采用项目支持、政府采购、加工订货等方式给予扶持。实行事业体制的出版社、报社和期刊社要积极推进劳动人事、收入分配制度改革,全面推行聘用制度和岗位管理制度;建立有效的经费保障机制、完善的经营管理运行机制和科学的业绩考评机制,在国家扶持的基础上,面向群众,面向市场,切实提高服务群众的能力和水平。会同有关部门做好对实行事业体制的出版社、报社和期刊社有关优惠政策的制定和落实工作,保证政治性、公益性出版任务的完成。在调研的基础上,会同有关主管部门研究制定人民出版社、民族出版社、中国盲文出版社、科技日报社、农民日报社、中国社会科学杂志社和民族画报社等单位实行事业体制的改革试点工作方案并予以指导。重新确定实行事业体制的出版单位的出版任务和业务范围,在出版资源方面给予必要的保证。对各省、自治区、直辖市人民出版社和少数民族文字出版社的改革问题要加强调查研究,给予必要的指导,支持地方因地制宜深化改革。

采取有效措施,力争通过几年的努力,支持和推动中央和国家机关所属在京的一般出版单位和文化、艺术、生活、科普类报刊社逐步转企改制,今年内要选择一批单位进行转企改制试点。转企改制工作要切实贯彻"创新体制、转换机制、面向市场、壮大实力"的方针。经营性出版单位的根本任务是,以市场为主导,以健康向上、丰富多彩的出版物满足人民群众多方面、多层次、多样性的精神文化需求。转企改制工作要以体制机制创新为重点,增强活力,提高竞争力。要按照国家有关规定,严格规范转企改制工作,建立资产经营责任制,防止国有资产流失;要按照现代企业制度的要求,完善法人治理结构,发行、印刷等企业要进行股份制改造,实现投资主体多元化。出版社、报社、期刊社从转企改制起,实行企业的财政、税收制度;要按照国家有关规定,做好与劳动人事、社会保障等有关政策的衔接工作,按照新人新办法、老人老办法的原则制定相关政策,妥善分流、安置富余人员。会同有关部门认真做好国家对转企改制单位在一定期限内给予的财政、税收等优惠政策的落实工作,同时根据转企改制工作中出现的新情况、新问题,及时会商有关部门制定新的优惠政策。转制为企业的出版社、报社、期刊社和出版物进出口公司要坚持国有独资或国有绝对控股,实行特许经营或许可证管理。

在听取主管主办部门意见的基础上,有计划、有步骤地将中央和国家机关所属在京出版社、报社、期刊社逐步转制为企业。在调研的基础上,今年要会同有关主管部门研究制定中国电力出版社等一批中央和国家机关所属在京出版社以及中国计算机报社、机电商报社、中国国家地理杂志社、中国妇女杂志社、中国唱片总公司、高等教育音像出版社、北京希望电子出版社、北京科海电子出版社等单位的改革试点工作方案并予以指导。在调研的基础上,与教育部共同制定清华大学出版社等高校出版单位的转制改革试点方案并予以指导实施。明年要按照区别对待、分类指导的要求,重点在国家机关有关部委、行业协会、群众团体、科研机构所属出版单位进行转企改制试点。2008年在广泛听取中央直属机关和有关部门意见的基础上,重点研究和推进中央直属机关和有关部门以及民主党派所属出版单位的改革试点工作,取得经验后逐步全面推开。

对转企改制过程中出版单位以及国有发行单位、出版物进出口单位变更名称、变更注册地等事项要特事特办,纳入"窗口式服务",做到方便快捷;对变更主管主办单位、调整资本构成和业务范围的,只要符合改革要求和现行政策又有利于发展的,在严格履行报批程序的前提下给予必要的支持。经营性出版单位转制到位后,可根据发展需要适当配置更多的书号、版号等出版资源,扩大出版范围。转制到位的出版发行集团公司,要赋予出口经营权。

军队系统出版发行单位的改革工作由解放军总政治部制订方案并组织实施。

四、优化结构,完善布局,构建统一、开放、竞争、有序、健康、繁荣的现代出版物市场体系

要着力提高出版产业规模化、集约化、专业化水平,培育一批有实力、有竞争力和影响力的报业集团、出版集团公司、期刊集团公司、音像集团公司和发行集团公司,使之成为出版物市场的主导力量和出版产业的战略投资者。鼓励先行试点的出版集团公司和发行集团公司相互持股,进行跨地区、跨部门、跨行业并购、重组或建立必要的经营性的分支机构,确有必要的可适当配置新的出版资源。积极推动有条件的出版、发行集团公司上市融资,做大做强做优。转制为企业的发行单位要建立现代企业制度和法人治理结构,已经转制到位的要加快产权制度改革,积极进行股份制改造,实现投资主体多元化。通过合作、兼并、重组等方式推动小型出版社和文化、艺术、生活、科技类报刊进入大型出版集团公司。鼓励和支持中小出版发行企业向"专、精、特、新"方向发展,逐步形成富有活力的大、中、小出版发行企业并存的优势产业群。

要积极推动出版发行单位采用高新技术改造传统出版发行业,推动出版发行业采用先进经营方式和多种业态,提高经营管理水平。要大力发展连锁经营、物流配送、电子商务、信息管理等现代流通技术和手段,加强对重点物流配送基地的规划和建设。要推行新型代理配送制度,建立出版物的现代市场营销体系。进一步完善出版物市场体系,打破条块分割、地区封锁、城乡分离的市场格局,建立以大城市为中心、中小城市相配套、贯通城乡的出版物发行网络,培育和规范以网络为载体的新兴出版物市场。重视开拓和培育农村市场,认真组织实施"农家书屋"工程,向广大农民提供社会主义新农村建设必备的出版物。

充分发挥市场中介和行业组织的作用,加快发展经纪、代理、评估等出版中介机构,建立专业化、社会化服务体系。加强行业诚信体系建设,探索建立出版发行企业信用档案和市场信用制度,营造诚实守信的市场经营环境。

按照《国务院关于非公有资本进入文化产业的若干决定》的要求,鼓励和支持非公有资本以多种形式进入政策许可的领域。按照我国加入世贸组织的承诺及关于文化领域引进外资的有关规定,完善管理办法,提高新闻出版业利用外资的质量和水平。

五、积极实施"走出去"战略

要建立和完善政府推动、企业主导、市场化运作的出版物"走出去"运行机制,提高我国出版发行产业的国际竞争力,逐步改变我国出版物进出口逆差比较严重的局面。

要全面落实《中共中央办公厅、国务院办公厅印发〈关于进一步加强和改进文化产品和服务出口工作的意见〉的通知》的要求,着力培育一批具有较强国际竞争力的出版发行企业和企业集团公司,使之成为实施"走出去"战略的基地和主体。要重点扶持中国图书进出口总公司、中国国际图书进出口总公司、中国出版对外贸易总公司等大型出版物进出口企业,在相关政策和资源配置上予以支持,明确目标,做好规划,使其成为我国出版物的重要输出基地。要加强出版物内容和形式的创新,采取多种措施鼓励版权输出。要着力培养一批具有国际视野、熟知国际出版市场的专门人才。

要认真组织实施"中国出版物'走出去'战略工程"。切实用好"鼓励中国出版物'走出去'专项资金",积极建设和打造一批拥有自主知识产权和核心竞争力的外向型的重要出版基地、重大出版工程和知名出版品牌;精心组织好"北京国际图书博览会",充分利用"法兰克福书展"等重要国际书展平台,采取有效措施,推动我国版权输出。继续实施"中国图书对外推广计划",认真组织好"中国图书特殊贡献奖"的评奖工作,鼓励国外出版机构和个人翻译、出版、推销我国的优秀出版物,以国际通行的方式积极推进汉语教学教材在海外出版发行。

鼓励有条件的出版发行单位到境外兴办实体企业,采取独资、合资、合作或重组、并购等形式拓展面向国际的出版发行业务,充分利用两种资源、两个市场,努力推动我国出版物进入国外主

流出版市场。

六、转变职能,加强和改进宏观调控

要建立党委领导、政府管理、行业自律、企事业单位依法运营的新闻出版管理体制,综合运用法律、经济、行政和产业政策等手段,推动事业繁荣和产业发展。建立职责明确、反应灵敏、运转有序、统一高效的宏观调控体系,完善预报、引导、奖惩、调节、责任、监督、保障、应对等机制。

进一步理顺新闻出版行政部门与企事业单位之间的关系,切实实行政企分开、政事分开、政资分开、管办分离,强化市场监管和公共服务职能。要规范从业行为,对重要工作岗位实行资格准入制度。充分发挥行业协会的作用,行业协会要锐意改革,按照"自我管理、自我服务、自我教育、自我约束"的要求,履行好协调、监督、服务、维权等职责。

加强行政执法工作,健全监督机制,做到有法可依、有法必依、执法必严、违法必究。要规范审批程序,严格执法责任。要按照中央的要求,针对新的情况,制定有效措施,坚决制止强行向农村摊派发行报刊的行为。坚持不懈地开展"扫黄""打非"斗争,采取切实措施坚决打击非法出版、非法经营和侵权盗版行为。新闻出版总署和省级新闻出版管理机关要加强对文化体制改革试点地区新组建的地(市)、县(市)级文化广电新闻出版局的指导,强化新闻出版行政管理职能;要建立与各地文化市场综合执法机构之间有效的工作机制,确保"扫黄""打非"工作只能加强,不能削弱。

七、加强对深化出版发行体制改革工作的领导

新闻出版总署成立深化出版发行改革工作领导小组,龙新民同志任组长,柳斌杰、邬书林同志任副组长,有关司局负责人为小组成员。

各地新闻出版管理部门要在党委、政府的领导下,认真参与制定本地区出版发行体制改革工作方案,切实加强指导。凡涉及与出版发行体制改革有关的重大问题要及时请示报告,重大改革措施出台和政策调整要按规定报批。

要根据体制改革中出现的新情况、新问题,加强调查研究,认真做好有关法规、规章的"废、改、立"工作。积极推动《出版物市场管理条例》尽快颁布,制定并颁布《图书出版管理规定》、《出版物进口备案管理办法》等规章,把体制改革中的有益经验和成功做法规范化、法制化。

要正确处理改革、发展和稳定的关系。坚持群众路线,发挥群众的积极性、主动性和创造性。要重视保障职工权益,妥善处理各种复杂的利益关系,及时发现并化解矛盾,充分调动各方面的积极性。必须坚持"区别对待、分类指导、循序渐进、逐步推开"的原则,抓好试点,稳步推进,不搞一刀切,不强求时间进度。要大力加强领导班子建设和队伍建设,加强思想政治工作,切实维护新闻出版系统的稳定,保证出版发行体制改革的顺利进行,促进新闻出版业的健康繁荣发展。

财政部、中宣部、文化部、广电总局、新闻出版总署关于在文化体制改革中加强国有文化资产管理的通知

财教〔2007〕213号

各省、自治区、直辖市财政厅(局)、党委宣传部、文化厅(局)、广电厅(局)、新闻出版局:

党的十六大以来,在党中央、国务院的正确领导下,文化体制改革工作顺利开展,取得了明显成效。随着各项改革措施的推进,新闻出版、广播影视、文化艺术领域的国有企事业单位占有和使用的国有资产(以下简称国有文化资产)总量不断增加,资本运作方式发生了新的变化。为确

保文化体制改革健康有序进行,促进文化事业和文化产业发展,经党中央、国务院批准,现就文化体制改革中加强国有文化资产管理有关问题通知如下。

一、要充分认识加强国有文化资产管理的重要性和紧迫性。新形势下,加强国有文化资产管理,对于坚持马克思主义在意识形态领域的指导地位,牢牢把握文化发展的主导权,确保国家文化安全,具有极为重要的意义。在深化文化体制改革中,各地区、各部门要从加强党的执政能力建设,创新党对意识形态工作的领导方式,加强和改进文化领域宏观管理的高度,进一步统一思想,提高认识,切实加强国有文化资产管理工作。

二、要明确管理职责,完善工作协调机制。财政部门要切实履行对国有文化资产的监管职责。文化行政主管部门在党委宣传部门的指导下,按照部门职责对所属企事业单位的国有文化资产实施具体管理。党委宣传部门要进一步做好宣传文化企事业单位主要领导干部的监督管理、文化体制改革的组织协调和宣传业务的指导工作,重大国有文化资产变动事项(比如,经营性文化事业单位转制为企业后的企业重组和股份制改造中涉及的重大资产变动等)的审查把关。财政部门、文化行政主管部门和党委宣传部门等要加强沟通和协调,共同做好国有文化资产管理工作。

三、要严格规范和履行国有文化资产管理的审批程序。国有文化企事业单位要遵守国家现行有关国有资产管理的法律法规,建立健全资产管理机构和规章制度。经营性文化事业单位转制为企业,必须严格遵守中央有关文化体制改革的规定和政策,认真做好资产清查、资产评估等基础工作,资产变动事项经文化行政主管部门审核同意后,报同级财政部门审批,并按有关规定办理。国有文化企业开展投融资活动,必须按照有关规定做好资产评估工作,评估结果须报同级财政或国资部门备案或进行合规性审核;变更国有资产产权、国有股权,改变国有资产使用方向等事项,须报经同级财政或国资部门审批后,按照有关程序办理;凡涉及前述重大国有文化资产变动事项,须经同级党委宣传部门同意。已授权由国有资产监督管理部门负责监管的国有文化企业,其资产监管仍继续由国有资产监督管理部门负责,资产管理关系是否需要变动,由地方党委、政府决定。

四、要建立对国有文化资产管理的绩效考评机制。财政部门要会同党委宣传部门和有关文化行政主管部门,在调查研究的基础上,参考有关国有资产绩效考评的规定,结合国有文化企事业单位的工作特点,尽快制定国有文化资产绩效考评办法。考评工作应把社会效益放在首位,实现社会效益和经济效益相统一,促进国有文化资产使用效益的提高,保证公益性国有文化资产安全完整,经营性国有文化资产保值增值,实现国有文化资产的合理流动和优化配置。要建立国有文化资产管理的激励和约束机制,将绩效考评结果与国有文化事业单位的经费安排、资产配置、国有文化资产经营者的收入分配真正挂钩。改进和完善国有文化企事业单位领导人任期审计制度,建立科学合理、可追溯的资产经营管理责任制。

五、要结合实际,及时制定加强国有文化资产管理的具体措施。国有文化资产管理涉及面广,情况复杂,需要在实践中不断研究和探索。在深化文化体制改革中,各级财政部门要会同相关部门在本通知精神的指导下,及时制定加强国有文化资产管理的具体措施。在文化体制改革试点过程中已对国有文化资产管理体制进行探索的地区,可结合本地实际继续探索实践,逐步调整、完善和规范。

财政部　中宣部　文化部
广电总局　新闻出版总署
二〇〇七年九月二十九日

关于中央出版单位转制和改制中国有资产管理的通知

财教〔2008〕256号

党中央有关部门，国务院各部委、各直属机构，全国人大常委会办公厅，全国政协办公厅，各民主党派中央，各人民团体，有关社会团体，有关中央直属企业：

为加快中央和国家机关各部委、各民主党派、各有关社会团体、国有企事业单位等主管主办的图书、报纸、期刊、音像、电子出版单位及网络出版机构（以下简称中央出版单位）的改革步伐，加强中央出版单位转制和改制中国有资产监督管理工作，根据国家有关法律法规以及经党中央、国务院批准的《关于在文化体制改革中加强国有资产管理的通知》（财教〔2007〕213号）要求，现将有关事项通知如下：

一、中央出版单位国有资产，是指国家对中央出版单位各种形式的投入和投入所形成的权益，以及依法认定为国家所有的其他权益，包括各类有形和无形国有资产；转制是指经营性出版单位转制为企业，改制是指出版企业公司制改造。

二、中央出版单位转制和改制，应根据中央有关文化体制改革的规定和政策，制定本单位的具体改革方案，经主管主办部门审核同意，报新闻出版总署批准后实施。涉及国有资产事项，由新闻出版总署商中宣部、财政部同意后批复。

三、中央出版单位转制和改制时，应由其主管主办单位负责组织做好清产核资、资产评估、财务审计等基础工作，有关结果报财政部批准或审核备案；涉及国有资产划转的，须报财政部审批。

四、财政部对中央出版单位国有资产履行监管职责。中央出版单位转制或改制后与原主管主办单位脱钩的，其资产财务关系在财政部单列，由财政部直接履行国有资产的监管职能；中央出版单位转制或改制后与原主管主办单位国有资产隶属关系不变且符合国家规定的，国有资产监管体制维持不变。

五、中央出版单位转制或改制，涉及资本结构变更、出版单位合并或分立等行政许可事项，须报新闻出版总署审批；企业重组、股份制改造、投融资活动等重大资产变动事项，须经中宣部同意，并报财政部批准后实施。

六、中央出版单位要认真制订改革方案，严格按规定履行审批程序，精心组织实施，确保国有资产安全完整、保值增值。

财政部　中宣部　新闻出版总署
二〇〇八年九月二十六日

新闻出版总署关于印发《中央各部门各单位出版社转制工作基本规程》的通知

新出字〔2009〕1号

中央和国家机关各部委、各民主党派、各人民团体新闻出版主管部门,中国出版集团公司:

为贯彻《中共中央办公厅国务院办公厅关于深化中央各部门各单位出版社体制改革的意见》(中办发〔2009〕16号)精神,切实推进中央各部门各单位出版社体制改革工作,确保中央各部门各单位出版社转制工作规范有序进行,新闻出版总署制定了《中央各部门各单位出版社转制工作基本规程》,现印发给你们。请在出版社转制工作中参照办理。

新闻出版总署
二〇〇九年五月七日

中央各部门各单位出版社转制工作基本规程

为贯彻落实中央关于深化文化体制改革的精神和要求,加快推进中央各部门各单位出版社体制改革工作,确保转制工作规范有序进行,根据《中共中央办公厅国务院办公厅关于深化中央各部门各单位出版社体制改革的意见》(中办发〔2009〕16号)、《国务院办公厅关于印发文化体制改革中经营性文化事业单位转制为企业和支持文化企业发展两个规定的通知》(国办发〔2008〕114号)以及财政部、中宣部、新闻出版总署《关于中央出版单位转制和改制中国有资产管理的通知》(财教〔2008〕256号)等文件的有关精神和要求,制定本规程,供中央各部门各单位出版社转制工作参考。

一、成立出版社体制改革工作领导小组

中央各部门各单位应成立由主管出版社的领导同志负责的出版社体制改革工作领导小组,统筹领导本部门所属出版社的转制工作,研究制定转制工作方案,协调解决转制工作中的重大问题,确保出版社转制工作按时顺利完成。

二、制定转制工作方案

1. 转制工作方案内容。转制工作方案应包括:出版社的基本情况;转制的指导思想和目标;转制的实施步骤和进度安排;出版社的管理体制、法人治理结构;清产核资立项方案(包括清产核资范围、基准日、聘请的机构等)和资产(包括无形资产、土地使用权、非经营性资产)处置及后续管理方案;转制中涉及的社会保障和劳动人事关系的处理原则;转制后的组织结构;出版社有限(责任)公司的《章程》、发展规划(包括出版规划、产业发展规划等);其他需要说明的情况,如转制中存在的问题和遇到的困难,转制中需要有关部门支持的事项等。

2. 转制工作方案的报批。转制工作方案在与主管部门充分协商、达成共识的基础上,经出版社职工代表大会或职工大会审议,并由主管部门审核同意后报中央各部门各单位出版社体制改革工作领导小组办公室批准后实施。

转制工作方案经批准后,视同出版社清产核资立项工作已完成,不再另行报批。

三、清产核资、财务审计和资产评估

出版社转制工作方案经批准后,其主管部门应按照国家法律法规及相关规定,依次完成清产核资、财务审计、资产评估等基础工作。清产核资中严禁低价处置和私分国有资产。

出版社的财务审计和资产评估,不得聘请近两年内企业财务审计中有违法、违规记录的会计师事务所和注册资产评估师;不得聘请参与该企业上一次资产评估的中介机构和注册资产评估师。

1. 清产核资。转制的出版社应制定清产核资工作方案,认真做好对资产的全面清理、核对和查实工作,并出具清产核资报告。清产核资工作包括账务清理、财产清查、损溢认定、资产核实等方面内容。清产核资的范围包括出版社本部、所属企事业单位及投资控股企业。出版社借贷资金形成的净资产必须界定为国有产权。

清产核资过程中对转制前潜亏挂账、财产清查过程中新发现的资产盘亏(减盘盈)、毁损、报废、坏账等资产损失及按国家有关规定计提的各项资产减值准备等情况,应由中介机构出具专项审计报告,转制的出版社提出意见,报上级有关主管部门批准。

2. 财务审计。转制的出版社应根据财政部关于企事业单位财务、资产管理的规定,由主管部门委托经资产管理部门认可的、具备相应资质的会计师事务所进行财务审计。

3. 资产评估。转制的出版社在完成审计后,由主管部门委托经资产管理部门认可的、具备相应资质的资产评估机构进行资产评估。涉及土地使用权的,由主管部门或直接持有该国有产权的单位委托具备土地评估资质的中介机构进行地价评估。出版社的专利权、非专利技术、商标权、商誉等无形资产应纳入评估范围。

对出版社的资产评估,必须一次完成,不得将整体资产分拆评估。在整体评估的基础上,确定其净资产数额,作为出版社转制的依据。

4. 清产核资、财务审计、资产评估结果的核准或备案。出版社清产核资、财务审计和资产评估结果必须在单位内部进行公示,公示完成后,清产核资报告、专项审计报告由主管部门初审后,报财政部审批;清产核资结果经财政部确认后,自清产核资基准日起2年内有效,在有效期内实施转制、改制可不再另行组织清产核资。

涉及土地使用权的,须报同级国土资源管理部门审核或备案。土地估价报告及处置批复、财务审计报告作为资产评估报告附件,由主管部门对评估结果进行初审,出具审核意见后,再连同其他相关材料,一并报财政部核准或备案。

5. 办理产权登记手续。清产核资结果批复后,按照国家国有资产产权登记的有关规定,向财政部申办产权登记或变更产权登记。

四、人员安置和劳动关系调整

出版社转制中涉及的人员安置和劳动关系调整,须严格按照《国务院办公厅关于印发文化体制改革中经营性文化事业单位转制为企业和支持文化企业发展两个规定的通知》(国办发〔2008〕114号)及《中共中央办公厅国务院办公厅关于深化中央各部门各单位出版社体制改革的意见》(中办发〔2009〕16号)的有关精神,做好人员安置和劳动关系调整方案,方案应符合《劳动法》、《劳动合同法》及国家有关规定,切实维护职工的合法权益。

转制的出版社自工商登记之日起,要依照《劳动合同法》的规定,与在职职工全部签订劳动合同。

中央各部门各单位出版社转制后,其职工的养老保险关系全部移交北京市管理。具体移交和衔接办法,由人力资源和社会保障部、新闻出版总署、财政部等部门会同北京市人民政府另行制定。

五、国有资产管理

出版社在转制中涉及国有资产变更事项,须严格按照《国务院办公厅关于印发文化体制改革中经营性文化事业单位转制为企业和支持文化企业发展两个规定的通知》(国办发〔2008〕114号)以及财政部、中宣部、新闻出版总署《关于中央出版单位转制和改制中国有资产管理的通知》(财教〔2008〕256号)的有关规定办理,确保国有资产安全完整、保值增值。

1. 明确出资人和监管职能。在确定转制后出版社的产权归属的基础上,明确出资人。

出版社转制或改制后与原主管部门脱钩的,由财政部直接履行其国有资产的监管职能;出版社转制或改制后与原主管部门国有资产隶属关系不变的,其国有资产监管体制维持不变。

2. 国有资产变动的审核。出版社在转制中,涉及资本结构调整、出版单位合并或分立等行政许可事项,须由出版社的主管部门报经新闻出版总署审批;企业重组、股份制改造、投融资等重大资产变动事项,须由出版社的主管部门报新闻出版总署审核,经中宣部同意,并报同级财政部门批准后实施。

六、建立法人治理结构

出版社转制后,要建立现代企业法人治理结构,明确隶属关系,切实遵循党的领导与现代企业制度相结合的原则,通过相应的制度安排,确保党对出版社的领导和出版导向的正确。

1. 明确主管主办职责。同一部门(单位)内组建的出版集团公司,主管主办单位不变;跨部门(单位)组建的出版集团公司,根据资产规模和业务关系,另行确定主管主办单位;由中央和地方出版集团公司重组或并购的出版社,主管主办单位随产权关系变更;不具备资产重组条件的出版社,转制后主管主办关系暂时不变。事业单位、社会团体、国有企业所属的出版社转制后,主管主办单位关系不变。

2. 制定公司章程。出版社转制后,要根据《公司法》制定出版社有限(责任)公司章程,明确公司的决策、执行、监督机构。依据法定程序设立董事会、监事会,由董事会聘请经营管理人员。要通过相应的制度安排,确保党委成员依法进入董事会、监事会。

出版社有限(责任)公司的董事长、总经理、总编辑人选须符合新闻出版总署对出版社社长、总编辑资格认定的相关规定。

3. 制定公司决策议事规则。制定出版社有限(责任)公司议事规则,保证党委(组)对出版社重大事项的决策权,切实保证正确的出版导向。

七、注销事业法人与进行企业工商注册

出版社完成转制基础工作后,要按照《国务院办公厅关于印发文化体制改革中经营性文化事业单位转制为企业和支持文化企业发展两个规定的通知》(国办发〔2008〕114号)的有关规定,由出版社主管部门分别向事业单位机构编制管理部门(中央编办)和事业单位登记管理部门(国家事业单位登记管理局)申请办理核销事业编制,注销事业单位法人,并进行企业工商注册登记。出版社转制过程中,凡不再保留出版社建制的,应办理出版许可证注销登记。

1. 核销事业编制。已经完成转制基础工作的出版社,向事业单位机构编制管理部门办理核销事业编制和注销事业单位手续。核销事业编制手续的程序包括申请、受理、审查、核准、批复。

2. 注销事业单位法人。已经机构编制部门批准核销事业编制的出版社,向事业单位登记管理机关申请办理事业法人注销登记手续。事业单位法人注销登记的程序包括申请、受理、审查、核准、收缴证书和印章、公告。

3. 办理企业工商注册登记。已注销事业单位法人的出版社,向工商行政管理部门申请办理工商注册登记手续,并领取营业执照。转制后的企业名称,可用原单位名称(去掉主管部门),或用符合企业名称登记管理规定的其他名称。凡原出版社冠以"中国"、"中华"字样的,经批准可继续注册使用。

4. 办理行政审批事项。出版社转制过程中,涉及新闻出版行政许可或前置审批事项变更等,由主管部门报新闻出版总署审批,并持批复件到所在地省级新闻出版行政部门办理相关手续。

5. 办理出版单位注销登记。出版社转制过程中,凡不再保留出版社建制的,由出版社提出申请,报主管部门同意并报经新闻出版总署批准,由主管部门负责履行注销出版社事业单位及出版许可证手续。

八、完成转制后备案

出版社完成转制后,需按照现代企业制度并结合出版行业特点,制定全面、科学的内部管理规章制度,形成现代企业管理体系。

出版社完成转制后,需将完成转制的工作报告及实施过程中的有关材料报中央各部门各单位出版社体制改革工作领导小组办公室备案。备案材料包括清产核资及资产评估结果、人员安置和劳动关系调整落实情况、国有资产管理方案、法人治理结构情况、企业法人营业执照和产权登记证复印件、公司章程等。

关于文化体制改革中经营性文化事业单位转制为企业的若干税收优惠政策的通知

财税〔2009〕34号

各省、自治区、直辖市财政厅(局)、国家税务局、地方税务局,新疆生产建设兵团财务局:

为了贯彻落实《国务院办公厅关于印发文化体制改革中经营性文化事业单位转制为企业和支持文化企业发展两个规定的通知》(国办发〔2008〕114号),进一步推动文化体制改革,促进文化企业发展,现就经营性文化事业单位转制为企业的税收政策问题通知如下:

一、经营性文化事业单位转制为企业,自转制注册之日起免征企业所得税。

二、由财政部门拨付事业经费的文化单位转制为企业,自转制注册之日起对其自用房产免征房产税。

三、党报、党刊将其发行、印刷业务及相应的经营性资产剥离组建的文化企业,自注册之日起所取得的党报、党刊发行收入和印刷收入免征增值税。

四、对经营性文化事业单位转制中资产评估增值涉及的企业所得税,以及资产划转或转让涉及的增值税、营业税、城建税等给予适当的优惠政策,具体优惠政策由财政部、国家税务总局根据转制方案确定。

五、本通知所称经营性文化事业单位是指从事新闻出版、广播影视和文化艺术的事业单位;转制包括文化事业单位整体转为企业和文化事业单位中经营部分剥离转为企业。

六、本通知适用于文化体制改革地区的所有转制文化单位和不在文化体制改革地区的转制企业。有关名单由中央文化体制改革工作领导小组办公室提供,财政部、国家税务总局发布。

本通知执行期限为2009年1月1日至2013年12月31日。

财政部　国家税务总局
二〇〇九年三月二十六日

财政部关于中央级经营性文化事业单位转制中资产和财务管理问题的通知

财教〔2009〕126号

党中央有关部门,国务院各部委、各直属机构,全国人大常委会办公厅,全国政协办公厅,各民主党派中央,有关中央直属企业,新疆生产建设兵团:

为了加强和规范中央级经营性文化事业单位(以下简称转制单位)转制过程中的资产和财务管理工作,根据《国务院办公厅关于印发文化体制改革中经营性文化事业单位转制为企业和支持文化企业发展两个规定的通知》(国办发〔2008〕114号)和《财政部中宣部文化部广电总局新闻出版总署关于在文化体制改革中加强国有资产管理的通知》(财教〔2007〕213号)等文件要求及转制政策的有关规定,现就转制中清产核资、资产评估、产权登记等资产和财务管理工作有关问题通知如下:

一、清产核资

1. 转制单位的转制方案获得批准后,相应主管部门应按照国家有关规定及本通知要求,着手组织清产核资工作。其中,执行事业单位财务和会计制度的转制单位应按照《行政事业单位资产清查暂行办法》(财办〔2006〕52号)的有关规定执行;执行企业财务和会计制度的转制单位应遵照《国有企业清产核资办法》(国资委令第1号)、《国有企业清产核资工作规程》(国资评价〔2003〕73号)等有关规定执行。

2. 进行清产核资工作的转制单位应当成立以主管领导为组长的清产核资领导小组,抽调财务、审计、设备管理和技术人员等,组成专门工作机构,制定清产核资工作方案,并做好相关人员培训等基础工作,保证清产核资工作顺利进行。

主管部门应切实采取有力措施,防止转制单位以私分、低价变卖、虚报损失等手段侵吞、转移国有资产等行为的发生,防止国有资产流失。

3. 转制方案获得批准后,执行事业单位财务和会计制度的转制单位应依照《中央级事业单位国有资产管理暂行办法》(财教〔2008〕13号)提出清产核资申请,经主管部门审核同意后报财政部备案;执行企业财务和会计制度的转制单位清产核资立项申请应经主管部门审核同意后报财政部批准。

4. 立项申请文件应包括单位基本情况介绍、清产核资基准日、清产核资范围、经批准转制方案及批复文件、组织形式、中介机构的选聘方案及其他需要说明的情况。转制单位的清产核资基准日,一般应以转制方案获得批准的前一个会计月末作为清查工作基准日。转制单位的清产核资范围应以经批准转制方案为准,包括转制单位本部、所属企事业单位及投资控股企业。

5. 本通知下发前已自行开展清产核资工作的转制单位,应重新办理立项申请。根据《新闻出版总署关于印发〈中央各部门各单位出版社转制工作基本规程〉的通知》(新出字〔2009〕1号),中央各部门各单位出版社转制工作方案经体制改革工作领导小组办公室批准后,视同出版社清产核资立项工作已完成,不再另行报批。

6. 转制单位应在立项批复或备案后六个月内完成清产核资工作,并按规定将清产核资结果报送主管部门和财政部。

7. 对执行事业单位财务和会计制度的转制单位清产核资结果的审核批复,按照《行政事业单位资产核实暂行办法》(财办〔2007〕19号)的有关规定执行;对执行企业财务和会计制度的转制单位清产核资结果的审核批复,参考《关于印发国有企业清产核资资金核实工作规定的通知》(国资评价〔2003〕74号)执行。

转制为企业的出版、发行单位,可通过资产清查,对其库存积压待报废的出版物做一次性处理,损失允许在净资产中扣除。对于出版、发行单位库存呆滞出版物,纸质图书超过五年(包括出版当年,下同)、音像制品、电子出版物和投影片(含缩微制品)超过两年、纸质期刊和挂历年画等超过一年的,可以作为财产损失处理。对经批复同意核销的库存呆滞出版物,出版、发行单位应当加强管理,建立账销案存管理制度,组织力量或成立专门机构继续积极清理和营销,以后年度处置时,相应的处置收入应纳入处置当年的营业收入。

8. 财政部审核各主管部门上报的清产核资结果时,在认为必要的情况下,可以另行聘请中介机构进行核查。

9. 经财政部审核批复的转制单位清产核资结果,自清产核资基准日起两年内有效。

10. 转制单位应根据财政部批复的清产核资结果进行账务处理,依照《企业会计制度》(财会〔2000〕25号)编制财务会计报表,并聘请中介机构进行转制财务审计。有条件的转制单位可依照《企业会计准则》(财会〔2006〕3号)编制财务会计报表。

二、资产评估

11. 转制单位在完成清产核资工作后,如整体或者部分改建为有限责任公司或者股份有限公司及产权转让等,应遵照《国有资产评估管理办法》(国务院令第91号令)、《国有资产评估管理若干问题的规定》(财政部令第14号)及国家其他有关法规规定开展资产评估工作。

12. 资产评估报告的备案工作应按照《国有资产评估项目备案管理办法》(财企〔2001〕802号)中有关国有资产评估项目的备案管理规定执行。各主管部门直属转制单位的资产评估报告,应经主管部门报财政部备案。其他转制单位的资产评估报告,报相应的主管部门备案。

三、国有资产产权登记

13. 转制单位完成上述转制基础工作后,应按国家有关规定及时办理事业法人注销登记、企业国有资产产权登记及工商注册登记。

14. 转制单位企业国有资产产权登记,应参照《企业国有资产产权登记管理办法实施细则》(财管字〔2000〕116号)相关规定到财政部办理。

四、国有资产划转

15. 转制过程中相关事业单位进行国有资产划转的,应根据《事业单位财务通则》(财政部令第8号)、《中央级事业单位国有资产处置管理暂行办法》(财教〔2008〕495号)等有关规定执行。转制单位转制后进行国有资产无偿划转的,应根据《企业国有产权无偿划转管理暂行办法》(国资发产权〔2005〕239号)、《关于企业国有资产办理无偿划转手续的规定》(财管字〔1999〕301号)等有关规定执行;进行国有资产有偿转让的,应根据《企业国有产权转让管理暂行办法》(国资委、财政部令第3号)等有关规定执行。

16. 被撤销的转制单位,全部资产由主管部门和财政部门核准处理。

以上事项,特此通知。执行中如遇任何问题,请及时向我部反映,以便进一步完善此项工作。

财政部

二〇〇九年七月七日

关于印发《关于进一步推进新闻出版体制改革的指导意见》的通知

新出产业〔2009〕298号

各省、自治区、直辖市新闻出版局,新疆生产建设兵团新闻出版局,解放军总政治部宣传部新闻出版局,中央和国家机关各部委、各民主党派、各人民团体新闻出版主管部门,中国出版集团公司,总署机关各司(厅、办),署直各单位:

根据中央关于深化文化体制改革的要求,为进一步推进新闻出版体制改革,加快新闻出版事业和产业发展,新闻出版总署制定了《关于进一步推进新闻出版体制改革的指导意见》,现印发给你们。请你们结合实际,认真贯彻执行。

新闻出版总署

二〇〇九年三月二十五日

关于进一步推进新闻出版体制改革的指导意见

为深入贯彻党的十七大和十七届三中全会精神,全面贯彻落实科学发展观,落实党中央、国务院关于进一步扩大内需,妥善应对全球金融危机,全力保持经济平稳较快发展的决策部署,根据中央关于深化文化体制改革的要求,现就进一步推进新闻出版体制改革,推动新闻出版业大发展大繁荣,提出如下意见。

一、新闻出版体制改革的积极探索和成功经验

1. 党的十一届三中全会以来,特别是党的十三届四中全会以来,党中央、国务院高度重视新闻出版工作,作出了一系列重大决策,为做好新闻出版工作指明了方向。党的十六大提出了深化文化体制改革、发展文化产业的战略任务,党的十七大进一步对深化文化体制改革、推动社会主义文化大发展大繁荣作出了战略部署。新闻出版系统认真贯彻落实中央关于文化体制改革的重大决策和部署,积极实践,大胆探索,开创了新闻出版体制改革的新局面。

2. 2003年,党中央、国务院启动文化体制改革试点工作。新闻出版系统21家试点单位全面完成了改革试点任务,为新闻出版体制改革提供了有益经验。2006年以来,新闻出版系统切实贯彻全国文化体制改革工作会议精神,进一步明确了新闻出版体制改革总体思路,创造性地解决

了改革的一系列难题,取得了突破性进展。目前,新闻出版体制改革正处于全面推开的关键时期,进入破解深层次矛盾和问题的关键阶段,改革的任务仍然艰巨繁重。

3. 新闻出版体制改革的实践证明,解放思想、转变观念是改革的前提,哪里的思想解放,那里就有改革的新思路、发展的新成效;体制创新是改革的重点,必须围绕重塑市场主体、完善市场体系、改善宏观管理、健全政策法规、转变政府职能等关键环节,革除体制性障碍,解决主要矛盾,破解难点问题;发展是第一要务,必须围绕发展制定改革的政策措施,以发展的成果检验改革的成效;政策是保障,必须充分考虑新闻出版行业的特殊性、复杂性,制定和落实相关配套政策,加强统筹协调,加强政策扶持,加大资金投入,加强督促检查,积极稳妥地推进改革。

二、进一步推进新闻出版体制改革的重要性和紧迫性

4. 推进新闻出版体制改革,加快新闻出版事业和产业发展,是建设中国特色社会主义的重要组成部分,是贯彻落实科学发展观的必然要求,是构建社会主义和谐社会的重要内容,是提升我国综合国力和文化软实力的迫切需要。推进新闻出版体制改革,关乎文化产业整体实力和水平,关乎国家文化发展繁荣,关乎国家文化安全和意识形态安全,关乎中华文化的国际影响力和竞争力。

5. 当前,面对党和国家事业发展提出的新要求,人民群众对更加美好生活的新期待,新闻出版系统在思想观念、创新意识、体制机制、行政管理能力以及队伍素质等方面还存在着突出问题。特别是出版单位没有成为真正意义上的市场主体,计划经济体制下出版资源行政化配置造成的出版资源过于分散,结构趋同和地区封锁,出版产业集中度低、规模小、实力弱、竞争力不强等问题十分突出。上述问题导致新闻出版业发展与人民群众日益增长的精神文化需求不相适应,与日趋完善的社会主义市场经济体制不相适应,与对外开放不断扩大的新要求不相适应,与现代科学技术和传播手段迅猛发展及广泛应用的新形势不相适应。这就迫切要求我们进一步推动新闻出版体制改革,努力构建新闻出版业科学发展的体制机制,进一步解放和发展新闻出版生产力。

6. 站在新的历史起点上,新闻出版业面临着历史性的发展机遇与挑战。当前,我国社会主义现代化建设事业正处于重要战略机遇期,新闻出版业发展的经济基础、体制环境、社会条件、传播技术都在发生深刻变化,尤其是面对全球金融危机和世界经济衰退给新闻出版业带来的挑战和机遇,加快新闻出版体制改革显得更为重要和紧迫。

三、新闻出版体制改革的指导思想、原则要求和目标任务

7. 推进新闻出版体制改革的指导思想是:高举中国特色社会主义伟大旗帜,以邓小平理论和"三个代表"重要思想为指导,全面贯彻落实科学发展观,按照高举旗帜、围绕大局、服务人民、改革创新的总要求,围绕解放和发展新闻出版生产力,重塑市场主体,充分发挥市场在资源配置中的基础性作用,全面推进体制机制创新,调动广大新闻出版工作者的积极性和创造性,大力推动新闻出版业大发展大繁荣,不断满足人民群众日益增长的精神文化需求,提高全民族的文明素质,促进人的全面发展。

8. 推进新闻出版体制改革的原则要求是:全面推进新闻出版体制改革,必须坚持解放思想,实事求是,与时俱进,牢牢把握先进文化的前进方向;必须坚持一手抓公益性新闻出版事业,一手抓经营性新闻出版产业,促进新闻出版业全面协调可持续发展;必须把握新闻出版工作的正确导向,坚持社会效益放在首位,努力实现社会效益和经济效益的统一;必须坚持以体制机制创新为重点,在重塑市场主体、完善市场体系、改善宏观管理等方面实现新突破;必须坚持突出重点、区别对待、分类指导、稳步推开;必须坚持党对新闻出版工作的领导,加强干部队伍建设,确保改革的顺利推进。

9. 推进新闻出版体制改革的目标任务是:全面完成经营性新闻出版单位转制任务,建立现

代企业制度,在企业内形成有效率、有活力、有竞争力的微观运行机制;推动跨媒体、跨地区、跨行业、跨所有制的战略重组,开拓融资渠道,培育一批大型骨干出版传媒企业,打造新型市场主体和战略投资者;通过增加投入、转换机制、增强活力、改善服务,建立以政府为主导、以公益性单位为主体的新闻出版公共服务体系,使人民群众基本文化权益得到更好保障;加快新闻出版传播渠道建设,推进连锁经营、物流配送、电子商务,规范出版产品物流基地建设,形成统一开放、竞争有序、健康繁荣的现代出版物市场体系;实现政府职能的根本转变,形成调控有力、监管到位、依法行政、服务人民的宏观管理体制。

四、进一步推进新闻出版体制改革的主要任务

10. 推进公益性新闻出版单位体制改革,构建新闻出版公共服务体系。继续深化公益性新闻出版单位内部管理机制、人事制度、劳动制度、分配制度改革,健全激励和约束机制,增强活力,提高新闻出版公共服务能力和水平。研究制定公益性报刊基本标准,适时公布公益性报刊名单。推进民族语言文字出版单位的改革工作,实施民汉语言文字出版分开,确保少数民族语言文字出版优惠政策落到实处。

11. 推动经营性新闻出版单位转制,重塑市场主体。除明确为公益性的图书、音像制品和电子出版物出版单位外,所有地方和高等院校经营性图书、音像制品和电子出版物出版单位2009年底前完成转制,所有中央各部门各单位经营性图书、音像制品和电子出版物出版单位2010年底前完成转制。制定经营性报刊转制方案,推动经营性报刊出版单位逐步实行转制。按照中央有关要求,党政机关所属新闻出版单位转制为企业后原则上逐步与原主办主管的党政机关脱钩。已经完成转制的新闻出版单位要按照《公司法》的要求,加快产权制度改革,完善法人治理结构,建立现代企业制度,尽快成为真正的市场主体。

12. 推进联合重组,加快培育出版传媒骨干企业和战略投资者。鼓励和支持拥有多家新闻出版单位的地方、中央部门和单位整合出版资源,组建出版传媒集团公司。鼓励和支持业务相近、资源相通的新闻出版单位,按照优势互补、自愿结合的原则,跨地区、跨部门组建出版传媒集团公司。鼓励和支持中央部门和单位的新闻出版单位在财经、教育、科技、文化、卫生等领域牵头组建专业性出版传媒集团公司。鼓励和支持中央和地方国有出版企业对中央各部门各单位所属出版单位进行联合重组。鼓励和支持社会资本特别是国有大型企业参与出版传媒企业的股份制改造。同时大力培育一批走内涵式发展道路的"专、精、特、新"的现代出版传媒企业。积极支持条件成熟的出版传媒企业,特别是跨地区的出版传媒企业上市融资。在三到五年内,培育出六七家资产超过百亿、销售超过百亿的国内一流、国际知名的大型出版传媒企业,培育一批导向正确、主业突出、实力雄厚、影响力大、核心竞争力强的专业出版传媒企业。继续深化发行体制改革,推动发行渠道资源整合,使国有出版物发行企业真正成为出版物发行主渠道。巩固印刷复制业改革成果,大力提升科技含量,促进珠三角、长三角和环渤海等特色印刷产业带建设,振兴东部印刷产业,扶持中西部印刷产业的开发与崛起。

13. 大力推进新闻出版产业升级和结构调整。高度重视用高新技术改造传统产业,制定和完善出版发行标准,推动新闻出版产业升级和结构调整。大力发展数字出版、网络出版、手机出版等新业态,努力占领新闻出版业发展的制高点。加快实现由传统媒体为主向传统媒体与新兴媒体融合发展的转变,打造主流媒体在新闻出版多元传播格局中的强势地位。积极鼓励和支持新闻出版单位运用高新技术和先进适用技术改造传统生产方式和基础设施,有计划有步骤地构建覆盖广泛、技术先进的新闻出版传播渠道。

14. 引导非公有出版工作室健康发展,发展新兴出版生产力。按照《国务院关于非公有资本进入文化产业的若干决定》(国发〔2005〕10号),鼓励和支持非公有资本以多种形式进入政策许

可的领域。按照积极引导、择优整合、加强管理、规范运作的原则,将非公有出版工作室作为新闻出版产业的重要组成部分,纳入行业规划和管理,引导和规范非公有出版工作室的经营行为。积极探索非公有出版工作室参与出版的通道问题,开展国有民营联合运作的试点工作,逐步做到在特定的出版资源配置平台上,为非公有出版工作室在图书策划、组稿、编辑等方面提供服务。鼓励国有出版企业在确保导向正确和国有资本主导地位的前提下,与非公有出版工作室进行资本、项目等多种方式的合作,为非公有出版工作室搭建发展平台。

15. 加快推进现代出版物市场体系建设。打破按部门、按行政区划和行政级次分配新闻出版资源和产品的传统体制,打破条块分割、地区封锁、城乡分离的市场格局,加强资本、产权、信息、技术、人才等新闻出版生产要素市场建设,实现生产要素合理流动和资源优化配置。在充分利用系统内国有资本的同时,开辟安全有效的新闻出版业融资渠道,有效地吸纳系统外社会资本和境外资本,实现以资本扩张带动业务扩张、规模扩张和效益扩张。加快建立信用监管制度和失信惩戒制度,运用行政的、经济的等多种手段,形成以道德为支撑、以产权为基础、以法律为保障的诚信体系。

16. 扩大对外交流,积极实施"走出去"战略。充分利用国际国内两种资源、两个市场,努力推动新闻出版产品通过各种渠道进入国外主流市场、国际汉文化圈和港澳台地区。抓好"走出去"重大工程项目的组织实施工作,着力打造一批具有国际竞争力的外向型出版传媒企业,打造具有重要影响力的国际出版版权交易平台。加强出版物内容和形式的创新,采取多种措施鼓励版权输出和实物出口。鼓励以政府资助方式进行优秀作品和著作的相互翻译出版。鼓励有条件的出版传媒企业采取独资、合资、合作等形式,到境外兴办报纸、期刊、出版社、印刷厂等实体,拓展国外和港澳台地区市场,进一步扩大中华文化的国际影响力和传播力。

17. 加大行政体制改革力度,转变政府职能。加快建立党委领导、政府管理、行业自律、企事业单位依法运营的新闻出版管理体制和富有活力的新闻出版产品生产经营机制。按照建设服务政府、责任政府、法治政府和廉洁政府的要求,继续推进政企分开、政事分开、政府与市场中介组织分开,使政府真正履行好政策调节、市场监管、社会管理、公共服务的职能。改革行政审批制度,减少审批事项,下放审批权限,简化审批程序,提高行政效能。推行政府信息公开,规范程序,减少环节,增强透明度,提高公信力。按照中央部署,继续推进文化综合执法改革,确保"扫黄打非"和知识产权保护工作落到实处。发展和完善新闻出版和版权经纪、代理、评估、鉴定、会展等中介机构,提高新闻出版产品和服务的市场化程度。加强行业组织建设,使其依照有关法规和章程履行市场协调、监督、服务和维权等职责。

五、进一步推进新闻出版体制改革的政策保障

18. 落实新闻出版体制改革相关配套政策。落实《国务院办公厅关于印发文化体制改革中经营性文化事业单位转制为企业和支持文化企业发展两个规定的通知》(国办发〔2008〕114号)规定的优惠政策,会同有关部门制定支持新闻出版体制改革的相关配套政策。充分利用国家重点出版工程建设、设立专项出版资金等契机,采取政府采购、招投标、定向资助等手段,支持公益性出版单位出版优质公共文化产品,提高新闻出版公共服务能力和水平。

19. 制定和实施出版资源向出版传媒企业倾斜的政策。对大型跨地区骨干出版传媒企业,在报纸、期刊、图书、音像制品、电子出版、数字出版等出版资源配置上予以倾斜,鼓励其做大做强。支持大型出版传媒企业在异地建立有出版权的分支机构,鼓励其实现跨地区经营。对真正转制到位的出版单位放开出版范围、书号、版号等,支持其发展。

20. 保护合法的跨地区经营活动。各级新闻出版行政部门要严格执行《中华人民共和国反不正当竞争法》和《关于禁止在市场经济活动中实行地区封锁的规定》(国务院令第303号)等法

律法规,积极支持出版传媒企业跨地区合法开展经营活动,为公平竞争创造良好环境,提供优质服务。对于出版传媒企业合法的跨地区经营活动,不得以任何形式进行地区封锁,不得滥用行政权力,限制其进入本地市场经营。

21. 确保国有资产保值增值。经营性新闻出版单位数量多、分布广,资产情况复杂,在转制和改制过程中要注意学习和借鉴经济领域国有企业的成功经验,严格执行国家相关法律法规,防止国有资产流失,并在此基础上通过深化改革盘活存量,扩大增量,提升国有资产的质量。允许条件成熟的出版传媒企业经过批准,探索实行股权激励机制的试点。

22. 坚持把推进新闻出版体制改革与建立健全惩治和预防腐败体系结合起来。紧紧围绕新闻出版体制改革中容易滋生腐败问题的重点部位和关键环节,建立健全监督制约机制,把反腐倡廉建设寓于改革的重大措施中,贯穿于改革的全过程。坚持一手抓新闻出版体制改革,一手抓反腐倡廉建设,特别是要严格执行国有企业领导人员廉洁自律的有关规定,大力营造风清气正的思想环境和氛围,确保新闻出版体制改革健康有序进行。

六、加强对新闻出版体制改革工作的组织领导

23. 健全和完善新闻出版体制改革领导体制和工作机制。各级新闻出版行政部门要充分认识推进新闻出版体制改革的重要性和紧迫性,把推进新闻出版体制改革作为重要工作职责,纳入重要议事日程,按照中央要求,建立健全党委统一领导、政府大力支持、党委宣传部门协调指导、行政主管部门具体实施、有关部门密切配合的新闻出版体制改革领导体制和工作机制。要成立新闻出版体制改革领导机构和工作班子,负责指导、协调、实施新闻出版体制改革工作,确保改革的各项任务、措施和政策落到实处。

24. 充分调动广大新闻出版工作者的积极性、主动性和创造性。新闻出版体制改革政治性、政策性强,涉及面广,是一项社会系统工程,既要大胆探索、勇于创新,又要细致稳妥、有序推进。要把深化改革与加快发展、维护稳定统一起来,把加强思想政治工作与解决实际问题结合起来,坚持以人为本,充分尊重人民群众的主体地位和首创精神,切实维护广大职工的切身利益,动员和激励广大新闻出版工作者积极支持改革,主动参与改革。

25. 加强领导班子和人才队伍建设。要以领导班子建设、提高新闻出版队伍素质和整体能力为重点,在新闻出版领域培养一批既懂经营又懂业务的复合型人才,造就一批名编辑、名记者和出版家、企业家、技术专家,打造一支政治过硬、业务精通、作风优良、廉洁自律、文明和谐的新闻出版干部队伍,为进一步推进新闻出版体制改革提供组织和人才保障。

关于印发中央文化企业清产核资工作表的通知

财文资〔2012〕6 号

为规范中央级经营性文化事业单位和中央文化企业(以下简称"中央文化企业")转制和改制中清产核资工作,真实、完整地反映其资产、财务状况和经营成果,根据《财政部关于中央级经营性文化事业单位转制中资产和财务管理问题的通知》(财教〔2009〕126 号)及国有企业清产核资的有关规定,我们编制了中央文化企业清产核资工作表(以下简称"工作表"),并将有关事项通知如下:

一、工作表的构成及填报范围

（一）执行企业财务和会计制度的中央文化企业开展清产核资工作应当填报工作表。包括《中央文化企业清产核资报表》（附件1，以下简称《报表》）《中央文化企业清产核资工作基础表》（附件2，以下简称《基础表》）和《中央文化企业基本情况调查表》（附件3，以下简称《调查表》）。

（二）《报表》是中央文化企业在清产核资各项工作的基础上，依据各工作阶段所获得的数据和资料，进行整理、归类、汇总和分析，编制反映中央文化企业清产核资基准日资产状况、清查结果和资金核实的报告文件；《调查表》是反映中央文化企业基本情况的报表；《报表》和《调查表》是清产核资结果申报材料的组成部分。《基础表》是中央文化企业开展资产清查工作的基本底表，不作为清产核资工作结果上报。

（三）中央文化企业填报工作表，应当包括纳入清产核资范围的中央文化企业本部、所属企事业单位及投资控股企业。

二、工作表的填报要求

（一）中央文化企业在清产核资工作中要认真做好账务清理、资产清查、损溢认定、报表编制等基础工作，确保工作表的真实性、合法性和完整性。

（二）中央文化企业完成清产核资工作后，应同时上报合并和单户《报表》、单户《调查表》的纸质资料和电子数据（以万元为金额单位，保留两位小数）。纸质资料统一按A4纸打印，并按规定签字、盖章后，分户依次装订成册。

（三）资产和财务关系在财政部单列的中央文化企业直接向财政部报送《报表》、《调查表》和其他清产核资申报材料。其他中央文化企业，由中央各部门各单位审核同意后向财政部报送上述材料。

（四）中央文化企业应当按照财政部统一下发的工作表格和软件进行数据的录入、上报、汇总和分析等工作。

三、其他事项

（一）执行事业单位财务和会计制度的中央级经营性文化事业单位在转制中开展资产清查工作须填写《调查表》，并按照《行政事业单位资产清查暂行办法》（财办〔2006〕52号）和《财政部关于开展全国行政事业单位资产清查工作的通知》（财办〔2006〕51号）、《关于印发行政事业单位资产清查工作中有关问题解答的通知》（财办行〔2007〕7号）等规定，对资产清查数据进行整理、归类、汇总和分析，填报《事业单位资产核实申报表》和《事业单位申报处理资产损益、资金挂账事项明细表》等资产清查报表。

（二）中央文化企业在清产核资工作中编制的工作表应当作为工作档案的一部分，按照档案管理的要求妥善保管。

（三）中央文化企业在工作表编制和报送过程中，如发现问题，请及时与财政部联系。

联系人及电话：余远方 010-68553752（传真）

附件：1.《中央文化企业清产核资报表》及编制说明
2.《中央文化企业清产核资工作基础表》及编制说明
3.《中央文化企业基本情况调查表》及编制说明

财政部
二〇一二年六月二十九日

关于进一步规范中央文化企业注册
资本变动行为的通知

财文资〔2012〕7号

党中央有关部门，国务院各部委、各直属机构，全国人大常委会办公厅，全国政协办公厅，各民主党派中央，有关中央管理企业：

根据《中华人民共和国企业国有资产法》有关规定，国有独资企业、国有独资公司增加或者减少注册资本，需由履行出资人职责的机构决定。随着文化体制改革的不断深入，由财政部代表国务院履行出资人职责的中央文化企业数量逐步增加，相应地，企业注册资本变动事项日益增多。但在实践中，由于各种原因，多数企业在变动注册资本过程中并未履行相关审批手续，在一定程度上削弱了国有文化资产监管职能。为进一步规范中央文化企业注册资本变动行为，有效规避决策风险，现就有关事项通知如下：

一、由财政部代表国务院履行出资人职责的中央文化企业（以下简称企业）的注册资本变动行为应报财政部审批同意。

二、企业拟增加或者减少注册资本时，应按照内部决策程序进行审议，并形成书面决议。其中，已建立规范董事会的国有独资公司由董事会审议；未建立规范董事会的国有独资企业、国有独资公司由总经理办公会议审议。企业财务部门负责人应当出席或者列席企业董事会或总经理办公会等相关的会议。

三、企业申请增加或者减少注册资本时，需按要求报送以下材料：申请文件；内部决议文件；上年经审计财务报告；营业执照复印件；其他材料。

四、企业办理上述手续应当遵循以下程序：

（一）资产和财务关系在财政部单列的企业直接报财政部审批；其他企业通过主管部门报财政部审批。

（二）主管部门应对企业申报材料认真审核，并在10个工作日内予以办理；对材料不齐全的，待补充完善有关材料后予以办理。

（三）财政部收到申请材料后，对材料齐全的，应在10个工作日内予以办理；对材料不齐全的，待补充完善有关材料后予以办理。

请相关单位按照国家有关规定和本通知要求，督促企业对转制完成后的注册资本变动情况，认真开展一次自查工作，对存在的问题要及时进行整改，进一步健全内部决策机制，并将有关情况及时向财政部报告。

财政部
二〇一二年六月二十五日

关于印发《中央文化企业国有资产评估管理暂行办法》的通知

财文资〔2012〕15号

党中央有关部门,国务院各部委、各直属机构,全国人大常委会办公厅,全国政协办公厅,高法院,高检院,有关人民团体,各民主党派中央,有关中央管理企业:

为进一步加强中央文化企业国有资产评估管理,根据《国有资产评估管理办法》(国务院令第91号)和《国有资产评估若干问题的规定》(财政部令第14号)等有关规定,我们制定了《中央文化企业国有资产评估管理暂行办法》。现印发给你们,请遵照执行。执行中有何问题,请及时向我们反映。

财政部
二〇一二年十二月二十二日

附件:

中央文化企业国有资产评估管理暂行办法

第一章 总 则

第一条 为规范中央文化企业国有资产评估行为,维护国有资产出资人合法权益,促进中央文化企业国有产权有序流转,防止国有资产流失,结合文化企业特点,根据《国有资产评估管理办法》(国务院令第91号)和《国有资产评估若干问题的规定》(财政部令第14号)等有关规定,制定本办法。

第二条 财政部代表国务院履行出资人职责的中央文化企业及其各级子企业涉及的资产评估,适用本办法。

第三条 中央文化企业国有资产评估项目实行核准制和备案制。

国务院批准经济行为事项涉及的资产评估项目,由财政部负责核准。其他资产评估项目实行备案制。

资产评估项目备案实行分级管理。中央文化企业及其子企业的资产评估项目由财政部负责备案,子企业以下企业的资产评估项目由中央文化企业负责备案。各级中央文化企业涉及拟上市项目的资产评估由财政部负责备案。

第四条 中央文化企业应当建立内部国有资产评估管理制度,实施资产评估项目的档案管理,于每年度终了30个工作日内,将其备案的资产评估项目统计分析资料报送财政部。

第二章 资 产 评 估

第五条 中央文化企业有下列行为之一的,应当对相关资产进行评估:
(一)整体或者部分改建为有限责任公司或者股份有限公司;
(二)以非货币资产对外投资;
(三)合并、分立、破产、解散;
(四)非上市公司国有股东股权比例变动;
(五)产权转让;
(六)资产转让、置换、拍卖、抵押、质押;
(七)整体或者部分资产租赁给非国有单位;
(八)以非货币资产偿还债务;
(九)确定涉讼资产价值;
(十)收购非国有单位的资产;
(十一)接受非国有单位以非货币资产出资、抵债;
(十二)法律、行政法规以及企业章程规定应当进行资产评估的其他情形。

第六条 中央文化企业有下列行为之一的,可以不对相关国有资产进行评估:
(一)经国务院及其授权部门批准,对企业整体或者部分资产实施无偿划转,且资产有关凭证完整有效;
(二)国有独资企业与其下属独资企业之间或者其下属独资企业之间合并、资产(产权)划转、置换和转让,且资产有关凭证完整有效。

第七条 中央文化企业发生第五条所列经济行为的,涉及的评估对象属于企业法人财产权的,资产评估由中央文化企业委托;属于企业出资人权利的,由出资人委托;属于接受非国有资产的,一般由接受方委托。

第八条 中央文化企业应当加强著作权等无形资产的管理工作,对无形资产进行全面清查,完善权属证明材料,配合资产评估机构对纳入评估范围的无形资产进行全面、合理评估。

第九条 中央文化企业应当向资产评估机构如实提供有关情况和资料,并对所提供情况和资料的真实性、合法性和完整性负责,不得以任何形式干预其正常执业行为。

第十条 委托的资产评估机构应当具备下列条件:
(一)严格履行法定职责,近3年内没有违法、违规记录;
(二)具有与评估对象相适应的资质条件;
(三)具有与评估对象相适应的专业人员和专业特长;
(四)与企业负责人无经济利益关系;
(五)未向同一经济行为提供审计业务服务。

第十一条 资产评估机构应当遵守国家有关法律、法规、规章以及资产评估准则和执业规范,对评估报告的合法性、真实性和评估结论的合理性负责,并承担相应的责任。

第三章 资产评估核准

第十二条 中央文化企业对需要核准的资产评估项目,在确定评估基准日前,应当向财政部书面报告下列有关事项:

（一）经济行为的批准依据；
（二）评估基准日的选择理由；
（三）资产评估范围；
（四）资产评估机构的选聘条件和程序；
（五）资产评估的时间进度安排。

第十三条 中央文化企业应当及时报告资产评估项目工作进展情况。财政部认为必要时，可以对该项目进行跟踪指导和现场检查。

第十四条 申请办理资产评估项目核准，应当报送下列文件和材料：
（一）资产评估项目核准申请；
（二）《国有资产评估项目核准申请表》或者《接受非国有资产评估项目核准申请表》；
（三）经济行为决策或者批准文件；
（四）资产评估报告及其主要引用报告；
（五）产权变动文件；
（六）与经济行为相对应的审计报告；
（七）上一会计年度和本年度截至评估基准日的审计报告，拟上市项目或已上市公司的重大资产置换与收购项目，需提供最近三个会计年度和本年度截至评估基准日的审计报告；
（八）资产评估各当事方按照评估准则出具的相关承诺函；
（九）其他有关材料。

第十五条 资产评估项目的核准程序如下：
（一）企业自评估基准日起8个月内向财政部提出核准申请，并将有关文件和材料逐级审核上报；
（二）财政部对申请资料合规的，及时组织召开专家评审会议，经两名以上专家独立审核提出意见，被审核企业及相关中介机构应当予以解释和说明，或者对评估报告进行修改、补充；
（三）财政部对符合核准要求的项目在20个工作日内予以核准，对不符合核准要求的，予以退回。

第十六条 中央文化企业应当组织中介机构向专家评审会议报告下列事项：
（一）企业有关工作情况。经营及财务状况，涉及项目经济行为基本情况，企业的战略规划和赢利模式，企业股权架构及产权变动情况。
（二）资产评估工作情况。资产评估的组织及质量控制情况，著作权等主要无形资产情况，重要资产的运行或者使用情况，评估结论及增减值原因分析，评估报告的假设和特别事项说明。
（三）拟上市项目或已上市公司的重大资产置换与收购项目有关情况。相关战略规划和工作方案，对同行业上市公司财务指标的比较分析，就同类评估对象不同价值类型的估值差异分析。
（四）核准需要报告的其他重要事项。

第十七条 专家评审重点审核下列事项：
（一）经济行为是否获得批准；
（二）评估基准日、价值类型的选择是否适当，评估报告的使用有效期是否明示；
（三）资产评估范围与经济行为批准文件是否一致；
（四）资产评估机构是否具备相应评估资质，评估人员是否具备相应执业资格；
（五）企业是否就所提供的资产权属证明文件、财务会计资料及生产经营管理资料的真实性、合法性和完整性作出承诺；
（六）评估程序是否符合相关评估准则的规定；

（七）评估方法是否合理，是否考虑了文化企业的经营和资产特点；

（八）评估依据是否适当；

（九）评估说明中是否分析了文化企业的经营特点、赢利模式，是否关注了无形资产的价值贡献等，收益法说明是否分析参数、依据及测算过程；

（十）评估报告是否符合评估准则的规定。

第四章　资产评估备案

第十八条　申请办理资产评估项目备案，应当报送下列文件和材料：

（一）《国有资产评估项目备案表》或者《接受非国有资产评估项目备案表》；

（二）本办法第十四条第(三)项至第(八)项规定的有关文件和材料；

（三）其他有关材料。

第十九条　资产评估项目备案程序如下：

（一）企业自评估基准日起9个月内将备案文件和材料逐级审核上报备案管理部门。资产和财务关系在财政部单列的中央文化企业及其子企业直接报财政部备案，其他中央文化企业及其子企业通过主管部门报财政部备案，子企业以下企业的资产评估项目逐级审核报中央文化企业备案。

（二）备案管理部门对备案资料进行审核，审核要求参照本办法第十七条第(一)项至第(六)项的规定，必要时可以组织有关专家参与审核。涉及拟上市项目的资产评估由财政部组织专家进行评审，审核要求参照本办法第十七条的规定。

（三）备案管理部门对符合要求的，在20个工作日内予以备案。

第五章　管理与监督

第二十条　资产评估项目核准文件和备案表是中央文化企业办理产权登记、股权设置和产权转让等相关手续的必备文件。

第二十一条　由两个(含两个)以上国有资本出资人共同出资的中央文化企业发生资产评估事项，按照国有资本出资额最大的出资人产权归属关系办理核准或者备案手续；国有资本出资额最大的出资人存在多个的，由各出资人推举一个出资人办理核准或者备案手续，其余出资人出具资产评估事项委托书。

第二十二条　经核准或者备案的资产评估报告使用有效期为自评估基准日起1年。评估结论的使用必须与所对应的经济行为保持一致。中央文化企业改制设立股份有限公司的评估结论仅适用于其工商注册登记，不得用于引入战略投资者和首次公开发行上市。

第二十三条　中央文化企业发生与资产评估相应的经济行为时，应当以经核准或者备案的资产评估结论为作价参考依据；当交易价格低于评估结论的90%时，应当暂停交易，在获得原经济行为批准机构同意后方可继续交易。

中央文化企业发生本办法第五条所称同类型经济行为需要再次使用评估结论时，在资产评估报告使用有效期内，且与评估基准日时相比，未出现因资产状态、使用方式、市场环境以及评估假设等发生显著变化，导致资产价值发生重大变化的，可不再申请备案。

第二十四条　财政部应当加强对中央文化企业国有资产评估工作的监督检查。有关主管部门和中央文化企业，应当按照管理权限开展对相关企业资产评估的监督检查工作。

第二十五条 财政部汇总资产评估项目的检查结果及总体情况,并通报相关部门。

第六章 法律责任

第二十六条 中央文化企业违反本办法,有下列情形之一的,由财政部通报批评并责令改正,必要时可依法确认其相应的经济行为无效：
（一）应当进行资产评估而未进行评估；
（二）聘请不符合相应资质条件的资产评估机构进行国有资产评估；
（三）向资产评估机构提供虚假情况和资料,或者与资产评估机构串通作弊导致评估结论失实；
（四）应当办理核准或者备案而未办理。

第二十七条 中央文化企业在国有资产评估中发生违法违规行为或者不正当使用评估报告的,对负有直接责任的主管人员和其他直接责任人员,依法给予处分。

第二十八条 受托资产评估机构在资产评估过程中违规执业或者对资产评估项目检查工作不予配合的,由财政部将有关情况通报其行业主管部门,建议给予相应处理。

第二十九条 财政部、有关主管部门和中央文化企业在资产评估核准或者备案管理工作中,有关工作人员违反本规定,造成国有资产流失的,依法给予处分。

第七章 附 则

第三十条 本办法自2013年1月1日起施行。

附：1. 国有资产评估项目核准申请表
2. 接受非国有资产评估项目核准申请表
3. 国有资产评估项目核准申请表、接受非国有资产评估项目核准申请表填报说明
4. 国有资产评估项目备案表
5. 接受非国有资产评估项目备案表
6. 国有资产评估项目备案表、接受非国有资产评估项目备案表填报说明

财政部关于印发《中央文化企业国有资产产权登记管理暂行办法》的通知

财文资〔2012〕16号

党中央有关部门,国务院各部委、各直属机构,全国人大常委会办公厅,全国政协办公厅,高法院,高检院,有关人民团体,各民主党派中央,有关中央管理企业：

为进一步加强中央文化企业国有资产产权登记管理,根据《企业国有资产产权登记管理办法》(国务院令第192号)等有关规定,我们制定了《中央文化企业国有资产产权登记管理暂行办

法》。现印发给你们,请遵照执行。执行中有何问题,请及时向我们反映。

附件:中央文化企业国有资产产权登记管理暂行办法

财政部

二〇一二年十二月二十二日

中央文化企业国有资产产权登记管理暂行办法

第一章 总 则

第一条 为了加强中央文化企业国有资产产权登记管理,全面反映企业国有资产占有与变动情况,根据《企业国有资产产权登记管理办法》(国务院令第192号)等有关规定,制定本办法。

第二条 财政部代表国务院履行出资人职责的中央文化企业及其各级子企业占有、使用国有资产,申请办理企业国有资产产权登记(以下简称产权登记),适用本办法。

第三条 财政部负责统一制定中央文化企业产权登记管理制度,负责产权登记监督管理、汇总和分析工作,统一印制核发《中华人民共和国企业国有资产产权登记证》(以下简称《产权登记证》)和产权登记表。

第四条 主管部门负责所属中央文化企业产权登记审核、检查等监督管理相关工作。

第五条 中央文化企业负责本企业及其各级子企业产权登记申请、审核、检查等监督管理相关工作,并对申报产权登记事项的真实性、完整性和合法性负责。

第六条 由两个以上(含两个)国有资本出资人共同投资设立的中央文化企业,按照国有资本出资额最大的出资人产权归属关系确定中央文化企业产权登记的管辖部门。

国有资本出资额最大的出资人存在多个的,按照中央文化企业自行推举的出资人的产权归属关系确定中央文化企业产权登记的管辖部门。

第七条 《产权登记证》是中央文化企业办结产权登记的证明,是客观记载中央文化企业产权状况基本信息的文件。

第二章 占有产权登记

第八条 中央文化企业发生下列情形之一的,应当申请办理占有产权登记:
(一)因投资、分立、合并、转制而新设企业的;
(二)因收购、投资入股而首次取得企业股权的;
(三)其他应当办理占有产权登记的情形。

第九条 中央文化企业申请办理占有产权登记,应当提交下列文件和资料:
(一)占有产权登记申请。
(二)中央文化企业国有资产产权登记表(占有登记)。
(三)经济行为决策或者批复文件。

（四）企业章程。

（五）由企业出资的，应当提交出资人的《企业法人营业执照》副本复印件；由事业单位出资的，应当提交事业单位的《事业单位法人登记证》副本复印件；由自然人出资的，应当提交自然人有效的身份证复印件。

（六）经注册会计师审核的验资报告，其中：以货币投资的应当附银行进账单，以实物、无形资产等非货币资产投资的应当提交资产评估备案表或者核准文件；或者经注册会计师审计的企业最近一期财务会计报告。

（七）《企业名称预先核准通知书》复印件或者《企业法人营业执照》副本复印件。

（八）财政部认定需提交的其他文件和资料。

第三章 变动产权登记

第十条 中央文化企业发生下列情形之一的，应当申请办理变动产权登记：
（一）名称发生变动的；
（二）级次、组织形式发生变动的；
（三）国有资本出资人发生变动的；
（四）国有资本出资人持股比例发生变动的；
（五）国有资本额发生增减变动的；
（六）国有资产产权发生变动的其他情形。

第十一条 中央文化企业申请办理变动产权登记，应当提交下列文件和资料：
（一）变动产权登记申请。
（二）中央文化企业国有资产产权登记表(变动登记)。
（三）经济行为决策或者批复文件。
（四）《产权登记证》，《企业法人营业执照》副本复印件。
（五）修改后的企业章程。
（六）经注册会计师审计的企业最近一期财务会计报告。
（七）经注册会计师审核的验资报告，其中：以货币投资的应当附银行进账单，以实物、无形资产等非货币资产投资的应当提交资产评估备案表或者核准文件。
（八）出资人发生变动，由企业出资的，应当提交出资人的《企业法人营业执照》副本复印件；由事业单位出资的，应当提交事业单位的《事业单位法人登记证》副本复印件；由自然人出资的，应当提交自然人有效的身份证复印件。
（九）通过产权交易机构转让国有资产产权的，提交产权交易机构出具的转让国有资产产权的交易凭证。
（十）财政部认定需提交的其他文件和资料。

中央文化企业申请办理变动产权登记仅涉及第十条第(一)项的，可以提交本条第(一)至(四)项和第(十)项规定的文件和资料。

第四章 注销产权登记

第十二条 中央文化企业发生下列情形之一的，应当申请办理注销产权登记：
（一）解散、被依法撤销；

（二）被依法宣告破产；
（三）转让全部国有产权（股权）或者改制后不再设置国有股权；
（四）其他需要注销国有资产产权的情形。

第十三条 中央文化企业申请办理注销产权登记，应当提交下列文件和资料：
（一）注销产权登记申请。
（二）中央文化企业国有资产产权登记表（注销登记）。
（三）经济行为决策或者批复文件。
（四）工商注销证明。
（五）《产权登记证》，《企业法人营业执照》副本复印件。
（六）企业的财产清查、清算报告，或者资产评估备案表、核准文件。
（七）国有产权（股权）有偿转让或者整体改制的协议、方案。
（八）受让方为企业的，应当提交《企业法人营业执照》副本复印件；受让方为事业单位的，应当提交《事业单位法人登记证》副本复印件；受让方为自然人的，应当提交自然人有效的身份证复印件。
（九）通过产权交易机构转让国有资产产权的，提交产权交易机构出具的转让国有资产产权的交易凭证。
（十）财政部认定需提交的其他文件和资料。

第五章 产权登记程序

第十四条 中央文化企业发生产权登记相关经济行为时，应当自相关经济行为完成后20个工作日内，在办理工商登记前，申请办理产权登记。
中央文化企业仅涉及名称发生变动的，应当自办理工商登记后20个工作日内，申请办理变动产权登记。
中央文化企业注销法人资格的，应当自办理工商注销登记后20个工作日内，申请办理注销产权登记。

第十五条 中央文化企业申请办理产权登记，应当按照规定填写产权登记表，并提交有关文件和资料。
资产和财务关系在财政部单列的中央文化企业直接向财政部申请办理产权登记。其他中央文化企业，逐级报主管部门审核同意后，向财政部申请办理产权登记。

第十六条 财政部对申请材料齐全的，应在20个工作日内予以办理，核发产权登记表；对申请材料不齐全的，待补充完善有关材料后予以办理。

第十七条 中央文化企业依据财政部核发的产权登记表，向工商行政管理部门申请办理工商登记后20个工作日内，到财政部领取《产权登记证》，同时提交《企业法人营业执照》副本复印件。
财政部核准中央文化企业注销产权登记后，应当及时收回《产权登记证》，予以注销。

第十八条 中央文化企业未办理占有产权登记的，发生产权变动或者注销情形时，应当先补办占有产权登记，再申请办理变动或者注销产权登记。
中央文化企业补办占有产权登记时，应当提交其设立和自设立至补办占有产权登记时发生的产权变动文件和资料。

第十九条 中央文化企业产权归属关系不清楚、发生产权纠纷或者资产被司法机关冻结的，应当暂缓办理产权登记,并在产权界定清楚、产权纠纷处理完毕或者资产被司法机关解冻后,及时办理产权登记。

第二十条 中央文化企业《产权登记证》若有遗失或者毁坏的要说明情况,再按规定申请补领。

第六章 产权登记监督与管理

第二十一条 主管部门、资产和财务关系在财政部单列的中央文化企业应当于每年5月31日前,完成上一年度所属中央文化企业及其各级子企业的产权登记年度检查工作,并向财政部提交下列文件和资料:

（一）产权登记年度检查申请;
（二）中央文化企业国有资产产权登记表(年度检查);
（三）中央文化企业国有资产经营年度报告书;
（四）《产权登记证》和《企业法人营业执照》副本复印件;
（五）经注册会计师审计的企业上一年度财务会计报告;
（六）财政部认定需提交的其他文件和资料。

第二十二条 中央文化企业国有资产经营年度报告书是反映其在检查年度内国有资产经营状况、产权变动情况的书面文件。主要报告以下内容:

（一）企业国有资产保值增值情况;
（二）企业国有资本金实际到位和增减变动情况;
（三）企业国有资本的分布及结构变化,包括对外投资及投资收益情况;
（四）企业发生产权变动以及办理相应产权变动登记情况;
（五）企业提供担保以及资产被司法机关冻结等产权或有变动事项;
（六）其他需要说明的问题。

第二十三条 中央文化企业应当及时对产权登记检查中发现的问题进行整改,并按照本办法规定,申请补办产权登记或者对原有登记内容进行更正。

第二十四条 财政部依据产权登记检查情况和问题整改情况,在中央文化企业《产权登记证》上签署年度检查意见。

第二十五条 任何单位和个人不得伪造、涂改、出租、出借、出售《产权登记证》或者产权登记表。

第二十六条 财政部、主管部门及中央文化企业应当妥善保管产权登记工作档案。有关文件和资料应当装订成册,按规定存档。

第二十七条 中央文化企业申办产权登记时,应当将所提交的文件和资料整理成卷,附加目录清单。未按要求提交文件和资料的,财政部不予受理。

第二十八条 中央文化企业违反本办法规定,有下列行为之一的,由财政部责令改正或者予以通报,造成国有资产损失的,依照有关规定追究企业领导和相关人员的责任:

（一）未按本办法规定及时、如实申请办理产权登记的;
（二）未按规定进行整改的;
（三）伪造、涂改、出租、出借、出售《产权登记证》或者产权登记表。

第七章 附 则

第二十九条 财政部根据具体情况,可以委托有关部门、单位和中央文化企业办理产权登记的部分事项。

第三十条 本办法自 2013 年 1 月 1 日起施行。

附:1. 中华人民共和国企业国有资产产权登记证(样本)
  2. 中央文化企业国有资产产权登记表(占有登记)
  3. 中央文化企业国有资产产权登记表(变动登记)
  4. 中央文化企业国有资产产权登记表(注销登记)
  5. 中央文化企业国有资产产权登记表(年度检查)
  6. 中央文化企业国有资产产权登记表(证)填报说明

关于加强中央文化企业国有产权转让管理的通知

财文资〔2013〕5 号

党中央有关部门,国务院各部委、各直属机构,全国人大常委会办公厅,全国政协办公厅,高法院,高检院,有关人民团体,各民主党派中央,有关中央管理企业,上海文化产权交易所,深圳文化产权交易所:

为进一步规范财政部代表国务院履行出资人职责的中央文化企业国有产权转让行为,促进国有资产合理流动、文化产业布局和结构的战略性调整,防止企业国有资产流失,根据《企业国有产权转让管理暂行办法》(国资委 财政部令第 3 号)等有关规定,结合中央文化企业国有资产管理实际情况,现就有关事项通知如下:

一、中央文化企业国有产权转让应当遵守国家法律、行政法规和政策的有关规定,符合国家文化改革发展规划,优化国有资本配置,遵循等价有偿和公开、公平、公正的原则,保障国家和其他各方的合法权益。

二、财政部负责中央文化企业国有产权转让的监督管理工作,依法制定中央文化企业国有产权转让和交易管理办法。中央文化企业负责制定所属企业的国有产权转让管理办法,报财政部备案。

三、财政部依法决定或批准中央文化企业的国有产权转让。中央文化企业决定其子企业的国有产权转让。其中,由中央文化企业直接管理和控制,资产总额和利润总额占本企业比例超过 30% 的重要子企业的国有产权转让事项,应当报财政部批准。涉及政府社会公共管理审批事项的,需预先报经政府有关部门审批。

四、资产财务关系在财政部单列的中央文化企业直接报财政部批准,其他中央文化企业经主管部门审核同意后报财政部批准。

五、中央文化企业国有产权转让应当依法履行内部决策程序和审批程序,按规定做好清产核资、审计和资产评估等有关工作,并以经核准或备案的资产评估值作为转让价格的参考依据。

六、中央文化企业国有产权转让原则应当进场交易,严格控制场外协议转让。对于受让方有特殊要求拟进行协议方式转让的,应当符合国家有关规定,并报财政部批准。

七、中央文化企业在本企业内部实施资产重组,拟直接采取协议方式转让国有产权的,转让方和受让方应为中央文化企业或其全资境内子企业,协议转让事项由中央文化企业负责依法决定或批准,同时抄报财政部。转让价格应以资产评估或审计报告确认的净资产值为基准确定,且不得低于经评估或审计的净资产值。涉及股份有限公司股份转让的,按国家有关规定办理。

八、中央文化企业国有产权进场交易的,应当按照中共中央宣传部、商务部、文化部、原国家广播电影电视总局和原新闻出版总署《关于贯彻落实国务院决定加强文化产权交易和艺术品交易管理的意见》(中宣发〔2011〕49号)规定,在上海和深圳两个文化产权交易所交易,并严格按照有关规定进行交易操作。

九、中央文化企业产权转让收益应当按照财政部、国资委《关于印发〈中央企业国有资本收益收取管理暂行办法〉的通知》(财企〔2007〕309号)规定直接上交中央财政,纳入中央本级国有资本经营预算收入管理。

十、中央文化企业要加强对各级子企业国有产权转让的管理,明确管理的机构、人员、职责和管理程序,建立健全产权转让档案。中央文化企业应当在每年度1月31日前,将本企业上一年度的企业国有产权转让事项书面报告财政部,有主管部门的,通过主管部门汇总后书面报告财政部。

十一、财政部对中央文化企业国有产权转让工作进行检查。对于严重违反企业国有产权转让相关法规的企业及主要负责人、相关责任人员将予以通报批评,对造成国有资产损失的,将依法追究相关人员的责任。

财政部

二〇一三年五月七日

关于印发《中央文化企业国有产权交易操作规则》的通知

财文资〔2013〕6号

党中央有关部门,国务院各部委、各直属机构,全国人大常委会办公厅,全国政协办公厅,高法院,高检院,有关人民团体,各民主党派中央,有关中央管理企业,上海文化产权交易所,深圳文化产权交易所:

为规范中央文化企业国有产权交易行为,根据《企业国有产权转让管理暂行办法》(国资委财政部令第3号)等有关规定,我们制定了《中央文化企业国有产权交易操作规则》。现印发给你们,请遵照执行。执行中有何问题,请及时向我们反映。

附件:中央文化企业国有产权交易操作规则

财政部

二〇一三年五月七日

附件：

中央文化企业国有产权交易操作规则

第一章 总 则

第一条 为规范中央文化企业国有产权交易行为,根据《企业国有产权转让管理暂行办法》等有关规定,制定本规则。

第二条 中央文化企业国有产权交易,是指中央文化企业国有产权转让主体(以下统称"转让方")在履行相关决策和批准程序后,通过文化产权交易所(以下简称"文交所")公开发布转让信息,公开竞价转让国有产权的活动。

法律、行政法规和有关政策禁止转让的国有产权,不得作为转让标的。

第三条 本规则所称中央文化企业是财政部代表国务院履行出资人职责的文化企业。产权交易应当进入中央文化企业国有资产监督管理机构(以下简称"中央文资监管机构")规定的文交所进行。

第四条 中央文化企业国有产权交易应当遵循等价有偿和公开、公平、公正、竞争的原则。文交所应当按照本规则组织中央文化企业国有产权交易,接受中央文资监管机构的监督,加强自律管理,维护市场秩序,保证产权交易活动的正常进行。

第五条 中央文化企业国有产权交易程序包括:受理转让申请、发布转让信息、登记受让意向、组织交易签约、结算交易资金、出具交易凭证。

第二章 受理转让申请

第六条 文交所承担产权转让交易申请的受理工作。实行会员制的产权交易机构,应当在网站上公布会员的名单,供转让方、受让方自主选择,签订委托代理合同,建立委托代理关系。

第七条 转让方向文交所提出产权转让信息发布申请,递交申请书和产权转让公告等相关材料,并对材料的真实性、完整性、有效性负责。

按照有关规定,需要在信息公告前进行产权转让信息内容审批或备案的项目,转让方应当履行相应的报批或备案手续。

第八条 转让方提交的产权转让信息发布申请资料符合齐全性要求的,文交所应当予以接收登记。

第九条 文交所应当建立中央文化企业国有产权转让信息公告的审核制度。在接收转让方申请资料次日起5个工作日内,完成对产权转让信息发布申请资料的合规性审核,重点审核产权转让公告中涉及转让标的信息披露的真实性、完整性、有效性,交易条件和受让方资格条件设置的公平性和合理性,以及竞价方式的选择等内容。

对符合信息公告审核要求的,文交所应当予以受理,并向转让方出具转让受理通知书;不符合信息公告审核制度要求的,文交所应当将要求修改或不予受理的书面审核意见在5个工作日内告知转让方。

第十条 转让方应当在产权转让公告中披露转让方和转让标的的基本情况、为达成交易需要受让方接受的主要交易条件、受让方资格条件、对产权交易有重大影响的相关信息、竞价方式的选择、交易保证金的设置等内容。

第十一条 产权转让公告披露的转让方和转让标的企业基本情况主要包括：

（一）转让方、转让标的及受托会员的名称；

（二）转让标的企业性质、成立时间、注册地、所属行业、主营业务、注册资本、职工人数、资本（或股权）结构；

（三）转让方的企业性质及其在转让标的企业的出资比例；

（四）转让标的企业前10名出资人的名称、出资比例；

（五）转让标的企业著作权等无形资产基本状况；

（六）转让标的企业最近一个年度审计报告和最近一期财务报表中的主要财务指标数据，包括所有者权益、负债、营业收入、净利润等；

（七）转让标的（或者转让标的企业）资产评估的核准或者备案情况，资产评估报告中总资产、总负债、净资产的评估值，无形资产的评估值；

（八）评估基准日后可能对转让标的价值产生重大影响的重要事项，以及审计报告、评估报告、法律意见书中专项揭示的可能对转让标的价值产生重大影响的重要事项；

（九）产权转让行为的相关内部决策及有关部门批准情况。

第十二条 产权转让公告披露的为达成交易需要受让方接受的主要交易条件，主要包括：

（一）转让标的挂牌价格、价款支付方式和期限要求；

（二）对转让标的企业职工有无继续聘用要求；

（三）产权转让涉及的债权债务处置要求；

（四）对转让标的企业存续发展方面的要求。

第十三条 产权转让公告披露的受让方资格条件，可以包括：

（一）准入条件、主体资格和资质（包括是否可以为转让方管理层或关联方）。如转让标的企业为文化企业的，转让方应当根据文化行业准入要求，明确提出受让方条件；

（二）经营情况、财务状况、管理能力、资产规模等。

上述限制条件不得出现具有明确指向性或者违反公平竞争的内容。

第十四条 产权转让公告披露的对产权交易有重大影响的相关信息，主要包括：

（一）审计报告、资产评估报告有无保留意见或者重要提示；

（二）资产评估基准日后，发生的影响转让标的企业产权结构和价值变动的情况；

（三）管理层及其利益关联方拟参与受让的，应当披露其当前持有转让标的企业的股权比例、拟参与受让国有产权的人员或者公司名单、拟受让比例等；

（四）转让标的企业其他股东是否同意股权转让，是否放弃优先购买权。

第十五条 产权转让公告中应当明确在征集到两个及以上符合条件的意向受让方时，确定受让方采用的公开竞价交易方式。选择招投标方式的，应当同时披露评标方法和标准。

第十六条 转让方可以在产权转让公告中提出交纳交易保证金的要求。交易保证金的设定比例，一般不超过转让标的挂牌价的30%。文交所在产权转让公告中应当明示交易保证金的处置方式。

第三章 发布转让信息

第十七条 产权转让信息应当在文交所选定的转让标的企业注册地或者重大资产所在地覆盖面较广的经济、金融和文化类报刊进行公告,同时在文交所网站联合公告。文交所网站发布信息的日期不应当晚于报刊公告的日期。

第十八条 转让方应当明确产权转让公告的期限。首次信息公告的期限应当不少于 20 个工作日,信息公告时间以报刊首次信息公告之日起计算。

第十九条 转让方在信息公告期间不得擅自变更转让公告内容。因特殊原因确需变更信息公告内容的,应当由产权转让批准机构出具文件,文交所审核后在原信息发布渠道进行公告,并重新计算公告期。

第二十条 转让方在规定的公告期限内未征集到符合条件的意向受让方,且不变更信息公告内容的,可以按照转让公告的约定延长信息公告期限,每次延长期限应当不少于 5 个工作日。未在转让公告中明确延长信息公告期限的,信息公告到期自行终止。

第二十一条 转让方首次信息公告时的挂牌价不得低于经核准或者备案的转让标的资产评估结果。如在规定的公告期限内未征集到意向受让方,转让方可以在不低于评估结果 90% 的范围内设定新的挂牌价再次进行公告。如新的挂牌价低于评估结果的 90%,转让方应当在重新获得产权转让批准机构批准后,再发布产权转让公告。

第二十二条 信息公告期间出现影响交易活动正常进行的情形,或者有关当事人提出中止信息公告书面申请和有关材料,文交所可以做出中止信息公告的决定。

第二十三条 文交所根据实际情况设定信息公告的中止期限,一般不超过 1 个月,并应当在中止期间对相关的申请事由或者争议事项进行调查核实,及时做出恢复或者终止信息公告的决定。如恢复信息公告,累计公告期不少于 20 个工作日,且继续公告的期限不少于 10 个工作日。

第二十四条 信息公告期间出现交易活动无法按照规定程序正常进行的情形,并经调查核实后确认无法消除的,文交所可以做出终止信息公告的决定。

产权交易中出现中止、恢复、终止情形的,文交所应当在原公告报刊和网站上进行公告。

第四章 登记受让意向

第二十五条 意向受让方在信息公告期限内,向文交所提出产权受让申请,并提交产权受让申请材料,确认已知晓产权转让公告载明的所有内容和交易条件,并承诺遵守市场规则。文交所应当对提出申请的意向受让方逐一进行登记。

意向受让方对产权受让申请填写内容及提交材料的真实性、完整性、有效性负责。

第二十六条 意向受让方登记受让意向后,转让方应当配合意向受让方对产权标的相关信息进行核实,并对相关问题给予充分、必要地解释。意向受让方可以到文交所查阅产权转让标的的相关信息和材料。

第二十七条 文交所应当对意向受让方提交的申请及材料进行齐全性和合规性审核,按照产权转让公告中的受让方资格条件审核意向受让方受让资格。对于转让标的企业为文化企业的,应当重点审核意向受让方是否符合文化监管部门的市场准入要求。

登记的意向受让方不符合资格条件,或提交的材料不符合齐全性和合规性要求的,文交所应当以书面形式告知意向受让方。需要进行调整的,意向受让方应当在收到通知次日起2个工作日内按要求做出调整。

在信息公告期满后5个工作日内,文交所应当将意向受让方的登记情况及其资格确认意见书面告知转让方。

第二十八条 转让方收到资格确认意见后,应当在5个工作日内予以书面回复。如对受让方资格条件有异议,应当在书面意见中说明理由,并递交相关证明材料。转让方逾期未予回复的,视为同意文交所做出的资格确认意见。

第二十九条 在征询转让方意见后,文交所应当以书面形式将资格确认结果告知意向受让方,并抄送转让方。

第三十条 转让方对文交所确认的意向受让方资格有异议,应当与文交所进行协商,必要时可以就有关争议事项征询中央文资监管机构意见。

第三十一条 通过资格确认的意向受让方,在事先确定的时限内向文交所交纳交易保证金(以到达文交所指定账户为准)后,获得参与交易资格。逾期未交纳保证金的,视为放弃受让意向。

第五章 组织交易签约

第三十二条 产权转让信息公告期满,产生两个及以上获得参与竞价交易资格意向受让方的,文交所应当按照公告披露的竞价方式组织实施公开竞价;只产生一个符合条件的意向受让方的,由文交所组织交易双方根据挂牌价格及意向受让方报价孰高原则签订产权交易协议。涉及转让标的企业其他股东的,在同等条件下行使优先购买权,文交所应当为其在场内行使优先购买权提供必要的服务。

第三十三条 公开竞价方式包括拍卖、招投标、网络竞价以及国家规定的其他公开竞价方式。

采用网络竞价方式的,可以采取多次报价、一次报价、权重报价等方式。文交所应当按照相关办法组织实施。

第三十四条 转让方制作竞价实施方案,应当保证其内容的真实性、准确性和完整性,并承诺不存在虚假记载、误导性陈述或重大遗漏。竞价实施方案中的交易条件以及影响转让标的价值的其他内容,应当与产权转让公告所载的内容要求保持一致。

第三十五条 文交所应当在确定受让方次日起3个工作日内,组织交易双方签订产权交易合同。产权交易合同条款主要包括:

(一)产权交易双方的名称与住所;
(二)转让标的企业的基本情况;
(三)产权转让的方式;
(四)转让标的企业职工继续聘用安置事宜;
(五)转让标的企业的债权、债务处理;
(六)转让价格、付款方式及付款期限;
(七)产权交割事项;
(八)合同的生效条件;
(九)合同争议的解决方式;
(十)合同各方的违约责任;

（十一）合同变更和解除的条件。

第三十六条　文交所应当依据法律法规的相关规定,按照产权转让信息公告的内容及竞价交易结果等,对产权交易合同进行审核。

第三十七条　产权交易涉及主体资格审查、许可审查、行业准入资格审查、反垄断审查等情形,交易双方应当将产权交易合同及相关材料报政府相关部门核准,文交所应当出具政府相关部门审批所需的交易证明文件。

第六章　结算交易资金

第三十八条　产权交易资金包括交易保证金和交易价款,一般以人民币为计价单位。

文交所实行交易资金统一进场结算制度,开设独立的资金结算账户,组织收付产权交易资金,保证结算账户中交易资金的安全,及时支付,不得挪作他用。

第三十九条　受让方应当在产权交易合同约定的期限内,将交易价款交付至文交所的结算账户。受让方交纳的交易保证金可按照相关约定转为交易价款。转让价款原则上一次性收取,如金额较大、一次付清确有困难,可采用分期付款方式,但首付交易价款数额不得低于成交金额的30%,最长交付期限不超过1年。

第四十条　受让方将交易价款交付至文交所结算账户后,文交所应当向受让方出具收款凭证。对符合交易价款划出条件的,文交所应当及时向转让方划出交易价款。转让方收到交易价款后,应当向文交所出具收款凭证。

第四十一条　交易双方为同一实际控制人的,经文交所核实后,交易资金可以场外结算。

第四十二条　产权交易的收费标准应当符合文交所所在地政府物价部门的有关规定。文交所应当在工作场所内和信息发布平台上公示收费标准。

交易双方应当按照文交所的收费标准支付交易服务费用,文交所在收到服务费用后,应当出具收费凭证。

第七章　出具交易凭证

第四十三条　产权交易双方签订产权交易合同,受让方依据合同约定将交易价款交付至文交所资金结算账户,且交易双方支付交易服务费用后,文交所应当在3个工作日内出具产权交易凭证。

第四十四条　产权交易涉及主体资格审查、许可审查、行业准入资格审查、反垄断审查等情形时,文交所应当在交易行为获得政府相关部门批准后出具产权交易凭证。

第四十五条　产权交易凭证应当载明项目编号、签约日期、挂牌起止日、转让方全称、受让方全称、转让标的全称、交易方式、转让标的企业评估结果、转让价格、交易价款支付方式、文交所审核结论等内容。

第四十六条　产权交易凭证应当使用统一格式打印,并加盖文交所印章,手写、涂改无效。

第八章　争议处理和法律责任

第四十七条　产权交易过程中发生争议时,当事人可以向文交所申请调解。争议涉及文交所时,当事人可以向文交所的监管机构申请调解,也可以按照约定向仲裁机构申请仲裁或者向人民法院提起诉讼。

第四十八条 产权交易过程中,涉嫌侵犯国有资产合法权益的,中央文资监管机构可以要求文交所终止产权交易。文交所涉及违规,情节严重的,依法追究法律责任。

第四十九条 进行产权交易的当事人一方违反本规则造成对方损失的,应当承担相应的民事责任;违反法律、法规有关规定的,依法追究相关人员的法律责任。

第九章 附 则

第五十条 本规则自 2013 年 6 月 1 日起施行。

八
国有资本经营预算

国务院关于试行国有资本经营预算的意见

国发〔2007〕26号

各省、自治区、直辖市人民政府,国务院各部委、各直属机构:

国有资本经营预算,是国家以所有者身份依法取得国有资本收益,并对所得收益进行分配而发生的各项收支预算,是政府预算的重要组成部分。建立国有资本经营预算制度,对增强政府的宏观调控能力,完善国有企业收入分配制度,推进国有经济布局和结构的战略性调整,集中解决国有企业发展中的体制性、机制性问题,具有重要意义。国务院决定试行国有资本经营预算,现提出以下意见:

一、试行国有资本经营预算的指导思想和原则

(一)试行国有资本经营预算,要以邓小平理论和"三个代表"重要思想为指导,坚持科学发展观,通过对国有资本收益的合理分配及使用,增强政府的宏观调控能力,完善国有企业收入分配制度,促进国有资本的合理配置,推动国有企业的改革和发展。

(二)试行国有资本经营预算,应坚持以下原则:

统筹兼顾,适度集中。统筹兼顾企业自身积累、自身发展和国有经济结构调整及国民经济宏观调控的需要,适度集中国有资本收益,合理确定预算收支规模。

相对独立,相互衔接。既保持国有资本经营预算的完整性和相对独立性,又保持与政府公共预算(指一般预算)的相互衔接。

分级编制,逐步实施。国有资本经营预算实行分级管理、分级编制,根据条件逐步实施。

二、国有资本经营预算的收支范围

(三)国有资本经营预算的收入是指各级人民政府及其部门、机构履行出资人职责的企业(即一级企业,下同)上交的国有资本收益,主要包括:

1. 国有独资企业按规定上交国家的利润。
2. 国有控股、参股企业国有股权(股份)获得的股利、股息。
3. 企业国有产权(含国有股份)转让收入。
4. 国有独资企业清算收入(扣除清算费用),以及国有控股、参股企业国有股权(股份)分享的公司清算收入(扣除清算费用)。
5. 其他收入。

(四)国有资本经营预算的支出主要包括:

1. 资本性支出。根据产业发展规划、国有经济布局和结构调整、国有企业发展要求,以及国家战略、安全等需要,安排的资本性支出。
2. 费用性支出。用于弥补国有企业改革成本等方面的费用性支出。
3. 其他支出。

具体支出范围依据国家宏观经济政策以及不同时期国有企业改革和发展的任务,统筹安排确定。必要时,可部分用于社会保障等项支出。

(五)国家依法收取企业国有资本收益,具体办法由财政部门会同国有资产监管机构等有关部门制订,报本级人民政府批准后施行。

三、国有资本经营预算的编制和审批

（六）国有资本经营预算单独编制，预算支出按照当年预算收入规模安排，不列赤字。

（七）各级财政部门为国有资本经营预算的主管部门。各级国有资产监管机构以及其他有国有企业监管职能的部门和单位，为国有资本经营预算单位（以下统称预算单位）。

（八）试行期间，各级财政部门商国资监管、发展改革等部门编制国有资本经营预算草案，报经本级人民政府批准后下达各预算单位。各预算单位具体下达所监管（或所属）企业的预算，抄送同级财政部门备案。

四、国有资本经营预算的执行

（九）国有资本经营预算收入由财政部门、国有资产监管机构收取、组织上交。企业按规定应上交的国有资本收益，应及时、足额直接上交财政。

（十）国有资本经营预算资金支出，由企业在经批准的预算范围内提出申请，报经财政部门审核后，按照财政国库管理制度的有关规定，直接拨付使用单位。使用单位应当按照规定用途使用、管理预算资金，并依法接受监督。

（十一）国有资本经营预算执行中如需调整，须按规定程序报批。年度预算确定后，企业改变财务隶属关系引起预算级次和关系变化的，应当同时办理预算划转。

（十二）年度终了后，财政部门应当编制国有资本经营决算草案报本级人民政府批准。

五、国有资本经营预算的职责分工

（十三）财政部门的主要职责是：负责制（修）订国有资本经营预算的各项管理制度、预算编制办法和预算收支科目；编制国有资本经营预算草案；编制国有资本经营预算收支月报，报告国有资本经营预算执行情况；汇总编报国有资本经营决算；会同有关部门制定企业国有资本收益收取办法；收取企业国有资本收益。财政部负责审核和汇总编制全国国有资本经营预、决算草案。

（十四）各预算单位的主要职责是：负责研究制订本单位国有经济布局和结构调整的政策措施，参与制订国有资本经营预算有关管理制度；提出本单位年度国有资本经营预算建议草案；组织和监督本单位国有资本经营预算的执行；编报本单位年度国有资本经营决算草案；负责组织所监管（或所属）企业上交国有资本收益。

六、试行国有资本经营预算的组织实施

（十五）中央本级国有资本经营预算从2008年开始实施，2008年收取实施范围内企业2007年实现的国有资本收益。2007年进行国有资本经营预算试点，收取部分企业2006年实现的国有资本收益。各地区国有资本经营预算的试行时间、范围、步骤，由各省、自治区、直辖市和计划单列市人民政府决定。

（十六）建立国有资本经营预算制度，是完善社会主义市场经济体制的一项重大制度建设，涉及面广，政策性强。各地区、各部门要充分认识建立国有资本经营预算制度的重要意义，高度重视，加强领导，精心组织，积极稳妥地做好此项工作。财政部要会同国资委等有关部门抓紧制订有关配套制度和办法。各预算单位和有关企业要认真执行国有资本经营预算的各项制度和办法。有关部门、单位和企业要加强沟通，积极配合，确保试行工作的顺利进行。

国务院
二〇〇七年九月八日

财政部、国资委关于印发
《中央企业国有资本收益收取管理暂行办法》的通知

财企〔2007〕309号

有关中央管理企业：

　　经国务院批准，现将《中央企业国有资本收益收取管理暂行办法》印发给你们，请遵照执行。执行中如有问题，请及时与我们联系。

　　2007年作为试点，对国资委所监管企业2006年实现的国有资本收益进行收取，其中，企业税后利润按标准减半收取。请各有关企业于2007年12月20日前按规定申报交纳。

　　附件：中央企业国有资本收益收取管理暂行办法

财政部　国务院国有资产监督管理委员会
二〇〇七年十二月十一日

附件：

中央企业国有资本收益收取管理暂行办法

第一章　总　　则

第一条　为建立国有资本经营预算制度，规范国家与企业的分配关系，加强中央企业国有资本收益管理，依据《中华人民共和国公司法》、《中华人民共和国预算法》、《国务院关于试行国有资本经营预算的意见》（国发〔2007〕26号），制定本办法。

第二条　本办法试行范围包括国资委所监管企业和中国烟草总公司，简称中央企业。

第三条　本办法所称国有资本收益，是指国家以所有者身份依法取得的国有资本投资收益，具体包括：

（一）应交利润，即国有独资企业按规定应当上交国家的利润；

（二）国有股股利、股息，即国有控股、参股企业国有股权（股份）获得的股利、股息收入；

（三）国有产权转让收入，即转让国有产权、股权（股份）获得的收入；

（四）企业清算收入，即国有独资企业清算收入（扣除清算费用），国有控股、参股企业国有股权（股份）分享的公司清算收入（扣除清算费用）；

（五）其他国有资本收益。

第四条　中央企业国有资本收益应当按规定直接上交中央财政，纳入中央本级国有资本经营预算收入管理。

国家对中央企业国有资本收益另有规定的,从其规定。

第五条 中央企业国有资本收益由财政部负责收取,国资委负责组织所监管企业上交国有资本收益。

第二章 中央企业国有资本收益的申报与核定

第六条 中央企业上交国有资本收益应当按规定申报,并如实填写中央企业国有资本收益申报表(详见附表1～4)。具体申报时间及要求如下:

(一)应交利润,在年度终了后5个月内,由中央企业一次申报;

(二)国有股股利、股息,在股东会或者股东大会(没有设立股东会或者股东大会的为董事会,下同)表决日后30个工作日内,由国有控股、参股企业据实申报,并附送股东会、股东大会的决议文件;

(三)国有产权转让收入,在签订产权转让合同后30个工作日内,由中央企业或者国资委授权的机构据实申报,并附送产权转让合同和资产评估报告;

(四)企业清算收入,在清算组或者管理人编制剩余财产分配方案后30个工作日内,由清算组或者管理人据实申报,并附送企业清算报告和中国注册会计师出具的审计报告;

(五)其他国有资本收益,在收益确定后30个工作日内,由有关单位申报,并附送有关经济事项发生和金额确认的资料。

第七条 国资委所监管企业在向国资委申报上交国有资本收益时,将申报表及相关材料报送财政部;中国烟草总公司申报上交国有资本收益,将申报表及相关材料直接报送财政部。

第八条 国有独资企业拥有全资公司或者控股子公司、子企业的,应当由集团公司(母公司、总公司)以年度合并财务报表反映的归属于母公司所有者的净利润为基础申报。

企业计算应交利润的年度净利润,可以抵扣以前年度未弥补亏损。

第九条 国有独资企业上交年度净利润的比例,区别不同行业,分以下三类执行(企业分类名单详见附表5):

(一)第一类10%;

(二)第二类5%;

(三)第三类暂缓3年上交或者免交。

第十条 国有控股、参股企业应付国有投资者的股利、股息,按照股东会或者股东大会决议通过的利润分配方案执行。

国有控股、参股企业应当依法分配年度净利润。当年不予分配的,应当说明暂不分配的理由和依据,并出具股东会或者股东大会的决议。

第十一条 中央企业上交国有资本收益区别以下情况核定:

(一)应交利润,根据经中国注册会计师审计的企业年度合并财务报表反映的归属于母公司所有者的净利润和规定的上交比例计算核定;

(二)国有股股利、股息,根据国有控股、参股企业关于利润分配的决议核定;

(三)国有产权转让收入,根据企业产权转让协议和资产评估报告等资料核定;

(四)企业清算收入,根据清算组或者管理人提交的企业清算报告核定;

(五)其他国有资本收益,根据有关经济行为的财务会计资料核定。

第十二条 中央企业根据国家政策进行重大调整,或者由于遭受重大自然灾害等不可抗力因素造成巨大损失,需要减免应交利润的,应当向财政部、国资委提出申请,由财政部商国资委报国务院批准后,将减免的应交利润直接转增国家资本或者国有资本公积。

第三章 中央企业国有资本收益的上交

第十三条 中央企业国有资本收益上交,使用政府收支分类科目中"国有资本经营收入"款级科目。

第十四条 中央企业国有资本收益上交,按照以下程序执行:

(一)国资委在收到所监管企业上报的国有资本收益申报表及相关材料后15个工作日内提出审核意见,报送财政部复核,财政部在收到国资委审核意见后15个工作日内提出复核意见;

(二)国资委根据财政部同意的审核结果向所监管企业下达国有资本收益上交通知,财政部向财政部驻企业所在省(自治区、直辖市、计划单列市)财政监察专员办事处下达国有资本收益收取通知;财政部驻企业所在省(自治区、直辖市、计划单列市)财政监察专员办事处依据财政部下达的国有资本收益收取通知向企业开具"非税收入一般缴款书";

(三)国资委所监管企业依据国资委下达的国有资本收益上交通知和财政部驻企业所在省(自治区、直辖市、计划单列市)财政监察专员办事处开具的"非税收入一般缴款书"办理国有资本收益交库手续;

(四)财政部在收到中国烟草总公司的国有资本收益申报表及相关材料后15个工作日内,完成审核工作并向财政部驻北京市财政监察专员办事处下达国有资本收益收取通知;中国烟草总公司凭财政部驻北京市财政监察专员办事处开具的"非税收入一般缴款书"办理国有资本收益交库手续。

第十五条 中央企业当年应交利润应当在申报日后5个月内交清,其中:应交利润在10亿元以下(含10亿元)的,须一次交清;应交利润在10亿元以上、50亿元以下(含50亿元)的,可分两次交清;应交利润在50亿元以上的,可分三次交清。

第十六条 对中央企业欠交国有资本收益的情况,财政部、国资委应当查明原因,采取措施予以催交。

第四章 附 则

第十七条 本办法自公布之日起执行。

附表:1. 中央企业国有资本收益(应交利润)申报表

2. 中央企业国有资本收益(国有股股息、股利)申报表

3. 中央企业国有资本收益(国有产权转让收入)申报表

4. 中央企业国有资本收益(企业清算收入)申报表

5. 试行国有资本经营预算中央企业税后利润上交比例表

附表1：

中央企业国有资本收益(应交利润)申报表
20　年度

申报单位基本情况	
企业名称	
注册地址	
组织形式 (国有企业或国有独资公司)	
所处行业	
注册资本	
开户银行	
银行账号	
财务经理	
联系电话	

应交国有资本收益申报情况				
	项目	申报数	国资委审核数	财政部复核数
1	**合并净利润**			
2	减:少数股东损益			
3	**归属于母公司所有者的净利润**			
4	减:弥补以前年度亏损			
5	减:提取法定公积金			
6	**上交利润基数**			
7	上交利润比例			
8	**本期应交利润**			
9	加:以前年度欠交利润			
10	减:本期已交利润			
11	**应交(退)利润余额**			

附送资料	
与企业年度合并财务报表有关的资料。	
声明	本公司对以上情况及申报资料的真实性承担法律责任。 　　　　　　　　　　法人代表(签章)：　　　　　　　　　(公章) 　　　　　　　　　　　　　　　　　　　　　　　　　　20　年　月　日

总会计师：　　　　　　　　　　　　　　　经办人：

附表2:

中央企业国有资本收益(国有股股息、股利)申报表
20　年度

申报单位基本情况		
企业名称		
注册地址		
组织形式 (有限责任公司或股份有限公司)		
所处行业		
注册资本		
其中:国有股权(股份)		
开户银行		
银行账号		
财务经理		
联系电话		
应交国有资本收益申报情况				
	项目	申报数	国资委审核数	财政部复核数
1	**归属于母公司所有者的净利润**			
2	加:年初未分配利润(以前年度亏损以"-"号填列)			
3	可供分配的利润			
4	减:提取法定公积金			
5	可供分配的利润			
6	**向投资者分配的利润**			
7	国有股权(股份)所占比例			
8	**应付国有股股息、股利**			
9	加:以前年度欠付的国有股股息、股利			
10	减:本期已付的国有股股息、股利			
11	**应交(退)国有股股息、股利**			
附送资料				
1. 股东会(股东大会)决议 2. 其他资料				
声明	本公司按照《公司法》和公司章程的规定进行利润分配,申报资料真实、合法,国有股东公平分享股息、股利及其他合法权益。 　　　　　　　　　　　法人代表(签章):　　　　　　　　　　(公章) 　　　　　　　　　　　　　　　　　　　　　　　　　　20　年　月　日			

　　总会计师:　　　　　　　　　　　经办人:

附表3：

中央企业国有资本收益(国有产权转让收入)申报表

申报单位基本情况			
名称			
性质			
联系人			
联系电话			
企业国有产权及其交易情况			
企业名称		组织形式 (国有独资企业或国有控股参股企业)	
注册地址		所处行业	
注册资本		其中:国有股权(股份)	
账面资产总额		其中:固定资产	
国有净资产		资产评估值	
法人代表		联系电话	
交易机构名称		交易机构地址	
结算银行		结算账户	
财务经理		联系电话	
转让标的		占国有净资产比重	
转让底价		实际成交价	
合同签订日		交易结算日	
价款结算方式		价款结算时间	
受让方有关情况			
名称		性质	
注册地(或住所)		资产总额	
法定代表人		联系电话	

应交国有资本收益申报情况

	项目	申报数	国资委审核数	财政部复核数
1	实际转让收入			
2	减:转让费用			
3	转让净收入			

附送资料

1. 国务院批准文件或国有资产监管机构审批文件；
2. 资产评估报告；
3. 交易结算单据复印件；
4. 转让费用清单及发票；
5. 产权转让合同；
6. 其他资料。

声明	该企业按照规定程序进行交易,申报材料真实、合法,国有股东权益没有受到损害。 申报单位负责人(签章)： （公章） 20 年 月 日

申报单位主管部门负责人： 经办人：

附表4：

中央企业国有资本收益(企业清算收入)申报表

申报单位(清算人或管理人)基本情况			
批准成立单位		成立时间	
开户银行		银行账号	
财务负责人		联系电话	
企业清算基本情况			
企业名称		注册地址	
所处行业		组织形式 (国有独资企业或国有控股参股企业)	
注册资本		其中:国有股权(股份)	
原法人代表		原财务负责人	
账面资产总额		其中:固定资产	
账面负债总额		账面净资产	
审计机构		法人代表	
资产评估机构		法人代表	
清算终结日(或法院裁定清算程序终结日)			

应交企业清算收入申报情况			
项目	申报数	国资委审核数	财政部复核数
清算财产变价总收入			
减:清算费用			
减:共益债务			
剩余清算收入			
减:拖欠职工的劳动债权			
减:缴纳欠交税款			
减:清偿普通债务			
清算净收入			
国有股权(股份)所占比例			
应交企业清算收入			

附列资料	
1. 股东大会关于实施清算的决议或有关部门批准清算的文件； 2. 清算人或管理人组织成立的文件； 3. 清算审计报告； 4. 企业清算报告； 5. 其他资料	
声明	该企业按照国家规定实施清算，申报资料真实、合法，股东合法权益没有受到损害。 　　　　　　　清算人或管理人代表(签章)：　　　　　　(代公章) 　　　　　　　　　　　　　　　　　　　　　　　20 年 月 日

经办人：

附表 5：

试行国有资本经营预算中央企业税后利润上交比例表

第一类上交 10%

1	中国石油天然气集团公司	10	中国大唐集团公司
2	中国石油化工集团公司	11	神华集团有限责任公司
3	中国海洋石油总公司	12	中国中煤能源集团公司
4	国家电网公司	13	中国移动通信集团公司
5	中国长江三峡开发总公司	14	中国电信集团公司
6	中国电力投资集团公司	15	中国网络通信集团公司
7	中国华能集团公司	16	中国铁通集团公司
8	中国国电集团公司	17	中国卫星通信集团公司
9	中国华电集团公司	18	中国烟草总公司

第二类上交 5%

19	中国铝业公司	47	中国东方航空集团公司
20	中国有色矿业集团有限公司	48	国家开发投资公司
21	中国黄金集团公司	49	中国节能投资公司
22	鲁中冶金矿业集团公司	50	中国高新投资集团公司
23	宝钢集团有限公司	51	中国水利投资集团公司
24	鞍山钢铁集团公司	52	中国电子信息产业集团公司
25	武汉钢铁(集团)公司	53	彩虹集团公司
26	攀枝花钢铁(集团)公司	54	中国华录集团有限公司
27	中国中纺集团公司	55	中国普天信息产业集团公司
28	中国恒天集团有限公司	56	中国交通建设集团有限公司
29	中国中材集团公司	57	中国建筑工程总公司
30	中国建筑材料集团公司	58	中国铁路工程总公司
31	中国生物技术集团公司	59	中国冶金科工集团公司
32	中国医药集团总公司	60	华侨城集团公司
33	三九企业集团(深圳南方制药厂)(托管)	61	中国水利水电建设集团公司
34	中国房地产开发集团公司	62	中国铁道建筑总公司
35	中国化工集团公司	63	中国葛洲坝集团公司
36	中国化学工程集团公司	64	中国新兴(集团)总公司
37	中国乐凯胶片集团公司	65	中国盐业总公司
38	中国远洋运输(集团)总公司	66	中国印刷集团公司
39	中国海运(集团)总公司	67	中国包装总公司(托管)
40	中国对外贸易运输(集团)总公司	68	中国航空器材进出口集团公司
41	中国长江航运(集团)总公司	69	中国工艺(集团)公司
42	中国航空集团公司	70	中国轻工集团公司
43	中国南方航空集团公司	71	中国机械工业集团公司
44	中国航空油料集团公司	72	中国通用技术(集团)控股有限责任公司
45	中国民航信息集团公司	73	中国中化集团公司
46	中国海洋航空集团公司	74	中粮集团有限公司

75	中国五矿集团公司	97	中国国际企业合作公司
76	中国保利集团公司	98	中国轻工业对外经济技术合作公司
77	中国铁路物资总公司	99	华润(集团)有限公司
78	中国邮电器材集团公司	100	南光(集团)有限公司
79	珠海振戎公司	101	中国港中旅集团公司
80	中国诚通控股集团有限公司	102	招商局集团有限公司
81	中国华星集团公司	103	东风汽车公司
82	中国轻工业品进出口总公司	104	中国东方电气集团公司
83	中商企业集团公司	105	新兴铸管集团有限公司
84	中国成套设备进出口(集团)总公司	106	哈尔滨电站设备集团公司
85	中国远东国际贸易总公司	107	中国第一重型机械集团公司
86	中国中钢集团公司	108	中国铁路通信信号集团公司
87	中国丝绸进出口总公司	109	中国南方机车车辆工业集团公司
88	中国华孚贸易发展集团公司	110	中国第一汽车集团公司
89	中国唱片总公司(托管)	111	中国北方机车车辆工业集团公司
90	中国新时代控股(集团)公司	112	西安电力机械制造公司
91	中国国旅集团公司	113	中国第二重型机械集团公司
92	中国出国人员服务总公司	114	中国福马机械集团有限公司
93	中国国际工程咨询公司	115	中国农垦(集团)总公司(托管)
94	中国电力工程顾问集团公司	116	中国农业发展集团总公司
95	中国水电工程顾问集团公司	117	中国林业集团公司
96	中国国际技术智力合作公司		

第三类

暂缓三年上交的企业：

118	煤炭科学研究总院	135	中国煤炭地质总局
119	中国纺织科学研究院	136	电信科学技术研究院
120	中煤国际工程设计研究总院	137	上海医药工业研究院
121	中国海诚国际工程投资研究院	138	中国航空工业第一集团公司
122	中国钢研科技集团公司	139	中国航空工业第二集团公司
123	中国建筑设计研究院	140	中国核工业集团公司
124	中国汽车技术研究中心	141	中国核工业建设集团公司
125	北京有色金属研究总院	142	中国兵器工业集团公司
126	机械科学研究总院	143	中国兵器装备集团公司
127	中国建筑科学研究院	144	中国船舶重工集团公司
128	中国冶金地质总局	145	中国船舶工业集团公司
129	中国农业机械化科学研究院	146	中国航天科技集团公司
130	上海船舶运输科学研究所	147	中国航天科工集团公司
131	北京矿冶研究总院	148	中国电子科技集团公司
132	武汉邮电科学研究院	149	国家核电技术有限公司
133	长沙矿冶研究院	**免交的企业：**	
134	中国电子工程设计院	150	中国储备粮管理总公司
		151	中国储备棉管理总公司

关于完善中央国有资本经营预算有关事项的通知

财企〔2010〕392号

教育部、文化部、农业部、广电总局、贸促会,中国出版集团公司、中国对外文化集团公司:

扩大中央国有资本经营预算实施范围和适当提高中央企业国有资本收益收取比例方案,已经国务院批准。现将有关事项通知如下:

一、扩大中央国有资本经营预算实施范围

从2011年起,将教育部、中国国际贸易促进委员会所属企业,国家广播电影电视总局直属中国电影集团公司,文化部直属中国东方演艺集团公司、中国文化传媒集团公司、中国动漫集团公司,农业部直属黑龙江北大荒农垦集团公司、广东省农垦集团公司,以及中国出版集团公司和中国对外文化集团公司纳入中央国有资本经营预算实施范围(企业名单详见附件1)。

二、提高中央企业国有资本收益收取比例

从2011年起,适当提高中央企业国有资本收益收取比例。具体收取比例分以下四类执行(企业分类名单详见附件2):

第一类为企业税后利润的15%;

第二类为企业税后利润的10%;

第三类为企业税后利润的5%;

第四类免交国有资本收益。

三、中央企业国有资本收益收取和中央国有资本经营预算编报等相关工作,依照《国务院关于试行国有资本经营预算的意见》(国发〔2007〕26号),以及《中央企业国有资本收益收取管理暂行办法》(财企〔2007〕309号)和《中央国有资本经营预算编报试行办法》(财企〔2007〕304号)有关规定执行。

四、请你单位根据《财政部关于编报2011年中央国有资本经营预算建议草案的通知》(财企〔2010〕240号)要求,上报你单位2011年中央国有资本经营预算建议草案。

附件:1. 纳入中央国有资本经营预算实施范围企业名单(略)
      2. 中央企业国有资本收益收取比例分类表(略)

财政部
二〇一〇年十二月二十三日

关于印发中小企业划型标准规定的通知

工信部联企业〔2011〕300号

各省、自治区、直辖市人民政府,国务院各部委、各直属机构及有关单位:

为贯彻落实《中华人民共和国中小企业促进法》和《国务院关于进一步促进中小企业发展的若干意见》(国发〔2009〕36号),工业和信息化部、国家统计局、发展改革委、财政部研究制定了《中小企业划型标准规定》。经国务院同意,现印发给你们,请遵照执行。

工业和信息化部　国家统计局
国家发展和改革委员会　财政部
二〇一一年六月十八日

中小企业划型标准规定

一、根据《中华人民共和国中小企业促进法》和《国务院关于进一步促进中小企业发展的若干意见》(国发〔2009〕36号),制定本规定。

二、中小企业划分为中型、小型、微型三种类型,具体标准根据企业从业人员、营业收入、资产总额等指标,结合行业特点制定。

三、本规定适用的行业包括:农、林、牧、渔业,工业(包括采矿业、制造业、电力、热力、燃气及水生产和供应业),建筑业,批发业,零售业,交通运输业(不含铁路运输业),仓储业,邮政业,住宿业,餐饮业,信息传输业(包括电信、互联网和相关服务),软件和信息技术服务业,房地产开发经营,物业管理,租赁和商务服务业,其他未列明行业(包括科学研究和技术服务业,水利、环境和公共设施管理业,居民服务、修理和其他服务业,社会工作,文化、体育和娱乐业等)。

四、各行业划型标准为:

(一)农、林、牧、渔业。营业收入20000万元以下的为中小微型企业。其中,营业收入500万元及以上的为中型企业,营业收入50万元及以上的为小型企业,营业收入50万元以下的为微型企业。

(二)工业。从业人员1000人以下或营业收入40000万元以下的为中小微型企业。其中,从业人员300人及以上,且营业收入2000万元及以上的为中型企业;从业人员20人及以上,且营业收入300万元及以上的为小型企业;从业人员20人以下或营业收入300万元以下的为微型企业。

(三)建筑业。营业收入80000万元以下或资产总额80000万元以下的为中小微型企业。其中,营业收入6000万元及以上,且资产总额5000万元及以上的为中型企业;营业收入300万元及以上,且资产总额300万元及以上的为小型企业;营业收入300万元以下或资产总额300万元以下的为微型企业。

（四）批发业。从业人员200人以下或营业收入40000万元以下的为中小微型企业。其中，从业人员20人及以上，且营业收入5000万元及以上的为中型企业；从业人员5人及以上，且营业收入1000万元及以上的为小型企业；从业人员5人以下或营业收入1000万元以下的为微型企业。

（五）零售业。从业人员300人以下或营业收入20000万元以下的为中小微型企业。其中，从业人员50人及以上，且营业收入500万元及以上的为中型企业；从业人员10人及以上，且营业收入100万元及以上的为小型企业；从业人员10人以下或营业收入100万元以下的为微型企业。

（六）交通运输业。从业人员1000人以下或营业收入30000万元以下的为中小微型企业。其中，从业人员300人及以上，且营业收入3000万元及以上的为中型企业；从业人员20人及以上，且营业收入200万元及以上的为小型企业；从业人员20人以下或营业收入200万元以下的为微型企业。

（七）仓储业。从业人员200人以下或营业收入30000万元以下的为中小微型企业。其中，从业人员100人及以上，且营业收入1000万元及以上的为中型企业；从业人员20人及以上，且营业收入100万元及以上的为小型企业；从业人员20人以下或营业收入100万元以下的为微型企业。

（八）邮政业。从业人员1000人以下或营业收入30000万元以下的为中小微型企业。其中，从业人员300人及以上，且营业收入2000万元及以上的为中型企业；从业人员20人及以上，且营业收入100万元及以上的为小型企业；从业人员20人以下或营业收入100万元以下的为微型企业。

（九）住宿业。从业人员300人以下或营业收入10000万元以下的为中小微型企业。其中，从业人员100人及以上，且营业收入2000万元及以上的为中型企业；从业人员10人及以上，且营业收入100万元及以上的为小型企业；从业人员10人以下或营业收入100万元以下的为微型企业。

（十）餐饮业。从业人员300人以下或营业收入10000万元以下的为中小微型企业。其中，从业人员100人及以上，且营业收入2000万元及以上的为中型企业；从业人员10人及以上，且营业收入100万元及以上的为小型企业；从业人员10人以下或营业收入100万元以下的为微型企业。

（十一）信息传输业。从业人员2000人以下或营业收入100000万元以下的为中小微型企业。其中，从业人员100人及以上，且营业收入1000万元及以上的为中型企业；从业人员10人及以上，且营业收入100万元及以上的为小型企业；从业人员10人以下或营业收入100万元以下的为微型企业。

（十二）软件和信息技术服务业。从业人员300人以下或营业收入10000万元以下的为中小微型企业。其中，从业人员100人及以上，且营业收入1000万元及以上的为中型企业；从业人员10人及以上，且营业收入50万元及以上的为小型企业；从业人员10人以下或营业收入50万元以下的为微型企业。

（十三）房地产开发经营。营业收入200000万元以下或资产总额10000万元以下的为中小微型企业。其中，营业收入1000万元及以上，且资产总额5000万元及以上的为中型企业；营业收入100万元及以上，且资产总额2000万元及以上的为小型企业；营业收入100万元以下或资产总额2000万元以下的为微型企业。

（十四）物业管理。从业人员 1000 人以下或营业收入 5000 万元以下的为中小微型企业。其中，从业人员 300 人及以上，且营业收入 1000 万元及以上的为中型企业；从业人员 100 人及以上，且营业收入 500 万元及以上的为小型企业；从业人员 100 人以下或营业收入 500 万元以下的为微型企业。

（十五）租赁和商务服务业。从业人员 300 人以下或资产总额 120000 万元以下的为中小微型企业。其中，从业人员 100 人及以上，且资产总额 8000 万元及以上的为中型企业；从业人员 10 人及以上，且资产总额 100 万元及以上的为小型企业；从业人员 10 人以下或资产总额 100 万元以下的为微型企业。

（十六）其他未列明行业。从业人员 300 人以下的为中小微型企业。其中，从业人员 100 人及以上的为中型企业；从业人员 10 人及以上的为小型企业；从业人员 10 人以下的为微型企业。

五、企业类型的划分以统计部门的统计数据为依据。

六、本规定适用于在中华人民共和国境内依法设立的各类所有制和各种组织形式的企业。个体工商户和本规定以外的行业，参照本规定进行划型。

七、本规定的中型企业标准上限即为大型企业标准的下限，国家统计部门据此制定大中小微型企业的统计分类。国务院有关部门据此进行相关数据分析，不得制定与本规定不一致的企业划型标准。

八、本规定由工业和信息化部、国家统计局会同有关部门根据《国民经济行业分类》修订情况和企业发展变化情况适时修订。

九、本规定由工业和信息化部、国家统计局会同有关部门负责解释。

十、本规定自发布之日起执行，原国家经贸委、原国家计委、财政部和国家统计局 2003 年颁布的《中小企业标准暂行规定》同时废止。

关于印发《中央国有资本经营预算编报办法》的通知

财企〔2011〕318 号

国务院有关部委、有关直属机构，各中央管理企业：

为适应中央国有资本经营预算实施范围不断扩大的要求，进一步规范中央国有资本经营预算编报工作，我们对《中央国有资本经营预算编报试行办法》进行了修订。现将修订后的《中央国有资本经营预算编报办法》印发给你们，请遵照执行。

附件：中央国有资本经营预算编报办法

财政部
二〇一一年十月十三日

附件：

中央国有资本经营预算编报办法

第一条 为规范中央国有资本经营预算编报工作，根据《国务院关于试行国有资本经营预算的意见》（国发〔2007〕26号）等规定，制定本办法。

第二条 财政部为国有资本经营预算的主管部门，负责编制中央国有资本经营预算草案；各中央国有资本经营预算单位，包括国资委以及其他纳入中央国有资本经营预算实施范围的中央部门和单位（以下简称"中央预算单位"），负责编制本单位所监管中央企业（以下简称"中央企业"）国有资本经营预算建议草案。

第三条 中央国有资本经营预算由预算收入和预算支出组成。预算收入根据中央财政当年取得的企业国有资本收益以及上年结转收入编制；预算支出根据预算收入规模编制，不列赤字。

第四条 中央国有资本经营预算收入反映当年企业国有资本收益预计入库数额及上年结转收入，包括以下项目内容：

（一）利润收入，即国有独资企业按规定上交国家的税后利润；

（二）股利、股息收入，即国有控股、参股企业国有股权（股份）享有的股利和股息；

（三）产权转让收入，即国有独资企业产权转让收入和国有控股、参股企业国有股权（股份）转让收入以及国有股减持收入；

（四）清算收入，即扣除清算费用后国有独资企业清算收入和国有控股、参股企业国有股权（股份）享有的清算收入；

（五）其他国有资本经营收入；

（六）上年结转收入。

第五条 中央国有资本经营预算收入由财政部组织中央预算单位根据中央企业年度盈利情况和国有资本收益收取办法进行测算。

第六条 中央国有资本经营预算支出主要用于：根据产业发展规划、国有经济布局和结构调整、国有企业发展要求以及国家战略、安全需要的支出，弥补国有企业改革成本方面的支出和其他支出。中央国有资本经营预算支出要加强与公共预算的有机衔接。

第七条 中央国有资本经营预算支出分为资本性支出、费用性支出和其他支出。

（一）资本性支出，即向新设企业注入国有资本金，向现有企业增加资本性投入，向公司制企业认购股权、股份等方面的资本性支出；

（二）费用性支出，即弥补企业改革成本等方面的费用性支出；

（三）其他支出。

第八条 中央预算单位根据所监管中央企业提出的中央国有资本经营预算支出项目计划编制本单位国有资本经营预算建议草案。

第九条 中央企业编制国有资本经营预算支出项目计划包括以下内容：

（一）编制报告

1. 项目名称及主要内容；

2. 项目承担企业基本情况;

3. 项目实施的主要目的和目标;

4. 资本性支出项目包括项目立项的依据,项目可行性分析,项目投资方案与资金筹措方案,项目实施进度与年度计划安排,项目经济效益和社会效益的分析等;

5. 费用性支出项目包括立项的必要性,项目具体的支出范围,项目资金测算依据和标准等;

6. 项目绩效考核及其有关责任的落实;

7. 项目承担企业提供的其他相关材料。

(二) 中央企业国有资本经营预算表

1. 中央企业国有资本经营预算支出表(财资企预 01 表),反映企业国有资本经营预算支出安排的相关内容;

2. 中央企业国有资本经营预算支出明细表(财资企预 02 表),反映企业国有资本经营预算支出明细情况;

3. 中央企业国有资本经营预算支出项目表(财资企预 03 表),反映企业国有资本经营预算支出项目安排的明细内容。

第十条 中央企业将国有资本经营预算支出项目计划报相关中央预算单位,同时抄报财政部。中央预算单位审核汇总后编制本单位所监管企业国有资本经营预算建议草案。

第十一条 中央预算单位编制的国有资本经营预算建议草案包括以下内容:

(一) 编制报告

1. 企业的基本情况(包括企业户数、经营状况、行业分布和企业国有资本经营状况等);

2. 预算编制的组织及企业编报情况;

3. 年度预算支出规模及分类;

4. 预算年度国有资本经营预算支出所要达到的政策目标;

5. 预算支出项目的说明及依据。

(二) 中央预算单位国有资本经营预算表

1. 中央预算单位国有资本经营预算支出表(财资预 01 表),反映企业国有资本经营预算支出汇总情况;

2. 中央预算单位国有资本经营预算支出明细表(财资预 02 表),反映企业国有资本经营预算支出明细情况;

3. 中央预算单位国有资本经营预算支出项目表(财资预 03 表),反映企业国有资本经营预算支出项目安排的相关内容。

(三) 中央企业编报的国有资本经营预算支出项目计划。

第十二条 中央预算单位将本单位国有资本经营预算建议草案报财政部。财政部根据预算收入和中央预算单位上报的国有资本经营预算建议草案,统筹安排、综合平衡后,编制中央国有资本经营预算草案。

第十三条 财政部编制的中央国有资本经营预算草案包括以下内容:

(一) 编制说明。

1. 预算编制的指导思想和重点;

2. 预算编制范围;

3. 预算编制情况说明(包括收支预算总体情况,收入、支出预算具体编制说明);

4. 其他说明事项。

（二）中央国有资本经营预算表

1. 中央国有资本经营预算收支总表（财资预总01表），反映中央国有资本经营预算收支汇总情况；

2. 中央国有资本经营预算收入表（财资预总02表），反映中央国有资本经营预算收入情况；

3. 中央国有资本经营预算支出表（财资预总03表），反映中央国有资本经营预算支出汇总情况；

4. 中央国有资本经营预算支出明细表（财资预总04表），反映中央预算单位所监管企业国有资本经营预算支出情况；

5. 中央国有资本经营预算支出项目表（财资预总05表），反映中央国有资本经营预算支出项目安排的相关内容。

第十四条 财政部对中央预算单位报送的国有资本经营预算建议草案中的支出项目，纳入财政部国有资本经营预算项目库，按轻重缓急排序，实行滚动管理。

第十五条 财政部于每年6月起，开始编制下一年度中央国有资本经营预算草案，同时向中央预算单位下发编报年度中央国有资本经营预算建议草案和中央企业支出项目计划的通知。

第十六条 中央企业于每年8月底以前，将编报的国有资本经营预算支出项目计划报中央预算单位，并抄报财政部。

第十七条 中央预算单位于每年9月底以前，将所编制的国有资本经营预算建议草案报财政部。

第十八条 财政部于每年12月底以前，将中央国有资本经营预算草案报国务院审批。经国务院批准后，中央国有资本经营预算草案随同中央政府公共预算（草案）报全国人大常委会预算工作委员会和全国人大财政经济委员会审核，提交全国人民代表大会审议。

第十九条 中央国有资本经营预算草案经全国人民代表大会批准后，财政部在30个工作日内批复各中央预算单位；中央预算单位自财政部批复本单位预算之日起15个工作日内，批复所监管企业，同时抄报财政部备案。

第二十条 各中央预算单位的国有资本经营预算支出，必须按照财政部批复的预算支出科目、项目和数额执行，因国家政策发生变化或重大自然灾害等不可预见因素，在预算执行中确需作出调整的，必须报经财政部批准。

第二十一条 中央国有资本经营预算按财政年度编制，自公历1月1日至12月31日。

第二十二条 本办法由财政部负责解释。原《财政部关于印发〈中央国有资本经营预算编报试行办法〉的通知》（财企〔2007〕304号）相应废止。

第二十三条 本办法自发布之日起施行。

附表：1. ××××年中央国有资本经营预算表
　　　2. ××××年中央预算单位国有资本经营预算表
　　　3. ××××年中央企业国有资本经营预算表

附表1：

××××年中央国有资本经营预算表

编制单位：　　　财政部
编制日期：　　　年　月　日

财资预总01表

中央国有资本经营预算收支总表

填报单位：　　　　　　　　　　　　　　　　　　　　　　　　　　　　　　　　金额单位：万元

收入		支出	
项目	预算数	项目	预算数
一、利润收入		一、教育	
二、股利、股息收入		二、科学技术	
三、产权转让收入		三、文化体育与传媒	
四、清算收入		四、社会保障和就业	
五、其他国有资本经营收入		五、节能环保	
……		六、城乡社区事务	
		七、农林水事务	
		八、交通运输	
		九、资源勘探电力信息等事务	
		十、商业服务业等事务	
		……	
本年收入合计		本年支出合计	
上年结转		结转下年	
收入总计		支出总计	

财资预总02表

中央国有资本经营预算收入表

填报单位： 金额单位：万元

科目编码	科目名称/企业	××××年执行数	××××年预算数	××年为××年的%
	一、利润收入			
	烟草企业利润收入			
	石油石化企业利润收入			
	电力企业利润收入			
	电信企业利润收入			
	煤炭企业利润收入			
	有色冶金采掘企业利润收入			
	钢铁企业利润收入			
	化工企业利润收入			
	运输企业利润收入			
	电子企业利润收入			
	机械企业利润收入			
	投资服务企业利润收入			
	纺织轻工企业利润收入			
	贸易企业利润收入			
	建筑施工企业利润收入			
	房地产企业利润收入			
	建材企业利润收入			
	……			
	其他国有资本经营预算企业利润收入			
	二、股利、股息收入			
	国有控股公司股利、股息收入			
	国有参股公司股利、股息收入			
	其他国有资本经营预算企业股利、股息收入			
	三、产权转让收入			
	其他国有股减持收入			
	国有股权、股份转让收入			
	国有独资企业产权转让收入			
	金融类企业国有股减持收入			
	其他国有资本经营预算企业产权转让收入			
	四、清算收入			
	国有股权、股份清算收入			
	国有独资企业清算收入			
	其他国有资本经营预算企业清算收入			
	五、其他国有资本经营预算收入			
	……			
	合计			

财资预总03表

中央国有资本经营预算支出表

填报单位：　　　　　　　　　　　　　　　　　　　　　　　　　　　　金额单位：万元

科目编码	科目名称(功能)	××××年执行数				××××年预算数				××年为××年的%
		小计	资本性支出	费用性支出	其他支出	小计	资本性支出	费用性支出	其他支出	
	一、教育									
	……									
	二、科学技术									
	……									
	三、文化体育与传媒									
	……									
	四、社会保障和就业									
	……									
	五、节能环保									
	……									
	六、城乡社区事务									
	……									
	七、农林水事务									
	……									
	八、交通运输									
	……									
	九、资源勘探电力信息等事务									
	……									
	十、商业服务业等事务									
	……									
	合计									

财资预总04表

中央国有资本经营预算支出明细表

填报单位：　　　　　　　　　　　　　　　　　　　　　　　　　　　　金额单位：万元

中央预算单位/企业名称	合计	资本性支出	费用性支出	其他支出
合计				

财资预总05表

中央国有资本经营预算支出项目表

填报单位：　　　　　　　　　　　　　　　　　　　　　　　　　金额单位：万元

项目名称	项目编码	项目排序号	起始年	终止年	承担项目企业	总支出		截至上年底累计安排支出		本年安排支出	
						金额	其中:财政安排支出	金额	其中:财政安排支出	金额	其中:财政安排支出
一、资本性支出											
（一）新设企业注入国有资本											
1.××××											
2.××××											
……											
（二）补充企业国有资本											
1.××××											
2.××××											
……											
（三）认购股权、股份											
1.××××											
2.××××											
……											
（四）其他资本性支出											
1.××××											
2.××××											
……											
二、费用性支出											
（一）××××											
（二）××××											
（三）××××											
……											
三、其他支出											
（一）××××											
（二）××××											
（三）××××											
……											
合计											

附表2：

××××年中央预算单位国有资本经营预算表

编制单位： （中央预算单位）

单位编码：

编制日期： 年　　月　　日

单位负责人签章： 国有资本经营预算主管司(局)负责人签章：

制表人签章：

财资预 01 表

中央预算单位国有资本经营预算支出表

填报单位：　　　　　　　　　　　　　　　　　　　　　　　　　　　　　　　金额单位：万元

科目编码	科目名称(功能)	合计	资本性支出	费用性支出	其他支出
	一、教育				
	……				
	二、科学技术				
	……				
	三、文化体育与传媒				
	……				
	四、社会保障和就业				
	……				
	五、节能环保				
	……				
	六、城乡社区事务				
	……				
	七、农林水事务				
	……				
	八、交通运输				
	……				
	九、资源勘探电力信息等事务				
	……				
	十、商业服务业等事务				
	……				
	合计				

财资预 02 表

中央预算单位国有资本经营预算支出明细表

填报单位：　　　　　　　　　　　　　　　　　　　　　　　　　　　　　　　金额单位：万元

企业名称(一级企业)	合计	资本性支出	费用性支出	其他支出
合计				

财资预03表

中央预算单位国有资本经营预算支出项目表

填报单位：　　　　　　　　　　　　　　　　　　　　　　　　　　　　　　　　　　金额单位：万元

项目名称	项目编码	项目排序号	起始年	终止年	承担项目企业	总支出		截至上年底累计安排支出		本年安排支出	
						金额	其中:财政安排支出	金额	其中:财政安排支出	金额	其中:财政安排支出
一、资本性支出											
（一）新设企业注入国有资本											
1.××××											
2.××××											
……											
（二）补充企业国有资本											
1.××××											
2.××××											
……											
（三）认购股权、股份											
1.××××											
2.××××											
……											
（四）其他资本性支出											
1.××××											
2.××××											
……											
二、费用性支出											
（一）××××											
（二）××××											
（三）××××											
……											
三、其他支出											
（一）××××											
（二）××××											
（三）××××											
……											
合计											

附表3：

××××年中央企业国有资本经营预算表

编制单位： （中央企业）

单位编码：

支出功能分类科目编码：

编制日期： 年 月 日

单位负责人签章： 财务负责人签章： 制表人签章：

财资企预 01 表

中央企业国有资本经营预算支出表

填报单位： 　　　　　　　　　　　　　　　　　　　　　　　　　　金额单位：万元

项目名称	总支出		本年安排支出	
	金额	其中:财政安排支出	金额	其中:财政安排支出
一、资本性支出				
（一）新设企业注入国有资本				
（二）补充企业国有资本				
（三）认购股权、股份				
（四）其他资本性支出				
二、费用性支出				
三、其他支出				
合计				

财资企预 02 表

中央企业国有资本经营预算支出明细表

填报单位： 　　　　　　　　　　　　　　　　　　　　　　　　　　金额单位：万元

企业名称(承担项目企业)	合计	资本性支出	费用性支出	其他支出
一、××××公司				
……				
合计				

财资企预 03 表

中央企业国有资本经营预算支出项目表

填报单位：　　　　　　　　　　　　　　　　　　　　　　　　　　　　　　　　　　金额单位：万元

项目名称	项目编码	项目排序号	起始年	终止年	承担项目企业	总支出		截至上年底累计安排支出		本年安排支出	
						金额	其中：财政安排支出	金额	其中：财政安排支出	金额	其中：财政安排支出
一、资本性支出											
（一）新设企业注入国有资本											
1.××××											
2.××××											
……											
（二）补充企业国有资本											
1.××××											
2.××××											
……											
（三）认购股权、股份											
1.××××											
2.××××											
……											
（四）其他资本性支出											
1.××××											
2.××××											
……											
二、费用性支出											
（一）××××											
（二）××××											
（三）××××											
……											
三、其他支出											
（一）××××											
（二）××××											
（三）××××											
……											
合计											

关于扩大中央国有资本经营预算
实施范围有关事项的通知

财企〔2012〕3号

工业和信息化部、卫生部、国资委、体育总局、民航局,中央文化企业国有资产监督管理领导小组办公室:

经国务院批准,从2012年起,继续扩大中央国有资本经营预算实施范围。现将有关事项通知如下:

一、从2012年起,将工信部、体育总局所属企业,中央文化企业国有资产监督管理领导小组办公室履行出资人职责的中央文化企业,卫生部、国资委所属部分企业,民航局直属首都机场集团公司,纳入中央国有资本经营预算实施范围(企业名单详见附件)。新纳入实施范围的国有独资企业按照中央国有资本收益收取政策第三类企业归类,上交利润比例为税后净利润的5%。

二、纳入预算实施范围的符合小型微型企业规定标准的国有独资企业,应交利润不足10万元的,比照第四类政策性企业,免交当年应交利润。

三、中央企业国有资本收益收取和中央国有资本经营预算编报等工作,依照《国务院关于试行国有资本经营预算的意见》(国发〔2007〕26号)、《中央企业国有资本收益收取管理暂行办法》(财企〔2007〕309号)和《中央国有资本经营预算编报办法》(财企〔2011〕318号)有关规定执行。

财政部

二〇一二年一月十三日

财政部关于印发《加强企业财务信息
管理暂行规定》的通知

财企〔2012〕23号

党中央有关部门、国务院有关部委、有关直属机构,全国人大常委会办公厅,全国政协办公厅,高法院、高检院,有关人民团体,各省、自治区、直辖市、计划单列市财政厅(局),新疆生产建设兵团财务局,有关中央管理企业:

为规范和加强财政部门对企业财务信息的收集汇总和利用,确保企业财务信息的真实、及时、完整,充分发挥企业财务信息在国家宏观经济管理和企业改革发展中的重要作用,依据《中华人民共和国预算法》、《中华人民共和国会计法》、《企业财务会计报告条例》等法律法规,我们制定了《加可企业财务信息管理暂行规定》。现予印发,请遵照执行。

附件:加强企业财务信息管理暂行规定

财政部
二〇一二年二月十七日

附件:

加强企业财务信息管理暂行规定

第一章 总 则

第一条 为进一步规范和加强新时期企业财务信息管理,充分发挥企业财务信息在宏观经济管理和企业改革发展中的重要作用,根据《中华人民共和国预算法》《中华人民共和国会计法》《企业财务会计报告条例》等法律法规,制定本规定。

第二条 本规定所称企业财务信息管理,是指各级财政部门组织、收集、监测、分析和报告各类企业财务信息的行为。

第三条 企业财务信息管理工作由财政部统一组织,各中央部门、中央企业、省级财政部门(以下统称企业财务信息管理单位)负责本系统、本地区企业财务信息管理工作。

第四条 企业财务信息主要包括以下内容:
(一)国有企业经济效益月度快报;
(二)国有企业年度财务会计决算报告;
(三)集体企业年度财务会计决算报告;
(四)外商投资企业年度财务会计决算报告;
(五)财政管理需要掌握的其他企业财务信息。

第二章 企业财务信息收集汇总

第五条 财政部每年度对企业财务信息管理工作进行统一布置。企业财务信息管理单位应当按照统一要求,组织和落实本系统、本地区企业财务信息管理工作。

(一)企业遵照国家相关法律法规和财政部相关文件要求,按照隶属关系或属地原则向上级单位或同级财政部门报送企业财务信息。地市、县级财政部门对本地区企业财务信息进行收集、汇总,并就信息的规范性和完整性审核后报省级财政部门。

(二)企业财务信息管理单位对本系统、本地区企业财务信息进行收集、汇总,并就信息的规范性和完整性审核后报财政部。

(三)财政部对企业财务信息管理单位报送的企业财务信息进行复审、汇总后形成全国企业财务信息。

第六条 国有企业经济效益月度快报反映国有及国有控股企业(企业集团为纳入合并报表

范围的企业,下同)月度主要财务指标和主要生产经营情况。由企业财务信息管理单位组织所属企业对月度快报逐级汇总上报,于次月 10 日前报送财政部。

第七条 国有企业年度财务会计决算报告反映国有企业及国有控股企业年度财务状况和经营成果。由企业财务信息管理单位组织所属企业对决算报告逐级汇总上报,于次年 4 月 30 日前报送财政部。

集体企业年度财务会计决算报告反映集体所有制企业年度财务状况和经营成果。由地市、县级财政部门按企业注册地进行收集、汇总,并就信息的规范性和完整性审核,报送省级财政部门审核、汇总后,于次年 4 月 30 日前报送财政部。

外商投资企业年度财务会计决算报告反映外商投资企业年度财务状况和经营成果。由地市、县级财政部门根据外商投资企业相关法律法规以及国家有关部委有关外商投资企业联合年检的规定,按企业注册地进行收集、汇总,并就信息的规范性和完整性审核,报送省级财政部门审核、汇总后,于次年按规定的时间报送财政部。

第八条 企业财务信息管理单位在年度决算工作中,应当加强决算质量的审核,同时关注企业收到和使用财政性资金及其带动社会资本的有关情况。

企业收到的财政性资金应当纳入企业预算管理,实现资金统一管控,提高财政性资金使用的整体效益。企业收到资本性财政性资金,列作国有实收资本或股本,企业股东(大)会或董事会、经理办公会等决策机构应当出具同意注(增)资的书面材料。企业一个会计年度内多次收到资本性财政性资金的,可暂作资本公积,但应在次年履行法定程序转增国有实收资本或股本;发生增资扩股、改制上市等事项,应当及时转增。

企业集团母公司将资本性财政性资金拨付所属全资或控股法人企业使用的,应当作为股权投资。母公司所属控股法人企业暂无增资扩股计划的,列作委托贷款,与母公司签订协议,约定在发生增资扩股、改制上市等事项时,依法将委托贷款转为母公司的股权投资。

企业收到费用性财政性资金,列作收益,符合《财政部国家税务总局关于专项用途财政性资金企业所得税处理问题的通知》(财税〔2011〕70 号)规定不征税条件的,可作为不征税收入。企业按规定将费用性财政性资金拨付所属全资或控股法人企业使用,中间拨付环节企业均作为往来款项。

第九条 企业财务信息管理单位应当确定纳入企业财务信息汇总范围的各类企业法人户数和重点企业名单,建立逐级审核责任制,确保所收集和汇总的企业财务信息的规范性和完整性。

企业对其所报送的财务信息的真实性、完整性负责。

第十条 地市、县级财政部门应当按企业注册地收集汇总各类企业财务信息,根据财政部、省级财政部门和本地区财政管理工作需要分别形成国有企业财务信息、集体企业财务信息、外商投资企业财务信息、中小企业财务信息、重点税源企业财务信息等。

第十一条 企业财务信息管理单位应当加强企业经济运行的动态监测,及时组织、收集、整理企业行业生产经营状况、问题以及宏观经济政策实施效果等,以"企业信息专报"形式报送财政部。

企业信息专报即有即报,做到反应迅速、情况真实、简明扼要。

第十二条 企业财务信息管理单位应当建立与财政部"企业财务会计信息网络报送系统"对接的网络报送系统,逐步实现各类企业信息网络化报送,确保企业财务信息收集、整理的便捷和高效。

各级财政部门应当对企业加快实现财务管理信息化予以指导和重视。

第三章　企业财务信息分析利用

第十三条　企业财务信息管理单位应当对汇总的国有企业经济效益月度快报、国有企业年度财务会计决算、集体企业年度财务会计决算、外商投资企业年度财务会计决算、企业信息专报等信息进行整理,运用科学方法,采取多种形式,深入开展分析工作,形成分析报告,及时报送财政部,并可根据实际情况以适当方式向社会公布。

第十四条　财政部对收集汇总的企业财务信息进行审核、分析,编制全国国有企业经济效益月度快报、国有企业年度财务会计决算报告、外商投资企业年度财务会计决算报告、企业信息专报等,及时上报国务院,并以适当方式向社会公布。

第十五条　各级财政部门应当充分利用企业财务信息建立企业信息库,实现企业财务信息与财政管理工作的有机结合,为国有资本经营预算管理、企业使用财政性资金的绩效评价等工作提供基础性数据。

第十六条　各级财政部门应当以国有企业年度财务会计决算报告等财务信息为依据,审核确定上交国有资本收益数额,确保国有资本收益按时足额上缴。企业转让国有产权形成的转让收入,应当作为国有资本收益。

第十七条　各级财政部门应当建立企业使用财政性资金绩效评价制度。利用企业信息库对各类企业经济运行状况进行全过程动态监测和评价;通过政府购买服务方式引入资产评估等中介机构,开展绩效评价工作,形成绩效评价报告。监测和评价结果、绩效评价报告应当作为制定有关财政政策、安排使用财政性资金的依据。

第十八条　财政部及企业财务信息管理单位对企业报送的各类信息建立存储、保管、查阅制度。按照"谁产生信息,谁确定密级"的原则,由企业根据自身情况确定信息报送方式,接收单位严格按国家有关保密工作规定进行管理。

未经企业同意,财政部及企业财务信息管理单位不得对外公布单户企业信息。

第四章　企业财务信息工作表彰奖励

第十九条　财政部每年对企业财务信息管理单位报送信息的及时性、规范性和完整性进行总结评审,并予以公布。主要包括:企业经济运行信息工作、国有企业年度财务会计决算工作(含集体企业年度财务会计决算工作,下同)、外商投资企业年度财务会计决算工作等。

企业经济运行信息工作包括:国有企业经济效益月度快报工作、企业信息专报工作、全年经济运行分析报告工作等。

第二十条　国有企业经济效益月度快报、国有企业年度财务会计决算、外商投资企业年度财务会计决算的考核按照及时性、规范性和完整性分项设定分值,确定总结评审结果。

第二十一条　企业信息专报、全年经济运行分析报告、地方财政部门建立分级收集各类企业财务信息制度及执行情况的总结评审,采取加分制,计入企业经济运行信息工作总结评审结果。

第二十二条　财政部对企业财务信息管理单位和在企业财务及信息工作中作出突出贡献的先进工作者予以表彰奖励。

第二十三条　财政部依据《企业财会信息资料统计补助经费管理办法》(财企〔2007〕58号)对地方财政部门开展企业财务信息管理工作所需经费予以适当补助,中央财政补助资金由地方财政部门按规定用于企业财务信息管理工作。

第五章　附　　则

第二十四条　企业财务信息管理单位可参照本规定,结合实际情况,制定本系统、本地区企业财务信息管理实施办法。

第二十五条　本规定自印发之日起实施。

关于做好中央文化企业国有资本经营预算支出管理工作的通知

财文资〔2012〕9号

财政部代表国务院履行出资人职责的中央文化企业:

为规范中央文化企业国有资本经营预算(以下简称资本预算)管理,明确支持重点,依据现行资本预算管理制度和文化产业发展相关政策,特发布本通知。

一、指导思想

中央文化企业资本预算支出管理以邓小平理论和"三个代表"重要思想为指导,坚持科学发展观,贯彻十七届六中全会精神和国家文化改革发展规划纲要,发挥国有资本杠杆作用,支持中央文化企业做大做强,促进文化产业全面振兴,推动社会主义文化大发展、大繁荣。

二、适用范围和管理原则

本通知适用于财政部代表国务院履行出资人职责的已纳入中央资本预算实施范围的中央文化企业。资本预算支出管理工作遵循以下原则:

(一)扶优扶强。资本预算支出要集中资源,培育一批有竞争力、控制力和影响力的骨干文化企业及企业集团。

(二)突出重点。资本预算项目按轻重缓急排序,结合当年财力,优先支持中央和国务院确定的重大项目,以及符合本通知重点支持方向的项目。

(三)注重效益。资本预算项目坚持社会效益放在首位,实现社会效益与经济效益相统一。

三、资本预算支出重点

(一)支持中央文化企业兼并重组。主要支持中央文化企业作为兼并主体,通过出资购买、控股等方式取得被兼并企业所有权、控股权,或通过合并成立新企业。鼓励拥有多家出版社的部门(单位),结合行政管理体制改革,整合出版资源组建出版集团公司。鼓励业务相近、资源相通的出版社,按照优势互补、自愿组合的原则,组建出版集团公司。对于企业为取得被兼并企业的直接支出采取资本性支出方式支持。

(二)推进文化科技和内容创新。主要支持中央文化企业进行具有典型示范效应的数字出版、网络传播平台、移动多媒体等项目建设,进行具有经济效益和社会效益前景的文化原创产品生产,以及进行拥有自主知识产权、有利于推动本企业产业结构调整或升级的关键技术研发。对于项目建设、产品生产采取资本性支出方式支持;对于技术研发,采取费用性支出方式支持。

(三)推动文化"走出去"。支持具有竞争优势、品牌优势和经营管理能力的中央文化企业与国外有实力的文化机构进行项目合作,建设文化产品国际营销网络,对外投资兴办文化企业。对于企业对外投资、项目建设采取资本性支出方式支持。

四、资本预算编制与审批

按照现行资本预算管理制度要求,财政部(文资办)指导中央文化企业做好以下相关工作:

(一) 编报布置。每年6月下旬,财政部(文资办)根据编报年度中央资本预算建议草案相关通知要求,向中央文化企业下达资本预算支出项目计划编制通知,组织编报下一年度资本预算支出项目计划。

(二) 项目申报。每年7月下旬,中央文化企业根据通知要求,按企业级次逐级编报资本预算支出项目计划,确保各项数据准确、真实和完整,经汇总后报送财政部(文资办),并抄送财政部(企业司)。

(三) 项目审核。每年9月下旬,财政部(文资办)根据财政部(企业司)确定的年度中央文化企业资本预算编制数,按统筹兼顾与重点保障相结合的原则审核中央文化企业资本预算支出项目,对于重大项目,可以组织专家或者委托中介机构进行评审。审核完成后,编制资本预算建议草案,报送财政部(企业司)。

(四) 预算批复。财政部(文资办)根据财政部(企业司)批复的中央文化企业资本预算,批复中央文化企业。

五、资本预算执行与决算

(一) 中央文化企业收到资本预算资金后,纳入本企业预算管理,按相关财务管理规定处理。每季度向财政部(文资办)报送资本预算执行情况,及时推进项目实施,确保资本预算支出进度。

(二) 对于确需做出调整的资本预算,中央文化企业于预算执行年度7月底前向财政部(文资办)提交预算调整申请,财政部(文资办)审核后,报财政部(企业司)。审核通过的调整事项,财政部(文资办)批复中央文化企业。

(三) 财政部(文资办)根据各项资本预算管理制度,对企业申报的预算项目,建立项目库实行滚动管理。中央文化企业在资本预算项目完成后,及时向财政部(文资办)提交项目结项报告,财政部(文资办)审核后,报财政部(企业司)。

(四) 每年3月底前,中央文化企业编制上一年度国有资本经营决算报告,全面说明本企业资本预算项目实施情况、资金使用情况以及项目管理相关措施,报财政部(文资办)。财政部(文资办)编制中央文化企业资本决算草案,报财政部(企业司)。

六、资本预算项目绩效考评与资金监督检查

(一) 财政部(文资办)负责指导中央文化企业开展绩效考评工作。绩效考评结果作为下一年度安排资本预算的重要参考。

(二) 中央文化企业应严格按照国家相关规定使用资本预算资金,对资金实行专款专用,不得截留、滞留、挤占和挪用。财政部对企业资金使用情况进行监督、检查。

(三) 中央文化企业违规使用资本预算资金的,按照《财政违法行为处罚处分条例》(国务院令第427号)等相关规定处理。

财政部
二〇一二年七月二十三日

关于加强中央文化企业国有资本经营预算执行管理的通知

财办文资〔2012〕10号

财政部代表国务院履行出资人职责的中央文化企业：

为加强对财政部代表国务院履行出资人职责的中央文化企业（以下简称中央文化企业）国有资本经营预算（以下简称资本预算）管理，规范中央文化企业资本预算执行工作，根据《关于印发〈中央国有资本经营预算编报办法〉的通知》（财企〔2011〕318号）以及《财政部关于做好中央文化企业国有资本经营预算支出管理工作的通知》（财文资〔2012〕9号）相关规定，现就加强中央文化企业资本预算执行管理有关事项通知如下：

一、中央文化企业应当高度重视资本预算执行工作，切实履行管理职责，建立健全责任机制，积极采取措施，提高资本预算执行工作水平，确保资本预算支出进度，充分发挥财政资金使用效益。

二、为及时了解掌握资本预算执行情况，中央文化企业应在实际收到资本预算资金后5个工作日内，报告资金到账情况，提交全年分月资金使用计划。在每月结束后3个工作日内，填报《****年1—*月资本预算支出进度表》。在每季度结束后3个工作日内，报送资本预算执行情况报告。每年1月30日前，填报《****年度资本预算结转结余资金表》。在项目完成后30个工作日内，报送经相关社会中介机构鉴证的资本预算项目结项评估报告。

三、为进一步规范资本预算执行工作，财政部将建立中央文化企业资本预算执行监督检查制度，对中央文化企业资本预算执行情况进行检查或专项审计，总结资本预算执行的经验和成效，发现存在的问题。中央文化企业也应按照有关要求认真做好本企业资本预算执行的组织和监督检查工作，建立资本预算执行监督问效机制。

四、中央文化企业应当严格按照财政部资本预算安排使用资金，不得自行调整。在资本预算执行过程中，受生产经营或重大政策、环境变化影响，确实需要调整当年资本预算或以前年度资本预算结转结余资金使用对象、额度等，应于7月底前向财政部（文资办）提出调整申请。经财政部审批后，进行相应调整。

五、财政部负责指导中央文化企业资本预算绩效管理，中央文化企业负责组织本企业实施资本预算绩效管理。中央文化企业申报下一年度资本预算时，填报《****年度资本预算项目支出绩效目标申报表》。财政部选择重点资本预算项目实施绩效评价，并将绩效考评结果作为以后年度安排资本预算的重要依据。

六、为确保资本预算项目支出进度，中央文化企业应选择实施成熟度高的资本预算项目进行申报。财政部对于当年未能执行或未能全部执行资本预算的中央文化企业，将考虑压缩下一年度资本预算安排规模；对于连续3年未执行完成的资本预算项目资金，将考虑进行资金收回；对于资本预算执行进度缓慢、资金滞留较多的中央文化企业，将视情况予以通报并约谈相关负责人。

财政部

二〇一二年十月十六日

附件1：

****年1—*月资本预算支出进度表

申报企业： 单位：万元

科目编码与名称	项目编码	项目名称	资本预算金额	实际支出金额		剩余资本预算金额	支出完成资本预算	
				当月	累计		当月	累计
			A	B	C	A—C	B/A	C/A

附件2：

****年度资本预算结转结余资金表

申报企业：　　　　　　　　　　　　　　　　　　　　　　　　　　　　　　　　　　　　　单位：万元

科目编码及名称	项目编码	项目名称	****年度资本预算			****年度实际支出			****年度资本预算结余			开始结余年度
			合计 A=B+C	当年资本预算 B	****年度以前累计资本预算结余 C	合计 D=E+F	当年资本预算支出 E	****年度以前累计资本预算结余支出 F	合计 G=H+I	当年资本结余 H=B−E	****年度以前累计资本预算结余 I=C−F	

附件 3：

****年度资本预算项目支出绩效目标申报表

项目名称及编码				
申报企业			实施单位	
项目资金申请 （万元）	当年投资总额：			
	其中：资本预算资金			
	其他资金			
项目绩效目标				

	指标	指标内容	指标值
项目绩效指标	产出目标		
	效益指标		

财政部关于中央级事业单位所属国有企业国有资本收益收取有关问题的通知

财企〔2013〕191号

教育部、农业部、工业和信息化部、卫生计生委、国资委、新闻出版广电总局、体育总局、文资办、民航局、贸促会等有关中央国有资本经营预算单位：

为规范中央企业国有资本收益管理，根据《中央企业国有资本收益收取管理暂行办法》（财企〔2007〕309号）规定，现将中央级事业单位所属国有企业国有资本收益收取政策有关事项通知如下：

一、国有资本收益是国家以所有者身份依法取得的国有资本投资收益，中央级事业单位所属国有企业应当向国家上交国有资本收益，包括应交利润、国有股股利股息、国有产权转让收入和企业清算收入等。

二、中央级事业单位所属国有企业国有资本收益按以下便准收取：

（一）应交利润，按国有独资企业当年可供投资者分配利润的5%收取。企业计算当年可供投资者分配利润，可扣除以前年度未弥补亏损和提取的法定公积金。

（二）国有股股利股息，实际发生时，按国有控股、参股企业当年可供投资者分配利润的5%收取，如实际分配的国有股权股利股息低于按当年可供投资者分配利润的5%，则按实际分配的国有股股利股息收取。

（三）国有产权转让收入，按企业产权转让协议和资产评估报告等资料核定的转让净收入（扣除转让费用）全额收取。

（四）企业清算收入，按清算组或者管理人提交的的企业清算报告核定的清算净收入（扣除清算费用）全额收取。

三、请各预算单位组织所属企业做好国有资本收益申报上交工作，确保国有资本收益的及时足额入库。

财政部
二〇一三年七月三十日

关于印发《中央国有资本经营预算重点产业转型升级与发展资金管理办法》的通知

财企〔2013〕389号

有关中央国有资本经营预算单位，中央管理企业：

为支持中央企业重点产业转型升级与发展，规范资金管理，我们制定了《中央国有资本经营预算重点产业转型升级与发展资金管理办法》。现印发给你们，请遵照执行。

附件：中央国有资本经营预算重点产业转型升级与发展资金管理办法

财政部
二〇一三年十一月二十九日

附件：

中央国有资本经营预算重点产业转型升级与发展资金管理办法

第一章 总 则

第一条 为规范中央国有资本经营预算重点产业转型升级与发展资金（以下简称产业升级资金）管理，提高资金使用效率，根据《国务院关于试行国有资本经营预算的意见》（国发〔2007〕26号）和国家预算管理的有关规定，制定本办法。

第二条 产业升级资金是由中央国有资本经营预算安排，专门用于支持中央企业按照国家有关产业发展规划，解决制约产业转型升级与发展的关键技术难题，实现重大战略产品突破，推动产业转型升级与发展的资金。

第三条 产业升级资金的管理和使用应当遵循"符合规划、突出重点、建立机制、规范透明"的原则，充分发挥财政资金的导向作用。

第四条 产业升级资金建立项目责任管理制度和绩效评价制度，加强项目过程管理和实施效果评价。

第五条 财政部负责资金的预算管理及资金拨付，会同有关部门组织项目申报，并对资金使用情况进行监督检查。

工业和信息化部、农业部、国家卫生和计划生育委员会等有关部门（以下简称有关部门）会同财政部确定年度支持重点领域，组织项目评审，并对项目实施情况进行监督检查。

第二章 支持内容及方式

第六条 产业升级资金主要用于支持装备制造、生物医药、现代种业、钢铁、石化、有色金属等关系国家战略的重点产业转型升级与发展。

第七条 产业升级资金重点支持中央企业依托企业技术和资源整合优势,推动产学研用相结合、关联产业相协调,开展从关键核心技术研发、试验测试、新产品试制、产业化建设到新产品推广、应用及服务的全过程产业升级活动。

第八条 产业升级资金优先支持中央企业牵头组织科研院所或其他企业共同开展的协同创新项目。

第九条 产业升级资金采取资本投入方式,资本投入额度原则上不超过项目总投资额的30%。

产业升级资金对单个项目的支持额度一般不超过3亿元,对总投资额较大的重点项目,支持额度可适当放宽,最多不超过5亿元。

第十条 产业升级资金支持的项目执行期限一般不超过3年,最长不超过5年。财政部根据项目年度执行计划和实际执行情况,按年度拨付产业升级资金。

第三章 项目申报、审核及立项

第十一条 财政部及有关部门根据国民经济发展状况、产业发展规划和重点,联合发布年度项目申报通知,明确当年资金支持重点,部署项目申报工作。

第十二条 中央企业集团公司按照申报通知要求,根据国家重点产业发展规划,组织所属企业项目申报工作,经审核并按重要性、紧迫性排序后,将申报材料报送财政部。

协同创新项目由牵头组织的中央企业负责项目申报。

第十三条 中央企业应按照新增项目、延续项目分类申报。新增项目是指本年度新申请列入产业升级资金预算的项目;延续项目是指以前年度已获产业升级资金立项,按照资金支持计划需在本年度继续予以支持的项目。

第十四条 申报新增项目应满足以下条件:
(一) 符合国家有关产业发展规划;
(二) 符合中央国有资本经营预算支持方向;
(三) 属于企业经批准的主营业务范围;
(四) 企业在项目领域具有技术、人才优势;
(五) 技术水平国内领先,与国际发展方向接轨;
(六) 项目申报通知规定的其他要求。

第十五条 申报新增项目应当提交下列材料:
(一) 中央企业集团公司资金申请文件及《中央国有资本经营预算重点产业转型升级与发展资金项目申请表》(附表1,以下简称《申请表》);
(二) 申报项目的可行性研究报告,包括项目背景、立项依据及批准文件,国内外相关产业发展现状与发展趋势、企业现有工作基础等内容;
(三) 项目已享受国家政策扶持情况;
(四) 项目预计完成时间及预期达到的成果;

（五）具体实施方案和实施计划；

（六）项目投资预算、资金筹措方案和资金使用计划；

（七）协调创新项目需提交协同创新内容及支出计划；

（八）经审计的企业上一年度财务报表和审计报告；

（九）中央企业集团公司股东（大）会或董事会、经理办公会等出具的同意注（增）资的书面材料；

（十）其他需提供的资料。

第十六条 申报延续项目应当提交下列材料：

（一）中央企业集团公司资金申请文件及《申请表》；

（二）项目年度执行情况报告，包括执行情况和取得的阶段性成果、资金到位情况和使用情况、实施计划和预期成果调整建议等内容；

（三）本年度项目实施计划和资金使用计划；

（四）其他需提供的材料。

第十七条 工业和信息化部会同财政部、农业部、国家卫生和计划生育委员会等通过政府购买服务方式，组织专家或行业协会、中介机构，采取材料审查、现场调查、专家论证等方式，对企业申报新增项目进行审核，并根据审核结果，向财政部提出新增项目立项建议和延续项目执行情况评价报告。

经财政部审核后，工业和信息化部将新增项目立项计划书面通知中央企业，并抄送相关部门。

第十八条 工业和信息化部会同财政部、农业部、国家卫生和计划生育委员会等组织建立专家库。专家库由技术、投资、财务等领域专家组成。

参与产业升级资金项目评审专家，须从专家库中随机抽取。

第十九条 中央企业按新增项目立项计划通知要求，填写上报《中央国有资本经营预算重点产业转型升级与发展资金项目承诺书》（附表2，以下简称《项目承诺书》），内容包括：项目目标任务、主要内容、预期成果、实施计划、考核指标、总投资额度、资金使用计划等内容。

第二十条 财政部根据新增项目立项建议和《项目承诺书》签订情况，综合考虑当年预算规模、企业项目排序、项目实施计划、以前年度项目效果评估和绩效评价结果、企业财务管理水平等，审定新增项目立项及资金支持计划。

第二十一条 产业升级资金按照中央国有资本经营预算项目库管理有关规定，实行项目库管理。

第四章 资金拨付及使用

第二十二条 财政部根据当年新增项目立项情况、延续项目资金安排情况，确定当年资金使用方案，并按规定及时拨付资金。

第二十三条 中央企业收到产业升级资金后，按照国家有关企业财务、会计制度规定进行账务处理。中央企业集团公司应及时将资金拨付项目实施单位。

第二十四条 项目实施单位收到产业升级资金后，应在10个工作日内将资金到位时间、额度以及账务处理等信息以书面形式反馈财政部。

第二十五条 当年尚未使用的产业升级资金，结转下一年度继续用于该项目。

项目终了后尚未使用的产业升级资金，中央企业应及时缴回国库。

第五章　项目跟踪管理

第二十六条　中央企业应当严格按照《项目承诺书》组织项目实施,不得擅自变更项目内容。

第二十七条　中央企业应于每年年底组织开展项目执行情况评估工作,形成年度执行情况报告,在次年项目申报时上报有关部门和财政部。

项目不能按计划完成的,中央企业应及时向有关部门和财政部报告情况,说明原因,提出调整建议。

第二十八条　有关部门会同财政部对照《项目承诺书》,对项目执行情况进行监督、检查。

对不能按计划完成的项目,有关部门会同财政部根据项目实际情况、企业调整建议和专家意见,决定是否进行调整。

因国家政策发生重大调整、遭受重大自然灾害等不可预见因素或企业执行严重滞后,导致项目不具备继续实施条件的,有关部门会同财政部有权终止项目。

第二十九条　项目完成后,中央企业负责组织开展项目验收工作,出具项目验收报告和资金使用情况专项审计报告上报有关部门、财政部。

未实现《项目承诺书》预期目标的项目,中央企业应向有关部门、财政部报告情况、说明原因。

第三十条　有关部门会同财政部对项目验收情况进行监督检查,并对照《项目承诺书》对验收项目进行效果评估。

第六章　监督检查

第三十一条　中央企业应根据中央国有资本经营预算绩效评价有关规定,对照《项目承诺书》组织开展项目绩效评价工作,并将评价结果上报财政部。

财政部可通过政府购买服务方式委托资产评估等中介机构对重点项目进行绩效评价。

第三十二条　评价结果作为以后年度安排项目的重要参考。

评价结果均为优秀和良好的中央企业,以后年度同等条件下优先支持申报项目。

评价结果不合格的中央企业应当进行整改。对于拒不整改的中央企业,财政部将酌情收回未使用资金,以后年度申报项目不予受理,延续项目不予安排后续资金。

第三十三条　产业升级资金必须专款专用,对截留、挤占、挪用、虚报、骗取产业升级资金等违法行为,依照《财政违法行为处罚处分条例》等国家有关规定进行处理。

第七章　附　　则

第三十四条　本办法由财政部负责解释。

第三十五条　本办法自 2013 年　月　日起施行,《中央国有资本经营预算重大技术创新及产业化资金管理办法》(财企〔2010〕153 号)同时废止。

附表:1. 中央国有资本经营预算重点产业转型升级与发展资金项目申报表
　　　2. 中央国有资本经营预算重点产业转型升级与发展资金项目承诺书

关于进一步提高中央企业国有资本收益收取比例的通知

财企〔2014〕59号

国资委、教育部、农业部、工业和信息化部、卫生计生委、新闻出版广电总局、体育总局、文资办、民航局、贸促会、中国烟草总公司、中国邮政集团公司等有关中央国有资本经营预算单位：

为贯彻落实党的十八届三中全会及《国务院批转发展改革委等部门关于深化收入分配制度改革若干意见的通知》（国发〔2013〕6号）关于提高国有资本收益收取比例，更多用于保障和改善民生的精神，经研究，决定从2014年起，适当提高中央企业国有资本收益收取比例。现将有关事项通知如下：

一、国有独资企业应交利润收取比例在现有基础上提高5个百分点，即：第一类企业为25%；第二类企业为20%；第三类企业为15%；第四类企业为10%；第五类企业免交当年应交利润（企业分类名单详见附件）。符合小型微型企业规定标准的国有独资企业，应交利润不足10万元的，比照第五类企业，免交当年应交利润。

二、国有控股、参股企业国有股股利、股息，国有产权转让收入，企业清算收入和其他国有资本收益，仍按照有关经济行为的财务会计资料执行。

三、事业单位出资企业国有资本收益收取政策，按照《财政部关于中央级事业单位所属国有企业国有资本收益收取有关问题的通知》（财企〔2013〕191号）执行，收益收取比例提高至10%。

四、请各预算单位组织所属企业做好国有资本收益申报上交工作，确保国有资本收益的及时足额入库。

附件：中央企业应交利润收取比例分类表

财政部
2014年4月17日

附件：

中央企业应交利润收取比例分类表

	第一类		
1	中国烟草总公司		
	第二类		
2	中国石油天然气集团公司	6	中国长江三峡集团公司
3	中国石油化工集团公司	7	中国电力投资集团公司
4	中国海洋石油总公司	8	中国华能集团公司
5	国家电网公司	9	中国国电集团公司

续表

	第二类		
10	中国华电集团公司	13	中国中煤能源集团公司
11	中国大唐集团公司	14	中国移动通信集团公司
12	神华集团有限责任公司	15	中国电信集团公司
	第三类		
16	中国铝业公司	43	国家开发投资公司
17	中国有色矿业集团有限公司	44	中国国新控股有限责任公司
18	中国黄金集团公司	45	中国节能环保集团公司
19	宝钢集团有限公司	46	华侨城集团公司
20	鞍钢集团公司	47	中国国旅集团有限公司
21	武汉钢铁(集团)公司	48	中国国际工程咨询公司
22	中国化工集团公司	49	中国恒天集团有限公司
23	中国远洋运输(集团)总公司	50	中国盐业总公司
24	中国海运(集团)总公司	51	中国中纺集团公司
25	中国外运长航集团有限公司	52	中国航空油料集团公司
26	中国航空集团公司	53	中国航空器材集团公司
27	中国南方航空集团公司	54	中国工艺(集团)公司
28	中国东方航空集团公司	55	中国轻工集团公司
29	中国民航信息集团公司	56	中国机械工业集团有限公司
30	中国电子信息产业集团有限公司	57	中国通用技术(集团)控股有限责任公司
31	中国华录集团有限公司	58	中国中化集团公司
32	中国普天信息产业集团公司	59	中粮集团有限公司
33	中国第一汽车集团公司	60	中国五矿集团公司
34	东风汽车公司	61	中国保利集团公司
35	中国东方电气集团有限公司	62	中国铁路物资总公司
36	哈尔滨电气集团公司	63	珠海振戎公司
37	中国西电集团公司	64	中国诚通控股集团有限公司
38	中国第一重型机械集团公司	65	中国中钢集团公司
39	中国南车集团公司	66	中国中丝集团公司
40	中国北方机车车辆工业集团公司	67	中国华孚贸易发展集团公司
41	中国铁路通信信号集团公司	68	中国医药集团总公司
42	新兴际华集团有限公司	69	中国中材集团有限公司

续表

	第三类		
70	中国建筑材料集团有限公司	78	中国能源建设集团有限公司
71	中国化学工程集团公司	79	华润(集团)有限公司
72	中国交通建设集团有限公司	80	南光(集团)有限公司
73	中国建筑工程总公司	81	中国港中旅集团公司
74	中国铁路工程总公司	82	招商局集团有限公司
75	中国铁道建筑总公司	83	中国国际技术智力合作公司
76	中国冶金科工集团有限公司	84	中国农业发展集团总公司
77	中国电力建设集团有限公司	85	中国林业集团公司
	第四类		
86	中国核工业集团公司	103	中国建筑设计研究院
87	中国核工业建设集团公司	104	武汉邮电科学研究院
88	中国航天科技集团公司	105	中国汽车技术研究中心
89	中国航天科工集团公司	106	中国冶金地质总局
90	中国航空工业集团公司	107	中国煤炭地质总局
91	中国船舶工业集团公司	108	中国邮政集团公司
92	中国船舶重工集团公司	109	中国电影集团公司
93	中国兵器工业集团公司	110	黑龙江北大荒农垦集团公司
94	中国兵器装备集团公司	111	广东省农垦集团公司
95	中国电子科技集团公司	112	教育部所属企业
96	中国煤炭科工集团有限公司	113	贸促会所属企业
97	机械科学研究总院	114	工业和信息化部所属企业
98	中国钢研科技集团公司	115	卫生计生委所属企业
99	北京有色金属研究总院	116	国资委所属企业
100	北京矿冶研究总院	117	体育总局所属企业
101	中国建筑科学研究院	118	首都机场集团公司
102	电信科学技术研究院	119	文资办履行出资人职责的中央文化企业
	第五类		
120	中国储备粮管理总公司	121	中国储备棉管理总公司

九
股权激励和收入分配

国务院办公厅转发科技部等部门《关于促进科技成果转化的若干规定》的通知

国办发〔1999〕29号

各省、自治区、直辖市人民政府,国务院各部委、各直属机构:

科技部、教育部、人事部、财政部、中国人民银行、国家税务总局、国家工商行政管理局《关于促进科技成果转化的若干规定》已经国务院同意,现转发给你们,请认真贯彻执行。

国务院办公厅
一九九九年三月三十日

关于促进科技成果转化的若干规定

(科技部 教育部 人事部 财政部
中国人民银行 国家税务总局 国家工商行政管理局)
1999年3月23日

为了鼓励科研机构、高等学校及其科技人员研究开发高新技术,转化科技成果,发展高新技术产业,进一步落实《中华人民共和国科技进步法》和《中华人民共和国促进科技成果转化法》,作出如下规定:

一、鼓励高新技术研究开发和成果转化

1. 科研机构、高等学校及其科技人员可以采取多种方式转化高新技术成果,创办高新技术企业。以高新技术成果向有限责任公司或非公司制企业出资入股的,高新技术成果的作价金额可达到公司或企业注册资本的35%,另有约定的除外。

2. 科研机构、高等学校转化职务科技成果,应当依法对研究开发该项科技成果的职务成果完成人和为成果转化作出重要贡献的其他人员给予奖励。其中,以技术转让方式将职务科技成果提供给他人实施的,应当从技术所取得的净收入中提取不低于20%的比例用于一次性奖励;自行实施转化或与他人合作实施转化的,科研机构或高等学校应当在项目成功投产后,连续在3~5年内,从实施该科技成果的年净收入中提取不低于5%的比例用于奖励,或者参照此比例,给予一次性奖励;采用股份形式的企业实施转化的,也可以用不低于科技成果入股时作价金额20%的股份给予奖励,该持股人依据其所持股份分享收益。在研究开发和成果转化中作出主要贡献的人员,所得奖励份额应不低于奖励总额的50%。

上述奖励总额超过技术转让净收入或科技成果作价金额50%,以及超过实施转化年净收入20%的,由该单位职工代表大会讨论决定。

以股份或出资比例等股权形式给予奖励的,获奖人按股份、出资比例分红,或转让股权所得时,应依法缴纳个人所得税。

3. 国有科研机构、高等学校持有的高新技术成果在成果完成后一年未实施转化的,科技成果完成人和参加人在不变更职务科技成果权属的前提下,可以根据与本单位的协议进行该项科技成果的转化,并享有协议约定的权益。科技成果完成人自行创办企业实施转化该项成果的,本单位可依法约定在该企业中享有股权或出资比例,也可以依法以技术转让的方式取得技术转让收入。对多人组成的课题组完成的职务成果,仅部分成果完成人实施转化的,单位在同其签订成果转化协议时,应通过奖励或适当的利益补偿方式保障其他完成人的利益。本单位应当积极组织力量支持、帮助成果完成人进行成果转化。

4. 对科技成果转化执行现行的税收优惠政策。科研机构、高等学校的技术转让收入免征营业税。科研单位、高等学校服务于各业的技术成果转让、技术培训、技术咨询、技术承包所取得的技术性服务收入暂免征收所得税。

5. 科技人员可以在完成本职工作的前提下,在其他单位兼职从事研究开发和成果转化活动。高等学校应当支持本单位科技人员利用节假日和工作日从事研究开发和成果转化活动,学校应当建章立制予以规范和保障。国有科研机构、高等学校及其科技人员可以离岗创办高新技术企业或到其他高新技术企业转化科技成果。实行人员竞争上岗的科研机构、高等学校,应允许离岗人员在单位规定的期限内(一般为2年)回原单位竞争上岗,保障重新上岗者享有与连续工作的人员同等的福利和待遇。科技人员兼职或离岗期间的工资、医疗、意外伤害等待遇和各种保险,原则上应由用人单位负责。科研机构、高等学校应按照国家的有关规定,制定具体办法予以规范,并与用人单位和兼职人员签订书面协议予以确定。从事上述活动的人员不得侵害本单位或原单位的技术经济权益。从事军事科学技术研究的技术人员兼职或离岗,执行国家关于军工单位人员管理的有关规定;高等学校有教学任务的科技人员兼职不得影响教学任务。

二、保障高新技术企业经营自主权

6. 科技人员创办高新技术企业,应当贯彻"自愿组合、自筹资金、自主经营、自负盈亏、自我约束、自我发展"的原则,应当遵守国家的法律法规,遵从与本单位签订的协议。

7. 要妥善解决集体性质高新技术企业中历史遗留的产权关系不清问题。集体性质高新技术企业过去在创办及后来的发展过程中,国有企事业单位拨入过资产并已明确约定的投资或债权关系的,按照约定办理;未作约定的,由双方协商并重新约定产权关系或按有关规定界定产权;与国有企事业单位建立过挂靠关系、贷款担保关系的,国有企事业单位一般不享有资产权益,但国有企事业单位对集体性质的高新技术企业履行了债务连带责任的,应予追索清偿或依照有关规定转为投资;对属于个人投资形成的资产,产权归个人所有。对集体性质高新技术企业仍在实施的由国有企事业单位持有并提供的高新技术成果,当初没有约定投资或债权关系的,可以根据该项技术目前的市场竞争力,以及有关各方在技术创新各阶段的物资、技术投入情况,按照有关规定重新界定产权。

8. 允许国有和集体性质的高新技术企业吸收本单位的业务骨干参股,以增强企业的凝聚力;企业实行公司制改造时,允许业务骨干作为公司发起人。

9. 国有科研机构、高等学校与其投资创办的高新技术企业要实行所有权与经营权分离,合理确定投资回报比例,在经营决策、用人、分配等方面赋予企业经营者充分自主权。任何单位或个人都不得随意摊派或无偿占用企业的资源。

三、为高新技术成果转化创造环境条件

10. 各地方要支持高新技术创业服务中心(科技企业孵化器)和其他中介服务机构的建设与

发展,有关部门在资金投入上要给予支持,政策上要给予扶持。要引导这类机构不以赢利为目的,以优惠价格为科研机构、高等学校和科技人员转化高新技术成果,创办高新技术企业提供场地、设施和服务。高新技术创业服务中心和其他中介服务机构要按社会主义市场经济办法,以市场为导向,为转化科技成果做好服务,求得发展。有条件的高新技术创业服务中心可以依据《中华人民共和国促进科技成果转化法》及其他有关法律、法规和文件规定,建立风险基金(创业基金)和贷款担保基金,为高新技术企业的创业和发展提供融资帮助。

11. 政府利用竞标择优机制,以财政经费支持科技成果转化,包括采用投资、贷款贴息、补助资金和风险投资等形式支持成果转化活动。有条件的地方可以按国家的有关规定,设立科技成果转化基金或风险基金。商业银行应对符合信贷条件的高新技术成果转化项目积极发放贷款。

各地方、各部门在落实国家股票发行计划时,应对符合条件的高新技术企业给予重点支持。

12. 独立科研机构转制为企业的,参照本规定执行。

各地方、各部门应当积极鼓励各种科技成果转化活动,鼓励科研机构、高等院校和科技人员兴办高新技术企业,鼓励科技开发应用型科研院所转制为科技型企业,切实加强对科技成果转化工作的领导。各地方、各部门应及时研究科研机构、高等学校和科技人员发展高新技术产业中出现的新情况、新问题,制定切实可行的实施办法,优化政策环境,推动我国高新技术产业发展跃上新台阶。

国务院办公厅转发财政部科技部《关于国有高新技术企业开展股权激励试点工作指导意见》的通知

国办发〔2002〕48号

各省、自治区、直辖市人民政府,国务院各部委、各直属机构:

财政部、科技部《关于国有高新技术企业开展股权激励试点工作的指导意见》已经国务院同意,现转发给你们,请认真贯彻执行。

国务院办公厅
二〇〇二年九月十七日

关于国有高新技术企业开展股权激励试点工作的指导意见

财政部 科技部
(二〇〇二年八月二十一日)

为了贯彻落实《中共中央国务院关于加强技术创新,发展高科技,实现产业化的决定》(中发〔1999〕14号)精神,推动国有高新技术企业的技术创新和可持续发展,现就国有高新技术企业开展股权激励试点工作提出如下指导意见：

一、国有高新技术企业开展股权激励试点，应坚持效率优先、兼顾公平、风险与收益对等、激励与约束相结合的原则，有利于调动企业科技人员、经营管理人员的积极性和创造性，有利于国有资产的保值增值，试点工作要积极稳妥地进行。

二、本指导意见所称国有高新技术企业，是指按《中华人民共和国公司法》设立，并经省级以上科技主管部门认定为高新技术企业的国有独资公司和国有控股的有限责任公司、股份有限公司（上市公司除外）。

三、开展股权激励试点的企业（以下简称试点企业），应当具备以下条件：

（一）产权清晰，法人治理结构健全。

（二）近3年来，每年用于研究开发的经费占企业当年销售额5%以上，研发人员占职工总数10%以上，高新技术主业突出。

（三）近3年税后利润形成的净资产增值额占企业净资产总额的30%以上。

（四）建立了规范的员工效绩考核评价制度、内部财务核算制度，财务会计报告真实，近3年没有违反财经法律法规的行为。

（五）企业发展战略和实施计划明确，经专家论证具有高成长性，发展前景好。

四、股权激励的对象是对试点企业的发展作出突出贡献的科技人员和经营管理人员（以下简称"有关人员"）。具体范围由试点企业股东大会或董事会决定。

（一）对企业的发展作出突出贡献的科技人员，是指企业关键科技成果的主要完成人、重大开发项目的负责人，对企业主导产品或核心技术作出重大创新或改进的主要技术人员。

（二）对企业的发展作出突出贡献的经营管理人员，是指参与企业战略决策、领导企业某一主要业务领域、全面负责实施某一领域业务工作并作出突出贡献的中、高级经营管理人员。

五、试点企业股权激励方式包括奖励股权（份）、股权（份）出售、技术折股。

（一）奖励股权（份）是指企业按照一定的净资产增值额，以股权方式奖励给对企业的发展作出突出贡献的科技人员。

（二）股权（份）出售是指根据对企业贡献的大小，按一定价格系数将企业股权（份）出售给有关人员。价格系数应当在综合考虑净资产评估价值、净资产收益率及未来收益等因素的基础上合理确定。

（三）技术折股是指允许科技人员以个人拥有的专利技术或非专利技术（非职务发明），作价折合为一定数量的股权（份）。

六、试点企业根据实际情况选择采用上述股权激励方式。用于奖励股权（份）和以价格系数体现的奖励总额之和，不得超过试点企业近3年税后利润形成的净资产增值额的35%，其中，奖励股权（份）的数额不得超过奖励总额之和的一半；要根据试点企业的发展统筹安排，留有余量，一般在3到5年内使用。

采用技术折股方式时，可以评估作价入股，也可按该技术成果实施转化成功后为企业创造的新增税后利润折价入股，但折股总额应不超过近3年该项技术所创造的税后利润的35%。

七、试点企业应当建立规范的员工效绩考核评价制度，设立考核评价管理机构。员工效绩考核评价制度应当包括员工岗位职责核定、效绩考核评价指标和标准、年度效绩责任目标、考核评价程序和奖惩细则等内容。

试点企业股东大会或董事会应当根据考核结果确定有关人员并实施股权激励，防止平均主义。

八、部分试点企业可以按照国家有关政策、法规的规定，积极探索股份期权的激励方式，但不得随意行事，更不能刮风。

九、试点企业有关人员持有的股权(份)在规定的期限内不能转让。经营管理人员所持股权(份)的期限一般应不短于其任职期限;限制期满,可依法转让。

十、试点企业实施股权激励前,必须进行资产评估,股权激励方案须经股东大会或董事会审议通过,再由试点企业提出申请,报主管财政部门、科技部门批准后实施。

十一、企业提出的申请股权激励试点的报告,应包括以下内容:

(一)企业的基本情况,包括企业名称及组织形式,股本(资本)总额、股权(份)结构及出资方式,职工情况(包括有关人员情况),近3年经济效益状况及净资产增值情况,未来3年经济效益状况及资产保值增值情况预测等。

(二)股权激励方案,包括股权激励的范围、条件和方式,股权(份)来源,股本设置及股权(份)处置,企业财务考核与评价,出售股权的价格系数,有关人员效绩考核的评价,具体持股数量及持股期限等。

(三)省级以上科技主管部门认定的高新技术企业的相关文件。

(四)试点工作的组织领导和工作方案,试点工作时间进度安排等。

企业提交申请报告的同时,应附报企业员工效绩考核评价制度、发展战略和实施计划以及近期审计、评估报告。

十二、主管财政、科技部门对企业提出的试点申请报告,应认真进行审核,对符合条件的应及时批复。

十三、企业股权激励试点工作,由主管财政部门会同同级科技部门组织实施。其中,中央管理的企业由财政部会同科技部组织实施;地方企业由省、自治区、直辖市、计划单列市财政部门会同同级科技部门组织实施。

各省、自治区、直辖市和计划单列市财政、科技部门可在具备条件的企业中,选择3～5户具有代表性的企业进行试点,中央管理企业的试点名单由财政部、科技部负责选定。

十四、主管财政、科技部门要加强对企业股权激励试点工作的指导,及时研究解决试点工作中出现的问题。

(一)财政部门负责监管试点企业中的国有资产评估、国有股权(份)变动和国有资本保值增值工作,核定股份有限公司的国有股权(份),办理产权登记等。股权激励方案涉及国有股权(份)变动事项的,财政部门要按规定程序对有关审批事项进行认真审核,及时批复。

(二)科技部门负责根据科技部《关于印发〈国家高新技术产业开发区高新技术企业认定条件和办法〉的通知》(国科发火字〔2000〕324号)和国家科委《国家高新技术开发区外高新技术企业认定条件和办法》(国科发火字〔1996〕018号),认定试点企业高新技术企业资质,并对企业技术创新能力、技术储备以及主营产品技术水平和市场竞争力等方面进行评估。

十五、各省、自治区、直辖市以及计划单列市财政部门、科技部门要结合本地区的实际,制定有关试点工作的实施办法,连同试点企业选定情况报财政部、科技部备案。试点中出现的问题应及时向财政部、科技部报告。

十六、试点企业应于每年度结束后60日内,将上年度试点工作情况报省级财政、科技部门。省级财政部门、科技部门应于年度结束后90日内将本地区试点工作情况报财政部、科技部。

十七、主管财政、科技部门及试点企业,要严格按照本指导意见进行试点。严禁无偿量化、随意处置国有资产的行为。对弄虚作假、侵害国有资产权益的,要依法追究有关责任人的责任,对造成国有资产流失的要依法查处。

十八、已按照《中华人民共和国公司法》完成公司制改造的转制科研机构及其控股的高新技术企业,可参照本指导意见申请试点。

国务院办公厅转发国务院体改办等部门关于深化转制科研机构产权制度改革若干意见的通知

国办发〔2003〕9号

各省、自治区、直辖市人民政府,国务院各部委、各直属机构:

国务院体改办、科技部、财政部、国家经贸委《关于深化转制科研机构产权制度改革的若干意见》已经国务院同意,现转发给你们,请贯彻执行。

国务院办公厅

二○○三年二月二十四日

关于深化转制科研机构产权制度改革的若干意见

国务院体改办 科技部 财政部 国家经贸委

(二○○二年十二月十日)

为了进一步贯彻落实《中共中央、国务院关于加强技术创新,发展高科技,实现产业化的决定》(中发〔1999〕14号)精神,加快转制科研机构建立现代企业制度的步伐,促进技术创新和科研成果产业化,现就深化转制科研机构产权制度改革提出以下意见。

一、调整和完善产权结构

(一)转制科研机构实行产权制度改革,要按照建立现代企业制度的要求,根据《国务院办公厅转发科技部等部门关于深化科研机构管理体制改革实施意见的通知》(国办发〔2000〕38号)、《国家国有资产管理局关于印发〈国有资产产权界定和产权纠纷处理暂行办法〉的通知》(国资法规发〔1993〕68号),以及财政部《关于国家经贸委管理的10个国家局所属科研机构转制中有关国有资本核定问题的通知》(财管字〔1999〕276号)等文件规定,进行清产核资,明晰产权,及时到财政、工商等部门办理产权变更登记和注册登记等手续。

凡是产权归属不清或存在产权纠纷的,有关部门要本着有利于推进技术创新、支持科技人员创业和企业长远发展的原则,依照有关规定合理界定,协调处理。

(二)转制科研机构要根据自身特点,依法进行以公司制为主要形式的企业改制。一般转制科研机构原则上都要改制成为多种经济成分参股的有限责任公司或股份有限公司。涉及国家安全和重大社会利益的转制科研机构改制,应形成国家股和多个国有法人股并存的股权结构。

鼓励社会法人资本、个人资本和外商资本等多种资本投资入股或受让股权,将转制科研机构改制成为多元股权的公司制企业。允许职工个人自愿投资入股;在公正、公平的条件下,鼓励经营管理人员和科技人员持有较大比重的股份。

(三)对从事一般竞争性业务的转制科研机构,允许向社会整体转让产权。

(四)转制科研机构改制时,原则上不再新设职工集体股。由于历史原因已经设立的,要规范和完善管理办法。现有集体股可用于以后加入企业的科技人员和经营管理人员的股权激励;也可本着自愿协商的原则,由本企业经营管理人员和科技人员购买,其余部分吸引其他资本认购。暂时难以转让的部分,可委托信托投资机构管理。对集体股收益和股权转让所得,经职工代表大会审议通过,可用于原有入股职工补充养老保险、医疗保险等方面。

二、规范国有资产处置

(一)转制科研机构因改制、改组、兼并、破产和出售等引起国有资产产权变更的,要严格执行财政部《企业国有资本与财务管理暂行办法》(财企〔2001〕325号)和《企业公司制改建有关国有资本管理与财务处理的暂行规定》(财企〔2002〕313号),以及有关政策法规,经出资人同意,征求债权人意见,在严格评估和审计的基础上,通过职工代表大会审议,按照市场规则和规范程序合理处置国有资产,防止国有资产流失。

(二)转制科研机构改制时,对主要承担行业共性技术开发、基础性研究以及鉴定、检测等工作的公益性资产,可不折股。对这类资产要通过依法审计、严格评估,将其价值计入改制后公司国有独享的资本公积,由国有股东与改制后的企业签订委托管理协议。改制后新增的公益性资产也可按此办理。

(三)对转制前用于开办学校、幼儿园、医院等形成的非经营性资产,改制时可按照《国务院办公厅关于转发国家经贸委国有大中型企业建立现代企业制度和加强管理的基本规范(试行)的通知》(国办发〔2000〕64号)、国家经贸委等六部门《关于进一步推进国有企业分离办社会职能工作的意见》(国经贸企改〔2002〕267号)精神,结合实际情况和需要,进行剥离,暂时无法剥离的,可按本意见中关于公益性资产的规定办理。

(四)转制科研机构改制时,在剥离公益性资产后,可从企业净资产中,对欠缴的职工养老统筹、医疗费、所欠职工工资,以及解除劳动关系的经济补偿金、抚恤对象安置费等,实行一次性扣除。

(五)转制科研机构转制前属于职工奖金、工资储备基金和福利基金的结余,原则上结转转制后的单位,继续用于职工奖金、工资发放和职工福利。经职工代表大会审议通过,也可将其中一部分用于职工的补充养老保险、医疗保险。

(六)转制科研机构的划拨土地使用权,按照国土资源部《关于改革土地估价结果确认和土地资产处置审批办法的通知》(国土资发〔2001〕44号)的规定,经评估后,可以采取出让、租赁、作价出资(入股)或授权经营等方式处置。对转制科研机构的国有房产处置,可按照此办法办理。

(七)转制科研机构的国有资产出售,要依法、公开、有偿进行。涉及价值较大的国有资产出售,应当采取拍卖等公开竞价方式进行。涉及单位合并、分立、解散、撤销、破产的,其资产处置按照国家有关政策规定办理。

(八)对以政府财政资金资助为主、列入国家科研计划项目的研究成果及所形成的知识产权,转制科研机构应按照《国务院办公厅转发科技部财政部关于国家科研计划项目研究成果知识产权管理若干规定的通知》(国办发〔2002〕30号),确定产权归属,并可按规定在企业改制时作价入股。转制科研机构削减事业费到位后形成的知识产权,应区分情况明确其产权归属。

三、建立规范的产权激励和约束机制

(一)转制科研机构改制后,按照工资总额增长低于税后利润总额增长、职工平均工资增长低于劳动生产率增长的原则,根据有关法规自主决定职工工资标准和分配办法,建立以岗位效益工资为主的基本工资制度,在产权约束机制到位、法人治理结构健全的情况下,逐步取消工资总额控制。

(二)改制科研机构要加大对在技术开发、经营管理、市场开拓及成果转化中起关键作用、有突出贡献者的激励力度。要积极探索实行新产品利润提成、新产品销售收入提成、科技成果入股和建立补充商业保险等多种激励方式,调动科技和经营管理人员的积极性,吸引优秀人才。

(三)转制科研机构改制可对有贡献的职工特别是作出突出贡献的科技人员和经营管理人员实行股权激励,具体办法按照《国务院办公厅转发财政部科技部关于国有高新技术企业开展股权激励试点工作指导意见的通知》(国办发〔2002〕48号)执行。

四、加强国有资产管理

(一)对改制科研机构的国有资产或国有股权,由国家授权投资的机构依法行使出资人职能,享有资产收益、重大决策和选择管理者等权利,承担保值增值责任。在国务院未明确国家授权投资机构的具体政策法规之前,可暂由其所归属的企业集团(公司)或主管部门、机构依法行使出资人职能。

(二)行使出资人职能的单位要加强对转制科研机构的国有公益性资产,剥离、借入、剩余土地使用权,以及转制前社会非经营性资产等的管理,保证国有资产的安全和有效使用。

(三)国有资本处于控制地位的改制科研机构要按照党管干部和市场机制选择经营管理者相结合的原则,建立健全公司法人治理结构和相应的有效约束机制,承担国有资产保值增值的具体责任。

本意见暂先在中央所属转制科研机构中进行试点,转制科研机构试点办法的制定及组织实施工作由科技部会同财政部、国家经贸委等有关部门进行。各部门要在各自的职责范围内认真做好具体操作工作,切实保证改革的顺利推进。

地方所属转制科研机构可参照本意见进行试点。

中央企业负责人经营业绩考核暂行办法

国务院国有资产监督管理委员会令第30号

(2003年10月21日国务院国有资产监督管理委员会第8次委主任办公会议审议通过;2006年12月30日国务院国有资产监督管理委员会第46次委主任办公会议修订;2009年12月28日国务院国有资产监督管理委员会第84次委主任办公会议第二次修订;2012年12月26日国务院国有资产监督管理委员会第125次委主任办公会议第三次修订)

第一章 总 则

第一条 为切实履行企业国有资产出资人职责,维护所有者权益,落实国有资产保值增值责任,建立有效的激励和约束机制,引导中央企业科学发展,根据《中华人民共和国企业国有资产法》《企业国有资产监督管理暂行条例》等有关法律法规,制定本办法。

第二条 本办法考核的中央企业负责人是指经国务院授权由国务院国有资产监督管理委员会(以下简称国资委)履行出资人职责的国家出资企业(以下简称企业)的下列人员:

（一）国有独资企业的总经理（总裁、院长、局长、主任）、副总经理（副总裁、副院长、副局长、副主任）、总会计师；

（二）国有独资公司的董事长、副董事长、董事（不含外部董事和职工董事），列入国资委党委管理的总经理（总裁、院长、局长、主任）、副总经理（副总裁、副院长、副局长、副主任）、总会计师；

（三）国有资本控股公司国有股权代表出任的董事长、副董事长、董事，列入国资委党委管理的总经理（总裁、院长、局长、主任）、副总经理（副总裁、副院长、副局长、副主任）、总会计师。

第三条 企业负责人经营业绩考核，实行年度考核与任期考核相结合、结果考核与过程评价相统一、考核结果与奖惩相挂钩的制度。

第四条 年度经营业绩考核和任期经营业绩考核采取由国资委主任或者其授权代表与企业负责人签订经营业绩责任书的方式进行。

第五条 企业负责人经营业绩考核工作应当遵循以下原则：

（一）按照国有资产保值增值、企业价值最大化和可持续发展的要求，依法考核企业负责人经营业绩。

（二）按照企业的功能、定位、作用和特点，实事求是，公开公正，实行科学的差异化考核。

（三）按照权责利相统一的要求，建立健全科学合理、可追溯的资产经营责任制。坚持将企业负责人经营业绩考核结果同激励约束紧密结合，即业绩升、薪酬升，业绩降、薪酬降，并作为职务任免的重要依据。

（四）按照全面落实责任的要求，完善全员考核体系，确保国有资产保值增值责任广泛覆盖、层层落实。

（五）按照科学发展观的要求，推动企业加快转型升级、深化价值管理，不断提升企业核心竞争能力和发展质量，实现做强做优。

第二章 年度经营业绩考核

第六条 年度经营业绩考核以公历年为考核期。

第七条 年度经营业绩责任书包括下列内容：

（一）双方的单位名称、职务和姓名；

（二）考核内容及指标；

（三）考核与奖惩；

（四）责任书的变更、解除和终止；

（五）其他需要规定的事项。

第八条 年度经营业绩考核指标包括基本指标与分类指标。

（一）基本指标包括利润总额和经济增加值。

1. 利润总额是指经核定的企业合并报表利润总额。利润总额的计算，可以考虑经核准的因企业处理历史遗留问题等而对当期经营业绩产生重大影响的因素，并扣除通过变卖企业主业优质资产等取得的非经常性收益。

2. 经济增加值是指经核定的企业税后净营业利润减去资本成本后的余额（考核细则见附件1）。

（二）分类指标由国资委根据企业所处行业特点和功能定位，针对企业管理"短板"，综合考虑企业经营管理水平及风险控制能力等因素确定，具体指标在责任书中确定。

第九条 确定军工企业等特殊企业的基本指标与分类指标，可优先考虑企业业务特点，具体指标及其权重在责任书中确定。

第十条 确定科研类企业的基本指标与分类指标,突出考虑技术创新投入和科技成果转化等情况,具体指标及其权重在责任书中确定。

第十一条 国资委鼓励中央企业参加对标考核试点。

第十二条 国资委根据需要,可以在年度基本指标和分类指标之外增设约束性指标,具体指标在责任书中确定。

第十三条 年度经营业绩责任书按照下列程序签订:

(一)报送年度经营业绩考核目标建议值。考核期初,企业负责人按照国资委年度经营业绩考核要求和企业发展规划及经营状况,对照同行业国际国内先进水平,提出本年度拟完成的经营业绩考核目标建议值,并将考核目标建议值和必要的说明材料报送国资委。

(二)核定年度经营业绩考核目标值。国资委根据"同一行业、同一尺度"原则,结合宏观经济形势、企业所处行业发展周期、企业实际经营状况等,对企业负责人的年度经营业绩考核目标建议值进行审核,并就考核目标值及有关内容同企业沟通后予以确定。

(三)由国资委主任或者其授权代表同企业负责人签订年度经营业绩责任书。

第十四条 国资委对年度经营业绩责任书执行情况实施动态监控。

(一)年度经营业绩责任书签订后,企业负责人每半年必须将责任书执行情况报送国资委,同时抄送派驻本企业的监事会。国资委对责任书的执行情况进行动态跟踪。

(二)建立较大及以上生产安全事故,重大环境污染事故和质量事故,重大经济损失,重大法律纠纷案件,重大投融资和资产重组等重要情况的报告制度。企业发生上述情况时,企业负责人应当立即向国资委报告,同时向派驻本企业监事会报告。

第十五条 年度经营业绩责任书完成情况按照下列程序进行考核:

(一)企业负责人依据经审计的企业财务决算数据,对上年度经营业绩考核目标的完成情况进行总结分析,并将年度总结分析报告报送国资委,同时抄送派驻本企业的监事会。

(二)国资委依据经审计并经审核的企业财务决算报告和经审查的统计数据,结合年度总结分析报告并听取监事会意见,对企业负责人年度经营业绩考核目标的完成情况进行考核(计分细则见附件2),形成企业负责人年度经营业绩考核与奖惩意见。

(三)国资委将最终确认的企业负责人年度经营业绩考核与奖惩意见反馈各企业负责人及其所在企业。企业负责人对考核与奖惩意见有异议的,可及时向国资委反映。

第三章 任期经营业绩考核

第十六条 任期经营业绩考核以三年为考核期。

第十七条 任期经营业绩责任书包括下列内容:

(一)双方的单位名称、职务和姓名;
(二)考核内容及指标;
(三)考核与奖惩;
(四)责任书的变更、解除和终止;
(五)其他需要规定的事项。

第十八条 任期经营业绩考核指标包括基本指标和分类指标。

(一)基本指标包括国有资本保值增值率和总资产周转率。

1. 国有资本保值增值率是指企业考核期末扣除客观因素(由国资委核定)后的国有资本及

权益同考核期初国有资本及权益的比率。计算方法为:任期内各年度国有资本保值增值率的乘积。企业年度国有资本保值增值率以国资委确认的结果为准。

2. 总资产周转率是指企业任期内平均主营业务收入同平均资产总额的比值。计算公式为:总资产周转率＝三年主营业务收入之和/三年平均资产总额之和

企业符合主业发展要求的重大投资,如果对当期经营业绩产生重大影响,经核准,可在计算总资产周转率时酌情予以调整。

(二)分类指标由国资委综合考虑企业所处行业特点和功能定位,选择符合企业中长期发展战略、反映可持续发展能力的指标予以确定,具体指标在责任书中确定。

第十九条 确定军工企业等特殊企业的基本指标与分类指标,可优先考虑企业业务特点,具体指标及其权重在责任书中确定。

第二十条 国资委根据需要,可以在任期基本指标和分类指标之外增设约束性指标,具体指标在责任书中确定。

第二十一条 任期经营业绩责任书按照下列程序签订:

(一)报送任期经营业绩考核目标建议值。考核期初,企业负责人按照国资委任期经营业绩考核要求和企业发展规划及经营状况,对照同行业国际国内先进水平,提出任期经营业绩考核目标建议值,并将考核目标建议值和必要的说明材料报送国资委。

(二)核定任期经营业绩考核目标值。国资委根据"同一行业、同一尺度"原则,结合宏观经济形势、企业所处行业发展周期及企业实际经营状况等,对企业负责人的任期经营业绩考核目标建议值进行审核,并就考核目标值及有关内容同企业沟通后予以确定。

(三)由国资委主任或者其授权代表同企业负责人签订任期经营业绩责任书。

第二十二条 国资委对任期经营业绩责任书执行情况实施年度跟踪和动态监控。

第二十三条 任期经营业绩责任书完成情况按照下列程序进行考核:

(一)考核期末,企业负责人对任期经营业绩考核目标的完成情况进行总结分析,并将总结分析报告报送国资委,同时抄送派驻本企业的监事会。

(二)国资委依据任期内经审计并经审核的企业财务决算报告和经审查的统计数据,结合总结分析报告并听取监事会意见,对企业负责人任期经营业绩考核目标的完成情况进行综合考核(计分细则见附件3),形成企业负责人任期经营业绩考核与奖惩意见。

(三)国资委将最终确认的企业负责人任期经营业绩考核与奖惩意见反馈各企业负责人及其所在企业。企业负责人对考核与奖惩意见有异议的,可及时向国资委反映。

第四章 奖 惩

第二十四条 根据企业负责人经营业绩考核得分,年度经营业绩考核和任期经营业绩考核结果分为A、B、C、D、E五个级别。基本指标考核得分低于基本分或考核最终得分低于100分的,考核结果不得进入C级。利润总额为负或经济增加值为负且没有改善的企业,考核结果原则上不得进入A级(处于行业周期性下降阶段但仍处于国际同行业领先水平的企业除外)。

第二十五条 国资委依据年度经营业绩考核结果和任期经营业绩考核结果对企业负责人实施奖惩,并把经营业绩考核结果作为企业负责人任免的重要依据。

第二十六条 对企业负责人的奖励分为年度绩效薪金奖励和任期激励或者中长期激励。

第二十七条 企业负责人年度薪酬分为基薪和绩效薪金两个部分。绩效薪金与年度考核结果挂钩。绩效薪金＝绩效薪金基数×绩效薪金倍数。具体计算公式为:

当考核结果为 E 级时,绩效薪金为 0;

当考核结果为 D 级时,绩效薪金按照"绩效薪金基数×(考核分数－D 级起点分数)/(C 级起点分数－D 级起点分数)"确定,绩效薪金在 0～1 倍绩效薪金基数之间;

当考核结果为 C 级时,绩效薪金按照"绩效薪金基数×〔1＋0.5×(考核分数－C 级起点分数)/(B 级起点分数－C 级起点分数)〕"确定,绩效薪金在 1 倍绩效薪金基数到 1.5 倍绩效薪金基数之间;

当考核结果为 B 级时,绩效薪金按照"绩效薪金基数×〔1.5＋0.5×(考核分数－B 级起点分数)/(A 级起点分数－B 级起点分数)〕"确定,绩效薪金在 1.5 倍绩效薪金基数到 2 倍绩效薪金基数之间;

当考核结果为 A 级时,绩效薪金按照"绩效薪金基数×〔2＋(考核分数－A 级起点分数)/(A 级封顶分数－A 级起点分数)〕"确定,绩效薪金在 2 倍绩效薪金基数到 3 倍绩效薪金基数之间。

但对于利润总额低于上一年的企业,无论其考核结果处于哪个级别,其绩效薪金倍数应当低于上一年。

第二十八条 绩效薪金的 70% 在年度考核结束后当期兑现;其余 30% 根据任期考核结果等因素,延期到任期考核结束后兑现。对于离任的法定代表人,还应当根据经济责任审计结果,确定延期绩效薪金兑现方案。

第二十九条 对于任期经营业绩考核结果为 A 级、B 级和 C 级的企业负责人,按期兑现延期绩效薪金,并给予企业负责人相应的任期激励。对于任期经营业绩考核结果为 D 级和 E 级的企业负责人,根据考核分数扣减延期绩效薪金。

具体扣减绩效薪金的公式为:

扣减延期绩效薪金 = 任期内积累的延期绩效薪金×(C 级起点分数－实得分数)/C 级起点分数。

第三十条 在综合考虑中央企业负责人整体薪酬水平和考核对象薪酬水平的基础上,根据任期考核结果给予企业负责人相应的任期激励,具体办法另行确定。

第三十一条 被考核人担任企业主要负责人的,其分配系数为 1,其余被考核人的系数由企业根据各负责人的业绩考核结果,在 0.6～0.9 之间确定,报国资委备案后执行。

第三十二条 未完成任期经营业绩考核目标或者连续两年未完成年度经营业绩考核目标进入 D 级和 E 级的企业,国资委对相关负责人提出调整建议或予以调整。

第三十三条 对取得重大科技成果、在国际标准制订中取得重大突破和承担国家重大结构性调整任务且取得突出成绩的,年度考核给予加分奖励。

第三十四条 对业绩优秀及在科技创新、管理进步、国际化经营、品牌建设、节能减排方面取得突出成绩的,授予任期特别奖,予以表彰(实施细则见附件 4)。

第三十五条 对于全员考核工作开展不力的企业,扣减经营业绩考核得分。

第三十六条 实行企业负责人经营业绩考核谈话制度。对于年度考核结果为 D 级和 E 级的企业,经国资委主任办公会议批准,由国资委业绩考核领导小组与企业主要负责人进行谈话,帮助企业分析问题、改进工作。

第三十七条 企业违反《中华人民共和国会计法》、《企业会计准则》等有关法律法规规章,虚报、瞒报财务状况的,国资委根据具体情节给予降级或者扣分处理,并相应扣发企业法定代表人及相关负责人的绩效薪金、任期激励或者中长期激励;情节严重的,给予纪律处分或者对企业负责人进行调整;涉嫌犯罪的,依法移送司法机关处理。

第三十八条 企业法定代表人及相关负责人违反国家法律法规和规定,导致重大决策失误、重大安全与质量责任事故、重大环境污染责任事故、重大违纪和法律纠纷案件,给企业造成重大不良影响或者国有资产损失的,国资委根据具体情节,对企业给予降级或者扣分处理,并相应扣发企业负责人绩效薪金、任期激励或者中长期激励;情节严重的,给予纪律处分或者对企业负责人进行调整;涉嫌犯罪的,依法移送司法机关处理。

第五章 附 则

第三十九条 对于在考核期内企业发生清产核资、改制重组、主要负责人变动等情况的,国资委可以根据具体情况变更经营业绩责任书的相关内容。

第四十条 国有独资企业、国有独资公司和国有资本控股公司党委(党组)书记、副书记、常委(党组成员)、纪委书记(纪检组长)的考核及其奖惩依照本办法执行。

第四十一条 国有资本参股公司、被兼并破产企业中由国资委党委管理的企业负责人,其经营业绩考核参照本办法执行。具体经营业绩考核事项在经营业绩责任书中确定。

第四十二条 对符合下列条件的企业,国资委授权董事会对高级管理人员的经营业绩进行考核:

(一) 公司法人治理结构完善,外部董事人数超过董事会全体成员半数;

(二) 经营业绩考核制度健全;

(三) 薪酬与考核委员会成员全部由外部董事担任。

第四十三条 国资委依据有关规定,对董事会业绩考核工作进行指导和监督,并结合中央企业整体水平和行业特点,对董事会企业经营业绩进行测试评价。

第四十四条 获得授权的董事会,应根据国资委的要求制订、完善业绩考核办法和程序,科学合理地确定高级管理人员的考核目标和考核结果。上述工作,董事会应事前与国资委进行沟通,事后报国资委备案。

第四十五条 各省、自治区、直辖市国有资产监督管理机构,设区的市、自治州级国有资产监督管理机构对国家出资企业负责人的经营业绩考核,可参照本办法执行。

第四十六条 本办法由国资委负责解释。

第四十七条 本办法自2013年1月1日起施行。

附件1:

经济增加值考核细则

一、经济增加值的定义及计算公式

经济增加值是指企业税后净营业利润减去资本成本后的余额。

计算公式:

经济增加值 = 税后净营业利润 – 资本成本 = 税后净营业利润 – 调整后资本 × 平均资本成本率

税后净营业利润 = 净利润 + (利息支出 + 研究开发费用调整项) × (1 – 25%)

企业通过变卖主业优质资产等取得的非经常性收益在税后净营业利润中全额扣除。

调整后资本 = 平均所有者权益 + 平均负债合计 − 平均无息流动负债 − 平均在建工程

二、会计调整项目说明

（一）利息支出是指企业财务报表中"财务费用"项下的"利息支出"。

（二）研究开发费用调整项是指企业财务报表中"管理费用"项下的"研究与开发费"和当期确认为无形资产的研究开发支出。对于勘探投入费用较大的企业，经国资委认定后，将其成本费用情况表中的"勘探费用"视同研究开发费用调整项按照一定比例（原则上不超过50%）予以加回。

（三）无息流动负债是指企业财务报表中"应付票据"、"应付账款"、"预收款项"、"应交税费"、"应付利息"、"应付职工薪酬"、"应付股利"、"其他应付款"和"其他流动负债（不含其他带息流动负债）"；对于"专项应付款"和"特种储备基金"，可视同无息流动负债扣除。

（四）在建工程是指企业财务报表中的符合主业规定的"在建工程"。

三、资本成本率的确定

（一）中央企业资本成本率原则上定为5.5%。

（二）对军工等资产通用性较差的企业，资本成本率定为4.1%。

（三）资产负债率在75%以上的工业企业和80%以上的非工业企业，资本成本率上浮0.5个百分点。

四、其他重大调整事项

发生下列情形之一，对企业经济增加值考核产生重大影响的，国资委酌情予以调整：

（一）重大政策变化；

（二）严重自然灾害等不可抗力因素；

（三）企业重组、上市及会计准则调整等不可比因素；

（四）国资委认可的企业结构调整等其他事项。

附件2：

年度经营业绩考核计分细则

一、年度经营业绩考核综合计分

年度经营业绩考核综合得分 =（利润总额指标得分 + 经济增加值指标得分 + 分类指标得分）× 业绩考核系数 + 奖励分 − 考核扣分

上述年度经营业绩考核指标中，若利润总额或经济增加值指标未达到基本分，则其他指标最高只得基本分，所有考核指标得分不再乘业绩考核系数。

二、年度经营业绩考核各指标计分

（一）利润总额指标计分。

军工、储备、科研、电力、石油石化企业利润总额指标的基本分为30分；其他企业利润总额指标的基本分为20分。该指标计分以基准值为基础。利润总额基准值根据上年实际完成值和前三年实际完成值平均值的较低值确定（行业周期性下降或受突发事件重大影响的企业除外）。

1. 利润总额考核目标值不低于基准值时，完成值每超过目标值2%，加1分，最多加基本分的20%。完成值每低于目标值2%,扣1分,最多扣基本分的20%。

2. 利润总额考核目标值低于基准值时,加分受限。加分受限按照以下规则执行:

(1)目标值比基准值低20%(含)以内的,最多加基本分的15%。

(2)目标值比基准值低20%~50%的,最多加基本分的12%。

(3)目标值比基准值低50%(含)以上的,最多加基本分的10%。

3. 利润总额目标值达到或超过前三年最高值的,完成时加满分;未完成时,将基准值作为目标值正常计分。

4. 利润总额考核目标值为负数,完成值减亏部分折半计算,盈利部分正常计算;超额完成考核目标,最多加基本分的10%;减亏但仍处于亏损状态,考核得分不超过C级最高限;扭亏为盈,考核得分不超过B级最高限。

(二)经济增加值指标计分。

军工、储备和科研企业经济增加值指标的基本分为30分;电力、石油石化企业经济增加值指标的基本分为40分;其他企业经济增加值指标的基本分为50分。该指标计分以基准值为基础。经济增加值基准值根据上年实际完成值和前三年实际完成值平均值的较低值确定(行业周期性下降和受突发事件重大影响的企业除外)。

1. 经济增加值考核目标值不低于基准值时,完成值每超过目标值(绝对值)1%,加1分,最多加基本分的20%。完成值每低于目标值(绝对值)1%,扣1分,最多扣基本分的20%。

2. 经济增加值考核目标值低于基准值时,加分受限。加分受限按照以下规则执行:

(1)目标值比基准值低20%(含)以内的,加分受限0.5分。

(2)目标值比基准值低20%~50%的,加分受限1分。

(3)目标值比基准值低50%(含)以上的,加分受限2分。

3. 经济增加值考核目标值达到优秀水平且完成目标值的,该项指标直接加满分。

4. 经济增加值考核目标值在零附近的,计分给予特别处理。

(三)分类指标计分。

分类指标应当确定2个。分类指标计分以基准值为基础。年度分类指标基准值根据上年实际完成值或前三年实际完成值平均值确定。

1. 考核目标值不差于基准值时,完成后直接加满分;未完成考核目标的,在满分基础上按差额程度扣分,最多扣至基本分的80%。

2. 考核目标值差于基准值时,完成后按差额程度加分受限,最多加基本分的10%;未完成考核目标的,在基本分基础上按差额程度扣分,最多扣基本分的20%。

三、奖惩计分

(一)奖励计分。

1. 承担国家结构性调整任务且取得突出成绩的企业,国资委根据有关规定视任务完成情况加0.5~2分。

2. 对考核期内获得重大科技成果或在国际标准制订中取得重大突破的企业,国资委根据有关规定加0.1~1分。

(二)考核扣分。

1. 企业发生重大资产损失、发生生产安全责任事故、环境污染责任事故等,国资委按照有关规定给予降级、扣分处理。

2. 企业发生违规违纪或者存在财务管理混乱等问题,国资委按照有关规定视情节轻重扣0.5~2分。

3. 企业全员考核制度不健全,未对集团副职、职能部门负责人、下属企业负责人进行考核的,视情况扣减 0.1~1 分。

四、业绩考核系数

业绩考核系数由企业资产总额、利税总额、净资产收益率、经济增加值、营业收入、职工平均人数、技术投入比率等因素加权计算,分类确定。

附件 3:

任期经营业绩考核计分细则

一、任期经营业绩考核综合计分

任期经营业绩考核综合得分 =(国有资本保值增值率指标得分 + 总资产周转率指标得分 + 分类指标得分)× 业绩考核系数 + 任期内三年的年度经营业绩考核结果指标得分 − 考核扣分

上述任期经营业绩考核指标中,若国有资本保值增值率或总资产周转率指标未达到基本分,则其他指标最高只得基本分,所有考核指标得分不再乘业绩考核系数。

二、任期经营业绩考核各指标计分

(一)国有资本保值增值率指标计分。

国有资本保值增值率指标的基本分为 40 分。该指标计分以基准值为基础。国有资本保值增值率基准值根据上一任期实际完成值和上一任期考核目标值与实际完成值平均值的较低值确定。

1. 国有资本保值增值率考核目标值不低于基准值时,完成值每超过目标值 0.3 个百分点,加 1 分,最多加 8 分。完成值低于目标值,每低于目标值 0.3 个百分点,扣 1 分,最多扣 8 分。

2. 国有资本保值增值率考核目标值低于基准值时,加分受限。加分受限按照以下规则执行:

(1) 目标值比基准值低 3 个百分点(含)以内的,最多加 7 分。

(2) 目标值比基准值低 3 至 5 个百分点的,最多加 6 分。

(3) 目标值比基准值低 5 个百分点(含)以上的,最多加 5 分。

3. 国有资本保值增值率考核目标值达到优秀水平的,完成后直接加满分。

4. 国有资本保值增值率考核目标值低于 100% 的,完成后只得基本分。

(二)总资产周转率指标计分。

总资产周转率指标基本分为 20 分。该指标计分以基准值为基础。总资产周转率基准值根据上一任期实际完成值和上一任期第三年实际完成值的较低值确定。

1. 考核目标值不低于基准值时,完成后直接加满分;未完成考核目标的,在满分基础上按差额程度扣分,完成值每低于目标值 2%,扣 1 分,最多扣至基本分的 80%。

2. 考核目标值低于基准值时,完成后按差额程度加分受限;未完成考核目标的,在加分受限后最高分基础上按差额程度扣分,完成值每低于目标值 2%,扣 1 分,最多扣至基本分的 80%。加分受限按照以下规则执行:

(1) 目标值比基准值低 10%(含)以内的,最多加 3 分。

(2) 目标值比基准值低 10%~20% 的,最多加 2.5 分。

(3) 目标值比基准值低 20%(含)以上的,最多加 2 分。

3. 总资产周转率考核目标值达到优秀水平的,该指标加分不受限。

(三) 分类指标计分。

分类指标应当确定2个。分类指标计分以基准值为基础。任期分类指标基准值根据上一任期实际完成值或上一任期第三年实际完成值确定。任期分类指标计分规则与年度相同。

(四) 任期内三年的年度经营业绩考核结果指标计分。

任期内三年的年度经营业绩考核结果指标的基本分为20分。企业负责人三年内的年度经营业绩综合考核结果每得一次A级得8分;每得一次B级得7.335分;每得一次C级得6.667分;每得一次D级及以下得6分。

三、考核扣分

未完成节能减排考核目标的,视情况扣减0.1～2分。

四、业绩考核系数

业绩考核系数由企业资产总额、利税总额、净资产收益率、经济增加值、营业收入、职工平均人数、技术投入比率等因素加权计算,分类确定。

附件4:

任期特别奖实施细则

一、奖项设立

国资委在任期考核中设立任期特别奖,包括"业绩优秀企业奖"、"科技创新特别奖"、"管理进步特别奖"、"国际化经营特别奖"、"品牌建设特别奖"和"节能减排特别奖"。

二、获奖条件及评定办法

(一) 对任期考核结果为A级且在该任期中年度考核获得三个A级或者两个A级、一个B级的企业,授予"业绩优秀企业奖"。

(二) 对任期内获得国家级重大科技奖励、中国专利金奖,以及制定重要国际标准的企业,授予"科技创新特别奖"。

(三) 资产负债率控制在合理范围内(工业企业75%,非工业企业80%),同时符合下列条件之一的企业,授予"管理进步特别奖":

1. 效益大幅度增加。
2. 盈利水平显著提高。
3. 价值创造能力优异。
4. 扭亏增效成绩突出。

(四) 对任期内国际化经营成效显著的企业,授予"国际化经营特别奖"。

(五) 对任期内品牌建设取得重大进展的企业,授予"品牌建设特别奖"。

(六) 对符合以下条件之一的企业,授予"节能减排特别奖":

1. 任期末,主要产品单位能耗、污染物排放水平达到国内同行业最好水平,接近或者达到国际同行业先进水平的。
2. 任期内,单位综合能耗降低率、主要污染物排放总量降低率在中央企业居于前列的。
3. 任期内,节能减排投入较大,在节能减排技术创新方面取得重大突破,在推动全行业、全社会节能减排方面做出突出贡献的。

三、奖励方式

任期结束时,由国资委对上述奖项进行评定,并对获奖企业进行表彰。

财政部、科学技术部关于实施《关于国有高新技术企业开展股权激励试点工作的指导意见》有关问题的通知

财企〔2002〕508号

各省、自治区、直辖市、计划单列市财政厅(局)、科技厅(局),国务院各部委、各直属机构,各中央管理企业:

为了贯彻落实《国务院办公厅转发财政部、科技部关于国有高新技术企业开展股权激励试点工作指导意见的通知》(国办发〔2002〕48号,以下简称《指导意见》),做好国有高新技术企业股权激励试点工作,经研究,现将有关问题通知如下:

一、开展国有高新技术企业股权激励试点,应当严格执行《指导意见》的规定,坚持激励与约束相结合的原则,积极稳妥地进行。

二、试点工作由省级以上财政、科技部门组织实施,其中,中央管理的企业由财政部会同科技部组织实施。

三、各地应当对《指导意见》颁布前自行出台的相关政策法规进行清理,按照《指导意见》的规定,结合本地区实际情况制定具体实施办法,并抄报财政部、科技部备案,要确保股权激励试点工作规范有序地进行。

四、选择试点企业必须严格按《指导意见》第二、三条的规定执行,其中,《指导意见》中所称"国有控股"是指国有股权在50%以上的有限责任或股份有限公司(上市公司除外)。各省、自治区、直辖市、计划单列市选择的试点企业不超过5户,试点企业名单应抄报财政部、科技部备案。

五、企业申报试点应当按照《指导意见》第十一条的规定准备相应的文件、资料,并通过其集团母公司或主管部门向财政、科技部门报送。其中:《指导意见》中所称"近三年"和"未来三年"均以企业申报试点时最近一个会计年度为始点;涉及技术折股激励方式的还应当提交专利证书或专家评审意见;企业的年度审计报告中应说明净资产增值部分是否属于税后利润形成。

六、在实施股权激励的同时,试点企业要进行改组或公司制改建的,应当按照《财政部关于印发〈企业国有资本与财务管理暂行办法〉的通知》(财企〔2001〕325号)和《财政部关于印发〈企业公司制改建有关国有资本管理与财务处理的暂行规定〉的通知》(财企〔2002〕313号)等相关法规规定的程序和权限报请核准,涉及国有股权设置方案的,由财政部门核准。

七、中关村科技园区内企业申报股权激励试点的相关问题由财政部、科技部会商北京市确定。其中,尚未批复股权激励方案的试点企业一律按《指导意见》的规定重新申报。

八、财政、科技部门要加强对企业股权激励试点工作的指导,执行中遇有问题请及时向财政部、科技部反映。

财政部　科学技术部
二〇〇二年十一月十八

关于高新技术中央企业开展股权激励试点工作的通知

国资厅发分配〔2004〕23号

各中央企业：

为贯彻落实全国国有资产监督管理工作会议精神，加强企业科技创新，根据《企业国有资产监督管理暂行条例》和《国务院办公厅转发财政部科技部关于国有高新技术企业开展股权激励试点工作指导意见的通知》（国办发〔2002〕48号，以下简称《指导意见》）要求，现就高新技术中央企业开展股权激励试点工作的有关事项通知如下：

一、充分认识高新技术中央企业开展股权激励试点的重要意义

《指导意见》是贯彻党的十六大确立的劳动、资本、技术和管理等生产要素按其贡献参与收益分配的原则，完善按劳分配为主体、多种分配方式并存的分配制度的重大举措，对于鼓励科技创新，推动高新技术企业建立现代企业制度、加速科技成果产业化，促进高新技术产业改革和发展，充分调动企业科技人员创新的积极性具有十分重要的作用。为逐步建立适应市场经济体制和现代企业制度要求的激励与约束相结合的收入分配制度，更好体现科技创新和经营管理的劳动价值，增强对企业"关键"人才的激励，吸引人才、稳定人才、积聚人才，拟在2004年选择部分高新技术企业和转制科研院所进行股权激励的试点。各中央企业要高度重视高新技术企业股权激励试点工作，采取切实可行的措施，保证优秀人才获得合理的收入，为企业技术创新做出更大贡献。

二、高新技术中央企业股权激励试点申报程序

（一）试点企业条件。试点企业必须符合《指导意见》第二、三条的规定，同时还应具备以下条件：

1. 进行了规范的公司制改造，公司股东会、董事会、监事会和经理层职责明确，形成了各负其责、协调运转、有效制衡的公司法人治理结构。同时，还应按照《指导意见》的要求进行资产评估。

2. 高新技术主业突出，近三年国有净资产增值较快，技术及管理等生产要素在资产增值中作用明显，高新技术主业利润总额（销售收入）占试点企业总利润（销售收入）的50%以上。

3. 制定了明确的企业发展战略和实施计划，绩效评价、财务核算等各项规章制度健全，管理完善。企业财务会计报告经注册会计师审计确认无违反财经法律法规行为。

（二）制订试点方案。符合试点条件的企业应按照《指导意见》及《财政部、科技部关于实施〈关于国有高新技术企业开展股权激励试点工作的指导意见〉有关问题的通知》（财企〔2002〕508号）要求制订试点方案。

1. 试点方案应主要载明以下内容：股本（资本）总额及其股权（份）结构，股权激励的范围、条件和方式，股权（股份）的来源，股本设置及股权（股份）管理、处置，出售股权的价格系数，有关人员的效绩考核的评价、具体持股数量及持股期限等。

2. 试点方案须经试点企业股东大会或董事会审议通过，同时应提交职工代表大会或职工大

会审议,听取职工意见。

（三）申请报批。试点方案由中央企业（集团母公司）审定后,按照《指导意见》第十一条规定要求向国资委、科技部提出申请股权激励试点报告,并请提供企业发展战略和实施计划及企业员工绩效评价等相关的文件、资料。

三、精心组织实施

试点方案经国资委、科技部审批后,由各中央企业组织实施试点工作。对试点工作中出现的问题应及时研究,总结经验,并按年度将试点工作进展情况报国资委、科技部。

试点申报材料一式4份,并附电子文档,于2004年6月底之前分别报国资委企业分配局、科技部政策法规与体改司。

联系电话:国资委(010)63193929

科技部(010)58881714

邮箱地址:fenpei-fp@sasac.gov.cn

lipu@mail.most.gov.cn

国务院国有资产监督管理委员会办公厅

科学技术部办公厅

二〇〇四年四月三十日

国有资产管理委员会关于印发中央企业负责人薪酬管理暂行办法的通知

国资发分配〔2004〕227号

各中央企业:

建立有效的中央企业负责人激励与约束机制,完善中央企业业绩考核体系,是履行出资人职责的一项重要内容。为规范中央企业负责人薪酬管理,国资委制定了《中央企业负责人薪酬管理暂行办法》,现印发你们,请结合企业实际,认真执行,并及时反映实施中的有关情况和问题。

国有资产管理委员会

二〇〇四年六月二日

中央企业负责人薪酬管理暂行办法

第一章　总　　则

第一条　为切实履行出资人职责,建立有效的中央企业负责人(以下简称企业负责人)激励与约束机制,促进中央企业(以下简称企业)改革、发展和国有资产保值增值,根据《企业国有资产监督管理暂行条例》等有关法律法规,制定本办法。

第二条　本办法所称企业负责人及企业其他负责人是根据《企业国有资产监督管理暂行条例》第十七条规定,列入中央和国务院国有资产监督管理委员会(以下简称国资委)管理权限范围内的企业负责人。

第三条　企业负责人薪酬管理遵循下列原则:

(一)坚持激励与约束相统一,薪酬与风险、责任相一致,与经营业绩挂钩。

(二)坚持短期激励与长期激励相结合,促进企业可持续发展。

(三)坚持效率优先、兼顾公平,维护出资人、企业负责人、职工等各方的合法权益。

(四)坚持薪酬制度改革与相关改革配套进行,推进企业负责人收入分配的市场化、货币化、规范化。

(五)坚持物质激励与精神激励相结合,提倡奉献精神。

第四条　按照本办法进行薪酬管理的企业应当具备下列条件:

(一)已制订中长期发展规划,生产经营稳定;企业负责人的工作责任、任务和目标明确。

(二)与国资委签订《中央企业负责经营业绩考核责任书》。

(三)按照国家有关部门关于深化国有企业内部人事、劳动、分配制度改革的要求,进行了劳动、人事、分配制度改革。

(四)能按时发放职工工资,足额缴纳各项社会保险费用,近三年企业工资管理无违规行为。

(五)内部基础管理规范,财务报表和成本核算符合《中华人民共和国会计法》和有关财务会计制度规定。

(六)已建立健全财务、审计、企业法律顾问和职工民主监督等内部监督和风险控制机制。

第二章　薪酬构成及确定

第五条　企业负责人薪酬由基薪、绩效薪金和中长期激励单元三部分构成。中长期激励办法另行制定。

第六条　基薪是企业负责人年度的基本收入,主要根据企业经营规模、经营管理难度、所承担的战略责任和所在地区企业平均工资、所在行业平均工资、本企业平均工资等因素综合确定。

第七条　企业法定代表人的基薪按《中央企业负责人薪酬管理暂行办法实施细则》的有关规定(另行制定),采用经审计并通过国资委审核确认的企业上年度财务决算数据计算。基薪每年核定一次。

第八条　企业其他负责人的基薪,由企业根据其任职岗位、责任、风险确定,应采取民主测评等多种方式,合理拉开差距。

第九条 因主辅分离、减员增效等因素,导致企业规模发生变化,相关规模系数在企业主要负责人当期的任期内不核减。

第十条 绩效薪金与经营业绩考核结果挂钩,以基薪为基数,根据企业负责人的年度经营业绩考核级别及考核分数确定,具体规定按《中央企业负责人经营业绩考核暂行办法》(国资委令2号)执行。

第三章 薪酬兑现

第十一条 企业负责人基薪列入企业成本,按月支付。

第十二条 企业负责人纯净薪金列入企业成本,根据考核结果,由企业一次性提取,分期兑现。其中,绩效薪金的60%在年度考核结束后当期兑现,其余40%延期兑现。

第十三条 延期兑现收入与企业负责人任期资产经营考核结果挂钩,具体规定按《中央企业负责人经营业绩考核暂行办法》(国资委令第2号)执行。

第十四条 企业负责人的住房公积金和各项社会保险费,应由个人承担的部分,由企业从其基薪中代扣代缴;应由企业承担的部分,由企业支付。

第十五条 企业负责人的薪酬为税前收入,应依法交纳个人所得税。

第四章 管理与监督

第十六条 企业根据本办法及实施细则制定本企业负责人年度薪酬方案。

第十七条 国资委对企业负责人年度薪酬方案进行审核,并对企业法定代表人的年度薪酬方案予以批复。企业其他负责人的年度薪酬方案,由企业按照本办法确定后报国资委备案。

第十八条 企业主要负责人在子企业兼职取酬的,需报国资委批准。具体办法另行规定。

第十九条 按照本办法进行薪酬管理的企业应当逐步规范企业负责人职位消费,增加职位消费透明度,有条件的应逐步将职位消费货币化。

(一)对礼品费、招待费等公务消费,应当规范预算管理,加强财务监督、审核,接受职工的民主监督。

(二)对企业负责人住房,按照属地化原则,严格执行其住房所在地的房改政策。

(三)实行公务车改革的企业,可合理确定企业负责人交通费用补贴标准,其补贴暂在基薪和绩效薪金外单列,按月发放。

(四)采取包干制等方式支付通讯费的企业,通讯费暂在基薪和绩效薪金外单列,按月发放。企业在报送负责人年度薪酬方案时,应当将企业负责人职位消费的相关材料报国资委。

第二十条 因工作需要在一年内发生岗位变更的,按任职时段计算其当年薪酬。

第二十一条 除国家另有规定及经国资委同意外,企业负责人不得在企业领取年度薪酬方案(已经国资委审核)所列收入以外的其他货币性收入。

第二十二条 企业负责人的基薪和绩效薪金、符合国家规定和经国资委审核同意的其他货币性收入,由企业按照企业负责人的具体收入与支出设置明细账目,单独核算。企业负责人薪酬计入企业工资总额并在企业工资统计中单列。

第二十三条 企业负责人薪酬方案及实施结果应由企业在适当范围内予以公布,接受民主监督。

第二十四条 执行本办法的企业应根据劳动力市场价位和企业自身的情况,不断深化企业内部收入分配制度改革,严格控制人工成本,不得层层增加工资,不得超提、超发工资。

第二十五条 国资委定期对企业负责人薪酬发放情况进行专项检查,对执行本办法过程中存在下列情况之一企业和企业负责人,视情节轻重予以处理:

(一)对于超核定标准发放企业负责人收入的,责令企业收回超标准发放部分,并对企业、企业主要负责人和相关责任人给予通报批评。

(二)对在实行企业负责人薪酬制度改革过程中,超提、超发工资的,对企业主要负责人和相关责任人给予通报批评并相应扣减其绩效薪金。

(三)对于违反国家有关法律法规、弄虚作假的,除依法处理外,相应扣减企业主要负责人和相关责任人的绩效薪金或延期兑现收入。

第二十六条 对于发生重大决策失误或重大违纪事件,给企业造成不良影响或造成国有资产流失的,相应扣减企业主要负责人和相关责任人的绩效薪金和延期兑现收入。

第五章 附 则

第二十七条 面向社会公开招聘的企业负责人薪酬,可根据人才市场价位,采取招聘和应聘双方协商的方式确定。

第二十八条 国有控股及参股企业中国有股权代表可以参照本办法提出本企业负责人薪酬调控意见,并按法定程序分别提交企业董事会、股东会审议决定。

第二十九条 国有独资企业、国有独资公司和国有控股公司专职党委(党组)书记、副书记、常委(党组成员)、纪委书记(纪检组长)薪酬管理参照本办法执行。

第三十条 国资委将建立企业负责人特别奖励制度,以奖励服从组织调任到特定企业任职,以及对企业和社会有特殊贡献的企业负责人。具体办法另行制定。

第三十一条 企业应当按照建立现代企业制度的要求和《中华人民共和国公司法》的规定,抓紧建立规范的公司法人治理结构。规范的法人治理结构建立健全后,本办法规定的实施对象将按照《中华人民共和国公司法》等有关法律法规调整。

第三十二条 本办法自公布之日起施行。

关于加强人工成本控制规范收入分配有关问题的通知

国资分配〔2004〕985号

各中央企业:

近年来,中央企业对收入分配制度改革方面进行了积极探索和实践,在打破平均主义、完善激励约束机制、规范企业领导人员薪酬制度等方面取得了积极成效。但当前中央企业收入分配中也出现了一些值得注意的问题,主要是少数企业执行国家政策不严格、人工成本增长过快、收入差距过大等。为加强中央企业人工成本管理,规范收入分配行为,实现企业可持续发展和良性循环,确保国有资本保值增值,现就有关事项通知如下:

一、建立中央企业收入分配重大事项审核报告制度

各中央企业应严格执行国家收入分配宏观调控政策并履行相应的申报程序。企业按国家有

关政策规定建立职工住房补贴制度、住房公积金制度、企业年金制度以及实施股权激励等收入分配重大事项,均应按照《中华人民共和国公司法》的有关规定,向出资人或股东报告(或经批准),并履行以下申报程序:国有独资企业(公司)的收入分配重大事项应报国资委审核(或备案)后实施;国有控股或者参股企业的收入分配重大事项,应当事先报告国资委及履行出资人职责的其他股东审核(或备案)后,再提交董事会。对已经实施上述收入分配办法未向国资委报告的企业,应在收到此通知后的一个月内将实施情况报国资委。

二、加强收入分配宏观调控,严格控制人工成本增长

各中央企业要健全人工成本管理调控制度,加强人工成本的统计、分析和管理,建立人工成本监控、预警体系,并将人工成本管理与业绩考核工作紧密结合。企业职工工资的发放要严格遵循"两低于"原则,不得超提、超发工资总额,除国家政策另有规定外,不得再以其他形式在成本中列支任何工资性项目。工效挂钩企业所有增资均应由效益工资列支。企业建立职工住房补贴、住房公积金、企业年金等福利制度,要严格执行国家财税政策,报告其财务处理情况,不得突破国家政策规定的标准和列支渠道,不得在企业重组、合并、改制时突击发放奖金、补贴等。企业执行国家收入分配政策和拟订收入分配制度改革措施,均应充分考虑企业人工成本的承受能力。超出人工成本承受力,导致企业效益下降的分配措施应暂缓执行或出台。

三、深化内部分配制度改革,逐步建立有利于企业长远发展的激励约束机制

企业分配制度改革必须与用工制度、人事制度等项改革同步配套推进,切实贯彻"效率优先,兼顾公平"的原则,着眼于调动全体员工的积极性。各中央企业要按照建立现代企业制度的要求,建立以劳动力市场为导向,以岗位工资为主的基本工资制度,实行"竞争上岗、以岗定薪",形成个人收入与其岗位责任、贡献和企业效益密切挂钩、与劳动力市场价位相衔接、能增能减的分配调控机制。积极探索管理、技术、资本等各种生产要素按贡献参与收益分配的办法,将按劳分配与按生产要素分配有机结合起来,对高级管理人员、专业技术人员和业务骨干可根据劳动力市场状况和人才市场化程度实行更为灵活的薪酬制度,加大对企业关键人才的激励力度。

四、加强企业收入分配的管理和监督,完善约束机制

各中央企业在收入分配中要严格财务管理和审计监督,建立出资人监督、企业内部监督和监事会外部监督相结合的有效监督机制。进一步完善厂务公开制度,把收入分配包括经营管理者收入情况作为厂务公开的一项重要内容,接受职工群众监督。建立健全内部分配的民主管理程序和制度,企业收入分配的重大事项须充分听取职工的意见,加强企业内部的自我约束和自我监督能力。国资委将逐步完善对企业收入分配的监督检查制度,适时对企业收入分配政策执行情况进行监督检查。对违反国家收入分配政策,超提、超发工资、奖金、补贴,侵蚀利润的做法,要按规定严肃查处。

各中央企业负责人要身体力行"三个代表"的重要思想,树立与科学发展观相适应政绩观和业绩观,统一思想认识,树立全局观念,发扬艰苦奋斗、勤俭办企业的优良传统。要贯彻党的十六届三中、四中全会精神,继续深化劳动用工、人事和收入分配制度改革,正确处理按劳分配为主体和实行多种分配方式的关系,正确处理出资人、企业和职工的利益关系,正确处理当前利益与长远利益的关系,正确处理个人利益、局部利益与企业整体利益的关系,为企业的可持续发展创造良好条件,坚决防止和避免短期行为。

国务院国有资产监督管理委员会
二〇〇四年十月十六日

关于中央企业试行企业年金制度的指导意见

国资发分配〔2005〕135号

各中央企业：

为指导和规范国资委监管企业(以下简称中央企业)试行企业年金制度,完善企业薪酬福利制度和社会保障体系,正确处理国有资产出资人、企业、职工三者利益关系,逐步建立有利于国有资本保值增值的激励机制,根据《企业年金试行办法》(劳动保障部令第20号)等有关政策规定,现就中央企业试行企业年金制度提出如下意见：

一、充分认识试行企业年金制度的重要意义

企业年金是在国家政策指导下,企业及其职工在依法参加基本养老保险的基础上,自愿建立的补充养老保险制度。建立和完善企业年金制度,既有利于保障和提高职工退休后的基本生活水平、构建多层次养老保险体系,又有利于改善企业薪酬福利结构,增强薪酬的长期激励作用,提高企业凝聚力和竞争力,是一项关系到企业长远发展和职工切身利益的制度建设。各中央企业要充分认识试行企业年金制度的重要意义,规范企业年金制度的建立和年金基金的管理运行。

二、试行企业年金制度的原则

(一)保障性和激励性相结合的原则。

试行企业年金制度应统筹考虑企业职工未来基本生活保障的需要与即期激励作用的发挥,将完善企业薪酬福利制度与构建社会保障体系有机地结合起来,增强企业凝聚力,完善激励机制。

(二)效率优先、兼顾公平的原则。

试行企业年金制度既要坚持公开、公平、公正原则,覆盖企业全体职工；也要与职工个人的贡献挂钩,促进企业经济效益持续增长。

(三)兼顾出资人、企业和职工利益原则。

试行企业年金制度应充分考虑企业的承受能力,量力而行,不能互相攀比,不能加重企业的负担,不能损害企业的长远发展。

三、试行企业年金制度的基本条件

(一)具备相应的经济能力。

1. 企业盈利并完成国资委核定的年度经营业绩考核指标,实现国有资本保值增值。亏损企业以及未实现国有资本保值增值的企业在实现扭亏及国有资本保值增值之前不得试行企业年金制度。

2. 企业主业明确,发展战略清晰,具有持续的盈利能力和年金支付能力。

(二)人工成本承受能力较强。

企业年金缴费水平应与人工成本承受能力相适应,不得因试行企业年金制度而造成人工成本大幅度增加,从而影响企业的竞争能力。凡是人工成本指标高于行业平均水平,以及人工成本指标控制未达到国资委相关要求的,应暂缓实行或调整缴费比例,保持和提高企业竞争力。

(三)基础管理规范、民主制度健全。

企业应依法参加基本养老保险并履行缴费义务。企业年金方案应当通过企业内部协商的方式确定,并通过职工大会或职工代表大会及其他民主方式审议通过。

四、科学设计和实施企业年金方案

企业年金方案应包括参加人员范围、资金筹集、个人账户管理、基金管理、计发办法和支付方

式、组织管理和监督方式等内容。其中,要重点设计和解决以下问题:

（一）科学设计薪酬福利结构。

企业应根据人力资源发展战略、内部分配制度改革的需要,统筹考虑建立企业年金与调整薪酬福利结构的关系,不断完善企业薪酬福利体系。

（二）合理确定年金缴费水平。

企业年金所需费用由企业和职工个人共同缴纳,企业缴费与个人缴费比例应相匹配。企业盈利并完成国资委下达的经营业绩指标,人工成本指标低于行业平均水平,以及人工成本指标控制达到国资委相关要求的,可按企业年金计划规定的缴费比例执行;盈利指标未能达到国资委核定的经营业绩考核目标或企业亏损,以及人工成本指标较高时,应动态调整企业缴费水平或暂停缴费。企业集团内部各企业之间的缴费水平应根据企业发展阶段与经济效益状况,合理确定缴费水平,避免互相攀比。

（三）强化年金激励、约束功能。

企业年金基金采用个人账户方式进行管理。企业缴费划入个人账户比例应根据职工对企业经营业绩贡献的大小,结合职工的岗位责任、工作年限等因素综合确定,适当向关键岗位和优秀人才倾斜。对已划入个人账户的部分,应根据职工工作年限(也可自企业年金计划启动后起计)决定归属个人比例,并随着工作年限的增加相应增加归属比例,在3～5年内逐步归属职工个人。

为建立中央企业负责人中长期激励机制,根据《中央企业负责人经营业绩考核暂行办法》及《中央企业负责人薪酬管理暂行办法》的有关规定,试行企业年金制度的中央企业可根据企业负责人任期考核结果,适当提高企业缴费部分划入企业负责人个人账户部分的比例,具体比例由企业根据自身实际和完善企业负责人薪酬福利结构的需要提出,经国资委审核同意后实施。

（四）规范年金资金列支渠道。

中央企业缴费的列支渠道,在完善城镇社会保障体系试点的省(区、市),根据《国务院关于印发完善城镇社会保障体系试点方案的通知》(国发〔2000〕42号)规定,企业缴费在工资总额4%以内的部分,可从成本中列支。其他省(区、市),根据财政部《关于企业为职工购买保险有关财务处理问题的通知》(财企〔2003〕61号)和税务总局《关于执行〈企业会计制度〉需要明确的有关所得税问题的通知》(国税发〔2003〕45号)的有关规定,企业缴费列入成本的部分原则上不超过工资总额的4%。

（五）兼顾解决历史遗留问题。

企业年金方案的设计要与解决历史遗留问题结合起来,通过试行企业年金制度,规范基本养老保险统筹外项目支出。凡是试行企业年金制度的企业,应兼顾新、老离退休人员福利保障水平,统筹解决基本养老保险统筹外项目支出问题,对试行企业年金制度后离退休的人员,企业不应在基本养老保险统筹和企业年金之外再支付任何福利性项目。

（六）统筹规划设计年金方案。

试行企业年金制度,应按照国家相关法律法规和本指导意见要求,在对企业整体经济状况、人工成本承受能力进行精心测算和对未来经营业绩科学预测的基础上拟订企业年金方案。各中央企业原则上应统筹规划设计整体年金方案,并针对企业内部各子企业实际情况分步实施,不能一刀切。多元化的大型企业集团,其子企业可结合行业特点制订独具特色的企业年金方案,由集团公司报国资委审核。

五、规范企业年金的市场化管理运营

（一）建立企业年金管理运营机构公开选择和考核评估机制。

为加强年金基金监管和规范运营,保障企业年金的安全性,各中央企业应按照"公开、公平、公正"的原则,采用市场化方式,择优选择经国家有关监管部门认定的机构管理运营企业年金,并将选择的管理运营机构事前报国资委备案。同时,中央企业应通过受托人建立动态的考核评价机制,对管理运营机构的业绩进行评估,并根据评估情况调整管理运营机构。

(二)规范与各管理服务机构的法律关系。

试行企业年金制度的企业要严格按照《企业年金试行办法》要求,明确与企业年金基金各管理运营主体的职责及运作规则。由企业按规定确定企业年金受托人,由企业年金受托人按规定委托具有资格的企业年金账户管理人、投资管理人和托管人。企业与受托人建立信托关系并签订书面合同,受托人与账户管理人、托管人和投资管理人之间应确定委托合同关系并签订书面合同,明确各自的权利、责任和义务。

(三)建立报告和信息披露制度。

中央企业年金受托人、账户管理人、托管人和投资管理人等管理运营机构,应当按照规定向委托人及有关部门或机构报告企业年金基金管理情况,并对所披露信息的真实性、完整性负责。各委托人应将上述报告汇总后报国资委备案。各管理运营机构应接受企业年金委托人、受益人查询,定期向委托人、受益人和有关监管部门提供企业年金基金管理报告。发生重大事件时,应及时向委托人、受益人及有关监管部门报告。

企业年金理事会或企业年金基金受托管理人应定期向职工大会或职工代表大会报告企业年金管理、运营情况,职工大会或职工代表大会代表职工监督企业年金的管理和运行。

六、加强企业年金的组织管理

(一)加强组织领导。

建立年金制度的企业应成立由相关部门和职工代表组成的企业年金管理委员会,加强对直接投资的国有和国有控股企业试行企业年金制度的组织指导,促进企业年金制度稳步健康发展。具备条件的大型中央企业可建立独立的企业年金理事会,其他中央企业可自愿结合,联合组成企业年金理事会或行业年金理事会,统一受托管理企业年金基金。企业年金理事会应符合国家有关规范要求,并建立和完善内部稽核监控制度、风险控制制度以及选择、监督、评估、更换账户管理人、托管人、投资管理人及其他中介机构的制度和流程,切实承担好受托管理职责。

(二)建立审核、备案制度。

中央企业要按照国家有关规定和本指导意见的要求制订年金方案,经企业职工代表大会或职工大会审议通过后,按照《中华人民共和国公司法》《企业国有资产监督管理暂行条例》的有关规定履行以下审核程序:国有独资中央企业(公司)的年金方案应报国资委审核批准;中央企业直接或间接控股的公司的年金方案,其国有控股股东应在提交董事会审议前将企业年金方案报履行出资人职责的部门审核同意。企业年金方案经审核批准后,按有关规定报劳动保障部门备案。

本意见下发之前已经试行企业年金(或补充养老保险)制度的中央企业及以企业年金(或补充养老保险)名义购买的商业保险产品,应当按照国家有关政策规定和本意见的要求认真清理、规范完善企业年金方案,并将修订和规范后的企业年金方案按本意见规定履行审核程序。

国资委将加强与国务院有关部门的协调配合,会同有关监管部门共同对企业年金的运行实施情况进行监督检查。各中央企业在建立和实施企业年金工作中遇到的新情况、新问题,要及时向国资委报告。

国务院国有资产监督管理委员会
二〇〇五年八月八日

中国证券监督管理委员会关于发布《上市公司股权激励管理办法》(试行)的通知

证监公司字〔2005〕151号

各上市公司:

　　为了贯彻落实《国务院关于推进资本市场改革开放和稳定发展的若干意见》(国发〔2004〕3号)和《国务院批转证监会〈关于提高上市公司质量意见〉的通知》(国发〔2005〕34号),进一步完善上市公司治理结构,促进上市公司规范运作与持续发展,现发布《上市公司股权激励管理办法》(试行)。已完成股权分置改革的上市公司,可遵照本办法的要求实施股权激励,建立健全激励与约束机制。

中国证券监督管理委员会
二〇〇五年十二月三十一日

上市公司股权激励管理办法(试行)

第一章　总　　则

　　第一条　为进一步促进上市公司建立、健全激励与约束机制,依据《中华人民共和国公司法》、《中华人民共和国证券法》及其他有关法律、行政法规的规定,制定本办法。

　　第二条　本办法所称股权激励是指上市公司以本公司股票为标的,对其董事、监事、高级管理人员及其他员工进行的长期性激励。

　　上市公司以限制性股票、股票期权及法律、行政法规允许的其他方式实行股权激励计划的,适用本办法的规定。

　　第三条　上市公司实行的股权激励计划,应当符合法律、行政法规、本办法和公司章程的规定,有利于上市公司的持续发展,不得损害上市公司利益。

　　上市公司的董事、监事和高级管理人员在实行股权激励计划中应当诚实守信,勤勉尽责,维护公司和全体股东的利益。

　　第四条　上市公司实行股权激励计划,应当严格按照有关规定和本办法的要求履行信息披露义务。

　　第五条　为上市公司股权激励计划出具意见的专业机构,应当诚实守信、勤勉尽责,保证所出具的文件真实、准确、完整。

　　第六条　任何人不得利用股权激励计划进行内幕交易、操纵证券交易价格和进行证券欺诈活动。

第二章 一般规定

第七条 上市公司具有下列情形之一的,不得实行股权激励计划:
(一) 最近一个会计年度财务会计报告被注册会计师出具否定意见或者无法表示意见的审计报告;
(二) 最近一年内因重大违法违规行为被中国证监会予以行政处罚;
(三) 中国证监会认定的其他情形。

第八条 股权激励计划的激励对象可以包括上市公司的董事、监事、高级管理人员、核心技术(业务)人员,以及公司认为应当激励的其他员工,但不应当包括独立董事。
下列人员不得成为激励对象:
(一) 最近3年内被证券交易所公开谴责或宣布为不适当人选的;
(二) 最近3年内因重大违法违规行为被中国证监会予以行政处罚的;
(三) 具有《中华人民共和国公司法》规定的不得担任公司董事、监事、高级管理人员情形的。
股权激励计划经董事会审议通过后,上市公司监事会应当对激励对象名单予以核实,并将核实情况在股东大会上予以说明。

第九条 激励对象为董事、监事、高级管理人员的,上市公司应当建立绩效考核体系和考核办法,以绩效考核指标为实施股权激励计划的条件。

第十条 上市公司不得为激励对象依股权激励计划获取有关权益提供贷款以及其他任何形式的财务资助,包括为其贷款提供担保。

第十一条 拟实行股权激励计划的上市公司,可以根据本公司实际情况,通过以下方式解决标的股票来源:
(一) 向激励对象发行股份;
(二) 回购本公司股份;
(三) 法律、行政法规允许的其他方式。

第十二条 上市公司全部有效的股权激励计划所涉及的标的股票总数累计不得超过公司股本总额的10%。
非经股东大会特别决议批准,任何一名激励对象通过全部有效的股权激励计划获授的本公司股票累计不得超过公司股本总额的1%。
本条第一款、第二款所称股本总额是指股东大会批准最近一次股权激励计划时公司已发行的股本总额。

第十三条 上市公司应当在股权激励计划中对下列事项做出明确规定或说明:
(一) 股权激励计划的目的;
(二) 激励对象的确定依据和范围;
(三) 股权激励计划拟授予的权益数量、所涉及的标的股票种类、来源、数量及占上市公司股本总额的百分比;若分次实施的,每次拟授予的权益数量、所涉及的标的股票种类、来源、数量及占上市公司股本总额的百分比;
(四) 激励对象为董事、监事、高级管理人员的,其各自可获授的权益数量、占股权激励计划拟授予权益总量的百分比;其他激励对象(各自或按适当分类)可获授的权益数量及占股权激励计划拟授予权益总量的百分比;

（五）股权激励计划的有效期、授权日、可行权日、标的股票的禁售期；

（六）限制性股票的授予价格或授予价格的确定方法，股票期权的行权价格或行权价格的确定方法；

（七）激励对象获授权益、行权的条件，如绩效考核体系和考核办法，以绩效考核指标为实施股权激励计划的条件；

（八）股权激励计划所涉及的权益数量、标的股票数量、授予价格或行权价格的调整方法和程序；

（九）公司授予权益及激励对象行权的程序；

（十）公司与激励对象各自的权利义务；

（十一）公司发生控制权变更、合并、分立、激励对象发生职务变更、离职、死亡等事项时如何实施股权激励计划；

（十二）股权激励计划的变更、终止；

（十三）其他重要事项。

第十四条 上市公司发生本办法第七条规定的情形之一时，应当终止实施股权激励计划，不得向激励对象继续授予新的权益，激励对象根据股权激励计划已获授但尚未行使的权益应当终止行使。

在股权激励计划实施过程中，激励对象出现本办法第八条规定的不得成为激励对象的情形的，上市公司不得继续授予其权益，其已获授但尚未行使的权益应当终止行使。

第十五条 激励对象转让其通过股权激励计划所得股票的，应当符合有关法律、行政法规及本办法的规定。

第三章 限制性股票

第十六条 本办法所称限制性股票是指激励对象按照股权激励计划规定的条件，从上市公司获得的一定数量的本公司股票。

第十七条 上市公司授予激励对象限制性股票，应当在股权激励计划中规定激励对象获授股票的业绩条件、禁售期限。

第十八条 上市公司以股票市价为基准确定限制性股票授予价格的，在下列期间内不得向激励对象授予股票：

（一）定期报告公布前30日；

（二）重大交易或重大事项决定过程中至该事项公告后2个交易日；

（三）其他可能影响股价的重大事件发生之日起至公告后2个交易日。

第四章 股票期权

第十九条 本办法所称股票期权是指上市公司授予激励对象在未来一定期限内以预先确定的价格和条件购买本公司一定数量股份的权利。

激励对象可以其获授的股票期权在规定的期间内以预先确定的价格和条件购买上市公司一定数量的股份，也可以放弃该种权利。

第二十条 激励对象获授的股票期权不得转让、用于担保或偿还债务。

第二十一条 上市公司董事会可以根据股东大会审议批准的股票期权计划，决定一次性授出或分次授出股票期权,但累计授出的股票期权涉及的标的股票总额不得超过股票期权计划所涉及的标的股票总额。

第二十二条 股票期权授权日与获授股票期权首次可以行权日之间的间隔不得少于 1 年。股票期权的有效期从授权日计算不得超过 10 年。

第二十三条 在股票期权有效期内,上市公司应当规定激励对象分期行权。

股票期权有效期过后,已授出但尚未行权的股票期权不得行权。

第二十四条 上市公司在授予激励对象股票期权时,应当确定行权价格或行权价格的确定方法。行权价格不应低于下列价格较高者:

(一)股权激励计划草案摘要公布前一个交易日的公司标的股票收盘价;

(二)股权激励计划草案摘要公布前 30 个交易日内的公司标的股票平均收盘价。

第二十五条 上市公司因标的股票除权、除息或其他原因需要调整行权价格或股票期权数量的,可以按照股票期权计划规定的原则和方式进行调整。

上市公司依据前款调整行权价格或股票期权数量的,应当由董事会做出决议并经股东大会审议批准,或者由股东大会授权董事会决定。

律师应当就上述调整是否符合本办法、公司章程和股票期权计划的规定向董事会出具专业意见。

第二十六条 上市公司在下列期间内不得向激励对象授予股票期权:

(一)定期报告公布前 30 日;

(二)重大交易或重大事项决定过程中至该事项公告后 2 个交易日;

(三)其他可能影响股价的重大事件发生之日至公告后 2 个交易日。

第二十七条 激励对象应当在上市公司定期报告公布后第 2 个交易日,至下一次定期报告公布前 10 个交易日内行权,但不得在下列期间内行权:

(一)重大交易或重大事项决定过程中至该事项公告后 2 个交易日;

(二)其他可能影响股价的重大事件发生之日起至公告后 2 个交易日。

第五章 实施程序和信息披露

第二十八条 上市公司董事会下设的薪酬与考核委员会负责拟定股权激励计划草案。薪酬与考核委员会应当建立完善的议事规则,其拟订的股权激励计划草案应当提交董事会审议。

第二十九条 独立董事应当就股权激励计划是否有利于上市公司的持续发展,是否存在明显损害上市公司及全体股东利益发表独立意见。

第三十条 上市公司应当在董事会审议通过股权激励计划草案后的 2 个交易日内,公告董事会决议、股权激励计划草案摘要、独立董事意见。

股权激励计划草案摘要至少应当包括本办法第十三条第(一)至(八)项、第(十二)项的内容。

第三十一条 上市公司应当聘请律师对股权激励计划出具法律意见书,至少对以下事项发表专业意见:

(一)股权激励计划是否符合本办法的规定;

(二)股权激励计划是否已经履行了法定程序;

(三)上市公司是否已经履行了信息披露义务;

(四)股权激励计划是否存在明显损害上市公司及全体股东利益和违反有关法律、行政法规

的情形;

(五) 其他应当说明的事项。

第三十二条 上市公司董事会下设的薪酬与考核委员会认为必要时,可以要求上市公司聘请独立财务顾问,对股权激励计划的可行性、是否有利于上市公司的持续发展、是否损害上市公司利益以及对股东利益的影响发表专业意见。

独立财务顾问应当出具独立财务顾问报告,至少对以下事项发表专业意见:

(一) 股权激励计划是否符合本办法的规定;

(二) 公司实行股权激励计划的可行性;

(三) 对激励对象范围和资格的核查意见;

(四) 对股权激励计划权益授出额度的核查意见;

(五) 公司实施股权激励计划的财务测算;

(六) 公司实施股权激励计划对上市公司持续经营能力、股东权益的影响;

(七) 对上市公司是否为激励对象提供任何形式的财务资助的核查意见;

(八) 股权激励计划是否存在明显损害上市公司及全体股东利益的情形;

(九) 上市公司绩效考核体系和考核办法的合理性;

(十) 其他应当说明的事项。

第三十三条 董事会审议通过股权激励计划后,上市公司应将有关材料报中国证监会备案,同时抄报证券交易所及公司所在地证监局。

上市公司股权激励计划备案材料应当包括以下文件:

(一) 董事会决议;

(二) 股权激励计划;

(三) 法律意见书;

(四) 聘请独立财务顾问的,独立财务顾问报告;

(五) 上市公司实行股权激励计划依照规定需要取得有关部门批准的,有关批复文件;

(六) 中国证监会要求报送的其他文件。

第三十四条 中国证监会自收到完整的股权激励计划备案申请材料之日起20个工作日内未提出异议的,上市公司可以发出召开股东大会的通知,审议并实施股权激励计划。在上述期限内,中国证监会提出异议的,上市公司不得发出召开股东大会的通知审议及实施该计划。

第三十五条 上市公司在发出召开股东大会通知时,应当同时公告法律意见书;聘请独立财务顾问的,还应当同时公告独立财务顾问报告。

第三十六条 独立董事应当就股权激励计划向所有的股东征集委托投票权。

第三十七条 股东大会应当对股权激励计划中的如下内容进行表决:

(一) 股权激励计划所涉及的权益数量、所涉及的标的股票种类、来源和数量;

(二) 激励对象的确定依据和范围;

(三) 股权激励计划中董事、监事各自被授予的权益数额或权益数额的确定方法;高级管理人员和其他激励对象(各自或按适当分类)被授予的权益数额或权益数额的确定方法;

(四) 股权激励计划的有效期、标的股票禁售期;

(五) 激励对象获授权益、行权的条件;

(六) 限制性股票的授予价格或授予价格的确定方法,股票期权的行权价格或行权价格的确定方法;

(七) 股权激励计划涉及的权益数量、标的股票数量、授予价格及行权价格的调整方法和程序；

（八）股权激励计划的变更、终止；

（九）对董事会办理有关股权激励计划相关事宜的授权；

（十）其他需要股东大会表决的事项。

股东大会就上述事项作出决议，必须经出席会议的股东所持表决权的2/3以上通过。

第三十八条 股权激励计划经股东大会审议通过后，上市公司应当持相关文件到证券交易所办理信息披露事宜，到证券登记结算机构办理有关登记结算事宜。

第三十九条 上市公司应当按照证券登记结算机构的业务规则，在证券登记结算机构开设证券账户，用于股权激励计划的实施。

尚未行权的股票期权，以及不得转让的标的股票，应当予以锁定。

第四十条 激励对象的股票期权的行权申请以及限制性股票的锁定和解锁，经董事会或董事会授权的机构确认后，上市公司应当向证券交易所提出行权申请，经证券交易所确认后，由证券登记结算机构办理登记结算事宜。

已行权的股票期权应当及时注销。

第四十一条 除非得到股东大会明确授权，上市公司变更股权激励计划中本办法第三十七条所列事项的，应当提交股东大会审议批准。

第四十二条 上市公司应在定期报告中披露报告期内股权激励计划的实施情况，包括：

（一）报告期内激励对象的范围；

（二）报告期内授出、行使和失效的权益总额；

（三）至报告期末累计已授出但尚未行使的权益总额；

（四）报告期内授予价格与行权价格历次调整的情况以及经调整后的最新授予价格与行权价格；

（五）董事、监事、高级管理人员各自的姓名、职务以及在报告期内历次获授和行使权益的情况；

（六）因激励对象行权所引起的股本变动情况；

（七）股权激励的会计处理方法。

第四十三条 上市公司应当按照有关规定在财务报告中披露股权激励的会计处理。

第四十四条 证券交易所应当在其业务规则中明确股权激励计划所涉及的信息披露要求。

第四十五条 证券登记结算机构应当在其业务规则中明确股权激励计划所涉及的登记结算业务的办理要求。

第六章 监管和处罚

第四十六条 上市公司的财务会计文件有虚假记载的，负有责任的激励对象自该财务会计文件公告之日起12个月内由股权激励计划所获得的全部利益应当返还给公司。

第四十七条 上市公司不符合本办法的规定实行股权激励计划的，中国证监会责令其改正，对公司及相关责任人依法予以处罚；在责令改正期间，中国证监会不受理该公司的申请文件。

第四十八条 上市公司未按照本办法及其他相关规定披露股权激励计划相关信息或者所披露的信息有虚假记载、误导性陈述或者重大遗漏的，中国证监会责令其改正，对公司及相关责任人依法予以处罚。

第四十九条 利用股权激励计划虚构业绩、操纵市场或者进行内幕交易，获取不正当利益的,中国证监会依法没收违法所得,对相关责任人员采取市场禁入等措施;构成犯罪的,移交司法机关依法查处。

第五十条 为上市公司股权激励计划出具意见的相关专业机构未履行勤勉尽责义务,所发表的专业意见存在虚假记载、误导性陈述或者重大遗漏的,中国证监会对相关专业机构及签字人员采取监管谈话、出具警示函、责令整改等措施,并移交相关专业机构主管部门处理;情节严重的,处以警告、罚款等处罚;构成证券违法行为的,依法追究法律责任。

第七章 附 则

第五十一条 本办法下列用语具有如下含义:

高级管理人员:指上市公司经理、副经理、财务负责人、董事会秘书和公司章程规定的其他人员。

标的股票:指根据股权激励计划,激励对象有权获授或购买的上市公司股票。

权益:指激励对象根据股权激励计划获得的上市公司股票、股票期权。

授权日:指上市公司向激励对象授予股票期权的日期。授权日必须为交易日。

行权:指激励对象根据股票期权激励计划,在规定的期间内以预先确定的价格和条件购买上市公司股份的行为。

可行权日:指激励对象可以开始行权的日期。可行权日必须为交易日。

行权价格:上市公司向激励对象授予股票期权时所确定的、激励对象购买上市公司股份的价格。

授予价格:上市公司向激励对象授予限制性股票时所确定的、激励对象获得上市公司股份的价格。

本办法所称的"超过"、"少于"不含本数。

第五十二条 本办法适用于股票在上海、深圳证券交易所上市的公司。

第五十三条 本办法自2006年1月1日起施行。

关于印发《国有控股上市公司(境外)实施股权激励试行办法》的通知

国资发分配〔2006〕8号

各省、自治区、直辖市及计划单列市、新疆生产建设兵团国有资产监督管理机构、财政厅(局),各中央企业:

为深化国有控股上市公司(境外)(以下简称上市公司)薪酬制度改革,构建上市公司中长期激励机制,充分调动上市公司高级管理人员和科技人员的积极性,指导和规范上市公司拟订和实施股权激励计划,根据《中华人民共和国公司法》、《企业国有资产监督管理暂行条例》(国务院令第378号),我们制定了《国有控股上市公司(境外)实施股权激励试行办法》。现印发给你们,请结合实际,认真遵照执行。

中央金融企业、地方国有或国有控股企业改制重组境外上市的公司比照本办法执行。为规范实施股权激励制度,地方国有控股上市公司(境外)试行股权激励办法,由各省(区、市)及计划单列市国有资产监督管理机构或部门、新疆生产建设兵团国资委、财政厅(局)分别报国务院国资委和财政部备案。

国务院国有资产监督管理委员会
中华人民共和国财政部
二〇〇六年一月二十七日

国有控股上市公司(境外)实施股权激励试行办法

第一章 总 则

第一条 为指导国有控股上市公司(境外)依法实施股权激励,建立中长期激励机制,根据《中华人民共和国公司法》、《企业国有资产监督管理暂行条例》等法律、行政法规,制定本办法。

第二条 本办法适用于中央非金融企业改制重组境外上市的国有控股上市公司(以下简称上市公司)。

第三条 本办法所称股权激励主要指股票期权、股票增值权等股权激励方式。

股票期权是指上市公司授予激励对象在未来一定期限内以预先确定的价格和条件购买本公司一定数量股票的权利。股票期权原则上适用于境外注册、国有控股的境外上市公司。股权激励对象有权行使该项权利,也有权放弃该项权利。股票期权不得转让和用于担保、偿还债务等。

股票增值权是指上市公司授予激励对象在一定的时期和条件下,获得规定数量的股票价格上升所带来的收益的权利。股票增值权主要适用于发行境外上市外资股的公司。股权激励对象不拥有这些股票的所有权,也不拥有股东表决权、配股权。股票增值权不能转让和用于担保、偿还债务等。

上市公司还可根据本行业和企业特点,借鉴国际通行做法,探索实行其他中长期激励方式,如限制性股票、业绩股票等。

第四条 实施股权激励应具备以下条件:

(一)公司治理结构规范,股东会、董事会、监事会、经理层各负其责,协调运转,有效制衡。董事会中有3名以上独立董事并能有效履行职责;

(二)公司发展战略目标和实施计划明确,持续发展能力良好;

(三)公司业绩考核体系健全、基础管理制度规范,进行了劳动、用工、薪酬制度改革。

第五条 实施股权激励应遵循以下原则:

(一)坚持股东利益、公司利益和管理层利益相一致,有利于促进国有资本保值增值和上市公司的可持续发展;

(二)坚持激励与约束相结合,风险与收益相对称,适度强化对管理层的激励力度;

(三)坚持依法规范,公开透明,遵循境内外相关法律法规和境外上市地上市规则要求;

(四)坚持从实际出发,循序渐进,逐步完善。

第二章　股权激励计划的拟订

第六条　股权激励计划应包括激励方式、激励对象、授予数量、行权价格及行权价格的确定方式、行权期限等内容。

第七条　股权激励对象原则上限于上市公司董事、高级管理人员（以下简称高管人员）以及对上市公司整体业绩和持续发展有直接影响的核心技术人才和管理骨干，股权激励的重点是上市公司的高管人员。

本办法所称上市公司董事包括执行董事、非执行董事。独立非执行董事不参与上市公司股权激励计划。

本办法所称上市公司高管人员是指对公司决策、经营、管理负有领导职责的人员，包括总经理、副总经理、公司财务负责人（包括其他履行上述职责的人员）、董事会秘书和公司章程规定的其他人员。

上市公司核心技术人才、管理骨干由公司董事会根据其对上市公司发展的重要性和贡献等情况确定。高新技术企业可结合行业特点和高科技人才构成情况界定核心技术人才的激励范围，但须就确定依据、授予范围及数量等情况作出说明。

在股权授予日，任何持有上市公司5%以上有表决权的股份的人员，未经股东大会批准，不得参加股权激励计划。

第八条　上市公司母公司（控股公司）负责人在上市公司任职的，可参与股权激励计划，但只能参与一家上市公司的股权激励计划。

第九条　在股权激励计划有效期内授予的股权总量，应结合上市公司股本规模和股权激励对象的范围、薪酬结构及中长期激励预期收益水平合理确定。

（一）在股权激励计划有效期内授予的股权总量累计不得超过公司股本总额的10%。

（二）首次股权授予数量应控制在上市公司股本总额的1%以内。

第十条　在股权激励计划有效期内任何12个月期间授予任一人员的股权（包括已行使的和未行使的股权）超过上市公司发行总股本1%的，上市公司不再授予其股权。

第十一条　授予高管人员的股权数量按下列办法确定：

（一）在股权激励计划有效期内，高管人员预期股权激励收益水平原则上应控制在其薪酬总水平的40%以内。高管人员薪酬总水平应根据本公司业绩考核与薪酬管理办法，并参考境内外同类人员薪酬市场价位、本公司员工平均收入水平等因素综合确定。各高管人员薪酬总水平和预期股权收益占薪酬总水平的比例应根据上市公司岗位分析、岗位测评、岗位职责按岗位序列确定；

（二）按照国际通行的期权定价模型，计算股票期权或股票增值权的公平市场价值，确定每股股权激励预期收益；

（三）按照上述原则和股权授予价格（行权价格），确定高管人员股权授予的数量。

第十二条　股权的授予价格根据公平市场价原则，按境外上市规则及本办法的有关规定确定。

上市公司首次公开发行上市时实施股权激励计划的，其股权的授予价格按上市公司首次公开发行上市满30个交易日以后，依据境外上市规则规定的公平市场价格确定。

上市公司上市后实施的股权激励计划，其股权的授予价格不得低于授予日的收盘价或前5个交易日的平均收盘价，并不再予以折扣。

第十三条 上市公司因发行新股、转增股本、合并、分立等原因导致总股本发生变动或其他原因需要调整行权价格或股权授予数量的，可以按照股权激励计划规定的原则和方式进行调整，但应由公司董事会做出决议并经公司股东大会审议批准。

第十四条 股权激励计划有效期一般不超过10年，自股东大会通过股权激励计划之日起计算。

第十五条 在股权激励计划有效期内，每一次股权激励计划的授予间隔期应在一个完整的会计年度以上，原则上每两年授予一次。

第十六条 行权限制期为股权授予日至股权生效日的期限。股权限制期原则上定为两年，在限制期内不得行权。

第十七条 行权有效期为股权限制期满后至股权终止日的时间，由上市公司根据实际情况确定，原则上不得低于3年。在行权有效期内原则上采取匀速分批行权办法，或按照符合境外上市规则要求的办法行权。超过行权有效期的，其权利自动失效，并不可追溯行使。

第十八条 上市公司不得在董事会讨论审批或公告公司年度、半年度、季度业绩报告等影响股票价格的敏感事项发生时授予股权或行权。

第三章 股权激励计划的审核

第十九条 国有控股股东代表在股东大会审议批准上市公司拟实施的股权激励计划之前，应将拟实施的股权激励计划及管理办法报履行国有资产出资人职责的机构或部门审核，并根据其审核意见在股东大会行使表决权。

第二十条 国有控股股东代表申报的股权激励计划报告应包括以下内容：

（一）上市公司的简要情况；

（二）上市公司股权激励计划方案和股权激励管理办法。主要应载明以下内容：股权授予的人员范围、授予数量、授予价格和行权时间的确定、权利的变更及丧失，以及股权激励计划的管理、监督等；选择的期权定价模型及股票期权或股票增值权预期收益的测算等情况的说明。

（三）上市公司绩效考核评价制度和股权激励计划实施的说明。绩效考核评价制度应当包括岗位职责核定、绩效考核评价指标和标准、年度及任期绩效责任目标、考核评价程序等内容。

（四）上市公司实施股权激励计划的组织领导和工作方案。

第二十一条 上市公司按批准的股权激励计划实施的分期股权授予方案，国有控股股东代表应当报履行国有资产出资人职责的机构或部门备案。其中因实施股权激励计划而增发股票及调整股权授予范围、超出首次股权授予规模等，应按本办法规定履行相应申报程序。

第二十二条 上市公司终止股权激励计划并实施新计划，国有控股股东代表应按照本办法规定重新履行申报程序。原股权激励计划终止后，不得根据已终止的计划再授予股权。

第四章 股权激励计划的管理

第二十三条 国有控股股东代表应要求和督促上市公司制定严格的股权激励管理办法，建立规范的绩效考核评价制度；按照上市公司股权激励管理办法和绩效考核评价办法确定对高管人员股权的授予和行权；对已经授予的股权数量在行权时可根据年度业绩考核情况进行动态调整。

第二十四条 股权激励对象应承担行权时所发生的费用，并依法纳税。上市公司不得对股权激励对象行权提供任何财务资助。

第二十五条　股权激励对象因辞职、调动、被解雇、退休、死亡、丧失行为能力等原因终止服务时,其股权的行使应作相应调整,采取行权加速、终止等处理方式。

第二十六条　参与上市公司股权激励计划的上市公司母公司(控股公司)的负责人,其股权激励计划的实施应符合《中央企业负责人经营业绩考核暂行办法》(国资委令第2号)的有关规定。上市公司或其母公司(控股公司)为中央金融企业的,企业负责人股权激励计划的实施应符合财政部有关国有金融企业绩效考核的规定。

第二十七条　上市公司高管人员的股票期权应保留一定比例在任职期满后根据任期考核结果行权,任职(或任期)期满后的行权比例不得低于授权总量的20%;对授予的股票增值权,其行权所获得的现金收益需进入上市公司为股权激励对象开设的账户,账户中的现金收益应有不低于20%的部分至任职(或任期)期满考核合格后方可提取。

第二十八条　有以下情形之一的,当年年度可行权部分应予取消:
(一)上市公司年度绩效考核达不到股权激励计划规定的业绩考核标准的;
(二)年度财务报告被注册会计师出具否定意见或无法表示意见的;
(三)监事会或审计部门对上市公司业绩或年度财务报告提出重大异议的。

第二十九条　股权激励对象有以下情形之一的,应取消其行权资格:
(一)严重失职、渎职的;
(二)违反国家有关法律法规、上市公司章程规定的;
(三)上市公司有足够的证据证明股权持有者在任职期间,由于受贿索贿、贪污盗窃、泄露上市公司经营和技术秘密、实施关联交易损害上市公司利益、声誉和对上市公司形象有重大负面影响的行为,给上市公司造成损失的。

第三十条　国有控股股东代表应要求和督促上市公司在实施股权激励计划的财务、会计处理及其税收等方面严格执行境内外有关法律法规、财务制度、会计准则、税务制度和上市规则。

第三十一条　国有控股股东代表应将下列事项在上市公司年度报告披露后10日内报履行国有资产出资人职责的机构或部门备案:
(一)公司股权激励计划的授予和行使情况;
(二)公司董事、高管人员持有股权的数量、期限、本年度已经行权和未行权的情况及其所持股权数量与期初所持数量的对比情况;
(三)公司实施股权激励绩效考核情况及实施股权激励对公司费用及利润的影响情况等。

第五章　附　　则

第三十二条　中央金融企业、地方国有或国有控股企业改制重组境外上市的公司比照本办法执行。

第三十三条　原经批准已实施股权激励计划的上市公司,在按原计划分期实施或拟订新计划时应按照本办法的规定执行。

第三十四条　本办法自2006年3月1日起施行。

关于印发《国有控股上市公司(境内)实施股权激励试行办法》的通知

国资发分配[2006]175号

各省、自治区、直辖市及计划单列市、新疆生产建设兵团国资委、财政厅(局),各中央企业:

为指导国有控股上市公司(境内,以下简称上市公司)规范实施股权激励制度,建立健全激励与约束相结合的中长期激励机制,进一步完善公司法人治理结构,充分调动上市公司高级管理人员和科技人员的积极性、创造性,规范上市公司拟订和实施股权激励计划,根据《中华人民共和国公司法》、《中华人民共和国证券法》、《企业国有资产监督管理暂行条例》(国务院令第378号),我们制定了《国有控股上市公司(境内)实施股权激励试行办法》(以下简称《试行办法》)。现印发给你们,请结合实际,认真遵照执行。现将有关事项通知如下:

一、国有控股上市公司实施股权激励是一项重大制度创新,政策性强,操作难度大。为规范实施股权激励制度,对国有控股上市公司试行股权激励实施分类指导。对中央企业及其所出资企业控股的上市公司,其股权激励计划在报股东大会审议表决前,由集团公司按照《试行办法》规定的程序报履行国有资产出资人职责的机构或部门审核;对中央企业所出资三级以下企业控股的上市公司,其股权激励计划在上市公司股东大会审议前,报履行国有资产出资人职责的机构或部门备案。履行国有资产出资人职责的机构或部门自收到完整的股权激励计划申报材料之日起,20个工作日内出具审核意见,未提出异议的,国有控股股东可按申报意见参与股东大会审议股权激励计划。

二、地方国有控股上市公司试行股权激励办法,应严格按《试行办法》规定的条件执行。在试点期间,上市公司股权激励计划由各省、自治区、直辖市、计划单列市及新疆生产建设兵团国资委或财政厅(局)统一审核批准后,报国务院国资委和财政部备案。

三、对在《试行办法》出台之前已经公告或实施了股权激励的国有控股上市公司,要按照《试行办法》予以规范,对股权激励计划修订完善并履行相应的审核或备案程序。

四、政企尚未分开的部门以及国家授权投资的其他国有资产经营管理机构(以下简称其他单位),按照《试行办法》的规定审核批准所管理的集团公司及其所出资企业控股的上市公司股权激励计划。

国务院国资委和其他单位对集团公司及其所出资企业控股的上市公司股权激励计划的批复文件抄送财政部。

上市公司在试行过程中的做法及遇到的问题,请及时报告国务院国资委和财政部。

附件:国有控股上市公司(境内)实施股权激励试行办法

国务院国有资产监督管理委员会
中华人民共和国财政部
二〇〇六年九月三十日

附件：

国有控股上市公司(境内)实施股权激励试行办法

第一章 总 则

第一条 为指导国有控股上市公司(境内)规范实施股权激励制度,建立健全激励与约束相结合的中长期激励机制,进一步完善公司法人治理结构,依据《中华人民共和国公司法》、《中华人民共和国证券法》、《企业国有资产监督管理暂行条例》等有关法律、行政法规的规定,制定本办法。

第二条 本办法适用于股票在中华人民共和国境内上市的国有控股上市公司(以下简称上市公司)。

第三条 本办法主要用于指导上市公司国有控股股东依法履行相关职责,按本办法要求申报上市公司股权激励计划,并按履行国有资产出资人职责的机构或部门意见,审议表决上市公司股权激励计划。

第四条 本办法所称股权激励,主要是指上市公司以本公司股票为标的,对公司高级管理等人员实施的中长期激励。

第五条 实施股权激励的上市公司应具备以下条件：

(一) 公司治理结构规范,股东会、董事会、经理层组织健全,职责明确。外部董事(含独立董事,下同)占董事会成员半数以上；

(二) 薪酬委员会由外部董事构成,且薪酬委员会制度健全,议事规则完善,运行规范；

(三) 内部控制制度和绩效考核体系健全,基础管理制度规范,建立了符合市场经济和现代企业制度要求的劳动用工、薪酬福利制度及绩效考核体系；

(四) 发展战略明确,资产质量和财务状况良好,经营业绩稳健；近三年无财务违法违规行为和不良记录；

(五) 证券监管部门规定的其他条件。

第六条 实施股权激励应遵循以下原则：

(一) 坚持激励与约束相结合,风险与收益相对称,强化对上市公司管理层的激励力度；

(二) 坚持股东利益、公司利益和管理层利益相一致,有利于促进国有资本保值增值,有利于维护中小股东利益,有利于上市公司的可持续发展；

(三) 坚持依法规范,公开透明,遵循相关法律法规和公司章程规定；

(四) 坚持从实际出发,审慎起步,循序渐进,不断完善。

第二章 股权激励计划的拟订

第七条 股权激励计划应包括股权激励方式、激励对象、激励条件、授予数量、授予价格及其确定的方式、行权时间限制或解锁期限等主要内容。

第八条 股权激励的方式包括股票期权、限制性股票以及法律、行政法规允许的其他方式。上市公司应以期权激励机制为导向,根据实施股权激励的目的,结合本行业及本公司的特点确定股权激励的方式。

第九条 实施股权激励计划所需标的股票来源,可以根据本公司实际情况,通过向激励对象发行股份、回购本公司股份及法律、行政法规允许的其他方式确定,不得由单一国有股股东支付或擅自无偿量化国有股权。

第十条 实施股权激励计划应当以绩效考核指标完成情况为条件,建立健全绩效考核体系和考核办法。绩效考核目标应由股东大会确定。

第十一条 股权激励对象原则上限于上市公司董事、高级管理人员以及对上市公司整体业绩和持续发展有直接影响的核心技术人员和管理骨干。

上市公司监事、独立董事以及由上市公司控股公司以外的人员担任的外部董事,暂不纳入股权激励计划。

证券监管部门规定的不得成为激励对象的人员,不得参与股权激励计划。

第十二条 实施股权激励的核心技术人员和管理骨干,应根据上市公司发展的需要及各类人员的岗位职责、绩效考核等相关情况综合确定,并须在股权激励计划中就确定依据、激励条件、授予范围及数量等情况作出说明。

第十三条 上市公司母公司(控股公司)的负责人在上市公司担任职务的,可参加股权激励计划,但只能参与一家上市公司的股权激励计划。

在股权授予日,任何持有上市公司5%以上有表决权的股份的人员,未经股东大会批准,不得参加股权激励计划。

第十四条 在股权激励计划有效期内授予的股权总量,应结合上市公司股本规模的大小和股权激励对象的范围、股权激励水平等因素,在0.1%~10%之间合理确定。但上市公司全部有效的股权激励计划所涉及的标的股票总数累计不得超过公司股本总额的10%。

上市公司首次实施股权激励计划授予的股权数量原则上应控制在上市公司股本总额的1%以内。

第十五条 上市公司任何一名激励对象通过全部有效的股权激励计划获授的本公司股权,累计不得超过公司股本总额的1%,经股东大会特别决议批准的除外。

第十六条 授予高级管理人员的股权数量按下列办法确定:

(一)在股权激励计划有效期内,高级管理人员个人股权激励预期收益水平,应控制在其薪酬总水平(含预期的期权或股权收益)的30%以内。高级管理人员薪酬总水平应参照国有资产监督管理机构或部门的原则规定,依据上市公司绩效考核与薪酬管理办法确定。

(二)参照国际通行的期权定价模型或股票公平市场价,科学合理测算股票期权的预期价值或限制性股票的预期收益。

按照上述办法预测的股权激励收益和股权授予价格(行权价格),确定高级管理人员股权授予数量。

第十七条 授予董事、核心技术人员和管理骨干的股权数量比照高级管理人员的办法确定。各激励对象薪酬总水平和预期股权激励收益占薪酬总水平的比例应根据上市公司岗位分析、岗位测评和岗位职责按岗位序列确定。

第十八条 根据公平市场价原则,确定股权的授予价格(行权价格)。

(一)上市公司股权的授予价格应不低于下列价格较高者:

1. 股权激励计划草案摘要公布前一个交易日的公司标的股票收盘价;

2. 股权激励计划草案摘要公布前30个交易日内的公司标的股票平均收盘价。

（二）上市公司首次公开发行股票时拟实施的股权激励计划，其股权的授予价格在上市公司首次公开发行上市满30个交易日以后，依据上述原则规定的市场价格确定。

第十九条 股权激励计划的有效期自股东大会通过之日起计算，一般不超过10年。股权激励计划有效期满，上市公司不得依据此计划再授予任何股权。

第二十条 在股权激励计划有效期内，应采取分次实施的方式，每期股权授予方案的间隔期应在一个完整的会计年度以上。

第二十一条 在股权激励计划有效期内，每期授予的股票期权，均应设置行权限制期和行权有效期，并按设定的时间表分批行权：

（一）行权限制期为股权自授予日（授权日）至股权生效日（可行权日）止的期限。行权限制期原则上不得少于2年，在限制期内不可以行权。

（二）行权有效期为股权生效日至股权失效日止的期限，由上市公司根据实际确定，但不得低于3年。在行权有效期内原则上采取匀速分批行权办法。超过行权有效期的，其权利自动失效，并不可追溯行使。

第二十二条 在股权激励计划有效期内，每期授予的限制性股票，其禁售期不得低于2年。禁售期满，根据股权激励计划和业绩目标完成情况确定激励对象可解锁（转让、出售）的股票数量。解锁期不得低于3年，在解锁期内原则上采取匀速解锁办法。

第二十三条 高级管理人员转让、出售其通过股权激励计划所得的股票，应符合有关法律、行政法规的相关规定。

第二十四条 在董事会讨论审批或公告公司定期业绩报告等影响股票价格的敏感事项发生时不得授予股权或行权。

第三章 股权激励计划的申报

第二十五条 上市公司国有控股股东在股东大会审议批准股权激励计划之前，应将上市公司拟实施的股权激励计划报履行国有资产出资人职责的机构或部门审核（控股股东为集团公司的由集团公司申报），经审核同意后提请股东大会审议。

第二十六条 国有控股股东申报的股权激励报告应包括以下内容：

（一）上市公司简要情况，包括公司薪酬管理制度、薪酬水平等情况；

（二）股权激励计划和股权激励管理办法等应由股东大会审议的事项及其相关说明；

（三）选择的期权定价模型及股票期权的公平市场价值的测算、限制性股票的预期收益等情况的说明；

（四）上市公司绩效考核评价制度及发展战略和实施计划的说明等。绩效考核评价制度应当包括岗位职责核定、绩效考核评价指标和标准、年度及任期绩效考核目标、考核评价程序以及根据绩效考核评价办法对高管人员股权的授予和行权的相关规定。

第二十七条 国有控股股东应将上市公司按股权激励计划实施的分期股权激励方案，事前报履行国有资产出资人职责的机构或部门备案。

第二十八条 国有控股股东在下列情况下应按本办法规定重新履行申报审核程序：

（一）上市公司终止股权激励计划并实施新计划或变更股权激励计划相关事项的；

（二）上市公司因发行新股、转增股本、合并、分立、回购等原因导致总股本发生变动或其他原因需要调整股权激励对象范围、授予数量等股权激励计划主要内容的。

第二十九条 股权激励计划应就公司控制权变更、合并、分立,以及激励对象辞职、调动、被解雇、退休、死亡、丧失民事行为能力等事项发生时的股权处理依法作出行权加速、终止等相应规定。

第四章 股权激励计划的考核、管理

第三十条 国有控股股东应依法行使股东权利,要求和督促上市公司制定严格的股权激励管理办法,并建立与之相适应的绩效考核评价制度,以绩效考核指标完成情况为基础对股权激励计划实施动态管理。

第三十一条 按照上市公司股权激励管理办法和绩效考核评价办法确定对激励对象股权的授予、行权或解锁。

对已经授予的股票期权,在行权时可根据年度绩效考核情况进行动态调整。

对已经授予的限制性股票,在解锁时可根据年度绩效考核情况确定可解锁的股票数量,在设定的解锁期内未能解锁,上市公司应收回或以激励对象购买时的价格回购已授予的限制性股票。

第三十二条 参与上市公司股权激励计划的上市公司母公司(控股公司)的负责人,其股权激励计划的实施应符合《中央企业负责人经营业绩考核暂行办法》或相应国有资产监管机构或部门的有关规定。

第三十三条 授予董事、高级管理人员的股权,应根据任期考核或经济责任审计结果行权或兑现。授予的股票期权,应有不低于授予总量的20%留至任职(或任期)考核合格后行权;授予的限制性股票,应将不低于20%的部分锁定至任职(或任期)期满后兑现。

第三十四条 国有控股股东应依法行使股东权利,要求上市公司在发生以下情形之一时,中止实施股权激励计划,自发生之日起一年内不得向激励对象授予新的股权,激励对象也不得根据股权激励计划行使权利或获得收益:

(一)企业年度绩效考核达不到股权激励计划规定的绩效考核标准;

(二)国有资产监督管理机构或部门、监事会或审计部门对上市公司业绩或年度财务会计报告提出重大异议;

(三)发生重大违规行为,受到证券监管及其他有关部门处罚。

第三十五条 股权激励对象有以下情形之一的,上市公司国有控股股东应依法行使股东权利,提出终止授予新的股权并取消其行权资格:

(一)违反国家有关法律法规、上市公司章程规定的;

(二)任职期间,由于受贿索贿、贪污盗窃、泄露上市公司经营和技术秘密、实施关联交易损害上市公司利益、声誉和对上市公司形象有重大负面影响等违法违纪行为,给上市公司造成损失的。

第三十六条 实施股权激励计划的财务、会计处理及其税收等问题,按国家有关法律、行政法规、财务制度、会计准则、税务制度规定执行。

上市公司不得为激励对象按照股权激励计划获取有关权益提供贷款以及其他任何形式的财务资助,包括为其贷款提供担保。

第三十七条 国有控股股东应按照有关规定和本办法的要求,督促和要求上市公司严格履行信息披露义务,及时披露股权激励计划及董事、高级管理人员薪酬管理等相关信息。

第三十八条 国有控股股东应在上市公司年度报告披露后5个工作日内将以下情况报履行国有资产出资人职责的机构或部门备案:

（一）公司股权激励计划的授予、行权或解锁等情况；

（二）公司董事、高级管理等人员持有股权的数量、期限、本年度已经行权（或解锁）和未行权（或解锁）的情况及其所持股权数量与期初所持数量的变动情况；

（三）公司实施股权激励绩效考核情况、实施股权激励对公司费用及利润的影响等。

第五章　附　　则

第三十九条　上市公司股权激励的实施程序和信息披露、监管和处罚应符合中国证监会《上市公司股权激励管理办法》（试行）的有关规定。上市公司股权激励计划应经履行国有资产出资人职责的机构或部门审核同意后，报中国证监会备案以及在相关机构办理信息披露、登记结算等事宜。

第四十条　本办法下列用语的含义：

（一）国有控股上市公司，是指政府或国有企业（单位）拥有50%以上股本，以及持有股份的比例虽然不足50%，但拥有实际控制权或依其持有的股份已足以对股东大会的决议产生重大影响的上市公司。

其中控制权，是指根据公司章程或协议，能够控制企业的财务和经营决策。

（二）股票期权，是指上市公司授予激励对象在未来一定期限内以预先确定的价格和条件购买本公司一定数量股票的权利。激励对象有权行使这种权利，也有权放弃这种权利，但不得用于转让、质押或者偿还债务。

（三）限制性股票，是指上市公司按照预先确定的条件授予激励对象一定数量的本公司股票，激励对象只有在工作年限或业绩目标符合股权激励计划规定条件的，才可出售限制性股票并从中获益。

（四）高级管理人员，是指对公司决策、经营、管理负有领导职责的人员，包括经理、副经理、财务负责人（或其他履行上述职责的人员）、董事会秘书和公司章程规定的其他人员。

（五）外部董事，是指由国有控股股东依法提名推荐、由任职公司或控股公司以外的人员（非本公司或控股公司员工的外部人员）担任的董事。对主体业务全部或大部分进入上市公司的企业，其外部董事应为任职公司或控股公司以外的人员；对非主业部分进入上市公司或只有一部分主业进入上市公司的子公司，以及二级以下的上市公司，其外部董事应为任职公司以外的人员。

外部董事不在公司担任除董事和董事会专门委员会有关职务外的其他职务，不负责执行层的事务，与其担任董事的公司不存在可能影响其公正履行外部董事职务的关系。

外部董事含独立董事。独立董事是指与所受聘的公司及其主要股东没有任何经济上的利益关系且不在上市公司担任除独立董事外的其他任何职务。

（六）股权激励预期收益，是指实行股票期权的预期收益为股票期权的预期价值，单位期权的预期价值参照国际通行的期权定价模型进行测算；实行限制性股票的预期收益为获授的限制性股票的价值，单位限制性股票的价值为其授予价格扣除激励对象的购买价格。

第四十一条　本办法自印发之日起施行。

关于企业实行自主创新激励分配制度的若干意见

财企〔2006〕383号

党中央各部门,国务院各部委、各直属机构,总后勤部,武警总部,全国人大常委会办公厅,全国政协办公厅,各省、自治区、直辖市、计划单列市财政厅(局)、发展改革委、科技厅(委、局)、劳动和社会保障厅(局),新疆生产建设兵团,各中央管理企业:

为了贯彻实施《国家中长期科学和技术发展规划纲要(2006—2020年)》,支持企业自主创新,维护企业及其研发人员的知识产权权益,改革和完善企业分配和激励机制,根据国家有关法律、法规的规定,现就企业实行自主创新激励分配制度提出如下意见:

一、企业应当建立内部知识产权管理制度,依法划清企业职工职务技术成果与非职务技术成果的界限。属于以下情形之一取得的职工职务技术成果,应当属于企业所有,法律、法规另有规定的除外:

(一)职工在本职工作中取得的;

(二)职工在企业交付的研发任务中取得的;

(三)职工主要利用企业的资金、设备、零部件、原材料或未对外公开的技术资料等资源取得的;

(四)职工退职、退休、调动工作后一年内或者在与企业约定的期限内取得,且与其在原企业承担的本职工作或分配的任务有关的。

对职务技术成果完成人,企业应当依法支付报酬,并可以给予奖励。

企业研发人员作为非职务技术成果完成人享有的合法权益,企业不得侵犯。

二、企业内部分配应当向研发人员适当倾斜,可以通过双方协商确定研发人员的工资报酬水平,并可以在工资计划中安排一定数额,专门用于对企业在职研发人员的奖励。

实行工资总额同经济效益挂钩政策的企业,在国家调整"工效挂钩"政策之前,因实行新的自主创新激励分配制度增加的对研发人员的工资、奖金、津贴、补贴等各项支出,计入工资总额,但应当在工资总额基数之外单列。

三、企业在实施公司制改建、增资扩股或者创设新企业的过程中,对职工个人合法拥有的、企业发展需要的知识产权,可以依法吸收为股权(股份)投资,并办理权属变更手续。

企业应当在对个人用于折股的知识产权进行专家评审后,委托具备相应资质的资产评估机构进行价值评估,评估结果由企业董事会或者经理办公会等类似机构和个人双方共同确认。其中,国有及国有控股企业应当按国家有关规定办理备案手续。

企业也可以与个人约定,待个人拥有的知识产权投入企业实施转化成功后,按照其在近3年累计为企业创造净利润的35%比例内折价入股。折股所依据的累计净利润应当经过中介机构依法审计。

四、企业实现科技成果转化,且近3年税后利润形成的净资产增值额占实现转化前净资产总额30%以上的,对关键研发人员可以根据其贡献大小,按一定价格系数将一定比例的股权(股份)出售给有关人员。

价格系数应当综合考虑企业净资产评估价值、净资产收益率和未来收益折现等因素合理确定。企业不得为个人认购股权(股份)垫付款项,也不得为个人融资提供担保。个人持有股权(股份)尚未缴付认股资金的,不得参与分红。

五、高新技术企业在实施公司制改建或者增资扩股过程中,可以对关键研发人员奖励股权(股份)或者按一定价格系数出售股权(股份)。

奖励股权(股份)和以价格系数体现的奖励额之和,不得超过企业近3年税后利润形成的净资产增值额的35%,其中,奖励股权(股份)的数额不得超过奖励总额的一半;奖励总额一般在3年到5年内统筹安排使用。

六、没有实施技术折股、股权出售和奖励股权办法的企业,可以实施以下技术奖励或分成政策:

(一)与关键研发人员约定,在其任职期间每年按研发成果销售净利润的一定比例给予奖励;

(二)根据盈利共享、风险共担的原则,采取合作经营方式,与拥有企业发展需要的成熟知识产权的研发人员约定,对合作项目的收益或者亏损按一定比例进行分成或者分担。

以上比例一般控制在项目利润或亏损的30%以内,相应支出不计入工资总额,不得作为企业计提职工教育经费、工会经费、社会保险费、住房公积金等的基数。企业支付的奖励或收益分成计入管理费用,收到研发人员的损失补偿款冲减管理费用。

七、国有及国有控股企业根据企业自身情况,采取技术折股、股权出售、奖励股权、技术奖励或分成等方式,对相关人员进行激励,并应当具备以下条件:

(一)企业发展战略明确,产权明晰,法人治理结构健全;

(二)建立了规范的员工绩效考核评价制度、内部财务管理制度;

(三)企业财务会计报告经过中介机构依法审计,近3年净资产增值额真实无误,且没有违反财经法律法规的行为;

(四)实行股权出售或者奖励股权的企业,近3年税后利润形成的净资产增加值占企业净资产总额的30%以上,且实施股权激励的当年年初未分配利润没有赤字;

(五)实行技术奖励或分成的企业,年度用于技术奖励或分成的金额同时不得超过当年可供分配利润的30%。

八、企业按照本意见第三条至第六条实行激励分配制度的,应当拟订具体的实施方案,经股东会或履行股东职能的相关机构审议通过后,与激励对象签订协议。

实施方案应当明确激励对象、激励方式、激励标准、激励计划、绩效考核、权利义务、违约责任等内容,并不得对同一研发人员或者同一知识产权重复实施不同形式的激励政策。

国有及国有控股企业实行激励分配制度的实施方案,应当按国家有关规定报经批准。

九、企业应当在年度财务会计报告中,对企业实行自主创新激励分配的相关财务信息予以充分披露。具体披露信息包括研发人员工资总额及人均工资总额,实施技术折股、股权出售、奖励股权、技术奖励或者分成涉及的研发人员人数及其条件、股权数量、比例或奖励金额等。会计师事务所在对企业年报实施审计时,应当对企业相关激励分配情况予以重点关注。

十、本意见所称企业研发人员,是指从事研究开发活动的企业在职和外聘兼职的专业技术人员以及为其提供直接服务的管理人员。

本意见所称企业关键研发人员,是指关键技术成果的主要完成人、重大研发项目的负责人或者对企业主导产品、核心技术进行重大创新、改进的主要技术人员。

高新技术企业的资格,按照国家高新技术企业认定的相关规定确定。

十一、各部门、各地方可以按照本意见,结合实际情况制定本系统、本地区企业自主创新激励分配的具体实施办法。

十二、本意见自发布之日起施行。执行中有何问题,请随时反映。

财政部　国家发展和改革委员会
科技部　劳动保障部
二〇〇六年十月二十五日

关于印发《中央科研设计企业实施中长期激励试行办法》的通知

国资发分配〔2007〕86号

各中央管理企业:

为贯彻实施《国家中长期科学和技术发展规划纲要(2006—2020年)》,促进中央科研设计企业自主创新和可持续发展,我们制定了《中央科研设计企业实施中长期激励试行办法》,现印发给你们,请结合实际,认真遵照执行。试点过程中遇到的问题,请及时向国务院国资委、财政部和科技部反映。

国务院国有资产监督管理委员会
财政部　科学技术部
二〇〇七年五月十八日

中央科研设计企业实施中长期激励试行办法

第一章　总　则

第一条　为贯彻实施《国家中长期科学和技术发展规划纲要(2006—2020年)》,支持中央科研设计企业自主创新和可持续发展,充分调动科技工作者的积极性、创造性和主动性,建立完善的激励约束机制,根据国家有关政策规定,制定本办法。

第二条　本办法适用于国务院国有资产监督管理委员会(以下简称国务院国资委)履行出资人职责的转制科研院所、设计企业,以及中央管理企业所出资控股的已实现企业化转制的科研院所和设计企业(以下统称科研设计企业)。

已上市的科研设计企业实施中长期激励,按照国资委、财政部《国有控股上市公司(境内)实施股权激励试行办法》(国资发分配〔2006〕175号)或《国有控股上市公司(境外)实施股权激励试行办法》(国资发分配〔2006〕8号)的规定执行。

第三条 本办法所称中长期激励,主要是指科研设计企业对为企业中长期发展作出突出贡献的企业科技人员和从事研发的管理人员,以及在企业未来发展中具有关键或核心作用的科技人员和从事研发的管理人员实施的激励。

第四条 科研设计企业实施中长期激励应遵循以下原则:

(一)坚持各方利益平衡一致,有利于促进国有资本保值增值,有利于科研设计企业创新能力的不断提高和可持续发展,有利于吸引人才,稳定人才队伍;

(二)坚持激励与约束相结合、收益与风险相对称,激励方式和水平与企业生产经营特点相适应;

(三)坚持公开、公平、公正,考核与分配过程规范透明;

(四)坚持以新创造价值作为中长期激励的主要来源,不得无偿量化存量资产。

第五条 科研设计企业实施中长期激励应具备以下条件:

(一)产权清晰,主业突出,发展战略及实施计划明确,技术在资产增值中作用明显;

(二)内部控制制度和绩效考核体系健全,岗位职责清晰,基础管理制度完善,劳动用工、绩效考核和收入分配制度符合市场竞争要求,人工成本(职工薪酬)管理规范,不再单独计提技术奖酬金和业余设计奖;

(三)企业近3年财务会计报告经过中介机构依法审计,被出具无保留意见的审计报告;

(四)连续3年经营业绩增长显著(国资委监管企业年度经营业绩考核结果达C级及以上),没有违法违规行为;

(五)实施奖励股权(股份)、股票期权、限制性股票为股权激励的科研设计企业应是法人治理结构规范、外部董事(含独立董事)占董事会成员半数以上的公司制企业。

(六)以企业近3年净资产增值额实施中长期激励的科研设计企业,近3年税后利润形成的净资产增值额应占企业净资产总额的30%以上,且实施中长期激励时上年经济增加值(EVA)为正值、当年年初未分配利润没有赤字。

第二章 中长期激励计划拟订

第六条 激励方式包括绩效奖励、技术奖励(分成)等非股权激励方式,以及知识产权折价入股、折价出售股权(股份)、奖励股权(股份)、股票期权、限制性股票等法律、行政法规允许的股权激励方式。同一激励对象只能享有一种激励方式,不得重复激励。

第七条 科研设计企业中长期激励对象,应是对企业发展作出突出贡献或对企业中长期发展有直接作用的科技人员和从事研发的管理人员。

已参与上市公司股权激励计划的人员,不再参与本中长期激励计划。

第八条 绩效奖励是指科研设计企业,以近三年税后利润形成的净资产增值额的规定比例作为激励总额,自批准之日起分5个年度匀速兑现,相关支出纳入工资总额管理,在当期费用中列支。兑现期间应以完成经营业绩考核目标为前提,并不得出现亏损。

第九条 符合条件的科研设计企业,可按照《财政部 国家发展改革委 科技部 劳动保障部关于企业实行自主创新激励分配制度的若干意见》(财企〔2006〕383号)的规定,采取知识产权折价入股、折价出售股权、技术奖励或分成等方式对有关人员实施激励。

第十条 科研设计企业根据激励对象的贡献对其实施中长期激励,包括绩效奖励、技术奖励(分成)、折价出售股权和奖励股权(股份)的总额度,不应超过企业近三年税后利润形成的净资产增值额的35%(设计企业不超过25%);激励对象个人中长期激励的收益水平最高不应超过其薪酬总水平(含中长期激励收益)的40%。

第十一条 科研设计企业以股票期权、限制性股票等为股权激励方式的,激励对象个人中长期激励的预期收益水平最高不应超过其薪酬总水平(含中长期激励预期收益)的40%。兑现时应满足本办法第五条(六)规定的企业业绩条件。

第十二条 科研设计企业按照中长期激励计划计算的激励总额,与本办法规定的所有激励对象允许达到的最高激励水平相比,按照两者的低值确定。

第十三条 激励对象享有的尚未兑现的中长期激励不得转让,不得用于偿还债务或提供担保。

第十四条 企业不得为个人认购股权(股份)垫付款项,不得为个人融资提供担保。

第三章 中长期激励计划的申报和管理

第十五条 科研设计企业实施中长期激励计划,应依次履行以下决策和申报程序:
(一)中长期激励计划应经公司董事会审议或院长(经理)办公会议通过。
(二)中长期激励计划应提交职工代表大会或职工大会审议,听取职工意见。
(三)中长期激励计划需经国务院国资委审核同意后,抄送财政部、科技部。其中科研设计企业根据中长期激励计划实施的年度激励方案,应事前与国务院国资委沟通,事后报国务院国资委、财政部和科技部备案。

第十六条 科研设计企业中长期激励计划申报应主要包括以下内容:
(一)本企业是否具备实施中长期激励条件情况的说明及企业近期审计、资产评估报告;
(二)中长期激励计划办法及说明,具体内容包括实施范围、激励对象、激励方式、数量、兑现条件以及激励对象离岗等特殊情况的处理等;
(三)中长期激励的配套措施,包括岗位职责核定、企业内部考核制度、主要负责人年度及任期业绩考核目标等;
(四)中长期激励工作的组织领导和实施步骤等。

第十七条 企业应对中长期激励计划实施动态管理,并设立激励对象的薪酬管理台账,台账须反映包括中长期激励在内的各项薪酬的即时变动情况。

第十八条 科研设计企业实施中长期激励计划的财务、会计处理及税收等问题,按国家有关法律、行政法规、财务制度、会计准则、税务制度等规定执行。

第十九条 本办法实施期间,企业弄虚作假,财务会计报告不真实的,要依法追究企业负责人责任,并收回激励对象相应年度所获得的中长期激励报酬。

第二十条 激励对象在任职期间违反国家有关法律法规,或由于受贿索贿、贪污盗窃、泄露企业经营和技术秘密、实施关联交易损害企业利益、声誉和对企业形象有重大负面影响等行为,给企业造成损失的,企业应终止其中长期激励资格并收回全部或部分中长期激励报酬。

第二十一条 实施中长期激励的科研设计企业,应当在年度财务会计报告中,对企业实行中长期激励的相关财务信息予以充分披露。披露信息包括激励对象的人数、激励水平,各种激励方式所涉及的人数及激励额度等具体情况。

第二十二条 依法审计的中介机构应按财企〔2006〕383号文件等有关规定实施审计,并发表专项意见。

第四章 附 则

第二十三条 本办法印发前已实施中长期激励的科研设计企业,应按照本办法修订完善激励办法。

第二十四条 政企尚未分开的部门以及国家授权投资的其他国有资产经营管理机构或单位,按照本办法的规定审核批准所管理的科研设计企业中长期激励计划后,报财政部和科技部备案。

第二十五条 本办法由国务院国资委、财政部和科技部负责解释。

第二十六条 本办法自印发之日起施行。

关于中央企业试行企业年金制度有关问题的通知

国资发分配〔2007〕152号

各中央企业:

为了贯彻党的十六届六中全会关于推进收入分配制度改革的精神,规范中央企业企业年金制度的建立,根据《关于中央企业试行企业年金制度的指导意见》(国资发分配〔2005〕135号,以下简称《指导意见》)和《关于做好原有企业年金移交工作的意见》(劳社部发〔2007〕12号)等有关规定,现就中央企业试行企业年金制度有关问题通知如下:

一、中央企业应对企业年金方案统筹规划、整体设计。子企业可结合实际情况分步实施,在企业缴费水平及人员范围确定等方面可因企制宜,不宜一刀切。企业(集团)总部的年金方案应在企业年金总体方案中单列。

二、财务合并报表亏损以及未实现国有资本保值增值的企业,企业(集团)总部职工暂不得实行企业年金制度;但盈利并实现国有资本保值增值的子企业,可以制订单独的企业年金实施方案,经企业(集团)审核同意并报国资委备案后实施。

三、企业年金缴费水平的确定,应严格执行《指导意见》有关规定,原则上要符合人工成本增长低于经济效益增长、人均人工成本增长低于按增加值计算的劳动生产率增长的要求。要统筹处理好企业年金缴费与当期职工工资增长的关系,实行企业年金制度后,企业人工成本的投入产出水平原则上不应降低。

四、企业年金所需费用由企业和职工个人共同缴纳。制度试行初期,职工个人缴纳部分应不低于企业为其缴费部分(不含补偿性缴费)的四分之一,以后年度逐步提高,最终与企业缴费相匹配。

五、企业缴费部分应控制在本企业上年度工资总额的十二分之一以内,其列支渠道按国家有关规定执行。企业将实行工效挂钩办法形成的工资总额结余资金用于企业年金缴费的,需在企业年金方案中予以说明并经国资委同意。

六、实行企业年金制度应兼顾效率与公平,企业缴费向职工个人账户划入资金时,可以综合考虑岗位、贡献等因素,适当拉开差距,但企业负责人与职工之间的差距不宜过大。

七、企业年金方案的设计要与解决历史遗留问题统筹考虑,保持新老制度和待遇水平的平稳衔接。试行企业年金制度前已离退休人员由企业发放的基本养老统筹外项目的水平，原则上不再提高。

八、对试行企业年金制度后退休的人员，企业不应在基本养老保险金和企业年金之外再列支任何补充养老性质的福利项目；其个人年金账户中企业缴费部分低于试行企业年金制度前由企业负担的基本养老统筹外项目的，可通过在企业年金计划中设计过渡期补偿缴费、采取加速积累或一次性补偿的方式予以解决。过渡期原则上不超过10年。

九、《指导意见》下发之前已试行企业补充养老保险制度的中央企业，应尽快对原有企业补充养老保险进行清理、规范，制订新的企业年金方案，并在2008年6月底前报送国资委审核；确有特殊情况的，经国资委同意，可延期至2008年年底。

十、按照《关于企业为职工购买保险有关财务处理问题的通知》（财企〔2003〕61号）和《指导意见》要求，在2005年8月之前中央企业以企业年金（或补充养老保险）名义为职工购买的商业保险，在2007年底之前应完成清理和规范工作，具备条件的应纳入企业年金。2005年8月之后，未经国资委批准，以企业年金（或补充养老保险）名义为职工购买的商业保险，应在2007年底前清退。企业应将清理、清退、规范商业保险工作的情况报送国资委。

十一、为提高审核效率，中央企业在企业年金方案草案拟订后，应在履行企业内部有关民主程序和决策程序前与国资委进行沟通。

国务院国有资产监督管理委员会
二〇〇七年九月十二日

关于严格规范国有控股上市公司（境外）实施股权激励有关事项的通知

国资发分配〔2007〕168号

各中央企业：

为切实履行出资人职责，规范建立企业中长期激励机制，促进中央企业改制重组境外上市，结合业绩考核和薪酬制度改革，我委印发了《国有控股上市公司（境外）实施股权激励试行办法》（国资发分配〔2006〕8号，以下简称《办法》），对完善公司法人治理结构、增强境外投资者信心、调动公司高级管理人员和科技人员积极性具有重要作用。但是目前部分中央企业所出资控股境外上市公司（以下简称境外上市公司）在实施股权激励计划中存在一些值得注意的问题。主要是：有的境外上市公司股权激励计划未经审核，违规擅自实施；有的股权激励计划不够规范，股权授予批次过多、过频，行使权限时间过短，且股权授予数量过大；有的业绩考核不严格，甚至没有业绩考核等。为严格执行《办法》，进一步规范境外上市公司股权激励行为，现就有关事项通知如下：

一、各中央企业要严格依照《中华人民共和国公司法》和《企业国有资产监督管理暂行条例》（国务院令第378号）等法律法规，牢固树立出资人意识，自觉接受国有资产出资人监管，并依法履行对所出资控股企业出资人职责，维护好国有股东权益。要坚决维护国家收入分配政策的严肃性，企业实施股权激励等重大收入分配事项，应按照《办法》和《关于加强人工成本控制规范收入分配有关问题的通知》(国资分配〔2004〕985号)要求及时向国资委申请,未申报或未经国资委审核同意的不得实施。

二、各中央企业直接控股或通过其子公司间接控股的境外上市公司其国有控股股东要严格按照《办法》等相关规定,抓紧修订完善股权激励计划,并履行申报或备案程序,经国资委审核同意后实施。未经国资委审核同意的境外上市公司股权激励计划,应重新履行报批手续,在计划未正式批复之前,不得按照原计划授予新的股权,也不得按原计划行权。对国资委成立之前经国家有关部门批准的股权激励计划,凡不符合《办法》有关规定的,应按《办法》修订完善,修订后的计划及拟实施方案须报国资委备案后实施。已经国资委审核同意的股权激励计划,其年度分次授予方案应按《办法》规定经国资委备案后实施。

三、各中央企业要规范决策程序,完善绩效考核,确保境外上市公司股权激励规范有序实行。境外上市公司的股权激励计划在提交股东大会审议批准之前,国有控股股东应集体审核决策。特别是涉及国资委管理的企业负责人参与股权激励计划的,应根据企业发展需要,以公开、透明的方式集体决策,不得由少数参与人员自行决定。境外上市公司国有控股股东应加强对境外上市公司股权激励计划的管理和考核,选择境内、外同行业企业作为对标企业,科学合理确定业绩考核指标,业绩考核目标应处于同行业优秀水平。要将股权的授予、行使与公司业绩和个人绩效紧密挂钩,切实发挥股权激励的中长期激励作用。

四、各中央企业要增强法制观念和诚信意识,带头遵守法律法规,规范执行国家政策,维护出资人利益。要按照本通知的要求,对境外上市公司股权激励计划及实施情况进行一次检查,并提出整改意见。检查情况及整改意见于2007年11月9日前报国资委(企业分配局)。

五、各中央企业纪检监察机构要充分发挥监督保障作用,对境外上市公司股权激励中的违规行为要及时提出整改要求,问题严重的可报国资委纪委。国资委将把中央企业执行国家收入分配政策的情况作为对企业负责人考察、考核、奖励的重要内容和选拔任用的重要依据,并纳入党风廉政建设责任制体系,确保国有资产监管责任到位。

国务院国有资产监督管理委员会
二〇〇七年十月十日

关于中央企业应付工资余额使用有关问题的通知

国资发分配〔2007〕212号

各中央企业:

为顺利实施2006年财政部陆续颁布的会计准则及其应用指南(以下简称新会计准则),做好企业新旧财务制度转换工作,稳妥解决中央企业执行工效挂钩政策产生的应付工资余额(以下简称工资节余)问题,现就有关事项通知如下:

一、本通知所称工资节余,是指实行工效挂钩办法的中央企业历年实际计提的工资总额与实际发放工资总额之间的差额,不包括没有实际计提的工资总额指标。

二、企业执行新会计准则,工资节余应转增资本公积,并可用于以下改革成本支出:

(一)解决实施企业年金制度后部分退休人员企业年金个人账户资金积累不足问题;

（二）补充符合国家政策规定的企业内退人员基本生活费、社会保险费部分；

（三）支付解除劳动合同的职工经济补偿金；

（四）符合国资委规定的其他支出项目。

三、企业动用工资节余及其转增的资本公积属于收入分配重大事项，需报经国资委同意后实施。

国务院国有资产监督管理委员会
二〇〇七年十一月二十六日

国家税务总局关于取消促进科技成果转化暂不征收个人所得税审核权有关问题的通知

国税函〔2007〕833号

各省、自治区、直辖市和计划单列市地方税务局，宁夏、西藏自治区国家税务局：

根据国务院关于行政审批制度改革工作要求，现对取消促进科技成果转化暂不征收个人所得税审核权的有关问题通知如下：

一、《国家税务总局关于促进科技成果转化有关个人所得税问题的通知》（国税发〔1999〕125号）规定，科研机构、高等学校转化职务科技成果以股份或出资比例等股权形式给予个人奖励，经主管税务机关审核后，暂不征收个人所得税。此项审核权自2007年8月1日起停止执行。

二、取消上述审核权后，主管税务机关应加强科研机构、高等学校转化职务科技成果以股份或出资比例等股权形式给予个人奖励暂不征个人所得税的管理。

（一）将职务科技成果转化为股份、投资比例的科研机构、高等学校或者获奖人员，应在授（获）奖后30日内，向主管税务机关提交相关部门出具的《出资入股高新技术成果认定书》、技术成果价值评估报告和确认书，以及奖励的其他相关详细资料。

（二）主管税务机关应对科研机构、高等学校或者获奖人员提供的上述材料认真核对确认，并将其归入纳税人和扣缴义务人的"一户式"档案，一并动态管理。

（三）主管税务机关应对获奖人员建立电子台账（条件不具备的可建立纸质台账），及时登记奖励相关信息和股权转让等信息，具体包括授奖单位、获奖人员的姓名、获奖金额、获奖时间、职务转化股权数量或者出资比例，股权转让情况等信息，并根据获奖人员股权或者出资比例变动情况，及时更新电子台账和纸质台账，加强管理。

（四）主管税务机关要加强对有关科研机构、高等学校或者获奖人员的日常检查，及时掌握奖励和股权转让等相关信息，防止出现管理漏洞。

三、科研机构、高等学校和获奖人不能提供上述资料，或者报送虚假资料，故意隐瞒有关情况的，获奖人不得享受暂不征收个人所得税的优惠政策，税务机关应按照税收征管法的有关规定对报送虚假资料，故意隐瞒有关情况的科研机构、高等学校和获奖人进行处理。

国家税务总局
二〇〇七年八月一日

关于加强中央企业负责人第二业绩考核任期薪酬管理的意见

国资发分配〔2007〕229号

各中央企业：

为加强中央企业负责人薪酬管理，根据《中央企业负责人经营业绩考核暂行办法》（国资委令第17号，以下简称《考核办法》）和《中央企业负责人薪酬管理暂行办法》（国资发分配〔2004〕227号，以下简称《薪酬管理办法》），结合中央企业负责人2004—2006年薪酬管理实际，现就中央企业负责人2007—2009年第二业绩考核任期（以下简称第二任期）薪酬管理提出以下意见。

一、指导思想

贯彻党的十七大关于深化收入分配制度改革的要求和党的十六届六中全会关于"规范国有企业经营管理者收入，确定管理者与职工收入合理比例"的精神，进一步树立"业绩升、薪酬升，业绩降、薪酬降"的薪酬理念，建立完善的"重业绩、讲回报、强激励、硬约束"的薪酬管理机制，逐步构建企业负责人薪酬水平与经济效益、业绩考核密切联系、适度增长，并与职工收入分配关系协调、差距合理的分配格局。

二、薪酬调控的主要措施

（一）第二任期企业负责人基薪按已批复的2006年度基薪标准执行，任期内不再调整。基薪不作为绩效薪金的计算基数。

（二）完善绩效薪金计算基数的计算办法，保持薪酬水平适度增长。绩效薪金计算基数仍每年进行核定，核定办法在原基薪计算办法的基础上适当调整，增加效益指标并加大效益指标权重，各项经济规模指标和企业平均工资均采用当年数据。具体核定办法另行通知。

（三）绩效薪金倍数根据《考核办法》和年度考核结果确定。

（四）企业负责人薪酬增长与企业效益增长相一致。企业效益下降，企业负责人年度薪酬（基薪与绩效薪金之和，下同）不得增长，并视效益降幅适当调减；企业负责人年度薪酬增长幅度不得高于本企业效益增长幅度。

三、进一步规范企业负责人薪酬管理

（一）第二任期将进行中央企业负责人中长期激励试点，相应办法另行制定。

（二）各中央企业要建立和完善企业负责人岗位评估和业绩评价体系，根据其岗位职责和贡献确定薪酬水平，合理拉开企业主要负责人与其他负责人之间，以及其他负责人相互之间的薪酬差距。

（三）中央企业负责人原则上不得在子企业兼职取酬。企业主要负责人不得在子企业兼职取酬；其他负责人经国资委批准在子企业兼职取酬的，其年度薪酬水平不能超过本企业主要负责人，或由国资委根据工作实际对其职务进行相应调整，只保留一个职务。在境外子企业兼职取酬的，给予境外补贴，补贴标准由国资委确定。

（四）中央企业负责人岗位发生变化，本人应在任职后一个月内将工资关系转到新任职企业,其薪酬按新任职务标准支付,不得继续在原企业领取薪酬。

进行董事会试点企业的董事会,应按照《董事会试点企业高级管理人员薪酬管理指导意见》,并参照本意见的有关规定,对试点企业高管人员薪酬进行管理。

国务院国有资产监督管理委员会
二〇〇七年十二月二十六日

关于规范国有控股上市公司实施股权激励制度有关问题的通知

国资发分配〔2008〕171号

各省、自治区、直辖市及计划单列市和新疆生产建设兵团国资委、财政厅(局),各中央企业:

国资委、财政部《关于印发〈国有控股上市公司(境外)实施股权激励试行办法〉的通知》(国资发分配〔2006〕8号)和《关于印发〈国有控股上市公司(境内)实施股权激励试行办法〉的通知》(国资发分配〔2006〕175号)印发后,境内、外国有控股上市公司(以下简称上市公司)积极探索试行股权激励制度。由于上市公司外部市场环境和内部运行机制尚不健全,公司治理结构有待完善,股权激励制度尚处于试点阶段,为进一步规范实施股权激励,现就有关问题通知如下:

一、严格股权激励的实施条件,加快完善公司法人治理结构

上市公司国有控股股东必须切实履行出资人职责,并按照国资发分配〔2006〕8号、国资发分配〔2006〕175号文件的要求,建立规范的法人治理结构。上市公司在达到外部董事(包括独立董事)占董事会成员一半以上、薪酬委员会全部由外部董事组成的要求之后,要进一步优化董事会的结构,健全通过股东大会选举和更换董事的制度,按专业化、职业化、市场化的原则确定董事会成员人选,逐步减少国有控股股东的负责人、高级管理人员及其他人员担任上市公司董事的数量,增加董事会中由国有资产出资人代表提名的、由公司控股股东以外人员任职的外部董事或独立董事数量,督促董事提高履职能力,恪守职业操守,使董事会真正成为各类股东利益的代表和重大决策的主体,董事会选聘、考核、激励高级管理人员的职能必须到位。

二、完善股权激励业绩考核体系,科学设置业绩指标和水平

(一)上市公司实施股权激励,应建立完善的业绩考核体系和考核办法。业绩考核指标应包含反映股东回报和公司价值创造等综合性指标,如净资产收益率(ROE)、经济增加值(EVA)、每股收益等;反映公司赢利能力及市场价值等成长性指标,如净利润增长率、主营业务收入增长率、公司总市值增长率等;反映企业收益质量的指标,如主营业务利润占利润总额比重、现金营运指数等。上述三类业绩考核指标原则上至少各选一个。相关业绩考核指标的计算应符合现行会计准则等相关要求。

(二)上市公司实施股权激励,其授予和行使(指股票期权和股票增值权的行权或限制性股票的解锁,下同)环节均应设置应达到的业绩目标,业绩目标的设定应具有前瞻性和挑战性,并切实以业绩考核指标完成情况作为股权激励实施的条件。

1. 上市公司授予激励对象股权时的业绩目标水平,应不低于公司近3年平均业绩水平及同

行业(或选取的同行业境内、外对标企业,行业参照证券监管部门的行业分类标准确定,下同)平均业绩(或对标企业 50 分位值)水平。

2. 上市公司激励对象行使权利时的业绩目标水平,应结合上市公司所处行业特点和自身战略发展定位,在授予时业绩水平的基础上有所提高,并不得低于公司同行业平均业绩(或对标企业 75 分位值)水平。凡低于同行业平均业绩(或对标企业 75 分位值)水平以下的不得行使。

(三)完善上市公司股权激励对象业绩考核体系,切实将股权的授予、行使与激励对象业绩考核结果紧密挂钩,并根据业绩考核结果分档确定不同的股权行使比例。

(四)对科技类上市公司实施股权激励的业绩指标,可以根据企业所处行业的特点及成长规律等实际情况,确定授予和行使的业绩指标及其目标水平。

(五)对国有经济占控制地位的、关系国民经济命脉和国家安全的行业以及依法实行专营专卖的行业,相关企业的业绩指标,应通过设定经营难度系数等方式,剔除价格调整、宏观调控等政策因素对业绩的影响。

三、合理控制股权激励收益水平,实行股权激励收益与业绩指标增长挂钩浮动

按照上市公司股价与其经营业绩相关联、激励对象股权激励收益增长与公司经营业绩增长相匹配的原则,实行股权激励收益兑现与业绩考核指标完成情况挂钩的办法。即在达到实施股权激励业绩考核目标要求的基础上,以期初计划核定的股权激励预期收益为基础,按照股权行使时间限制表,综合上市公司业绩和股票价格增长情况,对股权激励收益增幅进行合理调控。具体方法如下:

(一)对股权激励收益在计划期初核定收益水平以内且达到考核标准的,可按计划予以行权。

(二)对行权有效期内股票价格偏高,致使股票期权(或股票增值权)的实际行权收益超出计划核定的预期收益水平的上市公司,根据业绩考核指标完成情况和股票价格增长情况合理控制股权激励实际收益水平。即在行权有效期内,激励对象股权激励收益占本期股票期权(或股票增值权)授予时薪酬总水平(含股权激励收益,下同)的最高比重,境内上市公司及境外 H 股公司原则上不得超过 40%,境外红筹股公司原则上不得超过 50%。股权激励实际收益超出上述比重的,尚未行权的股票期权(或股票增值权)不再行使或将行权收益上交公司。

(三)上述条款应在上市公司股权激励管理办法或股权授予协议上予以载明。随着资本市场的逐步完善以及上市公司市场化程度和竞争性的不断提高,将逐步取消股权激励收益水平限制。

四、进一步强化股权激励计划的管理,科学规范实施股权激励

(一)完善限制性股票授予方式,以业绩考核结果确定限制性股票的授予水平。

1. 上市公司应以严格的业绩考核作为实施限制性股票激励计划的前提条件。上市公司授予限制性股票时的业绩目标应不低于下列业绩水平的高者:公司前 3 年平均业绩水平;公司上一年度实际业绩水平;公司同行业平均业绩(或对标企业 50 分位值)水平。

2. 强化对限制性股票激励对象的约束。限制性股票激励的重点应限于对公司未来发展有直接影响的高级管理人员。限制性股票的来源及价格的确定应符合证券监管部门的相关规定,且股权激励对象个人出资水平不得低于按证券监管规定确定的限制性股票价格的 50%。

3. 限制性股票收益(不含个人出资部分的收益)的增长幅度不得高于业绩指标的增长幅度(以业绩目标为基础)。

(二)严格股权激励对象范围,规范股权激励对象离职、退休等行为的处理方法。

上市公司股权激励的重点应是对公司经营业绩和未来发展有直接影响的高级管理人员和核

心技术骨干,不得随意扩大范围。未在上市公司任职、不属于上市公司的人员(包括控股股东公司的员工)不得参与上市公司股权激励计划。境内、境外上市公司监事不得成为股权激励的对象。

股权激励对象正常调动、退休、死亡、丧失民事行为能力时,授予的股权当年已达到可行使时间限制和业绩考核条件的,可行使的部分可在离职之日起的半年内行使,尚未达到可行使时间限制和业绩考核条件的不再行使。股权激励对象辞职、被解雇时,尚未行使的股权不再行使。

(三)规范股权激励公允价值计算参数,合理确定股权激励预期收益。

对实行股票期权(或股票增值权)激励方式的,上市公司应根据企业会计准则等有关规定,结合国际通行做法,选取适当的期权定价模型进行合理估值。其相关参数的选择或计算应科学合理。

对实行限制性股票激励方式的,在核定股权激励预期收益时,除考虑限制性股票赠与部分价值外,还应参考期权估值办法考虑赠与部分未来增值收益。

(四)规范上市公司配股、送股、分红后股权激励授予数量的处理。

上市公司因发行新股、转增股本、合并、分立、回购等原因导致总股本发生变动或其他原因需要调整股权授予数量或行权价格的,应重新报国有资产监管机构备案后由股东大会或授权董事会决定。对于其他原因调整股票期权(或股票增值权)授予数量、行权价格或其他条款的,应由董事会审议后经股东大会批准;同时,上市公司应聘请律师就上述调整是否符合国家相关法律法规、公司章程以及股权激励计划规定出具专业意见。

(五)规范履行相应程序,建立社会监督和专家评审工作机制。

建立上市公司国有控股股东与国有资产监管机构沟通协调机制。上市公司国有控股股东在上市公司董事会审议其股权激励计划之前,应与国有资产监管机构进行沟通协调,并应在上市公司股东大会审议公司股权激励计划之前,将上市公司董事会审议通过的股权激励计划及相应的管理考核办法等材料报国有资产监管机构审核,经股东大会审议通过后实施。

建立社会监督和专家评审工作机制。上市公司董事会审议通过的股权激励计划草案除按证券监管部门的要求予以公告外,同时还应在国有资产监管机构网站上予以公告,接受社会公众的监督和评议。同时国有资产监管机构将组织有关专家对上市公司股权激励方案进行评审。社会公众的监督、评议意见与专家的评审意见,将作为国有资产监管机构审核股权激励计划的重要依据。

建立中介服务机构专业监督机制。为上市公司拟订股权激励计划的中介咨询机构,应对股权激励计划的规范性、合规性、是否有利于上市公司的持续发展,以及对股东利益的影响发表专业意见。

(六)规范国有控股股东行为,完善股权激励报告、监督制度。

国有控股股东应增强法制观念和诚信意识,带头遵守法律法规,规范执行国家政策,维护出资人利益。

国有控股股东应按照国资发分配〔2006〕8号、国资发分配〔2006〕175号文件及本通知的要求,完善股权激励报告制度。国有控股股东向国有资产监管机构报送上市公司股东大会审议通过的股权激励计划时,应同时抄送财政部门。国有控股股东应当及时将股权激励计划的实施进展情况以及激励对象年度行使情况等报国有资产监管机构备案;国有控股股东有监事会的,应同时报送公司控股企业监事会。

国有控股股东应监督上市公司按照《企业财务通则》和企业会计准则的规定,为股权激励的实施提供良好的财务管理和会计核算基础。

国有资产监管机构将对上市公司股权激励的实施进展情况,包括公司的改革发展、业绩指标完成情况以及激励对象薪酬水平、股权行使及其股权激励收益、绩效考核等信息实行动态管理和对外披露。

在境外和境内同时上市的公司,原则上应当执行国资发分配〔2006〕175号文件。公司高级管理人员和管理技术骨干应在同一个资本市场(境外或境内)实施股权激励。

对本通知印发之前已经实施股权激励的国有控股上市公司,其国有控股股东应按照本通知要求,督促和要求上市公司对股权激励计划进行修订完善并报国资委备案,经股东大会(或董事会)审议通过后实施。

国务院国有资产监督管理委员会
中华人民共和国财政部
二〇〇八年十月二十一日

关于印发《中关村国家自主创新示范区企业股权和分红激励实施办法》的通知

财企〔2010〕8号

党中央有关部门,国务院有关部委、直属机构,各省、自治区、直辖市、计划单列市财政厅(局)、科技厅(委、局),新疆生产建设兵团财务局、科技局,各中央管理企业:

在中关村国家自主创新示范区实施企业股权和分红激励政策,对于探索企业分配制度改革,建立有利于自主创新和科技成果转化的中长期激励分配机制,充分发挥技术、管理等要素的作用,推动高新技术产业化,具有重要意义。根据《国务院关于同意支持中关村科技园区建设国家自主创新示范区的批复》(国函〔2009〕28号),我们制定了《中关村国家自主创新示范区企业股权和分红激励实施办法》,现印发给你们,请遵照执行。执行中有何问题,请及时向财政部、科技部反映。

在中关村国家自主创新示范区实施企业股权和分红激励政策,有关部门应当根据"统筹兼顾、因企制宜、稳步推进、规范实施"的原则,按照国家统一办法执行,既要营造科技创新的政策环境,激发技术人员和经营管理人员开展自主创新和实施科技成果转化的积极性,又要依法维护国有资产权益,保障企业职工的合法权益,促进企业可持续健康发展。在实施步骤、方式、范围上,不搞"一刀切",不能急于求成,不能形成新的"大锅饭"分配体制。各级财政、科技部门要加强对企业股权和分红激励政策实施的监督,注意总结经验。

各省、自治区、直辖市及计划单列市建设的国家级自主创新示范区,报经国务院批准实行企业股权和分红激励政策的,按照《中关村国家自主创新示范区企业股权和分红激励实施办法》执行。

财政部 科技部
二〇一〇年二月一日

中关村国家自主创新示范区企业
股权和分红激励实施办法

第一章 总 则

第一条 为建立有利于企业自主创新和科技成果转化的激励分配机制,调动技术和管理人员的积极性和创造性,推动高新技术产业化和科技成果转化,依据《促进科技成果转化法》、《公司法》、《企业国有资产法》及国务院有关规定,制定本办法。

第二条 本办法适用于中关村国家自主创新示范区内的以下企业:
(一)国有及国有控股的院所转制企业、高新技术企业。
(二)示范区内的高等院校和科研院所以科技成果作价入股的企业。
(三)其他科技创新企业。

第三条 股权激励,是指企业以本企业股权为标的,采取以下方式对激励对象实施激励的行为:
(一)股权奖励,即企业无偿授予激励对象一定份额的股权或一定数量的股份。
(二)股权出售,即企业按不低于股权评估价值的价格,以协议方式将企业股权(包括股份,下同)有偿出售给激励对象。
(三)股票期权,即企业授予激励对象在未来一定期限内以预先确定的行权价格购买本企业一定数量股份的权利。

分红激励,是指企业以科技成果实施产业化、对外转让、合作转化、作价入股形成的净收益为标的,采取项目收益分成方式对激励对象实施激励的行为。

第四条 激励对象应当是重要的技术人员和企业经营管理人员,包括以下人员:
(一)对企业科技成果研发和产业化作出突出贡献的技术人员,包括企业内关键职务科技成果的主要完成人、重大开发项目的负责人、对主导产品或者核心技术、工艺流程做出重大创新或者改进的主要技术人员,高等院校和科研院所研究开发和向企业转移转化科技成果的主要技术人员。
(二)对企业发展作出突出贡献的经营管理人员,包括主持企业全面生产经营工作的高级管理人员,负责企业主要产品(服务)生产经营合计占主营业务收入(或者主营业务利润)50%以上的中、高级经营管理人员。

企业不得面向全体员工实施股权或者分红激励。
企业监事、独立董事、企业控股股东单位的经营管理人员不得参与企业股权或者分红激励。

第五条 实施股权和分红激励的企业,应当符合以下要求:
(一)企业发展战略明确,专业特色明显,市场定位清晰。
(二)产权明晰,内部治理结构健全并有效运转。
(三)具有企业发展所需的关键技术、自主知识产权和持续创新能力。
(四)近3年研发费用占企业销售收入2%以上,且研发人员占职工总数10%以上。
(五)建立了规范的内部财务管理制度和员工绩效考核评价制度。

（六）企业财务会计报告经过中介机构依法审计，且近 3 年没有因财务、税收违法违规行为受到行政、刑事处罚。

第六条 企业实施股权和分红激励，应当符合法律、行政法规和本办法的规定，有利于企业的持续发展，不得损害国家和企业股东的利益，并接受本级财政、科技部门的监督。

激励对象应当诚实守信，勤勉尽责，维护企业和全体股东的利益。

激励对象违反有关法律法规及本办法规定，损害企业合法权益的，应当对企业损失予以一定的赔偿，并追究相应法律责任。

第七条 企业实施股权或者分红激励，应当按照《企业财务通则》和国家统一会计制度的规定，规范财务管理和会计核算。

第二章 股权奖励和股权出售

第八条 企业以股权奖励和股权出售方式实施激励的，除满足本办法第五条规定外，企业近 3 年税后利润形成的净资产增值额应当占企业近 3 年年初净资产总额的 20% 以上，且实施激励当年年初未分配利润没有赤字。

近 3 年税后利润形成的净资产增值额，是指激励方案获批日上年末账面净资产相对于近 3 年年初账面净资产的增加值，不包括财政补助直接形成的净资产和已经向股东分配的利润。

第九条 股权奖励和股权出售的激励对象，除满足本办法第四条规定条件外，应当在本企业连续工作 3 年以上。

股权奖励的激励对象，仅限于技术人员。

企业引进的"千人计划"、"中科院百人计划"、"北京海外高层次人才聚集工程"、"中关村高端领军人才聚集工程"人才，教育部授聘的长江学者，以及高等院校和科研院所研究开发和向企业转移转化科技成果的主要技术人员，其参与企业股权激励不受本条第一款规定的工作年限限制。

第十条 企业用于股权奖励和股权出售的激励总额，不得超过近 3 年税后利润形成的净资产增值额的 35%。其中，激励总额用于股权奖励的部分不得超过 50%。

企业用于股权奖励和股权出售的激励总额，应当依据资产评估结果折合股权，并确定向每个激励对象奖励或者出售的股权。其中涉及国有资产的，评估结果应当经代表本级人民政府履行出资人职责的机构、部门（以下统称"履行出资人职责的机构"）核准或者备案。

第十一条 企业用于股权奖励和股权出售的激励总额一般在 3 到 5 年内统筹安排使用，并应当在激励方案中与激励对象约定分期实施的业绩考核目标等条件。

第三章 股票期权

第十二条 企业以股票期权方式实施激励的，应当在激励方案中明确规定激励对象的行权价格。

确定行权价格时，应当综合考虑科技成果成熟程度及其转化情况、企业未来至少 5 年的盈利能力、企业拟授予全部股权数量等因素，且不得低于经履行出资人职责的机构核准或者备案的每股评估价。

第十三条 企业应当与激励对象约定股票期权授予和行权的业绩考核目标等条件。

业绩考核指标可以选取净资产收益率、主营业务收入增长率、现金营运指数等财务指标，但应当不低于企业近3年平均业绩水平及同行业平均业绩水平。

第十四条 企业应当在激励方案中明确股票期权的授权日、可行权日和行权的有效期。

股票期权授权日与获授股票期权首次可行权日之间的间隔不得少于1年。

股票期权行权的有效期不得超过5年。

第十五条 企业应当规定激励对象在股票期权行权的有效期内分期行权。

股票期权行权的有效期过后,激励对象已获授但尚未行权的股票期权自动失效。

第四章 股权管理

第十六条 企业可以通过以下方式解决标的股权来源:

(一) 向激励对象增发股份。

(二) 向现有股东回购股份。

(三) 现有股东依法向激励对象转让其持有的股权。

第十七条 企业不得为激励对象购买股权提供贷款以及其他形式的财务资助,包括为激励对象向其他单位或者个人贷款提供担保。

第十八条 激励对象自取得股权之日起5年内不得转让、捐赠其股权。

激励对象获得股权激励后5年内本人提出离职,或者因个人原因被解聘、解除劳动合同,取得的股权全部退回企业,其个人出资部分由企业按审计后净资产计算退还本人;以股票期权方式实施股权激励的,未行权部分自动失效。

第十九条 企业实施股权激励的标的股权,一般应当由激励对象直接持股。

激励对象通过其他方式间接持股的,直接持股单位不得与企业存在同业竞争关系或者发生关联交易。

第二十条 企业以股权出售或者股票期权方式授予的股权,激励对象在按期足额缴纳相应出资额(股款)前,不得参与企业利润分配。

第二十一条 大型企业用于股权激励的股权总额,不得超过企业实收资本(股本)的10%。

大型企业的划分标准,按照国家统计局印发的《统计上大中小型企业划分办法(暂行)》(国统字〔2003〕17号)等有关规定执行。

第五章 分红激励

第二十二条 企业可以根据以下不同情形,选择不同方式实施分红激励:

(一) 由本企业自行投资实施科技成果产业化的,自产业化项目开始盈利的年度起,在3至5年内,每年从当年投资项目净收益中,提取不低于5%但不高于30%用于激励。

投资项目净收益为该项目营业收入扣除相应的营业成本和项目应合理分摊的管理费用、销售费用、财务费用及税费后的金额。

(二) 向本企业以外的单位或者个人转让科技成果所有权、使用权(含许可使用)的,从转让净收益中,提取不低于20%但不高于50%用于一次性激励。

转让净收益为企业取得的科技成果转让收入扣除相关税费和企业为该项科技成果投入的全部研发费用及维护、维权费用后的金额。企业将同一项科技成果使用权向多个单位或者个人转让的,转让收入应当合并计算。

(三) 以科技成果作为合作条件与其他单位或者个人共同实施转化的,自合作项目开始盈利的年度起,在 3 至 5 年内,每年从当年合作净收益中,提取不低于 5% 但不高于 30% 用于激励。

合作净收益为企业取得的合作收入扣除相关税费和无形资产摊销费用后的金额。

(四) 以科技成果作价入股其他企业的,自入股企业开始分配利润的年度起,在 3 至 5 年内,每年从当年投资收益中,提取不低于 5% 但不高于 30% 用于激励。

投资收益为企业以科技成果作价入股后,从被投资企业分配的利润扣除相关税费后的金额。

第二十三条　企业实施分红激励,应当按照科技成果投资、对外转让、合作、作价入股的具体项目实施财务管理,进行专户核算。

第二十四条　大中型企业实施重大科技成果产业化,可以探索实施岗位分红激励制度,按照岗位在科技成果产业化中的重要性和贡献,分别确定不同岗位的分红标准。

企业实施岗位分红激励的,除满足本办法第五条规定外,企业近 3 年税后利润形成的净资产增值额应当占企业近 3 年年初净资产总额的 10% 以上,实施当年年初未分配利润没有赤字,且激励对象应当在该岗位上连续工作 1 年以上。

企业年度岗位分红激励总额不得高于当年税后利润的 15%,激励对象个人岗位分红所得不得高于其薪酬总水平(含岗位分红)的 40%。

第二十五条　企业实施分红激励所需支出计入工资总额,但不纳入工资总额基数,不作为企业职工教育经费、工会经费、社会保险费、补充养老及补充医疗保险费、住房公积金等的计提依据。

第二十六条　企业对分红激励设定实施条件的,应当在激励方案中与激励对象约定相应条件以及业绩考核办法,并约定分红收益的扣减或者暂缓、停止分红激励的情形及具体办法。

实施岗位分红激励制度的大中型企业,对离开激励岗位的激励对象,即予停止分红激励。

第六章　激励方案的拟订和审批

第二十七条　企业实施股权和分红激励,应当拟订激励方案。激励方案由企业总经理办公会或者董事会(以下统称企业内部管理机构)负责拟订。

第二十八条　激励方案包括但不限于以下内容:
(一) 企业发展战略、近 3 年业务发展和财务状况、股权结构等基本情况。
(二) 激励方案拟订和实施的管理机构及其成员。
(三) 企业符合本办法规定实施激励条件的情况说明。
(四) 激励对象的确定依据、具体名单及其职位和主要贡献。
(五) 激励方式的选择及考虑因素。
(六) 实施股权激励的,说明所需股权来源、数量及其占企业实收资本(股本)总额的比例,与激励对象约定的业绩条件,拟分次实施的,说明每次拟授予股权的来源、数量及其占比。
(七) 实施股权激励的,说明股权出售价格或者股票期权行权价格的确定依据。
(八) 实施分红激励的,说明具体激励水平及考虑因素。
(九) 每个激励对象预计可获得的股权数量、激励金额。
(十) 企业与激励对象各自的权利、义务。
(十一) 企业未来三年技术创新规划,包括企业技术创新目标,以及为实现技术创新目标在体制机制、创新人才、创新投入、创新能力、创新管理等方面将采取的措施。

（十二）激励对象通过其他方式间接持股的，说明必要性、直接持股单位的基本情况，必要时应当出具直接持股单位与企业不存在同业竞争关系或者不发生关联交易的书面承诺。

（十三）发生企业控制权变更、合并、分立，激励对象职务变更、离职、被解聘、被解除劳动合同、死亡等特殊情形时的调整性规定。

（十四）激励方案的审批、变更、终止程序。

（十五）其他重要事项。

第二十九条 激励方案涉及的财务数据和资产评估价值，应当分别经国有产权主要持有单位同意的具有资质的会计师事务所审计和资产评估机构评估，并按有关规定办理备案手续。

第三十条 企业内部管理机构拟订激励方案时，应当以职工代表大会或者其他形式充分听取职工的意见和建议。

第三十一条 企业内部管理机构应当将激励方案及听取职工意见情况先行报经履行出资人职责的机构批准。

由国有资产监督管理委员会代表本级人民政府履行出资人职责的企业，相关材料报本级国有资产监督管理委员会批准。

由其他部门、机构代表本级人民政府履行出资人职责的企业，相关材料暂报其主管的部门、机构批准。

第三十二条 履行出资人职责的机构应当严格审核企业申报的激励方案。对于损害国有股东权益或者不利于企业可持续发展的激励方案，应当要求企业进行修改。

第三十三条 履行出资人职责的机构可以要求企业法律事务机构或者外聘律师对激励方案出具法律意见书，对以下事项发表专业意见。

（一）激励方案是否符合有关法律、行政法规和本办法的规定。

（二）激励方案是否存在明显损害企业及现有股东利益。

（三）激励方案对影响激励结果的重大信息，是否充分披露。

（四）激励可能引发的法律纠纷等风险，以及应对风险的法律建议。

（五）其他重要事项。

第三十四条 履行出资人职责的机构批准企业实施股权激励后，企业内部管理机构应当将批准的激励方案提请股东（大）会审议。

在股东（大）会审议激励方案时，国有股东代表应当按照批准文件发表意见。

第三十五条 企业可以在本办法规定范围内选择一种或者多种激励方式，但是对同一激励对象不得就同一职务科技成果或者产业化项目进行重复激励。

对已按照本办法实施股权激励的激励对象，企业在5年内不得再对其实施股权激励。

第七章 激励方案管理

第三十六条 除国家另有规定外，企业应当在激励方案股东（大）会审议通过后5个工作日内，将以下材料报送本级财政、科技部门：

（一）经股东（大）会审议通过的激励方案。

（二）相关批准文件、股东（大）会决议。

（三）审计报告、资产评估报告、法律意见书。

第三十七条 企业股东应当依法行使股东权利，督促企业内部管理机构严格按照激励方案实施激励。

第三十八条　企业应当在经审计的年度财务会计报告中披露以下情况：

（一）实施激励涉及的业绩条件、净收益等财务信息。

（二）激励对象在报告期内各自获得的激励情况。

（三）报告期内的股权激励数量及金额，引起的股本变动情况，以及截至报告期末的累计额。

（四）报告期内的分红激励金额，以及截至报告期末的累计额。

（五）激励支出的列支渠道和会计核算方法。

（六）股东要求披露的其他情况。

第三十九条　企业实施激励导致注册资本规模、股权结构或者组织形式变动的，应当按照有关规定，根据相关批准文件、股东（大）会决议等，及时办理国有资产产权登记和工商变更登记手续。

第四十条　因出现特殊情形需要调整激励方案的，企业内部管理机构应当重新履行内部审议和外部审批的程序。

因出现特殊情形需要终止实施激励的，企业内部管理机构应当向股东（大）会说明情况。

第八章　附　　则

第四十一条　对职工个人合法拥有、企业发展需要的知识产权，企业可以按照财政部、国家发展改革委、科技部、原劳动保障部《关于企业实行自主创新激励分配制度的若干意见》（财企〔2006〕383号）第三条的规定实施技术折股。

第四十二条　高等院校和科研院所经批准以科技成果向企业作价入股，可以按科技成果评估作价金额的20%以上但不高于30%的比例折算为股权奖励给有关技术人员，企业应当从高等院校和科研院所作价入股的股权中划出相应份额予以兑现。

第四十三条　企业以科技成果作价入股，没有按照本办法第二十二条规定实施分红激励的，作价入股经过3个会计年度以后，被投资企业符合本办法规定条件的，可以按照本办法的规定，以被投资企业股权为标的，对重要的技术人员实施股权激励。但是企业应当与被投资企业保持人、财、物方面的独立性，不得以关联交易等手段向被投资企业转移利益。

第四十四条　企业不符合本办法规定激励条件而向管理者转让国有产权的，应当通过产权交易市场公开进行，并按照《企业国有产权转让管理暂行办法》（国资委、财政部令第3号）和国资委、财政部印发的《企业国有产权向管理层转让暂行规定》（国资发产权〔2005〕78号）执行。

第四十五条　财政、科技部门对企业股权或者分红激励方案及其实施情况进行监督，发现违反法律、行政法规和本办法规定的，应当责令改正。

第四十六条　本办法中"以上"均含本数。

第四十七条　上市公司股权激励另有规定的，从其规定。

第四十八条　本办法自印发之日起施行。

关于《中关村国家自主创新示范区企业股权和分红激励实施办法》的补充通知

财企〔2011〕1号

党中央有关部门,国务院有关部委、直属机构,各省、自治区、直辖市、计划单列市财政厅(局)、科技厅(委、局),新疆生产建设兵团财务局、科技局,各中央管理企业:

为进一步明确中央级事业单位全资与控股企业(以下简称企业)股权和分红激励方案的审批主体及程序,积极稳妥推进审批工作,现就《中关村国家自主创新示范区企业股权和分红激励实施办法》(财企〔2010〕8号,以下简称《实施办法》)有关事项补充通知如下:

一、根据《实施办法》第三十一条第三款,教育部(财务司、科技发展中心)、工业和信息化部(财务司)、中科院(计划财务局)等主管部门、机构(以下简称主管部门),按照资产管理权属,负责对企业股权和分红激励方案进行审批。

二、企业股权和分红激励方案申报前,应当由中央级事业单位审核通过。

三、主管部门自受理企业股权和分红激励方案之日起20个工作日内,提出书面审定意见,符合条件的形成审批文件,正式行文批复。

四、主管部门应当结合本部门实际,研究制定具体管理程序和工作流程,并对外公布。

五、本通知自印发之日起执行。

财政部 科技部
二〇一一年一月十日

关于印发《中央企业负责人职务消费管理暂行规定》的通知

国资发分配〔2011〕159号

各中央企业:

为进一步规范中央企业负责人职务消费行为,加强中央企业负责人职务消费管理,国资委制定了《中央企业负责人职务消费管理暂行规定》(以下简称《暂行规定》),现印发给你们,请遵照执行,并将有关事项通知如下:

一、加强制度建设,建立健全职务消费管理制度体系。各中央企业要根据《暂行规定》,结合企业生产经营实际,制订完善企业负责人和集团总部职务消费管理办法,制订(参与制订)所出资企业负责人职务消费管理办法,并指导监督所出资企业建立和健全职务消费管理制度。请各中央企业于2011年底前将企业负责人、集团总部和所出资企业负责人职务消费管理办法报国资委备案,同时抄送派驻本企业监事会。

二、建立职务消费预算方案备案制度,合理控制职务消费水平。自2011年起,各中央企业要建立职务消费预算管理制度,按照《中央企业负责人职务消费预算方案备案手册》(附后)规定的要求,做好当年企业负责人职务消费实际情况统计工作和下一年度企业负责人职务消费预算方案编制工作。请各中央企业于每年1月底前将上一年度企业负责人实际消费情况和当年企业负责人职务消费预算方案,报国资委(企业分配局)备案,同时抄送派驻本企业监事会。

三、开展自查整改,切实解决目前职务消费管理中存在的问题。各中央企业要对照《暂行规定》,对企业负责人、集团总部和所出资企业职务消费情况进行全面自查,对职务消费管理中存在的问题及时进行整改。要在2011年底前将自查整改情况报国资委(企业分配局),同时抄送派驻本企业监事会。

四、加强组织领导,落实职务消费管理的职责和任务。各中央企业要充分认识加强职务消费管理的重要意义,进一步加强党风廉政建设,弘扬艰苦奋斗优良传统。企业主要负责人要全面负责本企业职务消费管理工作,要整合职务消费管理职责,把工作任务落实到相关部门和相关人员,切实推进规范职务消费管理工作。要切实履行好对集团总部和所出资企业职务消费的指导监督职责,加强集团公司管控力度,进一步规范集团总部和所出资企业职务消费工作。

附件:中央企业负责人职务消费预算方案备案手册

国务院国有资产监督管理委员会
二〇一一年十月二十六日

中央企业负责人职务消费管理暂行规定

第一章 总 则

第一条 为进一步规范中央企业负责人职务消费行为,根据《国有企业领导人员廉洁从业若干规定》、《中央企业领导人员管理暂行规定》和《关于印发〈关于规范中央企业负责人职务消费的指导意见〉的通知》(国资发分配〔2006〕69号)等有关规定,制定本规定。

第二条 本规定所称企业负责人是指在国务院国有资产监督管理委员会(以下简称国资委)履行出资人职责的企业任职的下列人员:

(一)设立董事会的中央企业董事长、副董事长、董事(不含职工董事)、总经理(总裁)、副总经理(副总裁)、总会计师;

(二)未设立董事会的中央企业总经理(总裁、院长、所长、局长、主任)、副总经理(副总裁、副院长、副所长、副局长、副主任)、总会计师;

(三)中央企业党委(党组)书记、副书记、党委常委(党组成员)、纪委书记(纪检组组长)。

第三条 本规定所称职务消费是指企业负责人在履行工作职责过程中所发生的费用支出以及享有的待遇。主要包括公务用车、通信、业务招待、差旅、国(境)外考察、培训等项目。

第四条 国资委负责对企业负责人职务消费管理进行指导监督。中央企业负责对企业负责人职务消费进行规范管理,对所出资企业负责人职务消费进行指导监督和规范管理。

第五条 企业负责人职务消费管理应当坚持以下原则：
（一）坚持源头控制与综合治理相结合，严格规范职务消费行为；
（二）坚持保障公务与厉行节约相结合，从严控制职务消费水平；
（三）坚持廉洁自律与监督管理相结合，切实加强职务消费监管。

第二章　公务用车管理

第六条　公务用车管理是指企业负责人公务活动专用机动车辆的配备、运行管理和处置。公务用车配备是指车辆的购置（租赁）、更新；运行管理是指车辆的保养、维修以及日常使用的管理；处置是指车辆的报废、变价出售等。

第七条　企业应当按照不超过1人1辆公务用车的编制，在国资委规定的公务用车配备标准（排气量、购车价格、使用年限）范围内，为企业负责人配备公务用车。企业不得超编制、超标准为企业负责人配备公务用车，不得增加高档配置或者豪华内饰。

第八条　企业负责人退休或者调离本企业后，企业不再为其配备公务用车。

第九条　企业应当对企业负责人公务用车的保养、维修费用，以及日常使用所发生的各种保险费、年检费、车船使用税、燃油费、停车及过路桥费等运行费用，实行单车核算，采取年度限额或者年度预算范围内据实报销方式进行管理。

第十条　企业负责人不得因私使用公务用车。

第十一条　企业负责人自愿驾驶公务用车的，企业应当加强自驾管理，不得发放自驾补贴。

第十二条　企业负责人公务用车的报废和变价出售等处置，应当参照中央和国家机关公务用车处置管理有关规定执行。

第十三条　企业为企业负责人配备公务用车后，不得再以任何名目为企业负责人发放交通补贴。

第十四条　企业不得采取向所出资企业调换、借用等任何方式为企业负责人配备公务用车。企业不得向所出资企业转嫁企业负责人公务用车购置、租赁资金和运行费用。

第三章　通 信 管 理

第十五条　通信管理是指对企业负责人因公务活动所发生的通信费用的管理。

第十六条　通信费用主要是指企业负责人履行工作职责时所发生的移动通信费和住宅通信费。

第十七条　企业应当对企业负责人通信费用采取年度预算或者年度限额范围内据实报销方式进行管理，不得以任何名目为企业负责人发放通信补贴。

第十八条　企业负责人退休或者调离本企业后，企业不再承担其任何通信费用。

第四章　业务招待管理

第十九条　业务招待管理是指对企业负责人为企业生产经营所发生的接待客户、合资合作方以及其他外部关系人员活动和费用的管理。

第二十条　业务招待费用主要包括宴请、接待、礼品等费用。企业应当根据国家有关规定和接待工作内容，本着节俭、合理、必需的原则，建立健全企业负责人业务招待管理制度，明确宴请、接待、礼品等标准。

第二十一条 企业负责人进行业务招待,应当由企业相关部门制订计划、编制预算和组织实施。

第二十二条 企业负责人进行业务招待,应当在本企业内部或者定点饭店接待,不得安排接待对象到高档的娱乐、休闲、健身、保健等经营场所活动。企业负责人不得参加所出资企业或者关联企业安排到上述场所的业务招待活动。

第二十三条 企业在业务招待活动中赠送的礼品,应当符合相关法律法规要求,以宣传企业、展示企业文化为主要内容。不得赠送现金、有价证券、支付凭证和商业预付卡,以及贵重金属和其他贵重物品。

第二十四条 企业负责人参加的业务招待所发生费用,应当由企业相关部门统一负责结算,报销内容应当与业务招待活动内容一致,不得弄虚作假。

第二十五条 企业不得向所出资企业转嫁企业负责人业务招待费用,不得报销企业负责人因私招待费用、个人消费费用。

第五章　差旅管理

第二十六条 差旅管理是指对企业负责人为企业生产经营所发生的国内、国(境)外差旅活动和费用的管理。

第二十七条 企业应当根据国家有关规定,本着勤俭节约原则,结合企业生产经营实际,建立健全企业负责人差旅管理制度,合理确定企业负责人出差期间乘坐交通工具的等级,以及住宿、伙食和公杂费用标准,从严控制出差随行人员数量。

第二十八条 企业负责人出差地有本企业定点饭店或者政府定点饭店的,应当安排在本企业定点饭店或者政府定点饭店住宿。

第二十九条 企业应当按照企业差旅规定,凭有效票据报销企业负责人差旅费用。企业不得向所出资企业转嫁企业负责人差旅费用,不得报销企业负责人出差期间与差旅活动无关的费用。

第六章　国(境)外考察管理

第三十条 国(境)外考察管理是指对企业负责人为企业生产经营所发生的国(境)外考察活动及费用的管理。

第三十一条 企业应当根据国家有关规定,本着节俭、合理的原则,结合企业生产经营实际,建立健全企业负责人国(境)外考察管理制度,合理确定各项费用标准。

第三十二条 企业应当根据生产经营需要,为企业负责人安排国(境)外考察活动,制订国(境)外考察计划。不得安排无实质性内容的一般性考察和各种研讨交流活动,不得重复考察和盲目考察。

第三十三条 企业应当严格国(境)外考察计划审批,从严控制考察天数和考察人员数量,不得无故延长国(境)外考察时间,不得安排与企业负责人国(境)外考察任务无关的人员出访。

第三十四条 企业应当严格执行国(境)外考察管理制度、考察计划和各项费用标准,从严控制费用支出。

第三十五条 企业不得向所出资企业转嫁企业负责人国(境)外考察费用,不得报销企业负责人国(境)外考察期间与考察活动无关的费用。

第七章 培训管理

第三十六条 培训管理是指对企业负责人为企业生产经营和提高经营管理水平所发生的培训活动及费用的管理。

第三十七条 企业应当根据企业生产经营需要和企业负责人岗位职责的要求,按照企业负责人参加国资委和有关部门培训、企业培训,以及与个人相关的学历学位培训、专业课程进修培训、专业资格证书培训等,分类制订培训计划,加强培训费用管理。

第三十八条 企业应当对企业负责人参加与个人相关的学历学位培训、专业课程进修培训、专业资格证书培训等,作出明确规定并严格执行。

第三十九条 企业不得向所出资企业转嫁企业负责人培训费用,不得报销企业负责人自行安排的培训的费用。

第八章 预算管理

第四十条 企业应当加强企业负责人职务消费的预算管理。按照国资委的要求,编制企业负责人职务消费预算方案,并报国资委备案,同时抄送派驻本企业监事会。

第四十一条 企业负责人职务消费预算方案是指企业按照国家关于企业财务预算管理和全面预算管理的政策规定,根据企业年度生产经营计划和生产经营实际,结合企业负责人履行工作职责的需要,对企业负责人年度职务消费水平做出的预算安排。

第四十二条 企业负责人职务消费预算方案编制应当遵循以下原则:

(一) 适应企业负责人依法依规履行工作职责的需要;

(二) 符合企业负责人职务消费总体水平与企业经营收入和成本费用相适应的要求;

(三) 保证职务消费预算方案的全面性、准确性和严肃性。

第四十三条 企业应当结合生产经营实际和职务消费项目的特点,选择预算编制方法。预算编制方法一经确定,原则上不得随意改变。

第四十四条 企业负责人职务消费预算方案实行按年分项编制。

第四十五条 企业应当以年度生产经营计划和企业负责人岗位职责等为依据,合理确定企业负责人各项职务消费项目的标准,明确职务消费的范围和规模,从严控制企业负责人职务消费预算水平。

第四十六条 企业应当在报送年度财务预算报告同时,将企业负责人职务消费预算方案报送国资委备案。备案文件由企业负责人职务消费预算方案备案报告和预算方案两部分组成。

(一) 企业负责人职务消费预算方案备案报告,主要内容包括:本年度企业负责人职务消费预算方案编制情况,职务消费预算总体水平与企业经营收入和费用支出预算的匹配情况,本年度职务消费预算总体水平与上年度预算总体水平对比情况,上年度职务消费预算方案执行情况,以及需要说明的其他有关情况等。

(二) 企业负责人职务消费预算方案主要包括:企业负责人职务消费预算总体方案,企业负责人公务用车、通信、业务招待、差旅、国(境)外考察、培训等专项预算方案。

第四十七条 企业和企业负责人应当严格执行企业负责人职务消费预算方案,对企业负责人职务消费预算方案执行情况进行跟踪监测,定期分析预算方案执行差异的原因,及时采取相应的解决措施。

第四十八条　企业负责人职务消费预算方案在执行过程中,预算方案编制基本条件发生重大变化的,经履行企业内部预算管理程序后,可以对预算方案予以调整,并报国资委备案,同时抄送派驻本企业监事会。

第九章　监　督　管　理

第四十九条　企业应当根据本规定,制订(修订)企业负责人公务用车、通信、业务招待、差旅、国(境)外考察、培训等专项职务消费管理办法,建立健全企业负责人职务消费预算管理、企业内部审核和监督等制度。

第五十条　企业制订的企业负责人职务消费管理办法和制度,应当广泛征求职工意见,按照内部决策程序进行审议通过后,报国资委备案,同时抄送派驻本企业监事会。

第五十一条　企业负责人应当勤俭节约,依据相关规定和企业制度进行职务消费,不得有《国有企业领导人员廉洁从业若干规定》第七条禁止的职务消费行为。

第五十二条　企业应当建立健全企业负责人职务消费统计制度,规范统计口径和统计格式,如实列支企业负责人职务消费费用,保证企业负责人职务消费统计的真实性、准确性。

第五十三条　企业负责人职务消费管理办法和制度,职务消费预算方案及执行情况,应当通过职工代表大会等形式定期向职工公示,接受职工监督。

第五十四条　企业负责人应当将职务消费情况,职务消费预算方案及执行情况,作为民主生活会、年度述职述廉的重要内容,接受监督和民主评议。

第五十五条　企业负责人职务消费情况、职务消费预算方案及执行情况,纳入派驻本企业监事会、国资委纪委监察局以及巡视组的监督检查内容。

第五十六条　企业应当配合审计、纪检、监察、巡视等部门的监督检查,并针对监督检查中发现的职务消费管理方面的问题及时进行整改。

第五十七条　企业负责人违反本规定进行职务消费的,依据《国有企业领导人员廉洁从业若干规定》,由有关部门和机构按照干部管理权限,视情节轻重,给予警示谈话、调离岗位、降职、免职处理。

应当追究纪律责任的,除适用前款规定外,视情节轻重,依照国家有关法律法规给予相应的处分。

对于其中的共产党员,视情节轻重,依照《中国共产党纪律处分条例》给予相应的党纪处分。

涉嫌犯罪的,依法移送司法机关处理。

以上处理方式可以单独使用,也可以合并使用。

第五十八条　企业负责人受到警示谈话、调离岗位、降职、免职处理的,相应扣减25%、50%、75%、100%的当年绩效薪金。

第五十九条　企业负责人违反本规定获取的不正当经济利益,应当予以全部清退;给企业造成经济损失的,依据国家或者企业的有关规定承担经济赔偿责任。

第十章　附　　则

第六十条　建设规范董事会中央企业,企业董事会应当严格按照《关于印发〈董事会试点中央企业高级管理人员薪酬管理指导意见〉的通知》(国资发分配〔2009〕55号)、《关于印发〈董事会试点中央企业董事报酬及待遇管理暂行办法〉的通知》（国资发分配〔2009〕126号）和本规定的要求，建立和完善董事和高级管理人员职务消费管理制度，切实规范职务消费管理。专职外部董事职务消费管理办法另行制定。

第六十一条　企业应当依法履行出资人职责，根据本规定的要求并结合生产经营实际，制订（参与制订）所出资企业负责人和集团总部相关人员职务消费管理制度，指导监督所出资企业建立和健全职务消费管理制度，切实加强集团管控能力，全面规范职务消费管理。

企业制订的所出资企业负责人和集团总部相关人员职务消费管理办法，应当报国资委备案，同时抄送派驻本企业监事会。

第六十二条　本规定由国资委负责解释。

第六十三条　本规定自公布之日起施行。

关于加强中央企业人工成本管理控制有关事项的通知

国资发分配〔2012〕100号

各中央企业：

今年以来，中央企业生产经营总体保持平稳增长，但中央企业面临的国内外形势还很严峻，全面完成今年预定的任务难度相当大。为提升中央企业管理水平，遏制人工成本过快增长的势头，确保职工工资增长与企业效益状况相匹配，规范企业收入分配行为，促进企业科学发展，现就加强中央企业人工成本管理控制的有关事项通知如下：

一、高度重视人工成本管理，努力遏制人工成本过快增长趋势

降本增效、严控人工成本是当前"保增长"工作的重要措施，是中央企业管理提升活动的重要内容。各中央企业负责人要高度重视，增强工作的责任感和使命感，带领全体职工开源节流，降本增效，严格执行收入分配政策规定。企业拟订收入分配改革措施，应当充分考虑人工成本的承受能力和适当时机，通过加强工资总额管理，清理规范工资外收入，严格控制企业人工成本，努力实现保增长保稳定目标，为国民经济平稳较快发展作出贡献。

二、努力加强过程管控，确保工资增长与经济效益相匹配

在人工成本的过程控制中要体现效益决定分配的理念和"两低于"的分配原则。各中央企业要建立和完善工资总额预算执行统计分析制度和人工成本信息监测预警机制，对人工成本控制不力的所出资企业要通过约谈、警示、通报批评等形式督促其整改。效益下降的企业，要严格控制企业人工成本，职工工资和福利费不得增长；已经亏损的企业，职工工资应当相应下降，企业年金暂停缴费；效益状况稳定的企业，要把握工资增长的时机和节奏，加强人工成本管理，做好应对更大困难和挑战的准备。

三、加强集团本部管理，要求企业负责人起表率作用

2012年中央企业负责人基本年薪不予调增，并根据效益情况予以下调。企业效益下滑，企业负责人和其他中高层管理人员要带头降薪。中央企业要严格执行国家关于国有企业负责人职务消费行为监督管理规定和国资委相关规定，企业负责人要带头遵守各项职务消费规章制度，杜绝与企业经营管理活动无关的职务消费和奢侈浪费行为，严格控制各项职务消费支出。中央企业应当严格控制集团本部工资增长，集团本部职工工资增幅不得超过本企业全部职工工资的平

均增幅;企业效益下降的,集团本部职工工资水平应当随之下降。企业应当总体推进职工福利保障计划,不得单独为集团本部职工设立各类津补贴项目及企业年金计划,已经实施的要严格按照有关规定清理规范。

四、切实采取有力措施,加强人工成本控制组织领导

中央企业要认真查找本企业人工成本管理存在的问题,制定行之有效的人工成本控制计划和具体措施,并于7月底前报我委备案。各级企业要层层建立和完善加强人工成本管理工作责任制,做到责任到人、任务到人,确保人工成本控制工作收到实效,确保全年人工成本增长与经济效益增长和劳动生产率提高相适应。我们将依据备案的企业制度办法,检查企业的执行情况和实施效果,确保各项措施落到实处。下一步,我委将对审计监督和社会舆论反映存在问题的重点企业,开展中央企业内部收入分配专项检查工作。对违反国家收入分配政策、超提超发工资、人工成本控制不力的企业,要按照规定严肃查处,督促企业规范分配行为,维护分配秩序。

国务院国有资产监督管理委员会
二〇一二年七月十六日

十
监督检查

违反行政事业性收费和罚没收入收支两条线管理规定行政处分暂行规定

中华人民共和国国务院令第281号

(2000年2月1日国务院第26次常务会议讨论通过,2000年2月12日发布)

第一条 为了严肃财经纪律,加强廉政建设,落实行政事业性收费和罚没收入"收支两条线"管理,促进依法行政,根据法律、行政法规和国家有关规定,制定本规定。

第二条 国家公务员和法律、行政法规授权行使行政事业性收费或者罚没职能的事业单位的工作人员有违反"收支两条线"管理规定行为的,依照本规定给予行政处分。

第三条 本规定所称"行政事业性收费",是指下列属于财政性资金的收入:

(一) 依据法律、行政法规、国务院有关规定、国务院财政部门与计划部门共同发布的规章或者规定以及省、自治区、直辖市的地方性法规、政府规章或者规定和省、自治区、直辖市人民政府财政部门与计划(物价)部门共同发布的规定所收取的各项收费;

(二) 法律、行政法规和国务院规定的以及国务院财政部门按照国家有关规定批准的政府性基金、附加。

事业单位因提供服务收取的经营服务性收费不属于行政事业性收费。

第四条 本规定所称"罚没收入",是指法律、行政法规授权的执行处罚的部门依法实施处罚取得的罚没款和没收物品的折价收入。

第五条 违反规定,擅自设立行政事业性收费项目或者设置罚没处罚的,对直接负责的主管人员和其他直接责任人员给予降级或者撤职处分。

第六条 违反规定,擅自变更行政事业性收费或者罚没范围、标准的,对直接负责的主管人员和其他直接责任人员给予记大过处分;情节严重的,给予降级或者撤职处分。

第七条 对行政事业性收费项目审批机关已经明令取消或者降低标准的收费项目,仍按原定项目或者标准收费的,对直接负责的主管人员和其他直接责任人员给予记大过处分;情节严重的,给予降级或者撤职处分。

第八条 下达或者变相下达罚没指标的,对直接负责的主管人员和其他直接责任人员给予降级或者撤职处分。

第九条 违反《收费许可证》规定实施行政事业性收费的,对直接负责的主管人员和其他直接责任人员给予警告处分;情节严重的,给予记过或者记大过处分。

第十条 违反财政票据管理规定实施行政事业性收费、罚没的,对直接负责的主管人员和其他直接责任人员给予降级或者撤职处分;以实施行政事业性收费、罚没的名义收取钱物,不出具任何票据的,给予开除处分。

第十一条 违反罚款决定与罚款收缴分离的规定收缴罚款的,对直接负责的主管人员和其他直接责任人员给予记大过或者降级处分。

第十二条 不履行行政事业性收费、罚没职责,应收不收、应罚不罚,经批评教育仍不改正的,对直接负责的主管人员和其他直接责任人员给予警告处分;情节严重的,给予记过或者记大过处分。

第十三条 不按照规定将行政事业性收费纳入单位财务统一核算、管理的,对直接负责的主管人员和其他直接责任人员给予记过处分;情节严重的,给予记大过或者降级处分。

第十四条 不按照规定将行政事业性收费缴入国库或者预算外资金财政专户的,对直接负责的主管人员和其他直接责任人员给予记大过处分;情节严重的,给予降级或者撤职处分。

不按照规定将罚没收入上缴国库的,依照前款规定给予处分。

第十五条 违反规定,擅自开设银行账户的,对直接负责的主管人员和其他直接责任人员给予降级处分;情节严重的,给予撤职或者开除处分。

第十六条 截留、挪用、坐收坐支行政事业性收费、罚没收入的,对直接负责的主管人员和其他直接责任人员给予降级处分;情节严重的,给予撤职或者开除处分。

第十七条 违反规定,将行政事业性收费、罚没收入用于提高福利补贴标准或者扩大福利补贴范围、滥发奖金实物、挥霍浪费或者有其他超标准支出行为的,对直接负责的主管人员和其他直接责任人员给予记大过处分;情节严重的,给予降级或者撤职处分。

第十八条 不按照规定编制预算外资金收支计划、单位财务收支计划和收支决算的,对直接负责的主管人员和其他直接责任人员给予记过处分;情节严重的,给予记大过或者降级处分。

第十九条 不按照预算和批准的收支计划核拨财政资金,贻误核拨对象正常工作的,对直接负责的主管人员和其他直接责任人员给予记过处分;情节严重的,给予记大过或者降级处分。

第二十条 对坚持原则抵制违法违纪的行政事业性收费、罚没行为的单位或者个人打击报复的,给予降级处分;情节严重的,给予撤职或者开除处分。

第二十一条 实施行政处分的权限以及不服行政处分的申诉,按照国家有关规定办理。

第二十二条 违反本规定,构成犯罪的,依法追究刑事责任。

第二十三条 本规定自发布之日起施行。

企业国有资产监督管理暂行条例

中华人民共和国国务院令第378号

(2003年5月13日国务院第8次常务会议讨论通过,2003年5月27日发布)

第一章 总则

第一条 为建立适应社会主义市场经济需要的国有资产监督管理体制,进一步搞好国有企业,推动国有经济布局和结构的战略性调整,发展和壮大国有经济,实现国有资产保值增值,制定本条例。

第二条 国有及国有控股企业、国有参股企业中的国有资产的监督管理,适用本条例。金融机构中的国有资产的监督管理,不适用本条例。

第三条 本条例所称企业国有资产,是指国家对企业各种形式的投资和投资所形成的权益,以及依法认定为国家所有的其他权益。

第四条 企业国有资产属于国家所有。国家实行由国务院和地方人民政府分别代表国家履行出资人职责,享有所有者权益,权利、义务和责任相统一,管资产和管人、管事相结合的国有资产管理体制。

第五条 国务院代表国家对关系国民经济命脉和国家安全的大型国有及国有控股、国有参股企业,重要基础设施和重要自然资源等领域的国有及国有控股、国有参股企业,履行出资人职责。国务院履行出资人职责的企业,由国务院确定、公布。

省、自治区、直辖市人民政府和设区的市、自治州级人民政府分别代表国家对由国务院履行出资人职责以外的国有及国有控股、国有参股企业,履行出资人职责。其中,省、自治区、直辖市人民政府履行出资人职责的国有及国有控股、国有参股企业,由省、自治区、直辖市人民政府确定、公布,并报国务院国有资产监督管理机构备案;其他由设区的市、自治州级人民政府履行出资人职责的国有及国有控股、国有参股企业,由设区的市、自治州级人民政府确定、公布,并报省、自治区、直辖市人民政府国有资产监督管理机构备案。

国务院,省、自治区、直辖市人民政府,设区的市、自治州级人民政府履行出资人职责的企业,以下统称所出资企业。

第六条 国务院,省、自治区、直辖市人民政府,设区的市、自治州级人民政府,分别设立国有资产监督管理机构。国有资产监督管理机构根据授权,依法履行出资人职责,依法对企业国有资产进行监督管理。

企业国有资产较少的设区的市、自治州,经省、自治区、直辖市人民政府批准,可以不单独设立国有资产监督管理机构。

第七条 各级人民政府应当严格执行国有资产管理法律、法规,坚持政府的社会公共管理职能与国有资产出资人职能分开,坚持政企分开,实行所有权与经营权分离。

国有资产监督管理机构不行使政府的社会公共管理职能,政府其他机构、部门不履行企业国有资产出资人职责。

第八条 国有资产监督管理机构应当依照本条例和其他有关法律、行政法规的规定,建立健全内部监督制度,严格执行法律、行政法规。

第九条 发生战争、严重自然灾害或者其他重大、紧急情况时,国家可以依法统一调用、处置企业国有资产。

第十条 所出资企业及其投资设立的企业,享有有关法律、行政法规规定的企业经营自主权。

国有资产监督管理机构应当支持企业依法自主经营,除履行出资人职责以外,不得干预企业的生产经营活动。

第十一条 所出资企业应当努力提高经济效益,对其经营管理的企业国有资产承担保值增值责任。

所出资企业应当接受国有资产监督管理机构依法实施的监督管理,不得损害企业国有资产所有者和其他出资人的合法权益。

第二章 国有资产监督管理机构

第十二条 国务院国有资产监督管理机构是代表国务院履行出资人职责、负责监督管理企业国有资产的直属特设机构。

省、自治区、直辖市人民政府国有资产监督管理机构,设区的市、自治州级人民政府国有资产监督管理机构是代表本级政府履行出资人职责、负责监督管理企业国有资产的直属特设机构。

上级政府国有资产监督管理机构依法对下级政府的国有资产监督管理工作进行指导和监督。

第十三条 国有资产监督管理机构的主要职责是：

（一）依照《中华人民共和国公司法》等法律、法规，对所出资企业履行出资人职责，维护所有者权益；

（二）指导推进国有及国有控股企业的改革和重组；

（三）依照规定向所出资企业派出监事会；

（四）依照法定程序对所出资企业的企业负责人进行任免、考核，并根据考核结果对其进行奖惩；

（五）通过统计、稽核等方式对企业国有资产的保值增值情况进行监管；

（六）履行出资人的其他职责和承办本级政府交办的其他事项。

国务院国有资产监督管理机构除前款规定职责外，可以制定企业国有资产监督管理的规章、制度。

第十四条 国有资产监督管理机构的主要义务是：

（一）推进国有资产合理流动和优化配置，推动国有经济布局和结构的调整；

（二）保持和提高关系国民经济命脉和国家安全领域国有经济的控制力和竞争力，提高国有经济的整体素质；

（三）探索有效的企业国有资产经营体制和方式，加强企业国有资产监督管理工作，促进企业国有资产保值增值，防止企业国有资产流失；

（四）指导和促进国有及国有控股企业建立现代企业制度，完善法人治理结构，推进管理现代化；

（五）尊重、维护国有及国有控股企业经营自主权，依法维护企业合法权益，促进企业依法经营管理，增强企业竞争力；

（六）指导和协调解决国有及国有控股企业改革与发展中的困难和问题。

第十五条 国有资产监督管理机构应当向本级政府报告企业国有资产监督管理工作、国有资产保值增值状况和其他重大事项。

第三章 企业负责人管理

第十六条 国有资产监督管理机构应当建立健全适应现代企业制度要求的企业负责人的选用机制和激励约束机制。

第十七条 国有资产监督管理机构依照有关规定，任免或者建议任免所出资企业的企业负责人：

（一）任免国有独资企业的总经理、副总经理、总会计师及其他企业负责人；

（二）任免国有独资公司的董事长、副董事长、董事，并向其提出总经理、副总经理、总会计师等的任免建议；

（三）依照公司章程，提出向国有控股的公司派出的董事、监事人选，推荐国有控股的公司的董事长、副董事长和监事会主席人选，并向其提出总经理、副总经理、总会计师人选的建议；

（四）依照公司章程，提出向国有参股的公司派出的董事、监事人选。

国务院,省、自治区、直辖市人民政府,设区的市、自治州级人民政府,对所出资企业的企业负责人的任免另有规定的,按照有关规定执行。

第十八条 国有资产监督管理机构应当建立企业负责人经营业绩考核制度,与其任命的企业负责人签订业绩合同,根据业绩合同对企业负责人进行年度考核和任期考核。

第十九条 国有资产监督管理机构应当依照有关规定,确定所出资企业中的国有独资企业、国有独资公司的企业负责人的薪酬;依据考核结果,决定其向所出资企业派出的企业负责人的奖惩。

第四章　企业重大事项管理

第二十条 国有资产监督管理机构负责指导国有及国有控股企业建立现代企业制度,审核批准其所出资企业中的国有独资企业、国有独资公司的重组、股份制改造方案和所出资企业中的国有独资公司的章程。

第二十一条 国有资产监督管理机构依照法定程序决定其所出资企业中的国有独资企业、国有独资公司的分立、合并、破产、解散、增减资本、发行公司债券等重大事项。其中,重要的国有独资企业、国有独资公司分立、合并、破产、解散的,应当由国有资产监督管理机构审核后,报本级人民政府批准。

国有资产监督管理机构依照法定程序审核、决定国防科技工业领域其所出资企业中的国有独资企业、国有独资公司的有关重大事项时,按照国家有关法律、规定执行。

第二十二条 国有资产监督管理机构依照公司法的规定,派出股东代表、董事,参加国有控股的公司、国有参股的公司的股东会、董事会。

国有控股的公司、国有参股的公司的股东会、董事会决定公司的分立、合并、破产、解散、增减资本、发行公司债券、任免企业负责人等重大事项时,国有资产监督管理机构派出的股东代表、董事,应当按照国有资产监督管理机构的指示发表意见、行使表决权。

国有资产监督管理机构派出的股东代表、董事,应当将其履行职责的有关情况及时向国有资产监督管理机构报告。

第二十三条 国有资产监督管理机构决定其所出资企业的国有股权转让。其中,转让全部国有股权或者转让部分国有股权致使国家不再拥有控股地位的,报本级人民政府批准。

第二十四条 所出资企业投资设立的重要子企业的重大事项,需由所出资企业报国有资产监督管理机构批准的,管理办法由国务院国有资产监督管理机构另行制定,报国务院批准。

第二十五条 国有资产监督管理机构依照国家有关规定组织协调所出资企业中的国有独资企业、国有独资公司的兼并破产工作,并配合有关部门做好企业下岗职工安置等工作。

第二十六条 国有资产监督管理机构依照国家有关规定拟订所出资企业收入分配制度改革的指导意见,调控所出资企业工资分配的总体水平。

第二十七条 所出资企业中的国有独资企业、国有独资公司经国务院批准,可以作为国务院规定的投资公司、控股公司,享有公司法第十二条规定的权利;可以作为国家授权投资的机构,享有公司法第二十条规定的权利。

第二十八条 国有资产监督管理机构可以对所出资企业中具备条件的国有独资企业、国有独资公司进行国有资产授权经营。

被授权的国有独资企业、国有独资公司对其全资、控股、参股企业中国家投资形成的国有资产依法进行经营、管理和监督。

第二十九条　被授权的国有独资企业、国有独资公司应当建立和完善规范的现代企业制度，并承担企业国有资产的保值增值责任。

第五章　企业国有资产管理

第三十条　国有资产监督管理机构依照国家有关规定，负责企业国有资产的产权界定、产权登记、资产评估监管、清产核资、资产统计、综合评价等基础管理工作。

国有资产监督管理机构协调其所出资企业之间的企业国有资产产权纠纷。

第三十一条　国有资产监督管理机构应当建立企业国有资产产权交易监督管理制度，加强企业国有资产产权交易的监督管理，促进企业国有资产的合理流动，防止企业国有资产流失。

第三十二条　国有资产监督管理机构对其所出资企业的企业国有资产收益依法履行出资人职责；对其所出资企业的重大投融资规划、发展战略和规划，依照国家发展规划和产业政策履行出资人职责。

第三十三条　所出资企业中的国有独资企业、国有独资公司的重大资产处置，需由国有资产监督管理机构批准的，依照有关规定执行。

第六章　企业国有资产监督

第三十四条　国务院国有资产监督管理机构代表国务院向其所出资企业中的国有独资企业、国有独资公司派出监事会。监事会的组成、职权、行为规范等，依照《国有企业监事会暂行条例》的规定执行。

地方人民政府国有资产监督管理机构代表本级人民政府向其所出资企业中的国有独资企业、国有独资公司派出监事会，参照《国有企业监事会暂行条例》的规定执行。

第三十五条　国有资产监督管理机构依法对所出资企业财务进行监督，建立和完善国有资产保值增值指标体系，维护国有资产出资人的权益。

第三十六条　国有及国有控股企业应当加强内部监督和风险控制，依照国家有关规定建立健全财务、审计、企业法律顾问和职工民主监督等制度。

第三十七条　所出资企业中的国有独资企业、国有独资公司应当按照规定定期向国有资产监督管理机构报告财务状况、生产经营状况和国有资产保值增值状况。

第七章　法律责任

第三十八条　国有资产监督管理机构不按规定任免或者建议任免所出资企业的企业负责人，或者违法干预所出资企业的生产经营活动，侵犯其合法权益，造成企业国有资产损失或者其他严重后果的，对直接负责的主管人员和其他直接责任人员依法给予行政处分；构成犯罪的，依法追究刑事责任。

第三十九条　所出资企业中的国有独资企业、国有独资公司未按照规定向国有资产监督管理机构报告财务状况、生产经营状况和国有资产保值增值状况的，予以警告；情节严重的，对直接负责的主管人员和其他直接责任人员依法给予纪律处分。

第四十条　国有及国有控股企业的企业负责人滥用职权、玩忽职守，造成企业国有资产损失的,应负赔偿责任,并对其依法给予纪律处分;构成犯罪的,依法追究刑事责任。

第四十一条 对企业国有资产损失负有责任受到撤职以上纪律处分的国有及国有控股企业的企业负责人,5年内不得担任任何国有及国有控股企业的企业负责人;造成企业国有资产重大损失或者被判处刑罚的,终身不得担任任何国有及国有控股企业的企业负责人。

第八章 附 则

第四十二条 国有及国有控股企业、国有参股企业的组织形式、组织机构、权利和义务等,依照《中华人民共和国公司法》等法律、行政法规和本条例的规定执行。

第四十三条 国有及国有控股企业、国有参股企业中中国共产党基层组织建设、社会主义精神文明建设和党风廉政建设,依照《中国共产党章程》和有关规定执行。

国有及国有控股企业、国有参股企业中工会组织依照《中华人民共和国工会法》和《中国工会章程》的有关规定执行。

第四十四条 国务院国有资产监督管理机构,省、自治区、直辖市人民政府可以依据本条例制定实施办法。

第四十五条 本条例施行前制定的有关企业国有资产监督管理的行政法规与本条例不一致的,依照本条例的规定执行。

第四十六条 政企尚未分开的单位,应当按照国务院的规定,加快改革,实现政企分开。政企分开后的企业,由国有资产监督管理机构依法履行出资人职责,依法对企业国有资产进行监督管理。

第四十七条 本条例自公布之日起施行。

财政违法行为处罚处分条例

中华人民共和国国务院令第427号

(2004年11月5日国务院第69次常务会议通过,2004年11月30日发布,
2011年1月8日修改后实施)

第一条 为了纠正财政违法行为,维护国家财政经济秩序,制定本条例。

第二条 县级以上人民政府财政部门及审计机关在各自职权范围内,依法对财政违法行为作出处理、处罚决定。

省级以上人民政府财政部门的派出机构,应当在规定职权范围内,依法对财政违法行为作出处理、处罚决定;审计机关的派出机构,应当根据审计机关的授权,依法对财政违法行为作出处理、处罚决定。

根据需要,国务院可以依法调整财政部门及其派出机构(以下统称财政部门)、审计机关及其派出机构(以下统称审计机关)的职权范围。

有财政违法行为的单位,其直接负责的主管人员和其他直接责任人员,以及有财政违法行为的个人,属于国家公务员的,由监察机关及其派出机构(以下统称监察机关)或者任免机关依照

人事管理权限,依法给予行政处分。

第三条 财政收入执收单位及其工作人员有下列违反国家财政收入管理规定的行为之一的,责令改正,补收应当收取的财政收入,限期退还违法所得。对单位给予警告或者通报批评。对直接负责的主管人员和其他直接责任人员给予警告、记过或者记大过处分;情节严重的,给予降级或者撤职处分:

(一)违反规定设立财政收入项目;

(二)违反规定擅自改变财政收入项目的范围、标准、对象和期限;

(三)对已明令取消、暂停执行或者降低标准的财政收入项目,仍然依照原定项目、标准征收或者变换名称征收;

(四)缓收、不收财政收入;

(五)擅自将预算收入转为预算外收入;

(六)其他违反国家财政收入管理规定的行为。

《中华人民共和国税收征收管理法》等法律、行政法规另有规定的,依照其规定给予行政处分。

第四条 财政收入执收单位及其工作人员有下列违反国家财政收入上缴规定的行为之一的,责令改正,调整有关会计账目,收缴应当上缴的财政收入,限期退还违法所得。对单位给予警告或者通报批评。对直接负责的主管人员和其他直接责任人员给予记大过处分;情节较重的,给予降级或者撤职处分;情节严重的,给予开除处分:

(一)隐瞒应当上缴的财政收入;

(二)滞留、截留、挪用应当上缴的财政收入;

(三)坐支应当上缴的财政收入;

(四)不依照规定的财政收入预算级次、预算科目入库;

(五)违反规定退付国库库款或者财政专户资金;

(六)其他违反国家财政收入上缴规定的行为。

《中华人民共和国税收征收管理法》、《中华人民共和国预算法》等法律、行政法规另有规定的,依照其规定给予行政处分。

第五条 财政部门、国库机构及其工作人员有下列违反国家有关上解、下拨财政资金规定的行为之一的,责令改正,限期退还违法所得。对单位给予警告或者通报批评。对直接负责的主管人员和其他直接责任人员给予记过或者记大过处分;情节较重的,给予降级或者撤职处分;情节严重的,给予开除处分:

(一)延解、占压应当上解的财政收入;

(二)不依照预算或者用款计划核拨财政资金;

(三)违反规定收纳、划分、留解、退付国库库款或者财政专户资金;

(四)将应当纳入国库核算的财政收入放在财政专户核算;

(五)擅自动用国库库款或者财政专户资金;

(六)其他违反国家有关上解、下拨财政资金规定的行为。

第六条 国家机关及其工作人员有下列违反规定使用、骗取财政资金的行为之一的,责令改正,调整有关会计账目,追回有关财政资金,限期退还违法所得。对单位给予警告或者通报批评。对直接负责的主管人员和其他直接责任人员给予记大过处分;情节较重的,给予降级或者撤职处分;情节严重的,给予开除处分:

(一)以虚报、冒领等手段骗取财政资金;

（二）截留、挪用财政资金；

（三）滞留应当下拨的财政资金；

（四）违反规定扩大开支范围，提高开支标准；

（五）其他违反规定使用、骗取财政资金的行为。

第七条 财政预决算的编制部门和预算执行部门及其工作人员有下列违反国家有关预算管理规定的行为之一的，责令改正，追回有关款项，限期调整有关预算科目和预算级次。对单位给予警告或者通报批评。对直接负责的主管人员和其他直接责任人员给予警告、记过或者记大过处分；情节较重的，给予降级处分；情节严重的，给予撤职处分：

（一）虚增、虚减财政收入或者财政支出；

（二）违反规定编制、批复预算或者决算；

（三）违反规定调整预算；

（四）违反规定调整预算级次或者预算收支种类；

（五）违反规定动用预算预备费或者挪用预算周转金；

（六）违反国家关于转移支付管理规定的行为；

（七）其他违反国家有关预算管理规定的行为。

第八条 国家机关及其工作人员违反国有资产管理的规定，擅自占有、使用、处置国有资产的，责令改正，调整有关会计账目，限期退还违法所得和被侵占的国有资产。对单位给予警告或者通报批评。对直接负责的主管人员和其他直接责任人员给予记大过处分；情节较重的，给予降级或者撤职处分；情节严重的，给予开除处分。

第九条 单位和个人有下列违反国家有关投资建设项目规定的行为之一的，责令改正，调整有关会计账目，追回被截留、挪用、骗取的国家建设资金，没收违法所得，核减或者停止拨付工程投资。对单位给予警告或者通报批评，其直接负责的主管人员和其他直接责任人员属于国家公务员的，给予记大过处分；情节较重的，给予降级或者撤职处分；情节严重的，给予开除处分：

（一）截留、挪用国家建设资金；

（二）以虚报、冒领、关联交易等手段骗取国家建设资金；

（三）违反规定超概算投资；

（四）虚列投资完成额；

（五）其他违反国家投资建设项目有关规定的行为。

《中华人民共和国政府采购法》、《中华人民共和国招标投标法》、《国家重点建设项目管理办法》等法律、行政法规另有规定的，依照其规定处理、处罚。

第十条 国家机关及其工作人员违反《中华人民共和国担保法》及国家有关规定，擅自提供担保的，责令改正，没收违法所得。对单位给予警告或者通报批评。对直接负责的主管人员和其他直接责任人员给予警告、记过或者记大过处分；造成损失的，给予降级或者撤职处分；造成重大损失的，给予开除处分。

第十一条 国家机关及其工作人员违反国家有关账户管理规定，擅自在金融机构开立、使用账户的，责令改正，调整有关会计账目，追回有关财政资金，没收违法所得，依法撤销擅自开立的账户。对单位给予警告或者通报批评。对直接负责的主管人员和其他直接责任人员给予降级处分；情节严重的，给予撤职或者开除处分。

第十二条 国家机关及其工作人员有下列行为之一的，责令改正，调整有关会计账目，追回被挪用、骗取的有关资金，没收违法所得。对单位给予警告或者通报批评。对直接负责的主管人员和其他直接责任人员给予降级处分；情节较重的，给予撤职处分；情节严重的，给予开除处分：

（一）以虚报、冒领等手段骗取政府承贷或者担保的外国政府贷款、国际金融组织贷款；

（二）滞留政府承贷或者担保的外国政府贷款、国际金融组织贷款；

（三）截留、挪用政府承贷或者担保的外国政府贷款、国际金融组织贷款；

（四）其他违反规定使用、骗取政府承贷或者担保的外国政府贷款、国际金融组织贷款的行为。

第十三条 企业和个人有下列不缴或者少缴财政收入行为之一的，责令改正，调整有关会计账目，收缴应当上缴的财政收入，给予警告，没收违法所得，并处不缴或者少缴财政收入10%以上30%以下的罚款；对直接负责的主管人员和其他直接责任人员处3000元以上5万元以下的罚款：

（一）隐瞒应当上缴的财政收入；

（二）截留代收的财政收入；

（三）其他不缴或者少缴财政收入的行为。

属于税收方面的违法行为，依照有关税收法律、行政法规的规定处理、处罚。

第十四条 企业和个人有下列行为之一的，责令改正，调整有关会计账目，追回违反规定使用、骗取的有关资金，给予警告，没收违法所得，并处被骗取有关资金10%以上50%以下的罚款或者被违规使用有关资金10%以上30%以下的罚款；对直接负责的主管人员和其他直接责任人员处3000元以上5万元以下的罚款：

（一）以虚报、冒领等手段骗取财政资金以及政府承贷或者担保的外国政府贷款、国际金融组织贷款；

（二）挪用财政资金以及政府承贷或者担保的外国政府贷款、国际金融组织贷款；

（三）从无偿使用的财政资金以及政府承贷或者担保的外国政府贷款、国际金融组织贷款中非法获益；

（四）其他违反规定使用、骗取财政资金以及政府承贷或者担保的外国政府贷款、国际金融组织贷款的行为。

属于政府采购方面的违法行为，依照《中华人民共和国政府采购法》及有关法律、行政法规的规定处理、处罚。

第十五条 事业单位、社会团体、其他社会组织及其工作人员有财政违法行为的，依照本条例有关国家机关的规定执行；但其在经营活动中的财政违法行为，依照本条例第十三条、第十四条的规定执行。

第十六条 单位和个人有下列违反财政收入票据管理规定的行为之一的，销毁非法印制的票据，没收违法所得和作案工具。对单位处5000元以上10万元以下的罚款；对直接负责的主管人员和其他直接责任人员处3000元以上5万元以下的罚款。属于国家公务员的，还应当给予降级或者撤职处分；情节严重的，给予开除处分：

（一）违反规定印制财政收入票据；

（二）转借、串用、代开财政收入票据；

（三）伪造、变造、买卖、擅自销毁财政收入票据；

（四）伪造、使用伪造的财政收入票据监（印）制章；

（五）其他违反财政收入票据管理规定的行为。

属于税收收入票据管理方面的违法行为，依照有关税收法律、行政法规的规定处理、处罚。

第十七条 单位和个人违反财务管理的规定，私存私放财政资金或其他公款的，责令改正，调整有关会计账目，追回私存私放的资金，没收违法所得。对单位处3000元以上5万元以下的罚款；对直接负责的主管人员和其他直接责任人员处2000元以上2万元以下的罚款。属于国家公务员的,还应当给予记大过处分;情节严重的,给予降级或者撤职处分。

第十八条 属于会计方面的违法行为,依照会计方面的法律、行政法规的规定处理、处罚。对其直接负责的主管人员和其他直接责任人员,属于国家公务员的,还应当给予警告、记过或者记大过处分;情节较重的,给予降级或者撤职处分;情节严重的,给予开除处分。

第十九条 属于行政性收费方面的违法行为,《中华人民共和国行政许可法》、《违反行政事业性收费和罚没收入收支两条线管理规定行政处分暂行规定》等法律、行政法规及国务院另有规定的,有关部门依照其规定处理、处罚、处分。

第二十条 单位和个人有本条例规定的财政违法行为,构成犯罪的,依法追究刑事责任。

第二十一条 财政部门、审计机关、监察机关依法进行调查或者检查时,被调查、检查的单位和个人应当予以配合,如实反映情况,不得拒绝、阻挠、拖延。

违反前款规定的,责令限期改正。逾期不改正的,对属于国家公务员的直接负责的主管人员和其他直接责任人员,给予警告、记过或者记大过处分;情节严重的,给予降级或者撤职处分。

第二十二条 财政部门、审计机关、监察机关依法进行调查或者检查时,经县级以上人民政府财政部门、审计机关、监察机关的负责人批准,可以向与被调查、检查单位有经济业务往来的单位查询有关情况,可以向金融机构查询被调查、检查单位的存款,有关单位和金融机构应当配合。

财政部门、审计机关、监察机关在依法进行调查或者检查时,执法人员不得少于2人,并应当向当事人或者有关人员出示证件;查询存款时,还应当持有县级以上人民政府财政部门、审计机关、监察机关签发的查询存款通知书,并负有保密义务。

第二十三条 财政部门、审计机关、监察机关依法进行调查或者检查时,在有关证据可能灭失或者以后难以取得的情况下,经县级以上人民政府财政部门、审计机关、监察机关的负责人批准,可以先行登记保存,并应当在7日内及时作出处理决定。在此期间,当事人或者有关人员不得销毁或者转移证据。

第二十四条 对被调查、检查单位或者个人正在进行的财政违法行为,财政部门、审计机关应当责令停止。拒不执行的,财政部门可以暂停财政拨款或者停止拨付与财政违法行为直接有关的款项,已经拨付的,责令其暂停使用;审计机关可以通知财政部门或者其他有关主管部门暂停财政拨款或者停止拨付与财政违法行为直接有关的款项,已经拨付的,责令其暂停使用,财政部门和其他有关主管部门应当将结果书面告知审计机关。

第二十五条 依照本条例规定限期退还的违法所得,到期无法退还的,应当收缴国库。

第二十六条 单位和个人有本条例所列财政违法行为,财政部门、审计机关、监察机关可以公告其财政违法行为及处理、处罚、处分决定。

第二十七条 单位和个人有本条例所列财政违法行为,弄虚作假骗取荣誉称号及其他有关奖励的,应当撤销其荣誉称号并收回有关奖励。

第二十八条 财政部门、审计机关、监察机关的工作人员滥用职权、玩忽职守、徇私舞弊的,给予警告、记过或者记大过处分;情节较重的,给予降级或者撤职处分;情节严重的,给予开除处分。构成犯罪的,依法追究刑事责任。

第二十九条 财政部门、审计机关、监察机关及其他有关监督检查机关对有关单位或者个人依法进行调查、检查后,应当出具调查、检查结论。有关监督检查机关已经作出的调查、检查结论能够满足其他监督检查机关履行本机关职责需要的,其他监督检查机关应当加以利用。

第三十条 财政部门、审计机关、监察机关及其他有关机关应当加强配合,对不属于其职权范围的事项,应当依法移送。受移送机关应当及时处理,并将结果书面告知移送机关。

第三十一条 对财政违法行为作出处理、处罚和处分决定的程序,依照本条例和《中华人民共和国行政处罚法》、《中华人民共和国行政监察法》等有关法律、行政法规的规定执行。

第三十二条 单位和个人对处理、处罚不服的,依照《中华人民共和国行政复议法》、《中华人民共和国行政诉讼法》的规定申请复议或者提起诉讼。

国家公务员对行政处分不服的,依照《中华人民共和国行政监察法》、《国家公务员暂行条例》等法律、行政法规的规定提出申诉。

第三十三条 本条例所称"财政收入执收单位",是指负责收取税收收入和各种非税收入的单位。

第三十四条 对法律、法规授权的具有管理公共事务职能的组织以及国家行政机关依法委托的组织及其工勤人员以外的工作人员,企业、事业单位、社会团体中由国家行政机关以委任、派遣等形式任命的人员以及其他人员有本条例规定的财政违法行为,需要给予处分的,参照本条例有关规定执行。

第三十五条 本条例自2005年2月1日起施行。1987年6月16日国务院发布的《国务院关于违反财政法规处罚的暂行规定》同时废止。

中共中央办公厅、国务院办公厅关于印发《国有企业领导人员廉洁从业若干规定》的通知

中办发〔2009〕26号

各省、自治区、直辖市党委和人民政府,中央和国家机关各部委,军委总政治部,各人民团体:

《国有企业领导人员廉洁从业若干规定》(以下简称《若干规定》)已经党中央、国务院同意,现印发给你们,请遵照执行。

2004年中央纪委、中央组织部、监察部、国务院国资委联合发布的《国有企业领导人员廉洁从业若干规定(试行)》,对于规范国有企业领导人员廉洁从业行为,加强国有企业党风建设和反腐倡廉工作,发挥了重要作用。但是,随着近年来国有企业反腐倡廉建设不断深入,该试行规定的有关内容已经不能完全适应新形势需要,中央决定予以修订。

《若干规定》是规范国有企业领导人员廉洁从业行为的基础性法规,对于加强国有企业反腐倡廉建设、维护国家和出资人利益、促进国有企业科学发展、保障职工群众合法权益具有重要作用。各地区各部门要从深入贯彻落实科学发展观的高度,对学习贯彻《若干规定》作出具体部署。要认真做好宣传教育工作,为贯彻实施《若干规定》营造良好舆论环境。要认真分析本地区本部门本单位国有企业领导人员廉洁从业方面的薄弱环节,采取有效措施加以解决。要严格对国有企业领导人员的管理和监督,切实做到预防为先、关口前移。要加强对《若干规定》贯彻执行情况的监督检查,及时纠正并严肃处理违反《若干规定》的行为。国有企业领导人员要认真执行《若干规定》,严于律己,自觉接受监督,坚决杜绝违反《若干规定》行为的发生。

各地区各部门在执行《若干规定》过程中的情况和建议,要及时报告中央。

中共中央办公厅　国务院办公厅
二〇〇九年七月一日

国有企业领导人员廉洁从业若干规定

(2009年7月1日)

第一章 总 则

第一条 为规范国有企业领导人员廉洁从业行为,加强国有企业反腐倡廉建设,维护国家和出资人利益,促进国有企业科学发展,依据国家有关法律法规和党内法规,制定本规定。

第二条 本规定适用于国有独资企业、国有控股企业(含国有独资金融企业和国有控股金融企业)及其分支机构的领导班子成员。

第三条 国有企业领导人员应当遵守国家法律法规和企业规章制度,依法经营、开拓创新、廉洁从业、诚实守信,切实维护国家利益、企业利益和职工合法权益,努力实现国有企业又好又快发展。

第二章 廉洁从业行为规范

第四条 国有企业领导人员应当切实维护国家和出资人利益。不得有滥用职权、损害国有资产权益的下列行为:

(一)违反决策原则和程序决定企业生产经营的重大决策、重要人事任免、重大项目安排及大额度资金运作事项;

(二)违反规定办理企业改制、兼并、重组、破产、资产评估、产权交易等事项;

(三)违反规定投资、融资、担保、拆借资金、委托理财、为他人代开信用证、购销商品和服务、招标投标等;

(四)未经批准或者经批准后未办理保全国有资产的法律手续,以个人或者其他名义用企业资产在国(境)外注册公司、投资入股、购买金融产品、购置不动产或者进行其他经营活动;

(五)授意、指使、强令财会人员进行违反国家财经纪律、企业财务制度的活动;

(六)未经履行国有资产出资人职责的机构和人事主管部门批准,决定本级领导人员的薪酬和住房补贴等福利待遇;

(七)未经企业领导班子集体研究,决定捐赠、赞助事项,或者虽经企业领导班子集体研究但未经履行国有资产出资人职责的机构批准,决定大额捐赠、赞助事项;

(八)其他滥用职权、损害国有资产权益的行为。

第五条 国有企业领导人员应当忠实履行职责。不得有利用职权谋取私利以及损害本企业利益的下列行为:

(一)个人从事营利性经营活动和有偿中介活动,或者在本企业的同类经营企业、关联企业和与本企业有业务关系的企业投资入股;

(二)在职或者离职后接受、索取本企业的关联企业、与本企业有业务关系的企业,以及管理和服务对象提供的物质性利益;

(三)以明显低于市场的价格向请托人购买或者以明显高于市场的价格向请托人出售房屋、

汽车等物品,以及以其他交易形式非法收受请托人财物;

(四)委托他人投资证券、期货或者以其他委托理财名义,未实际出资而获取收益,或者虽然实际出资,但获取收益明显高于出资应得收益;

(五)利用企业上市或者上市公司并购、重组、定向增发等过程中的内幕消息、商业秘密以及企业的知识产权、业务渠道等无形资产或者资源,为本人或者配偶、子女及其他特定关系人谋取利益;

(六)未经批准兼任本企业所出资企业或者其他企业、事业单位、社会团体、中介机构的领导职务,或者经批准兼职的,擅自领取薪酬及其他收入;

(七)将企业经济往来中的折扣费、中介费、佣金、礼金,以及因企业行为受到有关部门和单位奖励的财物等据为己有或者私分;

(八)其他利用职权谋取私利以及损害本企业利益的行为。

第六条 国有企业领导人员应当正确行使经营管理权,防止可能侵害公共利益、企业利益行为的发生。不得有下列行为:

(一)本人的配偶、子女及其他特定关系人,在本企业的关联企业、与本企业有业务关系的企业投资入股;

(二)将国有资产委托、租赁、承包给配偶、子女及其他特定关系人经营;

(三)利用职权为配偶、子女及其他特定关系人从事营利性经营活动提供便利条件;

(四)利用职权相互为对方及其配偶、子女和其他特定关系人从事营利性经营活动提供便利条件;

(五)本人的配偶、子女及其他特定关系人投资或者经营的企业与本企业或者有出资关系的企业发生可能侵害公共利益、企业利益的经济业务往来;

(六)按照规定应当实行任职回避和公务回避而没有回避;

(七)离职或者退休后三年内,在与原任职企业有业务关系的私营企业、外资企业和中介机构担任职务、投资入股,或者在上述企业或者机构从事、代理与原任职企业经营业务相关的经营活动;

(八)其他可能侵害公共利益、企业利益的行为。

第七条 国有企业领导人员应当勤俭节约,依据有关规定进行职务消费。不得有下列行为:

(一)超出报履行国有资产出资人职责的机构备案的预算进行职务消费;

(二)将履行工作职责以外的费用列入职务消费;

(三)在特定关系人经营的场所进行职务消费;

(四)不按照规定公开职务消费情况;

(五)用公款旅游或者变相旅游;

(六)在企业发生非政策性亏损或者拖欠职工工资期间,购买或者更换小汽车、公务包机、装修办公室、添置高档办公设备等;

(七)使用信用卡、签单等形式进行职务消费,不提供原始凭证和相应的情况说明;

(八)其他违反规定的职务消费以及奢侈浪费行为。

第八条 国有企业领导人员应当加强作风建设,注重自身修养,增强社会责任意识,树立良好的公众形象。不得有下列行为:

(一)弄虚作假,骗取荣誉、职务、职称、待遇或者其他利益;

(二)大办婚丧喜庆事宜,造成不良影响,或者借机敛财;

(三)默许、纵容配偶、子女和身边工作人员利用本人的职权和地位从事可能造成不良影响的活动；
（四）用公款支付与公务无关的娱乐活动费用；
（五）在有正常办公和居住场所的情况下用公款长期包租宾馆；
（六）漠视职工正当要求，侵害职工合法权益；
（七）从事有悖社会公德的活动。

第三章　实施与监督

第九条　国有企业应当依据本规定制定规章制度或者将本规定的要求纳入公司章程，建立健全监督制约机制，保证本规定的贯彻执行。

国有企业党委（党组）书记、董事长、总经理为本企业实施本规定的主要责任人。

第十条　国有企业领导人员应当将贯彻落实本规定的情况作为民主生活会对照检查、年度述职述廉和职工代表大会民主评议的重要内容，接受监督和民主评议。

第十一条　国有企业应当明确决策原则和程序，在规定期限内将生产经营的重大决策、重要人事任免、重大项目安排及大额度资金运作事项的决策情况报告履行国有资产出资人职责的机构，将涉及职工切身利益的事项向职工代表大会报告。

需经职工代表大会讨论通过的事项，应当经职工代表大会讨论通过后实施。

第十二条　国有企业应当完善以职工代表大会为基本形式的企业民主管理制度，实行厂务公开制度，并报履行国有资产出资人职责的机构备案。

第十三条　国有企业应当按照有关规定建立健全职务消费制度，报履行国有资产出资人职责的机构备案，并将职务消费情况作为厂务公开的内容向职工公开。

第十四条　国有企业领导人员应当按年度向履行国有资产出资人职责的机构报告兼职、投资入股、国（境）外存款和购置不动产情况，配偶、子女从业和出国（境）定居及有关情况，以及本人认为应当报告的其他事项，并以适当方式在一定范围内公开。

第十五条　国有企业应当结合本规定建立领导人员从业承诺制度，规范领导人员从业行为以及离职和退休后的相关行为。

第十六条　履行国有资产出资人职责的机构和人事主管部门应当结合实际，完善国有企业领导人员的薪酬管理制度，规范和完善激励和约束机制。

第十七条　纪检监察机关、组织人事部门和履行国有资产出资人职责的机构，应当对国有企业领导人员进行经常性的教育和监督。

第十八条　履行国有资产出资人职责的机构和审计部门应当依法开展各项审计监督，严格执行国有企业领导人员任期和离任经济责任审计制度，建立健全纪检监察和审计监督工作的协调运行机制。

第十九条　各级纪检监察机关、组织人事部门和履行国有资产出资人职责机构的纪检监察机构，应当对所管辖的国有企业领导人员执行本规定的情况进行监督检查。

国有企业的纪检监察机构应当结合年度考核，每年对所管辖的国有企业领导人员执行本规定的情况进行监督检查，并作出评估，向企业党组织和上级纪检监察机构报告。

对违反本规定行为的检举和控告，有关机构应当及时受理，并作出处理决定或者提出处理建议。

对违反本规定行为的检举和控告符合函询条件的，应当按规定进行函询。

对检举、控告违反本规定行为的职工进行打击报复的，应当追究相关责任人的责任。

第二十条　各级组织人事部门和履行国有资产出资人职责的机构,应当将廉洁从业情况作为对国有企业领导人员考察、考核的重要内容和任免的重要依据。

第二十一条　国有企业的监事会应当依照有关规定加强对国有企业领导人员廉洁从业情况的监督。

按照本规定第十一条至第十四条向履行国有资产出资人职责的机构报告、备案的事项,应当同时抄报本企业监事会。

第四章　违反规定行为的处理

第二十二条　国有企业领导人员违反本规定第二章所列行为规范的,视情节轻重,由有关机构按照管理权限分别给予警示谈话、调离岗位、降职、免职处理。

应当追究纪律责任的,除适用前款规定外,视情节轻重,依照国家有关法律法规给予相应的处分。

对于其中的共产党员,视情节轻重,依照《中国共产党纪律处分条例》给予相应的党纪处分。涉嫌犯罪的,依法移送司法机关处理。

第二十三条　国有企业领导人员受到警示谈话、调离岗位、降职、免职处理的,应当减发或者全部扣发当年的绩效薪金、奖金。

第二十四条　国有企业领导人员违反本规定获取的不正当经济利益,应当责令清退;给国有企业造成经济损失的,应当依据国家或者企业的有关规定承担经济赔偿责任。

第二十五条　国有企业领导人员违反本规定受到降职处理的,两年内不得担任与其原任职务相当或者高于其原任职务的职务。

受到免职处理的,两年内不得担任国有企业的领导职务;因违反国家法律,造成国有资产重大损失被免职的,五年内不得担任国有企业的领导职务。

构成犯罪被判处刑罚的,终身不得担任国有企业的领导职务。

第五章　附　　则

第二十六条　国有企业领导班子成员以外的对国有资产负有经营管理责任的其他人员、国有企业所属事业单位的领导人员参照本规定执行。

国有参股企业(含国有参股金融企业)中对国有资产负有经营管理责任的人员参照本规定执行。

第二十七条　本规定所称履行国有资产出资人职责的机构,包括作为国有资产出资人代表的各级国有资产监督管理机构、尚未实行政资分开代行出资人职责的政府主管部门和其他机构以及授权经营的母公司。

本规定所称特定关系人,是指与国有企业领导人员有近亲属以及其他共同利益关系的人。

第二十八条　国务院国资委,各省、自治区、直辖市,可以根据本规定制定实施办法,并报中央纪委、监察部备案。

中国银监会、中国证监会、中国保监会,中央管理的国有独资金融企业和国有控股金融企业,可以结合金融行业的实际,制定本规定的补充规定,并报中央纪委、监察部备案。

第二十九条　本规定由中央纪委商中央组织部、监察部解释。

第三十条　本规定自发布之日起施行。2004年发布的《国有企业领导人员廉洁从业若干规定(试行)》同时废止。

现行的其他有关规定,凡与本规定不一致的,依照本规定执行。

中共中央办公厅　国务院办公厅印发《关于进一步推进国有企业贯彻落实"三重一大"决策制度的意见》

中办发〔2010〕17号

(2010年7月16日发布)

为全面贯彻党的十七大和十七届四中全会精神,切实加强国有企业反腐倡廉建设,进一步促进国有企业领导人员廉洁从业,规范决策行为,提高决策水平,防范决策风险,保证国有企业科学发展,按照中央关于凡属重大决策、重要人事任免、重大项目安排和大额度资金运作(简称"三重一大")事项必须由领导班子集体作出决定的要求,现就进一步推进国有企业贯彻落实"三重一大"决策制度提出如下意见。

一、指导思想和基本原则

(一)高举中国特色社会主义伟大旗帜,以邓小平理论和"三个代表"重要思想为指导,深入贯彻落实科学发展观,根据《建立健全惩治和预防腐败体系2008—2012年工作规划》部署,落实《国有企业领导人员廉洁从业若干规定》要求,以明确决策范围、规范决策程序、强化监督检查和责任追究为重点,进一步推进国有企业"三重一大"决策制度的贯彻落实。

(二)"三重一大"事项坚持集体决策原则。国有企业应当健全议事规则,明确"三重一大"事项的决策规则和程序,完善群众参与、专家咨询和集体决策相结合的决策机制。国有企业党委(党组)、董事会、未设董事会的经理班子等决策机构要依据各自的职责、权限和议事规则,集体讨论决定"三重一大"事项,防止个人或少数人专断。要坚持务实高效,保证决策的科学性;充分发扬民主,广泛听取意见,保证决策的民主性;遵守国家法律法规、党内法规和有关政策,保证决策合法合规。

二、"三重一大"事项的主要范围

(三)重大决策事项,是指依照《中华人民共和国公司法》、《中华人民共和国全民所有制工业企业法》、《中华人民共和国企业国有资产法》、《中华人民共和国商业银行法》、《中华人民共和国证券法》、《中华人民共和国保险法》以及其他有关法律法规和党内法规规定的应当由股东大会(股东会)、董事会、未设董事会的经理班子、职工代表大会和党委(党组)决定的事项。主要包括企业贯彻执行党和国家的路线方针政策、法律法规和上级重要决定的重大措施,企业发展战略、破产、改制、兼并重组、资产调整、产权转让、对外投资、利益调配、机构调整等方面的重大决策,企业党的建设和安全稳定的重大决策,以及其他重大决策事项。

(四)重要人事任免事项,是指企业直接管理的领导人员以及其他经营管理人员的职务调整事项。主要包括企业中层以上经营管理人员和下属企业、单位领导班子成员的任免、聘用、解除聘用和后备人选的确定,向控股和参股企业委派股东代表、推荐董事会、监事会成员和经理、财务负责人,以及其他重要人事任免事项。

（五）重大项目安排事项，是指对企业资产规模、资本结构、盈利能力以及生产装备、技术状况等产生重要影响的项目的设立和安排。主要包括年度投资计划，融资、担保项目，期权、期货等金融衍生业务，重要设备和技术引进，采购大宗物资和购买服务，重大工程建设项目，以及其他重大项目安排事项。

（六）大额度资金运作事项，是指超过由企业或者履行国有资产出资人职责的机构所规定的企业领导人员有权调动、使用的资金限额的资金调动和使用。主要包括年度预算内大额度资金调动和使用，超预算的资金调动和使用，对外大额捐赠、赞助，以及其他大额度资金运作事项。

三、"三重一大"事项决策的基本程序

（七）"三重一大"事项提交会议集体决策前应当认真调查研究，经过必要的研究论证程序，充分吸收各方面意见。重大投资和工程建设项目，应当事先充分听取有关专家的意见。重要人事任免，应当事先征求国有企业和履行国有资产出资人职责机构的纪检监察机构的意见。研究决定企业改制以及经营管理方面的重大问题、涉及职工切身利益的重大事项、制定重要的规章制度，应当听取企业工会的意见，并通过职工代表大会或者其他形式听取职工群众的意见和建议。

（八）决策事项应当提前告知所有参与决策人员，并为所有参与决策人员提供相关材料。必要时，可事先听取反馈意见。

（九）党委（党组）、董事会、未设董事会的经理班子应当以会议的形式，对职责权限内的"三重一大"事项作出集体决策。不得以个别征求意见等方式作出决策。紧急情况下由个人或少数人临时决定的，应在事后及时向党委（党组）、董事会或未设董事会的经理班子报告；临时决定人应当对决策情况负责，党委（党组）、董事会或未设董事会的经理班子应当在事后按程序予以追认。经董事会授权，经理班子决策"三重一大"事项的，按照本意见执行。

（十）决策会议符合规定人数方可召开。与会人员要充分讨论并分别发表意见，主要负责人应当最后发表结论性意见。会议决定多个事项时，应逐项研究决定。若存在严重分歧，一般应当推迟作出决定。

（十一）会议决定的事项、过程、参与人及其意见、结论等内容，应当完整、详细记录并存档备查。

（十二）决策作出后，企业应当及时向履行国有资产出资人职责的机构报告有关决策情况；企业负责人应当按照分工组织实施，并明确落实部门和责任人。参与决策的个人对集体决策有不同意见，可以保留或者向上级反映，但在没有作出新的决策前，不得擅自变更或者拒绝执行。如遇特殊情况需对决策内容作重大调整，应当重新按规定履行决策程序。

（十三）董事会、未设董事会的经理班子研究"三重一大"事项时，应事先与党委（党组）沟通，听取党委（党组）的意见。进入董事会、未设董事会的经理班子的党委（党组）成员，应当贯彻党组织的意见或决定。企业党组织要团结带领全体党员和广大职工群众，推动决策的实施，并对实施中发现的与党和国家方针政策、法律法规不符或脱离实际的情况及时提出意见，如得不到纠正，应当向上级反映。

（十四）建立"三重一大"事项决策的回避制度；建立对决策的考核评价和后评估制度，逐步健全决策失误纠错改正机制和责任追究制度。

四、组织实施和监督检查

（十五）国有企业党委（党组）书记、董事长、未设董事会的总经理（总裁）为本企业实施本意见的主要责任人。

（十六）国有企业应当依据本意见制定具体的实施办法，报履行国有资产出资人职责的机构审查批准。履行国有资产出资人职责的机构，在制定或审批国有企业章程时，应当根据本意见明确相关要求。

（十七）履行国有资产出资人职责的机构应当对国有企业制定的"三重一大"事项范围是否全面科学、决策程序是否严密、责任追究措施是否有效进行严格审查，予以批准的，应当在批准后监督其实施。

（十八）纪检监察机关应当督促指导履行国有资产出资人职责机构的纪检监察机构，切实加强对所管辖的国有企业贯彻落实"三重一大"决策制度情况的监督检查。

（十九）国有企业的纪检监察机构在依照《国有企业领导人员廉洁从业若干规定》的规定，结合年度考核进行监督检查，作出评议，并向企业党组织和上级纪检监察机构报告时，应当将国有企业领导人员执行"三重一大"决策制度的情况作为重点内容。

（二十）"三重一大"决策制度的执行情况，应当作为巡视、党风廉政建设责任制考核的重要内容和企业领导人员经济责任审计的重点事项；作为民主生活会、企业领导人员述职述廉的重要内容；作为厂务公开的重要内容，除按照国家法律法规和有关政策应当保密的事项外，在适当范围内公开。

（二十一）组织人事部门、履行国有资产出资人职责的机构和审计机关，应当将"三重一大"决策制度的执行情况，作为对企业领导人员考察、考核的重要内容和任免以及经济责任履行情况审计评价的重要依据。

（二十二）国有企业领导人员违反"三重一大"决策制度的，应当依照《国有企业领导人员廉洁从业若干规定》和相关法律法规给予相应的处理，违反规定获取的不正当经济利益，应当责令清退；给国有企业造成经济损失的，应当承担经济赔偿责任。

（二十三）本意见适用于国有和国有控股企业（含国有和国有控股金融机构）。

国有资产评估违法行为处罚办法

中华人民共和国财政部令第 15 号

（2001 年 12 月 31 日发布）

第一条　为规范国有资产评估行为，加强国有资产评估管理，保障国有资产权益，维护社会公共利益，根据《国有资产评估管理办法》、《国务院办公厅转发财政部〈关于改革国有资产评估行政管理方式加强资产评估监督管理工作意见〉的通知》（国办发〔2001〕102 号）及其他有关法律、行政法规的规定，制定本办法。

第二条　资产评估机构在国有资产评估活动中违反有关法律、法规和规章，应予行政处罚的，适用本办法。

第三条　省级人民政府财政部门（国有资产管理部门，下同）负责对本地区资产评估机构（包括设在本地区的资产评估分支机构）的违法行为实施处罚。对严重评估违法行为，国务院财政部门可以直接进行处罚

第四条　资产评估机构违法行为的处罚种类：

（一）警告；

（二）罚款；

（三）没收违法所得；

（四）暂停执行部分或者全部业务，暂停执业的期限为三至十二个月；

（五）吊销资产评估资格证书。

第五条 资产评估机构与委托人或被评估单位串通作弊，故意出具虚假报告的，没收违法所得，处以违法所得一倍以上五倍以下的罚款，并予以暂停执业；给利害关系人造成重大经济损失或者产生恶劣社会影响的，吊销资产评估资格证书。

第六条 资产评估机构因过失出具有重大遗漏的报告的，责令改正，情节较重的，处以所得收入一倍以上三倍以下的罚款，并予以暂停执业。

第七条 资产评估机构冒用其他机构名义或者允许其他机构以本机构名义执行评估业务的，责令改正，予以警告。

第八条 资产评估机构向委托人或者被评估单位索取、收受业务约定书约定以外的酬金或者其他财物，或者利用业务之便，谋取其他不正当利益的，责令改正，予以警告。

第九条 资产评估机构有下列情形之一的，责令改正，并予以警告：

（一）对其能力进行虚假广告宣传的；

（二）向有关单位和个人支付回扣或者介绍费的；

（三）对委托人、被评估单位或者其他单位和个人进行胁迫、欺诈、利诱的；

（四）恶意降低收费的。

第十条 资产评估机构与委托人或者被评估单位存在利害关系应当回避没有回避的，责令改正，并予以警告。

第十一条 资产评估机构泄露委托人或者被评估单位商业秘密的，予以警告。

第十二条 本办法第七条至十一条所列情形，有违法所得的，处以违法所得三倍以下的罚款，但最高不得超过三万元；没有违法所得的，处以一万元以下的罚款。

第十三条 资产评估机构不按照执业准则、职业道德准则的要求执业的，予以警告。

第十四条 资产评估机构拒绝、阻挠财政部门依法实施检查的，予以警告。

第十五条 资产评估机构有下列情形之一的，应当从轻、减轻处罚：

（一）主动改正违法行为或主动消除、减轻违法行为危害后果的；

（二）主动向有关部门报告其违法行为的；

（三）主动配合查处违法行为的；

（四）受他人胁迫有违法行为的；

（五）其他应予从轻、减轻处罚的情形。

第十六条 资产评估机构有下列情形之一的，应当从重处罚：

（一）同时具有两种或两种以上应予处罚的行为的；

（二）在两年内发生两次或两次以上同一性质的应予处罚的行为的；

（三）对投诉人、举报人、证人等进行威胁、报复的；

（四）违法行为发生后隐匿、销毁证据材料的；

（五）其他应予从重处罚的情形。

第十七条 省级人民政府财政部门作出本办法第四条第（二）至第（五）项处罚决定的，应当在作出处罚决定之日起15日内报送国务院财政部门备案。

第十八条 省级以上人民政府财政部门作出行政处罚决定之前，应当告知资产评估机构作出行政处罚决定的事实、理由及依据，并告知当事人依法享有的权利；作出较大数额罚款、暂停执业和吊销资产评估资格证书的处罚决定之前，应当告知资产评估机构有要求举行听证的权利。

第十九条 资产评估机构要求听证的,拟作出行政处罚的省级以上人民政府财政部门应当按照《财政部门行政处罚听证程序实施办法》的有关规定组织听证。

第二十条 资产评估机构对处罚决定不服的,可以依法申请行政复议或提起行政诉讼。

第二十一条 注册资产评估师在国有资产评估中有违法行为的,按照有关规定处理。

第二十二条 本办法自二〇〇二年一月一日起施行。

关于印发《关于加强对国有企业改制及国有产权转让监督检查工作的意见》的通知

国资纪发〔2004〕2号

各中央企业纪委(纪检组)、监察局(部、室)：

现将《关于加强对国有企业改制及国有产权转让监督检查工作的意见》印发给你们,请结合企业实际,认真组织落实。

国务院国资委纪委
监察部驻国资委监察局
二〇〇四年三月八日

关于加强对国有企业改制及国有产权转让监督检查工作的意见

最近,国务院办公厅转发了《关于规范国有企业改制工作的意见》(以下简称《意见》),国务院国资委和财政部颁布实行了《企业国有产权转让管理暂行办法》(以下简称《办法》)。这两个文件对进一步推进国有企业规范改制,促进企业国有产权有序流转具有重要指导作用。为加强对《意见》和《办法》贯彻执行情况的监督检查,现提出如下意见：

一、明确职责,落实任务。中央企业纪检监察机构要积极配合业务部门,监督检查《意见》和《办法》的贯彻执行情况；着重查处国有企业改制及国有产权转让中的违规违纪行为；完成上级机关及领导交办的有关监督检查工作；了解报告监督检查情况,总结交流工作经验。主要任务是：监督转让进场；检查操作程序；维护国家利益和职工合法权益；查处违规违纪行为；督促追究责任。

二、突出重点,严格检查。中央企业纪检监察机构要围绕国有企业改制和国有产权转让中的重点问题加强监督检查。依据《意见》和《办法》的规定,抓住行为审批,资产、产权定价,进场交易等主要环节,对下列违规违纪行为,进行严肃认真的调查处理：

1. 不按规定在产权交易机构中进行交易；
2. 超越权限,擅自决定企业改制或转让企业国有产权；
3. 弄虚作假,隐匿资产,提供虚假会计资料造成国有资产流失；

4. 营私舞弊,与买方串通低价转让国有资产、产权;
5. 以权谋私,利用改制和产权转让之机,转移、侵占、侵吞国有资产、产权;
6. 严重失职,违规操作,损害国家利益和侵害群众职工合法权益;
7. 非法转移债权债务或者逃避债务清偿责任;
8. 本企业的管理层滥用职权,参与转让国有产权的各个环节,"自卖自买"。

三、追究责任,标本兼治。中央企业纪检监察机构要按照管理权限,认真调查处理违反《意见》和《办法》规定的行为。对违规操作的,要主动配合业务部门予以纠正;对违反党纪政纪的,要给予处分;造成经济损失的,要按有关法规,追究责任人的赔偿责任;对涉嫌犯罪的,要依法移送司法机关处理。要积极研究制定责任追究制度,加大监督力度。

要把加强对国有企业改制和国有产权转让的监督与完善国有资产监管体制、加强学习教育、推进制度创新和落实党风廉政建设责任制结合起来,形成加大源头治理工作的防范体系;对监督检查中发现的问题不仅要认真处理,而且要分析产生问题的原因,总结经验教训,会商有关部门,研究提出进一步规范国有企业改制和国有产权转让的对策和建议,使管资产、与管事、管人充分结合,促进现代产权制度的建立和完善,保证国有资产的保值增值。

四、加强领导,搞好协调。中央企业要重视抓好《意见》和《办法》的贯彻执行,充分发挥企业纪检监察机构的组织协调作用和业务部门的职能作用,按照党风廉政建设责任制形成的领导工作机制,将监督检查贯彻落实《意见》和《办法》的工作列入企业重要的议事日程,统一部署,统筹安排。

中央企业纪检监察机构要协助企业党委和行政领导做好监督检查《意见》和《办法》贯彻执行情况的组织协调工作,与有关业务部门建立工作联系制度,定期召开会议,通报情况、研究问题、总结工作。

对国有企业改制和国有产权转让项目要加强联合检查;对问题突出的要组织重点检查;有条件的单位,纪检监察机构可以派人参与国有企业改制和国有产权转让的过程监督。

中央企业纪检监察机构要定期向国资委纪委、监察局报告检查情况。对工作中发现的重大问题和重要情况要随时上报。

教育部关于进一步推进直属高校贯彻落实"三重一大"决策制度的意见

教监〔2011〕7号

部属各高等学校:

为全面贯彻落实《国家中长期教育改革和发展规划纲要(2010—2020年)》,进一步规范直属高校领导班子的决策行为,防范决策风险,推动直属高校科学发展,根据中共中央关于凡属重大决策、重要人事任免、重大项目安排和大额度资金运作(以下简称"三重一大")事项必须由领导班子集体研究作出决定的要求,现就加强直属高校贯彻落实"三重一大"决策制度提出如下意见。

一、总体要求

（一）高举中国特色社会主义伟大旗帜，坚持以邓小平理论和"三个代表"重要思想为指导，深入贯彻落实科学发展观，根据中共中央关于"三重一大"事项必须由领导班子集体作出决定和《中共中央纪委、教育部、监察部关于加强高等学校反腐倡廉建设的意见》（教监〔2008〕15号）要求，规范集体决策程序，健全民主决策机制，强化监督检查措施，加大责任追究力度。

（二）坚持科学民主决策原则。学校应建立健全议事规则和决策程序，凡"三重一大"事项必须经学校领导班子集体研究决定。要坚持民主集中制原则，防止个人或少数人专断。要充分发扬民主，广泛听取意见，完善群众参与、专家咨询和集体决策相结合的决策机制。要遵守国家法律法规、党内法规和有关政策，保证决策的科学民主。

二、主要范围

（三）重大决策事项，是指事关学校改革发展稳定全局和广大师生员工切身利益，依据有关规定应当由领导班子集体研究决定的重要事项。主要包括学校贯彻执行党和国家的路线方针政策、法律法规和上级重要决定的重大措施；党的建设、党风廉政建设和意识形态等重要工作；学校发展、校园建设、学科与人才队伍建设等规划以及年度工作计划；学校重要规章制度；内部组织机构的设置和重要调整；教职工收入分配及福利待遇、奖励和关系学生权益的重要事项；学校年度财务预算方案、决算情况的审定和预算执行与决算审计；学校重要资产处置、重要办学资源配置；校级以上重大表彰，校园安全稳定和重大突发事件的处理，以及其他重大决策事项。

（四）重要人事任免事项，是指学校中层及以上干部的任免和需要报送上级机关审批的重要人事事项。主要包括学校党政机构和学院（系）、校级科研机构等内部组织机构领导班子成员以及享受相应待遇的非领导职务人员的任免、党政纪处分，学校全资、控股企业校方董事、监事及经理人选的确定，推荐后备干部、党代会代表、人大代表、政协委员等人选，以及其他重要干部人事任免事项。

（五）重大项目安排事项，是指对学校规模条件、办学质量等产生重要影响的项目设立和安排。主要包括国家各类重点建设项目，国内国（境）外科学技术文化交流与合作重要项目，重大合资合作项目，重要设备、大宗物资采购和购买服务，重大基本建设和大额度基建修缮项目，以及其他重大项目安排事项。

（六）大额度资金使用事项，是指超过学校所规定的党政领导人员有权调动、使用的资金限额的资金调动和使用。主要包括学校年度预算内大额度资金调动和使用、未列入学校年度预算的追加预算和大额度支出，重大捐赠，以及其他大额度资金运作事项。

三、基本程序

（七）"三重一大"事项提交集体决策前，应进行深入细致的研究论证，广泛听取并充分吸收各方面的意见。选拔任免重要干部，应按照有关规定，在党委研究决定前书面征求纪检部门的意见。与师生员工利益密切相关的事项，要通过教职工代表大会或其他形式听取广大师生员工意见和建议。对专业性、技术性较强的重要事项，应事先进行专家评估论证，技术、政策法律咨询，提交论证报告或立项报告。

（八）"三重一大"事项应以会议的形式集体研究决策。不得以传阅会签或个别征求意见等方式代替会议决定。会议决定的事项应按照学校议事规则规定提出，议题应经学校党委书记、校长审阅并充分沟通后，方可提交会议研究决策。除紧急情况外，不得临时动议，由个人或少数人临时决定重大事项。紧急情况下由个人或少数人临时决定的，决定人应对决策负责，事后应及时报告并按程序予以追认。

（九）会议决策"三重一大"事项，应符合规定与会人数方能举行。党委讨论决定重要干部任免事项,应有三分之二以上的成员到会,并保证与会成员有足够的时间听取情况介绍、充分发表意见。进行表决,以到会成员超过半数同意形成决定。学校纪检监察部门负责人应列席党委会、校长办公会(校务会议)等重要会议,其他有关职能部门负责人和党代会代表、教代会代表、学生代表等可按有关规定,根据会议议题内容,列席有关会议。

（十）会议研究决定"三重一大"事项,应坚持一题一议,与会人员要充分讨论,对决策建议应分别表示同意、不同意或缓议的意见,并说明理由。主要负责人应当最后发表结论性意见。会议决策中意见分歧较大或者发现有重大情况尚不清楚的,应暂缓决策,待进一步调研或论证后再作决策。党委决定重要事项,应当进行表决。会议决定的事项、参与人及其意见、表决情况、结论等内容,应当完整、详细记录并存档。

（十一）参与"三重一大"事项决策的个人对集体决策有不同意见,可以保留或向上级反映,但不得擅自改变或拒绝执行。如遇特殊情况需对决策内容作重大调整,应当重新按规定履行决策程序。

四、保障机制

（十二）建立"三重一大"决策回避制度。如有涉及本人或亲属利害关系,或其他可能影响公正决策的情形,参与决策或列席人员应当回避。

（十三）建立"三重一大"决策公开与查询制度。除涉密事项外,"三重一大"决策事项应按照《高等学校信息公开办法》(教育部令第29号)等有关规定予以公开。

（十四）建立"三重一大"决策报告制度和执行决策的督查制度。学校应将贯彻落实"三重一大"决策制度的情况,按年度向教育部党组报告。学校领导班子成员应当将"三重一大"决策制度的执行情况列为民主生活会和述职述廉的重要内容。

（十五）建立"三重一大"决策考核评估制度。学校贯彻执行"三重一大"决策制度的情况,将作为开展高校巡视工作、党风廉政建设责任制考核以及高校领导班子成员经济责任审计的重要内容,作为考察、考核和任免高校领导干部的重要依据。

（十六）建立"三重一大"决策责任追究制度。高校领导班子成员违反本意见规定,不履行或不正确履行"三重一大"决策制度;不执行或擅自改变集体决定;未经集体讨论而个人决策;未提供全面真实情况而直接造成决策失误;执行决策后发现可能造成失误或损失而不及时采取措施纠正,造成重大经济损失和严重后果的,应依纪依法分别追究班子主要负责人、分管负责人和其他责任人的责任。

（十七）各直属高校应依据本意见制订具体的实施办法,并报教育部。

教育部
二〇一一年四月四日

后　　记

　　为便于高等学校国有资产管理工作者深入学习和领会国有资产管理规章制度,进一步做好国有资产管理工作,我们编写了《高等学校国有资产管理法规选编》一书。本书详细介绍了高等学校及其所属企业国有资产管理有关法律法规和部门规章等,既可以作为高等学校国有资产管理的培训教材,也可以作为高等学校国有资产管理工作者和理论研究人员的参考用书。

　　本书由教育部财务司组织编写。编写过程中,有关高校同志做了很多基础性工作,得到了财政部、国资委有关司局的大力支持。在此,一并致以衷心的感谢!

编　者
2015 年 12 月